ÜBER DEN AUTOR

Michael Holroyd machte sich in England einen Namen als Autor literarischer Biographien. Berühmt wurde er vor allem durch seine dreibändige Biographie über George Bernard Shaw, für die er als «größter lebender Biograph» *(Vanity Fair)* gefeiert wurde. Holroyd ist mit der Autorin Margaret Drabble verheiratet; er lebt in London und Somerset.

MICHAEL HOLROYD

CARRINGTON

EINE LIEBE VON
LYTTON STRACHEY

Deutsch von
Christa Broermann
Enrico Heinemann
Manuela Olssen
Renate Weitbrecht

ROWOHLT

Gekürzte Übersetzung aus der 1994
erschienenen Originalausgabe «Lytton Strachey»
bei Chatto & Windus, London

Umschlaggestaltung Walter Hellmann
(Foto: SCOTIA-FILM)

Fotos im Tafelteil:
Filmfotos mit freundlicher Genehmigung von
PolyGram Film International

Deutsche Erstausgabe
Veröffentlicht im Rowohlt Taschenbuch Verlag GmbH,
Reinbek bei Hamburg, Dezember 1995
Copyright © 1995 by Rowohlt Taschenbuch Verlag GmbH,
Reinbek bei Hamburg
«Lytton Strachey»:
gekürzte Ausgabe und mit einem Vorwort
Copyright © 1995 by Michael Holroyd
Redaktion Claudia Egdorf
Alle deutschen Rechte vorbehalten
Satz Baskerville (Linotronic 500)
Gesamtherstellung Clausen & Bosse, Leck
Printed in Germany
1690-ISBN 3 499 13669 4

Inhalt

TEIL I

I. Lytton Strachey 9

II. Krieg und Frieden 20
1. Die Jungfrau und der Zigeuner 20
2. Unbeachtete Stunden 42
3. Zerbrechliche Lieben und zweitrangige Herzen 54

III. Tidmarsh 69
1. Drama und Ungewißheit 70
2. Sommerliche Manöver 74
3. Das Mill House 87
4. Tout est possible 97

TEIL II

IV. Ein Leben in Abgeschiedenheit 111
1. Erfolg, Geld, andere Menschen 111
2. Die feine Gesellschaft 125
3. «Queen Victoria» und andere Essays 138
4. Bericht eines Offiziers der Infanterie 144
5. Oberschicht, Unterschicht und die Literaten 151
6. Die Frage der laufenden Ereignisse 163
7. Südlich von Pangbourne 170
8. Das Ende der «Queen Victoria» 181
9. Himmel und Honigmonde 189

V. Ein herausragender Edwardianer 200
1. Ihre Majestät höchstselbst 200
2. Angeln und Küssen 209
3. Urteil und Kritik 214
4. Valentines Tag 221
5. Diplomat im Ehekrieg 227
6. Ein Ende wie bei Ibsen 238

VI. Ham Spray House 257
1. Schreibspiele und Miezekatzen 257
2. Verbundenheit 267
3. Ein mäßiger Erfolg 275
4. Neue Irrungen und Wirrungen 280
5. Trödeln mit Elisabeth 294
6. Warten auf Roger 312
7. Zusammen 331
8. Das Ende einer Ära 340

VII. Eine andere Welt 353
1. Elisabeth, c'est moi! 353
2. Zwei werden ersehnt, nur eine wird geduldet 368
3. Ambitionen 384
4. Ein sommerliches Intermezzo 403
5. Vergängliches und Allgemeines 414
6. Abschied von Frankreich 430
7. Das letzte Schweigen 438

Epilog 460

Bibliographischer Anhang 477
Anmerkungen 487
Danksagung 525

Teil I

I.
LYTTON STRACHEY

Giles Lytton Strachey wurde am 1. März 1880 als elftes von dreizehn Kindern geboren, von denen drei schon in frühester Kindheit starben.

Sein Vater, der damals dreiundsechzigjährige General (Sir) Richard Strachey, hatte die meiste Zeit seines Berufslebens in Indien verbracht. Und wie es sich für einen wahrhaft «herausragenden Viktorianer»* gehörte, war er nicht nur Soldat, sondern auch Meteorologe, Botaniker, Forschungsreisender, Ingenieur, Mathematiker, gelehrter Geograph, Staatsverwalter und zudem noch ein bemerkenswerter Hobby-Aquarellist.

Lyttons früheste Erinnerungen an den Vater beschränkten sich fast ausschließlich auf riesige Bogen Papier, die sich, mit komplizierten Berechnungen vollgekritzelt, auf dem väterlichen Schreibtisch stapelten. Tagsüber beschäftigte sich der alte Herr in seinem Arbeitszimmer für gewöhnlich mit Fragen der Eisenbahn und der Erdatmosphäre. Abends las er – regelmäßig, aber wahllos – Romane, sechs pro Woche.

Die beherrschende Figur in Lyttons Kindheit war jedoch seine Mutter. Jane Maria Grant, die ebenfalls aus einer vornehmen britisch-indischen Familie stammte, hatte Richard Strachey in Indien kennengelernt. Sie heirateten am 4. Januar 1859, und bei Lyttons Geburt war sie immerhin erst neununddreißig Jahre alt. Diese ungemein vitale, unbekümmerte Frau war eine Kennerin der französischen Literatur und des elisabethanischen Dramas, unterstützte die

---

* Das im englischen Original verwendete Adjektiv *eminent* spielt auf Stracheys Buch «Eminent Victorians» an und wird im folgenden mit *herausragend* übersetzt.

Frauenrechtsbewegung Women's Progressive Movement und war mit der Schriftstellerin George Eliot und dem Humangenetiker Francis Galton befreundet.

Lytton wuchs in London am Lancaster Gate Nr. 69 auf, in einem finsteren Haus aus dem 19. Jahrhundert, das an eine Mietskaserne erinnerte und im Norden der Kensington Gardens lag. Er war fest davon überzeugt, daß dieses gewaltige, weitläufige und schlecht aufgeteilte Herrenhaus eine prägende Wirkung auf ihn ausgeübt hat. «Eine wenn auch nur vage Vorstellung von diesem düsteren Bau zu besitzen», schrieb er später, «bedeutet, fast gestochen scharf den wahren Kern meiner Biographie zu erkennen.» Auch in späteren Jahren verfolgte ihn dieses Haus noch:

«Das Bemerkenswerte an diesem Haus war zweifellos seine auffällige Größe. Doch es war nicht die Größe allein, vielmehr das Mißratene, geradezu Mißgestaltete dieser Größe: ein von Elefantiasis befallenes Haus ... Mit der gleichen Lebenskraft, Zuversicht und Unerschütterlichkeit, mit der man zehn Kinder in die Welt gesetzt hatte, war auch der überladene, hohe und abstoßende Bau errichtet worden, der sie beherbergte. Und so kam es, daß das Charakteristische dieses Hauses – sein Kern, seine Quintessenz, gewissermaßen der Sitz seiner Seele – der Salon werden sollte; jenes Zimmer, in dem sich die Familienmitglieder trafen: Betrat man diesen gewaltigen, nur spärlich erleuchteten Raum und blickte in die nebelhafte Ferne ... war man im Begriff, das Geheimnis des viktorianischen Zeitalters zu lüften.»

Eine Folge von Krankheiten, die sich in Lyttons achtem Lebensjahr, nach der Geburt seines jüngeren Bruders James, einstellten, mögen ein Mittel gewesen sein, die Aufmerksamkeit der Mutter zurückzugewinnen. Lytton war zwar das begabteste aller Strachey-Kinder, aber James, den seine Mutter mit siebenundvierzig Jahren zur Welt brachte, war das heißgeliebte *enfant miracle*.

Aufgrund der Verschlechterung seines Gesundheitszustandes genoß Lytton eine besondere Schulbildung. In diesen frühen Jahren prägten ihn zwei Persönlichkeiten, eine verständnisvolle und eine furchteinflößende. Die verständnisvolle war Marie Souvestre, eine hübsche, scharfsinnige und freidenkerische Frau, die Lady Strachey in Italien kennengelernt hatte. Marie, die Tochter des französischen Schriftstellers Emile Souvestre, leitete die renommierte Mädchenschule Les Ruches in Fontainebleau, die schon Lyttons ältere

Schwestern Elinor und Dorothy besucht hatten. Vor kurzem war sie nach England übergesiedelt und hatte bei Wimbledon Common die Leitung einer Schule übernommen, die auch die jüngeren Mädchen der Stracheys, Joan Pernel und Marjorie, besuchten. Marie Souvestre verkehrte oft am Lancaster Gate und übte auf Lytton, der sie *cette grande femme* nannte, einen nachhaltigen Einfluß aus.

Die furchteinflößende Figur war Dr. Cecil Reddie, der Schulleiter von Abbotsholme, wohin Lytton Anfang der neunziger Jahre geschickt wurde. Abbotsholme gehörte der sogenannten New School Movement an, der Vorläuferin der deutschen Landerziehungsheime, der École des Roches, Salem und Gordonstoun. Reddie war eine dynamische Person mit strengem Blick und Donnerstimme. Viele ließen sich von seinem selbstherrlichen Gebaren und glühenden Idealismus über seinen verschrobenen Gedanken hinwegtäuschen, die Turnhalle von Abbotsholme könne als Ausgangspunkt einer Reform des nationalen Lebens dienen. Seine spartanische Herrschaft über die Jungen «aus der führenden Schicht ..., die in jeder Hinsicht normal» waren, hatte eine verheerende Wirkung auf Lyttons Gesundheit, die schließlich völlig zusammenbrach. Er erlangte sein psychisches und physisches Gleichgewicht erst wieder, als er Ende 1899 nach Cambridge ins Trinity College wechselte. Dort wurde er in den berühmten Geheimbund der «Apostel» gewählt, der Anfang des neunzehnten Jahrhunderts gegründet worden war (und zu denen Mitgliedern der Dichter Tennyson und der Philosoph Herbert Spencer gehört hatten). Die «Apostel» schätzten Selbstverwirklichung mehr als sozialen Aufstieg, zogen die Philosophie der Politik vor, stellten das Denken über das Handeln und schufen so eine moralische Instanz, die einen Gegenpol zu Benjamin Jowetts weltlicher Atmosphäre in Oxford bildete.

Unter den Mitgliedern der «Apostel» prägte der Philosoph G. E. Moore den jungen Lytton Strachey am nachhaltigsten. «Ich datiere den Beginn des Zeitalters der Vernunft auf Oktober 1903», schrieb Strachey an Moore, der seine «Principia ethica» in jenem Jahr veröffentlicht hatte. Strachey zog aus dem Werk die Erkenntnis, daß persönliche Freundschaften und ästhetische Erfahrung gleichbedeutend mit einem guten Leben seien. Etwa zur gleichen Zeit wurde Strachey sich auch seiner Homosexualität bewußt. Mit der «Principia ethica» fand er Zugang zum Homosexualitätskult des neunzehnten Jahrhunderts (der kurz zuvor durch den Prozeß gegen Oscar

Wilde, dessen Inhaftierung und Exil an die Öffentlichkeit gelangt war) und schmiedete daraus eine Waffe für die Revolte des zwanzigsten Jahrhunderts gegen überkommene viktorianische Moralvorstellungen.

Cambridge veränderte Stracheys Leben von Grund auf. Er entwickelte sich von einem blassen, etwas menschenscheuen Individuum zu einem selbstbewußten Charakter, der auf drei Studentengenerationen einen maßgeblichen Einfluß ausüben sollte. Seine körperlichen Unzulänglichkeiten, seine Fistelstimme und mangelnde Vitalität hinderten ihn nicht, eine Persönlichkeit von bezwingender Kraft zu werden. In Cambridge lernte er zahlreiche bedeutende Persönlichkeiten kennen: den Kritiker Desmond MacCarthy, den Romancier E. M. Forster, den Nationalökonomen Maynard Keynes, den Schriftsteller Leonard Woolf, der später Virginia Stephen heiratete, sowie den Kunstkritiker Clive Bell, der mit Virginias Schwester, der Malerin Vanessa Stephen, die Ehe einging. Diese und andere (wie Thoby Stephen, Virginias und Vanessas Bruder, der einen tragischen frühen Tod fand, oder der geheimnisvoll schweigsame Saxon Sydney-Turner) bildeten später den Freundeskreis und ursprünglichen Kern der Bloomsbury-Gruppe.

Strachey hatte sich eine Aufnahme in den Lehrkörper der Universität erhofft, aber wie sein Bruder James schrieb, hatte «die Leitung von Cambridge genügend Weitblick und Selbstbeherrschung, um meinem Bruder den verderblichen Einfluß einer akademischen Laufbahn zu ersparen». Dennoch war es für Lytton ein harter Schlag. Mehrere Jahre lang arbeitete er als Literaturrezensent für den *Spectator*, den sein Cousin St. Loe Strachey herausgab, und schrieb auch Essays für andere Zeitschriften wie die *New Quarterly*, die sein Freund Desmond MacCarthy veröffentlichte. Er verfaßte das Theaterstück «A Son of Heaven», das damals allerdings nicht zur Aufführung gelangte, und die Novelle «Ermyntrude and Esmeralda», die von Choderlos de Laclos' «Gefährlichen Liebschaften» beeinflußt war und erst postum veröffentlicht wurde.

In der Zeit vor Ausbruch des Ersten Weltkrieges schrieb Strachey nur ein Buch, «Landmarks in French Literature», das mit einer Widmung an seine Mutter Anfang 1912 erschien. Es handelt sich dabei um impressionistische Literaturkritik von bestechender Prägnanz und eindrucksvoller Bildervielfalt. Strachey hat das Werk teilweise in Südfrankreich geschrieben, wo seine Schwester Dorothy (die spätere Übersetzerin von André Gide) mit ihrem Mann, dem französischen Maler Simon Bussy, lebte.

Voltaire und Dostojewskij hatten den größten Einfluß auf das Werk «Eminent Victorians»[1], mit dem Strachey bekannt wurde. Strachey war von Voltaires Humanismus durchdrungen und hatte sich dessen beißende Kritik an der christlichen Theologie zu eigen gemacht. Mochte sein Stil auch kapriziös und spöttisch sein, so war es ihm wie Voltaire «im Innersten todernst». Die Lektüre Dostojewskijs ermutigte ihn, mit den Mitteln der dramatischen Ironie und der psychologischen Andeutung zu experimentieren. Constance Garnetts Übersetzungen der Romane Dostojewskijs ins Englische wirkten auf zahlreiche jüngere Schriftsteller damals wie eine Befreiung. «Man merkt sogleich», schrieb Virginia Woolf an Strachey, «daß er der bedeutendste Schriftsteller aller Zeiten ist.» Dostojewskis Romane enthüllten eine höchst lächerliche und unlogische Welt, die Strachey zeigten, daß Spott eine wirkungsvolle historische Geisteshaltung darstellte. Und wie James Strachey (der spätere Übersetzer Freuds ins Englische) hervorhob, enthielten Dostojewskis Stoffe «vieles, was man auch bei Freud finden könne».

Anfang 1916 hatte Lytton die Porträts von Kardinal Manning und Florence Nightingale vollendet, die die ersten beiden Charakterstudien der «Eminent Victorians» bilden sollten. Die dritte Studie über Thomas Arnold war zur Hälfte abgeschlossen. Doch der Erste Weltkrieg bewog ihn, die Konzeption des Buches zu ändern, das ursprünglich den Titel «Victorian Silhouettes» bekommen sollte. Es entstand eine ironische Betrachtung der Werte des neunzehnten Jahrhunderts, die den Zündstoff für jenen beispiellosen Ausbruch weltweiter Antagonismen geboten hatten.

Nach Einführung der allgemeinen Wehrpflicht in Großbritannien konnte Lytton aufgrund seiner schwachen Gesundheit nicht zum Dienst mit der Waffe herangezogen werden. Dennoch verweigerte er den Kriegsdienst aus Gewissensgründen, da er wie sämtliche Mitglieder des Bloomsbury-Kreises überzeugt war, das Einberufungsgesetz widerspreche dem von den Briten bei Kriegseintritt verfolgten Ziel, den Militarismus zu bekämpfen. «Die Gewissensfrage ist sehr schwierig und kompliziert», schrieb er am 28. Februar 1916 seinem Bruder James, der sich in einer ähnlichen Zwangslage befand, «und zweifellos sind viele Gründe, warum ich nicht in die Armee eintreten will, nicht vom Gewissen diktiert. Aber einer meiner

Gründe ist folgender: Wenn ich bei Tauglichkeitsgrad IV b Büroarbeiten erledigen, das heißt meine gesamte Schaffenskraft der Fortsetzung des Krieges widmen müßte, dann wäre ich die ganze Zeit vom Unrecht meines Handelns überzeugt; und wenn dies kein Gewissensgrund ist, dann weiß ich es nicht ... Lieber ginge ich ins Gefängnis, als solche Arbeit zu verrichten.»

In einem Zustand höchster seelischer Anspannung wartete er auf die Verhandlung vor dem örtlichen Gericht in Hampstead, das über seinen Fall entscheiden sollte. Er habe «ein Gehirn weich wie Brei», schrieb er dem befreundeten Romancier David Garnett, «und ständig ein erbärmliches Gefühl der Erschöpfung». Jene Gerichtsverhandlungen waren angesichts der schrecklichen Gemetzel an der Westfront zu einem Ventil der empörten Öffentlichkeit über die «Drückeberger» geworden. Am 7. März mußte Lytton zunächst vor einen örtlichen Prüfungsausschuß treten, der zwar keinen rechtlichen Status besaß, aber faktisch im Namen des Gesetzes handelte. Der Antragsteller hatte keinerlei Anspruch auf Rechtsbeistand, da der Ausschuß offiziell nur eine beratende Funktion besaß und keine Beschlüsse fassen konnt. Dennoch folgte das Gericht, ohne den Fall vorher juristisch zu prüfen, seiner Empfehlung, und wenn der Antragsteller dort vorsprach, stand das Urteil bereits fest.

Bei seiner Anhörung vor dem Prüfungsausschuß erklärte Lytton, daß er sich aus Gewissensgründen strikt weigere, am Krieg teilzunehmen:

«Meine Gewissensgründe beruhen nicht auf religiöser Überzeugung, sondern auf moralischen Erwägungen, zu denen ich nach langen und schmerzlichen Überlegungen gelangt bin ... Ich bin überzeugt, daß ein System, das internationale Streitigkeiten mit Gewalt zu lösen versucht, höchst verwerflich ist. Ich würde selbst Unrecht begehen, wenn ich mich an einem solchen System beteiligen würde ... Ich werde nicht gegen meine Überzeugungen handeln, ganz gleich, welche Folgen dies hat.»

Der Ausschuß hörte ihn höflich an, nahm seine letzten Worte ohne Kommentar zur Kenntnis und teilte ihm dann lediglich mit, man werde dem Gericht empfehlen, seinen Antrag nicht anzunehmen.

Vor dem Gericht in Hampstead einige Tage später versuchten beide Seiten sich gegenseitig lächerlich zu machen. «Eine große Zahl von Sympathisanten schob sich durch die Flure des Rathauses», berichtete Lytton seiner Schwester Pippa. Als erster betrat der Unterhausabgeordnete Philip Morrell, der als Leumundszeuge für Lytton auftrat, mit einem hellblauen aufblasbaren Kissen in der Hand den kleinen Gerichtssaal. Nach ihm strömten Stracheys zahlreiche Geschwister herein und setzten sich in einer Reihe vor den langen Tisch, an dem die acht Mitglieder des Gerichts saßen. Unterdessen nahmen hinten im Saal weitere gleichgesinnte Künstler und Pazifisten aus dem Bloomsbury-Kreis zwischen der bunt gemischten Öffentlichkeit Platz. Schließlich erschien der Antragsteller selbst, «ein herrlicher Anblick ... er wirkte schrecklich würdevoll», obwohl er unter Hämorrhoiden litt und eine dicke Reisewolldecke bei sich trug. Philip Morrell reichte Lytton gravitätisch das aufblasbare Kissen, das er auf höchst theatralische Weise mit Luft füllte. Dann legte er es auf die Holzbank, ließ sich geräuschlos darauf nieder, wickelte die Decke sorgfältig um seine Knie, «hob wie ein großer Seelöwe den Kopf und blickte langsam in die Runde der alten Herren».

Während des Kreuzverhörs bombardierte der Vertreter der Militärbehörde von der Richterbank aus Lytton mit einer Reihe unangenehmer Fragen.

«Sagen Sie, Mr. Strachey, was würden Sie tun, wenn Sie mit ansehen müßten, wie ein deutscher Soldat versucht, Ihre Schwester zu vergewaltigen?»

Lytton blickte sich verzweifelt nach seinen Schwestern um. Dann wandte er sich wieder dem Gericht zu und antwortete zweideutig: «Ich würde versuchen, mich dazwischenzuschieben.»

Das Gericht war ganz und gar nicht belustigt und vertagte die Entscheidung über seine Anerkennung als Kriegsdienstverweigerer aus Gewissensgründen bis nach einer Tauglichkeitsprüfung durch Militärärzte. Diese fand wenige Tage später im Londoner Stadion White City statt. Von elf Uhr vormittags bis halb vier Uhr nachmittags saß er, umgeben von lauter jungen Flegeln, über S. R. Gardiners «History of England» gebeugt. Doch diesmal ließen ihn seine Gebrechen nicht im Stich. Er wurde für allgemein dienstuntauglich befunden und offiziell freigestellt.

Überall im Land gingen Gerüchte um, daß Kriegsdienstverweigerer bei Wasser und Brot in unterirdischen Kerkern gefangengehalten und dann als Kanonenfutter an die Front verschleppt würden. Für Strachey waren solche Gerüchte jetzt nur noch fernes Donnergrollen, das nichts Bedrohliches mehr hatte. «Es ist schrecklich», schrieb er Maynard Keynes gleichwohl, «hilflos dazusitzen, während diese armen Teufel das Schlimmste durchmachen. Aber man müßte schon der Allmächtige sein, wollte man irgend etwas bewirken.»

Nachdem Strachey Cambridge verlassen hatte, wurde sein Gefühls- und Sexualleben turbulent und oft auch unglücklich. Er neigte dazu, sich in Männer zu verlieben, die so waren, wie er gern gewesen wäre. Es schien, als hätte er am liebsten seine eigene Persönlichkeit aufgegeben und die Identität des Geliebten angenommen. In den Jahren vor dem Ersten Weltkrieg wollte er vor allem Künstler sein, Schriftsteller, und daher war es nicht verwunderlich, daß er sich in seinen Cousin, den Maler Duncan Grant, verliebte. «Wir wollen große Künstler und echte Freunde sein», ermahnte er ihn. *«Je t'embrasse de tout mon cœur.»* Maynard Keynes vertraute er an: «Irgendwie bewundere ich ihn. Wenn ich Leute über ihn reden höre, erfüllt mich das mit heimlichem Stolz.»

Jedesmal wenn Strachey verliebt war, erkor er einen Freund zu seinem Vertrauten. «Ich glaube, es ist ein großes Glück, dich als meinen brüderlichen Beichtvater zu haben», schrieb er an Keynes. Es war ein schwerer Schlag für ihn, als er im Sommer 1908 erfuhr, daß Duncan und Maynard ein Verhältnis hatten. Von allem Liebeskummer in seinem Leben war dieser der wohl schlimmste.

Dieses dunkle Kapitel seines Lebens verdüsterte sich im Jahre 1909 noch mehr, und bei seinen Versuchen, vor sich selbst zu fliehen, führte ihn sein Weg quer durch London auch zum Londoner Fitzroy Square, wo er Virginia Stephen am 17. Februar 1909 einen Heiratsantrag machte. Zu seiner Bestürzung willigte sie ein. Mit seinem Antrag hatte er den Teufelskreis des Unglücklichseins durchbrechen, den homosexuellen Freunden und der Homosexualität überhaupt abschwören wollen. Allerdings besann er sich rasch eines Besseren. Auch Virginia hatte das Bedürfnis, ihrem damaligen Leben mit ihrem Schwager Clive Bell, der mehr Interesse an ihr als an ihrer Schwester Vanessa hatte, zu entfliehen. «Ach, ich hatte recht, mich vor zwölf oder fünfzehn Jahren in ihn [Strachey] zu verlieben», schrieb Virginia 1925 rückblickend in ihr Tagebuch.[2] «Seine Natur ist eine erlesene Symphonie, wie wenn alle Violinen spielen ... so unergründlich, so phantastisch.»

Aber für beide war die Affäre eher Träumerei denn Realität. «Ich bin noch immer ziemlich aufgewühlt und erschöpft», schrieb Lytton Virginia nach seinem verunglückten Antrag. «Ich hoffe, Du bist guter Dinge!... was auch geschieht, wie Du schon sagtest: ‹Wichtig ist, daß wir uns mögen.› Und wir können auch keinen Zweifel daran hegen, daß wir dies tun.»

Sie sei «eine höchst erstaunliche Frau», erklärte er Leonard Woolf, der damals in Ceylon arbeitete. «Wenn Du [nach Hause] kommst», fügte er hinzu, «könntest Du Virginia heiraten, was nahezu alle Schwierigkeiten auf dem besten Wege lösen würde.» Trotz aller auftretenden Schwierigkeiten fuhr Lytton unbeirrt fort, sich als Heiratsvermittler zu betätigen, und drei Jahre später gingen Virginia und Leonard tatsächlich die Ehe ein.

Inzwischen war Lytton bereits in eine andere seltsame Affäre verstrickt. Sein neuer Schwarm war der heterosexuelle Künstler Henry Lamb, der das berühmte, später von der Londoner Tate Gallery aufgekaufte surreale Porträt von ihm malte, das zu einem Kultbild des Bloomsbury-Kreises wurde. Lamb, eine temperamentvolle Persönlichkeit, versuchte damals verzweifelt, sich dem beherrschenden Einfluß des Boheme-Malers Augustus John zu entziehen, hegte dabei jedoch immer noch idealistische Gefühle für dessen Ehefrau Dorelia und hielt auch sein Verhältnis mit Johns Exgeliebter, der legendären Kunstgönnerin Lady Ottoline Morrell, aufrecht. Erschwert wurde diese Situation noch dadurch, daß Lytton Lady Ottoline zu seiner Vertrauten erkor, was beiden ermöglichte, ihren Kummer über Lamb zu teilen. Im Jahre 1912 brach Lamb die Beziehung zu Ottoline ab; den Kontakt zu Lytton dagegen hielt er, wenn auch nur sporadisch, bis zum Ausbruch des Ersten Weltkriegs aufrecht. Dann trat Lamb dem Royal Army Medical Corps bei und diente in Palästina und Frankreich, wo er bei einem Gasangriff schwer verletzt wurde und eine Tapferkeitsmedaille erhielt.

Unterdessen hatte Ottoline London den Rücken gekehrt und sich in Garsington Manor niedergelassen. Dieses herrschaftliche Anwesen lag in der Grafschaft Oxfordshire und bestand aus einem Herrenhaus im Tudor-Stil und 40 Hektar Agrarland. Dort hielt sie nach Art eines Renaissancefürsten hof und empfing Künstler und Schriftsteller. Wie Ottoline selbst schrieb, handelte es sich um «ein Theater, an dem sich Woche für Woche Wanderbühnen einfanden, deren Darsteller ihre Rollen spielten». In Garsington verkehrten nicht nur zahlreiche Angehörige des Bloomsbury-Kreises, sondern auch D. H. Lawrence und Aldous Huxley, in dessen Romanen sich Ottoline später karikiert wiederfand.

Obwohl Garsington die prunkvolle Schöpfung Ottolines war, spiegelten sich darin auf wundersame Weise die «Träume und Illusionen» ihrer Besucher wider. Platzten deren Träume und Illusionen jedoch wie Seifenblasen, rächten sie sich an ihrer Gastgeberin. Wo D. H. Lawrence eine heilige Stätte für die mystische Reinkarnation Englands sah, erhoffte Lytton sich die Wiedergeburt von Madame du Deffand und mit ihr die wundersame Wiederherstellung der Salonkultur des 18. Jahrhunderts. Für ihn lag hinter der silbergrauen Steinfassade des englischen Herrenhauses, den stolzen Ulmen und den hohen schmiedeeisernen Toren ein zweites Sceaux, «mit seiner endlosen Folge von Lustbarkeiten und Gesprächen – mit Bootspartien und festlichen Diners, Konzerten und Maskenbällen, Aufführungen im kleinen Theater und Gelagen unter den großen Bäumen im Park».

Lytton wollte, daß Ottoline zu einer der führenden Persönlichkeiten in der zeitgenössischen Gesellschaft heranreifte. Hier in Garsington, wo der Premierminister in Begleitung von Maynard Keynes mit den Worten: «Mr. Keynes und ein weiterer Gentleman» angekündigt wurde, durften sich Kunst und Literatur ihrer wahren Bedeutung sicher sein. Hier konnten sich die Mitglieder des Bloomsbury-Zirkels unter die stets wechselnde Gesellschaft von Diplomaten und Adligen mischen und «sich in jenen schwierigen Künsten üben, die das Räderwerk des gesellschaftlichen Verkehrs in Gang halten: Taktgefühl und Maß, Offenheit und Mitgefühl, wohldosierte Komplimente und absolute Selbstverleugnung». Dies war Lyttons Traum.

Garsington war jedoch nur ein Abklatsch der glanzvollen Atmosphäre von Sceaux, und wie sich herausstellte, besaß Ottoline nicht das nötige Maß und Taktgefühl für eine diplomatische Gastgeberin. Statt der Grazie nachzustreben, mit der im Salon der Madame du Deffand die Gäste «wie ineinander verschlungene Tänzer, auf Schlittschuhen balancierend und durch die Luft wirbelnd, über das dünne Eis dahinglitten», wurde in Garsington geschubst und getreten, neidischer Klatsch und boshaftes Gezänk verbreitet. Statt wohldosierte Komplimente zu machen und sich in absoluter Selbstverleugnung zu üben, setzte man Gerüchte in die Welt und schmiedete Intrigen.

Auch Lytton trug seinen Teil zu den Gerüchten und Intrigen bei. Dennoch zog er sich nach seiner Verhandlung vor dem Gericht in Hampstead nach Garsington zurück, das Ottoline zu einer Zufluchtsstätte für Kriegsdienstverweigerer gemacht hatte. Hier konnte er in Ruhe über sein Leben nachdenken. Im Gegensatz zu einigen seiner Bloomsbury-Freunde – Clive Bell zum Beispiel, der Lyttons Cousine Mary Hutchinson kürzlich zur Geliebten genommen hatte – schien sein Gefühlsleben wie tot. Sein Vater war 1908 gestorben, und seine Mutter war im Begriff zu erblinden. Obwohl er im März 1916 sechsunddreißig wurde, lebte er zumindest zeitweise noch immer im Schoß der geschrumpften Familie, die vom Lancaster Gate in ein kleineres Haus an den Belsize Park Gardens nach Hampstead gezogen war. Sogar sein Bruder James führte offenbar ein aufregenderes Leben als er. James war zu Kriegsbeginn vom Tod des Dichters Rupert Brooke, in den er sich hoffnungslos verliebt hatte, zutiefst erschüttert worden. Jetzt hatte er seine Liebe auf Brookes Freundin Noel Olivier übertragen, deren Schulfreundin Alix Sargant-Florence wiederum ihn umwarb. Was genau sie miteinander hatten, konnte niemand sagen.

Doch bald darauf sollte auch Lyttons Leben eine dramatische Wendung nehmen...

II.
Krieg und Frieden

1. Die Jungfrau und der Zigeuner

Im Herbst 1915 fuhr Lytton für ein paar Tage in das Landhaus von Leonard und Virginia Woolf in Asheham, das Virginia ihrer Schwester Vanessa kurzfristig zur Verfügung gestellt hatte. Der Maler Duncan Grant war auch dort, ebenso wie Mary Hutchinson. Ferner waren zwei Kunststudentinnen, Barbara Hiles und Dora Carrington, mit von der Partie. Barbara, die Lady Ottoline als «ein nettes, fröhliches Mädchen» beschrieb, war hübsch und gutmütig. Der gelehrte Saxon Sydney-Turner, der sie sehr bewunderte, pfiff (wie Virginia später auffiel) wie ein Teekessel auf kleiner Flamme, sobald er in ihre Nähe kam. Ihre Freundin Carrington dagegen war nicht sonderlich hübsch. Sie hatte eine unebene Nase, ein Mondgesicht und unregelmäßige Zähne. In Virginias Vorstellung war sie «leuchtend grün & gelb am Körper & ungeheuer fest & groß überall». Sie sprach etwas geziert mit tonloser Stimme, und von Zeit zu Zeit schnappte sie affektiert nach Luft. Sie schien die unterschiedlichsten Eigenschaften in sich zu vereinen: impulsiv, befangen, rastlos, unendlich bemüht zu gefallen, verzettelte sie sich in unentwegter Geschäftigkeit.

«Du bist wie eine bunte Keksmischung», sagte einmal die Dichterin Iris Tree zu ihr. «Deine Eltern waren wohl die Keksfabrikanten Huntley und Palmer.»

Carrington konnte also nicht durch Schönheit berücken, aber in ihr brannte ein geheimes Feuer, das nach außen strahlte, und ihre Mitmenschen, angelockt von diesem eigentümlichen Reiz, kamen näher und suchten ihre Bekanntschaft. Ihr Auftreten war von natürlicher Liebenswürdigkeit: Sie hatte ein strahlendes Lächeln und schmeichelte jedem, den sie mochte, ja flirtete fast mit ihm. Sie war in jeder Hinsicht von einer außerordentlichen Lebhaftigkeit, und

Menschen, Orte, ja sogar Gegenstände lösten in ihr die intensivsten und verwirrendsten Gefühle aus.

Ihr Aussehen hatte etwas Kindliches: runde Apfelbäckchen, große, leuchtend blaue Augen, ein rosiger Teint, so zart wie Porzellan, volles blondes Haar mit einem leichten Goldschimmer, das sie kurz und glatt trug wie ein florentinischer Page. Wenn man sie fotografieren wollte, nahm sie hastig Reißaus, wie ein Schmetterling, der vor dem Netz davonflattert. Ihre Bilder zeugen jedoch von einer tiefen Naturverbundenheit, und ihre Briefe, von denen ihr späterer Liebhaber Gerald Brenan schrieb, sie seien «wie das Rascheln von Blättern, wie Vogelstimmen, wie ein Arrangement gewachsener Formen», lassen erkennen, daß sie ihre Instinkte wie durch ein Wunder heil von der Kindheit ins Erwachsenenleben hinübergerettet hatte. Sie war damals zweiundzwanzig – dreizehn Jahre jünger als Lytton. Zwar hatte sie vorher schon Einladungen von Lady Ottoline angenommen, hatte die Annäherungsversuche von David («Bunny») Garnett erfolgreich abgewehrt und auch ein wenig für Roger Frys Omega Workshops¹ gearbeitet. Aber dies war nun ihr erstes Eintauchen in die Welt von Bloomsbury. «Ich war viel glücklicher, als ich erwartet hatte», schrieb sie im Dezember 1915 an Mark Gertler. Sie stand jeden Morgen früh auf, streifte durch die weite, wilde Hügellandschaft der Downs und stellte bei ihrer Rückkehr fest, daß die anderen noch im Bett lagen und schliefen. Tagsüber half sie Vanessa in der Küche, in der sie wohnten und aßen – «ohne die geringsten Tischmanieren. Nur das Nötigste wurde gekocht...» Abends trank man Punsch und lästerte. «Was sind das doch alles für Verräter!» entrüstete sie sich in einem Brief an Gertler. «Sie machen sich über Ottoline lustig!... Ich finde es scheußlich von ihnen, Ottolines Liebenswürdigkeit zu genießen & und dann über sie zu lachen.» Duncan sei «mit Abstand der netteste von ihnen», berichtete sie einem anderen Freund am 6. Dezember 1915, «aber dieser Strachey mit seinem gelben Gesicht und seinem Bart. Igitt!»

Eines Tages machten sie «einen netten Spaziergang über ungewöhnlich hohe Downs. Ich ging neben Lytton...» Er fühlte sich zu ihr hingezogen – so wie er sich zu Katherine Mansfield und Maria Nys hingezogen gefühlt hatte –, blieb plötzlich stehen und umarmte sie. Sie riß sich los und beklagte sich noch am selben Tag bei Barbara Hiles: «Dieser gräßliche alte Mann mit dem Bart hat mich geküßt!» Ihre Freundin versuchte sie zu beruhigen und ihr klarzumachen, daß er seine Annäherungsversuche dabei belassen würde, und weil Dora ihr nicht glauben wollte, buchstabierte Barbara ihr schließlich kichernd das Wort «homosexuell». «Was ist das?» fragte Carrington. Aber keine noch so wortreiche Erklärung konnte ihren Groll besänftigen. Sie wollte es ihm heimzahlen. Mit einer Schere bewaffnet, schlich sie am nächsten Morgen in aller Frühe in Lyttons Zimmer, um ihm im Schlaf den Bart abzuschneiden. Es sollte einer jener boshaften Streiche werden, die sie anderen so gern spielte – die ideale Rache für seine Dreistigkeit. Aber der Plan mißlang. Als sie sich über Lytton beugte, schlug er die Augen auf und schaute sie an. Es war ein Augenblick seltsamer Intimität, und sie, die so viele andere hypnotisierte, war plötzlich selbst hypnotisiert.

«Ich hatte eine schreckliche Kindheit», erzählte Dora Carrington später einmal (am 18. November 1928) Alix Strachey, der es gelungen war, Lyttons Bruder James in den Hafen der Ehe zu lotsen. Sie war die Tochter von Samuel Carrington, einem Bauingenieur bei der Ostindischen Eisenbahngesellschaft, der die ganze Welt bereist hatte, mit über fünfzig Jahren nach England zurückgekehrt war, «ein Odysseus ... endlich wieder daheim», und die Gouvernante Charlotte Houghton geheiratet hatte. Dora vergötterte ihren Vater. Ihre Mutter hingegen, die für sie, wie ihre Biographin Gretchen Gerzina schreibt, das Paradebeispiel «einer spießigen, repressiven englischen Hausfrau und Mutter» darstellte, verabscheute sie.[2] Im Jahr 1908, als Dora fünfzehn war, erlitt ihr Vater einen Schlaganfall, blieb fortan gelähmt und wurde sehr schwerhörig. Die Gebrechen ließen seinen Charakter in Doras Augen nur noch ehrwürdiger erscheinen, während sich der Haß auf ihre gouvernantenhafte Mutter weiter verstärkte. «Ich werde [ihr] nie verzeihen, daß sie ihn so völlig gezähmt & all seine Unabhängigkeit & Wildheit als Absonderlichkeiten betrachtet hat», vertraute sie im Januar 1919 Mark Gertler an.

Sie selbst war fest entschlossen, sich niemals zähmen zu lassen. Unbewußt übernahm sie jedoch die Verklemmtheit ihrer Mutter, für die (wie sich Doras jüngerer Bruder Noel erinnerte) «alles, was die Geschlechtsorgane oder auch ganz normale Körperfunktionen betraf, tabu war»[3]. Um dieser erdrückenden Vornehmtuerei zu entrinnen, begann sie ein System von Ausreden, Notlügen, Halbwahrheiten und Ausflüchten zu erfinden, das schließlich in einem «komplizierten Täuschungskalender» mündete, der ihr künftiges

Gefühlsleben bestimmen sollte. «Meine Lügengespinste sind oft eine Last für mich», gestand sie später dem Schriftsteller Gerald Brenan. Da sie finanziell von ihrer Mutter abhängig war, trieb sie die Kunst des Schwindelns aus purem Selbstschutz so weit, daß «ich nicht einmal mehr die Wahrheit sagen konnte, selbst wenn ich wollte». Manchmal fühlte sie sich wie H. G. Wells' Heldin Ann Veronica, eine moderne Frau, die nach Freiheit strebt und einer ganzen Generation den Namen gegeben hat. «Es ist so, als säße man in einem Vogelkäfig», schrieb sie im Mai 1915 von zu Hause aus. «Man kann alles sehen, was man gerne genießen würde, und kann es doch nicht haben. Auch mein Vater sitzt in einem Käfig, in den ihn meine Mutter gesperrt hat, aber er ist zu alt zum Zwitschern und Singen.» Dora hingegen konnte bezaubernd singen, und viele hingerissene junge Männer näherten sich ihrem Käfig und hätten sie liebend gern befreit. Aber konnte sie ihnen trauen? Sie sehnte sich nach Befreiung – und konnte sie «doch nicht zulassen». Es war, als fürchtete sie, wie die erste Taube von Noahs Arche, auf immer verloren zu sein. Vielleicht war es besser, zu warten und auch weiterhin ihr System von Ausreden, Notlügen, Halbwahrheiten und Ausflüchten zu benutzen, um sich dann im kritischen Augenblick hinter verschwiegener Zurückhaltung zu verbergen. Also flog sie nicht fort, sondern schien gelähmt, genau wie ihr Vater.

Für ihre ältere Schwester Lottie Louise, eine Krankenschwester, die ihr langweiliges Elternhaus früh gegen eine langweilige Ehe mit einem Facharzt für orthopädische Chirurgie eintauschte, hatte sie wenig übrig. Ihren Brüdern stand sie näher. Sam, der Älteste, war ein ziemlich hoffnungsloser Fall, ein rotgesichtiger junger Mann, der sich als Berufssoldat verpflichtete. Während des Krieges entwickelte er eine schwere Kriegsneurose und fand später Arbeit im Hundeasyl von Knightsbridge. Für Dora war er immer eine lächerliche Figur. Aber «Teddy», ihren charmanten «Matrosenbruder», der schon bald in der Schlacht an der Somme fallen sollte, liebte sie wegen seiner Schönheit und Stärke, er war «so braun gebrannt, mit dunklen, leuchtenden Augen und schwarzen Haaren ... ein großer und stattlicher Mann». Am nächsten stand sie ihrem jüngeren Bruder Noel, der später Verleger und dann Landwirt wurde.[4] Jene Brüder drängten sie in die Unabhängigkeit, und sie spürte, daß sie viel lieber ein Junge gewesen wäre. Ihre Briefe sind voller Abscheu gegen das eigene Geschlecht. Es war so sinnlos, eine Frau zu sein. Sie wollte keine Kinder. Sie wollte keinen Geschlechtsverkehr mit Männern. «Ich habe mein Leben lang nicht das geringste Verlangen danach verspürt», schrieb sie am 16. April 1915.

Visuelle Erfahrungen machten vieles an ihrem Unglück wieder wett. In der Schule hatte man sie stets zur Disziplin anhalten müssen. Ihre Zeugnisse zeigten, daß ihre einzige Begabung das Zeichnen war, und da sie auch zu Hause Schwierigkeiten machte, schickte ihre Mutter sie kurzerhand auf eine Kunstakademie, die Slade School of Fine Art, wo sie ein Stipendium erhielt.[5] Voller Freude über ihre neugewonnene Freiheit ließ sie sich die Haare kurz schneiden und verzichtete fortan auf ihren weiblichen Taufnamen Dora. In einem Brief an Noel vom 27. Dezember 1916 sprach sie von «einem sentimentalen englischen Unterschichtsnamen», den schließlich nur noch ihre Mutter gebrauchte. Bis an ihr Lebensende kannte man sie, selbst nach ihrer Heirat, nur noch unter dem Namen Carrington.[6]

Von dem Augenblick an, als sie von zu Hause fortging, «kämpfte sie ständig darum, in den Ferien möglichst nicht heimfahren zu müssen und durch irgendeine List dem Diktat und den Fragen der Mutter zu entgehen», berichtet ihr Bruder Noel. Ihre Mutter hat diesen Kontrollverlust über ihre Tochter nie verwunden und lebte in ständiger Furcht vor Doras Künstlerfreunden.

Unter den Studenten der Slade School wurde sie bald «zur tonangebenden Figur», wie der Maler Paul Nash schrieb: «... eine auffallende und beliebte Persönlichkeit». Sie war beliebt bei den anderen Mädchen und mehr als beliebt bei den jungen Männern. Paul Nash, der ihr einmal bei einer Fahrt auf dem Oberdeck eines Omnibusses seine Hosenträger für ein Kostümfest lieh, war nicht der einzige, der sich zu ihr hingezogen fühlte. Albert Rutherston sehnte sich monatelang danach, ihr seine Liebe zu erklären – gestand sie ihr dann völlig unerwartet in einem reumütigen Brief aus Frankreich: «Ich habe Dich geliebt & einfach alles an Dir, ja, Dein Talent, Dein bezaubernder Scharfsinn und Witz ... haben mir goldene Stunden beschert.» Auch C. R. W. Nevinson hatte sie völlig den Kopf verdreht. «Ich kann mich nicht daran erinnern, schon einmal in einer so außergewöhnlichen Verfassung gewesen zu sein», gestand er. «... ich habe Dich schrecklich lieb ... & bin ganz und gar Dein.» Auch Mark Gertler wurde von glühender Leidenschaft ergriffen. «Ihre Hand zu berühren ist Seligkeit!» schwärmte er. «Ihre Hand zu küssen himmlische Wonne! Ich habe über ihr Haar gestrichen und bin fast ohnmächtig geworden vor Glück.» Leider schwärmte er ausgerechnet Nevinson von ihr vor. Die beiden begabten jungen Künstler waren enge Freunde, bis die gleiche Leidenschaft für Carrington sie in Rivalen verwandelte. Sie verbrachten eine qualvolle Zeit. «Wir waren beide noch sehr jung», schrieb Gertler nach seiner Heirat viele Jahre später, «und niemand traf eine Schuld.»[7] Damals jedoch machte er Carrington dafür verantwortlich. «Ich haßte Dich dafür, daß Du mit den Gefühlen zweier Männer gespielt hast», schrieb er ihr im Januar 1913.

Aber Carrington verstand die ganze Aufregung und das Liebesunglück überhaupt nicht. Sie mochte sie alle – Nash und Rutherston und Nevinson und Gertler –, sie bewunderte sie sogar und brauchte sie als Studienkollegen, von denen sie lernen konnte. Wozu diese ganze Brunst? Sie hatte das alles «gründlich satt». Der einzige Vorteil der zahlreichen Verehrer bestand darin, daß eine feste Bindung an einen von ihnen fast unmöglich war. Trotzdem hatte Gertler bis zum Ende von Carringtons Zeit an der Slade School seine Rivalen aus dem Feld geschlagen und nahm nun die undankbare Rolle des bevorzugten Verehrers ein.

«Du bist die *Lady* und ich der Junge aus dem Londoner Osten», schrieb er ihr im Dezember 1912. Er war der Sohn frommer jüdischer Eltern, hatte in Whitechapel eine ärmliche Kindheit verbracht und war auf Anraten von William Rothenstein von der Jewish Education Aid Society, einer jüdischen philanthropischen Gesellschaft, auf die Slade School geschickt worden. Wie Carrington kostete es ihn Mühe, sich den Normen der Slade School anzupassen, und er erkor sie, die Außenseiterin, zu seiner *femme inspiratrice*. «Deine Freundschaft INSPIRIERT MEINE ARBEIT», verkündete er, «ich denke an Dich bei *jedem* Pinselstrich, den ich mache.» Nevinson fiel auf, daß Gertler «bei den Mädchen beliebt war und sie ihn umschwärmten». Aber Carrington war anders als all die Schauspielerinnen und jüdischen Mädchen aus dem Londoner Osten, die er vorher gekannt hatte. «Es gibt niemand, der Dir ebenbürtig ist», schrieb er ihr. Sie war sein absolutes Schönheitsideal. «Ich denke, Du bist das reinste und *heiligste* Mädchen, dem ich *jemals* begegnet bin, und solange Du bei mir bleibst, wirst Du das auch immer bleiben», beteuerte er. «Mein ganzes Leben werde ich Dir widmen und versuchen, Dich glücklich zu machen.» Sie wurde nicht nur der Mittelpunkt seiner Malerei, sondern auch «meine intimste Freundin», nicht nur der Quell seiner Inspiration, sondern seine Obsession. Ihre plötzlichen Begeisterungsstürme, ihre scheinbare Unkompliziertheit und ihre Zutraulichkeit waren einzigartig in seinen Augen. Und dennoch umgab sie der Schleier des Geheimnisvollen, und wenn sie mit ihrer seltsam atemlosen Stimme sprach und ihm aus ihren vergißmeinnichtblauen Augen verstohlene Blicke zuwarf, dann hatte er das Gefühl, sie vertraue ihm ein streng gehütetes Geheimnis an. War sie gegangen, so kam er nicht vom Bild ihres Gesichtes los. Für ihn war es «wie eine schöne Blume, eingefaßt von einem goldenen Rahmen». Er war bezaubert, aber auch beunruhigt. «Abgesehen von der Malerei bist Du das *einzige*, für das es sich zu leben lohnt», erklärte er ihr. Seine Obsession wurde jedoch so stark, daß sie an seinen Kräften zu zehren begann und seiner Malerei schadete. Er beschloß, das Problem souverän zu lösen, und machte ihr einen Heiratsantrag. Doch völlig unverhofft lehnte sie ab. Stimmte es, daß «ihre Wege in verschiedene Richtungen führten» und daß der gesellschaftliche Unterschied zwischen ihnen, der ihn so fasziniert hatte, zu einem unüberwindlichen Hindernis für sie werden sollte? Er kämpfte noch mit dieser bitteren Zurückweisung, als sie beteuerte, daß sie ihn liebe.

Er wußte nicht, woran er war, und begann in seiner Verunsicherung, seinen Kummer mit D. H. Lawrence, Gilbert Cannan, Aldous Huxley, Lady Ottoline und anderen zu besprechen. Auf diese Weise fanden er und Carrington den Weg in die Literatur der damaligen Zeit. In Aldous Huxleys Roman «Eine Gesellschaft auf dem Lande» (1921) wurde aus Gertler der Maler Gombauld, «ein schwarzhaariger junger Korsar von dreißig Jahren mit blitzenden Zähnen und großen, leuchtenden dunklen Augen». Carrington durfte man in der «rosigen und kindischen» Mary Bracegirdle wiedererkennen, mit ihrem kurzgeschnittenen Haar, das «wie eine Glocke aus fließendem Gold ihre Wangen umgab», ihren «großen, kobaltblauen Augen» und ihrer Miene, die «verwunderten Ernst» ausdrückt. In D. H. Lawrences Roman «Liebende Frauen» (1921) fließen einige Charakterzüge Gertlers in die Person Loerke ein, den verdorbenen Bildhauer, zu dem Gudrun sich hingezogen fühlt (wie Katherine Mansfield zu Gertler), während Carrington als das frivole Modell Minette Darrington karikiert wird. Auch Lytton findet sich in dem saft- und kraftlosen Julius Halliday porträtiert. Lawrence war fasziniert von dem, was er über Carrington hörte. Er verübelte ihr, daß sie in seinem Freund Gertler ein so großes Verlangen geweckt und sich dann geweigert hatte, es zu erfüllen. Stellvertretend für ihn nahm er Rache an ihr, indem er sie in seiner Erzählung «None of That» als Ethel Cane porträtierte, eine Ästhetin, die Opfer einer Gruppenvergewaltigung wird, zu wahrer Liebe jedoch unfähig ist. «Sie haßte Männer, haßte alle aktive Männlichkeit in einem Mann. Sie wollte passive Männlichkeit.» Wonach sie in Wahrheit strebte, so schloß Lawrence, war nicht Liebe, sondern Macht. «Mit ihrem Körper vermochte sie eine ablehnende Kraft auszuströmen», schrieb er, «um sich Menschen untertan zu machen.» Seinen Ausführungen zufolge war sie auf der Suche nach einem epochemachenden Mann, der ihr als passendes Werkzeug für ihren Willen dienen sollte. Aus eigener Kraft vermochte sie nichts. Sobald sie jedoch eine Gruppe oder ein paar wahre Individualisten oder auch nur einen einzigen Mann um sich hatte, konnte sie «etwas bewegen», sie wie Marionetten in einer Tragikomödie um sich herum tanzen lassen. «Nur im vertrauten Kreis war sie unerschrocken und hemmungslos wie der Leibhaftige», schrieb Lawrence, womit er ihr die wahnhaften Züge verlieh, die so viele seiner Figuren besitzen. «In der Öffentlichkeit und an fremden Orten hingegen fühlte sie sich sehr unwohl, wie jemand, der ein schlechtes Gewissen gegenüber der Gesellschaft hat und sie fürchtet. Und deshalb brauchte sie auch immer einen Mann an ihrer Seite, der zwischen ihr und all den anderen stand.»

Aber sollte dieser Mann wirklich Mark Gertler sein? Er war eine ungewöhnlich auffallende, zigeunerhafte Erscheinung mit schönen Händen, von verblüffender Vitalität, vor allem aber fesselte er durch sein großes zeichnerisches Können, seinen Humor und sein Talent, andere nachzuahmen. Er besaß «die fiebrigen Augen des Genies und der Schwindsucht». Seine große Empfänglichkeit für alles Visuelle rührte auch in Carrington eine Saite an. Sie war sich fast sicher, daß sie ihn liebte. Und wenn sie ihn liebte, dann konnte er auch auf sie warten. Für sie war nichts Unrechtes dabei, daß er warten sollte. Sie liebte ihn als Freund, als Künstler, so wie eine Schwester ihren Bruder. «Ich liebe Dich nicht körperlich, das weißt Du», erinnerte sie ihn im November 1915, «aber Du bedeutest mir mehr als jeder andere Mensch auf der Welt.» Doch würde diese Zuneigung je zur Liebe heranreifen? Manchmal fragte er sich, ob sie überhaupt eine Vorstellung davon hatte, was sexuelle Leidenschaft ist.

Ihr gegenseitiges Kräftemessen auf dem Feld der Liebe hatte einen unwillkürlichen Hang zum Komischen. Gertler erklärte ihr ungeduldig, er liebe sie vorbehaltlos, und drängte, sie solle seine Frau oder wenigstens seine Geliebte werden. Carrington, die von intimen Dingen nur in äußerst verschlüsselter Weise zu reden vermochte, beteuerte, er sei das Festland, von dem aus sie Expeditionen über das Meer zu fernen Inseln unternehme, doch zu dem sie immer wieder zurückkehren werde. Als er dieser bildhaften Ausdrucksweise ein wenig überdrüssig wurde und genauer wissen wollte, wann er denn damit rechnen dürfe, ihr Liebhaber im wahrsten Sinne des Wortes zu werden, murmelte sie stets etwas von «nächstem Sommer» oder «nächstem Winter», je nachdem, ob gerade Herbst oder Frühling war. Wenn dann jedoch die entsprechende Jahreszeit anbrach, vertröstete Carrington ihn wieder mit irgendwelchen schönfärberischen Ausflüchten über Inseln und Kontinente. Als er schließlich darauf bestand, zu erfahren, warum sie zulasse, daß «diese Barriere – die Sexualität – zwischen uns steht», ließ sie ihn wissen, daß er für ihren «physischen Leib» noch nicht reif sei.

Und wenn er dann schon fast alle Hoffnung aufgegeben hatte, jemals ihre Liebe gewinnen zu können, schickte sie ihm aus heiterem Himmel ein Päckchen mit gepunkteten Krawatten, ein Glas Honig, einen Strauß Blumen oder ein aufregendes Foto von sich, begleitet von einem Brief, in dem sie ihren festen Entschluß mitteilte, in Zukunft weniger selbstsüchtig zu sein und mehr an sein Glück zu denken. Dies ermutigte ihn dann, den Kampf erneut aufzunehmen. Aber ihre wiederholten Ermahnungen, er solle doch glücklich sein, deprimierten Gertler. Er wurde nicht klug aus ihr. Wenn sie lächelte, glaubte er, sie mache sich über ihn lustig, und er wunderte sich über seine fürchterliche Abhängigkeit von ihr.

Gertlers Gespräche mit Carrington beschränkten sich lange Zeit auf zwei Themen: Zum einen beteuerte er, seine Leidenschaft sei «nicht lüstern, sondern *schön*!», und sie habe unrecht, wenn sie ihn für «vulgär und schmutzig» halte. Zweitens erklärte er ihr, er erweise sich ihrer Gesellschaft zwar als unwürdig, da er «*viel* zu vulgär und ungeschliffen» für sie sei, hoffe aber, sich durch seine künstlerische Arbeit zu ihr emporschwingen zu können. Im Laufe des Jahres 1915 änderte er seine Taktik und lud sie ein, Wochenenden mit ihm auf dem Land zu verbringen – in Gilbert Cannans

Mühle, in Ethel Walkers Cottage, auf Lady Ottolines Landsitz – und sie war entzückt. Wenn sie nicht von zu Hause fort konnte, schickte er ihr verlockende Schilderungen seiner Abenteuer in London. «Wir verbringen hier in London gerade eine aufregende Zeit», schrieb er. Auf einer Party war ihm «das kleine deutsche Mädchen, das Du nackt gezeichnet hast», als Partnerin zugeteilt worden, und er fand, daß sie «*hervorragend* tanzt. Ihr entzückender, kleiner Körper läßt sich gut im Arm halten.» Auf einer anderen Party spielte er mit der Dichterin Iris Tree eine Liebesszene. Sie war «... wunderschön in einem hellgelben Abendkleid ... Iris gefällt mir besser, als mir lieb ist.» Auf einer dritten Party «tauschten Katherine [Mansfield] und ich – beide ziemlich betrunken – vor den Augen der anderen leidenschaftliche Zärtlichkeiten aus!» Wenn er gerade nicht auf einer Party war, malte er. «Meine Bilder machen offensichtlich Furore!» berichtete er. Clive Bell und Roger Fry hatten ihn gelobt, Eddie Marsh befaßte sich mit ihm, und Lady Cunard «versichert mir, ich sei das Hauptgesprächsthema von ganz London».

Diese Briefe «regen mich furchtbar auf», antwortete ihm Carrington. «Du bist berühmt und benimmst Dich unrühmlich.» Sie war «eifersüchtig, daß all die anderen Leute» seine Bilder vor ihr zu Gesicht bekamen, und traurig, daß ihr dieser ganze Spaß entging. «Du darfst mich nicht vergessen», beschwor sie ihn. «Ich muß gestehen, daß ich Dich schrecklich vermisse ... ich würde so gern nach London kommen.» Sie hatten so vieles geteilt, beinahe alles, daß sie ihr Leben vielleicht doch mit diesem Maler, der sie liebte, verbringen konnte. Er war immer so geduldig mit ihr gewesen, und jetzt konnte sie nicht mehr ohne seine Freundschaft sein. «Vermißt Du meine Suppen?» erkundigte sie sich. Sie versprach, «ich werde Aufläufe und leckere Gerichte für Dich kochen, wenn ich wiederkomme», und als sie dann wiederkam, versprach sie ihm auch endlich, mit ihm ins Bett zu gehen. In jenem Sommer schliefen sie dann tatsächlich in Gertlers neuem Atelier in Hampstead einmal miteinander, und Carrington überstand diesen Liebesakt als Jungfrau, was nicht nur bei Gertler für Erstaunen und Verwirrung sorgte, sondern auch bei ganzen Generationen von Bloomsbury-Forschern in unserem Jahrhundert. Diese Erfahrung, ebenso wie ein früherer gewaltsamer Annäherungsversuch Gertlers, lösten in ihrem Inneren «ein Gefühl der Scham und der Befleckheit» aus. «Was kann ich denn dafür?» fragte sie ihn. «Ich wünschte bei Gott, ich könnte es ändern. Glaub ja nicht, daß ich es schön finde, frigide zu sein, und daß es mich glücklich macht. Es tut mir genauso weh.»

Gertlers Lage war nun mißlicher denn je. «Bei Dir kommt man über ein gewisses Maß an Vertrauen und Nähe nicht hinaus. Überschreitet man für einen Augenblick diese Grenze, weichst Du sofort zurück, und man hat das Nachsehen. In dieser Hinsicht kannst Du erstaunlich grausam sein.» Er war fest entschlossen, sie zu verlassen – aber er konnte es nicht. Was sollte er bloß tun? «Wenn Du Dich nur aufgeben könntest in der Liebe», schrieb ihm D. H. Lawrence am 20. Januar 1916, «wäre sie viel glücklicher. Immer willst Du sie beherrschen, und das ist nicht gut. Man muß lernen, sich zurückzunehmen ...» Aber auch Lawrence wollte die Menschen beherrschen. Also wandte sich Gertler lieber an einen Spezialisten in Herzensangelegenheiten und befragte Lytton Strachey.

Gertler hatte Lytton auf einer Party bei Lady Ottoline kennengelernt, wobei Lytton sich anschließend offenbar einige Hoffnungen gemacht hatte, der junge Maler könnte die Nachfolge von Henry Lamb als Künstler in seinem Leben antreten. Er tat alles, um sich Gertler gegenüber als großzügig und galant zu erweisen, und drängte ihm zahlreiche Bücher auf: Vergils «Eklogen», «Tristram Shandy», «Hamlet», die Gedichte von Thomas Hardy, die Briefe von Keats und die Romane von Dostojewskij. Gertler fühlte sich geschmeichelt und las eifrig. Und nicht nur das: Er antwortete mit Einladungen zum Tee, ging mit Lytton in den Kensington Gardens spazieren, bemühte sich, mit ihm Französisch zu sprechen, besuchte The Lacket und Belsize Park Gardens. Die Klassikerlektüre, die Teestunden und Französischlektionen waren ziemlich anstrengend. Und dennoch war Gertler für Lyttons Aufmerksamkeiten dankbar. «Ich bin jetzt eng mit Lytton Strachey befreundet», brüstete er sich gegenüber Carrington (März–April 1915). «Wir führen eine Korrespondenz. Er ist ein hochintelligenter Mensch – ich meine, im echten Sinne. Es ist fabelhaft, sich mit ihm zu unterhalten ... [er] spricht viel mit mir, wenn wir allein sind.» Lyttons geistiges Format flößte ihm einigen Respekt ein, so daß er sich vorbildlich benahm. Einmal schickte Lytton ihm ein paar Gedichte und ein Typoskript von «Ermyntrude und Esmeralda». Einiges davon war zwar eher befremdlich, doch Gertler war entschlossen, sich beeindruckt zu zeigen. ««Ermyntrude und Esmeralda› fand ich ausgesprochen amüsant. Aber die Gedichte halte ich für ausgezeichnet. Haben Sie vielleicht noch andere Werke, die Sie mir zu lesen geben könnten? Sie würden mir damit eine große Freude machen.»

Welcher Autor könnte eine solche Bitte ausschlagen? Rasch folgten weitere Gedichte, darunter auch einige Bände Shelley, die dazu beitrugen, daß Gertler Lytton für einen Mann mit aufgeklärten Ansichten über Sexualität und einem ernsthaften künstlerischen Streben hielt. Er war stolz, einen solchen Freund zu haben. «Ich bin unglücklich. Kommen Sie mich bald besuchen», schrieb er Lytton. Aber das war ein großer Fehler, denn Lytton faßte es als sexuelle Ermutigung auf. «Seitdem ist es mir unangenehm, mit ihm zusammenzusein», gestand Gertler Carrington, und als Lytton, der sich nicht abweisen lassen wollte, ein weiteres Mal vor Gertlers Atelier auftauchte, spähte Gertler durch das Schlüsselloch und ließ ihn nicht herein. «Du kannst Dir nicht vorstellen, wie unangenehm es für einen *Mann* ist, zu spüren, daß er einen anderen Mann in dieser Weise anzieht ... jeder anständige Mann empfindet es einfach als abstoßend, für einen anderen körperlich attraktiv zu sein!» Trotz dieser Schwierigkeit behauptete er gegenüber Carrington: «Ich mag Lytton.» Ein wenig gedankenlos vielleicht vertraute sie ihm an, was in Asheham zwischen ihr und Lytton vorgefallen war – und bereute es sogleich wieder. «Es tut mir leid, daß ich Dir das mit Lytton erzählt habe, ich wollte es Dir eigentlich nicht sagen», entschuldigte sie sich. «Ich wollte nur, daß Du es wenn, dann von mir erfährst ... ein so verachtenswerter Mann sollte einen weder traurig noch glücklich stimmen.» Aber Gertler konnte diesen Vorfall nicht ernst nehmen. In den folgenden Monaten wirkte Carrington eher glücklich als traurig, und Gertler begann davon zu profitieren. Seine Bildungsanstrengungen unter Lyttons Anleitung zeigten Früchte, so daß er, wie Monsieur Jourdain in Molières Komödie, außerordentliche Fortschritte machte – besonders in Carringtons Augen. Da sie selbst wenig Bildung besaß, schätzte sie Belesenheit sehr.

Anfang 1916 ersann Gertler eine raffinierte List, um Carringtons Widerstand zu brechen. Er hatte schon alles Erdenkliche probiert, um ans Ziel seiner Wünsche zu gelangen: Er hatte drei Monate lang nichts von sich hören lassen, um sie dann wieder mit Aufmerksamkeiten zu überschütten; er hatte ihr offen seine Liebe erklärt, sie angelogen, ihr Szenen gemacht, mit ihr diskutiert, ihr geduldig gut zugeredet – alles umsonst. Vielleicht würde ja Lyttons Gelehrsamkeit dort Erfolg haben, wo seine ungehobelte Heftigkeit versagt hatte? Wenn dieser Apostel sexueller Freizügigkeit sein ganzes Wissen und seine ganze Autorität einsetzte, um den Knoten von Carringtons Jungfräulichkeit zu lösen, würde sie sich ihm vielleicht endlich hingeben. Je mehr er über diesen Plan nachdachte, desto mehr schien er sich anzubieten. Er war sicher, daß Lytton ihn als Maler sehr schätzte und aus naheliegenden Gründen auch nicht danach trachten würde, ihm seinen Platz in Carringtons Herz streitig zu machen. Bei diesem Plan konnte also gar nichts schiefgehen.

Gertler hatte daher auch nichts dagegen, daß Carrington Lytton allein traf. Er ahnte nichts von der «unglaublichen inneren Erregung» (20. April 1916), die sie stets empfand, wenn sie Lytton besuchte. Wahrscheinlich hätte Gertler ihr nicht einmal geglaubt. Und sie verriet ihm auch nicht, daß sie manchmal nur von ihm wegging, um mit Lytton zusammenzusein. Noch nie im Leben war sie so glücklich gewesen. Es war unerklärlich. Es war außergewöhnlich. Sie versuchte sich bei Lytton unentbehrlich zu machen, ohne dabei ihre Freundschaft mit Gertler aufzukündigen. Die Hindernisse, die sich ihr in den Weg stellten, müssen ihr anfangs unüberwindlich erschienen sein. Die zu erwartende Feindseligkeit der einschüchternden Koryphäen aus dem Bloomsbury-Kreis, die Mißbilligung ihrer schrecklichen Mutter, die Eifersucht und Wut Gertlers – die natürlich alle nichts von ihrer hingebungsvollen Liebe zu Lytton erfahren durften – hätten manch andere Frau davor zurückschrecken lassen. Aber nicht Carrington. Was sie vielmehr entmutigte, war seine Entrücktheit. Sie hatte so großen Respekt vor ihm, daß sie ihn nur selten anzurufen wagte, weil er am Telefon «so kalt und streng» klang. Häufig schüchterte er sie auch mit langem Schweigen ein.

Lyttons Gefühle für Carrington wandelten sich jedoch im Laufe ihrer Beziehung. Er fühlte sich geschmeichelt durch ihre Verehrung, aber manchmal erschreckte sie ihn auch. Virginia Woolf beobachtete Carringtons merkwürdige Liaison mit dem Mann, der einmal um ihre Hand angehalten hatte, und stellte fest, daß er nun mit Ende Dreißig auf einmal «ungewöhnlich zart, sanftmütig und rücksichtsvoll wurde. Es gibt nichts Intimeres als ein Gespräch mit Lytton», schrieb sie über ihn. Welcher Natur war nun aber Lyttons Intimität mit Carrington? Würde er sie heiraten, wie Ottoline allen erzählte? «O Gott!» entfuhr es ihm auf diese Frage, «schon allein die Vorstellung ... Eines weiß ich sicher: Ich werde niemals heiraten.»

«Aber wenn sie in dich verliebt ist?» bohrte Virginia weiter.
«Nun, dann ist das ihr Risiko.»
«Ich glaube, manchmal bin ich eifersüchtig ...»
«Auf sie? Das ist doch nicht zu fassen.»
«Du magst mich lieber, nicht wahr?»[8]
Dann mußten sie beide lachen, und er versicherte Virginia, daß er sie natürlich viel lieber mochte. In Virginias Tagebuch hieß es später, er habe über sie «in einer Offenheit» gesprochen, die «nicht schmeichelhaft war, obwohl keineswegs boshaft». Dennoch wurde seine Offenheit dadurch etwas gedämpft, daß er «höchst einfühlsam & verständnisvoll» um Virginias Wünsche wußte, war er doch «der Mensch, dessen Verstand am empfänglichsten für neue Eindrücke [war]». Daher wußte er vielleicht auch, wie sehr es ihr insgeheim gefiel, wenn er ihr von seiner Furcht erzählte, «Carrington könnte etwas dagegen haben, daß er ihr schreibt». Und bei einer anderen Gelegenheit, als er ihr zusammen mit Carrington einen Besuch abstattete, flüsterte er ihr zu, daß «er gerne noch geblieben wäre, aber ohne sie». Virginia war auch entzückt, als er ihr einige Jahre später sein Buch «Queen Victoria» widmete. «Du hättest Vic[toria] C[arrington] widmen sollen», tadelte sie ihn.

«Meine Güte, nein – so stehen wir ganz und gar nicht zueinander.»
«Ottoline wird erbost sein.»[9]
Er konnte sich gut vorstellen, daß Ottoline vielleicht erbost sein würde. Aber doch nicht Carrington.

Für Virginia blieb diese Liaison ein Rätsel, wenn sie sich die unattraktiven Seiten von Stracheys Charakter vergegenwärtigte: seine trockene Gelehrsamkeit, seinen «Mangel an Großherzigkeit, bar jeder Atmosphäre», seine kümmerliche physische Ausstrahlung, seine mangelnde Vitalität, seine Ordentlichkeit, seine Farblosigkeit, seinen «Anspruch auf größeren Reichtum & höheren Komfort», den er stillschweigend hegte, um seine «unendlich vorsichtige, schwer faßbare Natur ohne allen Unternehmungsgeist» zu beschützen. Was für Virginia ein Rätsel blieb, war die Quelle von Carringtons grenzenloser Bewunderung für Lytton. «Manchmal frage ich mich, worauf sie hinauswill», schrieb Virginia am 6. Juni 1918 in ihr Tagebuch. «... Ich vermute, der Sog von Lyttons Einfluß bringt ihr seelisches Gleichgewicht stark durcheinander.»

Nach und nach legte sich Virginias Mißtrauen gegenüber Carrington. Sie war ein höchst angenehmer Gast und betrachtete Bilder mit dem Blick einer echten Malerin. Lytton gegenüber zeige sie sich «eifrig, anspruchslos, versöhnlich, bewundernd, wie eine sehr ergebene Schülerin, aber mit genügend Charakter, um nicht fade zu wirken». Im Jahre 1918 gelangte Virginia zu der Überzeugung, daß Lytton einen förderlichen Einfluß auf Carrington ausübte, und gratulierte ihm zu dieser positiven Veränderung. «Ach ja, aber die Zukunft sieht düster aus», antwortete er ihr, «ich *muß* frei sein. Ich werde fortgehen wollen.» «Und wenn nun Carrington ihrerseits fortgehen wollte?» erlaubte sich Virginia zu fragen und sah, daß er von dieser Möglichkeit nicht gerade entzückt war. Virginias Meinung nach hatte sich nämlich auch Lytton unter Carringtons Einfluß zum Positiven verändert. «Wenn er auch weniger witzig ist, so ist er jedenfalls menschlicher», stellte sie fest (22. Januar 1919). «... aber ich mag Carrington. Sie hat dazu beigetragen, daß er menschenfreundlicher geworden ist.» Trotzdem sah die Zukunft dieser unmöglichen Verbindung tatsächlich ziemlich düster aus, und von Zeit zu Zeit fragte sich Virginia: «Was soll denn bloß aus C[arrington] werden ... Was soll denn jetzt bloß aus Carrington werden?»

Lytton war selbst überrascht, mit welchem Vergnügen er Carrington die Schätze der Literatur näherbrachte. Obwohl er ihr bisweilen ihre mangelnde Bildung schmerzlich vor Augen führte, sog sie seine Lektionen begierig in sich auf und gab sie dann sogleich an den immer noch nach ihr schmachtenden Gertler weiter, der bald darauf in den Genuß einer doppelten Portion Lyrik und Prosa kam.

Die Monate vergingen, der Sommer kam näher, und Carringtons Bindung an Lytton wurde stärker, bis sie schließlich mit allen Fasern ihres Herzens an ihm hing. Ihre Bindung brachte sie an den Rand des Identitätsverlustes, er bedeutete ihr mehr als sie sich selbst. Wenn er bei ihr war, blühte sie auf, war er eine Woche oder auch nur einen Tag abwesend, hörte sie auf zu existieren und lebte nur noch in den Briefen, die sie ihm schrieb – in unregelmäßiger Schrift, ohne Zeichensetzung und mit Fehlern gespickt. Seite um Seite füllte sie großformatiges Briefpapier oder Blätter, die sie aus Schulheften herausgerissen hatte, und versah sie mit Zeichnungen im Stil Edward Lears, die ihre Geschichten und ihre mißliche Lage illustrierten. Dieses rätselhafte Glück mit Lytton führte sie teilweise darauf zurück, daß ihre Beziehung so ganz anderer Natur war als ihre Affäre mit dem stürmischen Gertler. Lytton verlangte nur selten etwas von ihr und ließ ihr auch alle Freiheiten. Wenn sie nicht mehr frei war, dann nur deshalb, weil sie so hohe Ansprüche an sich selbst stellte. Im Gegensatz zu Gertler, der Tantalusqualen litt, war Lytton sanft und zuvorkommend. Sie fühlte sich sicher in seiner Gegenwart, fand ihren inneren Frieden. Er wurde ihr «*Chère* [sic] *Grandpère*», sie war «*Votre grosse* [sic] *bébé*». Virginia notierte später einmal (am 23. Juli 1918) über die beiden: «Lytton sehr amüsant, charmant, wohlwollend & und wie ein Vater mit C[arrington]. Sie küßt ihn & bedient ihn & und bekommt gute Ratschläge & und einen gewissen Schutz.»

Die Kunde, daß Lytton zu ihrem Ersatzvater geworden war, kam auch Wyndham Lewis zu Ohren. Selbst Vater einer Kinderschar, hielt er Lyttons neu erlangte Vaterehre für eine typisch Stracheysche Methode, seine revolutionäre Pseudomännlichkeit unter Beweis zu stellen. Bei Carrington vermutete er, sie unternehme den späten und unangemessenen Versuch, sich eine dominante Vaterfigur zu verschaffen, die ihr in der Kindheit gefehlt hatte. In seinem Roman «The Apes of God» (1930) karikierte dieser Erzfeind des Bloomsbury-Kreises, den er als «Schwulen-Clan» bezeichnete, den Karikaturisten Lytton unter dem Namen Matthew Plunkett. Dieser kranichhafte Plunkett hat einen steifen, linkischen Gang, pflegt Marotten, die an seinen Vater erinnern, zelebriert vor Fremden eine kauzige Schüchternheit und spricht in zwei unterschiedlichen Stimmlagen: einem schrillen, zänkischen Keifen und einer eher affektierten Sprechweise – «einem näselnden Gestammel, das die Wirkungen eines starken Katarrhs zum Vorbild hat». Der Held ist ein moderner Mann, der sich intensiv mit Psychologie beschäftigt. Daher kommt er auf die überaus originelle Idee, sich in der Züricher Praxis des jüdischen Dr. Frumpfsusan einer psychoanalytischen Behandlung zu unterziehen. Der Einfall verdankt sich der Berufslaufbahn von Lyttons Bruder James Strachey, der erst Patient und dann Schüler Freuds wurde und schließlich dessen Werk ins Englische übersetzt hat. Plunketts Ziel ist es, mit Jungs Worten gesprochen, sich in einen extrovertierten Menschen zu verwandeln, um auf diese Weise seinen «bösartigen Minderwertigkeitskomplex» zu überwinden. Dr. Frumpfsusan erklärt, daß er die Natur zu seinem persönlichen Vorteil verkehren solle. «Minderwertigkeitsgefühle können auch von tatsächlicher Überlegenheit herrühren», sagt er schmeichlerisch. «Sie sind das Handikap des Genies.» Um eine erfolgreiche Extraversion zu erreichen, solle Plunkett Mittel und Wege finden, ein Gulliver im Lande Liliput zu werden. «Um dieses wahrhaft erhebende Selbstwertgefühl zu erlangen», schließt er, «müssen Sie *sich kleine Freunde aussuchen ... glauben Sie mir, Sie können sich Ihre Freundin gar nicht klein genug aussuchen ...*»

Diesem ärztlichen Rat folgend, läßt Plunkett sich mit Betty Blythe ein, einer kleinen, Carrington nachempfundenen, puppenhaften Frau. Durch ihre medizinisch verordnete Puppengröße wirkt sie vollends zwergenhaft neben dem Märchenriesen dieser Bloomsbury-Legende. Er überragt sie turmhoch und gefällt sich in seinem seeräuberhaften Auftreten. Als sie ihn eines Nachmittags besuchen kommt, gelingt es ihm, mit den Fingerspitzen seiner langen Hand eine ihrer flachsblonden Locken zu liebkosen, und endlich verspürt er ein «deutliches Vibrieren in den sich sträubenden Tiefen seines Wesens», stößt auf sie herab und hebt sie hoch, «als sei sie eine Feder von einer halben Tonne Gewicht». Mit zitternden Knien taumelt er erst gegen die Wand, schwankt dann in sein Schlafzimmer, wo er, schockiert über den Anblick seines Exfreundes, der schlummernd in seinem Bett liegt, Betty schließlich zu Boden fallen läßt.

In seiner Farce läßt Lewis auf raffinierte Weise durchblicken, daß die Eroberung einer ehrfurchtsvollen und unterwürfigen Freundin ebenso wie das Tragen eines Bartes Lytton zu wahrer Männlichkeit verhelfen soll. Die fiktive Darstellung entspricht jedoch nicht den biographischen Tatsachen. Es stimmte zwar, daß Lyttons Freunde noch immer in seinem Bett schliefen, doch ließ er Carrington erst fallen, als er das Bett erreichte, auf dem sich in zeitgemäßer vortizistischer Manier ineinander verflochtene Gestalten tummelten.

Einige Monate lang hatte Carrington ihre Briefe an Lytton nur noch «mit innerer Zensur» (Juni 1916) geschrieben. Dennoch mußte er bei der Lektüre ihrer Briefe schon beim Frühstück laut auflachen. Obwohl sie ihm noch immer nicht ganz traute, konnte sie nicht umhin, ihre Zuneigung immer offener auszudrücken, und schrieb ihm («da dieser schreckliche Wahrheitskult nun einmal begonnen hat»), wie sehr sie sich danach sehnte, wieder bei ihm zu sein.

Ihre Briefe an Gertler etwa aus dem gleichen Zeitraum sind weniger beständig. In einem Brief schlägt sie ihm eine zumindest zeitweilige Trennung vor, «weil ich beinahe verrückt werde vor Kummer, wenn ich Dich so elend sehe». In einem anderen drängt sie ihn,

Keats zu lesen. Sie bemüht sich, ihm die Unterschiede zwischen ihnen zu erklären. «Du bist zu besitzergreifend und ich zu freiheitsliebend. Deshalb könnten wir niemals zusammenleben.» Dann im April schreibt sie ihm: «Ich sehne mich danach, Dich wiederzusehen. Wie ein ausgehungerter Mensch, der schon lange auf [eine] Mahlzeit gewartet hat ... Wir werden uns von jetzt an sehr häufig sehen.» Im darauffolgenden Monat ermutigt sie ihn in einem mit Bleistift geschriebenen Briefchen sogar noch mehr. «Deine Liebe wird nicht vergebens sein», verspricht sie ihm am 16. Mai 1916. «Ich werde Dich am Ende nicht enttäuschen.»

Die letzten zehn Tage des Monats Mai verbrachten Lytton und Carrington in Garsington, wo Lady Ottoline eine ihrer ehrgeizigsten mehrtägigen Parties gab. Zu den Gästen zählten Philip Snowden[10] und seine Frau, Bertrand Russell, Maynard Keynes und mehrere junge Damen, die entweder taub oder Französinnen waren. «Das Ehepaar Snowden war genauso provinziell wie erwartet», schrieb Lytton am 31. Mai 1916 an seinen Bruder James. «Sie, die arme Frau, furchtbar langweilig und steif, in ebenso steifen wie langweiligen Kleidern, und er mit einem starken nordischen Akzent, aber nicht ohne einen leichten Anflug von Noblesse. Viel zu politisch und allzu weit entfernt von einem gepflegten Umgangston, als daß man sich mit ihm hätte unterhalten können – also blieb einem nichts anderes übrig, als seinen Anekdoten und Bemerkungen (ob gut oder schlecht) zu lauschen. Er ist ein netter, gutmütiger Schwachkopf...» In diese träge sonntagnachmittägliche Runde, die alles andere als eine hochkarätige Gesellschaft war und mitten in das anhaltende Gekreische der Pfauen, das den Garten erfüllte wie die Klagelaute verlorener Seelen, platzte mit einemmal der Premierminister Asquith, Earl of Oxford, mit seinem Gefolge herein. Er kam gerade rechtzeitig, um einen seiner Leute mit der Rettung eines Dieners zu beauftragen, der zum Spaß so tat, als würde er ertrinken. Die Atmosphäre glich eher einem Feldzug in Flandern als einer englischen Gartenparty, doch als sich die Aufregung gelegt hatte und der Tee serviert wurde, konnte Lytton in Ruhe Asquith' Begleitung studieren. «Es war ein bunt zusammengewürfelter Haufen», berichtete er James. Hauptsächlich interessierte ihn der Premierminister selbst. Asquith schien ihm rotgesichtiger und beleibter geworden zu sein, seit sie sich im Sommer 1914 zum letztenmal begegnet waren. Als sie sich damals getroffen hatten, befand sich die Ulsterkrise gerade auf ihrem Höhepunkt, nun kamen sie wenige Tage nach dem «irischen Osteraufstand» wieder zusammen. «Ich habe den alten Herrn sehr gründlich unter die Lupe genommen», schrieb Lytton weiter, «er ist wirklich ein Mordskerl.

Er wirkte viel größer als damals, als ich ihn das letzte Mal sah (erst vor zwei Jahren) – sein fleischiger Körper, sein hochrotes Gesicht und sein übermäßiger Weinkonsum hatten etwas von einem mittelalterlichen Abt – ein klebriger, lüsterner, zynischer alter Kerl – uuh! – Du hättest sehen sollen, wie er sich auf Carrington stürzte – ihr von der Seite den Weg abschnitt, als sie den Rasen überquerte. Ich habe selten jemanden gesehen, der so offensichtlich das Leben genoß, der so offensichtlich *darauf aus* war, es zu genießen. Beinahe so, als hätte er sich bewußt vorgenommen, es in vollen Zügen zu genießen und sich einen Teufel um den Rest zu scheren. Zynisch, ja, daran besteht überhaupt kein Zweifel. Oder vielleicht sollte man es vielmehr hartgesotten nennen. *Tiens!* Schaut man ihn an, denkt man gleich an den Krieg ... Und die ganze Zeit streckt er *unentwegt* seine kleine, spitze, fette Zunge heraus, leckt sich über die vollen Lippen und läßt sie dann wieder zurückschnellen, so daß man fast das Gefühl hat, Dickens' Artful Dodger – den glücklichen Artful Dodger – vor sich zu haben. Was er mit Ottoline in seinem Boudoir treibt, ist merkwürdig – wenn man dem Glauben schenken darf, was man hört. Auch sein Verhalten gegenüber Pozzo [Keynes] verblüffte mich – er schreckte buchstäblich vor ihm zurück (*Der* hat nicht viel Mumm in den Knochen, vertraute er Ihrer Ladyschaft an ... was wir alle für sehr oberflächlich hielten!). Und warum, warum um alles in der Welt, gibt er sich mit einem Geschöpf wie Lady Meux ab? Alles in allem würde man ihm liebend gern einen Dolch zwischen die Rippen stoßen.»

Lebensfreude war der Grundton von Asquith' Persönlichkeit. Er hatte offenbar ein gutes Mittagessen und mehrere Gläser guten Weins genossen. «Sein Gesichtsausdruck hatte etwas von einem römischen Kaiser (es fehlte nur noch der Lorbeerkranz auf seinem Kopf)», erinnerte sich Lytton später (2.–6. Mai 1918), «oder von einem Renaissance-Papst. (‹Laßt uns die Welt genießen, nun, da ich der Statthalter Christi auf Erden bin›) ... Es war widerwärtig, und dennoch war die außerordentliche Zufriedenheit dieses Mannes derart, daß man ihm unwillkürlich so etwas wie wohlwollendes Verständnis entgegenbrachte.»[11]

Wenn es ein wenig ruhiger wurde in Garsington, unternahm Lytton «einige ausgedehnte Spaziergänge», wie er James weiter berichtete, «regelrechte Expeditionen mit Carrington. Ein Spaziergang führte sie auch nach Abingdon, «ein zauberhaftes Städtchen mit einem Rathaus, vielleicht von Wren erbaut – ein Land des Vergessens, wo ich am liebsten, einem Lotosesser gleich, für den Rest meines Lebens versunken wäre ...

Diese Carrington, das ist schon ein verrücktes junges Ding. Frauen von heute! Was führen sie bloß im Schilde? Sie erscheinen mir im höchsten Grade zweifelhaft. Wozu das Ganze? Etwa, weil sie so viel ‹in› sich haben? Oder gar so wenig? Sie machen mich ratlos. Wenn ich mir Bunny [David Garnett] ansehe ... oder auch Gertler, kann ich nichts besonders Undurchsichtiges an ihnen finden, aber sobald man es mit so einem Geschöpf mit Fotze zu tun hat, fühlt man sich augenblicklich *désorienté*. Vielleicht liegt es ja daran, daß Fotzen kein besonders schöner Anblick sind. Das würde es zumindest teilweise erklären. Aber – ach, sie winden sich und winden sich, und im großen und ganzen lösen sie Unbehagen in mir aus.»

Von Garsington aus, wo Asquith sich so forsch an Carrington herangemacht hatte, schrieb diese dem verquälten Gertler und tadelte ihn dafür, daß er «an ihrem gegenseitigen Vertrauen auch nur einen Augenblick lang» hatte zweifeln können. Sie versprach, «niemanden zu küssen, da es Dir weh tut». Sie versicherte ihm, daß ihr nichts mehr am Herzen liege, als ihn glücklich zu machen, und daß nur er ihr etwas bedeute. Sie schloß mit einem Gleichnis, das ihn vielleicht ermutigte. «Bisher waren wir wie zwei Boote, die im Fluß vor einer Schleuse lagen. Jetzt sind die Tore geöffnet, und wir können rasch den Fluß hinuntergleiten.»

Wenn Carrington über Gertler sprach, wußte Lytton nicht, für wen er mehr Mitgefühl haben sollte. Er machte sich große Sorgen um den jungen Maler, der ihm seine verzweifelte Lage geschildert hatte. Offenbar ging ihm das Geld aus. «Ich habe gerade Nachricht von Gertler bekommen. Er scheint kurz vor dem Bankrott zu stehen», schrieb Lytton von Garsington aus an Clive Bell (12. Mai 1916). «Er hat seine letzten zwei Pfund von der Bank geholt und muß damit bis nächste Woche reichen. Könntest Du nicht vielleicht etwas für ihn tun? Ich bin sicher, zehn Pfund würden ihm schon weiterhelfen, und ich dachte, Du könntest vielleicht eine Summe in dieser Größenordnung in ein kleineres Bild oder einige Zeichnungen investieren. Oder vielleicht jemand anders dazu animieren. Solltest Du etwas in dieser Richtung unternehmen, erwähne bitte nicht meinen Namen, denn die Bemerkungen über seine Geldnot waren ganz beiläufig, ohne die geringste Absicht zu betteln.»

Noch am selben Tag schrieb Lytton selbst einen etwas gestelzten, aber großzügigen Brief an Gertler. «Ich wollte schon immer eines Ihrer Werke besitzen – wenn Sie mir also bitte eine Zeichnung oder aber ein anderes kleines Werk zurücklegen wollen, das Ihrem Ermessen nach der beigefügten Summe [zehn Pfund] entspricht. – Ich werde es abholen, wenn ich das nächste Mal in London bin. Ich wünschte, ich könnte eines Ihrer großen Bilder erwerben – Was für Dummköpfe die Reichen doch sind! Allein die Vorstellung, daß sie zu Zehntausenden prassen und in ihren Automobilen herumfahren, während Leute wie Sie darben müssen, erfüllt mich mit Abscheu. Und dabei sind die Ansprüche der Künstler doch so bescheiden – sie begnügen sich schon mit den geringsten Annehmlichkeiten des Lebens. Aber seien Sie gewiß, daß, selbst wenn es mich betrübt, daß Sie nicht einmal halb so gut gestellt sind wie ein durchschnittlicher Beamter, ich Sie keineswegs bedaure – denn Sie *sind* Künstler, und Künstler zu sein ist mehr wert als alle Konten auf sämtlichen Londoner Banken zusammen.»

Carrington war entzückt, daß ihre neuen Bloomsbury-Freunde, vor allem Lytton, Gertler halfen, und schrieb ihm voller Begeisterung, wie glücklich sie über die Nachricht sei, daß er nun endlich einige seiner Bilder verkaufe. Aber das war nicht die Art von Brief, die Gertler sich von ihr erhoffte. «Schreib mir nicht, um mir zu gratulieren, daß ich nun Geld habe», schalt er sie (20. Mai 1916). «Ich hasse Geld und auch die Leute, von denen ich es bekomme ... Wenn Du mir nur eine einzige Nacht schenken könntest, dann würdest Du Deinen unglücklichen Freund glücklicher machen!» Also schenkte sie ihm eine Nacht in London, entschuldigte sich aber anschließend in einem Brief dafür, «weil ich das Gefühl habe, daß mein Versuch, Dir letzte Nacht aus Deinem Unglück herauszuhelfen, nur dazu geführt hat, daß ich häßlich zu Dir war». Es fiel ihr leichter, von den «wunderbaren blauen Blumen» zu erzählen und von all den «Vögeln, die den ganzen Tag über singen». Sie schrieb ihm, daß sie Tulpen gemalt habe und bald wieder nach Garsington zurückkehren werde, um noch mehr davon zu malen – «diese Tulpen machen mich ganz schwach vor Aufregung». Auch war sie zweimal vor dem

Frühstück im Schwimmbad schwimmen gewesen. «Die Kinder tollen nackt herum und rennen über das Gras und stellen sich mitten in die Tulpen, versinken bis an die Schenkel in gelben Tulpen. Ihr Anblick hat mich traurig gestimmt, weil sie so schön sind und ich mir das Unmögliche gewünscht habe, ihnen ähnlich zu sein. Ich hasse diesen massigen Körper, der meinen Geist umgibt ... Bist Du jetzt glücklich, wo Du weißt, daß ich Dich liebe?»

Aber Gertler war nicht glücklich. Bekam er doch nichts als Schilderungen von Blumen und Vögeln und ein paar Abschriften von Keats' Gedichten. «In meiner derzeitigen Verfassung kann ich mit Keats nicht viel anfangen», erklärte er ihr. Jene gigantischen Metaphern, die zu nichts führten, verwirrten ihn. «Du schreibst mir immer von den vielen Schiffen auf See», protestierte er. Manchmal hatte er das Gefühl, daß er noch einen Brief, gespickt mit solchen Metaphern, nicht überleben würde. Außerdem war ihm der Verdacht gekommen, sie könnte ihm etwas verheimlichen. Er warf ihr vor, daß sie allzu freundlich zu Gilbert Cannan sei, der damals gerade seinen Roman «Mendel» beendete, der sich um die Liebesaffäre zwischen Gertler und Carrington rankte. Carrington wies diesen Vorwurf jedoch zurück. Es stimmte zwar, daß Cannan ihr einen brüderlichen Kuß auf die Wange gegeben hatte – etwa, als hätte er ihr die Hand geschüttelt –, aber der Vorfall war nicht der Rede wert, blieb er doch im Rahmen der erlaubten Recherchen eines Romanciers.

Trotzdem hatte Carrington Gertlers Verdacht als Warnung aufgefaßt und schwenkte hastig auf harmlosere Themen um. Sie wünschte, sie könnte ihre Liebe zu Rimbaud mit ihm teilen, aber das alles sei noch zu neu und fesselnd für sie, als daß sie schon darüber sprechen könne. Und sie habe mit Augustus John zusammen ein Taxi genommen, ohne daß er einen Angriff auf ihre berühmte Jungfräulichkeit unternommen hätte, wie sie freiwillig erläuterte.

Für Gertler war das ein schwacher Trost. Wenn sogar ein barocker Mann wie Augustus angesichts ihrer Jungfräulichkeit verzagte, welche Hoffnung blieb dann noch für ihn? «Mit C[arrington] wird es immer komplizierter», schrieb er seinem Freund Koteliansky am 20. Juni 1916. «Hätte diese Qual doch nur ein Ende. Es ist wie eine schreckliche, unheilbare Krankheit. Wir stecken unsere Köpfe zusammen und versuchen, die Sache zu beenden, aber wir schaffen es nicht ... denn sie hat weder Anfang noch Ende.»

2. Unbeachtete Stunden

Nachdem der Ansturm von Gästen vorüber war, der Ragtime und der ganze Wirbel sich gelegt hatten, wurde Garsington wieder ein Hort der Stille für Lytton. Seit seiner Gerichtsverhandlung hatte er sich gefühlt «wie ein kranker Hund», schrieb er am 10. Mai 1916 an Gertler, «der sich von Kissen zu Kissen schleppt oder in die Sonne hinauskriecht, um dort zu liegen und vor sich hin zu träumen». Ottoline hatte Garsington verlassen, und Lytton konnte ganz nach Belieben allein im Obst- und Gemüsegarten sitzen, faulenzen, lesen und Briefe schreiben. «Ich habe das Gefühl, daß ich mich allmählich in einen Birnbaum an einer Südmauer verwandle», schrieb er am 2. Juni 1916 an Vanessa Bell, «wenn Du nicht bald kommst und mich an der – Wurzel herausziehst, werde ich wahrscheinlich mein ganzes Leben lang dazu verdammt sein, die Tafel Ihrer Ladyschaft mit Früchten zu versorgen.»

In der dritten Juniwoche reiste er schließlich nach Wissett Lodge, einem Bauernhaus in Suffolk mit einer großen Fachwerkfassade, das Duncan gemietet hatte, um sich dort zusammen mit David Garnett als Obstbauer niederzulassen und so ihrer Verpflichtung zum Ersatzdienst nach dem Einberufungsgesetz nachzukommen. Nach all den Möpsen und Plüschkissen in Garsington kam die hiesige Atmosphäre mit Bienengesumm und wilden Brombeersträuchern der Stimmung Lyttons gerade recht, und so hielt er sich dort, gemeinsam mit einem zweiten Gast, Harry Norton, noch bis Ende des Monats auf. «Ist es das Geheimnis des Lebens oder ... etwas anderes ... ich weiß nicht genau, was es ist ... Selbstversunkenheit? Betäubung? Unheilbare Leichtlebigkeit? – was sie in Wissett gefunden haben», fragte er Virginia (28. Juli 1916). «Es war wunderbar, und am liebsten wäre ich für immer dort geblieben.»

Vanessa glaubte sicher, daß sie an einem solchen Ort «ganz und gar glücklich» sein könnten. «Ich habe das Gefühl, unsere Lebensweise ändert sich», hatte sie Lytton am 27. April 1916 erklärt. Wissett stand verloren inmitten eines 250 Hektar großen Geländes mit Wiesen und Obstgärten und war «unglaublich weit weg vom Krieg und seinen Schrecken» (auch wenn Bunny schwor, er habe einen Zeppelin vorbeifliegen hören, der ähnliche Geräusche von sich gegeben habe wie eine Dreschmaschine). Man fühlte sich dort noch abgeschiedener als in Asheham. Duncan und Bunny arbeiteten den ganzen Tag draußen auf dem Feld, während Lytton unter den Kletterrosen und Lorbeerbüschen lag, Norton laut über Primzahlen nachdenkend herumlief und Vanessa schuftete, um aus Wissett einen Landsitz zu machen, der es mit Garsington aufnehmen konnte. Es war unvorstellbar für sie, daß sie jemals wieder nach London zurückkehren würden. Ihr einziges Abenteuer ereignete sich an einem Sonntagmorgen, als sie alle vier zu einem langen Spaziergang in Richtung Meer aufbrachen. Was sich als sehr unklug erweisen sollte, denn schon bald stürzte ein erregter Unteroffizier auf sie zu und drohte, sie ins Militärgefängnis zu stecken, weil sie allesamt so deutsch aussahen und seine Fragen nicht mit korrektem Suffolk-Akzent beantworteten.[12] Ansonsten gab es nichts Aufregendes zu berichten. «Dinge und Menschen scheinen hier mehr oder weniger von der Vegetation überwuchert zu sein», teilte Lytton am 20. Juni 1916 Ottoline mit. «Über einen Meter hohe Disteln sprießen im Blumengarten, Duncan liegt unter wildem Wein (oder sollte es doch Vanessa sein), und Norton und ich jäten Unkraut und schauen unter das Laubwerk. Norton ist bester Laune, da er eine neue Theorie der Kubikwurzeln entwickelt hat.»

Eines Nachmittags, während eines gemeinsamen Spaziergangs im Garten, vertraute Lytton Bunny unter strengster Geheimhaltung etwas über Carrington an. Bunny, dessen Neugier geweckt war, drängte ihn, Carrington nach Wissett einzuladen. Doch sie konnte Gertler nicht schon wieder verlassen, und so lag ihre Dreiecksbeziehung für eine Weile auf Eis.

Lytton füllte die Zeit mit einem autobiographischen Experiment[13] und zeichnete die Ereignisse eines ganz gewöhnlichen Tages – Montag, den 26. Juni – minutiös auf. Sein Essay bringt ein paar Mißhelligkeiten in seinem Gefühlsleben an den Tag – einen kleinen Riß im Verhältnis zu Ottoline, der zwar rasch wieder heilte, aber Vorbote eines tiefergehenden Bruches zwischen ihnen war; ein Unbehagen gegenüber Vanessa, weil sie sich beide zu Duncan hingezogen fühlten, und eine Spur von Beklommenheit gegenüber Duncan, weil sie beide Vanessa liebten; einen zaghaften Flirt mit Bunny im Garten und als Folge dieses Ereignisses das Bewußtsein, daß er sich zwar glücklich schätzen konnte, so viele Freunde zu besitzen, jedoch nie die Gewißheit hatte, ob sie ihn auch wirklich liebten.

Vanessa glaubte, Lytton habe «nicht viel Sinn für anderes, abgesehen von einem allgemein menschlichen Interesse an der Malerei».[14] Als er Wissett verließ, suchte er Gertler in seinem Atelier am Rudall Crescent auf, um die Zeichnung abzuholen, für die er ihm zehn Pfund geschickt hatte. Dabei sah er Gertlers berühmtes Bild «Merry-Go-Round» [Karussell] (ein ebenso ironischer Name wie «Eminent Victorians»), das sowohl die Entmenschlichung durch den Krieg als auch das sich wiederholende Muster seiner Beziehung zu Carrington widerspiegelt. «O Herr, erbarme dich unser! Ist das nicht eine entsetzliche Geschichte?» schrieb Lytton am 3. Juli 1916 an Ottoline. «Ich hatte das Gefühl, daß, würde ich das Bild länger betrachten, man mich mit einer Kriegsneurose wegtragen müßte. Natürlich habe ich es bewundert, aber zu behaupten, es habe mir gefallen, hieße soviel wie an einem Maschinengewehr Gefallen finden. Doch zum Glück genügt der Künstler sich selbst – man kann sich lobende Worte getrost sparen. Er sagte, es erinnere ihn an Bach – um so besser!»

Während Lytton sich in Belsize Park Gardens aufhielt, kam Carrington für einen Nachmittag herüber. Sie war für einen späteren Zeitpunkt im Juli nach Garsington eingeladen worden, diesmal mit Gertler. Lytton wollte etwa zur gleichen Zeit ebenfalls dorthin fahren und schrieb Ottoline einen Brief, in dem er sein Vorhaben bestätigte. «Ich möchte meine Studie über Dr. Arnold fertigstellen», hatte er ihr schon früher von Wissett aus mitgeteilt (20. Juni 1916), «und ich denke, in der friedlichen Abgeschiedenheit Ihres Hauses könnte mir das gelingen.» Schon nach ein paar Tagen in London sehnte er sich wieder nach dem Landleben. «Ich sammle Material zum Schreiben», berichtete er (3. Juli 1916), «und habe vor, in der nächsten Zeit sehr fleißig zu sein.»

Eine Woche später traf er in Garsington ein, wo er über vierzehn Tage lang nicht zum Arbeiten kam. Unter Lady Ottolines Vorsitz, die ihr Gesicht mit bröckeligem weißem Puder abgedeckt, ihren Körper in pfauenblaue Seide gezwängt und ihren Hals mit einem üppigen Perlenkollier verziert hatte, breitete sich eine große Schar Gäste überall im Haus aus und nahm auch noch ein Cottage und ein Dorfgasthaus in Beschlag. Die meisten von ihnen waren, wie sich Lytton bei Mary Hutchinson beklagte (10. Juli 1916), «so furchtbar politisch und revolutionär, daß ich Kriegsdienstverweigerer und den Gedanken an Irlands Unrecht gründlich satt hatte». Zu den unpolitischen Gästen zählten Evan Morgan[15], «ein großer junger Mann von gesunder Gesichtsfarbe mit einer Papageiennase und selbstsicherem Auftreten, der alles in allem den Eindruck einer kultivierten alten Dame vornehmer Herkunft erweckt», und wieder einmal die verführerisch unbeteiligte Katherine Mansfield – «eine seltsam höhnische Frau mit einer regelrechten Maske von einem Gesicht ... sehr schwer zugänglich. Man hat das Gefühl, es würde Jahre geduldiger Anstrengung erfordern, ihr näherzukommen, vielleicht aber der Mühe wert sein.»

Das Wochenende verstrich, doch die Party ging weiter. «Ich kam hierher mit dem Vorsatz zu arbeiten», beklagte er sich bei Barbara Hiles (17. Juli 1916). «*Mon Dieu!* Es gibt jetzt nicht einmal mehr Pausen zwischen den Wochenenden – dieses ständige Kommen und Gehen nimmt gar kein Ende – und ich sitze zitternd inmitten einer wogenden Masse von Möpsen, Pfauen und Menschen – wenn man sie überhaupt Menschen nennen kann –, diese Bewohner von Circes Höhle. Ich werde mittlerweile nicht nur mit Carrington und Dorothy [Brett] konfrontiert (die jetzt mehr oder weniger Dauergäste sind), sondern auch noch mit Gertler, der ... im Augenblick zusammen mit Ihrer Ladyschaft einen Ragtime schmettert. Ich fühle mich wie ein offenes Boot auf unruhiger See – aber gottlob ist der Hafen in Sicht.»

Das Verhältnis zwischen Gertler und Carrington kam ihm trübselig und kompliziert vor, wie er Mary Hutchinson am 23. Juli 1916 anvertraute. «Die Arme scheint mir ganz schön in der Klemme zu stecken, Gertler nimmt sie tagaus, tagein in die Mangel. Sie redet davon, London zu verlassen, sich in Cornwall zu vergraben oder Filmschauspielerin zu werden. Ich habe ihr natürlich vorgeschlagen, mit mir zusammenzuleben, was sie zum Glück sofort abgelehnt hat – nebenbei gesagt, hätte ich mir das auch gar nicht leisten können. Und so ist sie also im Augenblick in Garsington, wo Mark im Hintergrund mit den Zähnen knirscht, Dorothy herzlich wenig auszurichten vermag und Ihre Ladyschaft bis in alle Ewigkeit bohrt und bohrt, amen.» Gleichzeitig fiel Lytton auf, daß Carrington Gertler noch immer bewunderte. Er hatte aber auch Mitgefühl für ihn wegen der immer noch ungelösten Frage der Jungfräulichkeit – «sofern sie nicht eine furchtbare Lügnerin ist».

Ende des Monats segelte er weiter nach Durbins, zum nächsten Ankerplatz, wo Oliver und Ray Strachey das Haus von Roger Fry gemietet hatten. Da Oliver immer erst abends vom Außenministerium nach Hause kam, um dann anschließend auf dem Klavier Bach zu spielen, verbrachte Lytton die meiste Zeit mit seiner Mutter, seiner Schwägerin Ray und seiner Schwester Pippa, die darum wetteiferten, für ihn zu sorgen, während er am «Leben des Dr. Arnold» arbeitete. Die einzige Abwechslung bot ein kurzer Besuch von Ray Stracheys Onkel, Logan Pearsall Smith, der, wie Lytton einer dankbaren Ottoline am 21. August 1916 schrieb, «jetzt schon mehr als mittleren Alters ist – senil, möchte man beinahe sagen, der arme Teufel – und tatterig wie ein Greis seine Anekdoten und Histörchen zum besten gibt, die trotz lebenslanger Bemühungen leider Gottes amerikanisch geblieben sind. Sein Urteil über Vernon [Lee] amüsierte mich. ‹Im großen und ganzen ist sie, glaube ich, die beste Rednerin, die ich kenne› – ein wenig zögernd pflichtete ich ihm bei, wagte dann jedoch hinzuzufügen: ‹Aber manchmal neigt sie auch ein wenig zur Langeweile.› Er wollte nichts davon wissen. Nun ja, *de gustibus non est disputandum*, was man übersetzen könnte mit

> *Tastes differ: some like coffee, some like tea;*
> *And some are never bored by Vernon Lee.*»*

Ein weiterer Besucher in Roger Frys Haus war sein alter Freund Walter Raleigh. «Er war weit weniger *outré* und blutrünstig in bezug auf das Thema Krieg, als ich erwartet hatte – meist einfach nur kindisch, und bei kontroversen Fragen, wie mir schien, auch ziemlich schüchtern. Im Grunde gefiel er mir so besser als je zuvor.»

Während Lytton sich in Durbins aufhielt, waren Carrington und Gertler bei Mary Hutchinson in Eleanor House zu Gast. Sie schwammen im Meer, wie Carrington Lytton berichtete, «und sogar Mark ging ins Wasser. Er sah grotesk aus in seinem Badeanzug.» Es waren unbeschreiblich schöne Tage. «In Wittering hatte ich eine wunderbare Zeit, und alles nur Deinetwegen», erinnerte sie Gertler später. «Es war einfach herrlich, mit Dir in dieser Landschaft zu sein und so viel Neues zu sehen.» Vielleicht lag es daran, daß sie beide Maler waren, daß «die Intimität, die wir in letzter Zeit erreicht haben, Beziehungen mit anderen Menschen seltsam leer erscheinen läßt». In solchen Momenten zweifelte Carrington an ihrer heimlichen Liaison mit Lytton und wurde schweigsam. «Liegst Du im

---

* «Die Geschmäcker sind verschieden: die einen mögen Kaffee, die anderen Tee; und manche langweilen sich nie mit Vernon Lee.»[16]

Augenblick gerade in den Armen des Juden?» forschte Lytton. «So nah und doch so fern. Oh! Ah!» Früher hätte er sie darum beneidet, in Marks Armen zu liegen, nun verspürte er eine merkwürdige Eifersucht. So absurd es auch klingen mochte, aber sie fehlte ihm, sogar ihre Briefe vermißte er («die ich in der Abgeschiedenheit meines Himmelbetts lese»). «Schreib, schreib, schreib, um Himmels willen!» beschwor er sie.

Als Virginia ihn nach Asheham einlud, nachdem er Durbins Mitte August verlassen hatte, lehnte er ab, weil «ich mit einer Gruppe von jungen Leuten vereinbart habe, [nach] Wales zu gehen» (28. Juli 1916). Mitte September sei er wieder frei, fügte er hinzu und hoffte, dann Leonard und Virginia in Cornwall zu besuchen.

Jene Reise nach Nordwales hatte Nicholas Bagenal organisiert, ein junger Mann, der damals gerade das Lazarett verlassen hatte, wo er aufgrund einer Verwundung an der Hüfte behandelt worden war. Er liebte seine zukünftige Frau, Barbara Hiles. Sie war es, die Lytton dazu überredet hatte, sozusagen als «Anstandsdame» zwei Wochen mit nach Llandudno zu kommen. Dort wollten sie im Häuschen ihres Vaters mit Nicholas Urlaub machen, ehe er wieder an die Front mußte. Lytton hatte eingewilligt, aber nun seinerseits angefragt, ob er dafür Barbaras Freundin Carrington mitbringen dürfe. «Du *mußt* unbedingt mit nach Wales kommen», drängte er Carrington in einem Brief vom 28. Juli 1916. Und so kam die Gruppe junger Leute zustande – wobei sich Lytton allerdings manchmal fragte, «was zum Teufel ich denn zwischen all diesen Enkelkindern zu suchen habe», wie er Mary Hutchinson gestand.

Schwierigkeiten und Befürchtungen gab es in Hülle und Fülle. «Ach, Lytton, ich bin so aufgeregt und habe solche Angst, Sie könnten unglücklich sein oder sich langweilen», schrieb ihm Barbara am 5. August 1916. Er versuchte, sie zu beruhigen, aber seine eigenen Zweifel waren nicht zu überhören: «Ich bete zwar, daß sich das Wetter hält», antwortete er am 8. August 1916, «aber wenn nicht, können wir immer noch Fenster und Türen schließen und kochen und essen und kochen und essen. Zwischendurch können wir Lieder anstimmen und Balladen aufsagen. Sollte das Wetter schön sein, müssen wir unbedingt die Berge erklimmen wie Gemsen ... Ich werde ein paar Bücher mitbringen.»

Die meisten Schwierigkeiten bereitete jedoch Carrington, deren

Bedenken wahrscheinlich noch größer waren als die von Lytton, Barbara und dem verwundeten Nicholas zusammen. Sie erhielt die Einladung Ende Juli, als sie sich gerade in Shandygaff Hall aufhielt. Sie würde «so gern in dieses Land der Berge reisen», in Seide oder in Lumpen gehüllt, zu Fuß oder mit der Bahn. Da sie jedoch keinen Penny besaß, mußte sie irgendeine Geschichte für ihre Mutter erfinden. Und was würde Mark dazu sagen? Nach ihrer Predigt über Vertrauen, die sie ihm kürzlich gehalten hatte, würde er sicher nicht wagen, Einwände zu erheben. Schließlich beschloß sie, *zu Fuß* nach Nordwales zu gehen oder vielleicht mit dem Rad zu fahren. Aber würde sich dieser furchtbare Aufwand überhaupt lohnen? «Es wäre schrecklich, so weit zu laufen, um dann mit einem eisigen Blick der Kritik empfangen zu werden!» gestand sie Lytton (30. Juli 1916). Sie bereitete sich gewissenhaft vor, las eifrig Gedichte von John Donne und nahm, wie Gertler, Französischlektionen. Aber im Grunde befürchtete sie, daß ihre besondere Beziehung zu Lytton die Anspannung eines zwei- oder dreiwöchigen Zusammenlebens nicht überstehen würde.

Das Ehepaar Morrell tat inzwischen alles in seiner Macht Stehende, um Gertler zu helfen. Carrington schrieb:

«Ottoline gibt sich größte Mühe, damit ich meine Jungfräulichkeit verliere, und hat mir praktisch verordnet, ein Zimmer mit Norton zu teilen! ... Ich war schon niedergeschlagen genug wegen Mark, und dann forderte mich Philip nach dem Abendessen plötzlich auf, noch einen kleinen Spaziergang um den Teich zu machen, in dessen Verlauf er mir ohne Umschweife mitteilte, wie enttäuscht er gewesen sei, als er gehört habe, daß ich noch Jungfrau sei. Wie falsch ich mich doch Mark gegenüber verhalten würde ... Bei meiner Rückkehr zum Haus nahm Ottoline mich zur Seite und redete beim Spargelbeet anderthalb Stunden bezüglich dieses Themas auf mich ein ... und sprach offen von sich und Bertie. Diese Attacke auf die Jungfrauen ist ja schlimmer als ein Sturmangriff bei Verdun ... Mark kündigte plötzlich an, er werde abreisen ... und in mir stiegen sogleich verwirrende Gefühle auf.»

«Was sind das nur alles für Teufel mit ihrem ewigen Schubsen & Predigen & Jungfräulichkeitsgeschwätz», antwortete Lytton am 1. August 1916. «Hast Du Dir Donnes Satiren angesehen? *Sie* sind im gleichen Stil gehalten ...»

Carrington versuchte dieser «Fülle von Intrigen» zu entfliehen, indem sie aus ihrem unerträglich heißen Mansardenzimmer aufs Dach kletterte, wo sie ihre Nächte tugendhaft mit Aldous Huxley verbrachte («Seltsame Abenteuer mit Pfauen und anderen Vögeln, Bienen und Sternschnuppen», berichtete sie Lytton). Ottoline saß derweil unten, schrieb an Gertler und überlegte, ob Carrington «jemals einen Partner finden wird, der all ihre Wünsche erfüllt ... ich mag Carrington und Sie. Ich hoffe, Sie werden mir immer alles erzählen, was Sie fühlen und wann Sie es fühlen.» Lytton hatte ihr einst alles erzählt, doch nun wurde er auf höchst undankbare Weise verschwiegen.

Ehe Carrington nach Wales ging, mußte sie in das Haus ihrer Eltern in Hurstbourne Tarrant in Hampshire zurückkehren. Sie war in einer ausgesprochen rebellischen Stimmung und verschwand zu stundenlangen Spaziergängen mit dem Hund Jasper. Nachts schlief sie draußen auf dem Dach, wie sie es in Garsington getan hatte. Ihre Mutter sei «schrecklicher denn je», beklagte sie sich bei Gertler, und ihr Vater noch kränker, älter und mitleiderregender: «Ich hasse ihn dafür, daß er so lebt, wie er lebt, oder vielmehr hasse ich das Leben, das ihn dazu zwingt, so zu leben. Ein Ende wie dieses ist so unwürdig.»

Inzwischen wurden die Verhandlungen über den geplanten Urlaub immer verzwickter. Lytton hatte angeboten, für Carringtons Fahrtkosten aufzukommen, da er ihr aber nicht zu ihren Eltern nach Hause schreiben konnte, teilte er seine Absicht Barbara mit. «Ich bin im Augenblick ganz gut bei Kasse, wie ich festgestellt habe», schwindelte er (8. August 1916), «und fände es daher absurd, wenn C[arrington] aus Geldmangel zu Fuß gehen oder Schlimmeres tun würde.» Die Nachricht wurde an Carrington weitergeleitet, die noch immer zögerte, bis ihre Mutter, die nun zum erstenmal von den Urlaubsplänen ihrer Tochter erfuhr, ihr Veto einlegte. Daraufhin beschloß Carrington, erst recht zu fahren und alle Brücken hinter sich abzubrechen.

Die Vereinbarung lautete, daß sich alle vier am Samstag, dem 12. August, nachmittags um vier Uhr auf dem Bahnsteig der Anschlußstation Llandudno treffen würden – Barbara und Nicholas kamen aus Westbury-on-Severn in Gloucestershire, Lytton reiste aus Guildford in Surrey an und Carrington aus Andover in Hampshire.

Als Lytton Durbins verließ und nach Belsize Park Gardens, seiner ersten Reiseetappe, zurückkehrte, hielt er für einen Augenblick am Haymarket an und wurde von einer plötzlichen Heiterkeit ergriffen.

Die Straßen waren menschenleer, aber «es lag ein seltsames Gefühl von *bien-aise* [sic] in der Luft», erzählte er später. «Ich schaute mich um und sah ein Automobil die Straße heraufkommen; es war offen, und darin saß Premierminister Asquith, allein, mit freudestrahlendem Gesicht – die Freude strahlte buchstäblich, denn ich hatte sie bereits verspürt, als ich ihm noch den Rücken zukehrte. Er fuhr weiter, ohne mich zu bemerken – er sah viel zu glücklich aus, um von irgend etwas Notiz zu nehmen. Ich glaube, er hatte einen Handkoffer im Auto und fuhr irgendwohin ins Wochenende.»[17]

Als der Premierminister strahlend vor Glück in seinem Wagen davonglitt wie ein Engel in himmlischer Ekstase, erlosch die ganze Euphorie, die den Haymarket überflutet hatte – so Lyttons Gleichnis –, und Lytton blieb amüsiert, aber auch ein wenig neidisch zurück. Wie schaffte der Lord das bloß? Lytton wünschte, er würde seinem eigenen Urlaub ebenso lebhaft entgegensehen. Man konnte nicht umhin, Asquith nolens volens eine gewisse Liebenswürdigkeit zuzugestehen – auch wenn Lytton dessen Haltung beim Hochverratsprozeß gegen Roger Casement mißbilligte, der kürzlich stattgefunden hatte. «Ich wäre sehr froh, wenn sie ihn [Casement] nicht aufhängen würden, aber die Chancen dafür sind wohl eher gering – besonders mit Asquith als Premierminister», hatte er am 3. Juli 1916 an Ottoline geschrieben. «Der alte Recke hat sich in letzter Zeit besonders hervorgetan. Ich frage mich, ob er ein Feigling, ein Satan oder einfach nur beschränkt ist.»

Immer noch über diese Frage nachgrübelnd, traf er in Llandudno ein. Das Cottage selbst war sehr klein und recht abgelegen, mit bienenwachsgebohnerten Parkettböden und Sprungfedermatratzen, an den Außenwänden weiß gestrichen und von einem Blumengärtchen umgeben. Es lag auf der Mitte eines Hangs, der Teil einer Bergkette war, die das Haus von allen Seiten umschloß. Durch das flache Tal direkt unter ihnen floß ein breiter, nicht sehr tiefer Fluß. Lytton fühlte sich an Rothiemurchus[18] erinnert. «Du kannst Dir nicht vorstellen, wie freundlich sie alle zu mir waren – und wie unglaublich nett», schrieb er am 2. September 1916 an Bunny Garnett. «Barbara kümmerte sich ganz vorbildlich um das Haus und das Essen. Nick war ausgesprochen charmant – stets fröhlich und guter Dinge. Es wird schrecklich für ihn sein, wieder in diesen mörderischen Strudel zurückkehren zu müssen. Was Carrington betrifft, so haben wir viel Zeit zusammen verbracht. Doch ich möchte gleich hinzufügen, daß mein Verhalten gegenüber *allen* stets keusch war, ganz gleich, wie sich die anderen auch verhalten hatten.»

Mit zunehmendem Alter fand Lytton immer mehr Gefallen an der Gesellschaft jüngerer Menschen. Sie halfen ihm, seinen eigenen «antiken Geist» abzuschütteln, wie er sich ausdrückte. Ottoline erklärte er einmal, daß sich die eine Hälfte seiner Person zehn bis zwanzig Jahre jünger fühle, die andere Hälfte bestimmt um die gleiche Spanne älter, mit dem Ergebnis, daß er nun «als eine Mischung von 18 und 52» dastünde.

Häufig senkten sich dicke Wolken von den Bergen herab und hüllten das Häuschen ein, und kein Tag verging ohne einen Regenguß. Lytton lag drinnen im Haus und las Donne und Shakespeare, während Carrington sein Porträt malte. Wenn die Sonne herauskam, verließen die vier erleichtert ihren Unterschlupf, kletterten die Berge hinauf oder machten Ausflüge nach Conway oder Llandudno.

Ein Höhepunkt ihres Urlaubs war eine Flasche Champagner. Nick ließ den Korken knallen – und Lytton warf heftig die Arme in die Luft und kreischte: «Himmel! Wie muß das erst im Krieg sein!»

«Ich bin so glücklich hier», versicherte Carrington Gertler, der seinerseits weggefahren war und sich bei Gilbert Cannan aufhielt. «Liebe Grüße von Lytton. Du mußt ihn einfach gern haben, weil ich ihn gern habe, sehr gern sogar.»

«Grüße Barbara von mir», erwiderte Gertler, «und *Liebesgrüße* an Lytton.»

Aber Carrington schätzte diese Art von Sarkasmus nicht besonders und tadelte ihn im nächsten Brief, «weil Du immer diesen besagten Einwand gegen ihn [seine Homosexualität] vor Augen hast. Ich habe meine Ansicht darüber geändert ... man muß immer irgend etwas in Kauf nehmen, Schmerz oder Verdruß, um etwas von einem Menschen zu bekommen.»

Gertler war der Ansicht, er brauche keine Predigt über Schmerz und Verdruß, und protestierte gegen diese Unterstellung, was einen Konkurrenzkampf zwischen ihnen entfachte, einen Konkurrenzkampf darum, wer Lytton denn nun lieber habe. Niemand hatte in der letzten Zeit soviel Donne und Dostojewskij gelesen wie Gertler, und auch: «Mein Französisch wird immer besser. Ich lerne jeden Tag eine halbe Stunde.»

«Natürlich hast Du Lytton schon vor mir gemocht und gepriesen, weil ich ihn damals noch gar nicht kannte», konterte Carrington.

Ihr Urlaub näherte sich langsam dem Ende. «Wozu hast du Lust?» hatte Lytton Carrington gefragt. «Wir könnten ja vielleicht zu Fuß durch Wales nach England zurückgehen? Dann wäre es September ...» In den letzten Augusttagen machten sich die beiden auf den Weg nach Bath – «ein entzückender Ort», schrieb Lytton am 2. September 1916 an Bunny Garnett. «Wie leichtfüßig man durch seine eleganten Straßen bummelt und über seine belebten Plätze flaniert. Man hat beinahe das Gefühl, hohe Absätze und ein reichbesticktes Gewand zu tragen. Und dann – diese ansteckende Begeisterung meiner jugendlichen Begleiterin ... Du schmunzelst, aber Du irrst Dich.»

Auch Carrington erstattete Bericht über den Verlauf der Dinge. «Gestern haben wir die ganze Stadt erkundet», schrieb sie Gertler am 29. August 1916. «Fast jedes Haus! Und dann haben wir fast zwei Stunden lang in einem Antiquariat herumgestöbert.

Ich stieß zufällig auf einen frühen Voltaire, was Lytton sehr freute, weil er schon lange danach gesucht hatte. Nach dem Tee spazierten wir aus der Stadt hinaus auf einen hohen Hügel, weil wir in einem Buch über Architektur (das ich den ganzen Sonntag studiert habe) ein wunderbares Haus entdeckt hatten. Es heißt Widcomb House und war wirklich sehr hübsch! – In dem Dorf oben soll auch Fielding gelebt haben – Wir fragten beherzt das Dienstmädchen, ob wir durch den Garten gehen dürften. Nach einer ganzen Weile kam sie mit einer unglaublich alten Dame wieder. Die sagte, wir dürften, schien aber völlig verblüfft zu sein, daß jemand ihr Haus besichtigen wollte! Der Garten, der bis tief ins Tal hinabreichte, war sehr groß mit riesigen Bäumen und Hügeln in der Ferne. Er weckte seltsame Gefühle in mir. Es war ein trauriger, morbider Ort, an dem Totenstille herrschte – Lytton las mir aus Voltaire vor, eine Darstellung Friedrichs des Großen und etwas über Voltaires Beziehung zu seinem Sohn.»

Von Bath aus gingen sie nach Wells. «Schade, daß es heute bei Geistlichen in Mode ist, an das Christentum zu glauben», schrieb Lytton später seiner Mutter (3. September 1916). «Wie gern wäre ich Bischof von Bath und Wells gewesen!» Von Wells aus reisten sie weiter nach Glastonbury. «Wir bleiben hier», schrieb Carrington am 29. August vom Hotel George aus an Maynard. «Ich bezweifle, daß Lytton je zurückkehren wird.» Auf die Rückseite schrieb Lytton einige Verse für Maynard:

> *When I'm winding up the toy*
> *Of a pretty little boy,*
> *– Thank you, I can manage pretty well;*
> *But how to set about*
> *To make a pussy pout*
> *– That is more than I can tell.**

Unter diese Zeilen malte Carrington das Bild einer zusammengerollten Katze, die tief und fest schlief. Der Literat und die Malerin hatten in der Nacht zuvor ein Hotelbett geteilt, was Grund genug für die gelehrten Biographen war, das Ende von Carringtons Jungfräulichkeit auf diese Nacht zu datieren. Sie war von tiefer Dankbarkeit gegenüber Lytton erfüllt. Drei Wochen lang war sie nun mit ihm zusammengewesen, hatte all seine Launen und seine Gebrechen ertragen und liebte ihn mehr denn je. «Ich habe so viel Spaß mit Dir gehabt», schrieb sie, nachdem sie Anfang September nach Hurstbourne Tarrant zurückgekehrt war, «Du kannst Dir nicht vorstellen, wie glücklich ich war, immer und überall, jeder Tag steckte voller Überraschungen ... Lieber Lytton, ich war so glücklich, so unsagbar glücklich!»

Noch in Wells schrieb Lytton, «vergraben in einer Pension unter der Dachtraufe dieser ziemlich *démodé* wirkenden Kathedrale», wie einsam er sich ohne Carrington fühle. «Das Mittagessen ist vorbei, ebenso wie die Teestunde und das Abendessen, und nun liege ich hier einsam auf dem Sofa inmitten weißer Kissen – still, ohne Nichte und traurig!» Sie hatten beschlossen, sich auf die Suche nach einem Cottage auf dem Land zu machen, wo sie einen Teil ihres Lebens zusammen verbringen konnten. Es sollte eine Art Bindung sein, die niemals andere emotionale Bindungen ausschloß, sondern eine androgyne Erweiterung ihrer Erfahrungen darstellte. «Was für aufregende Dinge vor uns liegen», freute sich Carrington (8. September 1916). Auch Lytton, der in diesen «unbeachteten Stunden» ein kurzes Gedicht schrieb, ließ sich zu verhaltener Begeisterung hinreißen.

---

* Wenn ich das Spielzeug
  eines hübschen kleinen Jungen aufziehe,
  komme ich, vielen Dank, ganz gut zurecht;
  Aber eine Muschi zum Schnurren zu bringen,
  da muß ich leider passen.[19]

Who would love only roses among flowers?
Or listen to no music save Mozart's?
Then why not waste life's unregarded hours
With fragile loves and secondary hearts?

Ah! Exquisite the tulips and the lilies!
The Schuberts and the Schumanns, how divine!
Then kiss me, kiss me quickly, Amaryllis!
And Laurie, mix your wantonness with mine!*

3. Zerbrechliche Lieben und zweitrangige Herzen

Es dauerte gar nicht lange, bis seltsame und beunruhigende Gerüchte über Lyttons Verhältnis mit Carrington durch Bloomsbury geisterten. Hatte Bunny Garnett etwa in Wissett seine Vermutungen an Duncan und Vanessa weitergegeben? Lytton glaubte nicht recht daran. War es möglich, daß Carrington selbst im Kreuzfeuer von Ottolines und Clives Fragen in Garsington schwach geworden war und alles gestanden hatte? Sie schwor, sie habe nur von der Landschaft gesprochen. Dennoch ahnte Ottoline, ungeachtet der Rätselhaftigkeit, die Carrington stets umgab, recht genau die Wahrheit. «Ottoline mag mich nicht!» teilte Carrington am 6. September 1916 Lytton mit. «Das ist ziemlich offenkundig.» Immer wenn etwas Unerfreuliches geschah, gab Ottoline eher der Frau die Schuld als dem Mann. So gab sie Frieda Lawrence die Schuld an «Liebende Frauen» und machte Maria Huxley für «Eine Gesellschaft auf dem

---

* Wer wollte unter den Blumen nur die Rosen lieben?
Oder keine andere Musik als die Mozarts hören?
Warum dann nicht die unbeachteten Stunden des Lebens
mit zerbrechlicher Liebe und zweitrangigen Herzen füllen?

Ah! wie herrlich die Tulpen und die Lilien!
Wie göttlich die Schuberts und die Schumanns!
So küß mich, Amaryllis, küß mich schnell,
und Laurie, mische deine Lüsternheit mit meiner!

Lande» verantwortlich. Jetzt warf sie Carrington vor, sie wolle ihr Lyttons Zuneigung abspenstig machen. «Ihre Ladyschaft liebt und verhätschelt mich nicht mehr! und [Dorothy] Brett[20] war auch recht streng», schrieb Carrington im September an Gertler.

Obwohl Carrington eine Bindung mit Lytton eingegangen war, konnte sie den Gedanken, Gertler aufzugeben, nicht ertragen. «Du bist so inspirierend für mich», versicherte sie ihm am 1. September 1916 bei ihrer Rückkehr aus Glastonbury. «Ohne Dich würde mein ganzes Leben zerplatzen – wie ein Luftballon, in den man eine Nadel sticht.» Auch wenn sie Angst davor hatte, ihn zu sehen, liebte sie es dennoch, von ihm zu träumen und ihm Briefe zu schreiben. In jenem Herbst schrieb sie ihm genauso viele Briefe wie Lytton und berichtete von ihrem Glück, ohne jedoch die Ursache dafür zu erwähnen. «In letzter Zeit versetzt mich alles in Erregung», frohlockte sie am 3. September 1916. «Die Fülle des Lebens ... die Dinge, die kommen ... das Wunderbare daran!» Sie schickte ihm neue Beweise ihrer Liebe: Blumen und Pflaumen und auch allegorische Zärtlichkeiten. Sie bat Gertler um ein neues Foto und gestand: «Meine Stimmungen wechseln wie die Wolken am Himmel!» Sie jauchzte vor Glück über die neue Mode, Hosen zu tragen wie ein Junge: «Ich hasse es, eine Frau zu sein ... mit diesen weiblichen Beschwerden und diesem hängenden Fleisch.»

Ihre Briefe hatten eine verheerende Wirkung auf Gertler. Die Tatsache, daß sie ihren Körper ablehnte, dem all sein Sehnen galt, löste einen Aufschrei der Verzweiflung in ihm aus – einen Schwall von Einwänden und Anschuldigungen, die er in der ersten Septemberwoche zu Papier brachte, aber nie an Carrington abschickte.

«Gott, wie bin ich einsam – so schrecklich einsam. Ich kann diese Einsamkeit nicht mehr ertragen ... Liebst Du mich? Kannst Du überhaupt lieben? Gibt es denn nichts zwischen uns als meine eigene, glühende Liebe? ... Gott, erlöse mich von dieser Hölle, in der ich schon so lange lebe. Erlöse mich bald, lange halte ich es nicht mehr aus! ... Für mich ist Dein Körper wunderschön. Ich verspüre ein schmerzliches Verlangen danach ... Wie kannst Du es nur ertragen, daß Deine Schönheit vergeht, wenn Du weißt, daß ein Mann sich nach ihr verzehrt! ... Es gibt nur eine Jugend im Leben – Also vergeude sie nicht! Und spanne mich nicht länger auf die Folter ... Du hast Lytton um Dich gehabt, und er konnte meine Abwesenheit leicht füllen. Was ihm nur zu gut gelungen ist ... Wie sehr ich die

Kälte des Lebens hasse! Es ist nicht Deine Schuld, Carrington, daß das *Leben* so beschaffen ist. Das Leben hat Dir Kälte mit auf den Weg gegeben ... Du schreibst in Deinem Brief, Du seist ‹ein wildes *Tier*, das sich niemals zähmen läßt› ... Du bist kein ‹wildes› *Tier*, sondern ein verängstigtes, scheues *Tier* ... Hättest Du viele Männer gekannt – viele Liebhaber gehabt, dann könntest Du Dich mit Deiner ‹Wildheit› brüsten ... So aber, meine arme Jungfrau, hast Du noch *keinen* Mann gekannt ... Ich hasse Deine Jungfräulichkeit.»

Dann, als er schon fast meinte, sie für immer verloren zu haben, wandte sie sich ihm wieder zu. Sie fühlte sich schuldig, weil sie ihn in die Irre geführt hatte und weil sein Unglück sie mehr bewegte denn je. Auch die Lektüre von «Venus and Adonis», «To his Coy Mistress» und «The Extasie» verfehlte ihre Wirkung nicht. «Wenn ich noch mehr solcher Gedichte von Donne finde, die mich drängen, meine Jungfräulichkeit aufzugeben, werde ich eines Tages vielleicht wirklich schwach», stellte sie im September 1916 in Aussicht. «Ich finde, er ist ein Mann von solch seltener Weisheit, daß ich seine Worte sehr ernst nehme. Viel ernster als die von Philip und Ottoline ... Aber das sollte ich Dir gar nicht schreiben.» Was sollte sie also tun? Im Herbst entschloß sie sich ein zweites Mal, ihre Jungfräulichkeit zu verlieren, diesmal an Gertler. «Wunderbare Zeiten kommen auf uns zu! Wenn wir freier miteinander sprechen können», erwiderte er am 25. September 1916, «aufregende intime Begegnungen, innige Augenblicke – Augenblicke der Ekstase! ... Oh, wie ist die Liebe schön!»

Aber Carrington hatte immer noch Bedenken. Sex – oder «Zukker», wie sie ihn in ihren Briefen an Gertler nannte – «führt dazu, daß man den vollen Wert der Dichter schätzenlernt. Ich mag Zucker nur von Zeit zu Zeit, nicht jede Woche oder jeden Tag ... Dir werde ich ... nicht mehr als drei Würfel im Monat genehmigen.»

Da Clive Bell noch immer auf Ottolines Landgut in Garsington arbeitete und seine Frau Vanessa sich mit Duncan und Bunny in Sussex häuslich niederließ, hatte Maynard beschlossen, das Londoner Haus der Bells am Gordon Square zu übernehmen (in dem er zusammen mit John Sheppard wohnen wollte, der im Kriegsministerium als Übersetzer tätig war) und die größeren Räumlichkeiten in der Gower Street 3 an Dorothy Brett zu vermieten. Im September bot Brett ihrerseits Middleton Murry und Katherine Mansfield an, die unteren Zimmer zu bewohnen, und schlug Carrington vor, für neun Pfund im Jahr ganz oben einzuziehen. «Wir werden viel Spaß in der Gower Street bekommen», schrieb Carrington im September 1916 an Lytton. «Sie [Katherine Mansfield] wird alle meine Lieblingsspiele mitmachen: andere Leute nachahmen, sich verkleiden und Parties!» Die Parties, die ganze Maskerade und ihre immer undurchsichtiger werdenden Intrigen mit Lytton und Mark waren ein Schutz gegen den furchtbaren Krieg, den sie in ihren Briefen so gut wie nie erwähnte. Eines Abends jedoch färbte sich der Himmel plötzlich dunkelrot, Häuser und Bäume waren hell erleuchtet und ein wildes, an- und abschwellendes Jubelgeschrei erfüllte die Straßen. «Carrington kam aus ihrem Zimmer gestürzt», erinnerte sich Beatrice Glenavy, «wir rissen beide die Haustür auf und stürmten hinaus.

Und da war es, kroch und tropfte vom Himmel herab, die Spitze voran ... eine große, brennende Fackel und hoch über ihr das kleine Licht des Flugzeugs, das den Geschützen Signale gab ... es klang, als würde ganz London aufschreien. Carrington brach in heftiges Schluchzen aus und rannte zurück in ihr Zimmer. Ich war ganz außer mir vor Aufregung und befand mich in einem Zustand, in dem menschliches Leid nicht mehr zu existieren schien. Offenbar waren die Reste des Zeppelins in Hampstead Heath heruntergekommen ... Ich wollte ein Taxi nehmen und hinfahren, ging zu Carrington, um sie zum Mitkommen zu bewegen, doch sie weinte so bitterlich, daß sie kein Wort herausbringen konnte, also ließ ich sie allein.»[21]

Sobald Carrington sich in der Gower Street eingerichtet hatte, machte sie sich auf die Suche nach dem idealen Cottage für Lytton. Sie befragte Freunde, studierte Karten und erkundete auf ihrem «Drahtesel» die Gegend. Sie sandte ihm Gutachten, Zeichnungen und regelmäßige Berichte über ihre Ausflüge: «Mehr als 60 Kilometer bin ich an einem Morgen Deinetwegen geradelt, verehrter Onkel», schrieb sie ihm am 16. September 1916. «Ich habe Straßen und Hecken abgesucht, nur um Dein verdammtes Haus zu finden!»

Ihr Plan sah vor, das Geld für den Kauf eines Hauses sozusagen auf Gesellschafterbasis zu sammeln – einige von Lyttons Freunden sollten Anteile erwerben (das heißt eine jährliche Summe bezahlen) und im Gegenzug dafür das Haus an Wochenenden oder als gelegentlichen Rückzugsort benutzen dürfen. «Hast Du schon von unserem Plan gehört, ein Häuschen auf dem Lande zu erwerben?» erkundigte sich Lytton am 14. September 1916 bei Maynard. «Wärest

Du bereit mitzumachen? Barbara scheint schon etwas Geeignetes gefunden zu haben. Oliver [Strachey] und Faith [Henderson] wollen auf jeden Fall Anteile erwerben – Saxon vielleicht auch ... Ach ja, und Carrington.»

Barbara Bagenals Fund war ein unmöbliertes Haus in Hemel Hempstead, das für 48 Pfund im Jahr zu mieten war und über «einen Dachboden für Kriegsdienstverweigerer» verfügte. Als man sich jedoch dagegen entschied, nahm Carrington die Suche energisch wieder auf. «Ich habe jetzt Karten von jedem Quadratzentimeter Land», schrieb sie Lytton am 8. September 1916, «und stehe in Schriftwechsel mit jedem Auktionator in Newsbury, Marlborough und Reading!» Aber ihre Vorstellungen davon, was dem sensiblen Lytton zusagen könnte, waren derart überhöht, daß kein Makler ihnen gerecht werden konnte. «Unser Häuschen auf dem Lande ist immer noch das reinste Hirngespinst», schrieb Lytton am 1. Oktober 1916 an Ottoline, «ein Cottage in Spanien.»

Von Wells war er nur zögernd nach London zurückgekehrt. Er fand die Hauptstadt «stickig und kalt zugleich, vollgestopft und überquellend mit unglaublich scheußlichen Monstrositäten. Die Massen stoßen einen vom Bürgersteig, drängen sich um jeden Bus, tummeln sich in der Untergrundbahn – man ist auf der verzweifelten Suche nach einem Taxi, aber alle Taxen sind besetzt. Nachts ist es *stockdunkel*, man geht, eingezwängt in der Menge, wie ein Soldat bei der Armee ... Nein! London ist zweifellos *kein* Ort, an dem man sich derzeit aufhalten sollte.»

Trotzdem blieb Lytton in London. In Belsize Park Gardens konnte er in der letzten Oktoberwoche verkünden: «*cet épouvantable Docteur Arnold est fini* – Gott sei Dank!» Fast sofort darauf begann er mit den Recherchen und Aufzeichnungen für «Das Ende des Generals Gordon», den abschließenden Essay seines Werks «Eminent Victorians».

Wann immer Carrington Lytton dazu bewegen konnte, Modell für sie zu sitzen, malte sie an seinem Porträt weiter, das, wie sie glaubte, «ein wirklich gutes Bild wird» (6. November 1916). Am Ende des Jahres hatte sie es fertiggestellt: Lytton liegend, mit verträumtem Gesicht, als bete er, und in den überlangen Händen ein Buch haltend. «Ich bin gespannt, wie es Dir gefällt, wenn Du es siehst», schrieb sie an Neujahr in ihr Tagebuch. «Jetzt, am Abend, sieht es wunderbar aus, und ich bin glücklich. Aber ich habe große

Angst davor, es zu zeigen. Am liebsten würde ich Dich immer weiter malen, jede Woche ... und niemals zeigen, was ich male. Es ist herrlich, Dich ganz für mich allein zu haben ... Wie gerne würde ich die Gedanken erforschen, die sich hinter der zarten Haut Deiner Stirn verbergen. Du wirkst so weise und auch kalt durch Dein Alter. Und dennoch, welch ein Frieden, bei Dir zu sein, und wie glücklich ich heute war.»

Wenn Lytton gerade nicht mit Maynard im Café Royal dinierte, mit Sheppard «und einer Gruppe junger Männer» unterwegs war oder sich mit Boris Anrep, umgeben von einer tobenden Menge, einen Boxkampf in Blackfriars anschaute («Ich war ganz nah – berührte beinahe ihre phantastischen nackten Körper»), begleitete er Carrington zu Parties in Barbaras Atelier in Hampstead und in Augustus Johns Atelier in Chelsea. Auch nahm er sie mit nach Hogarth House in Richmond, wo Leonard und Virginia Woolf bald den Verlag Hogarth Press gründen sollten.[22] Er kam auch in die Gower Street zum Tee mit Carrington, Dorothy Brett und Katherine Mansfield. «Ich denke, es wird mir gefallen, mit Katherine zusammenzuwohnen», hatte Carrington in einem Brief an Lytton prophezeit. Das Problem war nur, daß Katherine alle Männer abfing – Mark, Lytton, Bertrand und andere – und sie in ihre Räume im ersten Stock lockte. «Zu unserem Bedauern kommt *niemand* weiter als bis zu Katherine!» teilte Dorothy Ottoline mit. «Sie verschwinden alle wie durch Zauberei ... Ich habe mein kleines Gerät [Hörgerät] auf das Knarren des Fußbodens eingestellt!» Middleton Murry flirtete ganz ungeniert mit Ottoline und Dorothy gleichzeitig (die ihrerseits in Ottoline verliebt war), während sich Katherine klammheimlich mit Bertrand (Bertie) Russell aus dem Staub machte. Im Februar 1917 verließ Katherine dann das Haus in der Gower Street, und Ottoline wußte auch, warum: «Carrington machte ihr [Katherine] das Leben schwer. Sie spionierte ihr nach, beobachtete, wann sie kam und ging und mit wem. Sie erfand lauter phantastische Geschichten, zum Beispiel, daß Katherine sich oft verkleide und dann abends ausgehe, um sich auf die Suche nach aufregenden Abenteuern zu machen, ferner daß sie für Filme schauspielere und geheimnisvolle Besucher empfange.»

Lytton kam und ging; hörte, schaute zu, neugierig, ungläubig. Im November nistete er sich in Asheham ein, um eine Winterkrankheit auszukurieren; über Weihnachten fuhr er zu Ottoline nach Garsington, um wieder vollends gesund zu werden. Clive Bell und Aldous Huxley hielten sich dort als Dauergäste auf, Bertrand Russell, Dorothy Brett und Carrington bekamen ebenfalls Einladungen. Sie diskutierten viel über den Krieg, unternahmen lange Spaziergänge durch die Felder, steckten einander heimliche Botschaften zu, sangen Abendlieder und sorgten für literarische Unterhaltung. Einmal las Lytton aus seinem «Dr. Arnold» vor, ein anderes Mal wurde ein pseudorussisches Theaterstück aufgeführt, das Katherine sich ausgedacht hatte, «wunderbar geistreich und gut», wie Carrington fand. Carrington selbst spielte Marcel Dash, den Enkel von Dr. Keit, der wiederum von Lytton gespielt wurde. «Wir haben ein exzellentes Stück aufgeführt, das Katherine erfunden hat, und während des Spiels improvisiert», schrieb Aldous Huxley an seinen Bruder Julian (29. Dezember 1916). «Es war ein riesiger Erfolg. Murry spielte eine dostojewskijsche Gestalt und Lytton einen unglaublich boshaften alten Großvater.»

Nach seiner Rückkehr in den Londoner Nebel unterbrach Lytton seine Arbeit am «General Gordon» mit Rezensionen für den *New Statesman* und der Lektüre von Rabelais (über den er ein Jahr später im *New Statesman* schrieb). «Ich stecke bis über beide Ohren in ‹Gargantua und Pantagruel›», berichtete er Ottoline am 6. Februar 1917. «Ich lese fast nichts anderes mehr. Bisher habe ich noch kein besseres Gegenmittel gegen die abstoßenden *mesquineries de ces jours* entdeckt als ihn [Rabelais]. Ich lese ihn in der Untergrundbahn, wo er mir als Schutzschild gegen all die erbärmlichen Gesichter mit ihren erbärmlichen Zeitungen dient. Welch anbetungswürdiger Riese, dem man da in die Arme sinken kann! Und vor allem fesselt das Buch in so vielerlei Hinsicht. Ich bin froh, daß ich es vorher noch nie richtig gelesen habe; man ist wie berauscht vor erfrischender Begeisterung, wenn man schon über achtzig ist.»

Ende März war es wieder einmal soweit, daß er sich ungefähr seinem damaligen Alter entsprechend fühlte – siebenunddreißig Jahre. Das Wetter wurde freundlicher, wärmer, «und ich habe das Gefühl, daß ich mich jetzt wirklich ernsthaft hinsetzen und den General in Angriff nehmen muß», schrieb er Ottoline, die ihn liebenswürdigerweise erneut nach Garsington eingeladen hatte, diesmal ohne Carrington (23. März 1917). «Ich fürchte, es wäre fatal, wenn ich meinen Feldherrensitz verlassen würde, noch ehe die erste Schützengrabenlinie erobert ist.»

Inzwischen steuerte Carringtons Beziehung zu Gertler langsam, aber sicher auf eine Krise zu. Er hatte sich eingebildet, daß er sie nach ihrem Umzug in die Gower Street häufiger sehen würde, aber sie war entweder auf irgendwelchen unerklärlichen Streifzügen auf dem Land, oder aber im Haus wimmelte es von anderen Männern. «So kommt eines zum anderen, und wir sehen uns fast nie allein», beklagte er sich im Januar 1917. Waren sie dann einmal zusammen, «fühle ich mich in Deiner Gegenwart immer nervös und befangen und bringe kaum ein Wort heraus» (Februar 1917). Ein neues Problem zwischen ihnen stellte die Verhütung dar («Ich habe dieses Ding wirklich ausprobiert. Doch es war zu groß und wollte nicht hineingehen, egal wie herum ich es drehte!»). Carrington versprach, nicht kindisch zu sein, auch weniger selbstsüchtig, und sie versprach, ihn glücklicher zu machen. Aber ihr Geschlechtsleben wurde dadurch nicht besser. «Oft beneide ich nette Menschen, die einfach lieben können und sich gut verstehen», sagte sie Gertler. «Ich wünschte, bei Gott, ich wäre nicht so, wie ich bin.» Ihr Widerwille gegen den Geschlechtsverkehr mit Gertler brachte sie, wie ihre Biographin Gretchen Gerzina meint, auf die Idee, «sie könne mit ihm schlafen, ohne Lytton dabei untreu zu werden». Trotzdem war ihr elend zumute, weil sie Mark so unglücklich machte. Doch was konnte sie tun?

Was sie nach Gertlers Auffassung tun konnte, war, seinem Drängen nachzugeben und mit ihm zusammenzuleben. «Ich werde Dich nicht um zuviel ‹Zucker› bitten, wenn ich Dich nur sehen und mit Dir reden kann», versprach er ihr im Dezember 1916. Doch er fügte hinzu: «Wenn ein anderer Mann irgendeinen Teil Deines wunderbaren Körpers berührt, werde ich mich umbringen – vergiß das nicht! Ich könnte es nicht ertragen ... Manchmal wünschte ich, einer von uns beiden wäre tot!» Carrington war sich mittlerweile darüber im klaren, daß sie niemals Tag für Tag sexuelle Intimität mit ihm ertragen könnte, auch wenn sie zugestand: «Ich sehe keinen Grund, warum wir nicht im Sommer einige Monate zusammen verbringen sollten.» Ihr sporadisches Liebesleben war frustrierend für Gertler, und es wurde nur noch schlimmer für ihn, wenn Carrington ihm erklärte, daß er nur so unglücklich sei, weil er sie sexuell begehre, oder ihn damit vertröstete, daß nur «ihr leiblicher Körper» ihn verlassen habe. In jenem Winter häuften sich die Streitereien zwischen ihnen. Er verspottete sie, weil sie versuchte, wie ein Junge auszusehen, die Haare kurz trug, kein Make-up benutzte und mit Vorliebe Hosen anzog. Dann bereute er seinen Zorn wieder und überschüttete sie mit Entschuldigungen. «Was die Hosen betrifft, so vergib mir bitte, daß ich gemurrt habe – im Grunde habe ich nichts dagegen. Vielleicht fange *ich* sogar an, Röcke zu tragen!»

Wenn sie doch nur eine «viel freiere Beziehung führen könnten, wie alte Freunde», meinte Carrington (25. März 1917), dann müßte sie auch nicht ständig Angst davor haben, ihn zu verletzen oder mit seiner Vergeltung konfrontiert zu werden. «Ich möchte, daß Du meine Freunde kennenlernst & meine Interessen teilst», erklärte sie ihm. Als Leonard und Virginia ihr jedoch Asheham überließen, nahm sie nicht Mark mit, sondern Barbara und Saxon Sydney-Turner. Sie verbrachten die Zeit dort wie Kinder und rutschten auf Teetabletts die Downs hinunter. Gertler drängte sich der Verdacht auf, daß ihre Beziehung «einen großen Haken hat, und zwar daß wir es nicht fertigbringen, oft genug zusammen auf dem Land zu sein». Daher lud er sie in Gilbert Cannans romantische Mühle in Cholesbury in Hertfordshire ein. Sie dehnte die Einladung jedoch eigenmächtig auf Lytton aus und versprach ihm ein Kaminfeuer im Schlafzimmer. Klugerweise lehnte Lytton ab.

Carrington war völlig entsetzt gewesen über die Veröffentlichung von «Mendel», Gilbert Cannans Schlüsselroman, den er «D. C.» gewidmet hatte. «Ich bin so wütend über Gilberts Buch», hatte sie am 1. November an Mark geschrieben. «Nichts als dummer Klatsch und dienstbotenhafte Neugier. Es ist häßlich und furchtbar vulgär.» D. H. Lawrence hatte das Buch auch nicht gefallen («ein journalistisches Machwerk, ohne einen Funken von Kreativität»), ganz im Gegensatz zu Virginia, die es aufgrund der Erkenntnisse über die jüngere Generation «interessant» gefunden hatte. Doch auch Cannan lernte nun die Verzweiflung kennen. Er hatte sich in ein neunzehnjähriges Mädchen aus Südafrika verliebt, konnte aber nicht recht glauben, daß ein so wunderbares Geschöpf ihn wirklich liebte. Unfähig, sich von dieser erwiderten Leidenschaft zu lösen oder sie mit seiner Ehe in Einklang zu bringen, hatte er einen Nervenzusammenbruch erlitten. «Die dunkle Wolke des Wahnsinns ... wächst und wächst ... die Tatsache ist niederschmetternd», vertraute er Mark an. «Mein guter, alter Mark, wir scheinen dasselbe durchzumachen ... ich wollte, ich hätte Deine Robustheit.»

Doch Gertler hatte ganz und gar nicht das Gefühl, robust zu sein.

Er fühlte sich vielmehr verletzbar durch alles, was Carrington schrieb, sagte oder tat. Schließlich geriet ihre Beziehung aufgrund von zwei Todesfällen in eine Krise. In der ersten Februarwoche des Jahres 1917 starb Gertlers Vater. Es war «der schlimmste Tag meines Lebens». Carrington hatte gehofft, etwas von ihrem Bruder Teddy zu hören, der seit letztem Herbst vermißt war. Doch als sein Geburtstag im Februar ohne Nachricht verstrichen war, kam sie schließlich zu der Überzeugung, daß er tot sei. «Ich gebe langsam die Hoffnung auf, daß er noch am Leben ist», gestand sie am 26. Februar 1917. «Inzwischen fängt es an, mich schrecklich zu deprimieren.» Gertler hatte es bitter nötig, seinen Kummer in einem erfüllten Liebesleben zu ertränken, doch Carrington wollte lieber allein sein. Als sie sich das nächste Mal trafen, verlor er die Beherrschung. «Du hättest diese furchtbare Szene vermeiden können, wenn Du mich einfach hättest gehen lassen», schrieb sie ihm später. «Es ist nicht so, daß ich Dich nicht liebe, ich war nur traurig und konnte deshalb nicht mit Dir schlafen. Wenn man Kummer hat, fühlt man sich merkwürdig isoliert, und die animalische Leidenschaft eines anderen kann dann ganz plötzlich zu einem Alptraum werden.»

Daher suchte sie auch nicht bei Mark, sondern bei Lytton Trost wegen ihres Bruders. «Du wirst doch hoffentlich nichts dagegen haben, wenn ich Dich oft sehen möchte», schrieb sie ihm am 26. Februar 1917. «Denn es ist entsetzlich, allein zu sein und zu wissen, wie er von uns gegangen ist – ohne jemals wirklich gekannt oder geliebt worden zu sein. Er besaß die Unabhängigkeit eines Kindes wie Poppet [23], trug all seine Freuden in sich – hatte sie sich eigens geschaffen.»

Lyttons Freundlichkeit, sein Mitgefühl und seine Sanftmut waren die einzige Quelle des Trostes für sie. Ihre Liebe zu ihm wurde dadurch nur noch stärker. Sie wußte zwar, daß ihrer Beziehung immer Grenzen gesetzt sein würden, aber sie war schon zufrieden, wenn sie einfach nur bei ihm sein konnte, so oft wie eben möglich. War es gerade einmal nicht möglich, freute sie sich über seine wunderbaren Briefe und lernte sie auswendig. Sie glaubte, ihn, der so unbegreiflich war, besser zu verstehen als irgend jemand sonst. In seinem Antwortbrief aus Alderney Manor, wo er bei Augustus und Dorelia John zu Besuch war [24], entschuldigte sich Lytton reumütig für seine Unfähigkeit, nicht mehr für sie tun zu können (8. März 1917):

«Ich fürchte, ich *bin* manchmal eine Spur – unbefriedigend. Ist es das Alter, das Geschlecht oder der Zynismus? Vielleicht ist es – in gewissem Sinne – auch nur die äußere Erscheinung. Der Kerl ist, wie man so schön sagt (oder vielmehr nicht sagt), im Grunde seines Herzens gut. Ich wollte, ich könnte von größerem Nutzen sein – oft denke ich, daß ich es vielleicht könnte, wenn die Fleischschicht auf meinen Knochen ein paar Zentimeter dicker wäre. Aber auch das gehört nun einmal zu den ungünstigen Einrichtungen auf dieser Welt ... *Ma chère*, sei gewiß, daß ich mit Dir fühle in Deiner Einsamkeit. Ich kenne dieses Gefühl selbst nur allzu gut.»

Hätte Mark doch nur etwas mehr von Lytton – und Lytton in mancher Hinsicht etwas mehr von Mark gehabt! Carrington konnte ihre Liebe zu beiden einfach nicht in Einklang bringen. Doch schreckte sie auch davor zurück, sich für einen von beiden zu entscheiden. Sie waren so verschieden, daß sie sie beim besten Willen nicht als Rivalen ansehen konnte. Trotzdem mußte sie wohl oder übel zu einer Entscheidung kommen.

Über Ostern ging Carrington nach Lord's Wood, dem Haus ihrer Freundin Alix Sargant-Florence in Marlow Common. «Ein sehr schönes Haus», wie sie Gertler schrieb, «wirklich vom Feinsten. Sehr komfortabel und mit dem schönsten Badezimmer, das ich je gesehen habe, verziert mit bunten Kacheln.» Zu den Gästen zählten auch Lytton und sein Bruder James, Harry Norton und Maynard Keynes. «Glaube bitte nicht, wir hätten alles in zu großem Stil aufgezogen», schrieb Alix am 3. April 1917 an ihre Mutter. «Aber wir wollten unbedingt, daß die Party ein Erfolg wird & von den Gästen ist jeder auf seine Weise unersättlich – Lytton (pedantisch), Maynard (gefräßig), James (systematisch), Norton (hypochondrisch), Carrington (gesund) & ich selbst (gierig).» Die Sonne schien, und Carrington zog vergnügt Kniebundhosen an, streifte durch die großen Wälder, malte die gierige Intellektuelle Alix, las Platon, den sie «sehr aufregend fand», und hörte abends James zu, wie er auf dem Klavier Bach und Beethoven spielte. Anschließend schrieb Lytton (10. April 1917), man habe «zweimal täglich Chianti getrunken, Périgord-Pastete verschlungen, am Kaminfeuer geträumt und die *Grande Expédition* ständig weiter hinausgeschoben». Manchmal lasen sie Theaterstücke, die die komischen und tragischen Ansichten der Bloomsberries über die Welt verkörperten – Vanbrughs «Rückfall» und Shakespeares «Troilus und Cressida» – was «großen Spaß machte», wie Carrington schrieb. «Ich war nur immer so aufgeregt, wenn ich an die Reihe kam, daß ich meinen Teil nicht so genießen konnte, wie ich es gern getan hätte.»

Bald entdeckte Carrington ein «herrliches neues Spiel, nämlich mich mit geschlossenen Augen als blindes Mädchen von Alix führen zu lassen», wie sie Lytton später schrieb (3. August 1917). Es fiel ihr leicht, Alix zu folgen, deren Liebe zu James, die vor achtzehn Monaten in The Lacket begonnen hatte, ihrer eigenen Liebe zu Lytton so ähnlich schien. Jene Ostergesellschaft war der Auftakt für Alix' drei Jahre währenden Feldzug zur Eroberung von James – ein Unterfangen, bei dem sie mit James' Verliebtheit in Noel Olivier ebenso fertig werden mußte wie mit ihrem Verhältnis zu Bunny Garnett (in dem sie «die Sehnsucht nach Mord und Vergewaltigung» weckte) und ihrer Beziehung zu Harry Norton, über die Virginia spottete, es handele sich dabei um «Kopulation alle zehn Tage, um seine unterdrückten Triebe zu befreien!» Alix wußte zwar nicht, wann sie wieder eine Niederlage erleiden würde, aber sie wußte sehr genau, was sie wollte, und obwohl die Schwierigkeiten ihres Unterfangens «ihre Begräbnisstimmung» enthüllten – «arme Frau» –, verfolgte sie, wie Virginia bemerkte, James' Eroberung in einer «Pose kontrollierter Verzweiflung».[25]

Die wenigen Tage in Lord's Wood hatten einen entscheidenden Einfluß auf Carrington. Am Tag vor ihrer Abreise schrieb sie zwei Briefe, einen an Mark, in dem sie ihm einiges über ihre Gefühle für Lytton mitteilte und ihm vorschlug, sich am darauffolgenden Montag nachmittag mit ihr zu treffen, und den anderen an Lytton – der Marlow gerade erst verlassen hatte – mit der Bitte, sich am Montag abend mit ihr zu treffen. Am Sonntag fuhr sie mit dem Zug zurück nach London und erwachte am nächsten Morgen verstört aus einem Traum, in dem ihr Bruder Teddy im Meer ertrunken war. Sie nahm einen Bus zum Atelier Penn, wo sie Gertler geisterhaft ruhig vorfand. Zunächst redeten sie aufgeregt über Bilder. Dann fragte er sie, was sie vorhabe, wie ihre Pläne seien. Sie hatte sich auf alle möglichen Szenen vorbereitet, und nun fühlte sie sich durch seine Gefaßtheit entwaffnet. Sie war mit dem Vorsatz hergekommen, ihn zu verlassen. «Mir wurde immer elender zumute, und ich weinte», kritzelte sie in ihr Tagebuch. «Es war, als verließe ich die warme Sonne auf den Feldern und ginge in einen dunklen, kalten Wald, umgeben von fremden Bäumen. Ich blickte plötzlich auf ein langes gemeinsames Leben voller gemischter Gefühle zurück. Aber stets warm wegen seiner leidenschaftlichen Liebe, und jetzt mußte ich das alles zurücklassen und weggehen.»

Zum erstenmal schien Gertler wirklich zu begreifen, daß Carrington ihrer Beziehung mit diesem Treffen ein Ende setzen wollte. Auch er verlor die Fassung und brach in Schluchzen aus. Er weinte bitterlich, und sie begann sich selbst zu hassen. «Weil er sterben wollte und ich wußte, wieviel ihm diese Liebe bedeutete», schrieb sie, «und ich sie trotz ihrer Größe nicht behalten konnte, sondern gehen mußte. Seine Einsamkeit war fürchterlich.»

Kurz darauf verließen sie das Atelier und tranken in einem Café zusammen Tee. Sie sprachen kaum miteinander. Er wollte wissen, ob sie vorhabe, mit Lytton zu leben, und sie sagte nein.

«Vielleicht wird er dich eines Tages lieben», wandte Gertler ein.

«Nein, das wird er nicht», antwortete sie kurz.

Dies schien ihm die Trennung zu erleichtern. Dennoch bat er sie, ihn weiterhin als Freund oder Bruder zu treffen, obwohl beide genau wußten, daß eine solche Vereinbarung nicht funktionieren würde. Beim Abschied waren beide sehr verlegen. «Mir wurde plötzlich klar, wie ungeheuer viel er mir bedeutet», schrieb sie. «Die Unwirklichkeit, Lyttons Kälte.» Sie fuhren mit dem Bus durch den Regen zum British Museum. Es war eine Erleichterung für sie, in Bewegung zu sein, und sie lachten unterwegs sogar ein paarmal. Als sie ankamen, verließ ihn Carrington. «Mir wurde furchtbar übel, und ich hatte einen stechenden Schmerz in der Seite.»

Sie kehrte in ihre Wohnung zurück, die sie jetzt mit Alix teilte, nahm ein heißes Bad und zog sich für den Abend um. Lytton saß bereits unten und trank Tee mit Alix und ihrer Mutter. Carrington gesellte sich zu ihnen, fühlte sich aber so elend, daß sie den anderen kaum Beachtung schenkte. Mit einer Mischung aus Erstaunen und Entsetzen beobachtete sie, wie Lytton «ganz ruhig dasaß und plauderte». Wußte er denn nicht, was sie mit Mark durchgemacht hatte? Später gingen sie beide noch zum Abendessen aus. Anfangs war Carrington froh, daß sie ihr Gespräch über Lyttons Freunde und seine Krankheiten fortsetzten. Doch schon bald begann das Gewicht der unausgesprochenen Worte auf ihr zu lasten. Das Essen zog sich fürchterlich in die Länge. Sollte sie jetzt, im Restaurant, reden oder warten, bis Lytton sie nach Hause brachte? Er schien ihre Anspannung nicht zu bemerken.

Dann, als sie wieder in die Gower Street zurückgekehrt waren und sich vor dem Kamin niedergelassen hatten, fragte er sie schließlich, was geschehen sei, und sie versuchte es ihm zu erklären.

«Ich dachte, ich sollte es Mark lieber sagen, weil es mir so schwerfiel weiterzumachen», sagte sie.

«Ihm was sagen?» erkundigte sich Lytton.

«Daß ich nicht weitermachen kann. Also habe ich ihm geschrieben und ihm alles gesagt.»

«Was hast du ihm denn geschrieben?»

Carrington zögerte. «Ich dachte, das wüßtest du.»

«Wie meinst du das?»

«Na, ich habe ihm geschrieben, daß ich in dich verliebt sei. Ich hoffe, das macht dir nicht allzuviel aus.»

«Aber bist du da nicht ein bißchen romantisch?» fragte Lytton. «Bist du dir denn überhaupt sicher?»

«Das hat doch nichts mit Romantik zu tun», antwortete sie trokken.

«Was hat Mark dazu gesagt?»

«Er war ganz außer sich.»

Lytton sah beunruhigt aus: «War er etwa wütend auf mich?»

«Nein. Er hat dich gar nicht erwähnt.»

«Aber das sind doch lauter Ungereimtheiten», protestierte er. «Ich bin alt und krank. Wenn ich doch nur besser bei Kräften wäre.»

«Das ist unwichtig.»

«Wie meinst du das? Und wie sollen wir es mit dem Körperlichen halten?»

«Ach, darauf kommt es doch nicht an.»

Lytton machte eine Pause. «Das ist aber schlimm», sagte er.

Im weiteren Verlauf ihrer Unterhaltung brachte Lytton noch einmal zur Sprache, daß sie körperlich nicht zueinander paßten und für ihr Tun selbst verantwortlich seien. «Alle werden denken, ich sei der Schuldige», sagte er. Carrington wiederholte, sie wisse, was sie tue, und wenn jemanden Schuld treffe, dann sie. «Wäre ich doch nur reich», sagte Lytton, «dann könnte ich dich zu meiner Geliebten machen.» Das ärgerte Carrington jedoch, und sie erklärte ihm, daß das Geld keinen Unterschied machen würde, was er sofort einsah und zugestand.

«Dann setzte er sich zu mir auf den Boden», schrieb Carrington in ihr Tagebuch, «nahm meine Hände und ließ mich seinen Mund küssen. Ich verhedderte mich in seinem dünnen Bart, und mein Herz wurde schwer wie Blei, weil ich wußte, wie elend es werden würde.»[26]

Carrington hoffte, daß er die Nacht bei ihr verbringen werde, diese Nacht aller Nächte, doch schon bald darauf erhob er sich und sagte, er müsse gehen. So allein gelassen, wurde sie plötzlich überwältigt vom «Elend der Trennung und meinem Selbsthaß, weil es mir soviel ausmachte. Und von seiner Gefühllosigkeit – Er war so weise und gerecht.»

Kurz darauf ging sie hinunter zu Alix und sprach mit ihr bis tief in die Nacht hinein – wie sie mit der Vergötterung Lyttons fertig werden sollte, wie sie ihr Leben gemeinsam einrichten und dem Zwang zur Heimlichkeit und Täuschung entrinnen könnten.

Warum mußte ausgerechnet ihr das passieren? Und obwohl sie keine Antwort darauf wußte und es keinen Trost gab, war sie erleichtert, das Problem mit jemandem besprechen zu können, der so verständnisvoll war. Und als sie weitersprach, während es später und später wurde, kam es ihr so vor, als würde sich nun gleich eine Lösung finden und dann ein neues und wunderbares Leben beginnen. Ihr wurde bewußt, wie schon jemand anders vor ihr, daß noch kein Ende in Sicht war und daß der qualvollste und schwierigste Teil des Weges gerade erst begonnen hatte.

III.
Tidmarsh

Suppose the kind gods said, «Today
You're forty. True: But still rejoice!
Gifts we have got will smooth away
The ills of age. Come, take your choice!»

What should I answer? Well, you know
I'm modest – very. So no shower
Of endless gold I'd beg, nor show
Of proud-faced pomp, nor regal power.

No; ordinary things and good
I'd choose: friends, wise and kind and few;
A country house, a pretty wood
To walk in; books both old and new

To read; a life retired, apart,
Where leisure and repose might dwell
With industry; a little art;
Perhaps a little fame as well.*

Lytton Strachey (1. März 1920)

---

* Angenommen, die wohlwollenden Götter sagten dir:
«Heute wirst du vierzig. Gewiß, aber freue dich dennoch!
Wir haben Geschenke für dich, die die Gebrechen des Alters
sanft lindern werden. Komm, such dir etwas aus!»

1. Drama und Ungewissheit

Carrington hatte mit Mark Gertler so offen wie möglich über Lytton gesprochen. Trotzdem hatte sie ihm nicht alles erzählen können. Sie hatte Lebewohl gesagt, doch für ihn hatte es eher nach «auf Wiedersehen» geklungen. Und so trafen sie sich nach ihren Gesprächen im Atelier und im Café schon am folgenden Abend wieder, und zwar im Restaurant Eiffel Tower in der Percy Street. Gertler erschien mit ein paar Minuten Verspätung. Sie unterhielten sich höflich und leise über den Tisch hinweg, bis Carrington plötzlich damit herausplatzte, sie sollten sich lieber nicht mehr treffen. Er stimmte ihr zu, und sie schwiegen. Da sie nicht wußte, was sie sagen sollte, erwähnte sie ihr Gespräch mit Lytton vom Vorabend.

«Wie war es?» fragte Gertler.

«Gut.»

«Und was habt ihr dann gemacht?»

«Wir sind in meine Wohnung gegangen», erwiderte Carrington, «und dann habe ich es Lytton erzählt.»

«Was hat er gemeint?»

«Es tue ihm leid.»

«Mehr hat er nicht gesagt?» Gertler lachte auf.

Doch Carrington protestierte. «Es war schließlich nicht seine Schuld. Was hätte er denn sonst sagen sollen?»

«Das muß man sich mal vorstellen, einfach nur das zu sagen. Und weiter nichts.»

Was sollte ich antworten? Nun, ihr wißt
ich bin bescheiden – sehr. Also keinen
endlosen Goldregen erbitte ich, auch keinen Pomp,
mit stolzer Miene vorgeführt, und keine königliche Macht.

Nein, gewöhnliche und gute Dinge
würde ich wählen: Freunde, weise und gütige und wenige,
ein Landhaus, einen hübschen Wald
zum Spazierengehen; Bücher, alte und neue,

zum Lesen: ein zurückgezogenes Leben, abgeschieden,
wo Muße und Ruhe wohnen können,
zusammen mit Fleiß; ein wenig Kunst,
vielleicht auch ein bißchen Ruhm.

«Ja.»
«Mein Gott. Und es macht ihm nichts aus?»
«Nein. Das wußte ich aber.»
Gertler war fassungslos. «Ich will dich nie wiedersehen», sagte er. «Hast du etwas dagegen, wenn ich gleich nach dem Abendessen gehe?»
«Nein.»
Bis dahin war das Gespräch gedämpft verlaufen. Doch plötzlich wurde Gertler lauter: «Wenn ich mir überlege, daß du dich nach all diesen Jahren in nur drei Monaten in einen Mann wie Strachey verliebst, der doppelt so alt ist wie du und schlaff und ausgezehrt noch dazu. Ich habe ja schon immer gesagt, das Leben ist eine verkorkste Angelegenheit.»[1]

Er machte ihr keine Vorwürfe. Er war auch nicht zornig. Aber der Gedanke, daß eine so schöne Frau, die er selbst begehrte, sich mit einem Homosexuellen eingelassen hatte, war einfach unerträglich für ihn. Und deshalb konnte er sie auch unmöglich wiedersehen.

Nach langem Schweigen stand Gertler auf und ging, und Carrington kehrte allein in die Gower Street zurück. Ehe sie zu Bett ging, schrieb sie ihm einen Brief (14. April 1917):

«Würde es Dir etwas ausmachen, niemandem etwas davon zu sagen (ausgenommen Deinen Freunden Monty[2] oder Kot[3], wenn Du möchtest), wenigstens im Augenblick. Die Sache liegt mir zu sehr am Herzen, als daß ich möchte, daß die anderen davon erfahren und womöglich hämische Bemerkungen machen.»

Sie versprach, ihm seine Bücher zurückzugeben, und bat ihn um Verzeihung, weil sie ihm «so viel Kummer bereitet» habe, und unterschrieb mit «Deine Freundin Carrington». Als Antwort erhielt sie mehrere höfliche Mitteilungen, unterschrieben mit «auf ewig Dein Freund Mark Gertler». Er hoffe, ihre Freundschaft mit Lytton verlaufe glücklich und sie solle ihn doch wie einen «liebevollen Bruder» behandeln. «Ich habe jetzt den richtigen Platz in meiner Beziehung zu Dir gefunden.» Nachdem der Trennungsschmerz abgeklungen war, versicherte er ihr: «Ich bin dankbar für das, was geschehen ist. Ich werde mir jetzt ein neues Leben aufbauen, Stein für Stein ... Meine Arbeit wird das Fundament bilden. Ich will in Zukunft ein würdigeres und vergeistigteres Leben führen als vorher.»

Jene Briefe hatten eine ganz unerwartete Wirkung auf Carrington. Sie hatte gedacht, daß ihre Entscheidung für Lytton, zu der sie sich mühsam durchgerungen hatte, sie mit einem Schlag von den Seelenqualen des Winters befreien würde. Aber in den letzten beiden «alptraumhaften» Aprilwochen nahm ihre Verwirrung eher zu. Noch nie hatte sie sich so einsam gefühlt. Lytton war zwar unendlich freundlich, aber unfähig, seine Gefühle offen zu zeigen – zumal seine Zuneigung kaum durch sexuelle Reize stimuliert wurde. Seine spinnenhafte Reglosigkeit, sein beharrliches Schweigen – er rührte sich nur von Zeit zu Zeit, um seine verschlungenen, ungelenken Gliedmaßen auseinanderzufalten und neu anzuordnen – fesselten sie noch immer. Lytton tat zwar sein Bestes, um Carrington zu helfen, aber er hielt sie noch immer für erschreckend unrealistisch und versuchte erst gar nicht, eine Rolle zu spielen, die er nicht durchhalten konnte. Er war der Ansicht, sie solle sich besser von Anfang an auf das Schlimmste gefaßt machen.

Durch diese Skrupellosigkeit wurde ihr Gertlers langer Kampf um sie stärker bewußt. Mark bemühte sich gerade darum, «absolut unabhängig» zu werden, bat aber zugleich um «ein kleines bißchen Freundschaft», um sie bald ganz loslassen zu können. Carrington war sich plötzlich nicht mehr sicher, ob sie losgelassen werden wollte, und versprach: «Ich will versuchen, Dich glücklich zu machen, so gut ich kann» (28. April 1917). Dann fügte sie hinzu: «Ich habe gerade ‹König Lear› von Shakespeare gelesen. Ich finde, es ist sein bestes Werk.» Er schickte ihr Blumen. Sie kam vorbei und brachte ihm «König Lear». «Unsere letzte Begegnung hat mir so viel Freude bereitet», schrieb er ihr am 15. Mai 1917. «Wie nett von Dir, mir aus ‹König Lear› vorzulesen.» Sie war sich nun sicher, «daß es für uns beide unmöglich ist, uns für immer zu trennen». Es hatte so gutgetan, «wieder zusammenzusein und unseren Unsinn und unsere komischen Witze zu machen». Schon bald gingen sie wieder gemeinsam spazieren und verbrachten Abende zusammen – und sie stand «schreckliche Ängste» aus bei dem Gedanken, sie könnte schwanger sein. Obwohl sie es nicht über sich brachte, täglich mit Mark zu schlafen, meinte sie jedoch, gelegentlich eine Nacht oder ein Wochenende oder gar eine ganze Woche mit ihm verbringen zu können. «Du siehst, wie widersprüchlich das alles ist», erklärte sie ihm Anfang Mai. «Aber ich bin so froh, daß ich Dich jetzt wieder häufiger sehe.»

So erreichte Gertler auf Umwegen das, was er ursprünglich im Sinn gehabt hatte, als er Lytton und Carrington zusammenbrachte. Knapp einen Monat nach ihrer Trennung war sie seine Geliebte geworden. «Ich werde versuchen, dich so oft wie möglich zu sehen», versprach sie ihm. Aber dennoch litt er auch weiterhin unter ihrer begrenzten Verfügbarkeit. Ob und wann sie Zeit hatte, hing von Lytton ab. Zwar beklagte sie sich zuweilen über seine «zynische Kälte und Disziplin», ordnete sich seinen Launen jedoch mit unermüdlichem Eifer unter. So verwundert es auch nicht, daß Gertler versucht hatte, sie zu schwängern. Er gab sich große Mühe, Carrington nicht zu verurteilen, aber sein Haß auf Lytton wuchs ins Unermeßliche.

Als Mark im Mai von Carrington und ihrer Freundin Alix Sargant-Florence nach Lord's Wood eingeladen wurde, erfuhr er bei seiner Ankunft, daß Carrington gerade im Begriff war abzureisen, um zusammen mit Lytton, Barbara Bagenal und Saxon Sydney-Turner einer kurzfristigen Einladung nachzukommen. Sie fuhren nach Chilling, Logan Pearsall Smith' Haus in Warsash an der Küste von Hampshire, das Oliver und Ray Strachey damals gemietet hatten. In ihren Briefen an Mark gab sich Carrington besondere Mühe, die herrlichen Wäldchen voller Schlüsselblumen und Traubenhyazinthen zu beschreiben. Chilling gehörte zu den schönsten Häusern und Orten, die sie je gesehen habe. «Es ist elisabethanisch, sehr alt. Von Wiesen umgeben, mit einem Obstgarten hinter dem Haus, und die Bäume stehen in voller Blüte. Lieber Freund, ich bin so glücklich, weil das alles hier so wunderschön ist ... Hattest Du einen angenehmen Aufenthalt bei Alix?»

Es verging kaum ein Tag, an dem sie nicht, zusammen mit Oliver und Barbara, nackt im Meer baden ging, während Lytton und Saxon ihnen vom Strand aus zuschauten. Ganze Geschwader von Wasserflugzeugen stießen im Sturzflug herab bis knapp über die Wellen, in denen sie schwammen, um anschließend wieder in den blauen Himmel aufzusteigen. Lytton arbeitete noch immer am «Ende des Generals Gordon», und Carrington fertigte Holzschnitte für die Hogarth Press an. Sie unternahmen gemeinsame Spaziergänge am Strand, wobei Lytton «Romeo und Julia» rezitierte («das ich wunderschön fand»), «Heinrich IV.» und «auch ein wenig griechische Geschichte».

Gertler kochte innerlich vor Wut. «Es ist ziemlich herzlos von Dir, mir nicht zu schreiben», schalt ihn Carrington. Aber sie war so glücklich, daß sie darüber hinwegsehen konnte und ihm trotzdem schrieb. Die Lösung ihrer Probleme, die nach wie vor undefinierbar waren, schien ihr jetzt zum Greifen nahe zu sein. «Wäre ich doch nur ein Zauberer und könnte meine Eltern in blauen Dunst auflösen», schrieb sie an Lytton, nachdem sie nach Hurstbourne Tarrant zurückgekehrt war (26. Mai 1917). «Ich würde sie an einen fernen Ort pusten und Dich in den alten Walnußbaum sperren, damit Du mich nie mehr verlassen kannst ...»

2. SOMMERLICHE MANÖVER

Bei seiner Rückkehr nach Belsize Park Gardens erwartete Lytton eine schwere Zerreißprobe. All diejenigen, die bisher vom Militärdienst zurückgestellt worden waren, mußten sich einer erneuten Prüfung durch die staatlichen Behörden unterziehen. Das bedeutete, daß auch Lyttons Fall noch einmal aufgerollt wurde. Diesmal nahm er sich einen Anwalt, formulierte die Gewissensgründe für seine Kriegsdienstverweigerung in drei knappen Absätzen und bat Philip Morrell, als Leumundszeuge für ihn aufzutreten. Maynard (der als Zeuge für James Strachey erschienen war) hatte anstelle des «unbeholfenen» Philip eher für St. Loe Strachey plädiert. Lyttons Anwalt verbot Philip Morrell, während der Verhandlung den Gerichtssaal zu betreten – «was gewiß ein großer Fehler war», kommentierte Lytton später, «denn wenn er erschienen wäre, hätte der Vorsitzende ihn sogleich erkannt und gesehen, daß ich über gute Beziehungen verfüge, was so nicht der Fall war». Die Prüfung der Gewissensgründe wurde schon bald vertagt, und es wurde eine erneute Untersuchung durch Militärärzte angesetzt. Einige Tage später erschien Lytton wieder in White City, wo er sechs Stunden lang zwischen verschiedenen Ärzten hin und her gereicht wurde – «die meiste Zeit zum Glück ohne Kleidung». Und nochmals stellte man ihn praktisch von jeglicher Art des Wehrdienstes frei. Mit Tauglichkeitsgrad IV kam er zu den Reservisten und wurde aufgefordert, sich alle sechs Monate einer weiteren Untersuchung zu unterziehen. Dies galt, sofern er nicht einen Antrag auf Wehrdienstverweigerung stellte, wie er Carrington am 9. Juni 1917 schrieb.

«Gegenwärtig ziehe ich es vor, keine schlafenden Hunde zu wecken.»

Um sich von dieser «schrecklichen Prozedur» zu erholen, eilte er über Pfingsten nach Garsington. Den «armen General Gordon [ließ ich] allein und verlassen auf meinem Schreibtisch zurück». Asquith, der nun sein Amt als Premierminister an Lloyd George hatte abtreten müssen, war ebenfalls da und bot den Anblick einer «deutlich kleineren, stark geschrumpften Figur». Lyttons Aufmerksamkeit galt jedoch in erster Linie zwei anderen Gästen, Augustine Birrell, der nach dem Osteraufstand im Vorjahr von seinem Amt als Chief Secretary von Irland zurückgetreten war, und dem zweiundzwanzigjährigen Dichter Robert Graves, die zusammengenommen Vergangenheit und Zukunft zu repräsentieren schienen. «Der gute alte Birrell – ohne Zweifel ein Produkt des Viktorianismus», schrieb er am 28. Mai 1917 an Carrington. «Stattlich und groß, von der Erscheinung her merkwürdig an Thackeray erinnernd – mit Brille und spitzer, großer Nase und einer länglichen Oberlippe, die sich sehr ausdrucksvoll bewegt und kräuselt – weißes Haar, natürlich, und unerwartet feinnervige, ja bisweilen sogar zappelige Finger. Im großen und ganzen eine imposante Fassade! ... Dahinter – scheint jedoch so gut wie nichts zu sein. Die übliche Etikette, die gewohnten Tugenden, sicher, und eine gewisse Belesenheit, erworben durch eine eher eingeschränkte Lektüre, und dann nichts als – Leere.»

Robert Graves befand sich auf Genesungsurlaub von der Front. «Daß Fassaden so in Mode sind, hat auch seine Nachteile», stellte Lytton fest. «Da ist zum Beispiel dieser junge Graves, dem man eine Lunge weggeschossen hat und der sich mit Strychnin am Leben hält und sonderbare, verborgene Gedanken hat, die nur ganz selten einmal zwischen seinem schuljungenhaften Feixen aufblitzen. Ich fand ihn (das brauche ich wohl kaum zu sagen) attraktiv – hochgewachsen, mit olivfarbenem Teint, gebrochener Nase und eingeschlagenen Zähnen (die Folge von Boxkämpfen) – dunklen Haaren und Augen.»

Von nun an pflegte Lytton, immer wenn sie voneinander getrennt waren, amüsante Briefe an Carrington zu schreiben, in denen er ihr erzählte, was er machte, was er alles hörte und sah, so daß sie beinahe das Gefühl hatte, dabeigewesen zu sein. Und sie schrieb ihm krakelige Briefe zurück ohne Satzzeichen, wie Stegreifgedichte, versehen mit Zeichnungen, die ihre Abenteuer veranschaulichten und seiner Unterhaltung dienen sollten, unterbrochen immer wieder von Liebeserklärungen. «Weißt Du, daß ich Dich jedesmal, wenn ich Dich wiedersehe, noch mehr liebe?» schrieb sie ihm in jenem Sommer. Oder auch: «Mein über alles Geliebter, bitte komm nächste Woche wieder. Ich könnte Dich heute zu Tode drücken mit meinen Umarmungen.» Mehr denn je verspürte sie ihren Mangel an solider Bildung und literarischen Kenntnissen. «Ich wollte, ich könnte Dir ordentlich schreiben», erklärte sie ihm im Juni 1917, «aber weißt Du, das bringe ich einfach nicht fertig.» – «Für mich sind Deine Briefe vollkommen – bemühe Dich also bitte nicht, sie zu verbessern», erwiderte er – obwohl er manchmal nicht der Versuchung widerstehen konnte, ihre Rechtschreibung zu korrigieren. Also fuhr sie fort, ihr verwirrtes Herz bei ihm auszuschütten, reicherte ihr stilistisches Allerlei mit Lyttons Formulierungen an, imitierte seine französischen *mots* und Einschübe und bat ihn stets, noch mehr von seinen wunderbaren Briefen zu schreiben. Er kam diesem Wunsch großmütig nach. Sein ausgefeilter Briefstil war von so graziöser Leichtigkeit und so voll von beißender Ironie, gewagten Übergängen und Momenten komischer Melodramatik, daß er gegen Carringtons ausgelassene Bauerntänze wie klassisches Ballett wirkte. Doch gewann sein Stil durch ein solches Gegenüber auch an Freiheit, Geschmeidigkeit und Vielfalt. Und ihre eigenen Briefe fingen, trotz aller stilistischen Mängel, ihr Leben wie ein Zauberspiegel ein, der Gesten, Sprache, Bewegung und Klang für alle Zeiten reflektiert.

Carrington machte sich große Sorgen, daß diejenigen, die von ihrer Zuneigung zu Lytton wußten, darüber klatschen könnten, «besonders all die Lästermäuler in Garsington». Was sie am meisten fürchtete, war ihr Mitleid. «Du darfst nicht denken, ich sei unglücklich», schrieb sie Ende Mai an Barbara Bagenal. «Denn ich bin oft sehr glücklich, nur manchmal kann ich es schwer ertragen, ihn auch nur einen einzigen Tag nicht zu sehen ... Wenn das Wetter schön ist, mache ich einen Ausflug nach Cambridge mit ihm. Barbara, ich bin so aufgeregt!»

In Cambridge wohnten die beiden Anfang Juni 1917 bei Harry Norton. Lytton führte Carrington durch das Fitzwilliam-Museum, in das alte Pfarrhaus von Grantchester, das durch Rupert Brookes Gedicht berühmt wurde, und in die Colleges – «ich fand die Fenster der King's-College-Kapelle ziemlich aufregend», schrieb sie an Noel (3. Juni 1917), «doch am meisten haben mich Wrens Architektur im Emmanuel College und die Bibliothek des Trinity College beeindruckt.». Sie wußte, daß diese Orte Lyttons geistige Heimat darstellten, sein Denken geprägt und ihn in seinen Jugendjahren glücklich gemacht hatten, und sie spürte auch, daß ihm diese Einführung sehr am Herzen lag. Mark gegenüber erwähnte sie den Ausflug nicht. Gertler war sich bei seinem Besuch in Cambridge als Außenseiter vorgekommen. Es war allerdings nicht leicht, in Bloomsbury ein Geheimnis zu bewahren. Sie berichtete Mark von ihren Radtouren quer durchs Land, leugnete jedoch, daß sie nach einem Häuschen Ausschau hielt, in dem sie mit Lytton zusammenwohnen wollte. Lytton selbst schrieb sie am 10. August 1917, daß sein «einziger ernsthafter Rivale» sein Bruder James sei, der sich leider noch immer in der Schwebe zwischen Noel Olivier und Alix Sargant-Florence befand.

Bei seiner Rückkehr nach London nahm Lytton einen erneuten Anlauf, «General Gordon» fertigzustellen. «Wenn man arbeitet, hat man kaum Zeit für irgend etwas anderes, muß ich feststellen», hatte er Ottoline am 24. Oktober 1916 geschrieben. Doch es gab jetzt häufig Unterbrechungen – Theaterbesuche, Opern und vor allem eine private Ausstellung von Augustus Johns Zeichnungen in der Galerie Alpine Club, der sein besonderes Augenmerk galt. Im Gegensatz zu Carrington und Gertler interessierte er sich auch für die Besucher. «Ein merkwürdiges Volk, all diese gutgekleideten, respektheischenden Herrschaften», schrieb er Johns alter Flamme Ottoline. «Der große Mann befand sich mitten unter ihnen, trug einen tadellosen, dezenten Khakianzug, den Bart beträchtlich gestutzt, fraglos eine insgesamt kolonialherrenhafte Erscheinung. Doch ich muß sagen, daß er mir *en bohème* bei weitem besser gefällt.»

Was ihn jedoch am meisten vom «Ende des Generals Gordon» ablenkte, war der besorgniserregende Gesundheitszustand seiner Mutter. Lady Strachey hatte Schmerzen in ihrem kranken linken Auge bekommen, und im Juli riet man ihr, sich das Auge herausoperieren zu lassen. Während ihres Aufenthaltes im Krankenhaus und ihrer anschließenden Genesung in Durbins wurde das Haus in Belsize Park Gardens geschlossen, und Lytton wohnte einige Tage bei Carrington. Im Juni hatte Dorothy Brett den gemeinsamen Haushalt in der Gower Street aufgelöst mit der Begründung, Carringtons Lebensweise sei «zu unordentlich und viel zu turbulent ... es stört mich, derart von ihr überrollt zu werden». Maynard stellte Brett (7. Juni 1917) folgendes in Rechnung: «Seit Sie in das Haus in der Gower Street eingezogen sind, sind mir Kosten in Höhe von 142 Pfund entstanden, wobei ich von Ihnen bisher 53 Pfund, 3 Shilling und 6 Pence erhalten habe ... Es ist ein leidiges Geschäft, mit Häusern zu tun zu haben.» Brett stimmte ihm voll und ganz zu – reichte dann die Rechnung an Carrington weiter (14. Juli 1917), «da der Schaden an Möbeln entstanden ist, und ich hatte meine eigenen!» Es sollte ihr eine Lehre sein, aber «ich weiß nicht, was sie tun werden, Carrington hat doch keinen Pfennig Geld ...» Carrington borgte sich kurzerhand Geld von ihrem Bruder Noel und auch etwas von Gertler, bevor sie dann in die Frith Street 60 in Soho zog. «Lytton hat seit Mittwoch letzter Woche hier bei mir gewohnt», schrieb sie an Barbara Bagenal. «Am Samstag abend ist er nach Durbins gefahren. Ich bin immer noch so glücklich, daß ich Dir einfach schreiben muß. Nur, um Dir zu sagen, daß ich in meinem ganzen Leben noch nie so glücklich gewesen bin ... Es war so lustig, der Hausmeisterin, Mrs. Reekes, weiszumachen, Lytton sei mein Onkel. Aber ich denke, das Gepolter, das am frühen Morgen aus seinem Zimmer drang, hat ihren Glauben an mich ziemlich erschüttert!»

Es war merkwürdig für Lytton gewesen, jeden Morgen neben einer «jungfräulichen Leibwächterin» aufzuwachen und sie zu küssen. Sie mußte Mark davon unterrichten, daß Lytton vorübergehend bei ihr wohnen würde. «Ich weiß nicht, ob es Dir recht ist», meinte sie (Juli 1917). «Aber er würde Dich sehr gern wiedersehen.» Sie wiederum konnte es nur schwer ertragen, daß Lytton sie ohne eine Spur von Gewissensbissen tage- oder sogar wochenlang verließ. Es war sogar durchaus denkbar, daß er bei ihrem Abschied einen Seufzer der Erleichterung ausstieß. Seine Frostigkeit halte einen bei dem heißen Wetter angenehm kühl, meinte sie trocken zu Mark. «Ja, offen gestanden», schrieb sie ihm, «Lytton wird zwei Monate lang weg sein. Du wirst also keinen Grund mehr haben, ihn oder mich zu verfluchen. Du kannst mich jetzt jede Nacht haben, wenn Du willst. Was für Geständnisse ehrliche Menschen doch machen!» Als Geständnis war das gewiß indiskret, aber auch unwahr, wie sich herausstellen sollte. Um Geld zu sparen, mußte sie sich nach Hurstbourne Tarrant zurückziehen, wo sie am Bild ihrer Freundin Alix weitermalte, eine Wanderung mit ihrem Bruder Noel plante und Mark Briefe über botanische Themen schrieb. «Wenn Du mich bei Dir haben möchtest, komme ich, sobald Du mich rufst», bot er ihr an (Juni 1917). «Ich weiß, daß Du jetzt eine schwierige Zeit durchmachen wirst, und ich fühle Deinen Schmerz, als wäre es mein eigener.» Carrington konnte sich jedoch nicht recht entscheiden, ob sie ihn rufen sollte oder nicht. «Was habe ich nur mit Deinem Leben angerichtet!» schrieb sie reumütig. Aber Mark war anderer Meinung. «Das ist nicht wahr», antwortete er am 15. Juni 1917, «außerdem beginnt mein Leben gerade erst ... Ich werde immer an Menschen oder Dinge geraten, unter denen ich zu leiden habe ... Wir sitzen doch alle im gleichen Boot.» Ebenfalls an Bord dieses Bootes befand sich Lytton, dem Carrington in jenem Sommer zahlreiche liebevolle Briefe schrieb. «Ich verschlinge sie mit dem Frühstück», schrieb er ihr am 7. August 1917, «und sie wirken besser als jedes Tonikum, jede blutbildende Kapsel oder Eisentablette.»

In Durbins war die Stimmung gedämpft. Lady Strachey, die «von einer mopsgesichtigen Krankenschwester betreut» wurde, war nach ihrer Operation noch schwach und bedurfte der Zuwendung. Sie hatte schon immer gern Puzzlespiele gemacht und ließ sich bald ein Brett mit einer erhöhten Einfassung anfertigen, auf dem alle Teile in die richtige Richtung gedreht waren, damit sie sie gut ertasten und dann zusammensetzen konnte. Lyttons Hauptgefährtin war seine Schwester Marjorie, die beabsichtigte, eine Abhandlung über den «Umgang mit Brillen und Zwickern beim Geschlechtsverkehr» zu schreiben. «Wir verstehen uns ganz gut», teilte Lytton am 24. Juli 1917 Mary Hutchinson mit, «so wie sich eben Bruder und Schwester verstehen, wenn sie nicht ineinander verliebt sind.» Den ganzen Sommer über diente Roger Frys Haus Lady Strachey als Refugium. Und Lytton fand, es sei ein guter Ort für die Arbeit am «General Gordon». «Denn dieser Klotz hängt mir noch immer am Bein», schrieb er Ottoline am 14. August 1917. «Aber nicht mehr lange, kann ich Gott sei Dank sagen.» In der dritten Augustwoche ging es seiner Mutter schon wesentlich besser, und Lytton bereitete sich darauf vor, Durbins zu verlassen und zu Leonard und Virginia nach Asheham zu fahren. «Ich stecke immer noch bis über beide Ohren in der Arbeit am Gordon, den ich in den nächsten zwei bis drei Tagen unmöglich verlassen kann», schrieb er Virginia. «Dann ist hoffentlich das Schlimmste vorbei – selbst wenn immer noch einige abschließende Sätze folgen müssen. Bitte erwartet mich am Donnerstag.»

Lytton stellte «Das Ende des Generals Gordon» Ende August in Asheham fertig, wo er den Essay schließlich seinen Freunden vorlas. Von Asheham aus reiste er weiter zu Vanessa, Duncan und Bunny Garnett, die Wissett im Herbst 1916 «bestürzt und entsetzt» verlassen hatten und jetzt mit Vanessas beiden Söhnen Julian und Quentin in Charleston wohnten, einem Bauernhaus, das nur sechs Kilometer von Asheham entfernt lag. Virginia hatte ihre Schwester gedrängt, dieses Haus unterhalb der South Downs zu mieten, und erfreute sich bald selbst an seiner verwilderten Atmosphäre. «Es ist wunderschön, sehr solide und einfach, mit glatten Wänden aus einer herrlichen Mischung von Backstein und Flint, die ganz typisch für diese Gegend ist, mit flach eingelassenen Fenstern und schönen Ziegeldächern», hatte Vanessa an Roger Fry geschrieben, als sie mit ihrer Truppe Männer und Knaben eingezogen war (16. Oktober 1916). «Der Teich ist sehr schön, umgeben von einer Weide und einer Stein- oder Flintmauer, die um den ganzen Garten herumführt ... Es gibt dort einen kleinen Obstgarten und ein umzäuntes Gartenstück ... Die Räume sind sehr groß und zahlreich. Das Leben hier wird nicht wie üblich sein, aber zum Malen scheint es sich äußerst gut zu eignen.» Charleston sollte Duncans und Vanessas Meisterwerk werden, einem Gemälde gleich, in dem sie selbst lebten. Sie bedeckten jedes Möbelstück, jede Tür, jeden Kaminsims und Vorhang, jeden Teller und jede Tasse mit ihren Malereien. Sie hängten nicht nur ihre eigenen Bilder auf, sondern auch Werke von Gris, Matisse, Picasso, Rouault, Sickert, Vlaminck. «Nessa regiert über einen höchst erstaunlichen Haushalt», schrieb Virginia am 8. Mai 1919. «Belgische Hasen, Kindermädchen, Kinder, Gärtner, Hühner, Enten, und sie malt die ganze Zeit, bis jeder Zentimeter im Haus eine andere Farbe hat.» Von dort aus konnten Duncan und Bunny auf einem nahe gelegenen Bauernhof auch ihre «Arbeit von nationaler Bedeutung» fortsetzen. Selbst zu Kriegszeiten war Charleston ein Ort für Familienausflüge, sommerliche Picknicks, Wanderungen, Laienspiele, Grammophonmusik und Plaudereien, die bis tief in die Nacht gingen. Aber es war auch ein Ort der Arbeit. Es gab Angestellte, die kochten, die Hausarbeit verrichteten und die Kinder beaufsichtigten, während Vanessa und Duncan leere Flächen mit ihren Blumen- und Aktbildern bedeckten und Clive sich seinen Büchern und den Artikeln für den *New Statesman* widmete. Schließlich sollte Maynard, für den Charleston zu einer regelrechten Wochenendheimat geworden war, dort auch sein Werk «Die wirtschaftlichen Folgen des Friedensvertrages» schreiben.

Lytton kam jetzt zum erstenmal nach Charleston. «Vanessa rechnet damit, daß Du mich begleitest», hatte er Carrington am 31. Juli 1917 mitgeteilt. Sie antwortete, sie könne es kaum erwarten, «in Deine langen Krakenarme zu fallen» (undatiert, August 1917). Als sie jedoch das Haus erblickte, in dem Staffeleien, Malkästen, Terpentin und Farbtuben für ein heilloses Durcheinander sorgten und Dekorationen wie Unkraut wucherten, empfand sie eine heftige Sehnsucht nach Marks Gesellschaft. «Es hat so gutgetan, mit Künstlern zusammenzusein und über Malerei zu reden», schrieb sie ihm. «Mark, bitte, verlaß mich nicht!»

Lytton war mit literarischen Dingen beschäftigt, trug die neuesten Fassungen von «Kardinal Manning» und «Florence Nightingale» vor und meinte nach seiner Leseprobe in Asheham, daß «Das Ende des Generals Gordon» noch einmal überarbeitet werden müsse. «Ich bin noch immer nicht fertig mit diesem schrecklichen General», beklagte er sich am 23. August 1917 bei Pippa. Duncan war während der Lesung, erschöpft von einem schweren Arbeitstag auf dem Land, eingeschlafen, und Vanessa hielt diese subversive Unhöflichkeit für eine Folge allzu vieler Klischees. David Garnett hingegen war sichtlich beeindruckt, erkannte er doch, wie er später schrieb, «daß Lyttons Essay darauf angelegt war, das Zeitalter, das den Krieg verursacht hatte, in seinem Fundament zu erschüttern».[4]

Bunny Garnett war ein echter Schüler Lyttons, schaute zu ihm auf und betrachtete ihn als so etwas wie seinen moralischen und geistigen Vater. Daß er während dieser Kriegsjahre mit Lytton Freundschaft geschlossen hatte, lag einerseits an Bunnys gutem Aussehen und andererseits an seinem Talent, «meine [Lyttons] gereizt aufgestellten Stacheln mit sanfter Hand glattzustreichen – als alle Welt sich gegen mich zu verschwören schien». Als Bunny im Winter 1915 allein in Paris war, hatte Lytton ihm eine Reihe von Briefen geschrieben, die neben seiner Kriegsberichterstattung auch Persönliches enthielten. «*Mon cher*», schrieb er, «geh ans Ende Deiner Rue de

Beaune und suche nach dem Eckhaus, am *quai*, wo Voltaire mit 84 Jahren starb, nachdem er sowohl die Herrscher des Diesseits als auch des Jenseits besiegt hatte – und wo er (was, glaube ich, nicht aus der Inschrift hervorgeht) fünfzig Jahre zuvor als junger Dichter gelebt hatte. Schau Dir dieses Leben an und fasse Mut.»

In seiner Autobiographie notierte Garnett, daß Lytton «häufig ein intuitives Gespür dafür hatte, was ich fühlte». Lytton vertraute ihm auch einige seiner Probleme an, die er anderen Bloomsbury-Freunden weniger bereitwillig offenbarte, weil er ihren Spott fürchtete. Bunny war einer der ersten, die etwas über Carrington erfuhren. Lytton fragte sich, wohin diese wunderliche Affäre eigentlich führen solle. Doch niemand wußte eine rechte Antwort darauf.

Sie setzten ihre Abenteuer im Herbst mit einem Ausflug in den Westen Englands fort und trieben damit eine der Nebenhandlungen voran, da sie auch James Strachey und Noel Olivier mitnahmen. Anfang September trafen die vier auf der Beeny Farm[5] ein, die fünf Kilometer von Boscastle entfernt in Nordcornwall lag. («Ein kleines, schmutziges Bauernhaus mit einer alten, lahmen Hexe, die außer ihren zwei Katzen auch uns zu versorgen hatte», schilderte Lytton die Lage.) In der Gesellschaft von Flöhen direkt neben dem Schweinestall und ohne den Luxus heißen Wassers arbeitete Lytton am «Gordon», während Carrington an der frischen Luft umherstreifte. «Das Meer ist ganz nah», schrieb sie ihrem Bruder Noel. «Aber leider kann man nicht ans Ufer, weil es hier steile Klippen aus grauem Fels gibt, die gut hundert Meter tief ins Wasser abfallen.»

An den Abenden hörte sie vergnügt zu, wie Lytton aus Motleys «Rise of the Dutch Republic» und aus Gibbons Buch über den Kaiser Claudius vorlas, «der zweifellos ein schlimmer Bursche war». Manchmal ging sie auch, weil sie nicht «wie ein pochiertes Ei» im Haus sitzen wollte, in die Kornfelder und malte. Doch das erinnerte sie nur wieder an Mark, der sich augenblicklich in Garsington aufhielt. Von dort schrieb Mark ihr am 12. September 1917 keck: «Dieser Ort sagt mir außerordentlich zu.» Philip spiele mit dem Gedanken, eine seiner schönen Scheunen in ein Atelier für ihn zu verwandeln, und er und Dorothy Brett hätten mit Aquarellfarben experimentiert. «Sie versteht mich und meine Arbeit oder das, was ich machen will, besser als jeder andere – und dafür liebe ich sie», schrieb er. «Du kannst Dir nicht vorstellen, wie sehr sie mir hilft, selbst bei häuslichen Dingen ... Einmal kam sie sogar von sich aus und schrubbte mir den Rücken in der Badewanne! ... Brett hat auch großes Talent.» Carrington, die sich in Garsington nun nicht länger willkommen fühlte, war elend zumute, als sie diesen Brief las. «Ich habe solche Sehnsucht nach Dir und Brett», antwortete sie. «Wenn das kein Geständnis ist! ... Manchmal fühle ich mich seltsam isoliert, so ganz ohne meine Freunde.»

Im Laufe dieses Sommers hatte Marks Zuneigung zu Carrington durch ihre Bindung an «diesen halbtoten Mann», wie er Lytton nannte, langsam und allmählich nachgelassen. Noch im Juli hatte sie ihn ermahnt: «Wenn jemand Lytton schlechtmacht, dann solltest Du sagen: Er muß besser sein, als wir meinen, weil Carrington ihn liebt.» Aber Mark sah das anders. In ihm löste ihr Verhältnis zu Lytton Übelkeit aus.

«Ich glaube an *Dich*, aber nichts auf der Welt wird mich zu der Überzeugung bringen, Lytton sei Deiner Liebe würdig», schrieb er.

«Wenn Du gekommen wärst und mir gesagt hättest, Du hieltest L. S. für einen wunderbaren Mann, zu dem Du mit Verehrung aufblickst, hätte ich versucht, Dir das auszureden. Ich halte ihn nämlich nicht für wunderbar, ganz im Gegenteil. Aber Du bist gekommen und hast mir gesagt, Du *liebst* ihn ... Durch Deine Liebe zu diesem Mann hast Du meinen Glauben an die Liebe und das Leben vergiftet, Du hast durch diese Liebe alles, woran ich einmal geglaubt habe und was ich für schön hielt, ins Lächerliche gezogen ... Jahrelang wollte ich Dich – Du hast mich nur gequält, um dann plötzlich Deine Liebe einer solchen Kreatur zu schenken, und Du hast selbst gesagt, daß Du Deinen Körper, wenn er ihn begehrt hätte, ohne Zögern diesem welken, kraftlosen Kerl hingegeben hättest, und mir, der ich jung und voller Liebe war, hast Du ihn verweigert. Sag mir, Carrington, was soll ich jetzt vom Leben halten? Du sagst, Du seist glücklich, und das stimmt vielleicht auch, *aber ich bin es nicht*. Ich sehne mich danach, zu einer anderen Carrington zu eilen, bei der ich nicht den Gestank riechen muß, der mir ständig in die Nase steigt, wenn ich daran denke, daß Du, ein frisches, junges Wesen, Dich mit diesem halbtoten Mann verbindest, der nicht einmal die Kraft hat, Deinen Körper in Besitz zu nehmen – Deinen wunderschönen Körper – Aber Gott sei Dank kann er das nicht, und wenn er es täte, wäre mir für den Rest meiner Tage übel.

Ich glaube nicht an die L.-S.-Sorte von Mensch – Die Luft, die ihn umgibt, ist so dünn wie sein Körper – er ist nur gelehrt und belesen, aber letzten Endes leer ... Er wird Dich mit der Zeit abtöten, und das ist es, was mir so weh tut. Du liegst ihm ja förmlich zu Füßen. Du läufst ihm nach wie ein junger Hund, Du hast jede Selbstachtung verloren, mich schaudert, wenn ich daran denke ...»[6]

Das hatte Mark im Juli geschrieben, aber nicht an Carrington abgeschickt. Zwei Monate später, nachdem er in Garsington von «Angriffen auf die Bloomsburyaner» gehört hatte und ihm die Neuigkeit zugetragen worden war, daß Alix es Carrington gleichtat und hoffnungslos in James verliebt war («O weh, arme Alix! Leidenschaft ist doch etwas Ungesundes!»), schrieb er am 12. September 1917 an Carrington: «Ich fürchte, Deine Leidenschaft für L. S. entfremdet Dich mir immer mehr – ich komme nicht darüber hinweg. Mir ist es fast unmöglich, Dich zu sehen ... Meine Gefühle für Dich sind nicht mehr die gleichen wie früher.»[7]

Die Wandlung seiner Gefühle kränkte Carrington. Trotzdem wollte sie, daß sie «wenigstens Freunde» blieben. Sie freue sich darauf, mit ihm zusammen zu malen, Tschechow und Euripides zu lesen und Französisch zu üben. Wenn der Krieg zu Ende sei, wolle sie auch eine Zeitlang mit ihm nach Westengland gehen. «Ich habe jetzt so viel gelernt. Ich bin gedemütigt, wie der Mann in den Psalmen, und liege im Staub. Sei mir nicht böse wegen meiner Grausamkeit, woher sollte ich wissen, was Du fühltest.»

Doch Mark schien immer noch verbittert zu sein. «Du warst abscheulich zu mir, Carrington – immer, bis zum letzten Augenblick –, und es fällt mir schwer, Dich nicht zu hassen», antwortete er am 4. Oktober 1917 aus Garsington. «Und Du wirst auch in Zukunft so sein – Du kannst gar nicht anders – Du hast Verbitterung in mir gesät ... Ich quäle mich nun schon die ganze Zeit, das wieder in Ordnung zu bringen, was Du in mir angerichtet hast ... Es ist etwas in Dir, was ich immer hassen werde.»

Lytton ahnte nichts von diesem Briefwechsel, während er friedlich gegen General Gordon zu Felde zog. In der dritten Septemberwoche hielt er die Arbeit für abgeschlossen, gleichwohl fürchtete er, der Essay müßte vielleicht doch noch einmal auf das zweibändige Werk «Life of Sir Charles Dilke» von Stephen Gwynn und Gertrude Tuckwell hin überarbeitet werden, das Gordons Mission im Sudan darstellte.

«Trotzdem kann ich zum Glück sagen, daß ‹Gordon› endlich fertig ist», schrieb er am 27. September 1917 seiner Schwester Pippa. «Obwohl ich mich redlich bemüht habe, ist er wieder nur halb so lang geworden wie Florence N[ightingale]. Die vier werden ein ganz stattliches Buch ergeben – aber vielleicht sollte noch ein ganz kleiner Essay hinzugefügt werden ... Ich lese gerade [Mandell] Creightons Biographie – kennst Du sie? Ich dachte, er käme vielleicht als Nummer fünf in Frage, aber ich stelle fest, daß er sich nicht genügend von Manning unterscheidet – trotzdem sehr interessant.»[8]

Inzwischen war ihre Geduld mit den Flöhen und Schweinen auf der Beeny Farm erschöpft. Per Telegramm suchten sie nach einer neuen Unterkunft auf einem anderen entlegenen Hof und erhielten die Zusage einer gewissen Mrs. Box, die etwa 50 Kilometer weiter nördlich auf der Home Farm in Welcombe bei Bude wohnte. Etwas beklommen machten sie sich auf den Weg. «Ich stellte mir natürlich einen Hof mit einem neuen Bungalow und einer methodistischen Brillenträgerin vor, die uns nichts zu essen geben würde», schrieb Carrington am 21. September 1917 an Barbara Bagenal. «Nach gut 20 Kilometer Autofahrt von Bude sind wir hier angekommen. Es ist einfach traumhaft. Eine große Wiese, ein Garten mit einer Mauer drum herum und ein kleines Bauernhaus. Jeder von uns hat ein eigenes Zimmer, dazu kommen zwei Wohnzimmer, ein unbegrenzter Vorrat an Lebensmitteln und Sahne und riesige Doppelbetten.»

Der Hof befand sich auf der Kuppe eines steilen Hügels, der sich zwischen zwei tief eingeschnittenen grünen Tälern erhob, von denen eines die Grenze zwischen Devon und Cornwall bildete. Durch beide Täler floß ein Bach, der jeweils zu einem Strand am Meeresufer führte. Rings um den Hof herum gab es Tiere – vier schwarzweiße Katzen, einen Collie, ein großes rosarotes Schwein und zwei kleine, dunkle, die sich alle sehr gut benahmen und die Carrington nach ihren Freunden benannte. Die Landschaft mit all ihren Klippen und Felsen auf der Meeresseite und all den Wäldern und Bächen im Landesinnern war so viel gewaltiger und wilder als die englische Landschaft sonst, daß Carrington das Gefühl hatte, in einem fremden Land zu sein. Sie badete im Meer oder legte sich bei heißem Wetter in einen der schnellfließenden, silbrigen Bäche und ließ das eiskalte Wasser über ihren Körper strömen. Auch malte sie die *veille* [sic] *mère Box* in der Küche. Die kräftige Gestalt der alten Frau wurde von einer eindrucksvollen Haube gekrönt, und ihr Gesicht hatte einen Ausdruck innerer Entschlossenheit, der mit Zartheit und Verständnis gekoppelt war. Carrington hatte das Gefühl, sie könnte den Rest ihres Lebens dort verbringen. Sie habe jeden Morgen beinahe Kopfschmerzen, weil sie so erschöpft sei, «einfach vor lauter Liebe!», schrieb sie an ihre Freundin Barbara Bagenal. «Heute ist es so heiß, und die Fliegen summen uns um den Kopf ... Lytton hat auch seinen Essay über General Gordon fertig und hat ihn uns vorgelesen. Für mich ist es ein Meisterwerk.»

Als Carrington im Oktober nach Hurstbourne Tarrant zurückkehrte, war sie wiederum davon überzeugt, kurz vor der Lösung ihrer Probleme zu stehen. Ihr Instinkt sagte ihr das ganz deutlich. Sie strahlte noch vor Glück von Devon und Cornwall. Der Tod ihres Bruders Teddy jährte sich zum erstenmal, und selten zuvor hatte sie die Entfremdung von ihren Eltern so deutlich gespürt. Nur Lytton vermochte ihr Trost zu bieten. Sie konnte es kaum erwarten, wieder bei ihm zu sein, in sein ruhiges Gesicht und seine sanften Augen zu schauen und seiner Stimme zu lauschen – seinen Späßen, den Vorträgen, dem Witz und Charme seiner Worte. Was jedoch nicht heißen sollte, daß sie sich mit dem Ende ihrer intimen Freundschaft zu Mark abgefunden hatte. «Darf ich mir Deine Bilder anschauen kommen, wenn ich wieder zurück bin?» fragte sie ihn im Oktober 1917. Es mußte doch möglich sein, eine private Balance zwischen diesen beiden komplementären Figuren herzustellen. Doch obwohl sie Lytton gerade erst verlassen hatte, vermißte sie ihn schon wieder schmerzlich. «Ach, es ist entsetzlich, fort von Dir zu sein», schrieb sie am 18. Oktober 1917, «und heute abend nicht mit Dir reden zu können. Liebster Lytton, ich kann Dir gar nicht genug für diese Wochen danken. Ich habe erst heute abend richtig gemerkt, wie glücklich ich eigentlich war. Es ist so seltsam schön hier [Hurstbourne Tarrant], die Zweige der Buchen hängen tief herab, und im nassen Gras liegen Äpfel – noch melancholischer und herbstlicher als auf einem Friedhof. Wenn Du doch nur hier wärst – und ich habe so viele Wünsche. Du hast mich zu lange verwöhnt. Wenn ich zurückblicke, scheint es mir, als wäre ich mitten im Winter in einem Gewächshaus spazierengegangen. ... Teuerster Lytton, ich liebe Dich so sehr.»

Ihr Überschwang ließ in Lytton wieder die alten Ängste aufsteigen, und er antwortete zurückhaltend, geradezu förmlich: «Ich freue mich sehr, daß Dir der Sommer gefallen hat, mir hat er auch gefallen – sehr sogar, aber ich fürchte, ich bin zu griesgrämig. Ich wünschte, ich könnte Dir mehr bieten, aber ich bin alt und schwach und treibe kraftlos dahin. Aber das weißt Du ja alles.»

3. Das Mill House

Carringtons Entschlossenheit, ein Haus für Lytton und sich zu finden, war nie ernstlich ins Wanken geraten. Wenn es doch einmal so schien, war Lytton sofort mit Tadel zur Stelle: «Gnädigste! Rom brennt und Sie spielen Geige» (28. Juli 1917). Im Sommer und Frühherbst 1917 hatte sie an David Garnett und andere Freunde geschrieben, die bereits von ihrer Liaison mit Lytton wußten, und sie darum gebeten, Augen und Ohren offenzuhalten und ihr bei der Suche nach einem billigen und komfortablen Cottage zu helfen. Sie selbst klapperte alles mit dem Fahrrad ab, sprach unterwegs Fußgänger und andere Radfahrer an und erkundigte sich nach leeren Bauernhäusern oder Cottages. Der vage Plan, der ein Jahr zuvor ausgeheckt worden war, um Lytton von Belsize Park Gardens wegzulocken, nahm jetzt langsam Kontur an. Oliver Strachey, Harry Norton, Saxon Sydney-Turner und Maynard Keynes hatten ihr Einverständnis erklärt, sich an dem Projekt zu beteiligen. Jeder von ihnen war bereit, Lytton selbst natürlich auch, 20 Pfund im Jahr einzuzahlen, um das Haus zu mieten und instand zu halten. Dies bedeutete eine Unterstützung für Lytton, der formal als Hausverwalter auftrat und mit Carrington als Concierge ständig dort leben sollte. Das Haus war als ein weiterer Außenposten von Bloomsbury gedacht, der, zusammen mit Asheham, Charleston und Eleanor House, eine Alternative zur barocken Ländlichkeit von Garsington bieten sollte.

Barbara Bagenal erklärte sich bereit, als Schatzmeisterin zu fungieren, die Beiträge in vierteljährlichen Raten einzuziehen und davon die Miete zu bezahlen.[9] Andere Freunde, die keine Beiträge zahlten, durften natürlich vom Verwalter und der Concierge eingeladen werden, sooft die Gesellschafter nicht dort wohnten. «Es sieht insgesamt nach einem vernünftigen Projekt aus», berichtete Lytton am 6. November 1917 Clive Bell. «Allein würde ich es nicht schaffen, weibliche Gesellschaft macht es vielleicht erträglicher – wenn auch gewiß nicht romantischer. Ich habe keine Illusionen. Aber in der gegenwärtigen elenden, chaotischen und ungewissen Lage scheint es mir das Beste, was ich tun kann. Ein wenig Ruhe bei der Arbeit zu haben ist im Grunde wirklich alles, worauf man sich im Augenblick freuen kann.»

Noel Carrington zufolge rührte die Neigung seiner Eltern, häufig ihren Wohnsitz zu wechseln, von der Gewohnheit seines Vaters her, in Indien immer wieder «seine Zelte abzubrechen». Im Herbst 1917 wollten sie erneut umziehen, und Carringtons Mutter leitete das Angebot eines Maklers zur Besichtigung einer Mühle in dem kleinen Dorf Tidmarsh, knapp zwei Kilometer südlich von Pangbourne in Berkshire, an ihre Tochter weiter.

Am darauffolgenden Sonntag, dem 20. Oktober, fuhr Carrington dort hin und sah sich das Haus an. «Es ist sehr romantisch und hübsch», berichtete sie Lytton, «sehr alt, mit Giebeln und Sprossenfenstern ... ein charmanter Müller hat es mir gezeigt ... Es hat elektrisches Licht in allen Räumen. Ich bin ganz aufgeregt. Hurra!» Sie legte eine Zeichnung für ihn bei.

Das Mill House war an eine große, schindelgedeckte Wassermühle gebaut. Der dazugehörige Mühlbach wurde durch Dämme hoch aufgestaut und begrenzte die eine Seite des Gartens. Das Mühlrad drehte sich noch mit Mühe und Not, und auch der Speicher des Kornhändlers über dem Rad wurde noch genutzt. Das Innere des Hauses war zwar ein wenig feucht und teilweise renovierungsbedürftig, aber es war hübsch eingerichtet und verfügte über moderne Kamine und neue Eichenbalken. Es gab drei «riesengroße Zimmer», eine Küche, ein Bad und sechs Schlafzimmer («zwei sehr groß») und einen Abstellraum. Das Grundstück erstreckte sich zu beiden Seiten des Hauses auf über 60 Ar und umfaßte einen kleinen Obstgarten, ein vertieft angelegtes römisches Bad, das mit dem schäumenden Wasser des Mühlbaches versorgt wurde, und einen schattigen Tennis- bzw. Krocketrasen. Es lag ganz in der Nähe einer Kirche und eines Postamtes und war von Paddington aus mit dem Schnellzug in fünfunddreißig Minuten zu erreichen. Es wurde für drei Jahre zu einer Jahresmiete von 52 Pfund angeboten (das entspricht 1200 Pfund im Jahr 1994), was schon beinahe verdächtig klang.

Auch Lytton fand das Angebot verlockend. An einem solchen Ort konnte er sich vielleicht ein Zuhause schaffen. «Es ist diese verflixte

Trennung von allen, die einem so zu schaffen macht», schrieb er Clive Bell am 6. November 1917. «Aber wenn aus dem Haus in Tidmarsh etwas wird, hoffe ich, spätestens im Sommer ein paar angenehme Zusammenkünfte arrangieren zu können wie in früheren Zeiten, egal ob Krieg ist oder nicht.» Zum Schreiben war *un peu de recueillement* unentbehrlich. «Ich habe nicht die Absicht, mich vollkommen zurückzuziehen», versicherte er Clive am 4. Dezember 1917, «nur ab und zu einmal für zwei oder drei Wochen, um glückliche Pausen einzulegen zwischen den Menschen, die dort sind.» Er hoffte, auch weiterhin fleißig zu sein, ohne sich zu langweilen, etwas Lohnendes zu schreiben, ohne dabei sein Privatleben zu vernachlässigen, kurz: Er wollte die beste aller Welten genießen.

Doch sosehr sie es sich auch wünschten, sahen beide, Lytton ebenso wie Carrington, dem Experiment Tidmarsh mit gemischten Gefühlen entgegen. Es kursierten sogar schon Klatschgeschichten. «Meine Zukunftspläne haben nichts Geheimnisvolles an sich», beteuerte Lytton gegenüber Clive. Nachdem er sein Vorhaben ausführlich dargelegt hatte, schloß er etwas gereizt: «Ich hoffe, diese eher nüchterne Erklärung hat Dich davon überzeugt, daß es keinen Anlaß zur Beunruhigung gibt. Bitte glaube nicht an irgendwelche geheimen Machenschaften.» Während der folgenden Monate sah er sich mehrmals genötigt, die Gerüchte und Mutmaßungen mit nüchternen Erklärungen zu entschärfen. Es war auch nicht leicht, die Neuigkeit seiner Mutter beizubringen. Lady Strachey faßte ihre Mißbilligung nicht in Worte – das war nicht ihre Art. Vielmehr ging ihr Mißfallen spürbar aus dem hervor, was sie nicht sagte. «Es gab da eine merkwürdige Szene in Belsize Park», berichtete Leonard Woolf Lytton, einige Wochen nachdem der Vertrag über das Mill House geschlossen worden war (Januar 1918). «V[irginia] und ich waren zum Tee bei Ihrer Ladyschaft. V. fragte ganz harmlos: ‹Lady Strachey, was halten Sie denn von Tidmarsh?› Betretenes Schweigen, dann ein paar sehr vage Äußerungen von Ihrer Ladyschaft. Schließlich sagte sie über den Tisch hinweg zu mir: ‹Was halten *Sie* von dem Ganzen?› (Sie meinte die allgemeine Situation in Europa, aber ich dachte natürlich, sie beziehe sich auf Tidmarsh.)»

Für ihre Eltern dachte Carrington sich bei ihrer Rückkehr nach Hurstbourne Tarrant eine ganz besondere Geschichte aus. Sie erklärte ihnen, Tidmarsh sei als Klausurort für Kunststudentinnen von der Slade School gedacht, wo sie preiswert leben und ihre Zeit der Malerei widmen könnten. Diese Erklärung schien die Eltern wenigstens im Moment zufriedenzustellen, nicht zuletzt, weil sie mit ihren eigenen Plänen für den Umzug nach Cheltenham beschäftigt waren. Bei den anderen war es nicht so einfach. Die Bloomsburyianer mißtrauten ihr anfangs. Auch muß sie sich darüber im klaren gewesen sein, daß ihre Entscheidung, mit Lytton zusammenzuleben, einige ihrer ältesten Freundinnen noch mehr vergrämte – zum Beispiel Dorothy Brett, deren Gesellschaft sie schmerzlich vermißte. Ferner war sie sicher, daß sie sich den Unmut Ottolines zuziehen würde, die, zu Lyttons Verblüffung, ein neu erwachtes Interesse an Mark Gertler an den Tag legte. «Was hat das zu bedeuten?» fragte er am 6. November 1917 bei Clive Bell an. «Ich hatte eigentlich gedacht, daß ihnen der Umgang miteinander grundsätzlich unmöglich sei ... allerdings glaube ich auch, daß ihre gemeinsamen Unternehmungen nicht viel weiter reichen als bis zu einem kleinen Techtelmechtel am Pianola nach dem Mittagessen.»

Carringtons größte Sorge war Mark. Sie konnte ihm einfach nicht die Wahrheit sagen.

Lytton, der Mark noch immer «in gewisser Hinsicht» bewunderte, wollte ihm alles offen erklären, damit sie ihn im Sommer nach Tidmarsh einladen konnten. Aber Carrington machte ihm klar, daß das nicht in Frage komme. Sie kenne Mark besser als er. Er habe derbe Verse geschrieben und obszöne Zeichnungen von Lytton gemacht. Er könne auch gefährlich werden. Lytton fühlte sich teils erregt, teils erschrocken. Carrington solle auf jeden Fall das machen, was sie für richtig halte. «Mich beunruhigt das alles ziemlich», gestand er (9. Dezember 1917). «Ich finde *ihn* sehr attraktiv – ich habe ihn wirklich gern – und wäre auch gern mit ihm befreundet, aber das Schlimmste ist, daß ich einfach kein Vertrauen zu ihm schöpfen kann ... Es ist eine ganz schöne Belastung, auf der Hut sein zu müssen, wenn man nicht die geringste Lust dazu hat. – Und dann sein albernes Verhalten – wo er doch gar keinen Grund dazu hat. Aber das läßt sich wohl nicht ändern.»

Anfangs wollte Carrington Mark hinters Licht führen. Doch inzwischen kursierten so viele Gerüchte über sie und Lytton, daß er skeptisch wurde. «Nein, ich gehe nicht mit Lytton fort!» protestierte sie im November 1917. «Aber meine Eltern ziehen weg von Hampshire und werden demnächst in der Stadt wohnen, in Cheltenham. Ich muß nur für eine Weile nach Hause und ihnen beim Umzug helfen und meine Möbel und persönlichen Dinge abholen. Danach werde ich voraussichtlich den ganzen Winter über in London sein.»

Es war ein Kinderspiel, dieser falschen Darstellung noch eine Lüge obendrauf zu setzen. «Oliver Strachey hat eine alte Mühle, Mill House, bei Reading gemietet. Ich werde meine Möbel so lange bei ihm unterstellen, bis ich in London eine eigene Wohnung habe. Mill House ist sehr hübsch, und es ist angenehm, sich dort ein wenig zurückziehen zu können – wie Du und Brett in Garsington.»

Dabei blieb es zunächst.

Während Carrington damit beschäftigt war, das Mill House «fast so schön wie Charleston» zu machen, kehrte Lytton nach Belsize Park Gardens zurück, wo seine Mutter und einige seiner Schwestern sich erneut zusammengefunden hatten. Je länger sich der Krieg hinzog, desto rarer wurden seine alten Freunde und desto schwerer wurde es, sie zu erreichen. In Frankreich hatten die britischen Truppen ihre Offensive bei Ypern begonnen. Das anhaltende Trommelfeuer der Deutschen und ein unbarmherziger Dauerregen brachten den Vormarsch jedoch bald im Schlamm von Flandern zum Stillstand. Die deutsche Luftwaffe verstärkte nun auch ihre Einsätze über England – bei einem einzigen Zeppelinangriff auf London verloren siebenundzwanzig Menschen ihr Leben. Die Regierung ordnete an, daß nicht unbedingt notwendige Autofahrten zu unterlassen seien, und drohte, sämtliche pazifistischen Schriften zu zensieren. «Die Annehmlichkeiten des Lebens werden immer seltener und bescheidener, die Schrecken hingegen nehmen ständig zu», schrieb Lytton am 20. Oktober 1917 an Clive. «Den gestrigen Abend verbrachten wir in vergeblicher Erwartung eines Bombenangriffs – eine ausgesprochen bedrückende Maßnahme, mit der man jetzt aber durchaus rechnen muß.» Seine Sehnsucht nach dem neuen Leben in Tidmarsh wuchs mit jedem Tag, und Mary Hutchinson – «der einzigen mitfühlenden Seele in London» – gestand er am 31. Oktober 1917: «London erfüllt mich mit Abscheu, und ich hoffe, es für immer (minus einen Tag) verlassen zu können.»

Ein neues Zeitalter schien anzubrechen – und die Veränderung fand ihren Ausdruck in einer Abschiedsparty für Augustus John, den Bohemien und Rebellen der Epoche Edwards VII., der jetzt Major in der kanadischen Armee war und eine peinliche Ähnlichkeit zu George V. aufwies. Lytton bedauerte seinen Umzug vom Land ins West End und empfand sich erstmals als radikaleren Geist, als es der ehemalige Gegner des Kommerzes gewesen war. Klagend wandte er sich an Clive (4. Dezember 1917). «Der arme John! Bist Du zufällig in seiner Ausstellung im Alpine Club gewesen? Der Eindruck, den die Reproduktion leerer Kunstfertigkeit hervorrief, war außer ordentlich schmerzhaft. Natürlich ist er der Liebling der oberen Zehntausend geworden und hat an seiner Ausstellung 5000 Pfund verdient. Sein Auftritt im khakifarbenen Anzug ist höchst bedauerlich – ein geschrumpfter Künstler mit gestutztem Bart, pseudoelegant und im großen und ganzen nichts als bemitleidenswert. Dennoch gab es, zu etwas vorgerückter Stunde, am Samstag abend Augenblicke, in denen ich trotz allem ... *mais assez!* –»

Trotz der Befürchtung, sich möglicherweise zu langweilen, besuchte er noch eine andere Ausstellung mit Karikaturen von Max Beerbohm in der Grosvenor Gallery in Mayfair. Er ging zwar mit dem Gefühl hinein, schon so viele Karikaturen gesehen zu haben, daß es ihm für sein ganzes Leben reiche, «aber ich war völlig hingerissen», gestand er Clive (4. Dezember 1917). «Sein [Beerbohms] Genie ist äußerst beeindruckend ...»

Die übrige Zeit verbrachte er in Belsize Park Gardens und ging das gesamte Manuskript von «Eminent Victorians» noch einmal gründlich durch. Nachdem er die Idee verworfen hatte, noch eine Kurzbiographie von Mandell Creighton anzufügen, spielte er kurze Zeit mit dem Gedanken, über Watts zu schreiben – einen seiner ursprünglich zwölf Kandidaten –, aber auch daraus wurde nichts. Für Vorarbeiten, Recherche und Schreiben des Buches hatte er fünf Jahre gebraucht, und nun fiel seine Fertigstellung mit einem Meilenstein in seinem Privatleben zusammen, einer Veränderung, um die er schon seit seinem Fortgang aus Cambridge gekämpft hatte – dem Ende des gemeinsamen Familienlebens in London. Es war ein geeigneter Augenblick, sein Werk als Tetralogie abzuschließen. Beim Durchlesen der endgültigen Fassung der Essays wurde ihm klar, daß keine weiteren Ergänzungen mehr nötig waren. Er sah, daß die Abfolge der vier Porträts mit ihrer Balance von Stimmung und Tonart – diese Variationen über ein und dasselbe Thema enthielten nach Sigmund Freuds Ansicht eine Abhandlung gegen die Religion – den vier Sätzen einer Symphonie oder besser noch eines Streichquartetts entsprach:

«Kardinal Manning» – *Allegro vivace*
«Florence Nightingale» – *Andante*

«Dr. Arnold» – *Scherzo*
«Das Ende des Generals Gordon» – *Rondo*.

Bis Lytton mit seiner Korrektur fertig war, hatte Oliver Strachey den Mietvertrag für das Mill House unterschrieben und Carrington mit Unterstützung ihrer Freundin Barbara und der Posthalterin des Ortes damit begonnen, es bewohnbar zu machen. Sie strichen Wände, beizten Fußböden, hängten Bilder auf, zauberten Teppiche herbei und plünderten Hurstbourne Tarrant auf ihrer Suche nach Möbeln, Pflanzen, Geschirr und Lebensmitteln. «Wir werden hier ein gutes Leben haben», versprach Carrington Lytton (9. Dezember 1917). «Die Arbeit des Möblierens», bemerkte Virginia in ihrem Tagebuch (13. Dezember 1917), «ist natürlich Carrington zugefallen, aber Barbara ist eine gute Zweite.»

Carrington war eine große Bewunderin von Cobbett. «Ihre typisch englische Sensibilität, ihre Liebe zum Land und zu allem Ländlichen», schrieb Gerald Brenan, der Tidmarsh zwei Jahre später besuchte, «drückte allem, was sie anrührte, einen besonderen und unverwechselbaren Stempel auf.»[10] In Lyttons Schlafzimmer, das später das Adam-und-Eva-Zimmer genannt wurde, ließ sie ihren Neigungen freien Lauf und malte an die eine Wand einen lebensgroßen nackten Adam und an die gegenüberliegende eine lebensgroße nackte Eva.

Als Haushaltshilfe, Köchin und Waschfrau stellte Carrington eine Frau aus dem Dorf, Mrs. Legge, ein und betraute deren Sohn Donald mit der anfallenden Gartenarbeit. Ziemlich aufgeregt wagte sich Lytton in der dritten Dezemberwoche nach Tidmarsh, um das in einem Brief vom 9. November 1917 von Carrington versprochene «regelmäßige Leben» zu beginnen, «mit täglich mehreren Gläsern Milch & stärkenden Spaziergängen». Es war bitter kalt – «mit eingefrorenen Wasserleitungen und ähnlichen Schauerlichkeiten» –, und in vielen Räumen herrschte noch ein wildes Durcheinander. «Carrington strotzt vor Energie», berichtete Lytton am 23. Dezember 1917 Ottoline, «ich (wie Sie sich sicher denken können) weniger.» Während im Haus ständig Lärm herrschte, lag draußen alles reglos im eisigen Griff des Winters. «Ich glaube, das Haus wird sehr hübsch werden», schrieb Lytton an Ottoline. «Die Sonne ist zum erstenmal herausgekommen, und ich spüre, welch ein Segen es ist, auf dem Land zu sein.»

Ein Brief, den Lytton am 21. Dezember an Virginia Woolf schrieb und in dem er die Widrigkeiten des Einzugs schilderte, kam so feucht an, daß er teilweise unleserlich war:

«Ich erleide Höllenqualen hier. Die Natur zeigte sich von ihrer frostigsten Seite, die Leitungen froren ein, und es war so kalt, daß sich an meiner Nase (von anderen Körperteilen ganz zu schweigen) Eiszapfen bildeten ... Meine Gefährtin hält sich warm, indem sie auspackt, malt, die Kletterpflanzen beschneidet, Nägel in die Wand schlägt usw. ... Ich versuche mich mit den Briefen von Queen Viktoria zu trösten ... Ich habe immer noch die Hoffnung, in dieser Abgeschiedenheit arbeiten zu können, wenn endlich alle Nägel in der Wand sind. *Nous verrons*.

... Ach ja, ich nicke hier am Kamin ein, während sie eine Umrandung für den Teppich näht, mit einer Sorgfalt ... Ah, *La vie!* Es wird mit jeder Minute schöner.»

Ihre ersten Gäste in Tidmarsh waren Gerald und Fredegond Shove. Dann, am Heiligen Abend, erschien Harry Norton und brachte, säuberlich verpackt, einen großen Truthahn und vier Flaschen Rotwein mit. Am Weihnachtstag stießen James Strachey und Alix Florence-Sargant dazu. «Allmählich gewöhne ich mich (umgeben von einer Menge offen herumliegender Farben und weißem Baumwollstoff) an das Leben auf dem Lande», schrieb Lytton Clive Bell am letzten Tag des Jahres, «und ich hoffe, daß ich mich schon bald ernsthaft an die Arbeit setzen kann.» Noch am selben Tag fuhr er nach London, wo er einen Gesprächstermin beim Verlag Chatto & Windus hatte.

Allein zurückgelassen, sah Carrington den Katzen zu, wie sie auf dem Rasen spielten, lauschte dem Mühlrad, das sich quietschend drehte, und dem Wasser, das sich, von der Pumpe nach oben befördert, in regelmäßigen Abständen in das Becken ergoß. So bekam sie einen Vorgeschmack davon, wie die nächsten vierzehn Jahre ihres Lebens mit Lytton aussehen würden. Es war wunderbar, der bedrückenden Atmosphäre Londons entronnen zu sein, doch gleichzeitig hieß es auch, Opfer zu bringen. Nur selten sollte sie wieder soviel Zeit zum Malen haben. Obwohl Lytton ihre Arbeiten bewunderte, sie sogar dazu ermutigte, sie auszustellen (und auch bei der Auswahl behilflich war), dafür sorgte, daß in ihrem Haus ein Atelier eingerichtet wurde, und ihr, als sein eigenes Einkommen gesichert war, hundert Pfund im Jahr anbot, damit ihr mehr Zeit zum Malen zur Verfügung stand, mangelte es ihr an Selbstvertrauen, und sie nahm manchmal die Hausarbeit als Vorwand, um der Herausforderung des Malens zu entfliehen. Sie wurde eine hervorragende Gärtnerin, steigerte die Ernteerträge der Apfel- und Kirschbäume im Obstgarten, sorgte für Abwechslung in den Gemüsebeeten, zog Pflanzen in ihrem «Gewächshaus» heran und füllte freigebliebene Beete mit Tulpen, Dahlien, Eisenhut, Sonnenblumen und Anemonen. Obwohl sie meistens ein Hausmädchen als Hilfe da hatte, kochte sie häufig selbst. Sie bereitete riesige Portionen köstlicher ländlicher Gerichte für Lytton und seine Freunde zu. Sie reichte ihnen selbstgemachte Obstweine und verwöhnte sie mit Wild, Himbeergelee und frischem Gemüse aus dem Garten. Bunny Garnett erinnerte sich auch, daß es in Tidmarsh immer ein üppiges Frühstück gab: «Schinken mit Spiegeleiern, ein Reisgericht mit Fisch und hartgekochten Eiern oder Bückling, Kaffee, eine große Schale mit frischem Rahm, der gerade erst von den Milchtöpfen abgeschöpft worden war, warme Brötchen ... Orangenmarmelade, Pflaumenmus ...» Und nachmittags gab es Tee mit Butter vom Bauernhof, Honig in der Wabe, saftigen Pflaumenkuchen aus dem Backofen, phantasiereiche Marmeladen und ofenfrisches Rosinenbrot, alles ordentlich auf einem hübsch gedeckten Tisch mit rosafarbenem Porzellanservice arrangiert. Aber hinter den Kulissen, in der Küche, sah es aus, als hätte eine Bombe eingeschlagen. Es grenzte fast an ein Wunder, daß Lytton noch keine Vergiftung davongetragen hatte.

Carringtons köstliche Kaninchenpastete konnte beispielsweise fürchterliche Nachwirkungen haben, wie Diana Guinness berichtete, die nach einer stattlichen Portion davon «um drei Uhr morgens einen Arzt brauchte – ich dachte, ich sterbe –, ich mußte noch ein paar Tage bleiben, und so kam es auch, daß ich Carrington sehr lieb gewann».

Als Lyttons *garde-malade* konnte sie aufmerksam und beängstigend zugleich sein – Barbara Bagenal hielt sie einmal in letzter Sekunde davon ab, Lytton ein halbes Wasserglas unverdünntes Jod zu verabreichen. Doch sie hatte sich nun einmal in den Kopf gesetzt, unentbehrlich für ihn zu werden, was ihr auch Schritt für Schritt gelang. Sie war gleichzeitig Haushälterin, Vertraute, Krankenschwester, Botin und liebende Freundin. Er sagte ihr, wann er eine Tasse Tee wünschte, und sie sagte es anschließend dem Hausmädchen – wenn er allein war, verzichtete er mitunter auf seinen

Tee. Sie umgab ihn mit einer Fürsorge, die anderen übertrieben, ja vielleicht sogar gefährlich erschien. Aber er gedieh wie eine Pflanze im Treibhaus.

Mit beiderseitigem Einverständnis behielt jeder ein Stück Unabhängigkeit. Aber sie war fragwürdig. «Meine Gefährtin ist zweifellos von wachsamer Natur (was auch immer sie selbst sagen mag)», schrieb Lytton am 19. Juni 1918 an Mary Hutchinson. «Ich gleite zwischen Untiefen, Felsen, Treibsand, Strudeln und Wasserhosen umher.» Seine Fluchtversuche wirkten manchmal so, als wollte ein kleiner Junge die Schule schwänzen. Dabei wäre Carrington nur allzu gern seine Gefangene geworden. Sie konnte es nur schwer ertragen, wenn er wegfuhr, wußte aber, daß es für ihren unkonventionellen Lebensbund unverzichtbar war. Als sie in den ersten Tagen des Jahres 1918 allein war, hatte sie den Eindruck, als sei das Haus von seltsamen Geräuschen erfüllt, von Ratten oder von Geistern, was beides gleichermaßen unheimlich war.[11]

Abends beeilte sie sich, früh ins Bett zu kommen, lag wach und horchte, sehnsüchtig den Schlaf erwartend. Diese mysteriösen nächtlichen Geräusche erschienen ihr wie ein Echo der eigenen unterschwelligen Angst vor dem Verlust des soeben erlangten Glücks. Nie war sie sicher, ob ihr Zusammenleben mit Lytton von Dauer sein würde, und insgeheim hoffte sie, daß er sie eines Tages bitten würde, seine Frau zu werden.

Trotz aller Ängste und Zweifel war es ein schönes Leben. Auf Lyttons junge Männer war Carrington nicht eifersüchtig. Sie lagen ihr zu Füßen, und Carrington genoß ihre ausgelassene Gesellschaft. Die Jahre in Tidmarsh waren wahrscheinlich die glücklichsten für Lytton und auch für Carrington. Ihr Glück war Lyttons Glück, und sie steckte all ihre Energie in die Dinge, die sie beide wollten. Auch war sie fest davon überzeugt, daß sie, selbst wenn er sie sexuell nicht sonderlich begehrte, besser für ihn war als jeder andere Mensch. Er sollte künftig nicht mehr von Krankheit geschwächt oder von heimlichem Unglück und Erschöpfung geplagt sein. Sie wollte dafür sorgen, daß er die richtige Dosis Chinin, Bemax und Sanatogen einnahm, bequeme Kleidung trug, auf genügend Kissen ruhte und Malzextrakt, Rhabarberpulver, Eukalyptusöl, Sirupe und überhaupt alle Mittelchen bekam, die die Welt für die Geplagten unter ihren Bewohnern zu bieten hatte.

4. Tout est possible

Während Carrington damit beschäftigt war, das Mill House bewohnbar zu machen, hatte sich Lytton nach einem Verleger für «Eminent Victorians» umgesehen. Einige Jahre zuvor hatte Geoffrey Whitworth, der Kunstbuchlektor von Chatto & Windus, Roger Fry gebeten, ein Buch über den Postimpressionismus zu schreiben. Fry hatte abgelehnt, aber auf seinen Freund Clive Bell verwiesen, der gerade an einem solchen Buch schreibe. Er werde ihn bitten, es ihm zu schicken. Die Sache nahm ihren Lauf, das Buch mit dem Titel «Kunst» wurde angenommen und hatte Erfolg. «Wie seltsam, ausgerechnet bei Chatto & Windus verlegt zu werden!» hatte Lytton noch kurz vor dem Erscheinen des Buches bemerkt (9. November 1913). «Ich dachte, die bringen nur überholte Ausgaben von Swinburne im Wechsel mit einer religiösen Kinderbuchreihe und den ‹Postumen Essays› von Lord de Tabley heraus.»

Jetzt, vier Jahre später, beschworen ihn alle, ebenfalls an diesen merkwürdigen Verlag heranzutreten – «einschließlich Mr. Robert Nichols[12], der vor kurzem abends zu mir kam und mir versicherte, das sei genau der richtige Verlag für mein Buch, das einen so feinen ironischen Unterton habe, usw. usw., als hätte er es schon vor Jahren gelesen». Clive Bell hatte kürzlich mit Whitworth und seinem Geschäftspartner, dem Romancier und Kritiker Frank Swinnerton, über «Eminent Victorians» gesprochen. Also schickte Lytton es ihnen Anfang Dezember zu.

Da er nicht damit rechnete, daß es angenommen würde, war er von der Reaktion des Verlags einigermaßen überrascht. Whitworth las es als erster und gab es dann an Swinnerton weiter. Dieser fand das Typoskript mit seinem dunkelroten Einband eines Morgens kurz vor Weihnachten auf seinem Schreibtisch vor und begann sogleich einige Seiten zu überfliegen.

«Die Schilderung war so mitreißend, daß ich immer weiter las. Selbst als es dunkel wurde, konnte ich mich nicht von dem Buch trennen, sondern nahm es sorgsam mit nach Hause ... Kaum hatte ich mich nach dem Abendessen wieder in das Typoskript vertieft ... starteten die Deutschen einen Luftangriff. Das Brummen der Flugzeuge oben am Himmel, das Rattern von Maschinengewehren und schließlich der entsetzliche Donner eines Geschützes auf dem Feld hinter unserem Garten hätten einen weniger glücklich absorbierten

Geist durchaus ablenken können; ich aber zog die Vorhänge fest zu, damit kein Licht nach außen drang, und verbrachte den Abend in Gesellschaft von Kardinal Manning, Thomas Arnold, Florence Nightingale und General Gordon. Das neunzehnte Jahrhundert war wieder lebendig geworden.»[13]

Whitworth und Swinnerton waren «vor dem Erscheinen des Buches ebenso aufgeregt wie die gesamte Nachwelt», zumal der Name Lytton Strachey außerhalb der Cambridger Kreise wenig bekannt war. Frank Swinnerton erinnerte sich an dessen erstes literarhistorisches Werk über französische Literatur, wußte jedoch nichts über seinen Verfasser. Die Nachricht von der begeisterten Aufnahme seines Buches erreichte Lytton kurz vor Weihnachten. Lytton antwortete am 30. Dezember 1917 und bat um die Auszahlung von 50 Pfund (das entspricht etwa 1150 Pfund im Jahr 1994) am Tage der Veröffentlichung als Vorschuß auf die Tantiemen. «Ich würde Porträts für eine große Bereicherung meines Buches halten», schrieb er. «Die Porträts, an die ich hierbei denke, sind in leicht zugänglichen Büchern zu finden. Wäre es Ihnen möglich, sich Reproduktionen davon zu beschaffen? Ich möchte noch hinzufügen, daß es nicht vier, sondern fünf Porträts sein sollten, da mir ein Porträt von Newman (von dem es ein sehr gut geeignetes Bild in Wilfrid Wards Biographie gibt) unerläßlich scheint.»[14]

Anfang Januar kam Lytton zu einer Besprechung in das Büro von Chatto & Windus und hinterließ bei Frank Swinnerton einen lebhaften Eindruck:

«Seine übermäßige Magerkeit, die an Auszehrung grenzte, ließ ihn endlos lang wirken. Er hatte eine ziemlich knollige Nase, eine Brille wie ein typischer Bücherwurm im British Museum und einen langen, struppigen, braunen Bart (mit einem seltsam rötlichen Schimmer); keine Stimme. Wenn er stand, ließ er die Schultern hängen, und wenn er sich setzte, sank er in sich zusammen. Es schien ihm an jeglicher Vitalität zu fehlen ... Eine traurige Belustigung lag in seinem Blick, und er war umgeben von einer Aura beständiger Kränklichkeit und Schwäche.»[15]

Lytton war hoch erfreut über Swinnertons und Whitworth' Lob für seine Arbeit. Aber zwischen der Annahme des Typoskripts und der Veröffentlichung seines Buches plagten ihn heftige Zweifel. Vielleicht war der Stil zu überladen, waren die Adjektive zu üppig verteilt, vielleicht war der Ton allzu emphatisch, vielleicht «überzeugten» die Charaktere nicht. Er schickte eine Abschrift des Essays «Das Ende des Generals Gordon» an Philip Morrell, dem er gefiel, und eine weitere an Virginia, die ihn für meisterhaft hielt. «Es ist bewundernswert, wie es Dir gelingt, trotz all dieser Komplikationen eine so geradlinige und packende Geschichte zu erzählen», schrieb sie, «und wie Du jedes greifbare Fitzchen – mein Gott, und *was für* Fitzchen – von Interesse hineinflichtst, wie (Du mußt mir diese einzige Metapher gestatten) eine Schlange, die sich durch unzählige goldene Ringe hindurchwindet ... Ich wüßte nicht, wie diese Geschicklichkeit noch zu steigern wäre.»[16]

Wohin immer er in diesem Winter ging, las er laut einige Seiten aus seinem Buch vor und fand, es sei eine gute Methode, den Fluß und die Wirkung seines konversationsähnlichen Prosastils zu überprüfen. In Tidmarsh las er Carrington vor und in Hampstead einem Teil seiner Familie. Über Ostern fuhr er ohne Carrington für einige Tage nach Asheham, wo er erneut Leonard und Virginia und den beiden anderen Gästen, James Strachey und Noel Olivier, die erst vor kurzem ihre Arztausbildung abgeschlossen hatte, aus seinem Buch vorlas. «Wir führten kurze & für mein Gefühl sehr intime Gespräche; intim in dem Sinne, daß ihm [Lytton] der bloße Anblick eines Gedankenansatzes schon genügt, um zu wissen, wie der gesamte Gedankengang im Kopf des anderen aussieht», notierte Virginia am 5. April 1918 in ihr Tagebuch. «Diese Gedanken hatten größtenteils mit Büchern zu tun, wobei in Büchern ein Großteil des Lebens enthalten ist.» Lytton schien «geradezu übertrieben erpicht» auf Leonards und Virginias Meinung über «Eminent Victorians» zu sein. «Ich vermute, daß er jetzt zu der Frage tendiert, ob die Eminenten Viktorianer, 4 an der Zahl, die 4 Jahre für ihre Fertigstellung beansprucht hatten, wohl ausreichen, um in seinem Alter & bei seinen Ambitionen vorgestellt zu werden», schrieb Virginia. Sie vermutete weiter, er könnte sich vielleicht zu seinem eigenen Nachteil mit Leonard vergleichen, der sich (sehr zu Virginias Leidwesen) in internationaler Politik und der Genossenschaftsbewegung engagiert hatte. Aber war ihre Reaktion nicht noch durch eine andere Art von Vergleich zwischen Lytton und Leonard beeinflußt? Gewiß, Lytton hatte eine peinliche Situation zwischen ihnen hergestellt, als er sie gebeten hatte, «Eminent Victorians» zu rezensieren. Sie hatte ohne groß nachzudenken zugestimmt, dann jedoch überlegt, daß sie nicht so gern «unter Aufsicht» schrieb. Sie teilte Lytton ihre Zweifel mit, aber er kam immer wieder sanft auf dieses Thema zurück. Sie zögerte – und entlockte schließlich Bruce Richmond, dem Herausgeber von *Times Literary Supplement*, eine prinzipielle Absage. «Er hat es sich zur Regel gemacht, daß Rezensenten nicht über ihre Freunde schreiben», erklärte sie Lytton am 23. April 1918 «... Ich habe Richmond jedoch tüchtig eingeschärft, daß es sich um ein Werk von höchstem Rang handelt.» Obwohl sie mit sehr viel Takt und Feingefühl vorging, warf diese Geschichte dennoch einen leichten Schatten auf ihr Vertrauensverhältnis.

«Ich verbringe mein Leben fast ausschließlich mit Druckfahnen, die mir nun täglich ins Haus flattern», schrieb Lytton am 3. März 1919 an Ottoline. «Es ist zwar ziemlich aufregend, aber gleichzeitig auch sehr aufreibend. Ständig tauchen alle möglichen Fragen zu irgendwelchen lästigen Details auf – wegen des Umschlags, der Illustrationen, der Verträge usw. –, aber ich hoffe, daß in ungefähr sechs Wochen ‹Eminent Victorians› über eine erstaunte Welt hereinbrechen wird.» Außerdem schreibe er momentan Rezensionen und politische Artikel für die pazifistische Zeitschrift *War and Peace*, die Leonard vorübergehend herausgab, und versuche sich an einem neuen Theaterstück.

Zu diesem Zeitpunkt hielt sich Lytton viel in London auf, wo er kurz vorher dem linksgerichteten «Club 1917» beigetreten war. Den Club hatten Oliver Strachey und Leonard Woolf ins Leben gerufen und ihn nach der Februarrevolution in Rußland benannt. Gegründet wurde er im Dezember 1917; dazu wurden Räume in der Gerrard Street Nr. 4 in Soho angemietet, «damals das eher melancholische Revier von Prostituierten, täglich ab halb drei», erinnert sich Leonard Woolf. Die Mitglieder, die später überwiegend vom Theater kamen, waren damals eine bunte Mischung der politischen, literarischen und künstlerischen Szene. «Es ist ein recht gemütlicher und einladender Ort», versicherte Lytton Carrington. «– sehr hübsche Räume, annehmbare Einrichtung, und man kann dort Tee und Toast bekommen». Der Club bot ihm auch aus nächster Nähe einen Einblick in das aktuelle politische Geschehen sowie die Gelegenheit, einige seiner berühmten Mitglieder, wie etwa Ramsay MacDonald, den eher unbequemen ersten Präsidenten, zu studieren.

Während seines Aufenthalts in London wohnte Lytton auch dem Prozeß von Bertrand Russell in der Bow Street bei. Er hatte das Gefühl, je mehr Freunde im Gerichtssaal erschienen, desto besser wäre es für Russell. Zu dem Prozeß war es aufgrund eines Artikels gekommen, den Russell in der Wochenzeitschrift *The Tribunal*, dem Blatt der «No Conscription Fellowship», publiziert hatte. Er hatte darin empfohlen, ein vor kurzem von Deutschland gemachtes Friedensangebot anzunehmen. Das allgemeine Gelächter, das im Gerichtssaal bei einigen abwegigen Bemerkungen des Staatsanwaltes ausbrach, und die amüsanten Zitate aus Russells Artikel dürften ihren Teil dazu beigetragen haben, daß der Richter Sir John Dickinson Russell zu sechs Monaten Haft im Gefängnis von Brixton verurteilte.[17] «Ich habe noch nie einen solchen Ausbruch blinden Hasses erlebt», kommentierte Russell später das scharfe Urteil des Richters Dickinson. «Er hätte mich hängen, durch die Straßen schleifen und vierteilen lassen, wenn er gekonnt hätte.» Lyttons Äußerungen in einem Brief an Ottoline vom 3. März 1918 gingen in die gleiche Richtung:

«Es war wirklich infam – viel schlimmer, fand ich, als die anderen Verfahren vor dem Lord Mayor – so offensichtlich ungerecht, plump, einfach nur bösartig und abscheulich. Mit ansehen zu müssen, wie dieses Schwein von Sir John Dickinson Bertie der Unmoral bezichtigt und ihn ins Gefängnis schickt! ... James und ich bebten innerlich vor Wut, als wir herauskamen. Deprimierend, daß solche Ungeheuerlichkeiten überhaupt in aller Öffentlichkeit passieren und von fast jedermann als ganz selbstverständlich hingenommen werden.»

Später im März wurde Lytton erneut zu einer ärztlichen Untersuchung vorgeladen, die diesmal von zivilen Behörden durchgeführt wurde. Er hatte keine genaue Vorstellung davon, was ihn erwartete. Das allgemeine Kriegsgeschehen sah nicht gut aus, und es sprach nur wenig dafür, daß der Krieg in sieben Monaten zu Ende sein könnte. «Wie lange wird dieser Irrsinn noch dauern?» fragte er Ottoline. Er konnte es nicht fassen, daß das Töten noch immer weiterging. «Ich würde mich am liebsten bis zum Friedensschluß mit Chloroform betäuben», schrieb er Mary Hutchinson. Die Kommunistische Partei Rußlands hatte einen demütigenden Friedensvertrag mit Deutschland geschlossen. Die Deutschen begannen ihre Offensive mit einer zweiten Schlacht an der Somme und beschossen Paris mit Granaten. In England wurden Fleisch und Butter rationiert. Die Regierung versuchte, eine neue Kriegsanleihe von 600 Millionen Pfund zu beschaffen, und legte ein neues Einberufungsgesetz vor, das erlaubte, Männer bis zu 50 Jahren zum Wehrdienst einzuziehen. In seinen Artikeln für *War and Peace* griff Lytton immer wieder jene «Theologie des Militarismus» an, die die Fanatiker gemäßigten Männern und Frauen von allen Seiten her aufzwangen. Dieser Wahn werde sich am Ende in Rauch auflösen und die Menschen innerlich leer und ausgebrannt zurücklassen. «Extremisten, Fanatiker und Desperados mögen für Lärm und Unruhe sorgen», schrieb er (*War and Peace*, Mai 1918), «und es mag sogar manchmal so aussehen, als bestimmten sie den Gang der Geschichte, aber in Wirklichkeit sind sie immer sekundäre Figuren – entweder Symptome oder Instrumente; was auch immer geschieht, die große Masse der gewöhnlichen, gleichmütigen, biederen, rechtschaffenen Menschen bleibt die beherrschende Kraft in der menschlichen Geschichte.»

Seine Gesundheit wurde nunmehr von Zivilisten statt von Militärärzten unter die Lupe genommen. Bei der für ihn zuständigen Gesundheitsbehörde kam man zu dem Ergebnis, er sei dauerhaft untauglich für jede Form des militärischen Dienstes. «Welch große Erleichterung», gestand er Ottoline (20. März 1918). «Die ganze Sache verlief unendlich viel besser als beim letzten Mal – viel zivilisierter und sorgfältiger, und die Ärzte waren ausgesprochen höflich, ja sogar teilnahmsvoll. Das kommt daher, daß das Militär nichts mehr damit zu tun hat.»

Sooft Carrington nach London kam – was nicht häufig war –, versuchte sie Mark zu treffen und erzählte ihm, wieviel schöner es sei, auf dem Land zu leben als hier in dieser nebligen alten Metropole. Sie hatten ihr Zerwürfnis vom vergangenen Herbst einigermaßen gekittet, nachdem Mark für seine Ausbrüche um Verzeihung gebeten hatte. «Ich habe Dir im Grunde gar nichts vorzuwerfen und hege Dir gegenüber ganz freundschaftliche Gefühle», hatte Mark am 1. November 1917 geschrieben. «Ich hoffe, daß ich Dir in Zukunft keinen Kummer mehr bereite. Ich werde mich auch nicht mehr in Deine Verhältnisse einmischen, ganz bestimmt nicht, denn ich denke mittlerweile ganz anders über diese Dinge.» Auch sie bat ihn inständig, ihr alles zu verzeihen. So verziehen sie einander. Ende 1917 schrieb ihm Carrington aus Tidmarsh: «Ich würde gern wieder dort [in London] sein und Dich sehen. Es ist ziemlich langweilig, dauernd das Lieschen zu spielen und den Haushalt zu versorgen ... Ich werde mich jetzt weniger um das dumme Haus und die Einrichtung kümmern und mehr um meine Malerei.» Dennoch fühlten sich beide in dieser neuen Phase ihrer Beziehung unbehaglich. Carrington machte Mark für die Lügen verantwortlich, die er ihr zu entlokken schien. «Ich wünschte, Du wärst mein Verbündeter», schrieb sie ihm, «ich könnte Dir dann so viel mehr offen erzählen. Aber Deine Launenhaftigkeit jagt mir immer einen solchen Schrecken ein, daß ich lieber still bin.» Er selbst war über seine Stimmungsumschwünge auch nicht glücklich. «Ich glaube manchmal, daß mein wirkliches Leben erst dann beginnen wird, wenn meine Leidenschaft für Carrington zu Ende ist», gestand er am 26. Dezember 1917 seinem Freund Kóteliansky.

Beide begannen das neue Jahr mit den besten Vorsätzen. Carrington war sich sicher, daß ihm das Mill House gefallen würde, wenn er zu Besuch käme. Sie wollte ihn einladen, wenn die anderen, Oliver Strachey, Harry Norton und Saxon Sydney-Turner, nicht da waren und er sehen konnte, wie die orangefarbene Sonne in den Mühlbach schien und die Bäume anstrahlte. In der Zwischenzeit traf sich Mark in London mit der Cellistin Guilhermina Suggia, die sein stürmisches Gemüt beruhigte, indem sie ihm Bach vorspielte. «Während sie spielte, mußte ich an Dich denken!» schrieb er am 10. Februar 1918 an Carrington. «Ich werde Dich nie vergessen und nie aufhören, Dich zu lieben!»

Doch noch im gleichen Monat fand er heraus, daß Carrington in Tidmarsh mit Lytton zusammenlebte. Er reagierte mit unbändiger Wut. Am Abend des 14. Februar gingen Lytton und Carrington nach einer Party, die Jack und Mary Hutchinson in Hammersmith gegeben hatten, durch die verdunkelten Straßen heimwärts, als plötzlich die dunkle Gestalt Gertlers aus dem Schatten auftauchte, sie überholte und auf Lytton losging. Zum Glück waren noch andere Gäste in der Nähe, die herbeieilten und die beiden auseinanderbrachten. «Es war wie im Kino», schrieb Lytton am 18. Februar 1918 an Clive, «und im Rückblick weist es sämtliche Merkmale eines schlechten Traumes auf. Trotzdem war es in dem Moment außerordentlich schmerzhaft, besonders da ein wenig mehr Geistesgegenwart von meiner Seite die Situation vielleicht hätte verhindern können, aber es ging alles so schnell. Armer Mark! Die Provokation war gewiß groß, und er tat mir leid. Da er jedoch offensichtlich betrunken war, wußte er vielleicht gar nicht genau, was er tat. Maynard, der wie immer Herr der Lage war, eilte ihm zu Hilfe, führte ihn nach einiger Zeit weg und beruhigte ihn mit seinem verblüffend sicheren Auftreten. ... Carrington hatte sich bei Sheppard in Sicherheit gebracht, der während der erregten Konfrontation unablässig mit gequälter Stimme fragte: Wer *ist* das? Wer *ist* das? Harry [Norton] geleitete meine zitternde Gestalt vom Schlachtfeld. Es war wirklich eine Fügung des Schicksals, daß sie alle im psychologisch entscheidenden Augenblick dazugekommen sind, der Himmel weiß, was sonst vielleicht noch passiert wäre.»

Am folgenden Abend saß Lytton zusammen mit David Garnett im Restaurant Eiffel Tower beim Essen, als Mark auftauchte und sich entschuldigte.

Lytton antwortete kichernd: «Es war halb so schlimm. Bitte, machen Sie sich darüber keine Gedanken.»

«Ich glaube nicht, daß das die Antwort war, die Gertler hören wollte», kommentierte David Garnett später.

«Die Szene tut mir so leid», entschuldigte sich Carrington am folgenden Tag bei Lytton. Aber der Anblick Marks hatte sie mit Schuldgefühlen erfüllt. Der Ausdruck von Einsamkeit und Verzweiflung in seinem Gesicht, der durch eine Tuberkuloseerkrankung noch verstärkt wurde, die ihn fortan dazu zwang, sich immer wieder in Sanatorien zurückzuziehen, war ein deutliches Zeichen für sein Leiden. «Bitte mach Dir keine Sorgen wegen gestern nacht», schrieb sie Mark am folgenden Morgen. «Es tut mir *sehr* leid, daß ich Dir solchen Kummer bereitet habe. Das war nicht meine Absicht.» Aber was sollte sie tun? «Ich mache mir wirklich große Sorgen um Dich», schrieb sie ihm einige Tage später. Sie empfahl ihm, sich unbedingt neue Freunde in London zu suchen. «Ich hatte das Gefühl, ich allein sei schuld daran, weil ich Dich so lange allein gelassen und Dich unglücklich gemacht habe.»

«Es war ein schwerer Schlag für mich, daß Du aufs Land gezogen bist», erwiderte er am 20. Februar 1918. Das war zwar noch nicht das Ende zwischen ihnen, aber doch der Anfang vom Ende. Carrington fühlte sich durch ihre Liebe zu Lytton nicht daran gehindert, Mark zu lieben, aber für ihn war «eine solche Liebe unmöglich», wie er ihr am 24. Februar 1918 erklärte. Ihre verquälte Beziehung sollte, mit Unterbrechungen, noch weitere zwei Jahre dauern. Sie verstrickten sich weiter in schmerzhafte Vorwürfe, bohrende Fragen, Zugeständnisse, Erklärungen und Rechtfertigungen, verzweifelte Wut und Reue, bis sie schließlich wie leckgeschlagene Schiffe auseinanderdrifteten. «Es ist wie eine heruntergebrannte Kerze, die beinahe aufgezehrt ist», schrieb Gertler am 18. Februar 1918 seinem Freund Kóteliansky. «Immer wieder flackert sie auf, leuchtet heller denn je und muß am Ende doch sterben.»

Vielleicht war es ein Glück für Carrington, daß es ihr in Tidmarsh an Beschäftigung nicht mangelte. Das Leben dort war eine regelrechte Prozession von Gästen: Oliver, der für sein Porträt saß, James, der die Grippe hatte und seine ärztliche Laufbahn nach drei Wochen Medizinstudium aufgab und Theaterkritiker beim *Athenaeum* wurde, Alix Sargant-Florence, die mit Hilfe von sechs Wörterbüchern über Rabelais brütete, Barbara Bagenal und ihr Mann Nick, der manchmal auch dortblieb und Carrington Gesellschaft leistete, wenn Lytton wegfuhr, Middleton Murry, der sehr bedrückt war wegen des Gesundheitszustandes seiner Frau Katherine Mansfield und sehr aufgeregt wegen der Aussicht, Herausgeber der Zeitschrift *Athenaeum* zu werden, Saxon Sydney-Turner, der stillvergnügt über seinem Euripides saß; schließlich Maynard, der, wie Lytton am 18. Februar 1918 an Clive schrieb, «eigentlich immer blühend aussieht, aber gerade etwas angeschlagen wirkt. Er scheint ganz von der L[loyd]-G[eorge]-Krise absorbiert zu sein.»[18] Er hielt es für möglich, daß «erboste Tory-Hinterbänkler im Parlament ein Mißtrauensvotum stellen, das die Regierung vielleicht stürzen könnte. Dann träte ein Doppelgespann Law-Asquith die Nachfolge an mit *tout ce qu'il-y-a de plus respectable*, nur nicht pazifistisch, obwohl es die Pflicht einer solchen Regierung wäre, Frieden zu schließen. Ich zweifle daran – und ich zweifle noch mehr daran, daß die Sache, wenn sie zustande käme, irgend etwas Gutes bewirken könnte. In den Klauen einer zweiten Koalition zu landen, und diesmal einer respektablen, erscheint mir ein furchtbares Schicksal. Aber warum sollte der Ziegenbock [Lloyd George] nicht auch über diesen Zaun springen wie schon über so viele andere.»

Wenn Carrington keine Gäste hatte, verschwand sie im Dachgeschoß und malte Bilder, die keiner sehen durfte, oder sie suchte sich draußen eine Beschäftigung und kümmerte sich um die Kartoffeln oder die Hühner. «Wir versuchen, Gemüse anzupflanzen und Hühner zu züchten», schrieb Lytton an Dorelia John (10. Mai 1918). «Weder das eine noch das andere gedeiht uns schnell genug – verflixt noch mal –, und inzwischen kostet das Leben ungefähr 100 Pfund in der Minute.» Den Monat vor der Veröffentlichung von «Eminent

Victorians» verbrachte er in Tidmarsh und schrieb für das *Athenaeum* einen Essay über die mutige und exzentrische Lady Hester Stanhope, die in vorviktorianischer Zeit große Reisen unternommen hatte, und fertigte ein recht bissiges Porträt von Asquith an, das allerdings nicht zur Veröffentlichung gedacht war. Er hatte auch zum erstenmal Charles Grevilles «Memoirs» gelesen, deren vollständigen Text er später herausgeben sollte, sowie die sechs Bände des «Journals» der Brüder Goncourt, die ihm Virginia empfohlen hatte.

Während er auf das Erscheinen seines eigenen Buches wartete, schmökerte er in einer Reihe von anderen Neuerscheinungen, darunter auch eine Studie über Byron («wie hervorragend würde er sich für eine wirklich moderne und künstlerische Biographie eignen!») und Sidney Colvins Biographie von Keats. Trotz des schwülstigen Stils und der Lauheit des Biographen wurde die Tragik von Keats' kurzem Leben auf überwältigende Weise deutlich. «Es scheint mir eine der entsetzlichsten Geschichten überhaupt zu sein», schrieb Lytton. «Besonders schlimm ist wohl, daß davon ausgegangen werden kann, daß Keats nicht ein einziges Mal Geschlechtsverkehr hatte. Ist so etwas überhaupt möglich?» Er las auch Desmond MacCarthys Artikel aus den Zeitschriften *New Statesman*, *New Witness*, *Eye Witness* und *The Speaker*, die unter dem wenig einladenden Titel «Remnants» [Überbleibsel] gesammelt worden waren. «Ich nehme an, Du hast ‹Remnants› gesehen – ein außerordentlich geschmackvolles Buch», schrieb er am 10. Mai 1918 an Clive. «Aber es ist schwer, sich des Gedankens zu erwehren, daß die Milch sehr lange Zeit gestanden hat und daß der Rahm zwar hervorragend, aber nicht gerade üppig ist. Es wäre jedoch absurd, sich heutzutage über etwas wirklich Reizendes beklagen zu wollen. Sein Umgang mit Asquith verwundert mich. Ich kann noch immer kaum glauben, daß er diese Leute mag oder es der Mühe wert findet, ihnen zu schmeicheln.[19] Vielleicht findet er es in Wahrheit nur amüsant, sich den Tag mit ihnen zu vertreiben – das kann man sich *gerade noch* vorstellen –, und es macht vielleicht großen Spaß, den Vorsitzenden des Obersten Gerichtshofs zu treffen.»

Schon bald sollten Lyttons eigene Angriffe gegen die Gesellschaft bei seinen Bloomsbury-Freunden für ähnliches Erstaunen sorgen. Aber für den Augenblick lebte er glücklich und zufrieden in Tidmarsh. Vor vielen Jahren hatte er an Maynard geschrieben (27. Februar 1906): «Wenn ich ein eigenes Zuhause hätte, würde ich das Wort ‹Hoffnung› über die Tür schreiben.» Jetzt, da er endlich ein eigenes Zuhause hatte, lautete sein Motto, wie er einem Freund sagte: *«Tout est possible.»* «Wir haben viele Pläne», brüstete er sich Clive gegenüber (16. April 1918), «wir wollen einen Kamin, einen Bücherschrank, ein Theater bauen, Spanisch lernen, die Wasserpumpe über einen Lederriemen mit dem Mühlrad verbinden, 24 Gänse kaufen, beim Bauern Davis einen Sattel leihen, damit das Pony des Schmieds satteln und nach Pangbourne reiten, eine Gesellschaftskomödie schreiben, eine klassische Tragödie im Stil von Euripides und die Geschichte Englands während des Krieges. Aber *le temps s'en va, mon cher*, und wir sitzen müßig vor dem Kamin.»

Im Frühjahr 1918 fehlten nur noch ein paar Dinge zu seinem Glück: eine neue Liebelei, ein wenig Ruhm, der nach den Kränkungen seiner frühen Jahre Balsam für die Seele wäre, das nötige Geld, um die neue Lebensweise auch in Zukunft weiterführen zu können, und das Ende des Krieges.

Teil II

«Ich habe nun *mezzo del cammin di nostra vita* hinter mir und stelle recht überrascht fest, daß ungeachtet dieser Tatsache das Dasein weiterhin außerordentlich interessant ist. In früher Jugend dachte ich, man würde seine Entwicklung in den Dreißigern beendet haben – aber ich sehe, daß das nicht so ist – ganz im Gegenteil, die Dinge scheinen eher an Interesse zu gewinnen, als zu verlieren. Sie werden auch befriedigender. Man scheint im Laufe der Zeit das Leben umfassender zu begreifen – was man möchte und was man bekommen kann – und ebenso die Materialien für die eigene Arbeit, was einem ein größeres Gefühl der Sicherheit und der Macht gibt. Ich glaube, ich erkenne jetzt, wo mein Weg liegt.»
Lytton Strachey an Lady Strachey (1. März 1916)

IV.
Ein Leben in Abgeschiedenheit

> «Brüder,
> der Präsident hat mich gebeten, einen Toast auf
> die ‹Eminent Victorians› auszubringen ... Ein
> herausragender Viktorianer namens Mr. W. G.
> Ward pflegte zu sagen: ‹Wenn man von Men-
> schen sagt, sie seien vernünftig, sind sie mir ver-
> dächtig. Aber wenn man von ihnen sagt, sie seien
> vernünftig und verehrungswürdig, dann weiß
> ich, daß es Halunken sind.› Entsprechend nehme
> ich mich vor Leuten in acht, die man als ‹Vikto-
> rianer› bezeichnet. Und wenn man sie als ‹her-
> ausragende Viktorianer› bezeichnet, dann
> schreibe ich ihre Biographie. Nach diesem
> Grundsatz läßt sich ein herausragender Viktoria-
> ner folglich definieren als eine Sorte Mensch, des-
> sen Leben besonders große Aussichten hat, von
> Lytton Strachey in einer Biographie verarbeitet
> zu werden. Das kommt der Sache wohl am
> nächsten.»
> *Lytton Strachey, Ansprache an die Apostel mit einem
> Toast auf die «Eminent Victorians»*

1. Erfolg, Geld, andere Menschen

Die «Eminent Victorians» erschienen am 9. Mai 1918, genau zum rechten Zeitpunkt. Die Menschen hatten den Krieg und seine propagandistischen Phrasen allgemein satt. Strachey, der ebenjene viktorianischen Haltungen ironisierte, die den Weg in die Katastrophe geebnet zu haben schienen, zog vornehmlich junge Leser an. «Ich erinnere mich noch genau, wie ich das Buch zum erstenmal sah», schrieb Hugh Kingsmill, damals Kriegsgefangener in den Zwanzigern. «Der Titel ‹Eminent Victorians› erregte meine Aufmerksamkeit. Die alte Schwarte muß ich mir ansehen, dachte ich und klemmte mir das Buch unter den Arm. Schon allein die Tatsache, daß ich den Titel nicht ironisch auffaßte, zeigt, wie heruntergekommen die Biographie damals war: Das Buch beeindruckte mich sofort durch seine Knappheit, Klarheit und Glaubwürdigkeit, und jetzt vermag ich auch zu erahnen, wieviel die Biographen der letzten dreißig Jahre [1919–1949] Lytton Strachey zu verdanken haben.»[1]

Strachey entwickelte seine Gedanken zur Biographie während der Arbeit für den *Spectator*. Anfang 1909 schrieb er bei der Besprechung zu Guglielmo Ferreros «Größe und Niedergang Roms»:[2]

«Als Livius sagte, er hätte Pompejus die Schlacht von Pharsalos gewinnen lassen, wenn es der Satzfluß erforderlich gemacht hätte, redete er durchaus keinen Unsinn. Vielmehr drückte er auf paradoxe Weise eine bedeutende Wahrheit aus: daß es eines großen Historikers erste Pflicht ist, Künstler zu sein. Kunst hat in der Historie eine sehr viel wichtigere Funktion als die, reines Dekor zu sein ... Eine ungedeutete Wahrheit ist so nutzlos wie verbranntes Gold. Und die Kunst ist die große Deuterin. Sie allein vermag es, aus einer großen Vielfalt von Tatsachen ein sinnvolles Ganzes zu machen, indem sie Wichtiges klarstellt und hervorhebt, Unwichtiges beiseite läßt und dunkle Bereiche mit der Fackel des Vorstellungsvermögens ausleuchtet. Mehr noch, sie kann die Materialien des Historikers in den Glanz einer persönlichen Erleuchtung tauchen ... Jedes geschichtliche Werk, das diesen Namen verdient, ist auf seine Weise so persönlich wie Dichtung, und sein Wert hängt letztlich von der Stärke und den Fähigkeiten des hinter ihr stehenden Charakters ab.»

Im Vorwort zu den «Eminent Victorians» veranschaulicht er jene Entdeckungsreise in die Vergangenheit mit einem weiteren Bild. Der Historiker werde «auf den großen Ozean des Materials hinausrudern, hie und da einen kleinen Eimer in die Tiefe hinablassen und Wasserproben entnehmen, um sie sorgfältig und gründlich zu prüfen».

«Von diesen Überlegungen geleitet, habe ich die folgenden Charakterstudien durchgeführt. Ich versuchte, dem modernen Auge durch das Mittel der Biographie einige viktorianische Anschauungen näherzubringen. In gewisser Weise handelt es sich um willkürliche Sichtweisen, das heißt, ich habe mich bei der Wahl meines Gegenstandes nicht vom Bedürfnis leiten lassen, ein System zu erschaffen oder eine Theorie zu beweisen, sondern von rein praktischen und künstlerischen Motiven ... Ich habe versucht, einige Fragmente der Wahrheit, die mein Interesse weckten und in meiner Reichweite lagen, zu untersuchen und zu erhellen ... Um das Wort eines Meisters zu zitieren: ‹Je n'impose rien; je ne propose rien; j'expose.›»

Dieses französische Zitat, das den Kritikern zufolge angeblich von Voltaire stammte, war ebensowenig authentisch wie das Zitat, das Lytton neun Jahre später im *Spectator* Livius zugeschrieben hatte. Sie waren beide ebenso fingiert wie jenes angeblich aus dem Chinesischen übersetzte Gedicht, das «für eine Aufnahme in Professor Giles' Anthologie vielleicht zu modern» sei und das er ans Ende seiner Besprechung der «Chinese Poetry and English Verse» in der Zeitschrift *New Quarterly* gestellt hatte. «Mir fiel ein, ich könnte ja auf eines meiner bekannten Pseudozitate zurückgreifen», schrieb er seinem Bruder James am 23. Juli 1908, als er an seinem Essay «Voltaires Tragödien» für die *Independent Review* arbeitete. Dort behauptet er unter anderem, der Aufklärer sei «zum Beispiel imstande, so miserable Verse zu schreiben wie ...: *Vous comprenez, seigneur, que je ne comprends pas.*» Die Zeile stammte in Wahrheit von Lyttons Schwester Marjorie.

Solcherlei Späße, die gegenüber der akademischen Wissenschaft herrlich subversiv wirkten, waren Beispiele für seine unorthodoxen Forschungsmethoden als Historiker. Dabei brach er allerdings nicht mit der traditionellen Erzählweise oder schuf neue Formen der Darstellung wie die Modernisten Eliot, Pound, Yeats und Conrad. Er setzte vielmehr auf die tradierten Formen und parodierte die ihnen zugrunde liegenden Werte, indem er sie ironisierte und zu Pastiches verarbeitete. Auch spielte er immer wieder auf Erkenntnisse der modernen Psychologie an und führte zugleich die Karikatur in die Biographie des zwanzigsten Jahrhunderts ein. Stracheys Bild fortspinnend, verglich Desmond MacCarthy die «Eminent Victorians» mit einem Aquarium bizarrer Fische und anderer Meeresbewohner. Außerhalb der finsteren Tiefen haben diese sagenumwobenen Ungeheuer all ihre Schrecken verloren und geben eine Zirkusnummer ab, wenn sie breitmäulig mit ihrem burlesken Gefolge von Schollen und Kalmaren ziellos hin und her schwimmen. Nur gutmütige und friedvolle Geschöpfe wie die Seezunge, die sich mit einem bescheidenen Plätzchen im Sand begnügt – zum Beispiel im vorliegenden Fall wie Lord Hartington, dessen Miniaturporträt in «Das Ende des Generals Gordon» der gleichen Gattung angehört wie P. G. Wodehouses «Lord Emsworth» –, werden mit Wohlwollen und Sympathie betrachtet.

Für die «Eminent Victorians», die einen soliden Gegenstand ohne ideologische These präsentierten, hatte der Krieg so etwas wie eine Katalysatorfunktion. Strachey hatte seine «viktorianischen Gestalten» anfangs mit ironischer Distanz gezeichnet, gelangte durch die äußeren Umstände dann aber zu einem moralischen Urteil, das seinem Buch künstlerischen Zusammenhalt verlieh. Seine «Fragmente der Wahrheit» entsprangen denn auch weitaus weniger einer «willkürlichen Sichtweise» des vorangegangenen Jahrhunderts, wie es in seinem Vorwort hieß. Wie Noël Annan hervorhob, bestand das viktorianische Quartett aus Menschen, «die zwei falschen Wertesystemen aufgesessen waren: dem klerikalen Christentum und der Religion des Erfolgs».[3]

«Dies ist der gewaltigste Kampf, der je für die christliche Religion ausgefochten wurde», hatte 1915 der Bischof von London verkündet. Während mit dem Segen der Kirche in Europa Ströme von Blut vergossen wurden, holte Strachey zum Gegenschlag aus. In seinem Porträt Kardinal Mannings geißelte er den evangelischen Glauben des neunzehnten Jahrhunderts, indem er einen eitlen und ehrgeizigen Prälaten entlarvte, der sich im viktorianischen England als spirituelle Autorität etabliert hatte. Als nächstes stieß er die legendäre Florence Nightingale, die *Lady with the lamp*, von ihrem hohen Sockel, und setzte an ihre Stelle eine Neurotikerin des zwanzigsten Jahrhunderts, die andere Menschen ihrem Ehrgeiz opfert. Damit zerstörte er einen populären Mythos des viktorianischen Zeitalters, dessen humanitärer Ethos die Zeitgenossen zur Beruhigung ihres Gewissens benutzt hatten. Lyttons Abneigung gegen Dr. Arnold, den einflußreichen Schulmeister der Viktorianer, dürfte durch seine unglückliche Schulzeit besonderen Auftrieb erhalten haben. In seinem Essay nimmt Strachey nicht nur die Privatschulen aufs Korn, in denen Wettkämpfe und Frömmigkeit hochgehalten wurden und auf deren Sportplätzen erklärtermaßen die Kriege von morgen gewonnen wurden. Vielmehr wendet er sich gegen den gesamten Liberalismus des neunzehnten Jahrhunderts, der nicht auf fortschrittlichen Grundsätzen, sondern auf den abgewandelten Prinzipien überkommener Herrschaftsformen beruhte. Im Anschluß knöpft er sich den «frommen Krieger» vor und entlarvt einen General Gordon, der sich statt zum willigen Werkzeug Gottes zum willfährigen Instrument der radikalen imperialistischen Faktion in der britischen Regierung macht. Die traumatisierte Kriegsgeneration, die bald von den Schlachtfeldern zurückkehrte und die vom Segen chauvinistischer Feldgeistlicher nichts mehr wissen wollte, kannten die messianische Religiosität eines General Gordon aus eigener Erfahrung nur allzu gut. Evangelischer Glaube, humanitäre Gesinnung, Liberalismus und Imperialismus – diese Aspekte der christlichen Kultur in der jüngsten Vergangenheit wurden zur Zielscheibe von Stracheys Kritik.

«Man lasse sich eine Persönlichkeit mitsamt den Dokumenten durch den Kopf gehen», schrieb ihm Walter Raleigh, «und sehe dann zu, was dabei herauskommt. Das ist offenbar die richtige Methode. Vor allem wähle man die Person vornehmlich deshalb, weil man sie nicht leiden kann ... Ein Verdammungsurteil kann man nur auf der Grundlage eines Glaubens fällen. Deiner sagt mir zu ... Ich kann Dir gar nicht sagen, wie sehr mir das Buch gefällt, jedes Wort.»[4]

Die positiven Besprechungen des Buches verunsicherten Lytton geradezu. «Ich werde ganz nervös», gestand er Ottoline Morrell am 3. Juni 1918, «die Rezensenten schwärmen so sehr, daß ich das Gefühl nicht loswerde, daß irgend etwas nicht stimmt.» Und James fragte er, ob man ihn womöglich mit dem Chefredakteur des *Spectator* verwechselt habe. Der Erfolg der «Eminent Victorians» hielt nun schon so lange an, daß es ganz danach aussah, als werde er damit einiges verdienen. «Ich bin richtig enttäuscht. Keiner der alten Garde ist Sturm gelaufen», teilte er Mary Hutchinson am 30. Mai 1918 mit. «Ein bißchen Ärger hätte ich schon erwartet. Ist es möglich, daß diese elenden Kreaturen kein Quentchen Mumm mehr haben?»

Seine Besorgnis war überflüssig. Als der konservative *Spectator* sein Vernichtungsurteil fällte, war er erleichtert. Ebenso ermutigt wurde er durch eine fulminante Kritik Edmund Gosses in *The Times Literary Supplement*. «Was Gosse angeht», hob Lytton hervor, «so hat dieser zunächst sein ganzes Leben damit zugebracht, über andere (einschließlich seines Vaters) herzuziehen, und jetzt wirft er sich in die Pose selbstgerechten Zorns, weil jemand Lord Cromer kritisiert!»[5] Viele gegen das Buch erhobene Einwände waren einfach trivial. Die Kritiker spekulierten darüber, ob Florence Nightingales Schlafzimmer tatsächlich so dunkel gewesen sei, wie von Strachey behauptet, oder ob nicht vielmehr doch etwas Sonne einfiel. Sie stellten die Frage, ob die Beine des Schulleiters Dr. Arnold «kürzer als erlaubt» hingestellt worden seien, um seine moralische Statur zu verringern, und ob Arthur Clough tatsächlich «schwache Knöchel» habe. Sie stritten darüber, ob Lord Cromer seine Klassiker im Gedächtnis behalten und ob General Gordon beim Bibellesen wirklich Brandy mit Soda getrunken habe.

Allerdings gab es auch echte Besorgnis über das Buch und seinen möglichen Einfluß. «Beim Lesen ... spürt man Genugtuung darüber, daß Florence Nightingale korpulent wurde und unter Gehirnerweichung litt», schrieb Duff Cooper an Lady Diana Manners und fügte in einem Schreiben vom 7. und 8. Juli 1918 schuldbewußt hinzu, er selbst «habe es gewaltig genossen». Und Strachey, so schloß er, sei weniger Historiker als Pamphletist. Dagegen versicherte G. M. Trevelyan Lytton am 12. August 1918: «Sie haben echtes geschichtliches Einfühlungsvermögen wie nur wenige Berufshistoriker und kaum einer der Literaten, die in der Geschichte dilettieren. Mehr noch, Sie haben nicht nur ein geschichtliches Einfühlungsvermögen wie Carlyle und Belloc, sondern auch Urteilsvermögen, was beiden abgeht.» Er halte das Buch nicht für «zynisch» und meine vielmehr, Lytton habe «eine Methode gefunden, über Geschichte zu schreiben, die hervorragend zu ihm [passe]», und hoffe, er werde «darin fortfahren».

Diese aufmunternden Worte fand Trevelyan zum einen aus Höflichkeit, zum anderen aber auch, weil er von dem bestechend flüssigen Stil des Werkes hingerissen war: «Ich habe es während einer langen Zugfahrt durch Norditalien mit größtem Vergnügen, mit unbedingter Zustimmung und Bewunderung gelesen.» Die anfängliche Bewunderung schwand allerdings, als deutlich wurde, welchen Einfluß die «Eminent Victorians» ausübten. Dann waren es auf einmal «billige ... boshafte ... absurde, komprimierte Biographien».

Während des Krieges hatte Trevelyan zu Lytton wegen dessen Pazifismus ein gespanntes Verhältnis. Und wie sein Biograph David Cannadine deutlich macht, war er «über den herablassenden und geringschätzigen Tonfall der ‹Eminent Victorians› in Wahrheit erschrocken. «Er haßte ihren bilderstürmerischen Eifer und ihre selbstbewußten Respektlosigkeiten, auch wenn sie in ihrer impressionistischen Darstellungsweise eine gewisse wissenschaftliche Narrenfreiheit genießen. Er verabscheute den schonungslosen Umgang mit dem Privatleben der dargestellten Persönlichkeiten. Trevelyan glaubte an große Männer und Frauen, und er war erbost, daß Lytton sie auf so despektierliche und ungerechte Weise zurechtstutzte

... Lytton hatte die Geschichte vergiftet und die Viktorianer verraten.»[6]

Angehörige der Historikergilde erhoben gewichtige Einwände gegen die «Eminent Victorians». Sie monierten die fragwürdige wissenschaftliche Methode, den flapsigen Tonfall und die moralische Grundlage, von der aus in «Eminent Victorians» geurteilt werde. Und tatsächlich hatte Strachey auf historische Faktentreue mehrfach verzichtet, wobei er dies dann jedesmal dadurch signalisierte, daß er melodramatische oder gefühlvolle Passagen mit seiner bissigwitzigen Sprache durchsetzte. Er hatte zitierte Passagen, die zu unterschiedlichen Zeitpunkten geschrieben worden waren, in unmittelbaren Zusammenhang gebracht, so daß Kardinal Newman als unschuldiges Opfer des gierigen Adlers Kardinal Manning erschien. «Ihre Kritik an der Passage mit *Adler und Taube* hat ins Schwarze getroffen», räumte er am 2. Juni 1918 Augustine Birrell gegenüber ein. «Sie ist sicher melodramatisch, und ich müßte sie ändern. Ich glaube, ich habe Newman insgesamt zu sentimental dargestellt, um für den anderen Kardinal einen kontrastreichen Hintergrund zu schaffen.» In zwei vielbeachteten Essays, die zehn Jahre nach Lyttons Tod entstanden[7], vertrat der Cambridger Historiker F. A. Simpson die Auffassung, Strachey habe bei seiner theatralischen Rekonstruktion von Mannings Audienz beim Papst («Man wird sich leicht die überzeugende Unbefangenheit seiner italienischen Stimme vorstellen können.») Hinweise von Mannings Biograph E. S. Purcell aufgegriffen, um diesen in ein geheimnisvolles, finsteres Licht zu tauchen. Wenn Lytton auch gewiß sehr unbekümmert mit seinen Quellen umgehe, so habe doch schon Purcell den Besuch Mannings im Vatikan mit einem geheimnisvollen Dunkel umgeben. «Strachey ist tatsächlich zuverlässiger, als es den Anschein hat», räumte auch der Historiker Hugh Trevor-Roper ein, der seinerseits Kritik am «Ende des Generals Gordon» anzubringen hatte. Stracheys Bericht, wonach sich Gordon zum heimlichen Verkehr mit Bibel und Flasche «manchmal tagelang in sein Zelt» zurückgezogen habe, sei die gröbste Ausschmückung in seinem gelungenen Porträt dieses seltsamen, unberechenbaren und schillernden Charakters, schrieb er. «Tatsächlich handelte es sich nicht um eine Flasche Brandy, sondern um ein Gebetbuch. Leider ist eine Flasche Brandy amüsanter als ein Gebetbuch. Da Strachey dieser letzten absurden Eingebung nicht widerstehen konnte, geriet sein brillantes Porträt des verschrobenen

Kreuzzüglers durch dieses einzige bedenkliche Detail zur Übertreibung.»[8]

Strachey benutzte keine unveröffentlichten Quellen und gab keine bibliographischen Hinweise. Seine Hauptquelle zu Manning bestand in Purcells «vernichtendem Buch», wie es Hugh Trevor-Roper nannte, das «voll verborgenem Sprengstoff» stecke. Hier schürfte er sein gesamtes «Gold», das nur in dem Maße an Wert verlor, in dem die spätere Forschung Purcells Faktentreue in Frage stellte. Wie F. A. Simpson dem Verfasser erklärte, wurden dessen sämtliche Irrtümer «erst nach Stracheys Tod veröffentlicht, so daß es nicht seine Schuld war, daß er von ihnen nichts gewußt hatte». Spätere Zeugnisse zu Gordon – wie eine Äußerung Lord Carnocks gegenüber seinem Sohn Harold Nicolson und ein Brief von Gambettas Sekretär Joseph Reinach, der in Roy Jenkins' «Life of Sir Charles Dilke» (1958) zitiert wird – haben immerhin Stracheys Porträt bestätigt, wonach Gordon ein heimlicher Trinker gewesen sei, eine Darstellung, die er im übrigen den fragwürdigen Memoiren des Oberst Chaillé-Long, «My Life in Four Continents», entnommen hatte.

Solch ernsthafte Kritik von seiten der Historiker sollte Stracheys Ruf auf die Dauer allerdings schaden. Die «Eminent Victorians» wurden dem gewöhnlichen Leser als eine «enthüllende» Biographie angepriesen. Die Wirkung des Autors sei von «sehr verderblichem Einfluß auf die gesamte moderne Biographie», wie es der amerikanische Historiker Douglas Southall Freeman formulierte. Für «enthüllend» gebrauchte er allerdings den Ausdruck *debunking*, der in der amerikanischen Umgangssprache, im Gegensatz zu der im heutigen Englisch negativen Bedeutung, nichts Abschätziges hatte und soviel wie «entlarvend» meinte. Aber man beließ es nicht bei Stracheys eigenen Werken, sondern lastete ihm die Werke angeblicher Nachahmer an: Harold Nicolsons «Tennyson», Philip Guedallas «Palmerston», Hugh Kingsmills «Matthew Arnold» und Richard Aldingtons «Lawrence of Arabia» ebenso wie die Biographien der Autoren André Maurois, Emil Ludwig und Van Wyck Brooks. «Lytton Stracheys hauptsächliche Mission bestand darin, die Ansprüche des viktorianischen Zeitalters auf sittliche Überlegenheit ein für allemal zu zerstören», schrieb Edmund Wilson am 21. September 1932. «Das schroffe Urteil, das in den ‹Eminent Victorians› zum Ausdruck kommt, hätte ohne Stracheys ausgebreitete Gelehrsamkeit und seine Bitterkeit ... den Wert der Geschichte herabgewürdigt. Das aber hat Strachey niemals getan, denn obwohl er den Viktorianern mit Bissigkeit begegnete, blieben sie bei ihm doch stets ernstzunehmende Persönlichkeiten ... Dennoch konnten weder Amerikaner noch Engländer die vorherrschenden Mythen ihrer Vergangenheit nach dem Erscheinen der ‹Eminent Victorians› mit den gleichen Augen betrachten. Etwas war in Bewegung geraten.»[9]

«Auf den Britischen Inseln werde ich wohl bald triumphalen Erfolg haben», verkündete er Ottoline. Und Clive Bell versicherte er am 27. Mai 1918 erneut, er bleibe «trotz des Lobes vom *Daily Telegraph* und von Mr. Asquith gelassen».

Der sofortige Verkaufserfolg der «Eminent Victorians» wurde dadurch noch angeheizt, daß Asquith das Buch in jenem Sommer in seinem Gastvortrag in Oxford «in den höchsten Tönen pries», wie Lytton es ausdrückte. Ottoline hatte es dem Lord geschickt. Der Ex-Premierminister war noch immer eine sehr einflußreiche Figur, so daß es eine bessere Werbung als seine schmeichelhafte Besprechung nicht geben konnte. «Das muß in Umlauf gebracht werden», schrieb Lytton Carrington am 21. Juni 1918, «und es steht zu hoffen und kann in der Tat angenommen werden, daß alle Mitglieder der großen Liberal Party mein Buch erwerben.» Lytton hielt sich an dem Sonntag, als Asquith seinen Vortrag hielt, zufällig in Garsington auf und fuhr mit Ottoline los, um ihn sich anzuhören. «Der Vortrag war allerdings entsetzlich langweilig», schrieb er seiner Mutter am 21. Juni 1918, «aber nach einer so hervorragenden Werbung kann man gegen sich selbst nicht hart genug sein. Er [Asquith] war von dem Buch offenbar ganz begeistert und erzählte allen davon. Ich hatte keine Gelegenheit, mit ihm zu reden. Das Sheldonian Theatre bot einen recht prachtvollen Anblick: rote Talare, und Curzon (der Kanzler der Universität) thronte gravitätisch auf seinem Amtssessel.»

Asquith hätte sich über «Mr. Stracheys feinsinnige und anregende Kunst»[10] möglicherweise weniger begeistert geäußert, hätte er gewußt, daß Lytton sie zwei Wochen zuvor nach der Veröffentlichung seiner [Asquith'] «Occasional Addresses» vertraulich und nicht weniger bissig auf ihn angewandt hatte.

«Als Grundmaterial nehme ich bei Mr. Asquith die Ausstattung eines Angehörigen des Mittelstandes mit nordischer Solidität an: grundanständig, beinahe nonkonformistisch, gemäßigt, bedächtig, routiniert und mit einem sicheren Blick für den eigenen Vorteil. Dann kam der Einfluß des Balliol College und dessen Rektor Jowett, der dem noch unbedarften Durchschnittscharakter die schüchterne Oxforder Kultur und Weltlichkeit angedeihen ließ. Anschließend die Ausbildung bei Gericht, wo er im behenden Umgang mit Verfahrensfragen und in steifer Rhetorik geschult wurde. ... Der abschließende Einfluß brachte so manchen seltsamen Widerspruch mit sich: der Kreis um Lady Oxford, seine Gattin. Dieser reiche, elegante, prunksüchtige und selbstgefällige Zirkel bemächtigte sich Mrs. Asquith'. Der Juraprofessor aus dem Mittelstand wurde zum *viveur*, der reichlich Alkohol vertrug und lüstern nach den Damen schielte. Das Ergebnis war gewiß kurios. Wer hätte es angesichts seines Buchs [‹Occasional Addresses›] mit seinen hochgesinnten Artigkeiten und kultivierten Anstandsregeln gedacht, daß er die Hand einer Dame, die hinter ihm auf dem Sofa saß, an sich nehmen und an das aufgerichtete Werkzeug in seiner Hose führen würde? (Ich habe das ganz direkt von [Dorothy] Brett erfahren.)

Seine öffentliche Laufbahn legt einen Vergleich mit Walpole nahe, dem ersten Premierminister der britischen Geschichte. Aber man vermutet, daß hinter Sir Roberts kleinlichem Opportunismus doch eine gewisse Größe steckte und er tatsächlich besondere Fähigkeiten besaß. In Asquith' Fall hingegen wird der unausrottbare Mangel an Idealen und Vorstellungskraft offenbar durch gar nichts wettgemacht. Hat man das Packpapier aus Phrasen und Kompromissen entfernt, so kommt dahinter nichts zum Vorschein als pure Leere. Und was seine Fähigkeiten angeht, so bestanden diese in wenig mehr als im taktischen Geschick des Parlamentariers. Mit ernsthaften Problemen wurde er niemals fertig.»[11]

Obwohl sich sein Buch gut verkaufte, dachten die Verleger nicht daran, sich bei Lytton zu melden. Chatto & Windus hatten es zum Preis von 10 Shilling 6 Pence (das entspricht 11,50 Pfund im Jahr 1994) auf den Markt gebracht. Laut Vertrag sollte er bei den ersten tausend Exemplaren 15 Prozent und bei allen folgenden 20 Prozent erhalten. Zudem hatten sie sich seiner Forderung entsprechend verpflichtet, ihm auf seine Tantiemen 50 Pfund vorzuschießen. Aber die Tage vergingen, ohne daß Geld eintraf. «Es ist ziemlich unangenehm», teilte Lytton Clive am 27. Mai mit. «Vielleicht sollte ich Geoffrey Whitworth schreiben? Wenn ich mich gedulde, kommt es vielleicht doch noch, aber vielleicht auch nicht. Ich würde mich über einen Rat von Dir freuen.» Am nächsten Tag ging ein Brief von Geoffrey Whitworth ein. Von Vorschuß war keine Rede, dafür aber hieß es, die «Eminent Victorians» gingen so gut, «daß wir uns Gedanken über eine weitere Auflage machen müssen». Clive Bell riet Lytton, seine Geldforderungen unverzüglich zur Sprache zu bringen. Er beherzigte den Ratschlag und erhielt postwendend – mit drei Wochen Verspätung und einer Entschuldigung – einen Scheck.

Nach diesem Fehlstart wurden die Beziehungen zwischen Lytton und Chatto & Windus ungewöhnlich herzlich. Die Verleger suchten ständig nach Mitteln und Wegen für zusätzliche Vergütungen, verbesserten laufend die Klauseln seiner Verträge und änderten sie zu seinen Gunsten. Sie drängten ihn, bei der Arbeit am nächsten Buch nichts zu überstürzen, und boten Hilfe im Umgang mit der Steuerbehörde an. Sie luden ihn ein, der Drucklegung seines Werkes beizuwohnen [12], und sandten ihm zahllose Entwürfe von Schutzumschlägen und Einbänden, aus denen er sich das Gewünschte heraussuchen sollte. Aus heiterem Himmel schickten sie ihm allgemein gehaltene Glückwünsche und drängten ihn, alle geschäftlichen Verhandlungen über die «Society of Authors» laufen zu lassen. Auch Lytton war überaus liebenswürdig. Er erkundigte sich besorgt nach der Gesundheit seiner Partner, entschuldigte sich für legitime Korrekturen auf den Fahnen, empfahl einem Freund, in die Firma einzutreten, und sicherte dem Verlag nach dem Bankrott von Williams & Norgate 1927 die Rechte an seinen «Landmarks in French Literature».

Von den «Eminent Victorians» erschienen bis Februar 1920 in Großbritannien neun Auflagen zu je 1000 Exemplaren, worauf Chatto & Windus im Sommer 1921 eine zweite Ausgabe mit einer Auflage von über 5000 Stück herausbrachten. In den Vereinigten Staaten wurde das Buch von Putnam veröffentlicht, der nach einer ersten Auflage von etwas über 1000 Exemplaren im September 1918 in den zwanziger Jahren weitere siebzehn Auflagen druckte. Das Buch verkaufte sich Lyttons gesamtes Leben hindurch in beiden Ländern kontinuierlich – mit insgesamt ungefähr 3500 gebundenen Exemplaren in England und über 55000 in den Vereinigten Staaten. Außerdem wurde es ins Französische, Polnische, Rumänische, Spanische, Italienische und Japanische übersetzt.

Um seinem Buch eine gute Übersetzung ins Französische zu sichern, beriet sich Lytton mit seiner Schwester Dorothy Bussy, die sich in diesem Sommer in England aufhielt. Sie verbrachte die meiste Zeit bei André Gide und wohnte als Gast Harry Nortons in Merton House in Cambridge.[13] Gide war mit Marc Allegret nach England gereist, den ein Schreiben von Auguste Breál bei Familie Strachey eingeführt hatte. Während seines Aufenthaltes traf er mit Lytton zusammen, hatte aber mehr Kontakt zu Dorothy, die seine Englischkenntnisse verbessern half und später viele seiner Bücher übersetzte. Cambridge, wo in diesen Sommerferien mehr verwundete Soldaten als Studenten anzutreffen waren, zeigte sich von einer unerfreulichen Seite, so daß Gide die meiste Zeit las oder mit dem Fahrrad aufs Land hinausfuhr. Lyttons Buch war ihm von Arnold Bennett empfohlen worden. «‹Eminent Victorians› liegt bei uns auf dem Wohnzimmertisch und ist ständig *en lecture*», schrieb er Dorothy. «Ich bin nicht sicher, ob dieses Buch in Frankreich viele Leser findet.»[14]

«Ich bewundere es und finde es ausgezeichnet», schrieb Lady Ottoline in einem Brief vom 29. und 30. Mai 1918 an Bertrand Russell, der noch im Gefängnis Brixton einsaß, «aber es verletzt mich ...» Ottoline bezog sich dabei auf die satirische Behandlung der Religion in Stracheys Buch. Obwohl Russell bei der Lektüre der «Eminent Victorians» in seiner Zelle schallend gelacht hatte, gab er ihr darin recht, daß es unstatthaft sei, die legendären Persönlichkeiten aus ihrer Jugendzeit dem öffentlichen Spott preiszugeben. Seiner Ansicht nach hatte Lytton mit seinen Überzeugungen als Pazifist bislang zu sehr hinter dem Berg gehalten, und jetzt ärgerte es ihn, daß seine Worte die Kraft hatten, Ottolines Gefühle zu verletzen. Tatsächlich konnte ihre alte Begeisterung für Lytton noch immer seine Eifersucht wecken, wie er einst auch über die enge Beziehung von G. E. Moore zu Lytton mit ihren möglichen homosexuellen Weiterungen pikiert gewesen war. «Ich hasse diese ganze Bloomsbury-Sippschaft mit ihrem Gespött über alles, was Lebensblut in sich hat», teilte er ihr am 1. August 1918 mit. «Ich wünschte, Du hättest passendere ‹Freunde›.»

Die «Eminent Victorians» sollten zu einem der fruchtbarsten Texte des Bloomsbury-Kreises werden. «Damit ein solches Buch konzipiert und geschrieben werden konnte, mußte sich in der Haltung der Menschen sich selbst und der Welt gegenüber etwas ändern», schrieb Keynes' Biograph Robert Skidelsky.[15] Dieses Buch war das Produkt einer neuen Ära und setzte G. E. Moores philosophische Ablehnung des Idealismus in eine Kritik an den viktorianischen Idealen um. Es sollte den Stil von Keynes' Wirtschaftlichen Folgen des Friedensvertrages» (engl. 1919) und die «Essays in Biography» (1933) beeinflussen, indem es, so David Garnett, ihren Autor davon überzeugte, «seine natürliche Diskretion zu vergessen» und «den Mut zu haben, das zu schreiben und zu veröffentlichen, was er [sonst nur] im Gespräch geäußert hätte».[16] Es sorgte mit für die postimperialistische Atmosphäre, in der Leonard Woolfs «Empire and Commerce in Africa» (1920) und E. M. Forsters «Auf der Suche nach Indien» (engl. 1924) entstanden. «Es könnte als das erste Buch der ‹Zwanziger› gelten», schrieb Cyril Connolly, der es zudem als «das Werk eines großen Anarchisten» bezeichnete, als «ein revolutionäres Lehrbuch zur bürgerlichen Gesellschaft, geschrieben in jener Sprache, die das bourgeoise Ohr einlullt und betört».[17]

Virginia, die in ihrem Tagebuch die Ambitionen von Lytton und Maynard verglich, vermerkte am 17. Juni 1920, Lytton strebe im Gegensatz zu Maynard eher einen kulturellen Einfluß als politische Macht an: «Er will mit wenig Worten die Riesenungetüme der Unwahrheit ausmerzen.» Diese Worte ziehen sich durch die gesamten «Eminent Victorians» und verleihen ihnen ebenjenen herablassenden Tonfall, der den Leser so sehr aus dem Konzept brachte und ihn erregte. «Dieser Ton war offiziersmäßig», kommentierte der Dichter und Biograph Ian Hamilton, «das Gefühl hingegen gehörte in eine andere Kategorie.»[18] Es gab noch ein weiteres Register in diesem virtuosen Stil mit seinen übertreibenden Ausschmückungen, lakonischen Verweisen auf Ungereimtheiten, überraschenden Wendungen, ironischen Crescendi und jähen Abstürzen ins Triviale. Die Stimmlage sei «auf halber Höhe zwischen der männlichen und weiblichen» angesiedelt, bemerkte der Kritiker Barry Spurr. Wie die Romane Ronald Firbanks und E. F. Bensons, die Epigramme Wildes, die Stücke Joe Ortons, die Zeichnungen und Skizzen von Beardsley, Beaton und Erté ist dieser Stil «mandarinenhafte Raffinesse im Frauengewand». Strachey «kleidet seine Manierismen und spöttischen Übertreibungen in das Gewand des exzentrischen Homosexuellen, des Camp, ... auf der Suche nach dem Artifiziellen und Theatralischen in der Erfahrung. Susan Sontag zufolge ist dies ein wesentlicher Bestandteil homosexueller Sensibilität.»[19]

Das «krankhafte und unnatürliche» Element in Stracheys Stil, wie es Bertrand Russell nannte, verunsicherte seine Leser. Als er der Welt seiner Eltern auf so effektvolle Weise den frommen Anstrich nahm, ersetzte er da nicht eine Form der Unaufrichtigkeit durch eine andere, indem er an seine Stelle ein «niederträchtiges Gekicher» setzte, wie es ein nachmaliger Rektor des Balliol College nennen sollte?[20] Strachey war in seiner Manier als literarische Persönlichkeit gewiß ebenso anrüchig wie Boswell. Seine Leistung bestand darin, mit den «Eminent Victorians» die Biographie des zwanzigsten Jahrhunderts vom «Damoklesschwert des Anstandes» befreit zu haben, das nach Carlyles Besprechung von Lockharts «Life of Scott» «für immer über dem bedauernswerten englischen Biographen (wie über dem bedauernswerten englischen Leben allgemein)» hing. Wenig taktvoll waren auch einige von Stracheys Verfahren. «Diskretion», so bemerkte er, sei «für die Biographie nicht das Beste». Nach wie vor war er von dem überzeugt, was er in der Einführung zu seiner Abhandlung zu Warren Hastings geschrieben hatte: daß «Bücher nur um des Vergnügens willen gelesen werden» und «die Beimischung einer Lüge stets zum Vergnügen beiträgt». Zwar wandte er sich hier gegen seinen historischen Widersacher Macaulay, doch war sein eigener Stil, so Bertrand Russell, «dem Macauleys nicht unähnlich». Russell kam bei diesem Vergleich jedenfalls zum Schluß, Lytton sei «der historischen Wahrheit gegenüber gleichgültig» gewesen.[21] Aber trotz eines Einflusses von Macaulay auf Strachey gibt es einen charakteristischen Unterschied: an die Stelle der politischen setzte Lytton eine sexuelle Ideologie. Der Historiker Peter Clarke zeichnete ihn denn auch «mit einem Auge am Schlüsselloch, wo er als Butler seine Aufzeichnungen für die Nachwelt macht».[22] Diese Haltung ist gewiß indiskret, aber sie vermittelt mehr von der Wahrheit als der steife, pflichtbewußte Butler der Geschichtsschreibung, «der, vertieft in die Aufzeichnung von Ereignissen, diese in der Reihenfolge ihrer konventionellen Bedeutung referiert, aber seine privaten Gedanken ... für sich behält. Er vertieft sich allzu geschäftig in die Tatsachen, ist von seiner Würde allzusehr eingenommen, um über die Kluft zwischen konventionellen und menschlichen Werten noch nachdenken zu können.»[23]

Stracheys Vorwort zu den «Eminent Victorians» sollte als ein Manifest für die Biographie des zwanzigsten Jahrhunderts gelesen werden. «Menschen sind zu wichtig, um sie nur als Symptome der Vergangenheit zu behandeln», schrieb er. «Sie besitzen einen von den Zeitläuften unabhängigen Wert, der ewig ist und um seiner selbst willen betrachtet werden muß.» Von allen Qualitäten des guten Historikers war Sorgfalt in sittlichen Fragen am allerwichtigsten. Strachey wurde wegen seiner mangelnden Exaktheit, seines grundlosen Spotts, der beispielsweise den Schulleiter Dr. Arnold traf, mannigfach gerügt. Aber wie «könnte der Spott im Hinblick auf solch einen Mann übertrieben sein?» fragte der Biograph John Stewart Collis. «Man hat bemängelt, daß Strachey Zitate aus dem Zusammenhang reißt und sie in ein schlechtes Licht rückt. ‹Es ist empörend›, sagte Dr. Arnold mit einem Blick in die Runde seiner Zöglinge in Rugby, ‹daß so viel Schuld mit so wenig Reue einhergeht.› Wie soll man eine solche Bemerkung in ein positives Licht rücken? Und sie ist nicht erfunden.» [24]

Obwohl Strachey bei der Wiederbelebung der Biographie das Erbe Boswells antrat, lehnte er sich nicht eng an sein Vorbild an. Er schrieb in der Zeit kurz vor der Entwicklung einer kritischen Wirtschafts- und Sozialgeschichte. Den Späteren galt sein Interesse an Charakteren und der menschlichen Natur vielfach als frivol. Neuer Gelehrtenfleiß, nun auf wissenschaftlicher Grundlage und gestützt auf immer umfangreichere Anmerkungsapparate, belebte die viktorianische Tradition der historischen Biographie wieder. Gleichwohl behielt Strachey seinen Einfluß als «ein Zertrümmerer von Illusionen und ein Befreier der Form», wie der Biograph Richard Holmes schloß. «Er bereitete den Weg für eine Generation brillanter Experimentatoren, die auf dem Gebiet der Biographie arbeiteten und nun endlich die Frage aufwarfen, wie das menschliche Leben auf authentische Weise rekonstruiert werden könne ...» [25]

Mit den «Eminent Victorians» hatte er einen Geist beschworen, der ausgelassen und respektlos auftrat. Zahlreiche Persönlichkeiten mit Aussichten, das Interesse eines Biographen zu wecken, waren beunruhigt. «Ich habe die ‹Eminent Victorians› gelesen», schrieb Rudyard Kipling, «... es erscheint mir in seinem Kern geradezu verwerflich.» [26]

2. Die feine Gesellschaft

Lytton war erstmals in seinem Leben finanziell unabhängig. Sein Durchschnittseinkommen schwankte in den zwanziger Jahren zwischen 2000 und 3000 Pfund jährlich (das entspricht ungefähr 55 000

Pfund im Jahr 1994). Das Geld verwendete er zunächst einmal dazu, Darlehen von Harry Norton und anderen zurückzuzahlen und sich in Tidmarsh einzurichten, wobei er sich einen frühen Wunsch aus Abbotsholme erfüllte und ein Plumpsklo in den Garten setzte. Der Erfolg stand ihm gut. Wyndham Lewis hat ein imaginäres Porträt von ihm in seinem Landhaus gezeichnet: ein gutmütiger, aber ziemlich unzugänglicher alter Junggeselle, der sich nur mit wenigen auserlesenen Gästen (zu denen Wyndham Lewis freilich nicht zählte) zu koketter Konversation herabließ und sich ansonsten auf langen Spinnenbeinen träge von einem Zimmer ins andere bewegte. «Die vollen, sinnlichen breiten Lippen unter seinem Bart hatten etwas Kindliches, er hatte große braune Kuhaugen, die indes munter in die Welt blickten. Er wußte, welchem ‹Stamm› er angehörte, praktizierte dessen Riten wahrscheinlich aber nicht. Er schaute lieber zu.»

Dieses weitverbreitete Bild wird von Carringtons Zeugnis korrigiert. «Jedenfalls freut es mich, daß die Öffentlichkeit meine Meinung zu Deinem Äußeren und Deinem Charakter nicht teilt!» schrieb sie ihm im Juli 1918 von einer Tour mit ihrem Bruder Noel ins schottische Rothiemurchus. «Da Dich Lobeshymnen auf Dein Werk langweilen, sage ich Dir, daß Du die herausragendste und anmutigste Person bist. Der würdigste, gelehrteste und obendrein charmanteste Charakter! Ich werde dich immer ganz, mit Haut und Haaren lieben … Bilder tauchen auf – diese heißen Tage – als Du Dein Fakirgewand trugst – im Obstgarten – dieser eine Nachmittag, als ich Dich im Bad sah – als ich am Donnerstag auf Deinem Bett lag und Dein Haar roch und den knisternden Bart zwischen meinen Fingern rieb.»

Sowohl Lytton als auch Carrington waren froh, daß sie dem «Gestoße und Gedrängel Londons» entkommen waren. «Mein Leben ist eine ‹vita umbratilis›, wie Kardinal Manning sagte», teilte Lytton Clive Bell am 27. Mai 1918 mit, «ein Leben im Schatten oder ein schattiges Leben, wie es Dir beliebt.»

Carrington holte viele Katzen ins Haus und bepflanzte den Garten mit Blumen. Sie weihte Lytton in die Kunst ein, Gemüse für eine Mahlzeit zu ernten und im Sitzen Unkraut zu jäten. Wenn sie ihn dann aber allein ließ, fühlte er sich von der Fülle der Aufgaben überfordert: Erbsen seien leicht zu handhaben, aber «die Bohnen machen mir angst», räumte er ein. Himbeeren taten es ihm dagegen an. Was die Hühner anging, so entzogen sie sich offenbar stets seinem Zugriff. «Ich bin dafür, wir machen sie betrunken», schlug er Carrington am 7. Juli 1918 vor. «Abgesehen vom Erschießen scheint mir dies das einzig erfolgversprechende Verfahren.» Wenn Carrington von Lytton fern war und sie deshalb Alpträume quälten, tröstete er sie. «Dies nur als ein Kuß für Dich. Für mehr ist keine Zeit», schrieb er am 12. Juni.

In jenem Sommer schuf sie das große Ölgemälde (71 x 101 cm) «Mühle bei Pang[bourne]», wie es Virginia später nannte. Von dem Bild geht ein starker Zauber aus. Die Umrisse der Mühle erscheinen in klaren Linien, während die Farben ganz nach der Imagination gewählt sind. Das leuchtende Orange der Dächer und das sich im Mühlbach spiegelnde Blau des Himmels beherrschen das Kolorit und verleihen der gesamten Komposition eine bezwingende Intensität. Auf dem Bach, der im Zentrum des Bildes in einem Tunnel unter der Mühle verschwindet, schwimmen, einander zugeneigt, zwei schwarze Schwäne. Das Gemälde hat die Wirkung eines Traums, der Glück und Angst zugleich beschert.

«Ich bin zum Schluß gekommen, daß wir dieses irdische Paradies niemals verlassen dürfen», sollte Carrington Jahre später (29. April 1922) schreiben. In der angenehmen Wärme dieses ersten Sommers, so meinte Lytton, könne er sich ohne weiteres damit begnügen, die Stunden in seinem Brahmanengewand (allerdings in nicht gerade brahmanischer Geisteshaltung) zwischen Goldregen, spanischem Flieder, Butterblumen und Apfelblüten sitzend zu verträumen, wenn hinter dem Horizont nur nicht immer so viele Menschen abgeschlachtet würden. Würde der Krieg niemals enden? Aber das Nachgrübeln darüber hatte wenig Sinn.

Die Besucher gaben sich die Klinke in die Hand: G. E. Moore, Lyttons Schwestern Pippa und Marjorie, sein Bruder Oliver mit seiner neuen Freundin Inez, ebenso James, der «mit zwei Fingern jätete», und Noel Olivier, die in Havelock Ellis' Untersuchungen zur sexuellen Inversion schmökerte, Clive Bell und Mary Hutchinson sowie das seltsame unzertrennliche Trio Saxon Sydney-Turner, Nick und Barbara Bagenal, die alle «unglaublich alt» geworden waren. «Nick und Barbara (er ohne Niere, sie mit Kind) tattern und trödeln wie ein altes Ehepaar im Altenheim. Und Saxon ist für seine siebenundachtzig erstaunlich jugendlich.»

Von Gerald Brenan, der im folgenden Sommer ebenfalls Gast in der Mühle war, stammt eine weitere Erinnerung an Lytton und Carrington. Der Nachmittag trübte sich ein, die Bäume standen in sattem Grün, und purpurfarbene Wolken warfen finstere Schatten über das Haus.

«Carrington mit ihren rastlosen blauen Augen und ihrem goldbraunen, zum glatten Pagenschnitt gekürzten Haar kam an die Tür ... dann wurde ich ins Wohnzimmer geführt. Am anderen Ende saß in einem bequemen Lehnstuhl eine ungewöhnliche Gestalt. Auf den ersten Blick, noch bevor sich meine Augen an das trübe Licht gewöhnt hatten, glaubte ich wahrzunehmen, oder besser, trat vor mein geistiges Auge das Bild eines dunkelbärtigen Ziegenbocks, der mich aus einer tiefen Höhle anstarrte. Dann aber erkannte ich einen Mann, und allmählich nahm ich ihn ganz wahr: die lange Gestalt in bequemer Sitzhaltung, das griechisch anmutende Antlitz, die empfindsamen braunen Augen hinter den dicken Gläsern, die knollige Nase und die großen Ohren sowie die feinen, schlanken und blaugeäderten Hände. Besonders auffallend war seine Stimme. Sie war sehr tief, konnte bei manchen Silben aber schrill werden. Am Ende des Satzes verklang sie, zuweilen ohne ihn ganz zu vollenden. Ich konnte mich nie so ganz an sie gewöhnen, so daß mir manches entging, was er sagte.»[27]

In einem Brief an den Verfasser vom 14. September 1966 hebt Gerald Brenan hervor, diese Passage gebe «den ersten, bei schlechtem Licht entstandenen Eindruck eines jungen und gerade aus der Armee entlassenen Mannes wieder. Er spiegelt mehr meine eigene als seine *naïveté* wider. Kaum war die erste Überraschung verflogen, nahm ich seine elegante und vornehme Ausstrahlung wahr.»

Besonders überraschte Brenan die Aufmerksamkeit, mit der Carrington diesem außergewöhnlichen Mann begegnete. «Ich habe niemals einen Menschen gesehen, der beflissener bedient ... oder dessen Worte und Gesten mit solcher Ehrerbietung aufgenommen worden wären», schrieb er. «Bei einer jungen Frau, die in jeder anderen Hinsicht eifersüchtig auf ihre Unabhängigkeit bedacht war, mutete das seltsam an.»

Brenan konnte wenig anfangen mit Lytton, diesem «unnahbaren und unwirklichen» eleganten Grandseigneur «im dunklen Anzug» mit den Allüren «eines Kardinals aus dem sechzehnten Jahrhundert». Und auch zu Carrington faßte er keine Zuneigung, obwohl sie ihn in ihren präraffaelitischen Gewändern, mit ihrer einschmeichelnden Stimme und ihrem schelmischen Lächeln körperlich anzog: Er hatte erfahren, daß sie seinen guten Freund John Hope-Johnstone, einen kurzsichtigen Herumtreiber, der vor dem Krieg Augustus Johns Kinder unterrichtet hatte, zum besten gehalten hatte.

So konnte er beim Gehen denn auch nicht ahnen, daß er im bewegten Leben seiner beiden Gastgeber eine bedeutende Rolle spielen und Carrington sieben Jahre lang die wichtigste Person in seinem Leben sein würde.

Nach dem Erfolg der «Eminent Victorians» begann Lytton, mit Vergnügen, aber auch ein wenig verschämt, in Adelskreisen zu verkehren. «Die Oberschicht hat meine Neugierde geweckt, und im Augenblick halte ich es für richtig, meine Recherchen fortzusetzen», vertraute er Carrington an, die seine spöttischen Schilderungen aus der feinen Gesellschaft liebte (Brief vom 26. Juni 1918). «Was ich dringend brauche, ist der Knigge für den Verkehr in höheren Kreisen.» (7. Juli 1918).

Nach diesen glanzvollen Auftritten kehrte er jedesmal zu Carrington und den Enten, Ziegen, Hühnern, Hasen, Bienen und Kätzchen nach Tidmarsh zurück, wo er die aufregendsten Begebenheiten aus der feinen Londoner Gesellschaft zum besten gab. Virginia sah in ihm eine Libelle, die «Dahlien, Linden und Stockrosen umsirrt und dann unbekümmert in den Deckel einer zerbrochenen Teekanne schwebt». In diesem Sommer war er Wochenendgast von Lady Astor in Cliveden, von Lady Desborough in Taplow Court und von Lady Horner in Mells Manor in Somerset. Zudem erhielt er von den gefeierten Gastgeberinnen des Tages, von Lady Colefax und Lady Cunard sowie von Princess Bibesco und Lady d'Abernon, Einladungen zu Lunch- und Dinnerparties. Carrington wurde nicht eingeladen.

«Wie gut, daß ich mich in Dich verliebt habe, bevor Du berühmt geworden bist», neckte sie ihn am 9. Juni 1918, «sonst wäre ich wohl abgewiesen worden.» Freilich hatte sie ihren eigenen Freundeskreis – Alix, Barbara und andere –, und aufs Ganze gesehen, sagte beiden dieses Arrangement sehr gut zu.

Lytton war von der vornehmen Gesellschaft fasziniert. Aus der Entfernung trat sie deutlich und mit festen Konturen – je nach Standpunkt reizvoll oder lächerlich – in Erscheinung. Er las in der Zeitung die Berichte aus der Gesellschaft und fühlte sich wie magisch angezogen von dieser Orgie der Selbstbeweihräucherung. Doch kaum begab er sich in diese wirbelnde Glitzerwelt hinein, schmolzen alle Illusionen dahin. Letztlich entpuppte sich dann alles als oberflächlicher Glanz. Auf der anderen Seite bot der eitle Schein aber auch Ablenkung vom eigenen Ich. Und so wußte Lytton nicht recht, ob er angesichts der neuen Möglichkeiten erfreut oder angewidert sein sollte. «Nächsten Samstag besuche ich die Duchess of Marlborough», schrieb er Ottoline am 7. Juli, «ist das der Anfang vom Ende?

Ich persönlich glaube nicht, daß Sie sich Sorgen machen müssen. Zunächst einmal werden sie mich nicht mögen; zweitens werde ich sie nicht mögen. Sie wissen, ganz unkritisch bin ich nicht! Hauptsächlich treibt mich die Neugierde hin. Ich will das selbst sehen. Ich habe die D. of M. in Mauds [Lady Cunards] Vorzimmer in der Drury Lane kennengelernt und halte sie (nach einer eiligen Inspektion) für distinguierter als die anderen. Können Sie mir Ratschläge zu ihr geben? Lady Randolph [Churchill] war ebenfalls dort, ein altes Streitroß, das eine Schlacht von weitem wittert.»

Ein weiteres Mitglied dieser Gesellschaft in der Drury Lane war Margot Asquith, die «die Stirn besaß», Lytton um ein Exemplar seiner «Eminent Victorians» zu bitten, und ihn zum Tee zu einer Einführung in sein Werk bat. Allerdings hielt er sie offenbar für eine stärkere Persönlichkeit als zunächst angenommen, weniger *exagérée* und «sogar etwas kultiviert». Aber wie so viele in dieser Gesellschaft war sie eher die Figur in einem Schauspiel als ein reales menschliches Wesen, und so gab sie Stoff für einen Brief an Carrington ab: «Sie hat einen bemerkenswert schlechten Umgangston», schrieb Lytton am 26. Juni.

«Da sitzt sie in ihrer (geschnorrten) Loge und hält sich für erstklassig, für eine *grande dame par excellence*, aber sonst benimmt sie sich zu jedem anderen Zeitpunkt wie eine Küchenmagd: kichern, sich umgucken und Elizabeth [Asquith – Princess Bibesco] stupsen. Von Musik hat sie natürlich keinen blassen Schimmer. Und wenn man in ihr verwittertes (oder besser verlebtes) Schnütchen blickt, fragt man sich, ob sich unter der Oberfläche vielleicht doch irgend etwas regt.»

Damen und Herren der Gesellschaft, die sich ein halbes Dutzend Jahre zuvor gefragt hatten, wie Lady Ottoline Morrell sich in ihrem Salon nur mit diesem sonderbaren Kauz abgeben könne, und in jüngerer Zeit über seinen Pazifismus schockiert waren, flehten ihn jetzt um einen Besuch an. In der zweiten Augustwoche waren er und Maynard als Hausgäste der Asquiths nach The Wharf eingeladen. «Auf den Ausflug freue ich mich nicht besonders», gestand er Clive am 10. August, «in solchen Höhen herrscht eine gewisse Frostigkeit.» Trotzdem trieb ihn die Neugierde dorthin, und kaum hatte er sich in diese Fluten gestürzt, planschte er freudig darin. Er wollte sie für sich einnehmen und war im Gegenzug bereit, auch ein wenig Gefallen an ihnen zu finden. «Maynard stützte mich bei meinen unsicheren Schritten mit sehr viel Takt», berichtete er Ottoline am 8. September 1918.

«Margot war besonders freundlich und die Gesellschaft (wenn auch nicht besonders geistreich) unterhaltsam. Hohe Tiere waren nicht darunter. Der Alte Herr war besonders rosig und zahm – und ein wenig verschlafen, wie ich fand. Bei dem Ganzen handelte es sich vornehmlich um ein Familienfest: Violet[28], Cys[29] mit Frau, Anthony[30], Elizabeth[31] und zur Abwechslung Lady Tree und einige ihrer Niemands. Violet und ich waren sehr freundlich zueinander. Sie hat sich gewiß sehr verändert, sie war sehr viel aufgeschlossener und geradezu bescheiden, dachte ich zuweilen; selbst äußerlich hatte sie sich sehr verändert, alles Eckige war verschwunden und einer matronenhaften Fülle gewichen ... Bin ich ein Verräter? Ich glaube nicht, und sie machte einen geradezu intelligenten Eindruck. Selbst mit Elizabeth kam ich besser zurecht (ist das nicht schockierend), und Margots Herzensgüte nahm mich richtig für sie ein. Aber am meisten Vergnügen bereitete mir die familiäre Seite dieser Gesellschaft: Die Leichtfüßigeren (einschließlich des Alten Herrn) machten nach dem Abendessen törichte Briefspiele, während sich die Ernsthafteren – Maynard, Margot, Elizabeth und Texeira de Mattos – dem Bridge widmeten. Sie sehen, so tief bin ich gesunken! Ich habe sogar Gefallen daran gefunden, am Sonntag abend mit Lady Tree in die Kirche zu gehen. Stellen Sie sich das Schauspiel vor! Und Margot gab mir einen Band ihres Tagebuchs zu lesen. Es war durchaus interessant und enthielt einen detaillierten Bericht zu den Manövern im Vorfeld der Kabinettsbildung von 1906. Ich las bis zwei Uhr morgens.»

Sein abschließendes Urteil über Asquith fiel etwas milder aus als vier Monate zuvor: «Nach dem, was ich gesehen habe, kann ich mir fast nicht vorstellen, daß er in der Politik je wieder eine bedeutende Rolle spielen wird, der arme alte Knabe! Das Schlimmste ist, er wird sich festkrallen und alles blockieren. Und dennoch, wenn er von der Bildfläche verschwände, wer könnte ihn ersetzen?»

Nach The Wharf eilte Lytton der nächsten Etappe seiner gesellschaftlichen Safari entgegen: ein Schloß aus dem sechzehnten Jahrhundert, das auf einem schroffen Felsen an der Küste von Northumberland aufragte und Edward Hudsons Heim war. Hudson war Eigentümer des *Country Life* und «eine mitleiderregend langweilige Figur ... ein Fisch, der unter der Wasseroberfläche dahingleitet und, vom Sternenglanz geblendet, mit bewundernden Augen aus seinem trüben Element aufblickt ... auch eine Art *bourgeois gentilhomme*». Am Ende einer beängstigenden Reise in einem klapprigen Dogcart, die bei Sonnenuntergang über drei Meilen teilweise überflutetes, ödes Watt führte, traf er bei stockdunkler Nacht schließlich nervös, mit zerzaustem Haar und völlig erschöpft am Schloß auf dem Felsen ein. Die übrige Hausgesellschaft, in Abendgarderobe, delektierte sich gerade an Hummer und Champagner. Lindisfarne, das von Sir Edwin Lutyens in ein Traumschloß verwandelt worden war, fiel ihm eher wegen seiner Kargheit auf und beeindruckte nur durch seine «herrliche» Lage, wie er Mary Hutchinson am 7. September 1918 schrieb. Ebenso beeindruckend waren «die gewaltigen Grundmauern und die massiven Zinnen, die einen unglaublichen Blick gewähren aufs Meer, auf die Berge, andere Schlösser und so fort – alles ganz außerordentlich romantisch. Aber der Bau selbst ist so wie der furchtsame Lutyens: ganz finster. Nirgendwo gibt es Sitzgelegenheiten, unter, über und um den Gast herum nichts als Stein, was eine bedrückende Atmosphäre schafft, vor allem wenn man zu spät zum Abendessen hinuntereilt. Ein Ausrutscher bedeutet den sicheren Tod. Nein, sicher kein angenehmer Ort.»

Herausragend unter den Gästen war die berühmte Cellistin Guilhermina Suggia, die sich mit Mark Gertler angefreundet hatte. Lytton fand sofort Gefallen an ihr[32], denn sie besaß die beiden Eigenschaften, die ihn bei Frauen mit einem heiligen Schauder erfüllten: Talent und Energie. Musikerinnen waren in jener Epoche sehr selten, und Guilhermina hatte die noch seltenere Eigenart, daß sie das Cello nicht, wie bei Frauen damals üblich, neben sich hielt, sondern es wie Männer zwischen die Beine klemmte. «Sie ist sehr attraktiv», informierte Lytton Mary Hutchinson, «und dies verdankt sie meiner Meinung nach hauptsächlich 1. ihrer großen Einfachheit – keine Spur von den Allüren und dem Getue einer ‹Diva› mit europäischem Ruf, kein Geziere, bevor sie spielt, und zuweilen fast burschikos – und 2. ihrer ungeheuren Vitalität – ihrem gewaltigen und fast rastlosen Schwung, der natürlich ein besonderes Vergnügen ist, vor allem für eine stille Person wie mich.

Abgesehen davon vermute ich, daß sie ein kokettes Wesen hat. Aber das ist schwer zu sagen, es gibt ja sehr viele Grade von Koketterie. Gewiß steckt sie, auf die eine oder andere Art, voller Temperament; und an einem Abend war sie beschwipst. *Tiens!* Ihre Musik war natürlich wunderbar, und ich habe solche Mengen davon genossen! Ich ging mit ihr und ihrer Mutter (ein bedauernswerter übriggebliebener alter Keks) und ihrem musikalischen Begleiter gewöhnlich auf ihr Zimmer. Sie schloß die Tür ab (damit Hudson nicht stören konnte, wie ich vermute) und spielte stundenlang Suiten von Bach und jede Art Wunder mit Erläuterungen, Kommentaren und Wiederholungen, bis wir schließlich in ekstatischem Gemütszustand zum Mittagessen hinabtaumelten (denn diese Privatissima fanden gewöhnlich vormittags statt). Am Abend nach dem Essen gab sie dann eine Aufführung im Galakleid. Es war ein wahrhaft köstliches Vergnügen.»

Die anderen Gäste waren weniger herausragend. Lady Lewis brachte Lytton an den Rand der Verzweiflung, indem sie endlos über seine wundervollen «Early Victorians» redete. Ebenfalls zu Gast war ein sagenhaft reiches amerikanisches Ehepaar, einfache und liebenswürdige Menschen (er spielte Banjo, und sie vertiefte sich die ganze Woche über in Lyttons Buch, ohne daß er je ihre Meinung erfuhr). Guilhermina Suggias Mutter – «Stoff für einen Roman von Balzac!» –, die sich nicht verständigen konnte, wurde konsequent vernachlässigt und lächelte immerzu. Und George Reeves, der attraktive Begleiter am Klavier, wurde von Hudson gezwungen, mit Lytton im Morgengrauen zu fast aussichtslosen Angeltouren aufzubrechen. Unter den Anwesenden war auch der Verleger William Heinemann, aus dem Erinnerungen an Whistler und Ibsen hervorsprudelten und der gekonnt anzügliche Geschichten zum besten gab, die Lytton jedesmal schallend loslachen ließen. «Ich fand ihn als Person faszinierend», vertraute er Mary Hutchinson an, «man könnte ihn immerzu betrachten, so komplett ist bei ihm alles. Die Physiognomie eines Bilderbuchjuden: der Kopf kahl, die Augen hervortretend, die Lippen dick; eine vierschrötige Figur mit kurzen Beinen und platten Füßen, die sich mit dem sicheren

Tritt des erfahrenen Gruppenreisenden voranbewegen. Natürlich mit Zigarre. Und einem kaum englisch zu nennenden Akzent – deutsches R. Und immer etwas Groteskes.»

Nach einer Woche in diesem unwirklichen, von «Kormoranen und Treibsand» umgebenen Schloß ergriff Lytton die Flucht. Carrington gesellte sich wieder zu ihm, worauf beide für zehn Tage auf abenteuerliche Fahrt durch Northumberland gingen, auf der «Carrington wie ein großes Wollschaf» neben ihm hertrottete. Die Reise führte zum malerischen Dorf Elsdon, wo sie für eine Woche im «The Bird and Bush Inn» abstiegen, und dann weiter nach Süden durch Durham und York. Am 14. September trafen sie schließlich wieder in Tidmarsh ein. «Ich halte es für sehr ermunternd», kündigte Lytton Bunny Garnett am 24. September den Besuch von Clive und Mary in Tidmarsh an, «wenn man mit Menschen zusammen ist, die, aus welchem Grund auch immer, aus tiefstem Herzen glücklich sind.» Die Bemerkung stand in krassem Gegensatz zu Äußerungen aus den Tagen seines Studentendaseins, als ihn die «Zärtlichkeit» seiner Schwester Dorothy mit Simon Bussy und die Gewohnheit der «dummen Pärchen auf der Straße, die sich albern an den Hüften umschlungen halten» zur Weißglut bringen konnten, weil sie ihm die eigene Einsamkeit noch bitterer machten.

Ein Symptom aus der Vergangenheit, das sich hartnäckig hielt, war Stracheys Individualismus. Vor allem aber plagte ihn in diesem Herbst eine Gürtelrose, die ihn zum «Geist», zu einem «Gespenst» machte und ihn in einen «Zustand des Zerfließens» versetzte. Carrington umgab ihn mit noch mehr Aufmerksamkeit, bis «das Schlimmste vorüber» schien. Mary Hutchinson schrieb er: «*Me voici* im Bett, nach dem Frühstück, auf Kissen gestützt. Und auf Carringtons Pflege entgegne ich wie Florence Nightingale murmelnd: ‹Zu gütig, zu gütig.›»

Carrington begegnete jedem, der sich um Lytton kümmerte, mit Eifersucht. Sie befürchtete, er könne anderswo besser versorgt sein als bei ihr. Als er im Oktober des Jahres Jack und Mary Hutchinson in ihrem neuen Heim in Robertsbridge in Sussex besuchte, bombardierte sie ihn mit Päckchen Mürbegebäck, Blumensträußen und Paketen mit warmer Winterkleidung. Und vor seiner Abreise aus Tidmarsh hatte sie Mary einen für sie typischen belehrenden Brief geschickt.

«Ich bin sicher, Sie sind in der Lage, Lytton soviel mehr Bequemlichkeiten zu bieten – Clive sagt, Sie hätten vier Dienstmädchen, um ihn bedienen zu lassen! – , als es in diesem einfachen Haus möglich ist. Ich glaube also, ich kann Ihnen nicht viel sagen. Dennoch möchte ich seinen Tag durchgehen: 8.30 Uhr Frühstück im Bett, 2 Eier, Toast und Marmelade ohne Kernchen. Sofern möglich! 11.00 Uhr ein Glas heiße Milch mit Gebäck. Zum Mittagessen empfiehlt der Arzt Reis oder Makkaroni und Gemüse und Fleisch. Und Milchpudding. Am Nachmittag ein Schläfchen. Tee um 16.00 Uhr. Und so weiter bis 22.30 Uhr, wenn er vor dem Zubettgehen eine Schale mit Brot und Milch bekommt. Und ein Glas Milch mit Keksen neben dem Bett, falls er in der Nacht aufwacht. Lytton fügt hinzu, Sie werden gebeten, im Zimmer nebenan zu schlafen und um 1.00, 2.00 und 5.00 Uhr bereitzustehen, wenn er an die Wand klopft. Und hereinzukommen, um seinen Arm zu baden oder um Anteil an seinem Gejammer zu nehmen! Ich gebe ihm Bücher mit Kostanleitungen mit, und Zucker. In Wahrheit hat er freilich nur wenige Wünsche, und wie ich nach diesem harten Dasein, bei meiner schrecklichen Haushaltsführung und Pflege sagte, muß er bei Ihnen einfach glücklich werden! Der Pflegedienst für Lytton hat meiner Gesundheit also nicht geschadet! ... Ich bin wirklich so glücklich, Mary, daß er bei Ihnen ist, denn ich weiß ja, daß Sie für ihn sorgen wie niemand sonst ... Ich kann keine anständigen Briefe schreiben wie Sie. Aber ich möchte Ihnen für alles ganz besonders danken.

Herzlich
Ihre Carrington»

Lytton traf in Robertsbrigde am 11. November, dem Tag des Waffenstillstandes, ein. Als ihn die Nachricht vom Frieden erreichte, konnte er es kaum glauben. Nach den langen Jahren des Krieges war alle Erinnerung an den Frieden verblaßt. Was stand in den Zeitungen, wenn nicht Krieg war? Vielleicht machte das Wetter Schlagzeilen. Carrington, die in London Barbara Bagenal besuchte, die in einer privaten Entbindungsklinik ein Kind zur Welt gebracht hatte («wie ein japanisches Würmchen im Bettchen neben ihr»), drückte in einem Brief, den sie am nächsten Tag im «Club 1917» an ihren Bruder Noel schrieb, ein ganz ähnliches Befremden aus. Als um 11.00 Uhr Salut geschossen wurde, hatte sie zunächst an einen Scherz oder eine neue Waffe der Deutschen geglaubt.

«Aber es stellte sich bald als Frieden heraus, als *der* Frieden. Plötzlich strömten alle in der Stadt aus den Büros und stiegen in die Busse. Auf der Fahrt von Hampstead bekam man interessante Einblicke, wie die Menschen aus den verschiedenen Schichten die Nachricht aufnahmen. Zunächst sah man die Mädchen aus den Slums und die Straßenhändler tanzen. Ergreifende Szene eines älteren Klempners, der eine kleine Fahne über die Tür nagelte. In Camden Town wurden die Szenen dann wilder, und noch ausgelassener Richtung Trafalgar Square, wo junge Männer und Mädchen aus den Büros, Offiziere, Soldaten und Armeehelferinnen auf Taxis sprangen und Lastwagen der Armee mit flatternden Fahnen auf dem Platz im Kreis herumfuhren. Auf dem *Strand* herrschte fürchterlicher Aufruhr. Ich sollte mich mit Monty Shearman im Adelphi zum Mittagessen treffen, hielt es aber fast für unmöglich durchzukommen! Dann führte er mich zum Café Royal, wo einige Freunde von ihm feierten ... dann Mittagessen im Restaurant Eiffel Tower.»

Lytton kam eigens nach London, um am allgemeinen Freudentaumel teilzuhaben. Nach dem Kanonendonner hatte zunächst überraschte Stille geherrscht, dann waren die Menschen in einen Rausch geraten. Sie drängten sich in den Straßen, und überall herrschte Lärm. In ihrem maßlosen Jubel stimmten die Einwohner Londons aus voller Kehle schreiend in das allgemeine Getöse mit ein. Motoren heulten auf, Glocken bimmelten, Polizeipfeifen trillerten, und jeder hatte das Bedürfnis, seiner maßlosen Freude auf schrille Weise Ausdruck zu verleihen.

Der Abend war feucht und regnerisch. Fast der gesamte Bloomsbury-Kreis war in Monty Shearmans Wohnung im Adelphi zusammengekommen, wo ein rauschendes Fest gefeiert wurde. «Alle waren da», schrieb Carrington Noel, «die Hinkenden, die Kranken und die Lahmen. Selbst der alte Lytton, der in Sussex auf dem Totenbett gelegen hatte, eilte herbei und stimmte in die Fröhlichkeit mit ein.» In den Räumen drängte sich eine vertraute, aber ständig wechselnde Gesellschaft: Clive Bell, Diaghilew und Massine, Roger Fry, Duncan Grant, die Hutchinsons, Maynard Keynes, Lydia Lopokowa, Ottoline Morrell, Osbert und Sacheverell Sitwell und Mark Gertler. Bunny Garnett und Carrington tanzten sich zu Henry Monds Geklimper auf dem Klavier die Füße wund. Auch Lytton wurde beim Tanzen gesehen, auf seine seltsame Art. «Ich erinnere mich an die große schlaffe Gestalt meines Freundes Lytton Strachey», schrieb

Osbert Sitwell. «Er hüpfte in seinem reizenden Erschöpfungszustand herum ... Ich glaube, er war das Tanzen nicht gewohnt ... Ich erinnere mich, daß ich ihm beim Zuschauen in Gedanken mit einem gutmütigen, aber recht reizbaren Pelikan verglich.»[33]

Die kommenden vier Wintermonate verkroch sich Lytton weitgehend im Mill House. Es war kalt und klamm, aber er war niemals einsam. Zu Weihnachten kamen James und Alix sowie Harry Norton. «Wir essen große Hähnchen», schrieb Lytton Ottoline am 27. Dezember, «die nur schlecht Truthähne ersetzen können, und trinken Wein vom Lebensmittelhändler. Das ist die Kraft der Konvention.»

Gleich nach Weihnachten fuhr Carrington zur Beerdigung ihres Vaters, der zehn Jahre gelähmt im Rollstuhl zugebracht hatte und jetzt im Alter von zweiundachtzig Jahren gestorben war. «Es war gräßlich, dieses kleine gelbe Gespenst mit dem marmornen Gesicht eines Heiligen in dem schmalen Sarg liegen zu sehen», schrieb sie Mark Gertler in Erinnerung daran, wie sehr er unter dem Tod seines Vaters gelitten hatte, «und nicht mehr den eindrucksvollen alten Mann im Rollstuhl neben dem Kamin. Und noch schlimmer war diese harte porzellangesichtige Schwester – und meine sentimentale Mutter.» Carrington blieb eine Woche, die zum Alptraum wurde und in deren Verlauf sie allmählich die Fassung verlor. Niemals zuvor hatte sie den Tod von dieser grausamen, würdelosen und unbarmherzigen Seite erlebt. Ihr Vater war ein einfacher, gutherziger Mensch gewesen, und jetzt lag er in einer engen Kiste mit einem Tuch über dem Gesicht neben seinem Bett. Als sie das Tuch anhob, schrak sie zusammen: «Oh, Lytton, das war nicht sein Gesicht, sondern ein sehr kleines, gelblich fahles Gesicht. So blaß und eiskalt. Dann wußte ich, wie sehr ich ihn geliebt hatte ... ach, Lytton, warum habe ich ihn nicht mehr geliebt, als er es noch spüren konnte?» Ihre Schwester und ihre Mutter erfüllten mit ihrer Geschäftigkeit um schwarze Mäntel und Kleider, ihrer übertriebenen Besorgnis um seine sterblichen Überreste das weibliche Rollenklischee vollkommener denn je. «Sie waren wie zwei Möbelstücke bei einer Unterhaltung.» Als ihr Vater schließlich in der Erde ruhte, fühlte sie sich erleichtert. Sie stellte sich vor, daß sein Geist nach Indien entschwebte. «Ich bin froh, daß er allem entronnen ist», schrieb sie am 1. Januar 1919. Erschöpft und wie ausgehöhlt kehrte sie nach Tidmarsh zurück. Sie sah in Lytton jetzt ihre einzige Familie, und sein

Heim würde auch ihres sein. «Liebster», vertraute sie ihm in einem Brief vom 21. und 22. Januar an, «ich bin froh, daß ich Dich zum Lieben habe ... Du hast mir in diesen letzten Tagen mehr denn je bedeutet ... Du wirst mir mit jedem Tag kostbarer.»

Die ersten Monate des neuen Jahres überwinterten beide wie ein Paar Murmeltiere im Mill House. «Ich finde London unmöglich», teilte Lytton Leonard und Virginia am 29. Januar mit. Seine Freunde aus der feinen Gesellschaft hatte er offenbar vergessen, zumindest für den Augenblick. «Ich habe beschlossen», teilte er Clive am 18. Februar mit, «der fröhlichen Welt endgültig zu entsagen und Einsiedler zu werden. Dann lese ich nichts anderes als über die verschiedenen Leben des Prinzgemahls, schaue durchs Fenster in den Schnee und lege Holzscheite nach.»

Zu dieser Zeit hatte er bereits mit der Arbeit an einem neuen Buch begonnen.

3. «Queen Victoria» und andere Essays

Bei seinem Einzug ins Mill House im Dezember 1917 hatte Lytton angefangen, sich mit Briefen Königin Viktorias [34] zu «trösten».

«Ich lese Viktorias Tagebuch, das sie als junges Mädchen führte», vermerkte er am 11. Dezember. Es sei «höchst spannend, aber nicht lang genug».

Der erste Vorschlag, Königin Viktoria zum Gegenstand seines nächsten Buches zu machen, kam von Walter Raleigh kurz nach Erscheinen der «Eminent Victorians»: «Wir wollen Deine Methode auf einige prachtvolle Viktorianer angewandt sehen, die darauf schon lange warten», schrieb er ihm am 13. Mai 1918. «Zunächst Ihre Majestät höchstselbst: Königin Viktoria. Das versteht sich. Denn wie kann ein Adjektiv eine Bedeutung haben, die nicht von der Bedeutung des zugehörigen Substantivs abhängt ... Es ist wirklich gemein von Dir, daß Du diese dicken Bände beiseite gelassen hast, wo Du uns doch das Wesentliche hättest nahebringen können.»

Lytton hatte anfänglich eine zweite Reihe von Forschern porträtieren wollen, die auf seiner ursprünglichen Liste mit zwölf Kandidaten gestanden hatten. Die endgültige Entscheidung für Königin Viktoria fiel wohl erst Ende 1918. Sie sei «ein interessanter, aber obskurer Gegenstand», teilte er Clive am 28. Dezember mit. «Es ist sehr schwierig, die verschiedenen Schleier der Diskretion zu lüften. Der Prinzgemahl ist eine bemerkenswerte Figur, aber die fünf prachtvollen Bände von Sir Theodore Martins Biographie sind dem breiten Publikum nicht zu empfehlen. Hast du von Emily Cranford gehört? Es gibt ein Buch von ihr über die Königin, das durchaus Vorzüge hat: irisch und voller Klatsch über die Vierziger, sehr wirr, aber zum Teil ganz ausgezeichnet.³⁵ Ich glaube allmählich, daß die meisten guten Bücher übersehen werden. ‹The Privat Life of Henry Maitland› [von Morley Roberts] ist zum Beispiel höchst interessant. Aber wer redet schon davon? Ich habe es gestern rein zufällig entdeckt und finde es sehr spannend.»

Bis Neujahr hatte Lytton genug Lektüre und Recherche hinter sich gebracht, um Chatto & Windus am 3. Januar 1919 mit ausreichender Sicherheit ankündigen zu können, der Gegenstand seiner nächsten Biographie werde «The Life of Her Late Majesty» sein. In einem Brief, den er am nächsten Tag an seine Mutter schrieb, war er allerdings vorsichtiger: «Ich beginne eine ernsthafte Studie über Königin Viktoria, aber es ist schwer zu sagen, ob etwas dabei herauskommt.» Lady Strachey erschrak über die Nachricht. «Ich bin nicht gerade angetan vom Gedanken, daß Du Dich mit Königin Viktoria beschäftigst», antwortete sie.

«Sie bietet sich zweifellos für drastische Schilderungen an, weshalb ich es denn auch für besser halte, sie auszuklammern. Sie konnte nichts dafür, daß sie dumm war, aber sie versuchte ihre Pflicht zu erfüllen, und wenn man sich die Verhältnisse bei ihrem Regierungsantritt, ihre Erziehung, ihren frühen Umgang und ihre Position ansieht, so hat sie in Anbetracht dieser Schwierigkeiten höchsten Respekt verdient. Sie hat sich in der Öffentlichkeit Zuneigung erworben und sich einen Platz in der Geschichte unseres Landes verschafft, und wenn man ihr diese Dinge streitig machen wollte, so wäre dies höchst unpopulär und meiner Meinung nach auch nicht ganz fair.

Wie wäre es mit Disraeli? Er ist unserer Zeit nahe genug, um ausreichend Stoff zu bilden, und zu nahe, als daß man sich mit ihm schon gründlich befaßt hätte. Sein früher Ruf und sein später Ruf, der zur Legende wurde, unterscheiden sich grundsätzlich, und solange für beide keine übergreifende Einschätzung gelungen ist, sind sie meiner Ansicht nach beide falsch.»³⁶

Aber Lyttons Entscheidung war gefallen. Sechs Monate lang hatte er Biographien zum Prinzgemahl Albert, zu Viktoria und verschiedenste Werken zur viktorianischen Politik und Geschichte studiert. Seine Briefe an Pippa enthalten zuweilen Listen von Büchern, die sie ihm ins Mill House schicken sollte, da er selbst nicht in die London Library kam. Als das wohl interessanteste Werk gelangte auf diese Weise Sir Herbert Maxwells zweibändige Ausgabe der sogenannten «Creevey Papers» in seine Hände. «Wie kann man nur Romane lesen, wo es doch die ‹Creevey Papers› gibt, in denen man – *sur le vif* – den vielfältigsten Stoff von menschlichem, politischem und historischem Interesse findet. Das verstehe ich nicht», schrieb er Clive am 18. Februar 1919.[37]

Die Recherchen nahmen fast doppelt soviel Zeit in Anspruch wie das eigentliche Schreiben der Biographie. So wohnte er die nächsten beiden Jahre teils in Belsize Park Gardens, teils bei seinem Bruder Oliver am South Hill Park 96. Er brachte zuweilen ganze Wochen im Savile Club zu, arbeitete in der London Library oder im Lesesaal des British Museum. Dann kehrte er mit wenigen Aufzeichnungen, die er in ein Schulheft eingetragen hatte, und mit Zitaten auf losen Blättern nach Tidmarsh zurück. Regelmäßig trafen dort große Pakete mit Büchern von Buchhändlern und aus Bibliotheken ein, die er dann Tag um Tag sechs, acht oder zehn Stunden lang durcharbeitete. Nach der Lektüre jedes Buchs lag ein bleistiftgeschriebenes Exzerpt von einer halben Seite mit einem Dutzend Einträgen vor. «Sein kritisches Gespür war zu der Zeit, als er an Biographien arbeitete, so ausgeprägt, daß er selten Überflüssiges notierte und noch seltener in einem Buch später etwas noch einmal nachlesen mußte», erinnerte sich Ralph Partridge am 8. Oktober 1946. «Dabei war das Lektürepensum gewaltig. Und er überflog Bücher niemals und verließ sich nicht auf das Register, um Interessantes zum Thema herauszupicken. Bevor er mit den Recherchen zu einem neuen Buch begann, hatte er bereits einen Entwurf im Kopf, brachte aber bis zum Abschluß der Lektüre kein einziges Wort zu Papier. Er fuhr zumeist in Ferien und machte sich erst dann ans Schreiben.»

Während der Arbeit an der «Queen Victoria» wollte er keine unnötige Energie auf andere Artikel ohne Bezug zum Thema verwenden. Allerdings widerstand er nur selten der Versuchung, ein Gedicht oder ein Theaterstück aufs Papier zu werfen. Eine Fotografie zeigt ihn mit seiner Schwester Marjorie, die sich vor Lachen biegt.

Die Bildunterschrift lautet: «Bei der Lektüre von Lyttons Tragödie». Im Sommer 1918 hatte er mit «Quasheemaboo» oder «The Noble Savage» aufgewartet, ein Drama, das er in Madame Vanderveldes und Jack Hutchinsons Auftrag für einen Wohltätigkeitsball geschrieben hatte. «Die Intrige des Stücks hast Du mir doch einmal vorgeschlagen», erinnerte er seine Mutter am 5. Juni 1918. «Vielleicht hast Du alles vergessen: eine Ehefrau, die ohne das Wissen ihres Gatten eine erfolgreiche Schauspielerin geworden ist. Als sie ihn einweiht, glaubt er ihr nicht, worauf sie eine melodramatische Szene einstudiert, auf die er komplett hereinfällt. Und dann macht sie ihm eine Szene. Falls es angenommen wird und auf die Bühne der Music Hall kommt und dann Millionen einspielt, bekommst Du die Hälfte des Gewinns!» Obwohl nie professionell aufgeführt, handelte es sich um eine amüsante Farce mit Möglichkeiten zur Vertonung.

Kurz nach Erscheinen der «Eminent Victorians» hatte ihm J. C. Squire angeboten, für den *New Statesman* zu schreiben. «Der Gedanke, einen Beitrag für den *New Statesman* zu schreiben, wäre mir angenehmer, wenn ich mit seiner Kriegspolitik mehr übereinstimmen könnte», antwortete er.

«Soweit ich dies zu erkennen vermag, handelt es sich offenbar um so etwas wie unbewußten Chauvinismus. Ihre Ideale sind zweifellos bewundernswert, tatsächlich aber vertreten Sie die Politik des Knock-out-Schlages, das heißt die üble und unmögliche Politik der Northcliffe-Presse.[38] Daß dem so ist, zeigt (um nur ein Beispiel zu nennen) der Tonfall Ihrer Äußerungen dieser Woche über Lord Lansdowne.[39] Ob Sie ihm zustimmen oder nicht, Sie sollten in der Lage sein zu erkennen, daß er ein Ehrenmann ist und stets seinen eigenen Verstand gebraucht. Aber offenbar sehen Sie das alles nicht, denn Sie greifen ihn in einer Art an, zu der mir nur ein Adjektiv einfällt: schuftig. Die einzig mögliche Erklärung scheint mir hier, daß Sie, was Sie auch sagen und denken mögen, in Wahrheit ein Parteigänger Northcliffes sind.»

Daß Squire die Vorwürfe heftig zurückwies, nutzte nichts: Lytton schrieb für die Zeitung erst 1931 einen Beitrag, als sie, unter dem neuen Herausgeber Kingsley Martin zu *New Statesman and Nation* fusioniert, wieder zu einem einflußreichen und streitlustigen Oppositionsblatt geworden war.

Im Jahre 1919 hatte er sich dem *Athenaeum* angeschlossen, dessen wechselvolle Geschichte zu diesem Zeitpunkt in eine seltsame Phase getreten war. «Ungefähr Ende 1828 begannen die Leser der Zeitschriftenliteratur und die Neuigkeitskrämer davon zu berichten, in einem Blatt namens *Athenaeum* würden besonders brillante Werke mit erhabenen Zielen erscheinen», schrieb Carlyle in seinem «John Stirling. Ein Lebensbild». Im zwanzigsten Jahrhundert waren Brillanz und erhabene Ziele allerdings längst verschwunden, und das *Athenaeum* als eine monatlich erscheinende «Zeitschrift für Wiederaufbau» hatte den Krieg nur knapp überlebt. 1919 wurde sie auf dramatische Weise wiederbelebt, als sie von Arthur Rowntree aufgekauft und zu einer wöchentlich erscheinenden «Zeitschrift für englische und ausländische Literatur, Wissenschaft, Bildende Kunst, Musik und Theater» umgemodelt wurde. In einem «Geniestreich», wie es der Biograph F. A. Lea bezeichnete, bot Rowntree die Chefredaktion Middleton Murry an, einem damals noch nicht entlasteten Bankrotteur. Obwohl Brillanz und erhabene Ziele rasch wieder zu ihrem Recht kamen, machte das Blatt während der beiden Jahre unter Murrys Leitung als Chefredakteur fast zehntausend Pfund Verlust.

Am 12. Februar 1919 schrieb Murry Lytton vor seinem Besuch in Tidmarsh einen Brief, in dem er ihn in den glücklichen Kreis der Mitautoren des *Athenaeum* aufnahm. Das folgende Kabinettstückchen zeigt auf besonders nette Weise die rührende Bescheidenheit, die Verwirrung, den großen Ernst und die Abhängigkeiten eines Publizisten, der sich mit anderer Leute Hilfe einen Namen machen möchte.

«Ich bin zum Chefredakteur des neuen ‹Athenaeum› berufen worden – der Himmel weiß, welche wohltätige Grille den Besitzern unter die Haube geschlüpft ist –, das sich in Kürze wie Phönix aus der Asche erheben soll. Ich werde versuchen, meine Aufgabe so gut wie möglich zu erfüllen. Doch damit dies gelingt, brauche ich Ihre regelmäßigen Beiträge ...

Dies, mein lieber Lytton, schulden Sie der kommenden Generation. Ich glaube durchaus, daß ein neues ‹Athenaeum› große publizistische Möglichkeiten bietet, bin mir aber bewußt, daß wir sie erst dann wirklich ausschöpfen, wenn Sie dazustoßen. Erkennen Sie Ihre Verantwortung und, obwohl es eine Plage wird und die Arbeit nicht besser bezahlt ist als anderswo, sagen Sie bitte zu.»

Murry machte mit seiner Aufrichtigkeit auf Lytton Eindruck, und es gelang ihm sogar, dessen anfängliche Skepsis auszuräumen. Auf alle Fälle war er angenehmer als Squire. «Ich glaube, mit seinen ungewöhnlichen journalistischen Fähigkeiten müßte er seine Aufgabe gut erfüllen. Ich teilte ihm mit, ich sei bereit, versuchsweise ein bißchen mitzuschreiben. Ich soll allerdings besonders viel schreiben, und dazu bin ich zu langsam. Und wie soll man sich ausdrükken? Wahrscheinlich sind Bücher insgesamt doch wichtiger als Zeitschriften.»

Murry verließ Tidmarsh mit Lyttons Essay «Lady Hester Stanhope» in der Tasche. In den nächsten sechs Monaten schickte ihm Lytton den theaterkritischen Artikel «Shakespeare at Cambridge» und drei weitere biographische Essays. In seinem «Voltaire» und seinen «Walpole's Letters» behandelte er wohlbekannte Gegenstände. Mit beiden hatte er sich seit der Zeit in Cambridge kontinuierlich befaßt, so daß ihm die seit langem verblichenen Dichter schließlich ebenso vertraut waren wie lebende Freunde: «... einer jener rätselhaften Freunde, bei denen man stets im Zweifel darüber ist, ob man von ihnen überhaupt etwas, wenn schon nicht alles weiß». Ansonsten porträtierte er gerne exzentrische und rätselhafte Persönlichkeiten, deren Leben so ganz anders war als sein eigenes und die dabei seinem innersten Bedürfnis nach Abnormität entgegenkamen. «Lady Hester Stanhope» und «Mr. Creevey», beides unbedeutende historische Figuren, aber herrlich unkonventionell, fielen in diese Kategorie. In allen Essays dieser Art zeigt Lytton an öffentlichem Verdienst weniger Interesse als an persönlichen Eigenarten, die er gekonnt vor dem gesellschaftlichen und politischen Hintergrund der exklusiven feinen Gesellschaft zeichnet.

«Ich halte das *Athenaeum* für eine große Bereicherung des Lebens. Sie nicht?» fragte er Ottoline zwei Wochen nach Veröffentlichung der «Lady Hester Stanhope» (17. April 1919). «Es befriedigt, wie es so schön heißt, ein seit langem vorhandenes Bedürfnis.» Als das Blatt unter Murrys Leitung dann seinen anfänglichen Schwung einbüßte, ließ freilich auch Lyttons Begeisterung nach. Im übrigen waren die Besitzer der Meinung, es benötige «frisches Blut» in Form eines neuen Chefredakteurs. Murry trat Anfang 1921 zurück, und im Februar fusionierten *Athenaeum* und *Nation*. Die zuletzt genannte Zeitschrift, die ebenfalls von der Familie Rowntree finanziert wurde, war 1907 gegründet worden und wurde von ihrem Chefredakteur H. W. Massingham kompetent geleitet. Allerdings hatte sie politisch nur wenig Einfluß und war auch in finanzieller Hinsicht wenig erfolgreich. Und eine neue Gruppe von Liberalen, der sogenannte Grasmere-Kreis, der zu seinen Mitgliedern Sir William Beveridge, Philip Guedalla und Maynard Keynes zählte, hatte aus Sorge um das Fehlen einer guten liberalen Wochenzeitschrift Gespräche mit der Familie Rowntree begonnen, die wegen der steigenden Verluste inzwischen unruhig wurde. Als Gegenleistung für einen radikalen Wandel in der politischen Ausrichtung des Blattes stellten die Liberalen Gelder zur finanziellen Entlastung der Rowntrees in Aussicht. Massingham trat daraufhin als Chefredakteur zurück. Keynes wurde zum Vorstandsvorsitzenden gewählt. Die erste Ausgabe der Zeitschrift, die von Kritikern als wichtige Plattform des Bloomsbury-Kreises betrachtet wurde, erschien am 5. Mai 1923 unter der Leitung ihres neuen Chefredakteurs, des Ökonomen Hubert Henderson. Henderson war «ein kleiner, reizbarer und unheroischer Mann, der sich stets angegriffen» fühlte, wie Virginia ihn beschrieb. Henderson zeigte sich von Lytton und von ihr gleichermaßen «enttäuscht». Der literarische Teil der neu strukturierten Zeitschrift *Nation and Athenaeum* behielt allerdings ähnlich viel politische Freiheit wie die *New Quarterly* und die *Independent Review*, was Lytton besonders gefiel. Er veröffentlichte in den nächsten fünf Jahren unter seinem Namen siebzehn Essays, die später als sein sechstes Buch mit dem Titel «Portraits in Miniature» erscheinen sollten.

4. Bericht eines Offiziers der Infanterie

Am Nachmittag des 10. August 1918 erschien ein kräftig gebauter junger Mann mit hellblauen Augen im Mill House. Er hieß Ralph Partridge[40], war ein Kriegskamerad von Carringtons Bruder Noel und sollte in Lyttons und Carringtons Leben eine bedeutende Rolle spielen. Partridge hatte Oxford nach Ausbruch des Krieges verlassen, war in die Armee eingetreten, mit einer Tapferkeitsmedaille ausgezeichnet und im Alter von dreiundzwanzig Jahren zum kommandierenden Major eines Bataillons befördert worden. Noel Carrington war mit seiner Schwester und ihm im Sommer nach Schottland unterwegs gewesen. Der vitale, gutaussehende und umgängliche Ralph begeisterte Carrington. «Partridge war gerade aus Italien zurückgekommen, der junge Mann, von dem ich Dir gestern abend berichtet habe», schrieb sie Lytton am 4. Juli 1918. «Er liebt die Italiener. Nach dem Krieg will er auf einem Schoner zu den Mittelmeerinseln und nach Italien fahren, mit Wein handeln, ohne groß Geld verdienen zu wollen, und sich anziehen wie ein Bandit. Ich bin richtig begeistert und glücklich. Es ist so angenehm, wenn man einem Menschen begegnet, der so beschwingt durchs Leben geht. Er hat uns auf den Bahnsteigen italienische Lieder vorgesungen und war so ausgelassen – und redete immerzu mit den Händen ... Ich hoffe, ich sehe ihn wieder.»

Aber ob Lytton ihn kennenlernen sollte? «Ich weiß nicht, ob Du Partridge mögen wirst», schrieb sie ihm etwas unsicher am 8. Juli. «Noel meint, er käme wohl sehr gerne nach Tidmarsh, wenn wir ihn bitten würden.» Ihr Bruder, besorgt, ihr Leben auf konventionellere Weise zu arrangieren, redete anschließend über die Vorzüge «des netten ... Partridge». Lytton wurde schließlich neugierig. «Dieser Partridge scheint ein aufregendes Leben zu führen», schrieb er am 6. Juli. «Kommt er her, wenn ihr zurückkehrt? Wird er uns italienische Lieder vorsingen, mit den Händen reden und sich von uns wie ein Bandit einkleiden lassen? Ich hoffe es.»

Man kam überein, daß Carrington den jungen Offizier ins Mill House einladen sollte. Aber der Besuch wurde ein Mißerfolg. Mit dem Krieg hatte Partridge ganz andere Erfahrungen gemacht als Lytton. Er brach sofort eine hitzige Diskussion vom Zaun und erklärte, das viele Blutvergießen sei bedeutungslos, er selbst habe nichts dagegen, vom Feind auf anständige und faire Weise getötet zu werden, und alle Pazifisten seien Drückeberger und gehörten erschossen. Lytton griff in die Diskussion kaum ein. Aber Carrington, empört über die rüden Angriffe auf ihren Liebsten, verteidigte erbittert und zerfahren den Pazifismus. In ihrer Verzweiflung komplimentierte sie Partridge schließlich nach draußen, wo er seine militaristischen Anschauungen auf unschädlichere Weise loswerden sollte.

Partridge selbst hatte seinen Fauxpas offenbar überhaupt nicht bemerkt. «Ich bin im Mill House eingeführt worden», gab er Noel Carrington in der folgenden Woche, am 17. August 1918, bekannt, «da sich ein Großteil [der Lustbarkeiten] am Fluß abspielte, beobachtete ich die Vorgänge mit großem Vergnügen. Der alte Strachey mit Rauschebart und einer Stimme, die zwischen Baß und Falsett schwankt, hat keine große Rolle gespielt.» In einem Brief an seinen

Freund Gerald Brenan beschrieb er Carrington als eine «malende Jungfer und große Bolschewikin, die für die Sache [der Weltrevolution] gerne eine Lanze brechen würde», während es über Lytton heißt, er sei «von olympischer Heiterkeit». Dagegen wird Partridges Name in Lyttons Korrespondenz in diesem Jahr nur einmal flüchtig erwähnt, und zwar in einem Brief an Clive Bell, in dem er als ein Freund Carringtons, «ein gewisser Major Partridge oder so», genannt wird. Carrington selbst hatte er enttäuscht. Er schien «an Büchern, Dichtung oder Malerei nicht sonderlich interessiert», beklagte sie sich am 12. August bei ihrem Bruder. «Er war überrascht, daß Lytton das Buch geschrieben hatte, ‹weil er gar nicht so aussehe, als ob er so etwas könne›, wie er sich ausdrückte ... Mit dem Buch konnte er dann nicht viel anfangen, nur so viel, daß der Stil ziemlich gut sei. Außerdem hatte er gegen Lytton wegen seines Bartes und seines Äußeren gewisse Vorurteile und bekannte sich auch dazu.»

Gleich nach Kriegsende kehrte Ralph Partridge zum Abschluß seines Studiums der Rechtswissenschaften nach Oxford zurück. Oft radelte er über die Wochenenden die zweiunddreißig Kilometer nach Pangbourne. Er hatte sich in Carrington verliebt, und sie fühlte sich durch seine Aufmerksamkeit geschmeichelt. Er sei «kein besonders anziehender Anblick», teilte sie Lytton am 9. Juni 1919 mit. Sein Gesicht erinnere sie an einen «norwegischen Zahnarzt». Bunny Garnett hatte sie bereits am 22. Januar 1919 geschrieben: «Ich bin sicher, Du würdest Partridge nicht mögen.» Dennoch fühlte sie sich stark zu ihm hingezogen, und Lytton erging es zu ihrer Überraschung ebenso.

Partridge war hoch gewachsen, breitschultrig und athletisch. Und wie Carrington anfangs geschrieben hatte, war er «unglaublich stark». Er hatte die gleiche männliche Ausstrahlung wie Thoby Stephen und George Mallory und «schien ein geborener Anführer für alles, von der Polarexpedition bis zum Infanteriestoßtrupp», schrieb sein Freund Gerald Brenan. «Er war sehr selbstsicher und ordnete sich nur schwer einer Autorität unter, wenn sie ihm dumm oder inkompetent erschien.»[41] Sein Lachen, das einem Rabelais Ehre gemacht hätte, seine sagenhaft blauen Augen, seine Abenteuerlust und seine praktischen Fähigkeiten beflügelten Lytton zu einer Art Heldenverehrung. Sexuelle Beziehungen kamen freilich kaum in Frage, da Partridge ausschließlich heterosexuell war. Seine Gedanken drehten sich oft um Frauen, von denen viele ihn verehrten. Er machte zahlreiche Eroberungen, vor allem unter Schauspielerinnen und Revuegirls, und Lytton mochte ihn deshalb offenbar noch mehr.

Hätten sich Ralph Partridges glanzvolle Eigenschaften damit erschöpft, hätte Lyttons Begeisterung ein gewisses Maß nicht überstiegen. Aber dem war nicht so. Trotz seiner konventionellen Anschauungen war Ralph im Innersten ein Rebell, und in seinen zufälligen, halb scherzhaften, halb ironischen Bemerkungen machte Lytton die Suche eines starken Charakters aus, der noch nicht ganz zu sich selbst gefunden hatte. Obwohl er im Streitgespräch weitaus aggressiver war, als er selbst bemerkte, hatte er sehr nüchterne und realistische Anschauungen. Sein unfehlbares Gedächtnis und seine Freude am Lernen machten ihn zu einem vielversprechenden Schüler.

Lytton machte sich bald an die Ausbildung dieses jungen Mannes und beeinflußte ihn mit seinen Ansichten zu Literatur und Sexualmoral. Bald geriet das robuste Weltkind trotz seines Individualismus und seiner Abneigung gegen Autoritäten unweigerlich in Lyttons Bann. Aus einem rauhbeinigen und leichtsinnigen extrovertierten Menschen wurde ein recht kultivierter und belesener Mann, der später für die Hogarth Press arbeitete, Rezensionen für den *New Statesman* schrieb und schließlich Autor wurde. So dramatisch fiel sein Charakterwandel aus, daß Menschen, die ihn erst in seinem späteren Leben kennenlernten, Berichte zu seinem früheren Leben kaum glauben mochten. Während des Ersten Weltkrieges war er an der Front in seinem Element gewesen; zwanzig Jahre später zog er als Kriegsdienstverweigerer mit der gleichen Leidenschaft, mit der er einst Lytton und andere Pazifisten angegriffen hatte, gegen den Militarismus zu Felde. Lytton hatte diesen Gesinnungswandel teilweise mit verursacht, mußte allerdings bald feststellen, daß seine Begeisterung für den schneidigen Armeemajor nach dessen Wandlung leider etwas nachließ.

Ein weiterer Charakterzug von Ralph Partridge wog alle spießbürgerlichen Verirrungen in Geschmack und Urteil auf: sein gänzlicher Mangel an Ehrgeiz. Trotz seines athletischen Körperbaus war er von Natur aus sehr bequem. In Oxford hatte er zu rudern begonnen, doch lehnte er das Angebot, im Universitätsachter am Traditionsrennen teilzunehmen, mit der Begründung ab, er habe für diesen Zeitpunkt bereits einen Urlaub geplant. Als er später Großbritannien bei den Olympischen Spielen vertreten sollte, verzichtete er angesichts der mühseligen Vorbereitungszeit auch auf diese Ehre. Lytton war hingerissen. Eine so großartige Gelegenheit, und er ließ sie fahren! Eine Zeitlang verkörperte Partridge sein neues Ich-Ideal. «O Herr!» beklagte er sich am 11. Juni 1919 bei Carrington. «Warum bin ich kein rudernder Student mit blauen Augen und vierundzwanzig Jahre alt? Es ist schrecklich.»

Wenn alle drei abends in Tidmarsh zusammen waren, las Lytton zumeist vor: ein wichtiger Bestandteil des Bildungsplans seines jungen Freundes. Carrington hatte noch immer ihre Schwierigkeiten mit längeren Texten, konnte sich aber gut in Gedichte einfühlen und nahm viele in sich auf, insbesondere die elisabethanische Liedlyrik. Ralph legte sein ungehobeltes Benehmen nach und nach ab und eignete sich mit natürlicher Intelligenz immer mehr Bildung an. Allerdings war seine Aufmerksamkeit weniger auf Lytton als auf die entrückt wirkende geheimnisvolle Gestalt Carringtons fixiert. Sie war ihm nach wie vor ein Rätsel und darum noch begehrenswerter. Er war daran gewöhnt, Frauen rasch zu erobern und dann ebenso rasch das Interesse an ihnen zu verlieren. Oder aber sie entsprachen überhaupt nicht seinem Geschmack, und er konnte sie nicht ausstehen. Carrington war ganz anders. Ihre sklavische Ergebenheit gegenüber Lytton war ihm unbegreiflich.

Ralph bot all seine Verführungskunst auf, um Carrington in seinen Besitz zu bringen. Als der Schnee schmolz und wärmeres Wetter einzog, saß und stand er ihr im Garten splitternackt und in kunstvollen Posen Modell für Zeichnungen. Sie war dankbar und empfand die Situation in so manchem Sinn als erregend. «Ich habe R. P. nackt im hohen Gras im Obstgarten gezeichnet», erzählte sie Lytton im Mai 1919. «Ich muß gestehen, bei seinen Schenkeln und Beinen wurde mir so mulmig, daß mir die Zeichnungen gar nicht gut gelungen sind.»

In den ersten Wochen des Jahres 1919 versuchte Ralph Carrington zu überreden, mit ihm in Urlaub zu fahren, aber sie wollte Lytton nicht allein lassen. Da dieser sie aber dazu drängte, fuhr sie mehr seinetwillen als wegen Ralph in der dritten Märzwoche mit ihrem Bruder Noel, Ralph und dessen Schwester Dorothy, «einem jener rundum netten Charaktere ohne jede Überraschung», nach Spanien. Fast alle kurzen Trennungen von Lytton fanden seltsamerweise unter Zwang statt. «Ich bin in den ganzen sechzehn Jahren niemals glücklich gewesen, wenn ich nicht bei ihm war», schrieb sie am Ende ihres Lebens. «Nur weil ich wußte, daß er es nicht mochte, daß ich abhängig war, zwang ich mich selbst, andere Bindungen einzugehen.»

Carringtons Abwesenheit machte Lytton deutlich, wie sehr er von ihrer Haushaltsführung abhing. Ohne ihre Hilfe kam er nicht zurecht, so daß es zu lächerlichen und ärgerlichen Szenen kam. «Heute morgen ging ich zum Metzger», schrieb er seinem Bruder James am 7. April, «und stand ein paar Stunden zwischen einer Gruppe alter Hexen und jeder Art ‹Fleisch› herum. Als die Reihe schließlich an mir war, fragte ich die Metzgersfrau, ob sie Hammel habe. Sie bejahte, worauf ich meinen Bezugsschein herausholte. Sie tat daraufhin geheimnisvoll, kam zu mir herüber, strich an mir vorbei und flüsterte in düsterem Ton: Warten Sie einen Augenblick. Ich wartete also. Als eine der Hexen schließlich den Laden verließ, sagte sie: Das war die Frau des Lebensmittelkontrolleurs. Ich vermute deshalb, wir haben etwas Illegales getan, auch wenn ich mir nicht vorstellen kann, was es war. Ich will von diesen Dingen prinzipiell nichts wissen.»

Um weitere unliebsame Überraschungen beim Einkaufen zu vermeiden, zog Lytton für eine Woche in das mit Erinnerungen an Rupert Brooke beladene Hotel Cove in West Lulworth, wo er sicher sein konnte, daß man ihn anständig versorgte. Er hatte dort seinen Bruder James erwartet, fand dort aber weder ihn noch eine Nachricht von ihm vor und war deshalb gezwungen, «einsam, aber in enger Nachbarschaft mit einem (zum Glück) recht schweigsamen und schwachsinnigen Militär mit entsprechender Frau in einem Hotel zu sitzen, in dem das größte Durcheinander herrscht», beklagte er sich am 27. März 1919 bei Ottoline.

«Das herrliche grasbedeckte Hügelland läuft in Felsen aus – alles in so zarten Farben und so friedlich – und fällt zum Meer hin ab, das gestern in mediterranem Blau schimmerte. Die Sonne vergoß ein gleißendes Licht. Ich streckte mich der Länge nach auf dem Gras aus und aalte mich in der Wärme. Es war sagenhaft, und ich hatte in der Tat den Eindruck, bei der Jahreszeit könne etwas nicht mit rechten Dingen zugehen, und so war es denn auch. Während ich mich sonnte, schoß eine alte Möwe an mir vorbei und lachte mir wahrlich ins Gesicht, ein regelmäßiges freches und höhnisches Lachen, als wolle sie sagen: ‹Du wirst schon sehen.› Und siehe da, in der Nacht schlug das Wetter um, und jetzt sind wir wieder wie eh und je bei den

Orkanen und sintflutartigen Regenfällen. Pfui! Und dann den ganzen Tag eingepfercht mit Herrn und Frau Major. Herrje! Ich müßte mich losreißen und den Elementen trotzen, geschehe, was da wolle.»

Lytton reiste James und Alix nach Lyme Regis nach und verbrachte mit ihnen Ostern in einer Pension. «So liege ich bequem an der Strandpromenade», schrieb er Bunny Garnett am 5. April, «die Sonne brennt flimmernd hernieder, und alte Jungfern, aus der Armee entlassene Burschen usw. strömen um mich herum.» Er erfuhr auch, daß Alix sich jetzt am Gordon Square 41 in London eingemietet und James dorthin eingeladen hatte. Es gab Streit, Aussöhnungen und Augenblicke, in denen die Spannungen so unerträglich wurden, daß sie «dem Selbstmord nahe» war, wie Virginia Vanessa berichtete. Aber Alix' Zermürbungstaktik begann Wirkung zu zeigen. «Sie verdient den Sieg», schloß Virginia.

Lytton kehrte erleichtert nach Tidmarsh zurück. Obwohl die letzten Wochen nicht unangenehm gewesen waren, erschienen sie wie ein Rückfall in die Zeit des ziellosen Umherirrens vor dem Krieg.

«Ich bin hier so glücklich», schrieb Carrington am 15. April aus Madrid, «die Sonne ist so angenehm und warm ... Es kommt mir vor wie im Traum.» Während der Reise von Córdoba nach Sevilla und weiter nach Toledo und Madrid waren die drei täglich fast fünfzig Kilometer gewandert. «Ich habe Dinge gesehen», schrieb sie Gertler am 30. April 1919, «von denen man kaum zu träumen wagt. Und Menschen, die so schön sind, daß man bei ihrem Anblick erschaudert. Und dann die El Grecos in Madrid und Toledo – und doch muß man alles für sich behalten.» Die urwüchsige Landschaft mit ihren überraschenden Farben und die Porträts Goyas weckten in ihr wieder Lust zum Malen. Roger Fry und Clive Bell erwähnten ihre Malerei zwar nie, aber Virginia war im Begriff, ein «großes Paradestück Carringtons» zu einem der «wichtigsten Dekorationen» von Monk's House in Sussex zu machen, und auch Lytton ermunterte sie weiterhin. «Meinst Du nicht, es ist an der Zeit, ernsthaft eine Ausstellung ins Auge zu fassen?» fragte er sie im Sommer. «Eines Tages, so hoffe ich wirklich, bin ich eine Künstlerin», schrieb sie ihm, «und dann wirst Du meine Zuneigung erkennen.»

Auch Ralph mochte sie immer mehr. Noch Anfang des Jahres hatte sie ihn «selbstzufrieden und engstirnig» genannt. Seine «Gefühllosigkeit und seine mangelnde Achtung vor Leben und Tod» haben sie «erschreckt». Sein polternder Diskussionsstil brachte sie nach wie vor aus der Fassung, so daß sie an Lytton appellierte, ihm einen kultivierten Umgangston beizubringen. Andererseits fand sie seine überschäumende Phantasie sehr reizvoll. So schrieb sie Lytton am 18. April, Ralph habe die Reisegesellschaft als eine Truppe englischer Akrobaten ausgegeben: «Ich muß sagen, R. P. hat ziemlich gut gelogen.» Dorothy Partridge war allerdings entsetzt und warf Carrington vor, ihren Bruder sittlich zu verderben.

Für Ralph aber stand eines fest: Gleich nach seinem Abschluß in Oxford wollte er dieses seltsame Mädchen überreden, seine Frau zu werden.

5. Oberschicht, Unterschicht und die Literaten

Die Frühlings- und Sommermonate lockten Lytton aus seinem ländlichen Winterquartier. «Mein Leben in der eleganten Gesellschaft nimmt einen raschen Lauf», informierte er Mary Hutchinson am 15. Mai.

«Ich finde es in der Hauptsache lächerlich und vor allen Dingen anstrengend. Keine Weide für die Seele, fürchte ich! Lady Cunard ist ziemlich amüsant mit ihrer kecken Aufschneiderei. Neben ihr erscheint der Rest wie welkes Herbstlaub, die Armen. Aber sie selbst, vermute ich, ist ebenfalls zu bedauern. Sie liegt so völlig daneben! Sie findet Gefallen an mir wegen des netten lieben Bernard Keynes, der ja angeblich ein ganz enger Freund von ihr sei ... nach dem Mittagessen sagte Lady C. plötzlich, sie müsse Princess Bibesco (nicht Elizabeth, eine andere) von der französischen Botschaft gegenüber abholen.[42] Dann stürzte sie los und kam sehr bald mit der Princess und – Du rätst es nicht – mit George Moore zurück. Er wirkte allzu lächerlich, wie ein weißes Kaninchen, das ein Zauberer aus dem Hut gezogen hat. Natürlich war er wütend und ging gleich wieder. Er hatte Maud [Lady Cunard] offenbar immer wieder gesagt, daß er nicht kommen wollte, aber vergeblich. Er wurde abgeführt und geriet so direkt in Mrs. [Saxon] Nobles Arme. Und kaum ließ ihn Maud für einen Augenblick aus den Augen, verschwand er wieder.»

Die vielen Parties in der feinen Gesellschaft begannen Lytton zu langweilen. «Ich fürchte, ich bin ein abgestumpfter Literat geworden», gestand er Carrington am 16. Mai. In diesen Kreisen fühlte er sich nie so ganz zu Hause. Wenn ihn der Glanz für eine Weile auch amüsierte, so kommt in seinen Schilderungen der Erlebnisse auch jedesmal Überdruß zum Ausdruck. In einem weiteren Brief an Carrington vom 14. Mai beschreibt er einen Besuch bei Mrs. Ava Astor, der wohlhabenden Witwe des Obersts J. J. Astor, die kurze Zeit später Lord Ribblesdale heiraten sollte.

«Gestern ging ich (auf eigenen Vorschlag) zu Mrs. Astor zum Tee. Erstmals wurde mir angst und bange. Die gewaltige Größe des Hauses am Grosvenor Square – aufschwingende Flügeltüren, eine riesige Halle mit einem Butler und zwei Dienstmädchen, die ständig auf dem Posten sind, lange Korridore hinter gewaltigen Säulen und ein marmornes Treppenhaus mit Galerien – flößte mir große Ehrfurcht ein. Nachdem eine Tür gleich neben mir geöffnet wurde, führte man mich in einen großen rechteckigen Raum, wo in einem fernen Winkel auf einem Sofa eine Dame saß, die ich in meiner Erregung kaum erkannte – ihre Haarfarbe schien völlig verändert –, und als ich auf sie zutrat, schossen drei Hunde hervor und schnappten nach mir. Schließlich gelangte ich bis an das Sofa. Dann folgte ein langes, alles andere als amouröses Tête-à-tête. Der armen Frau graut vor dem Bolschewismus, sie glaubt, Robert Smillie[43] werde ihr den Mob auf den Hals hetzen. Sie fragte ängstlich: ‹Meinen Sie, alle werden rot?› Ich hielt ihr einen Vortrag über ungleich verteilten Reichtum und ließ sie zitternd bei ihren Vorbereitungen für die Oper zurück.»

Derlei Passagen verraten die unversöhnten Elemente in Lyttons Gemütsleben, wenn er in höheren Kreisen verkehrte: Ehrfurcht, Liebenswürdigkeit und kompromißlose Ablehnung. Damals, vor langer Zeit, als er am Lancaster Gate noch ein kärgliches Schattendasein geführt hatte, hatte er die Londoner Gesellschaft gehaßt. Doch nun, da sie Notiz von ihm nahm, wollte er sichergehen, daß er sich aus ihren Aufmerksamkeiten nichts machte. Trotz ihrer besseren Herkunft und ihrer kostspieligen Garderobe hielt er diese Leute für eine Gesellschaft ohne Taktgefühl und Geschmack.

Die mondänen Kreise, die sich noch ein Jahr zuvor mit militärischen und politischen Angelegenheiten befaßt hatten, richteten ihr Augenmerk jetzt wieder verstärkt auf die Kunst. Anfang Sommer traf Diaghilews Ballettensemble in Begleitung von Picasso, Massine, Strawinski und Ansermet in London ein, gab seine spektakulären

Gastspiele von «La Boutique Fantasque», «Le Tricorne» und «The Good-Humoured Ladies» (in die «Vogel Partridge» Carrington mitnahm) und wurde sofort von den Damen der vornehmen Gesellschaft eingeladen. Auch die Mitglieder von Bloomsbury hatten teil an diesem besonderen Ereignis, denn Clive und Maynard luden die bunte Gesellschaft aus Malern, Tänzern und Musikern zu einem großen Fest nach der Vorstellung an den Gordon Square 46 ein, wo sie dann in den Kreis eingeführt wurden.[44] Unter den Gästen waren Picasso, Derain, die Lopokowa und rund vierzig weitere, mehr oder weniger junge Maler, Schriftsteller und Studenten. «Maynard, Duncan Grant, unsere beiden Mädchen und ich erwarteten sie», erinnerte sich Clive Bell später. «Picasso warf sich nicht in Schale. Wir errichteten behelfsmäßig zwei lange Tische: An das eine Ende setzten wir Ansermet, ans andere Lytton Strachey, damit ihre Bärte im Takt auf und ab wippen konnten.»[45]

Zweimal fuhr Lytton nach Garsington und fand den Besuch «schrecklich anstrengend». «Oft war ich kurz davor, verzweifelt aufzuschreien, und die schöne Umgebung machte die Qual nur noch schlimmer», schrieb er Virginia am 27. Mai. «Ich glaube, Ott[oline] ist wirklich am Ende, sie ist steinalt und in jedem Gelenk eingerostet; humpelt in billigen Schuhen, deren Nägel sie in die Füße stechen, über die Butterblumen, bei jedem Schritt eine Krise, und von einer Blödheit ... Und die Mißgunst frißt sie auf. Jede Londoner Teeparty, zu der sie nicht eingeladen wurde, ist ihr bitterer Wermut.»

Ebenso regelmäßig taucht Lyttons Name in dieser Zeit im Gästebuch von The Wharf auf. Die Asquiths luden ihn in jedem Sommer mehrmals übers Wochenende zu sich ein. «Mein Herz rutschte tiefer und tiefer, als ich auf dieses Haus zuschritt, das beim Nähertreten einen noch schlechteren Eindruck macht als Charleston», vertraute er Carrington im Juni an.

«Keine Spur von Margot, nur eine Gruppe blasser Leute, die ich vorher noch nie gesehen hatte. Ich verlor den Kopf, öffnete eine Tür und fand mich in einem schummrigen Raum mit Bridge-Spielerinnen wieder. Vollkommene Stille. Unter ihnen saß Margot. Nachdem mich keiner längere Zeit auch nur eines Blickes gewürdigt hatte, grüßte sie schließlich zu mir herüber. Ich nahm Reißaus, floh zum anderen Haus, wo mein Schlafzimmer liegt, öffnete eine Tür und entdeckte dahinter am Ende des Raumes einsam und im Dunkeln den alten Herrn. Er war wie gewöhnlich besonders herzlich und führte mich unglaublich rasch durch den gesamten Garten und wieder zurück zum anderen Haus – ein ulkiger, nervöser, alter Kauz, wirklich.»

Bei der Abreise schwor sich Lytton, daß er sich in diesem Haus zum letztenmal habe blicken lassen, aber schon einen Monat später war er wieder dort. «Es ist wohl eine Spur erträglicher als beim letzten Mal», räumte er Carrington gegenüber am 17. Juli ein. «Eine Schottin mittleren Alters spielt mit mir Schach, während die anderen Bridge spielen, und nicht ganz so viele Schwachköpfe sind dabei. Bei den Malern handelt es sich um diese Kreatur von Ranken[46] ... und um einen kleinen sportlichen Kerl, einen Stallknecht, wie ich annehme, namens Mullings[47] [sic], der sich, wie ich annehme, den Lebensunterhalt mit dem Malen von Rennpferden verdient ...»

Lytton begegnete zudem Lord Haldane[48], der unter Asquith Lordkanzler und Heeresminister gewesen und «fast so unglaublich kultiviert» war wie «eine Gestalt aus einem französischen Theaterstück oder, wie Mr. Asquith meinte, ein Abbé», schrieb Lytton Ottoline am 3. Juni 1919. «Bei beiden überraschte mich, daß sie immer nur über die Vergangenheit redeten. Was im August 1914 geschah usw., beschäftigt sie anscheinend noch immer sehr stark. Aber heutzutage muß man sich auch über anderes Gedanken machen.»

Lytton genoß es, diese bedeutenden Persönlichkeiten zu beobachten und sie, selbstbewußter denn je, zu karikieren. Virginia, die mit ansah, wie er diese Größen elegant und ohne sich die Finger zu verbrennen verspottete, sprach ihn von jedem Wunsch frei, sie mit seinem Umgang beeindrucken zu wollen. «... und er erzählte uns von einem Besuch bei Irene Vanbrugh, mit seiner Komödie», vermerkte sie am 16. Mai in ihrem Tagebuch, «wie der Gesang ihres Kanarienvogels seine Stimme fast gänzlich übertönte». Obwohl Ottoline sich über Lyttons neue Entwicklung besorgt zeigte, hielt es Virginia für absurd, «nicht diese Schmetterlingssaison inmitten der Großen zu genießen». Wenn man beobachtete, wie er «wie eine gemeine Stubenfliege» durch große Häuser surre, so sei sein «Biß doch noch ganz in Ordnung», wie sie Saxon Sydney-Turner am 30. Mai mitteilte. Und Ottoline hatte sie am 21. des gleichen Monats beruhigt, «die Wahrheit [sei] natürlich, daß keiner Lytton augenzwinkernd etwas ormacht».

Mit seiner sanftmütigen Art sicherte er sich erneut Virginias Zuneigung, die, wie sie selbst glaubte, «niemals ernsthaft gelitten hatte». Der Erfolg der «Eminent Victorians» hatte sie allerdings doch etwas beunruhigt. Leonard hielt das Buch ebenso wie die übrige Welt für bemerkenswert, während sie kein sonderliches Interesse hatte an dem, was er schrieb, wie sie am 31. Januar 1919 in ihrem Tagebuch vermerkt hatte. Nachdem sie und Leonard ein Exemplar von Lytton erhalten hatten, mußte sie ihn am 24. Mai 1918 sofort fragen, wie viele Exemplare er verkauft, wie viele Guineen er eingenommen, wie viele Gräfinnen er erobert und wieviel Verehrung er genossen habe und ob er im Grunde seiner Seele noch derselbe sei. Sie neide ihm weder das Geld noch den Ruhm. Aber die Anzahl der verkauften Exemplare! «Eiterbeulen, Wundblasen, grünes und blaues Erbrechen schickt der Herrgott all denen an den Hals, deren Bücher innerhalb von sechs Monaten in die vierte Auflage gehen», schrieb sie im folgenden Herbst (12. Oktober 1918), als er krank in Tidmarsh daniederlag: «Ich versichere Dir, Gürtelrose ist nur ein erster Anfang...» Als Lytton den Brief las, habe er «fünfmal laut losgelacht», berichtete Carrington. «Und als er ihn zehn Minuten später zum zweitenmal las, lachte er siebenmal.»

Wenn sie sich sahen, konnten Lytton und Virginia solche Ärgernisse stets auf spielerische Weise ausräumen, aber im Jahr nach Veröffentlichung der «Eminent Victorians» war er so gefragt gewesen, daß er für den Bloomsbury-Kreis kaum noch Zeit hatte. «Es ist so lange her, seit ich Lytton gesehen habe, daß mein Eindruck von ihm zu sehr auf dem, was er schreibt, beruht», vermerkte sie am 17. April in ihrem Tagebuch. Mit Blick auf seine Werke fragte sie sich, wie es sein konnte, daß er eine Generation in Cambridge «beherrscht» hatte und jetzt der Star der literarischen Gesellschaft sei, «wo es ihm doch offensichtlich an Originalität mangelte?» War es Eifersucht, die das Lob für seine Bücher zurückhaltend ausfallen ließ? «Vergleiche ich etwa die sechs Auflagen von ‹Eminent Victorians› mit der einen von ‹Die Fahrt hinaus›?» Eine Spur von Eifersucht gab es zweifellos. Sie empfand unweigerlich eine leichte Genugtuung, als sie Lytton von der positiven Aufnahme ihres zweiten Romans «Nacht und Tag» berichtete und «einen kleinen Schatten» wahrzunehmen glaubte, «der sofort verflog», als ihre «rosige Frucht nicht mehr in der Sonne war». Auf seine Triumphe hatte sie genauso reagiert und ihn gedrängt, die Viktorianer beiseite zu legen und «Stücke – Geschichten – zu schreiben, irgend etwas, um die Form zu zerbrechen» (25. Mai

1919). Er dagegen ließ sie wissen, sie sei «Erfinderin eines neuen Prosastils und ... Urheberin einer völlig neuen Satzform», und versicherte, «daß ihm seine eigenen Schablonen zuwider seien: seine doppelten Semikolons; seine Methode des Understatement; und seine äußerste Bestimmtheit». Als er zu seinen von Bloomsberries-Freunden zurückkehrte und mit ihnen im Garten oder am Kaminfeuer in Monk's House oder Tidmarsh saß, überlegte sich Virginia, «daß es ziemlich einerlei ist, ob das, was er schreibt, tiefsinnig ist oder originell; man fängt vielleicht an zu vermuten, daß es origineller sein könnte, als man meint».

«Es macht mich traurig», hatte Lytton Leonard 1918 geschrieben, «daß ich Dich und Virginia so wenig sehe.» Obwohl ihn der Ruhm sehr verändert hatte – «so wie die Liebe es vielleicht vermocht hätte», bemerkte Virginia –, obwohl er durch seinen Erfolg «sehr verständnisvoll und sogar zärtlich» geworden war und er sich ständig im Glanz der feinen Gesellschaft sonnte, verdroß ihn, was er als Ungemach berühmter Leute ansah: «Sie langweilen sich nur», stellte er fest. Clive meinte, Virginia, Lytton, Roger, Vanessa und er selbst seien die «meistgehaßten Leute in London; oberflächlich, hochmütig, und Allüren haben wir auch ...» Aber mit allen Vorzügen und Nachteilen blieb die Welt von Bloomsbury für Lytton auf eine Weise real und interessant, wie es die aristokratische Welt für ihn niemals wurde, und so kehrte er mit einer gewissen Erleichterung wieder nach Hause zurück. «Es ist ein wahres Glück, wieder hier zu sein, auch wenn es ganz danach aussieht, als hätten mich die Gräfinnen fallengelassen», schrieb er Virginia am 27. Mai 1919 aus Hampstead. «Ich habe soeben einen Anruf erhalten. Rätst Du von wem? Von Vanessa, die offenbar am Gordon Square ist. Ich esse dort heute zu Abend.»

Vanessa hatte vorige Weihnachten in Charleston ihr drittes Kind, ein Mädchen, zur Welt gebracht. «Ihre Schönheit ist das Bemerkenswerteste an ihr», schrieb Bunny Garnett Lytton am 25. Dezember 1918 und prophezeite: «Ich werde sie wohl heiraten. Wenn sie zwanzig ist, bin ich sechsundvierzig. Ob das einen Skandal gibt?» Anders als Vanessas beide Jungen Julian und Quentin, die «wie Mäuse herumrannten, bis sie von Socken und Geschenken abgelenkt wurden»[49], stammte das Mädchen nicht von Clive, sondern von Duncan (der sein homosexuelles Verhältnis zu Bunny kurz darauf beenden sollte). Es schien das Beste, die Sache geheimzuhalten, was in Bloomsbury auf ein offenes Geheimnis hinauslief. Während Clive seine Eltern nicht beunruhigen wollte, glaubte Vanessa den damals dreißigjährigen Duncan, den sie nach wie vor als jugendlichen Stürmer betrachtete, vor Indiskretionen schützen zu müssen. «Die Konventionalität dieses Täuschungsmanövers überrascht», schrieb ihre Tochter fünfundsechzig Jahre später. «Der einzige kritische Einwand kam von Bunny Garnett, der Vanessa vorwarf, ihr Entschluß, mir meinen wahren Vater vorzuenthalten, sei überstürzt ... Meine Ähnlichkeit mit Duncan muß selbst in meiner Großmutter Ethel [Grant] einen gewissen Verdacht erregt haben. Jedenfalls gelang es, mich als einzige in völliger Unkenntnis der Dinge zu halten.»[50]

Dringender war das Problem der Namensfindung. Ihr Name sollte ausgefallen und sein Ursprung nicht sofort erkennbar sein. Das war durchaus nicht leicht. In Frage kam «Aziola», weil man zu diesem Namen nur eine mit Flaumfedern bedeckte kleine Eule assoziieren könne, wie Shelley meinte. «Aber wahrscheinlich würde der Name nur am Anfang passen», schrieb Lytton Vanessa am 1. März 1919. «Meinst Du, Virginia kommt überhaupt nicht in Frage? Vielleicht stiftet der Name ja Verwirrung, ich weiß nicht. Aber ich meine trotzdem, eine Virginia sollte es in der nächsten Generation schon geben.[51] Außerdem wäre es zweifellos eine große Freude. Aber was hältst Du statt dessen von Elizabeth? Ein wirklich schöner Name: Und er hat den Vorteil, daß es so viele nette Kurzformen gibt ... Victoria (wie wäre es damit?)» Der Säugling erhielt schließlich den Namen Helen Vanessa, an den seine Mutter auf Virginias Rat hin Angelica anhängte, da er «Fluß und Musikalität und einen Schuß Frische» hat.[52] So wurde sie mit der Zeit als Angelica Bell und später als Angelica Garnett bekannt.

Außer zu den Mitgliedern des Bloomsbury-Kreises unterhielt Lytton gelegentliche Kontakte zu Schriftstellern wie W. H. Davies, «Gnom und Dichter», und zu Aldous Huxley, der «wie ein Stück Seegras» aussah, aber «unglaublich gebildet» war. Im Frühjahr 1919 besuchte er mit Huxley Osbert Sitwell, der damals in einem Londoner Militärhospital Patient war. Wie Sitwell sich erinnerte, gaben die beiden ein trauriges Gespann ab, wie sie als «schweigsame lange Gestalten», über das Fußende seines Bettes gebeugt, dastanden, «gleichsam Allegorien der Melancholie und der Zeit, letztere in Gestalt eines satyrhaften Mannes, wie sie sich zuweilen trauernd über den Grabstein eines verblichenen Edelmannes aus dem achtzehnten Jahrhundert beugen. Lyttons Schwäche hinderte ihn daran, viel zu sagen, aber was er dennoch sagte, äußerte er mit seiner hohen, unverwechselbaren Stimme, die noch in beträchtlicher Entfernung zu vernehmen war. Aus der ungewohnten Vernunft und Logik seiner Worte sprach jedoch Überzeugung.»[53]

Eine weitere literarische Bekanntschaft Lyttons war T. S. Eliot. Sie waren schon vor einigen Jahren einander vorgestellt worden, hatten aber keinen Gefallen aneinander gefunden, doch nun, nach einer zweiten Begegnung in Garsington am 12. Mai 1919, konstatierte Lytton, daß Eliot «große Fortschritte gemacht» habe. Er sei «sehr viel selbstsicherer, wirklich intelligent» und, soweit er habe sehen können, auch «nett». Zwei Tage später trafen sie erneut in London zusammen, worauf Lytton Carrington am 14. Mai berichtete: «Dichter Eliot aß am Montag mit mir zu Abend. Ziemlich schwierig und recht amerikanisch: für meinen Geschmack insgesamt nicht leichtlebig genug. Aber dennoch nicht zu verachten.» In einem Brief an Mary Hutchinson vom 15. Mai erklärte er, seine Beziehung zu Eliot verändere sich ständig. «Ich mag ihn durchaus», fügte er hinzu. «Er hat sich sehr gewandelt seit unserer letzten Begegnung – vor vielen, vielen Jahren. Aber ich fürchte, die Abgeklärtheit könnte zu Enttäuschungen führen.»[54]

Seine Zweifel schienen durchaus begründet. Lytton las im Mai die Gedichte «Prufrock and Other Observations», die *The Egoist* zwei Jahre zuvor herausgebracht hatte, und schickte Eliot einen Brief, von dem er hoffte, daß er ihre Freundschaft vertiefen würde. In seiner Antwort vom 1. Juni äußerte sich Eliot auch zu seinem Schreibprozeß: «Ob jemand ein Werk gut oder schlecht schreibt, scheint mir eine Frage der Kristallisation: der richtige Satz, das richtige Wort ist nur das letzte Stadium in diesem Prozeß. Beim Ringen um das richtige Wort mag man stöhnen, aber davor liegt noch etwas Wichtigeres. Mit der Lyrik, so scheint mir, ist es dasselbe, die Worte kommen einem leicht im Vergleich zum Kern der Sache, dem *Ton*, und bei ihm kann einem letztlich niemand helfen. Alles, was ich über das Schreiben gelernt habe, habe ich in meiner einjährigen Beschäftigung (Zeitverschwendung, wie ich einst dachte) mit dem Stil F. H. Bradleys gelernt, dem feinsinnigsten Philosophen im Englischen: Sein Werk ‹Erscheinung und Wirklichkeit› ist die Education Sentimentale des abstrakten Denkens.»

Nach diesen Ausführungen zu seinem Stil kam Eliot (der damals für die Lloyds Bank arbeitete) auf Lyttons Brief zu sprechen: «Sie sind sehr naiv, wenn Sie von mir annehmen, ich könnte mich mit ländlichen Prälaten im Kreuzgang von Kathedralen unterhalten. Ich begebe mich in keine Städte mit Kathedralen, sondern in Industriezentren. Meine Gedanken drehen sich um Fragen, die zu bedeutend sind, als daß sie je Prälaten in den Sinn kämen: zum Beispiel, warum es sehr viel billiger ist, Stahlträger aus Amerika einzuführen, als sie in Middlesbrough einzukaufen, und die wahrscheinlichen Folgen dieser Tatsache; um die Schwierigkeiten im Devisenverkehr mit Polen oder um die Bewertung der Rupie. Meine Bridgeabende. Infolgedessen betrachte ich London mit Verachtung und teile die Menschheit in Übermenschen, Termiten und Drahtwürmer ein. Ich halte mich bei den Termiten auf. Das paßt jedenfalls zusammen. Ich fühle mich gegenwärtig ausreichend gefeit, um mir ungestraft jede beliebige Idee anzuhören oder zu begutachten.»

Eine Zeitlang war sich Lytton nicht sicher, ob er den Kontakt mit Eliot aufrechterhalten sollte. «Ich bin fest entschlossen, mich zusammenzureißen», versicherte er Mary Hutchinson am 17. Juli, «da ich ihn nicht fallenlassen möchte. Ich fürchte nur, er braucht noch sehr lange, bis er ein wirklicher Briefschreiber wird.» Anfang August nahm er die Korrespondenz wieder auf. Eliot antwortete mit dem Hinweis, er könne von Glück reden, daß er jetzt geschrieben habe. Er habe nämlich vor, in Zentralfrankreich wandern zu gehen, wo ihn Briefe nicht mehr erreichen würden. «Ich war die ganze Zeit in London, in meinem Büro und bei meinen Büchern oder (mehrmals) im Bett», fuhr er fort (6. August 1919). «Und dabei habe ich mir oft vorgestellt, wie Sie auf dem Rasen in Pangbourne oder in einem Garten sitzen und konzentriert an ihrer Pathologie der Königin Viktoria arbeiten ... Sie haben mich erschreckt, weil ich immer davon ausgehe, daß Sie recht haben, und weil ich weiß, daß ich Ihnen niemals ihre feingewobenen Stoffe vergelten kann. Kürzlich habe ich einen Artikel von Ihnen über Voltaire gelesen, und er hat mich neidisch gemacht.» Zehn Tage später schickte er Lytton eine Postkarte aus der Dordogne, wo er, so betonte er, die ganze Zeit umhergewandert sei und deshalb keine Adresse gehabt habe. Glücklich und sonnengebräunt durchstreife er die Corrèze, umgeben von «Melonen, Crêpes, Trüffeln, Eiern, gutem Wein, köstlichem Käse und fröhlichen Leuten». Es sei «eine vollkommene Erholung von London», wo man langsam ausblute.

In den folgenden Monaten und Jahren unternahm Lytton mehrere Vorstöße zu einer Vertiefung der Freundschaft, aber obwohl Eliot positiv reagierte, gab es nach wie vor Hindernisse.[55] Eliot stand in diesen Jahren unter der lähmenden Anspannung seiner unglücklichen ersten Ehe, und Lytton empfand seine Gesellschaft mitunter als «bitter». Er hegte eine gewisse Bewunderung für sein Werk, obwohl er es mitunter für zu düster und obendrein für geradezu religiös hielt. Dagegen faszinierte Eliot an den Mitgliedern des Bloomsbury-Kreises nach wie vor «ihr Nonkonformismus – innerhalb einer Kultur, der sie nichtsdestoweniger entschieden angehörten»[56] und der er sich gerne anschließen wollte. Später grenzte er sich jedoch gern gegen die Generation von «Wells, Shaw, Strachey und Hemingway» ab, die den emanzipatorischen Anschauungen der Zeit erlegen seien.[57] Die Bloomsburyaner hatten Eliot bis dahin versuchsweise aufgenommen – die Hogarth Press veröffentlichte 1919 seine «Gedichte» und vier Jahre später «Das wüste Land» –, aber wegen seiner trockenen und autoritären Art blieb er innerhalb der Gruppe ein rätselhafter Außenseiter. «Als wir Tom kennenlernten, mochten wir ihn sehr», erinnerte sich Leonard Woolf, «aber wir hatten beide ein wenig Angst vor ihm.» Im Sommer 1922 gründeten verschiedene Mitglieder des Bloomsbury-Kreises den Eliot Fellowship Fund, eine Stiftung mit dem Ziel, Eliot eine von der Arbeit in der Bank unabhängige Existenz als Literat zu ermöglichen. An sämtliche potentiellen Sponsoren wurde ein Rundschreiben mit der Bitte um einen Beitrag von mindestens fünf oder zehn Pfund jährlich für mindestens fünf Jahre verschickt. Als Gegenleistung sollten sie eine Erstausgabe aller zukünftigen Bücher Eliots erhalten. Auf Eliots Drängen hin mußte der Entwurf für das Rundschreiben jedoch abgewandelt und mit einem Zusatz versehen werden, wonach «Umstände eingetreten [seien], die es erforderlich machen, daß Mr. Eliot nach eigenem Ermessen entscheiden kann, seine Tätigkeit in der Bank fortzusetzen oder aufzugeben». Dennoch beschloß der Stiftungsrat, seine Arbeit so gut es ging fortzuführen, denn auch für Eliot stand außer Frage, daß «jedes Zubrot ihn nicht nur von den beträchtlichen Sorgen befreien würde, die ihm die Kosten einer Krankheit bereiteten, sondern ihm auch die Möglichkeit gäbe, mehr Zeit als bisher dem Schreiben zu widmen».

Auch Lytton war zu einer finanziellen Unterstützung bereit. Doch empfand er den von Eliot selbst angefügten Vorbehalt als so lächerlich, daß er nicht umhin konnte, auf das Rundschreiben des Bloomsbury-Kreises eine Parodie zu verfassen. Im Dezember 1922 ließ er sie Leonard und Virginia zukommen.

«Die Lytton-Strachey-Stiftung
Wie Mr. Lytton Stracheys Freunden seit einiger Zeit bekannt ist, übersteigen seine Einkünfte seine Ausgaben, so daß er über ein üppiges Guthaben auf der Bank verfügt. Sollten sich seine Gewinne im jetzigen Tempo weiterhin anhäufen, so sieht er sich außerstande, sie allein auszugeben, ohne sich bei seinen mittellosen Bekannten ernsthaft in Mißkredit zu bringen. Aus diesem Grund wird folgendes vorgeschlagen: Er soll die Summe von 20000 (zwanzigtausend) Pfund für die sogenannte Lytton-Strachey-Stiftung zur Verfügung stellen, von deren Zinsen Personen unterstützt werden sollen, die vom Komitee als förderungswürdig befunden werden.

Alle Befürworter dieses Modells werden aufgefordert, sich mit Lady Ottoline Morrell, Garsington, Oxford, in Verbindung zu setzen und bekanntzugeben, welche Summe sie der Stiftung jährlich zu entnehmen gedenken. Anträge für eine Summe unter 20 (zwanzig) Pfund werden nicht bearbeitet. Bitten um größere Summen von 5000 (fünftausend) Pfund aufwärts können in Betracht gezogen werden.

Postskriptum
Durch die Präsentation des Fördermodells in beiliegendem Rundschreiben ist das Komitee davon in Kenntnis gesetzt, daß Umstände eingetreten sind, nach denen Mr. Lytton Strachey unmöglich daran gehindert werden kann, über seine unrechtmäßig erworbenen Einkünfte nach eigenem Ermessen zu verfügen. Gewiß gibt es auch zahlreiche Personen, die von kleineren Beträgen wie 5 (fünf) oder 2 Shilling 6 Pence (zwei/sechs) profitieren würden, sofern Mr. Lytton Strachey zu ihrer Auszahlung bereit wäre. Unter den gegebenen Umständen schlägt der Stiftungsrat vor, das Fördermodell in seiner jetzigen Form aufrechtzuerhalten, ohne Mr. Strachey Bedingungen aufzuerlegen, wie er seine Gelder auszugeben hat.»

Über Eliot ging der Hogarth Press das unvollendete Manuskript von James Joyces «Ulysses» zu. Leonard und Virginia hatten um 1918 beschlossen, eine Veröffentlichung zu versuchen. Da aber kein englischer Drucker bereit war, das Risiko einer strafrechtlichen Verfolgung auf sich zu nehmen, mußten sie das Vorhaben schließlich aufgeben. Leonard bezeichnete den Roman als «ein hochbrisantes Stück Literatur», und Lytton befürwortete eine unzensierte Veröffentlichung. Virginia war dagegen vorsichtiger. Nachdem sich Lytton bereit erklärt hatte, den Eliot Fellowship Fund zu unterstützen, antwortete sie ihm am 24. August 1922:

«Hundert Pfund hast Du gesagt? Du bekommst eine Quittung. Scheck zahlbar an Richard Aldington oder O. Morrell, was Dir lieber ist. Meinen eigenen Beitrag von zwei Shilling sechs Pence leiste ich unter der Bedingung, daß er die ersten zweihundert Seiten des Ulysses öffentlich ihrem eigentlichen Gebrauch zuführt. Einen solchen Quatsch habe ich noch nie gelesen. Die ersten beiden Kapitel lassen wir durchgehen, aber das dritte, vierte, fünfte und sechste – das erinnert an den Schuhputzjungen vom Claridge, der seine Pickel ausdrückt...

Vielleicht schlägt auf Seite 652 ja das Genie durch, aber ich habe da meine Zweifel. Und so etwas wird von Eliot verehrt, und Lytton Strachey zahlt ihm hundert Pfund per annum zum Unterhalt.»[58]

War Virginia wieder einmal eifersüchtig oder war es der Neid auf ein urwüchsiges literarisches Genie, vor dessen Ausdruckskraft sie sich, wie Quentin Bell es ausdrückte, «plötzlich schrecklich damenhaft vorkam»? Einen Monat später warb sie erneut um Unterstützung für Eliot, diesmal über seine Ernennung zum Feuilletonredakteur der Zeitschrift *Nation and Athenaeum*. Der Chefstratege bei der Durchführung dieses Planes war Maynard, der bei seinen Mitherausgebern, die noch nie etwas von Eliot gehört hatten, auf heftigen Widerstand stieß. Die einzige Möglichkeit, ihren Widerstand zu brechen, sah er darin, sie davon zu überzeugen, daß Eliot von zeitgenössischen Autoren geschätzt werde, zum Beispiel von Lytton Strachey, der im Falle von Eliots Ernennung für die Zeitschrift schreiben würde. So bat Virginia ihn am 23. Februar 1923 in einem Brief einmal mehr um Unterstützung: «Ich muß in einer delikaten Angelegenheit an Dich herantreten, das heißt in Sachen armer Tom», erklärte sie.

«... Wie Du weißt, hat sich die Sache mit der Eliot-Stiftung als

Fiasko herausgestellt, und [seine Berufung zum Feuilletonredakteur] scheint gewiß die einzig mögliche Lösung für das Problem. Tatsächlich beginnt der arme Mann (auf seine höchst amerikanische Art, die bis zu einem gewissen Grad langweilig und nervtötend ist) zu verzweifeln. Ich denke, er wird der Bank auf jeden Fall den Rücken kehren müssen. Wenn Du mir also ein kurzes schriftliches Versprechen gäbest, daß Du für ihn schreiben würdest oder zumindest eher geneigt wärest, für ihn als Redakteur zu schreiben, dann wären wir Dir wieder einmal sehr dankbar.»

Lytton gab seine Zusage für eine Unterstützung direkt an Maynard, der die ausgehandelte Übereinkunft, nach der Eliot Assistent für das Feuilleton werden sollte, als «ausgeglichenen Kompromiß» bezeichnete. Und zwei Wochen später, am 9. März, fügte er in einer vertraulichen Notiz hinzu: «Sieg auf der ganzen Linie. Ramsay Muir[59] und Guedalla haben Selbstmord begangen, und Mrs. Royde Smith[60] ist ermordet worden.» Was Eliots Berufung anging, war dies freilich ein Pyrrhussieg, denn er sorgte «in dieser Situation für endlose Komplikationen», und die Herausgabe des Blattes konnte nicht länger warten. Kurz darauf erhielt er eine Stelle als Redakteur der neugegründeten Zeitschrift *Criterion*, die einen literarischen und religiösen Konservatismus vertrat, der Lytton, Maynard, Virginia und Leonard vollkommen fremd war. Als Feuilletonredakteur für *Nation and Athenaeum* sprang Leonard ein, der so zu Lyttons gelegentlichem Auftraggeber wurde.

6. Die Frage der laufenden Ereignisse[61]

Königin Viktoria sei ein «dankbarer Gegenstand» schrieb Lytton Vanessa am 1. März 1919, «ufert aber bedenklich aus». Seine Studien im Lesesaal des British Museum und in der London Library hielten ihn zuweilen so lange in London fest, daß Gerüchte umgingen, er habe sich am Albert Memorial einquartiert[62], um sich besser auf die Arbeit einstimmen zu können. «London ist noch immer sehr angenehm», schrieb er Ottoline am 30. Mai, «aber ich glaube nicht, daß ich noch sehr lange hierbleiben werde. Die Arbeit ruft, und in diesem Lärm und Durcheinander bringt man nichts zustande. Ich beneide Harriet Martineau, deren Autobiographie ich gelesen habe (ein recht interessantes Buch). Sie schrieb sechs Stunden am Tag an einem Buch zur politischen Ökonomie und studierte dann allabendlich die elegante Gesellschaft. Aber damals waren die Leute noch aus Gummi und Stahl.»

«Jedesmal, wenn Du zurückkehrst», schrieb ihm Carrington am 18. Juni, «liebe ich Dich mehr, Lytton.» Sie empfand ihn nie als lästig und hatte auch nie das Gefühl, daß er ihr zu viele Pflichten auferlegte. Daß sie sich für seine Gesundheit aufopferte und ihn so sehr umsorgte, machte ihr nichts aus. Bei einem späteren Besuch in Tidmarsh im gleichen Jahr vermerkte Virginia, Lyttons Bücher seien «so akkurat aufgereiht und gepflegt wie das Porzellan einer alten Jungfer». Als sie sich dann unterhielten, «so ungemein schnell, so behende in unseren Sprüngen und Abkürzungen»[63], konnte sie über solche Äußerlichkeiten hinwegsehen und entdeckte, daß Lytton «in seinem Innersten eine große Leidenschaft für den Geist hegt». Auch das bewunderte Carrington an ihm. «All diese Abenteuer und Erfahrungen sind geistiger Natur, und so kann nur er sie genießen», hatte sie am 4. Februar 1919 in ihrem Tagebuch vermerkt. «Von außen gesehen ist das ein Leben wie das unserer Hühner. Mahlzeiten gliedern den Tag. Morgens Bücher lesen, Siesta, Gang nach Pangbourne, noch mehr Bücher. Eine Französischstunde mit mir, vielleicht Abendessen. Vorlesen. Bett und Wärmflaschen, und jeder Tag scheint wie der andere. Aber innerlich, welche Vielfalt und welch phantastische Geschichten.»

Für Carrington gab es aber auch noch Abenteuer und Erfahrungen anderer Art mit Ralph Partridge, der öfter von Oxford herübergeradelt kam und für sie Modell saß. «Den Vogel Partridge in meinem Atelier zeichnen ging diesen Nachmittag nicht ohne seine Baßbegleitung», vertraute sie Lytton am 18. Juni an. Zum Quietschen des Mühlrad und dem Plätschern des Wassers, das die Pumpe rhythmisch in den Tank beförderte, schliefen sie miteinander. «Ich glaube, wir brauchen ein großes Bett im Cottage in Marsland, wenn wir ihn zwei Wochen lang ertragen sollen», spekulierte Carrington, die mit ihm und ihrem Bruder Noel einen Sommerurlaub in Welcombe in der Nähe des Bauernhofs von Mrs. Box plante, wo sie, Lytton, Alix und James zwei Jahre zuvor die Ferien verbracht hatten.

Es wurde ein angenehmer Aufenthalt. Sie quartierten sich in dem abgelegenen Cottage West Mill ein, das sich herrlich zum Malen eignete. «Die Wände sind weiß, und wenn die Mahlzeit vorüber ist, kann man sich hinsetzen und lange an hübschen Stilleben mit bunten Krügen und Blumen, Brot, Tintenfässern und Teetassen auf dem Tisch malen; und man schreibt Briefe», teilte sie Mark Gertler im Juli 1919 mit. «Aus dem Fenster blickt man auf ein langes Tal mit hohen baumbestandenen Hügeln zu beiden Seiten ... Zur anderen Seite geht das Landhaus auf das tosende Meer mit Felsen und Klippen hinaus. Bis dorthin braucht man nur ein paar Minuten zu Fuß.»

Die zweiundsiebzigjährige Mrs. Box trieb hurtig die Kühe in die Marschwiesen und wieder zurück. «Sie hob beide Arme, schwenkte einen Stock in der Hand und rannte dann auf mich zu!» Ralph nannte sie einen «ganz reizenden jungen Mann», der mit Carrington ein «hübsches Paar» abgebe. Die beiden schwammen an den meisten Tagen im Meer und legten sich dann auf die Felsen in die Sonne. Und Carrington malte bei stürmischem Wind und schrieb Lytton lange Briefe. Sie fürchtete, ihr sexuelles Abenteuer könnte ihre Beziehung zu Lytton beeinträchtigen. «Der Major ist noch immer der gleiche», versicherte sie Lytton am 14. Juli. «Dank seiner übertriebenen Freundlichkeit kommt man allerdings recht gut mit ihm aus.» Wenn er tagsüber nur schweigen oder sich unsichtbar machen würde, so verriet sie mit der Offenherzigkeit der Bloomsburyaner, wäre das Leben vollkommen, denn ohne Zweifel sei er das, was Shakespeare einen «famosen Bettgenossen» nenne (12. Juli 1919).

Ralph war klar, daß Lyttons Zustimmung für die Fortsetzung seiner Affäre mit Carrington unbedingt notwendig war, und da er den Eindruck hatte, daß sie sich ihm zu sehr verweigerte, befürchtete er zuweilen, von Lytton nicht gemocht zu werden. Aber «ich mag ihn mehr als jeden anderen, er macht einen so bescheidenen Eindruck», beteuerte Lytton am 19. Juni erneut. «Ich wünschte, er hätte deutlich mehr Selbstbewußtsein.» Und natürlich hatte Lytton weitere Wünsche, Vorstellungen und Fragen. «Wäre er [Ralph] wohl schockiert, wenn ich vorschlagen würde, daß Du ihm einen Kuß von mir gibst?» fragte er Carrington am 11. Juli. «Die Welt ist ganz schön anstrengend, muß ich sagen. Alles geht drunter und drüber: Damen verlieben sich in Schwule, und Schwule vergaffen sich in Frauenhelden, und jetzt wird auch noch die Kohle teurer. Wohin soll das nur führen?»

Den Sommer über kam Lytton mit der Arbeit an «Queen Victoria» gut voran. «Jetzt bin ich richtig in der Materie drin, oder sollte ich sagen, in Ihrer Majestät? Jedenfalls plage ich mich täglich an ihr ab und habe soweit auch Spaß daran», teilte er Mary Hutchinson am 17. Juli mit. Er saß an lauen Abenden zwischen den Kletterrosen im Mühlgarten und träumte, sofern er nicht an Ralph und Carrington in Cornwall dachte, wehmütig von der Shaftesbury Avenue, dem Soho Square, dem kleinen Durchgang zur Charing Cross Road, von der Tottenham Court Road, den großen Bäumen am Gordon Square und endlos so weiter. Jedes Schaufenster und jeden Pflasterstein sah er zum Greifen nahe vor sich, vor allem, wenn die Straßenlaternen schwach in der Dämmerung leuchteten und allerlei hübsche Geschöpfe von Schatten zu Schatten über die Straßen huschten. Wie sehr hatte er London in der Vergangenheit gehaßt: Wie verlockend schien es ihm jetzt in diesem stillen Garten! «Ich ertrage kaum den Gedanken daran, ich liebe es so sehr – bis zum Wahnsinn.»

Bald hatte er die beiden ersten Kapitel der «Queen Victoria» mit den Überschriften «Vorfahren» und «Kindheit» abgeschlossen. «Ich war die letzten Monate ganz mit Königin Viktoria beschäftigt», teilte er seiner Mutter am 19. August mit, «und ich habe jetzt den Anfang geschrieben, bis zu ihrer Thronbesteigung. Dank der Vielfalt an bizarren Charakteren und Umständen komme ich bislang gut voran. Nach dem Tod des Prinzgemahls, glaube ich, wird es sehr viel schwieriger werden.»

Die Stracheys begannen mit den Vorbereitungen für den später im Jahr vorgesehenen Umzug in ein neues Heim am Gordon Square 51. Lyttons Schwester Marjorie gründete an diesem Platz eine kleine Schule, die auch Kinder von Mitgliedern des Bloomsbury-Kreises besuchen sollten. Der Gordon Square wurde in den zwanziger Jahren von den Bloomsburyanern regelrecht in Beschlag genommen. Duncan Grant und Vanessa Bell nutzten eine Zeitlang die Nummer 37. James und Alix Strachey wohnten im Obergeschoß der Nummer 41, wo auch Lytton, Ralph Partridge und Carrington ein *pied à terre* besaßen.[64] In die Wohnung darunter zog 1922 Lydia Lopokowa ein, die nach ihrer Heirat zusammen mit Maynard Keynes in die Nummer 46 übersiedelte. Das Erdgeschoß war während der Ballettsaison die Adresse von Ernest Ansermet. In Nummer 42 wohnten 1925 Oliver Strachey und seine Tochter Julia. Ganz in der Nähe, in der Taviton Street und dann am Brunswick Square, wohnte Frances Marshall, Bunny Garnetts Schwägerin, die später in eine Wohnung am Gordon Square 41 zog. Die Nummer 46, die 1904 von der Familie Stephen übernommen worden war, gehörte nun Maynard, auch wenn Clive und Vanessa sowie Duncan dort einige Räume behielten. Adrian Stephen und seine Frau Karin, beide Psychoanalytiker, wohnten in der Nummer 50, ebenso wie lange Zeit Arthur Waley. Und nun zogen Lady Strachey und ihre Töchter in die Nummer 51. «Ich sehe voraus, daß der ganze Platz sehr bald zu einer Art College werden wird», schrieb Lytton Virginia am 28. September.

«Und wenn ich an die Diskussion im Garten denke, schaudert mich immer noch. Das Packen, Entscheiden, was verkauft, was nach Tidmarsh geschickt und was an ehrliche Arme verschenkt werden soll, usw. war fürchterlich und ist noch immer im Gange, wobei die Hauptlast natürlich der unglücklichen Pippa zufällt. Zu mehr als zum Händeringen bin ich kaum fähig. In den Zeiten dazwischen gehe ich ins British Museum und versuche Skandale in Zusammenhang mit Königin Viktoria auszugraben. Insgesamt ein bewegtes Leben mit einem Höhepunkt in den frühen Stunden des Freitagmorgen, als die Frau des Polizisten, die als Hausmeisterin dient, ihr Kind direkt vor meiner Schlafzimmertür zur Welt brachte.»

Mit Hilfe von Arthur Waley, der damals in der Abteilung für Drucke und Zeichnungen des British Museum arbeitete, und H. A. L. Fisher, einem Kurator des Museums, erhielt er Einblick in die einundneunzig Quarthefte von Charles Grevilles Tagebüchern. In den bis dahin gedruckten Ausgaben des Tagebuchs blieben einige seiner Privataffären und «Gedanken zum Charakter und zum Verhalten Königin Viktorias» ausgespart. Am 9. Oktober schrieb er Fisher: «Ich habe Exzerpte aus unveröffentlichten Teilen der Memoiren gemacht, die vornehmlich die Haltung der Königin gegenüber den Tories in ihrem ersten Regierungsjahr behandeln ... Es würde mich sehr freuen, wenn ich sie für mein Buch verwenden könnte (ich würde keine langen wörtlichen Zitate einbauen). Sicherlich werden Sie mir zustimmen, daß es keinen Grund gibt, dies nicht zu tun. Greville war sehr ärgerlich wegen der politischen Einmischung der Königin – der Brüskierung Wellingtons usw. –, und natürlich mußte Henry [Reeve] von einer Veröffentlichung dieser Passagen zu Lebzeiten I[hrer] M[ajestät] Abstand nehmen. Aber jetzt sind die Umstände anders. Und die Haltung Königin Viktorias im Jahre 1840 (die sich, nebenbei bemerkt, einige Jahre später änderte) ist mittlerweile nur noch von historischem Interesse, Hofpolitik von vor achtzig Jahren.»

Nach dem Abschluß seiner Studien kehrte Lytton im Herbst nach Tidmarsh zurück, wo er die nächsten sechs Monate «am Schreibtisch festgenagelt» blieb. In kurzen Pausen zwischen der Arbeit ordnete er seine Bibliothek, die aus Belsize Park Gardens nach Tidmarsh geschafft worden war und jetzt die Wände praktisch aller Räume und einen Gutteil des Fußbodens bedeckte. Er selbst saß in diesem Durcheinander und katalogisierte freudig die Titel mit verschiedenfarbiger Tinte auf linierten Karteikarten. «Jetzt kenne ich die Wonnen der Bürokratie, die Faszination des Einordnens, Etikettierens, Spezifizierens, Auflistens ... Ich verstehe die Webbs vollkommen.»

Die Faszination dieser Tage wurde nur unterbrochen durch den Besuch von Freunden und «Gesellschaftern», unter anderem Lyttons Schwestern, sein Bruder Oliver mit Freundin, ein vollkommen verschlossener Saxon, Ottoline, die überall Angst verbreitete, Clive und Mary, die Carrington wie ein Dienstmädchen behandelten, und E. M. Forster mit seinem «ulkigen dreieckigen Gesicht und dem genau dazu passenden Verstand».

Lytton unterbrach die Arbeit regelmäßig zur Lektüre neuer Bücher.[65] Am spannendsten in diesem Winter waren zwei Bücher von Freunden. Das erste war Virginias neuer Roman «Nacht und Tag», der, wie er Ottoline am 15. November schrieb, kein Buch zum Lesen, sondern zum Wiederlesen sei. «Es steckt soviel dahinter, daß man es beim zügigen Lesen gar nicht richtig aufnehmen kann und nachgerade Lust bekommt, es noch einmal zu lesen. Sie [Virginia] war letzte Woche hier, machte einen sehr munteren und fröhlichen Eindruck und war natürlich amüsanter denn je.» Und Pippa schrieb er am 13. November: «Vergegenwärtigt man sich die Gesichter, ist es schwierig, ein Urteil zu fällen. Aber ich glaube, Mrs. Hilbery ist ein *chef d'œuvre*.[66] Der andere Höhepunkt dieser Wintermonate war Maynards «Die wirtschaftlichen Folgen des Friedensvertrages»*.

---

* Das Buch machte Keynes international berühmt. Wie Maynard es Lytton gegenüber am 23. Dezember 1919 ausdrückte, «zog es eine Flut zustimmender ... Briefe von Kabinettsministern nach sich ... Mit jeder Post versicherten sie mir, sie seien mit jedem Wort einverstanden usw. Nun, ich glaube, für sie ist das die bequemste und sicherste Linie.» In Wahrheit

Maynard hatte» das Buch im August und September in Charleston geschrieben und während Lyttons Aufenthalt daraus vorgelesen. Nach der Rückkehr nach Tidmarsh einige Wochen später schrieb ihm Lytton (4. Oktober 1919): «Aus den spärlichen Hinweisen in der Zeitung reime ich mir zusammen, daß Dein Freund, der Präsident [Woodrow Wilson], verrückt geworden ist. Ist es möglich, daß ihm schrittweise klar wurde, wie erbärmlich er versagt hat,* und daß er über dieser Erkenntnis schließlich den Verstand verloren hat? Das wäre sehr schlimm. Würden dann aber einige Deiner Bemerkungen nicht herzlos erscheinen? Vor allem, wenn er zurücktritt und stirbt.»

Obwohl Maynard überzeugt davon war, daß seine Skizze von Woodrow Wilson für seine Argumentation sehr wichtig und daß eine Beleuchtung seines Charakters für das Verständnis des Friedensabkommens und die Klärung der Situation unabdingbar sei, milderte er einige Passagen vor Veröffentlichung des Buchs im Dezember ab. «Mein Buch ist gestern eingetroffen, und ich habe es in einem Zug durchgelesen», schrieb ihm Lytton am 16. Dezember.

«Ich halte es für sehr gelungen und vor allem für sehr eindrucksvoll. Es ist seriös, und keiner kommt daran vorbei. In Charleston habe ich ein wenig befürchtet, daß es zu radikal erscheinen könnte, aber jetzt glaube ich das überhaupt nicht mehr. Die leichten Abmilderungen in den Passagen zu Clemenceau und Wilson betrachte ich als echte Verbesserungen, die die Wirkung des Buchs eher noch steigern. Auch enthält es eine Fülle von Informationen aus erster Hand. So hatte ich beispielsweise keine klare Vorstellung davon, wie die Klauseln des Friedensvertrages tatsächlich aussahen. Aus den Zeitungen war nichts zu erfahren, und die Bedeutung des Vertrages wäre ohne sie sicher unverständlich. So war Dein Exposé, abgesehen vom Thema, überaus willkommen. Und natürlich ist dies nur einer

---

«war das Werk in offiziellen Kreisen sehr unbeliebt», schrieb Roy Harrod. Seinetwegen verlor Maynard für zehn Jahre seinen Einfluß im Finanzministerium. «Er attackiert alles, was vernünftig, etabliert oder allgemein anerkannt ist», klagte ein Beamter des amerikanischen Finanzministeriums. Er sei völlig verantwortungslos. Es ist ihm egal, wieviel Schaden er anrichtet.»

* Auf der Pariser Friedenskonferenz, an der Keynes als Hauptvertreter des Finanzministeriums teilnahm.

von vielen höchst interessanten Fakten. Was den Gegenstand angeht, so ist er gewiß niederschmetternd und ganz furchtbar. Ich glaube nicht, daß sich irgend jemand dem entziehen kann. ... Ein Punkt, an dem ich Zweifel hatte ... ob die von Dir vorgeschlagenen Friedensbedingungen, auch in Hinblick auf Deine Darstellung, nicht viel zu hart sind. Ist es denkbar, daß das Deutschland, das Du beschreibst, in der Lage ist, dreißig Jahre lang fünfzig Millionen im Jahr zu zahlen?»

Die Arbeit an Lyttons eigenem Buch kam jetzt gut voran. Er arbeitete jeden Morgen etwa drei Stunden und brachte ungefähr dreihundert Wörter zu Papier. Korrekturen waren selten. Bevor er etwas niederschrieb, hatte er nicht nur Sätze, sondern bereits ganze Abschnitte im Kopf. «Königin Viktoria, diese arme Dame, kommt nur schrittchenweise voran», schrieb er am 9. Dezember. «Wie soll das erst werden, wenn sie, die jetzt noch jung ist, in die Jahre kommt? Ich kann nur hoffen, daß bei ihr die Entwicklung gegenläufig ist, daß es also mit ihr immer geschwinder vorangeht, je älter sie wird, und daß sie sich schließlich leicht ins Grab verfrachten läßt.»

Bis zum Frühjahr waren die Kapitel über Lord Melbourne, über ihre Heirat und wahrscheinlich auch das fünfte Kapitel über Lord Palmerston abgeschlossen. Jedenfalls wollte Lytton sich, bevor er die zweite Hälfte des Buches in Angriff nahm, erst einmal ein paar Wochen Urlaub im Ausland gönnen.

7. Südlich von Pangbourne

«Ich bin jetzt richtiggehend glücklich», schrieb Lytton Maynard am 16. Dezember. Es ging nicht nur mit seinem Werk gut voran, auch seine Lebensumstände schienen angenehmer denn je. Ralph sah er oft. Manchmal trotzte er dem Winterwind und fuhr nach Oxford, um ihm beim Rudern zuzuschauen. Und Ralph kam übers Wochenende häufig nach Tidmarsh, wo sie gemeinsam elisabethanische Stücke und Gedichte lasen. «Lytton kommt jetzt sehr viel besser mit ihm aus», schrieb Carrington ihrem Bruder Noel am 12. Dezember. Noel bereitete gerade seine Abreise nach Indien vor, wo er für den Verlag Oxford Press arbeiten sollte. «Tatsächlich sind sie dicke Freunde und diskutieren über Einsteins Theorien, während ich Socken stopfe.»

Auch Carrington fand an Ralph jetzt mehr Gefallen. «Er ist sehr viel charmanter geworden und hat das Moralisieren aufgegeben, mit dem er mich gelangweilt hat», schrieb sie am 15. Dezember 1919. «Wir streiten uns also nicht mehr und sind in unserer Zuneigung die reinsten Turteltauben geworden. Gewiß werde ich ihn niemals lieben, aber ich mag ihn sehr gern.» Nachts ließ sie ihn in ihrem Bett schlafen, und tagsüber saß er ihr Modell im Atelier («Ich sitze jeden Tag an einem großen Ölgemälde von ihm») oder er arbeitete im Garten: «Ich schaffe Dung herbei», schrieb er Noel, «ich siebe Asche, schneide Hecken, verbrenne, vernichte und ebne alles ein, was mir in die Quere kommt.»

Lytton hatte sich mittlerweile heftig in Ralph verliebt. Mehrmals in der Woche schrieb er ihm Briefe, in denen er ihm neckende Liebeserklärungen machte. So am 11. Januar 1920: «Ich wünschte, Du wärst gestern zum Abendessen hier gewesen, um den Hasenpfeffer mit delikater Sülze zu kosten, die Carrington mit den Resten eines Burgunders zusammengeköchelt hat. Köstlich! Wann kommst Du wieder? ... Ich merke nun, daß ich, wenn ich klug gewesen wäre, Dich mit dem Ohr am Pranger von Tidmarsh hätte festnageln sollen. Dann hättest Du Dich nicht aus dem Staub machen können, als Dich alle ziemlich satt hatten. Auf eine solche Behandlung mußt Du Dich jedenfalls gefaßt machen, wenn Du wiederkommst. Es tut nicht besonders weh und ist eine interessante Erfahrung. Stell Dir vor, ich sitze aufrecht mit Pulswärmern im Bett. Der Wind heult, der Regen rauscht und der Schrecken des Sonntags liegt über der Erde.»

Drei Wochen später, am 3. Februar 1920, schrieb er erneut:

«Wenn Du nicht morgen oder am Donnerstag hier auftauchst, dann werde ich Dich wohl hundert Jahre nicht mehr sehen. Bis dahin habe ich einen schneeweißen Bart, und Deine Ohren werden so frech, weil sie keiner langzieht, daß der Henker sie stutzen muß ... Ich bin sehr ausgelassen, und es geht mir gut. Mein liebstes Geschöpf, mache Dir um meine Gesundheit nicht allzuviel Sorgen. Die Erschöpfung, die einen ins Wanken bringt, rührt aus jämmerlich unterdrückten Trieben. In der düsteren Epoche meines Lebens wäre ich an ihr fast zugrunde gegangen. Aber jetzt, mein Lieber, habe ich wieder Auftrieb und lasse mich von soviel Glück tragen. Zu diesem Thema sind mir zwei allgemeine Regeln eingefallen:

Regel Nummer eins: Das Geheimnis des Glücks liegt darin, weder zuviel noch zuwenig zu erwarten.

Regel Nummer zwei: Keiner unter 39 vermag mit diesem Geheimnis umzugehen.»

Zuweilen geriet Lytton in Versuchung, seinem «süßen Ralph» zuviel zuzumuten, und dann machte er sich Sorgen, vor allem, wenn Carrington nicht da war: «Argwöhne bitte nichts Böses.» Als Carrington und Partridge zusammen einige Tage in Oxford verbrachten und ihn in Tidmarsh zurückließen, wurde es einsam um ihn: «Mein lieber Ralph», schrieb er ihm im Februar 1920, «ich fühle mich ziemlich niedergeschlagen und allein und muß Deine Hand drücken, bevor ich zu meiner einsamen Couch gehe. Carringtons auch ... Es ist so schön, wenn wir alle drei zusammen sind, daß ich Groll gegen jede Minute hege, die uns voneinander trennt.»

Carrington war entzückt, daß ihre beiden Männer soviel Gefallen aneinander gefunden hatten. Es sei «ein gewaltiger Fortschritt», schrieb sie am 2. Januar 1920, «denn Lytton findet sein Vergnügen darin, alle mit Literatur vertraut zu machen. Es hat Ralph glücklicher gemacht und ihm etwas von seiner Schüchternheit genommen, und ich kann ihn jetzt hier empfangen, sooft ich mag.» Sie fühlte sich nun in der Lage, in Lyttons Gefühlsleben eine noch wichtigere Rolle zu spielen. Wenn sie Freunde anziehen konnte, die er mochte, dann war ihr der Platz an seiner Seite sicher. Und Lytton hatte durchaus nichts gegen Ralphs Leidenschaft für Carrington, vielmehr schien das Glück der beiden sein eigenes noch zu vergrößern. Im Augenblick hielten sich alle drei an seine erste Regel, wonach man weder zuviel noch zuwenig verlangen soll, und jeder zog aus dem Glück der beiden anderen zusätzliche Freude. «Ich schicke Dir meine zärtliche Liebe», schloß Lytton im Februar 1920 einen Brief an Ralph, «und alle Küsse und noch so allerlei, das ich Dir nicht über Carrington zukommen lassen wollte, weil ich befürchtete, es könnte abgefangen werden.»

Freilich konnte die Situation nicht immer so harmonisch bleiben. Ralph ließ sich von Lyttons Freundlichkeit, seinen Aufmerksamkeiten und seinem wachen, scharfen Verstand einnehmen. Er stand unter seinem Bann, aber er liebte Carrington. Gegen Ende jenes Winters begann er sie zu bedrängen, ihn zu heiraten. Sie blieb standhaft, und Lytton, der am Fortbestand des Status quo interessiert war, fürchtete zwar eine Veränderung, versuchte aber die beiden anderen in ihren Entscheidungen nicht zu beeinflussen.

So lag über ihrer Beziehung ein erster Schatten. Er verschwand allerdings sofort, als alle drei im März 1920 für sechs Wochen nach Spanien in die Ferien reisten. Carrington bestand darauf, daß sie an allen Stationen, die sie mit Ralph im Vorjahr besucht hatte, haltmachen sollten. Nur so konnte sie die vergangenen Eindrücke mit Lytton teilen. Zusätzlich zu dieser Route planten sie, einige Tage bei Ralphs Freund Gerald Brenan zu verbringen, der im vorigen Herbst mit hundert englischen Pfund in der Tasche losgesegelt war und sich in dem wilden andalusischen Berberdorf Yegen ein Haus eingerichtet hatte. Der Aufenthalt dort sollte der Höhepunkt der Reise werden.

Ralph, der die Reiseleitung übernahm, hatte drei Kabinenplätze auf einem Schiff gebucht, das am 18. März aus dem Hafen von Liverpool auslief. Nach einem eintägigen Zwischenstopp in La Coruña gingen die Gefährten in Lissabon schließlich an Land. Von dort aus setzten sie ihre Reise über die spanische Grenze bis nach Sevilla fort. Lytton reiste in der ersten, die beiden anderen in der dritten Klasse in Hitze und Gestank, auf Holzbänken und unter Bauern mit «verschrecktem Federvieh». «Das Reisen in diesem Land ist bestenfalls anstrengend», schrieb Lytton Mary Hutchinson am 11. April, «alle Zugreisen dauern mindestens zwölf Stunden, und die Langsamkeit, mit der es vorangeht, ist nervtötend. Die nächtliche Ausreise aus Portugal war furchtbar: Der Waggon der ersten Klasse war mit nukkelnden Säuglingen und betrunkenen Handelsreisenden blockiert, der arme Ralph mußte auf dem Handkoffer im Korridor schlafen usw. Aber immerhin geht es voran, und was man zu sehen bekommt, lohnt den Graus.»

Der Graus steigerte sich, als sie in das öde, ausgedörrte Innere Spaniens vorstießen. Als sie Sevilla erreichten, war Lytton erschöpft, aber Ralphs straffer Terminplan ließ nur wenige Ruhepausen zu, und Reisegefährten, denen es an soldatischer Zähigkeit fehlte, waren nicht vorgesehen. Schon bald trieb er sie nach Córdoba weiter, «eine wunderschöne Stadt», wie Lytton Pippa am 1. April meldete. Alles Bisherige hatte seine kühnsten Erwartungen übertroffen, aber am besten gefiel ihm jetzt Córdoba, das er in einem Brief an Mary Hutchinson als «orientalisch» beschrieb:

«... ein Geflecht aus ganz engen Gäßchen und eine sehr große wunderschöne Moschee, in deren Mitte die staunenden Christen eine gewaltige Rokokokirche errichtet haben, ein schwindelerregender Gegensatz. Eines Abends nach Sonnenuntergang sind wir hineingegangen und gerieten mitten in eine Messe. Ein ganzes Orchester war in dem Barockbau am Werke, ein Tenor sang eine Arie von Mozart, und ringsherum, nur spärlich durch eine Lampe hie und da beleuchtet, erhoben sich die Säulen, wölbten sich die Bogen der alten Moschee und verloren sich in allen Richtungen in weiter dunkler Ferne. Es war unglaublich ergreifend und romantisch, und ich fühlte mich fast schon wie ein römischer Katholik.»

Ralphs Zeitplan sah für Córdoba ganze drei Tage vor. Dann machten sie sich wieder auf den Weg und erreichten nach mehrstündiger strapaziöser Reise Granada, das nach Lyttons Bekunden «höchst erstaunlich» war, «ganz hoch gelegen und überragt von schneebedeckten Gipfeln, und die Alhambra beherrscht mit gewaltigen dunkelroten Mauern und Türmen die Stadt. Schon von weitem entdeckt man darin Postkartenansichten, der Ausschnitt mit der Alhambra ist reichster Earl's Court, wodurch jedoch weder die Lage noch die Silhouette der Stadt an Großartigkeit einbüßt.»

Als sie am 2. April in Granada eintrafen, war Lytton «quietschvergnügt». Das Vergnügen währte allerdings nicht lange. Nachdem sich die Reisegefährten durch die karge Berglandschaft mit ihren knochenbleichen Felsen gekämpft hatten, nahmen die Schwierigkeiten zu. Täglich gab es eine neue Krise, eine weitere Katastrophe, und das Opfer hieß jedesmal Lytton, der immer unruhiger wurde, je weiter sie sich von der Zivilisation entfernten. Schon hatte er den Eindruck, als sei er seit mehreren Jahren aus England fort. «Ich entwöhne S[trachey] von seinen Milchläden», hatte Ralph Noel Carrington im Vertrauen angekündigt. In Granada erlitt Ralphs Schützling jedoch einen Rückfall. Die derbe spanische Küche mit ihrem Hauptakzent auf Kartoffelomelett, Stockfisch und nicht raffiniertem Olivenöl hatte eine verheerende Wirkung auf Lyttons Verdauungsapparat. Er holte sich eine Grippe, trat um ein Haar auf eine Schlange, verlegte seinen Schlafanzug, verletzte sich am Knie und verkündete, er werde jeden Augenblick ohnmächtig zusammenbrechen, lehnte aber jede Hilfe ab. «Ich habe begonnen, die spanische Sprache zu erlernen», hatte er Ralph am 11. Januar geschrieben, «aber ich bin noch nicht ganz fertig. Es gibt für Dich immer noch Gelegenheit, der Sache den letzten Schliff zu geben ... *Te envio un baccio.*» Diese Beredsamkeit beschränkte sich freilich auf das Briefeschreiben nach England. In Spanien dachte er nicht daran, auch nur ein Glas Wasser zu bestellen. Er verließ sich lieber auf

Ralph, der «sich der spanischen Sprache mit großem Talent bedient», wie er seiner Mutter bewundernd schrieb. Doch sobald er die beiden Gefährten einen Augenblick aus den Augen verlor, geriet er regelrecht in Panik.

Die Nerven aller Beteiligten lagen bald blank, und Carrington und Ralph gerieten wegen all dieser Rückschläge schließlich in Streit. Von außen besehen waren es die Kabbeleien eines Liebespaars, doch die eigentliche Ursache war Lytton.

In Granada nahm ihr Schicksal indes eine jähe Wendung. Hier hatten sie sich mit Gerald Brenan verabredet, der sie anschließend durch Las Alpujarras, einen wilden Landstrich zwischen der Sierra Nevada und den Bergen nördlich des Mittelmeeres, zu seinem kleinen Berghaus führen sollte. Da Brenan, der chronisch schlecht organisiert war, zum vereinbarten Zeitpunkt nicht erschien, blieb den drei Reisenden nichts anderes übrig, als im Hôtel de Paris weiter auf ihn zu warten. Sie gingen in die Moschee, schauten einem Stierkampf zu und hörten sich ein Konzert an. «Den Montag verbrachten wir mit der Suche nach Brenan», schrieb Carrington ihrem Bruder Noel. «Lytton weigert sich loszuziehen, solange R. P. nicht für seine Sicherheit garantieren kann, und das kann R. P. erst, wenn er Brenan gefunden hat.»

Lytton beklagte sich allerdings keineswegs über das Ausbleiben von Brenan, denn der Aufstieg über gewundene schmale Pfade durch die wildeste Region Spaniens erschien ihm als der denkbar größte Leichtsinn. Die Abenteuerlust, die zu Beginn der Reise noch lebendig gewesen war, hatte sich unter dem Eindruck der Pannen verflüchtigt, so daß er keine Risiken mehr eingehen wollte. Und Brenan sei ein «liebenswerter Verrückter», so teilte er Mary Hutchinson mit, «den ein dostojewskijscher Drang, der Vogelzug oder sonst etwas hierher verschlagen hat und dem Partridge hoch und heilig versprochen hat, ihn besuchen zu kommen». Trotz der Aussichten auf einen grauenvollen Aufstieg wollte er weder den anderen die Reise verderben noch allein (oder mit Carrington, zu deren Fähigkeiten als Führerin er wenig Vertrauen hatte) in Granada zurückbleiben. So beschloß er, sie zu begleiten, falls Brenan tatsächlich noch auftauchen sollte.

Ralph hatte seinem Freund inzwischen ein Telegramm mit einer Erinnerung an die Verabredung in Granada geschickt. Sie würden in zwei Tagen wieder abreisen, sollte er sich bis dahin nicht gemeldet haben. Auf diese Nachricht hin schleppte sich Brenan grippegeschwächt die Berge hinab, verpaßte sie um eine halbe Stunde im Hotel und kam dann doch gerade noch rechtzeitig, um mit ihnen in den abfahrenden Bus zu springen. Anschließend stiegen alle vier in einen anderen überfüllten Bus um. Sie verbrachten qualvolle Stunden in dem Fahrzeug, das sie, in Abgaswolken gehüllt und von Explosionen begleitet, über unbefestigte Straßen bis nach Lanjaron brachte, «einen kleinen Luftkurort in den Bergen». Dort wurde das Problem besprochen, wie Lytton nach Yegen gebracht werden konnte. Ihr bärtiger Schützling saß auf einem Korbstuhl und trank Cognac, ohne sich für eines der vorgeschlagenen Transportmittel begeistern zu können. Schließlich wurde vereinbart, für den folgenden Morgen eine Kutsche zu mieten, die alle zu einem Dorf namens Orgiva bringen sollte. Die letzten sechseinhalb Kilometer der gefahrvollen Reise sollten dann auf Mauleseln zurückgelegt werden. Alles ging gut bis zum Rio Grande. Brenan hatte nicht mit dem Frühjahrshochwasser gerechnet, das den Fluß praktisch unpassierbar machte. Als sie an der Furt anlangten und in die reißenden Fluten ritten, reichte den Mauleseln das Wasser bis zu den Tragegurten. Lytton drehte besorgt um. So kehrten die Gefährten erschöpft zum Hotel zurück und beschlossen, es am nächsten Morgen auf einer anderen Route erneut zu versuchen.

Alle waren gereizt, und der Abend verlief unter gegenseitigen Schuldzuweisungen in gedrückter Stimmung. Lytton schaute düster entschlossen drein, Brenan wirkte betreten, und Carrington und Ralph machten sich gegenseitig Vorwürfe. «Die Beförderung des großen Literaten in mein Bergdorf nahm mehr und mehr die Züge einer Militäroperation an», erinnerte sich Brenan später. «Carrington, die von zwei Seiten unter Beschuß geraten war, versuchte die Gegner ohne großes Geschick zu beschwichtigen, und nur Lytton schwieg. Was mich selbst betraf, so zweifelte ich nicht an meiner Fähigkeit, jedes Ziel zu erreichen oder jede praktische Herausforderung zu bestehen, aber unter dem Dauerfeuer meiner Freunde fühlte ich mich außerstande, für andere die Verantwortung zu übernehmen.»[67]

Am nächsten Morgen um neun Uhr versuchten sie es erneut. Der Tag versprach sengend heiß zu werden, und sie hatten fünfzig Kilometer Weg durch eine wildzerklüftete Landschaft vor sich. Kaum waren sie aus der Kutsche gestiegen und auf Mauleseln in das Flußtal geritten, als Lytton feststellte, daß seine Hämorrhoiden einen längeren Ritt nicht zuließen. So kletterte er ungefähr alle halbe Kilometer, wenn sie wieder an den Fluß kamen, mühselig auf sein Reittier, ließ sich unter Qualen von dem geduldigen Tier auf die andere Seite tragen und stieg dann wieder ab, wobei er die ganze Zeit über seinem Kopf einen Sonnenschirm balancierte. Diese Prozedur wiederholte sich mit eintöniger Häufigkeit den gesamten Tag über und verzögerte den Ablauf so sehr, daß sie schließlich übereinkamen, im Dörfchen Cádiar ein Nachtquartier zu beziehen. Nach einem Blick auf das beste verfügbare Bett in der *posada* änderten sie allerdings ihre Meinung und setzten den Weg entlang dem immergleichen Fluß fort, den sie auf ihren Mauleseln wieder und wieder, wie in einem Alptraum, überqueren mußten. So folgten sie engen Pfaden ins Gebirge hinauf, bis in der Dämmerung schließlich die ersten Sterne am Himmel glänzten.

Die letzte, einen dreiviertel Kilometer lange Etappe ihres Weges führte sie in der Dunkelheit einen steilen Berghang hinauf, ein gefährlicher Aufstieg, den Lytton im Damensitz auf seinem Maulesel bewältigte. Als Carrington und Brenan oben angekommen waren, eilten sie ihm und Ralph voraus, um die Ankunft des bedeutenden Mannes anzukündigen, damit eine warme Mahlzeit für ihn bereitet werde. Die Zurückgebliebenen erreichten die steilen gepflasterten Gäßchen von Yegen eine halbe Stunde später, etwa um zehn Uhr abends nach gut zwölf Stunden Reise, die nur durch eine Rast um die Mittagszeit unterbrochen worden war. «Mein Gott», schrieb Carrington Noel, «niemals in meinem Leben war ich so froh, an einem Ort anzukommen, wie in dieser Nacht bei der Ankunft an Geralds Berghaus.» Lytton gab Mary Hutchinson eine dramatische Schilderung: «War das eine Szene! Sengende Hitze, pfeifender Wind, strömender Regen und schließlich Einbruch der Nacht. Lady Hester war nicht dabei: Und dann Gefühlswallungen von der seltsamen Sorte, als wir in stockdunkler Nacht halbtot am Ziel ankamen ... Nie hätte ich mir träumen lassen, daß ich mich in meinem Leben um der *beaux yeux* eines Majors willen an einen solchen Ort begeben würde!»

Aber einmal angekommen, keimte in Lytton das Gefühl auf, daß sich die Expedition, mit gewissen Abstrichen, im ganzen doch gelohnt hatte. Auf den einsamen Hügeln ringsherum standen Oliven-, Orangen- und Feigenbäume, Weinstöcke, Kastanienbäume und sattgrüne Pappeln. Im Norden ragten die schneebedeckten Gipfel der Sierra Nevada auf, und in weiter Ferne im Süden erblickte man das glitzernde Blau des Meeres unter der Mittagssonne. Und überall türmten sich mächtige Bergfelsen mit steil abfallenden Hängen. «Schau auf eine Karte von Spanien und suche Granada», wies er Mary Hutchinson in einem Brief am 11. April 1920 an. «Dann ziehe eine Linie von ungefähr sechzig Kilometern nach Südwesten über die Sierra Nevada, und Du kommst hier bei uns an. Yegen ist ein Gebirgsdorf mit Fernsicht bis zum Mittelmeer, und ringsherum phantastische, griechisch anmutende Berg- und Felsformationen. Nie zuvor habe ich eine Landschaft von solcher Weite gesehen, wild, gewaltig und spektakulär, mächtige Berge, tiefe Abgründe, überall Farben von sattem Orange und leuchtendem Grün, ein herrlicher Ort, aber man erreicht ihn sehr viel leichter mit dem Finger auf der Landkarte als in der Wirklichkeit!»

Lytton nutzte die meisten Tage in Yegen dazu, sich von der Reise zu erholen und sich seelisch auf die Strapazen der Rückkehr vorzubereiten. Nur einmal mischte er sich in das Gedränge der Esel und Maultiere, die, mit Weintrauben und Heu beladen, durchs Dorf trotteten. Ansonsten hütetete er das Haus, das mit seinen niedrigen verputzten Decken und Balken für örtliche Gegebenheiten geradezu luxuriös anmutete. Sogar eine Toilette war vorhanden: ein Loch in einem Dielenbrett über dem Hühnerhof. «Ich werde natürlich mit größtem Respekt behandelt», schrieb er, «und genieße den Aufenthalt sehr. Trotzdem bedaure ich es nicht, wenn dieser Abschnitt unserer Reise vorüber ist und wir in vergleichsweise zivilisierte Regionen zurückkehren.» Erst am letzten Tag, vermutlich ermuntert durch die Aussicht, den Fliegen und Flöhen zu entkommen, wurde er geradezu agil. Zu Ralphs Verdruß waren Carrington und Brenan bester Laune, badeten und gingen gemeinsam picknicken. Trotz der Anspannung und der ständigen Sorge um Lyttons Gesundheit hatte Carrington eine überaus glückliche Woche verbracht. Sie war Brenan einige Male in England begegnet und hatte ihn schon damals für einen romantischen Abenteurer gehalten. Sie schlossen sofort Freundschaft, und wenn man sie zusammen sah, wirkten sie «so reizend, unschuldig und liebenswert» wie ein paar Kinder. Brenan war damals sechsundzwanzig Jahre alt, ein Jahr jünger als Carrington, einen Meter zweiundachtzig groß, mit einer athletischen Figur. Er steckte voll rastloser Energie und wirkte doch merkwürdig abwesend. Von Carrington war er entzückt, und sie fühlte sich von ihm auf geheimnisvolle Weise angezogen. «Er ist ein so charmanter Charakter», schrieb sie Noel, «ganz wie Teddy mit seiner guten Laune und seinem Charme. Aber wenn er Entfernungsangaben machen soll, o weh, hat er keine genauen Vorstellungen, und ihm fehlt jedes Gefühl für Zeit! Wir haben bei ihm die schönsten Tage erlebt, die ich in Spanien je verbracht habe.»

Bald machten sie sich wieder auf den Weg. «Die Reise begann auf Mauleselrücken», wie Lytton seiner Mutter schilderte. Anschließend ging es «in einer hübschen, von Pferd und Maulesel gezogenen Kutsche weiter, dann in einem Autobus über eine weitere unsägliche Strecke nach Almería, das an der Küste liegt und wo wieder die Zivilisation beginnt». Von dort aus reisten sie mit dem Zug – Lytton lag zwischen Orangenschalen auf dem Abteilboden – bis nach Toledo weiter. Dort wurde gerade unter einer stechenden Aprilsonne die Karwoche begangen. Osbert Sitwell, der sich kürzlich vom Krankenlager erhoben hatte und mit seinem Bruder Sacheverell ebenfalls Toledo besuchte, entdeckte Lytton und Carrington auf der anderen Seite einer Straße, die von der Plaza zur Kathedrale führte. Zwischen ihnen schob sich wie ein träger Fluß die Prozession der Gläubigen hindurch, und erst als die Hälfte vorbeidefiliert war, entdeckten die Sitwells «die magere und lange Gestalt Lytton Stracheys», der sich «priesterhaft und einer Pagode gleich so vollkommen in die Komposition einfügte wie die Bildnisse der Heiligen. Wie gewöhnlich war er zum Schutz vor dem Wind gut eingemummt und in Begleitung seiner treuen Freundin und Gefährtin Carrington, ... die der Szene mit ihrem blonden Haar und dem pausbäckigen, blassen Gesicht eine bodenständigere, aber ebenfalls unzweifelhaft englische Note hinzufügte. So stand er da und betrachtete das Defilee der Riesen und Riesinnen mit stummer und etwas phlegmatischer Bewunderung.»

Lytton bemerkte die Sitwells, die durch die erregte, dicht gedrängte Menge teilweise verdeckt waren, zunächst nicht, so daß Osbert ihn eingehend beobachten konnte.

«Ein breitkrempiger brauner Hut bedeckte sein Haupt ... Aus seiner spöttischen Miene sprachen Witz und Humor sowie echte Schüchternheit, ein Anflug von Verzweiflung und nimmer enden wollende Fassungslosigkeit angesichts der menschlichen Torheit ... Der Verstand eines kultivierten und gelehrten Mannes ... prägte seine gesamte äußere Erscheinung, und alle seine Züge und Eigentümlichkeiten waren, obwohl höchst individuell, im wesentlichen englischer Art ... Wie er so dastand, hoch aufgeschossen, zweifellos eindrucksvoll, aber mit einem unleugbar grotesken Zug in der physischen Erscheinung und Haltung, zog er und niemand sonst die Blicke auf sich.»[68]

Während Osborne Lyttons Anblick auf sich wirken ließ, entdeckte ihn dieser plötzlich und winkte ihn und seinen Bruder Sacheverell mit amüsierter Miene heran. Im gleichen Augenblick lösten sich jedoch die Reihen der Zuschauer beiderseits der Straße hinter der Prozession plötzlich auf, worauf die Sitwells in die eine und Lytton und Carrington in die andere Richtung abgedrängt wurden. So verloren sie sich wieder aus den Augen.

Am nächsten Tag reisten Lytton, Carrington und Ralph nach Madrid weiter, «das, wie ich meine, wenig Empfehlenswertes vorzuweisen hat außer dem Prado», wie Lytton seiner Mutter meldete. «Aber der ist eine große Ausnahme.» Sie logierten im Hotel Terminus und gingen fast jeden Tag in den Prado. «Fast zuviel zum Anschauen», schrieb Carrington Gerald Brenan am 18. April 1920. «Goya, El Greco und Velazquez. Man muß sich buchstäblich in Stücke reißen ... Diese Bilder wecken in mir die Lust, alles aufzugeben und mich ganz der Malerei zu widmen.»

Am 21. April fuhren sie nach Paris weiter und stiegen im Hôtel d'Orléans in der Rue Jacob ab. Eine Stunde nach ihrer Ankunft stolperten sie über Nick und Barbara Bagenal, worauf alle fünf «sehr fröhlich» nach Versailles fuhren. Nick und Barbara belegten dort einen Kurs in französischer Literatur. «Lytton war natürlich in seinem Element. Und hielt uns einen großartigen Vortrag über die Geschichte der französischen Könige und ihrer Intrigen», schrieb Carrington Noel. Die Widrigkeiten der vergangenen Wochen waren vergessen, als Lytton seine Begleiter zum Mittagessen ins Foyot's, zum Konzert eines klassischen Streichquartetts und zu den Gemälden des Louvre führte.

An einem Samstagnachmittag eilte Ralph nach England zurück zu seiner Mutter, die krank geworden war. Am Abend schrieb ihm Lytton: «Mein Engel, bei Deinem Abschied wurde mir so elend ums Herz, daß ich kaum wußte, was ich tun sollte. Nachdem ich so lange mit Dir zusammen war und eine so glückliche Zeit verlebt hatte, war es schrecklich, dich fern zu wissen. Aber Liebster, wir werden uns bald wiedersehen, schon bald, nachdem Du diesen Brief erhalten hast, wenn nicht schon vorher! Paris ist herrlich, welch ein lauer Abend, und alles noch faszinierender unter dem Nachthimmel als bei Tageslicht. Aber wir vermissen Dich sehr: Das kleine Café, in dem wir heute wieder zu Abend gegessen haben, hat ohne den Reiseführer, der das Essen bestellt, mit uns den Wein genießt und über die Huren spekuliert, die Hälfte seines Zaubers eingebüßt. Mein Liebster, ich habe dies alles grenzenlos genossen, und wie kann ich Dir für das, was Du für mich in diesen fünf Wochen getan hast, je genug danken? Tatsächlich tut der Gedanke wohl, wie viele wunderschöne Erinnerungen uns jetzt verbinden, von den Delphinen im Golf von Biskaya bis zu Fra Angelico im Louvre!»

Am folgenden Dienstag nahmen Lytton und Carrington den Zug nach Dieppe und wurden noch am gleichen Abend von Ralph am Bahnhof abgeholt. «Er ist sehr unglücklich, was auch mich verzweifeln läßt», schrieb Carrington Gerald später (5. Mai 1920). «Und doch weiß ich: Selbst wenn ich nicht an mich dächte und ihn heirate, es würde damit nichts besser werden ... Am liebsten würde ich mich mit meinen Farbkästen schleunigst aus dem Staub machen, all diese Komplikationen zurücklassen, mein Leben ändern und mich in Yegen niederlassen.» «Du hast Yegen gesehen», antwortete ihr Gerald, «und wirst zurückkommen. Das ist die Hauptsache.»

Was Lytton anging, so war bei ihm die Heilkraft der Liebe so groß, daß er bei einem gemeinsamen Abendessen mit Ralph und Carrington sein Glas auf die Erinnerung an die «herrlichsten Ferien» erheben konnte.

8. Das Ende der «Queen Victoria»

Nach ihrer Rückkehr nach England trennten sich die Wege der drei Gefährten wieder: Ralph ging nach Oxford zum Rudern und zum Abschluß seines Studiums am Christ Church, Carrington unterzog sich in einem Londoner Krankenhaus einer kleineren Nasenoperation, und Lytton vertiefte sich im Mill House wieder in die «Queen Victoria».

Diese Arbeit nahm ihn für die nächsten acht Monate in Anspruch. Er entfloh ihr nur gelegentlich nach London und quartierte sich dann während der Abwesenheit seiner Schwester Pernel, die sich in

Newnham aufhielt, in deren Zimmer im zweiten Stock des Hauses am Gordon Square 51 ein. Zuweilen ging er auch nach Garsington, wo es «fast genug zu essen gab», oder nach Oxford, um Ralph beim Rudern im Achter zuzusehen («eine schaurige Zeremonie, ein furchtbarer Andrang von Weibern, Müttern und Schwestern, richtige Harpyien, die sich an den Martern der jungen Männer weiden»). Manchmal war er auch Maynards Gast in Cambridge, das nach Kriegsende seine Wiederauferstehung feierte. Seit dem Friedensschluß hatte die Jugend wieder von der Stadt Besitz ergriffen und erfüllte sie mit pulsierendem Leben. Ganz ungewohnt war der Anblick der Doktorhüte und Talare auf den Höfen der Colleges und der Boote, die im studentischen Wettkampf über die Flüsse glitten.

«Das Leben ist hier angenehmer denn je», hatte ihm Maynard versichert, obgleich sein Bett, zu seinem Leidwesen, kaum genutzt werde. Er lud ihn ins King's College ein, wo er eine neue Generation von Aposteln und den kürzlich in den Adelsstand erhobenen Lord Chalmers kennenlernte sowie einen ehemaligen Beamten des Schatzamtes, der die Finanzverwaltung geleitet hatte und in Kürze zum Rektor von Peterhouse ernannt werden sollte. Lytton schrieb wenig später einen Bericht über seinen Besuch, um die wieder genesende Carrington zu belustigen.

«Lord Chalmers ist für einen vertrottelten, weißhaarigen Alten geradezu ein Schmusekater, und er besitzt zudem große Urbanität – eine Zwetschge an einer Wand, sehr reif, um nicht zu sagen matschig. Er hält lange ausgefeilte Vorträge, bezieht gerne herausragende Tote mit ein, wendet sich mit einer leichten Verbeugung dann jedesmal zu mir und sagt: ‹Ein Freund von Mr. Strachey.› Wie Pozzo solch offenkundigen Unfug ernst nehmen kann, begreife ich nicht. Gestern nahmen wir ein feierlich-steifes Abendessen im Speisesaal ein und gingen anschließend in den ‹Gemeinschaftsraum›. Die Universitätslehrer, die ganz gerne mal einen Wein bechern, versammelten sich um einen Mahagonitisch und tranken langsam ein Glas Port um das andere (keinen sehr guten, wie ich fand). Dann ging ich ins Trinity und unterhielt mich einige Stunden mit [F. L.] Lucas, der mich wirklich faszinierte, weiß der Himmel, wieso. Die Jungen wirken dagegen, als hätten sie sich schon zur Ruhe gesetzt, trotzdem verspricht mir Maynard ein Mittagessen mit [Scanes] Spicer und Sebastian [W. J. H.] Sprott (eine reale Person, wie er meint) ... Cambridge ist nach der steifleinenen Würde von Oxford gewiß ein gemütlicher und angenehmer Ort, richtige Mittelschicht, und das bedeutet stets Erholung, zumindest für ein oder zwei Tage.»

Anfang Juni kehrte Carrington, die von James Stracheys beiden Frauen Noel und Alix im Krankenhaus besucht worden war, von Kopfschmerzen geplagt und vor Selbstmitleid zerfließend, ins Mill House zurück. Lytton eilte ebenfalls nach Tidmarsh, um sich um sie zu kümmern: «Bislang habe ich sie dazu gebracht, das Bett zu hüten», teilte er Ralph mit. «Mit Ruhe und kräftiger Kost (wenn sie sich das nur verordnen ließe!) dürfte sie in nicht allzu langer Zeit wieder in Ordnung sein.» Und tatsächlich kümmerte sie sich nach kaum zwei Wochen mit gewohnter Energie wieder um Lytton.

Ereignisarme, aber arbeitsreiche Monate folgten. Ralph, der im letzten Trimester in Oxford studierte, ruderte und las sehr viel (er hatte von Jura zu Literatur gewechselt) und ließ sich wegen der vielen Arbeit nur noch selten blicken. «Schwermut herrscht hier ohne Dich», vertraute Lytton ihm am 9. Juni 1920 an. «Um die Wahrheit zu sagen, vermisse ich Dich sehr.» Lyttons Korrespondenz in diesem Sommer verriet, daß er «ein vollkommen regelmäßiges Leben» führte und mit «quälendem Fleiß Blatt auf Blatt häufte», wie er Ralph am 29. Juli schrieb. «Ich hoffe, es bereitet irgend jemandem irgendwann einmal Vergnügen, aber ich bin mir da durchaus nicht sicher.» Königin Viktoria stellte «sich als zäherer Brocken heraus», als er je gedacht hatte, wie er Mary Hutchinson am 14. August verriet. «Ich muß ihn beharrlich immer wieder durchkauen, das ist die einzige Methode.» Anfang September trat er «bei Viktoria vollkommen auf der Stelle», gab er seinem Bruder James gegenüber zu. «Meine Gedanken drehten sich immer wieder im Kreis, und ich dachte schon, ich würde vollends verblöden. Er brauchte folglich eine Ruhepause.»

Er entschied sich für etwas Abwechslung in Gestalt einer Rundreise zu den Landsitzen des Bloomsbury-Kreises. Im Austausch für Pakete mit Zucker, Pfefferkuchen und sauberer Kleidung schickte er Carrington einen Bericht über die exzentrischen Ideen in Charleston, insbesondere über ein «Bloomsbury-Experiment mit der Zeit» (4. September 1920).

«Typischerweise hat Maynard darauf bestanden – Du errätst es nie! –, die Zeit zu verändern! Er läßt die Uhren jetzt sogar gegenüber der Sommerzeit noch eine Stunde vorgehen, was skurrile Folgen hat. Zum einen zieht Jessie, die nichts davon hält, nicht mit und hat im übrigen die Küchenuhr nicht aufgezogen, so daß die Diener jetzt *überhaupt keine Zeit* haben. Dann ist auch Clive ein Unsicherheitsfaktor, da er darauf besteht, sich auf die normale Zeit zu beziehen. Alles in allem herrscht völliges Durcheinander. Und alle sind außer Rand und Band! Obwohl Maynard sieht, wieviel Aufruhr er damit verursacht, bleibt er dabei. Vanessa ist zu schwach, um sich gegen ihn durchzusetzen, und Clive zu reizbar, um gute Miene zum bösen Spiel zu machen. Das Ergebnis ist eines Tschechow würdig. Zum Glück ist die Atmosphäre im Gegensatz zur tragischen Grundstimmung bei Tschechow durch und durch komisch. Alles lacht und schreit und geht wieder zum Alltag über.»

Vom heillosen Durcheinander in Charleston zog Lytton nach Monk's House weiter, zu jenem im Dorf Rodmell am Ufer des Flusses Ouse gelegenen Landhäuschen, das Leonard und Virginia kürzlich bezogen hatten. Trotz der ungewöhnlichen Verpflegung mit Marmelade, Kartoffeln und eingemachten Pflaumen und trotz der Baufälligkeit des Hauses war die Atmosphäre hier deutlich ausgeglichener. «Dieses Land ist für mich das schönste der Welt», schrieb er Ralph am 11. September. «Gestern habe ich mit Virginia einen herrlichen Spaziergang unternommen. Zu einem großen Bauernhaus mit vielen großen, getäfelten Räumen, einem ummauerten Garten und Stallungen, Pferden für meine beiden Kinder, einem Pianola und Bergen von Büchern, einem Weinkeller und ... doch nun geht die Phantasie mit mir durch. Tja, eines Tages ist es vielleicht soweit!»

Nach einer Woche Monk's House reiste er zu Jack und Mary Hutchinson nach West Wittering weiter. «Das Haus ist klein», schrieb er Ralph am 16. September, «und dann zwei Kinder in einem Alter, in dem sie besonders laut sind und viel herumtoben. Das Tête-à-tête mit Mary Hutch wird auf die Dauer schwierig. Das völlige Fehlen eines Geschlechtstriebes ist schrecklich langweilig, wenn es nicht durch besondere Intelligenz wettgemacht wird. Ein bißchen Flirt, und sei er auch noch so klein, macht ja einen solchen Unterschied!»

Dies waren die verschiedenen Abstufungen der Welt von Bloomsbury in Sussex, und sobald Lytton seine Studien abgeschlossen hatte, kehrte er nach Tidmarsh zurück. «Hier sitze ich am Feuer», schrieb er Mary Hutchinson am 4. Oktober, «und versuche mich dazu aufzuraffen, Königin Viktoria den *coup de grâce* zu versetzen: Doch ich zaudere ... ihre Fischaugen beschäftigen mich.» Er hatte gehofft, das Buch vor Weihnachten fertigzustellen, wußte nun aber nicht so recht, «ob ich Viktoria oder sie mich töten» werde, wie er Maynard wissen ließ. Er schickte Ralph sämtliche Kapitel, der sie abtippte und die Rechtschreibung korrigierte. Nach einem Brief vom 23. November an ihn hatte Lytton die Schilderung vom Tod des Prinzgemahls abgeändert, was den Abschluß der Arbeit verzögert hatte. «Ich führe das Leben eines Menschen, der unter roßhaargepolsterten Sofas und zusammengesackten Krinolinen begraben ist», schrieb er Middleton Murry am 22. September. Am 6. Dezember kam Geoffrey Whitworth von Chatto & Windus nach Tidmarsh, um mit Lytton die Veröffentlichung des Buches zu besprechen. Lytton versprach, Anfang nächsten Jahres ein komplettes maschinengeschriebenes Manuskript für das Frühjahrsprogramm abzuliefern. Er schätzte den Umfang auf ungefähr neunzigtausend Wörter, also zehntausend weniger, als ursprünglich veranschlagt.[69]

Komplizierter und auf die Dauer weniger befriedigend waren die Übereinkünfte für die amerikanische Ausgabe der «Queen Victoria». Maynard, dessen Buch «Die wirtschaftlichen Folgen des Friedensvertrages» kürzlich bei Harcourt Brace erschienen war, hatte Lytton überredet, dem Verlagshaus Putnam's, das seine «Eminent Victorians» herausgebracht hatte, in einem Schreiben höflich mitzuteilen, sein nächstes Buch werde nicht mehr dort veröffentlicht. Maynard trat daraufhin in Verhandlungen mit Harcourt Brace und berichtete Lytton, nachdem viele Briefe und Telegramme hin- und hergegangen waren, er habe für die amerikanischen Rechte an dessen Buch ein klares Angebot von 7000 Dollar (das entspricht ungefähr 35000 Pfund im Jahre 1994). Der Betrag könne so angelegt werden, daß er ihm für den Rest seines Lebens 150 bis 200 Pfund jährlich einbringen werde. «Ich weiß nicht, was ich Dir raten soll», fügte er in seinem Brief vom 30. November hinzu. «Aber es hat für Dich gewiß große Vorteile. Deine gesamten Rechte in England blieben für weitere Geschäfte unangetastet. Was soll ich also telegraphieren?»

Lytton war nicht sicher, ob diese Summe wirklich hoch genug war, vor allem, weil sie auch die Veröffentlichungsrechte als Fortsetzungsroman in der *New Republic* beinhaltete.[70] Von Putnam's hatte er für die ausgehandelten 20 Prozent Tantiemen am direkten Verkauf der «Eminent Victorians» schon jetzt über 700 Pfund (ungefähr 13000 Pfund im Jahre 1994) erhalten, und von einer Veröffentlichung in Fortsetzungen war dabei nicht die Rede gewesen. Andererseits hatte es ihn beeindruckt, was Maynard im Hinblick auf die Sicherheit bei einem Komplettverkauf der Rechte gesagt hatte, und so bat er ihn, einen Betrag von 10000 Dollar für alle Rechte oder von mindestens 5000 Dollar ohne Serienrechte zu verlangen. Harcourt Brace telegraphierte zurück, man sei zu einer Zahlung von 10000 Dollar (ungefähr 50000 Pfund im Jahre 1994) bereit, falls der Verlag zudem die kanadischen Rechte erhalte. Da Chatto & Windus freundlicherweise zustimmten, wurde der Vertrag unterzeichnet. Damit wurde zur allgemeinen Zufriedenheit ein Handel abgeschlossen, der Lytton und seinen literarischen Nachlaßverwalter um Tausende von Pfund für Tantiemen brachte.

Am 24. Januar teilte Lytton Geoffrey Whitworth in einem Schreiben mit, das Buch stehe kurz vor der Vollendung. Allerdings blieb ihm noch die etwas merkwürdige Aufgabe, die zuallererst verfaßte Sterbeszene der Königin, auf die das ganze Buch ausgerichtet war, in den bestehenden Text zu integrieren.

Endlich war er wieder frei. Am 25. Januar fuhr er zum Gordon Square 51, wo er für die nächsten drei Monate «sein Leben mit Müßiggang und dem Lesen der Korrekturfahnen» verbrachte. Zuvor hatte er sich mit mehreren Büchern von Freunden bekannt gemacht: Leonard Woolfs «Empire and Commerce in Africa», das er für «phantastisch» hielt, und Sophokles' «Oedipus Tyrannus» in Sheppards kommentierter Übersetzung.[71] «Alles ist gut», versicherte er Carrington am 24. Februar 1921, «und das Wetter ist so herrlich, daß alles andere als Faulenzen fehl am Platze scheint.» Nur die *Nation* hatte ihn um eine Rezension von Margot Asquith' Autobiographie gebeten, doch das Buch gefiel ihm leider überhaupt nicht. Interessanter war das Werk, das ihm Hesketh Pearson, ein späterer Biograph, schickte: Frank Harris' bekanntes Buch «Oscar Wilde. Eine Lebensbeichte». «Es enthält eine Menge neuer Informationen», hatte er James im November 1920 geschrieben, «auch wenn es nicht annähernd detailreich genug und auch nicht besonders gut geschrieben ist. Trotzdem sind die Tatsachen ganz bemerkenswert. Der Bewunderer heißt Mr. Hesketh Pearson und ist offenbar so etwas wie ein Agent für Frank Harris in England. Er schickte mir, nach eigenen Worten, das Buch, um zu erfahren, was der bedeutendste englische Biograph vom bedeutendsten amerikanischen hält; ein etwas zwiespältiges Kompliment, fürchte ich. Aber ist F. H. denn überhaupt Amerikaner? Oder etwas anderes?» Pearson erklärte in seinem Brief, der wie eine Parodie auf Lyttons dramatischen Prosastil anmutet, es stecke «keine undurchsichtige und finstere Absicht» hinter seinem Geschenk, und gerade dieser Hinweis machte Lytton mißtrauisch. «Ich fürchte ein wenig, er [Pearson] möchte von mir eine Rezension oder eine überschwengliche Kritik», beklagte er sich bei Carrington am 3. November. «Ich werde ihm folglich mitteilen, daß ich dazu nicht in der Lage bin, das Buch aber im übrigen dankend annehme.»

Der Klausur in Tidmarsh entronnen, stand ihm eine Zeitlang der Sinn nach leichter Unterhaltung. Er suchte erneut die jungen «Embryos» und die «Apostel» in Cambridge auf und hielt vor den «Häretikern» einen Vortrag. Gelegentlich kehrte er übers Wochenende mit einigen seiner neuen Studentenfreunde ins Mill House zurück: mit Sebastian Sprott, der am Clare College Vorlesungen zur Ethik hörte und mit Maynard eine Affäre «bis zur Mitte, nicht bis über beide Ohren» hatte; mit dem «guten, spröden affektierten helläugigen Peter» [F. L.] Lucas, wie ihn Virginia nannte, der nach Maynard «bei weitem der brillanteste junge Verehrer der Klassik» im King's sei, und mit James Doggart, einem hübschen Studenten der Augenchirurgie, der ebenfalls am King's eingeschrieben war und ein Günstling Sheppards war.

Ein neuer, etwas betagter Bekannter war Max Beerbohm, der Lytton im vorigen Juni einen höchst erlesenen und drolligen Brief geschickt hatte, «ziemlich amüsant und sehr geschliffen», wie Lytton kommentierte: «Aber wie darauf antworten? Das weiß der liebe Gott allein. Natürlich vollständig zur Veröffentlichung.[72] Alles ganz nett auf seine Art, wenn es ein anderer macht, aber ganz furchtbar lästig, wenn man sich selbst nüchtern hinsetzen und schriftstellern soll.» Als Max Anfang Frühjahr nach London kam, um eine Ausstellung seiner Zeichnungen zu organisieren, fragte er Lytton, ob er ihn «rein beruflich anstarren» dürfe. Ein paar Tage später verabredete Lytton sich mit ihm im Hotel Charing Cross. «Er rief mich an und bat um meinen Besuch, erklärte, er habe eine Karikatur von mir gezeichnet und wolle seine Eindrücke verifizieren», schrieb Lytton James am 14. April 1921. «Ich habe mich gestern dorthin aufgemacht und wurde von einem korpulenten weißhaarigen Mann empfangen. ‹Gehen wir auf den Balkon, wo wir einen Blick auf die dem Untergang geweihte Stadt haben.› Er bat mich, ihm mein Profil zuzuwenden, und machte sich eine oder zwei Minuten auf der Rückseite eines Briefumschlages Vermerke. Er war schrecklich freundlich und umständlich und, soweit ich es beurteilen konnte, von allem Menschlichen abgehoben. Seine Karikaturen sollen in drei Wochen zu sehen sein, falls England dann noch existiert.»

Obwohl sie nie enger befreundet waren, war Lytton für Max so etwas wie ein jüngerer Bruder. In einem Zeitalter, in dem die Kunst seiner Meinung nach zugrunde ging, hatte sich Lytton den guten Geschmack bewahrt. Max hatte den Eindruck, daß er für Lytton die gleiche Stellung einnahm, die einst Oscar Wilde für ihn eingenommen hatte. «Sie sind großartig», schrieb er ihm nach dem Erscheinen der «Eminent Victorians» am 28. Juli 1918. Er betrachtete Lytton als eine abgewandelte Ausgabe seiner selbst, als einen Mann, der im heiklen und raffinierten Handwerk des Schreibens gewisse Fortschritte erzielt hatte. Bei der Ankunft im Hotel «trug er kein Samtjackett mehr», stellte Max überrascht fest. «Er war jetzt auf eine weltmännischere Art gekleidet, die mir, wie ich ihm sagte, weniger charakteristisch erschien. Er stimmte bereitwillig zu, auf meiner Zeichnung weiterhin ein Samtjackett zu tragen.» Was dem steifen und förmlichen Max allerdings entging, war die Tatsache, daß sich auch die Person verändert hatte. Obwohl der Krieg der Welt der ‹Apostel› mehr geschadet hatte als der viktorianischen, trug Lytton dieser Veränderung in der «Queen Victoria» Rechnung. Für Max war die festgefügte Welt seiner Kindheit unter den gewaltigen Erschütterungen des Krieges zusammengebrochen. Wie Lytton bestanden seine Zerstreuungen hauptsächlich aus Reisen und gesellschaftlichem Umgang. In der eintönigen Abgeschiedenheit von Rapallo hatte er beides einschränken müssen. Für Lytton hatten London und der Kontinent dagegen nur während der Kriegsjahre ihren Reiz als Reiseziele verloren. Jetzt, da wieder Frieden herrschte und er zudem über Geld verfügte, freute er sich auf weitere Reisen und gesellschaftliche Studien. Die Nachkriegswelt, die Max so sehr erschreckte, erfüllte Lytton mit frischer Zuversicht. Die Blutbäder, das Philistertum und die Herrschaft von Terror, Dummheit und Pressezensur waren vorüber, so daß alles nur besser werden konnte. Die Welt war wieder in Aufbruchstimmung. Und nach Veröffentlichung der «Queen Victoria» wollte er bei den Berensons einige Wochen Ferien in Florenz verbringen.

Seit seiner Reise nach Spanien war ein Jahr vergangen. Diesmal würde er ohne «die Kinder» Carrington und Ralph reisen und eine explosive Stimmung zurücklassen. «Wenn *unsere* Leben einmal geschrieben werden», so meinte er, «werden sie noch merkwürdiger sein als die der Viktorianer.»

9. Himmel und Honigmonde

«Ich habe stets das Gefühl», hatte Carrington Ende 1918 geschrieben, «daß wir diese ziemlich schwierige Zeit durchstehen müssen, damit es nachher für uns besser wird.» Zwei Jahre später war alles noch schwieriger und Durchhaltevermögen nötiger denn je. Es sei wichtig, belehrte sie Ralph am 8. Mai 1920, «sich auf das Glück zu konzentrieren, das wir hatten, statt ständig etwas erstreben zu wollen, was wir nicht hatten». Und Lytton schrieb sie am 3. September, es sei offenkundig falsch, «daß es bei einem Überschuß von Zuneigung für so viele Menschen kein gemeinsames Glück für mehr als zwei Personen gleichzeitig geben» könne. Gewiß hatte Lytton genau dies mit seiner Regel Nummer eins gemeint. Obwohl sie noch lange keine Neununddreißig war, wußte sie mit diesem Geheimnis umzugehen, nicht aber Ralph.

Ralph, dem es als Oxford-Absolvent nicht gelungen war, eine Assistentenstelle bei dem liberalen Wirtschaftswissenschaftler G. D. H. Cole zu erlangen, war von Leonard Woolf als Teilzeitsekretär und Setzer für die Hogarth Press engagiert worden. «Angenehm zu wissen, daß Du eine so gute Arbeit hast», schrieb ihm Gerald Brenan am 5. Oktober, und am 7. November: «... Du bekommst ein Angebot für alles, was ich zu veröffentlichen habe.» Allerdings schien eine so schlecht bezahlte Arbeit[73] für die Riesenfäuste des stämmigen Ex-Majors kaum passend. «Ich kann mir Partridge nicht als Setzer vorstellen», kommentierte Lytton. Aber Ralph selbst schien «fröhlich». Die Stelle bedeutete einen weiteren Schritt in seinem Plan, Carrington zu heiraten, und in der Tat sah er für eine sofortige Eheschließung nun auch kein anderes Hindernis mehr als Carrington selbst. Sie lehnte seine Anträge nach wie vor standhaft ab, teils weil sie sich nicht in die Zwänge der Ehe begeben wollte, teils weil sie das Gefühl hatte, Ralph gehörte, bei all seiner Zuneigung zu Lytton, nicht wirklich ihrer Welt an. Nur wenige ihrer Freunde aus der Künstlerszene und auch nur wenige von Lyttons engen Bekannten mochten ihn auf Anhieb, selbst wenn viele später Zuneigung zu ihm faßten. Auch im Bloomsbury-Kreis beurteilte man seine Rolle in der «Familie» von Tidmarsh mit Skepsis und sah seine Auftritte am Gordon Square nicht besonders gerne. Ralph blieb trotz aller Widerstände erstaunlich hartnäckig, und Carrington fürchtete schon, ihre eigene Sturheit könnte Lytton verärgern und ihre Existenz in Pangbourne gefährden. Er hatte natürlich nichts dergleichen gesagt, und sie hatte auch nichts Entsprechendes erwartet, aber sie spürte, daß ihm die Spannungen in ihrer Beziehung zusehends mißfielen. «Diese ganze Entscheidungsgeschichte hat mich völlig aus dem Gleichgewicht gebracht», schrieb sie am 3. September 1920. «Ich bin ziemlich durcheinander.» Mit Ralphs Ungeduld wuchsen Carringtons Sorgen noch.

«Lieber Lytton, weißt Du, was für ein Trost Du für mich bist», hatte sie ihm im Herbst nach Charleston geschrieben. «Ich spüre, daß nichts anderes Bedeutung für mich hat, solange Du auf dieser Erde lebst.» Da Lytton die Ursache ihres Kummers kannte, antwortete er wie gewohnt so liebevoll wie möglich. «Liebste, ich bin sicher, daß alles zwischen uns in Ordnung ist, und das ist die Hauptsache. Manchmal verschließt mir irgendein Teufel der Schüchternheit den Mund, und ich vermag meine Gefühle nicht auszudrücken. Du hast mich in den vergangenen drei Jahren sehr glücklich gemacht, und Du hast Tidmarsh geschaffen, wie es sonst niemand außer Dir hätte tun können. Und ich habe mich wohl noch nicht einmal richtig bedankt. Aber Du mußt mir glauben, daß ich Dich und Deine Liebe mehr schätze, als ich je zu sagen vermag.»

Aber auch das beruhigte Carrington nicht ganz. Wenn nun Ralph ihre Ablehnung seiner Heiratsanträge satt hätte und sie verlassen würde, dann würde vielleicht auch Lytton gehen wollen. Auch wenn ihn dann das Mitleid zurückhielte, würde er gegen sie unwillkürlich eine Abneigung verspüren, weil sie den Mann vertrieben hätte, den er liebte. Sie schlug daher einen Kompromiß vor. Sie wollte mit Ralph gewissermaßen eine Ehe auf Probe bis Weihnachten führen. Da er jetzt in London arbeitete, könnten sie die Woche über bei James und Alix am Gordon Square 41 wohnen und die Wochenenden gemeinsam in Tidmarsh verbringen. James und Alix hielten sich damals in Wien auf, um sich von Freud analysieren zu lassen. «Ich habe täglich eine Stunde auf der Couch des Professors verbracht», berichtete James Lytton am 6. November 1920, «manchmal ist es sehr aufregend und manchmal sehr unangenehm ... Der Professor selbst sehr leutselig und wartet wie ein Akrobat mit verblüffenden Effekten auf ... Fast jede Stunde ist ein ästhetisches Ganzes. Manchmal ist die Wirkung umwerfend dramatisch.»

Carrington «glaubte beinahe» an die Wirkung der *«Analüse»*, wie sie die psychoanalytische Kur nannte, auch wenn sie beim Buchstabieren des Wortes einen «Komplex» habe. Jedenfalls hatte es großen Eindruck auf sie gemacht, daß sich James und Alix nach einem Jahr Zusammenleben am Gordon Square 41 zur Heirat entschlossen hatten.[74] Für James war die Eheschließung eine Formalität gewesen, mit der er Komplikationen bei Pässen und im Hotel vermeiden wollte. Carrington fragte sich, ob sich die Dinge bei ihr und Ralph nicht genauso entwickeln würden.

«Dein Experiment mit dem G. Square scheint mir das Richtige», versicherte ihr Lytton. Zur allgemeinen Erleichterung war die schlimmste Krise fürs erste abgewendet. «Freitags treffen Carrington und der Major hier ein, und am Montag fahren sie wieder», erklärte Lytton James im November. «Wie lange das Arrangement hält, weiß ich allerdings nicht. Ich fürchte fast, sie findet, es paßt nicht zu ihr: daß ihr die *ménage* am Gordon Square zu ausschließlich häuslich ist, aber ich bin nicht sicher.» Doch was auch geschehe, versicherte er Carrington, sie dürfe sich auf seine «Zuneigung verlassen».

Das Leben in London brachte gewisse Vorteile mit sich. Carrington porträtierte in diesem Herbst Lyttons Mutter, die das Gemälde für 25 Pfund kaufte. «Ich male sie in Lebensgröße in einem Stuhl vor einem Bücherschrank sitzend, in einem wunderschönen Kleid mit einem großartigen Faltenwurf wie bei El Greco», schrieb sie Lytton am 21. November. «Ihr Kleid ist orange gestreift. Das Ergebnis ist ein sehr düsteres Bild mit einem schwarzen Kleid und gesprenkeltem Mantel und dann leuchtend orange Streifen vorn an ihrem Kleid. Sie sieht aus wie die Königin von China oder wie einer von El Grecos Inquisitoren.» «Je mehr ich Ihre Ladyschaft ansehe», antwortete Lytton nach Vollendung des Porträts am 21. Februar 1921, «desto mehr bewundere ich es.»[75]

Aber insgesamt empfand Carrington das Leben in London eher als bedrückend. Sie fühlte sich unwohl, so zwischen Häusern eingepfercht zu sein, und malte lieber auf freiem Feld. «Ich fühle mich hier oben über dem tristen grauen Platz schrecklich niedergeschlagen», vertraute sie Lytton am 25. Oktober 1920, kurz nach dem Einzug, an. «*Du* hast gesagt, daß die Woche sehr schnell vorübergehe, aber noch viel schneller sind die Wochenenden vorbei. Und ich sehe so wenig von Dir ... [Ralph] ist sehr lieb zu mir. Er versucht, mich glücklich zu machen. Aber ich muß meinen Kummer verbergen, und das macht die Sache schlimmer. Ich vermisse Dich so sehr ...»

Sie hatte ihre Gefühle noch nie sehr gut verstecken können. Ralph, der sehr wohl wußte, wie einsam sie sich fühlte, entwickelte eine regelrechte «Heiratsmanie». Die Arbeit bei der Hogarth Press, wo er «seine Ochsenschulter ans Rad legte», wie Virginia schrieb, ließ ihm nur sehr wenig Freizeit und brachte kaum Geld. «Ich bin jetzt selbst in einer äußerst ungewöhnlichen Situation, finanziell sieht es sehr schlecht aus ... Mein ganzes Leben ist mit schlimmen Vorahnungen überschattet», vertraute er Gerald am 31. Dezember an. «Wenn nur keine Menschen dabei getötet würden, wäre ich lieber Soldat. Aber vielleicht ist das Risiko ja das größte Vergnügen überhaupt, und das würde dann entfallen.»

Virginia, die Ralph und Carrington zusammen beobachtete, bemerkte am 31. August, «der junge Mann [ist] vorzüglich gebaut – Schultern wie robuste Eiche; unter seiner Haut prickelt es vor Gesundheit. Fröhliche, kluge Augen.» Carrington sei «leidenschaftlich, robust, zerfahren, weiß die Dinge zu schätzen ... und schämt sich ein wenig für P., wie ich fand. Aber welche Schultern! Welch kräftige Knochen!» Im neuen Jahr hatte sie den Eindruck, daß Lytton ihr ständiges Gezänk «satt habe». «Vielleicht», so meinte er, «sollte man solche Bindungen doch nicht zulassen. Unsere Eltern mögen recht gehabt haben.» Und Virginia schloß: «Carrington verliert Lytton und weist den armen Ralph ab.»

Alles schien sich zum Besseren zu wenden, als Lytton nach London an den Gordon Square 51 übersiedelte. «Wir gehen jetzt sehr freundschaftlich miteinander um», berichtete Carrington. Aber kaum war Lytton fort, flammten die Streitigkeiten wieder auf. Ralph gab zu bedenken, daß die Ehe an *ihrem* [Carringtons] Leben äußerlich nichts ändern, sondern in mancherlei Hinsicht, zum Beispiel bei Auslandsreisen, die Dinge erleichtern würde. Sie schreckte allerdings vor dem Gedanken zurück, Kinder zu bekommen. Was waren geringfügige Schwierigkeiten einmal im Jahr auf Reisen, verglichen mit einer Brut von Partridges, einer Vogelmutter und einem Vogelvater, die alle auf einmal zwitscherten? «Ach, lieber Bruder, ich wünschte, man würde nie erwachsen», seufzte sie in einem Brief an

Noel vom 11. Mai 1921. «Oder man könnte in einem Land leben, wo Konventionen und Eltern *n'est existe pas*» [sic].

Im Mai schien ihre Beziehung in eine endgültige Sackgasse geraten zu sein. Die Spannungen zwischen ihnen waren erheblich. Wütend über ihre dauernden Ausflüchte, drohte Ralph für den Fall, daß sie ihn nicht heirate, nach Bolivien zu gehen und dort Schafe zu züchten. War es eine leere Drohung, oder war der Augenblick der Entscheidung gekommen? Carrington wußte es nicht. Aber er klang verdammt ernst. Sie wußte nicht mehr, ob sie lachen oder weinen sollte, und war völlig ratlos.

In dieser angespannten Lage beschloß Lytton, sich nach Italien abzusetzen. Er hatte sich vollkommen aus dem Drama ihrer Beziehung herausgehalten, obwohl der Ausgang ihn selbst auch sehr stark betraf. In seinen Briefen an Carrington vermied er fortan jede Anspielung auf ihr gespanntes Verhältnis zu Ralph. Statt dessen schrieb er von seinem Besuch bei den Sitwells in Montegufoni, «einem traumhaften Ort», und bei Geoffrey Scott in der Villa Medici[76], einem prachtvollen, aus dem achtzehnten Jahrhundert stammenden Bau in den Bergen. Den Hauptteil seiner Korrespondenz bestritt er freilich mit Beschreibungen seines Gastgebers Bernard Berenson und dessen berühmter Villa I Tatti in Settignano. «Das Haus ist so, wie ich es mir vorgestellt habe, groß, voller schöner Gegenstände, die man kaum ansehen kann, und Komfort, der allerdings bei weitem nicht so komfortabel ist wie in Tidmarsh ... Seine Lordschaft sieht aus wie ein vertrottelter Butler, und man könnte fast meinen, er sei einer gewesen. Lady B. ist eine triste Pseudo-Schönheit ... Insgesamt herrscht eine deutliche Bürgerkriegsstimmung, was ein wenig unangenehm ist.»

In einem weiteren Brief einige Tage später schrieb er: «B. B. ist eine sehr interessante Erscheinung ... ein höchst seltsames und kompliziertes Temperament: überaus sensibel, sehr klug und zuweilen sogar ein Anflug von Nettigkeit, aber extrem verlogen – vielleicht leidet er unter starken Komplexen – und ohne einen Funken Natürlichkeit oder gewöhnlicher guter Laune.

Und diese Grundstimmung hat sich über das ganze Haus gelegt, das wirklich ausgesprochen deprimierend wirkt ... es packt einen das kalte Grauen in dieser Atmosphäre einer Krypta! Das Ganze hat etwas von einer Leiche – oh, alles wirkt so tot: endlose Korridore, geschmacklose Bilder, häßliche Möbel und Blumengestecke, blasse

Diener und Unmengen langweiliger Bücher; und draußen dann ein dürftiger Garten, mit Blick auf eine erstarrte toskanische Landschaft ...»

Bei seiner Rückkehr nach England war in der Beziehung zwischen Ralph und Carrington eine akute Krise ausgebrochen. Kurz nach Lyttons Abreise aus Florenz hatte Ralph einen Nervenzusammenbruch erlitten und Leonard und Virginia sein ganzes langes Leid geklagt. «Er äußerte sich sehr scharfsinnig & bitter über C[arrington]», schrieb Virginia am 15. Mai 1921 in ihr Tagebuch, «... sie sei sehr egoistisch, untreu & seinem Leiden gegenüber völlig gleichgültig. So verdrehen und zerreißen Verliebte immer ihre Geliebte, und auch mit beträchtlichem Scharfblick.» Natürlich war er befangen, aber trotzdem hatte er recht.

Leonard und Virginia hatten bemerkt, daß sich die Spannungen in Ralphs Beziehung auch auf seine Arbeit bei der Hogarth Press auswirkten. Trotz seiner «Schultern wie robuste Eiche» ließ er einen ganzen Setzkasten fallen und verschickte Virginias Kurzgeschichtenband «Montag oder Dienstag» an Rezensenten, ohne den geplanten Erscheinungstermin zu nennen. Welchen «mütterlichen Ratschlag» sollte Virginia ihm geben? Wie sie Vanessa am 24. August 1920 anvertraute, hatte sie im vorigen Jahr noch gedacht, «es wäre gut, eine legitime eheliche Verbindung einzugehen». Seither hatte sie ihn besser kennengelernt. Er habe «etwas von einem Scheusal & Tyrannen», meinte sie. «Ich würde Ralph nicht heiraten – einen Despoten», vermerkte sie am 12. Dezember in ihrem Tagebuch. Aber vielleicht sollte Carrington ihn heiraten?

Leonard hatte sehr genaue Vorstellungen davon, was getan werden mußte. Für ihn war Carrington eine «junge Frau von rätselhaftem, unorthodoxem Charakter, die eine Menge widersprüchlicher Eigenschaften in sich vereinte, die wie bei einer russischen Puppe ineinandergriffen ... Es war unmöglich herauszufinden, ob diese russischen Puppen voll komplizierter seelischer Geheimnisse steckten oder alle nur leer waren.» Dagegen verhielt sich Ralph wie ein typischer Zögling der Public School, wie ein englischer Don Juan, auf kindliche Art sehr verletzbar. «Aber hinter der geradezu überschäumenden, geselligen Mann-von-Welt-Fassade gab es eine seltsame Empfindsamkeit ...» Leicht zu Tränen gerührt, war er jetzt in einen Zustand verfallen, in dem er Carrington wie wahnsinnig begehrte. Drastische Maßnahmen mußten ergriffen werden.

Leonard und Virginia empfahlen ihm, «zu Carrington zu gehen und ... ihr die Pistole auf die Brust zu setzen»[77].

Obwohl die Sache für Virginia nicht so einfach war (Ralph wolle «mehr Kontrolle, als ich ihm zugestehen sollte – ich meine Kontrolle über Körper & Seele & Zeit seiner Geliebten»), unterstützte sie Leonard mit einer Mischung aus Spannung und Unbehagen. «Ich war mittendrin», gestand sie Vanessa am 22. Mai 1921. «Arme Carrington.»

Carrington war inzwischen ins Mill House zurückgekehrt. Sie hatte den Auftrag erhalten, die Aushängeschilder für einige Pubs in Reading[78] zu malen. Dorthin kam ihr Ralph nachgereist, nachdem er sich mit den Woolfs am Freitag, dem 13. Mai, ausgesprochen hatte. Sie trafen sich in einer Arbeiterkneipe. Ralphs Zustand erschreckte Carrington. Er hatte ein Zucken in den Mundwinkeln und machte einen sehr mitgenommenen Eindruck. Sein Leiden weckte in ihr sehr viel mehr Zuneigung als seine sonst so aggressive Stimmung. Carrington fühlte sich schuldig. Wie bei Gertler war sie die Missetäterin. Mit ihrem Egoismus hatte sie ihm große Leiden zugefügt.

Mit tonloser Stimme sagte ihr Ralph zunächst, er wisse, daß sie ihn nicht liebe. Dennoch glaube er, ihre Zuneigung sei stark genug, um ihn glücklich zu machen. Er liebe sie und könne nicht länger in Ungewißheit und Kummer leben. Er wolle auswandern, wenn sie ihn nicht heiraten würde. Er habe Lytton bereits nach Florenz geschrieben. Dann konfrontierte er sie mit dem, was Virginia ihm anvertraut hatte: Lytton befürchte, sie könne ganz von ihm abhängig werden, und er wolle deshalb noch mehr Zeit allein in London verbringen. Diese Eröffnung traf Carrington wie ein Schlag. So sollte sie auch künftig in der ständigen Furcht leben, Lytton auf die Nerven zu fallen. Teils um Lytton zu besänftigen, teils um Ralph glücklich zu machen, entschloß sie sich nachzugeben. Sie versprach Ralph an diesem Nachmittag in der Kneipe, ihn zu heiraten, hoffte im stillen jedoch noch immer, die Umsetzung ihres Entschlusses hinauszögern zu können.

Erschöpft fuhren beide am Abend nach Tidmarsh zurück. Ralph war zuversichtlich, Carrington resigniert. Am nächsten Morgen schickte Carrington Lytton einen langen Brief.

«Ich war mir die ganze Zeit bewußt, daß mein Leben mit Dir begrenzt war. Ich durfte niemals hoffen, daß es von Dauer sein würde. Jedenfalls warst Du, Lytton, der einzige, für den ich je tiefere Leidenschaft empfunden habe. Eine andere wird es niemals geben. Auch jetzt nicht. Ich habe Dich fast bis zur Selbstaufgabe geliebt. Du konntest mich in Verzückung versetzen, zu Tränenfluten rühren und in Verzweiflung stürzen, und das nur mit ein paar Worten. Aber ich mache Dir keinen Vorwurf ... diese Jahre in Tidmarsh, als wir ganz allein waren, werden immer meine glücklichsten bleiben. Ich habe so viele schöne Erinnerungen gesammelt, daß ich das Gefühl habe, nie wieder einsam sein zu können. Noch immer ist die Spannung groß, hier allein auf Dich zu warten oder meine Nase ... aus dem oberen Fenster von G. S. 41 zu stecken, um zu schauen, ob Du nicht vielleicht die Straße herunter kommst, solange ich nicht weiß, ob wir bessere Freunde sein werden, und Dich nicht der Gedanke verfolgt, ich könnte deprimiert in einer Ecke der Welt sitzen und auf das Geräusch Deiner Schritte warten ...

Ich habe Deine Erleichterung gespürt, als Ralph mich sozusagen aus Deinen Händen übernommen und weggeführt hat.

Ich glaube, er wird mich glücklicher machen, als ich es allein sein könnte. Und ganz sicher bewahrt er mich davor, krank zu werden vor Sehnsucht nach Dir. Und wie Ralph gestern abend sagte, wirst Du immer bei uns bleiben. Selbst wenn es uns an Brillanz fehlt, liebt Dich keiner auch nur annähernd so wie wir.

In der Kneipe in der schmutzigen Stadt Reading versprach ich Ralph also, ihn zu heiraten ... Im Grunde glaube ich nicht mehr, daß es einen großen Unterschied macht, und ihn so glücklich zu sehen ist etwas ziemlich Endgültiges. Ich würde wohl niemanden sonst heiraten, und ich bezweifle, daß es einen netteren Menschen auf dieser Welt gibt ...

Letzte Nacht, Lytton, habe ich geweint, während er selig schlummernd neben mir lag: Ich weinte beim Gedanken an das grausame zynische Schicksal, das schuld daran ist, daß Du von meiner Liebe niemals hast Gebrauch machen können. Du hast niemals gewußt und wirst niemals wissen, wie groß und mächtig meine Liebe zu Dir war. Daß ich jedes Haar, jede Locke Deines Bartes verehrte. Daß ich Dich mit Augen verschlungen habe, wenn Du mir abends vorgelesen hast. Daß ich den Duft Deines Gesichtes in Deinem Schwamm liebte. Dann die Elfenbeinhaut Deiner Hand, Deine Stimme und

Dein Hut, wenn ich ihn von meinem Fenster aus über der Gartenmauer kommen sah. Sag, daß Du Dich daran erinnern kannst, daß es nicht ganz umsonst war und daß Du mir diesen Ausbruch verzeihen wirst und stets mein Freund bleibst ... Ralph ist ein so lieber Mensch, und ich glaube nicht, daß ich es je bereuen werde, ihn zu heiraten ... Selbst wenn ich meinen Mädchennamen, den ich so lange behalten habe, niemals aufgeben werde – Du darfst mich niemals anders nennen als Carrington ...

Du hast mir ein viel längeres Leben geschenkt, als ich je verdient oder erhofft habe, und dafür liebe ich Dich so sehr. Ich mußte letzte Nacht weinen, als mir mit einemmal klar wurde, daß ich niemals den Himmel erlangen werde, daß ich Dir manchmal weh getan und Dich oft gelangweilt haben muß. Und dies, obwohl ich alles auf der Welt darum gegeben hätte, Dich glücklicher zu machen als irgend jemand sonst, und Dir alles zu geben, was Du Dir wünschst ...

Ich sehe, ich habe Dir von meinen Gefühlen sehr wenig mitgeteilt. Aber ich weine weiter, wenn ich innehalte und an Dich denke. Draußen scheint die Sonne, und alle schwatzen und lachen. Die Welt in ihren Gegensätzen wirkt so zynisch. Du sagtest an jenem Mittwochnachmittag im Wohnzimmer einmal zu mir, Du würdest mich lieben wie eine Freundin. Könntest Du mir das noch einmal sagen?»

Dieser Brief, der von Lyttons Schwester Pippa nach Italien gebracht wurde, erreichte seinen Empfänger genau sechs Tage später. Lytton schrieb sofort zurück, um Carringtons Seelenqualen zu lindern. Er teilte ihr mit, daß diese Heirat für alle drei das Beste sei. Und in seinem Bemühen, sie so glücklich zu machen, wie die Umstände es eben erlaubten, überwand er, so gut er konnte, «den Teufel der Schüchternheit», der ihn stets daran hinderte, seine Gefühle auszudrücken. Aus diesen beiden Briefen spricht die ganze Zärtlichkeit der Beziehung zwischen Lytton und Carrington. «Aber jedenfalls hoffe ich, Du hast niemals an meiner Liebe zu Dir gezweifelt. Weißt Du überhaupt, wie schwer es mir fällt, meine Gefühle in Briefen oder im Gespräch mitzuteilen? Zuweilen ist es schrecklich – und ich verstehe gar nicht, warum das so ist. Und manchmal scheint mir auch, daß Du meine Gefühle unterschätzt. Du nimmst zwar meine wechselhaften Launen wahr, aber meine tieferen Gefühle scheinst Du weniger deutlich zu erkennen. Vielleicht ist es ja meine Schuld. Sicherlich ist es leichter, Ärger zu zeigen als Zuneigung und Bewunderung! Ach, meine Liebe, willst Du wirklich, daß ich Dir sage: Ich liebe Dich wie eine Freundin! Das ist absurd, und Du weißt nur zu gut, daß ich Dich mehr liebe als eine Freundin, Du engelgleiches Geschöpf, dessen Güte mich jahrelang glücklich gemacht hat und dessen Gegenwart das Wichtigste in meinem Leben gewesen ist und dies auch immer bleiben wird. Dein Brief hat mich zu Tränen gerührt, ich fühle mich wie eine erbärmliche alte Kreatur. Vielleicht habe ich mehr Unglück über Dich gebracht als alles andere. Ich bete nur, daß dem nicht so ist und daß meine Liebe zu Dir, auch wenn sie nicht das ist, was Du Dir wünschst, unsere Beziehung zum Segen für Dich macht, so wie es für mich gewesen ist.

Erinnere Dich, daß auch ich nie den Himmel bekommen werde! In diesen Dingen sind wir alle hilflos, schrecklich hilflos! Ich bin einsam, und es ist leider nur zu wahr, daß ich alt werde. Wenn Deine Entscheidung bedeuten sollte, daß ich Dich auf irgendeine Art verlieren könnte, dann wäre mir das unerträglich. Du und Ralph und unser Leben in Tidmarsh sind die Dinge, die mir am meisten auf der Welt bedeuten – (abgesehen von meiner Arbeit und einigen wenigen Menschen) fast das einzige, an dem mir überhaupt etwas liegt ...

... in Deinem Brief scheinst Du andeuten zu wollen, daß meine Liebe zu Dir mit der Zeit nachgelassen hat. Das stimmt nicht. Ich bin sicher, sie ist gewachsen. Wahr ist, daß der erste aufregende Reiz, den ich (und wohl die meisten Menschen) zu Beginn einer Affäre immer verspürte, verflogen ist. Aber statt dessen hat sich etwas viel Tieferes entwickelt.»

Carrington und Ralph wurden am Samstag, dem 21. Mai, auf dem Standesamt von St. Pancras getraut. Carrington trug sich im Register mit «Künstlerin (Malerin) aus Tidmarsh, Mill House, Pangbourne» ein. Ralph vermerkte: «Privatsekretär, wohnhaft am Gordon Square 41». Als Trauzeugen dienten Lyttons Schwester Marjorie und der junge Alan McIver, ein Kamerad Ralphs aus der Armee und ein Studienfreund aus Oxford. «Falls Ratschläge überhaupt je befolgt werden, wäre ich jetzt für Ralphs Entscheidung mitverantwortlich», vertraute Virginia ihrem Tagebuch am 23. Mai 1921 an. «Ich meine, ich bin nicht sicher, ob diese Heirat nicht riskanter ist als die meisten anderen.»

Aber vielleicht, so hoffte Lytton, werde sich alles zum Guten wenden. «Jetzt strahlt alles Freude aus», schrieb ihm Carrington am 20. Mai. «Du brauchst Dir also keine Sorgen um Deine Kinder zu machen.» Leonards Hochzeitsgeschenk für Ralph war ein Monat

Urlaub von der Hogarth Press, und Lytton hatte den beiden Zugfahrkarten geschickt, damit sie ihn in Italien besuchen kommen konnten. Die Hochzeitsnacht verbrachten sie in Paris, dann fuhren sie nach Siena und Perugia weiter, wo sie sich «ziemlich betranken» und eine ihrer «lautstarken Auseinandersetzungen hatten». Aber in Assisi waren die Streitigkeiten wieder beigelegt.

«Wir nehmen nur sehr wenig mit», hatte Carrington Lytton am 20. Mai mitgeteilt, «denn wenn es nicht zu heiß ist, werden wir wandern.» Sie wanderten drei Tage über den Apennin nach Rimini und weiter nach Ravenna. Irgendwo unterwegs verlor Carrington ihren Trauring. Er hatte ihr nie besonders gefallen: er war so eng und so schlicht. Doch der Verlust überschattete ein wenig den Tag.

Am 6. Juni stießen sie zu Lytton und Pippa und verbrachten eine «zauberhafte Woche» in Venedig. «Ich habe den Aufenthalt in Venedig sehr genossen», schrieb Lytton Ottoline später, am 29. Juni, «und ertrage den Gedanken kaum, daß das Treiben dort in seiner ganzen Faszination ohne mich weitergeht.» Auch Ralph und Carrington schienen viel Spaß zu haben. «Rex ist glücklich», schrieb sie ihrem Bruder Noel, «und das ist die Hauptsache.» In einem Brief an Gerald Brenan, der nun für sie all das verkörperte, was sie für Ralph und Lytton aufgegeben hatte, schrieb sie allerdings kokett: «Ich wünschte mir so sehr, Du könntest bei uns sein. Dann wäre es vollkommen ... Wir werden in der guten alten Mühle wohnen und ein kleines Zimmer am Gordon Square behalten, und für Geraldo haben wir immer ein Bett übrig ... Ich hätte keinen anderen heiraten können, außer vielleicht ... Aber das wirst Du wohl nie erfahren. G. B. vielleicht? Oder vielleicht nicht!»

Während ihrer Hochzeitsreise schrieb Carrington Gerald vier lange Briefe. Am 8. August machte sie ihn darauf aufmerksam, daß Ralph ihre Korrespondenz fast immer durchsehe. Wenn Gerald ihr einen Liebesbrief schreiben wolle, dann solle er «eine rote Marke umgedreht auf das Kuvert kleben. Dann kann ihn die treulose Ehefrau verstecken, damit der Gatte ihn nicht liest.»

V.
Ein herausragender Edwardianer

> «Einen hochpathetischen
> Anblick bietet jedoch
> der Geist der Queen
> Victoria, wie sie ausgeht jeden
> Abend mit dem Geist
> eines Zepters in ihrer Hand,
> um Mr. Lytton Strachey zu finden
> und ihn zu verhauen, es scheint, sie verhaut ihn
> wieder und wieder, und er
> merkt es gar nicht.
> Don Marquis, *archy goes abroad* ...
> aus: *archy's life of mehitabel*

> «Die Aufregungen sind natürlich furchtbar.
> Glaubst Du, Liebesaffären sind nie zu Ende und
> man kann niemals sagen ‹c'est fini›?»
> *Carrington an Alix Strachey (11. Mai 1925)*

1. Ihre Majestät höchstselbst

George Bernard Shaw hatte 1886 in der Besprechung eines Buches mit dem Titel «Fifty Years of a Good Queen's Reign» in der *Pall Mall Gazette* einen neuen Stil für die Biographien gekrönter Häupter gefordert. «Tatsächlich können Königinnen, wie andere Menschen auch, zu gut sein, um die Sympathien ihrer unvollkommenen Zeitgenossen zu gewinnen», schrieb er. «Ein paar Fehler sind für einen wirklich beliebten Monarchen unerläßlich ... Was wir jetzt brauchen, ist ein Buch mit dem Titel Königin Viktoria. Von einer mit ihr vertrauten Person, die sie nicht leiden kann ... Die für ein solches Werk geeignete Person müßte ein politisch uninteressierter Advocatus Diaboli sein, der die Königin für eine überschätzte Frau hält und dem es ein vergnügliches Anliegen wäre, sie herabzusetzen.»[1]

Diese Vergnüglichkeit wurde fünfunddreißig Jahre später von Lytton Stracheys «Queen Victoria» allgemein erwartet. Unter den zeitgenössischen Biographen war er der herausragende Advocatus Diaboli. Obwohl nicht persönlich mit der Königin bekannt, hatte er, wie er in den Fußnoten vermerkte, «private Informationen» von Lady Lytton (der Witwe seines Patenonkels, des ersten Earl) erhalten, die eine Hofdame der Königin gewesen war. Er vertrat keine bestimmte politische Weltanschauung und war bekannt dafür, sein Vergnügen an der Enthüllung der «verborgenen Eigenschaften der Dinge»[2] zu finden. Welcher andere Schriftsteller, der kein Romancier war, hätte solch hohes Ansehen in der Öffentlichkeit dadurch herabsetzen können, daß er es in ungewohnter Weise mit dem Privatleben und hier besonders mit dem Sexualleben der beschriebenen Person in Zusammenhang brachte? Er sei bestrebt, so hatte er seiner Cousine Edith Plowden versprochen, Viktoria nicht «lächerlich» zu machen, da sie eine «große Königin» gewesen sei.[3] Zugleich schrieb er seinem Bruder am 20. November 1920: «Es ist ziemlich klar, daß Königin Viktoria zu den Märtyrerinnen der Analerotik gehörte.» Die Schwierigkeit des Biographen bestehe darin, «den richtigen Weg zwischen Diskretion und Indiskretion» zu finden – das heißt, unter die vordergründige Darstellung königlicher Pracht eine zweite, sexuell motivierte Bedeutungsschicht zu legen.

Seine Originalität als Biograph verdankte Strachey zum einen seiner sexuellen Veranlagung und zum anderen seinen Einsichten in die psychosexuelle Verfassung der von ihm porträtierten Gestalten. In «Eminent Victorians» hatte er aufgezeigt, daß der übersteigerte Ehrgeiz des Kardinals Manning und die destruktiven Energien der Florence Nightingale aus unterdrückter Sexualität herrührten. Er führte auch Thomas Arnolds Scheitern als Erziehungsreformer darauf zurück, daß er hinter der Fassade moralischer Rechtschaffenheit unter sexuellen Ängsten litt. «War er der Mann, der den Charakter seiner Schüler dadurch besserte, daß er sie mit einer Atmosphäre von Kultiviertheit und Verständnis umgab?» fragte Strachey. «Daß er sie in engen und freundschaftlichen Kontakt zu gebildeten Männern und, vielleicht sogar, gebildeten Frauen brachte? Daß er, so gut er konnte, das Schulleben mit den humanen, aufgeklärten und fortschrittlichen Elementen der Gesellschaft bereicherte? Alles in allem dachte er nicht daran.» Schließlich gewährt er uns einen Blick auf die extreme imperialistische Fraktion in der britischen Regierung. Diese konnte General Gordon deshalb so leicht irreführen, weil es ihm an Selbsterkenntnis mangelte, was wiederum in seiner lebenslangen Verdrängung der eigenen Sexualität begründet lag. Auf diesen Sachverhalt weist Strachey mehrmals hin: «... seine Seele empörte sich gegen Dinnerparties und steife Hemden, und die Gegenwart von Damen – vornehmlich eleganten Damen – erfüllte ihn mit Mißbehagen.» Dem Charakter des Prinzgemahls sollte er in «Queen Victoria» eine ähnliche Deutung geben.

«Queen Victoria» liest sich wie ein romantischer Roman, in dem stets eine subversive Ironie mitschwingt. «Du hast einen neuen Stil gefunden», schrieb ihm Roger Fry am 18. April 1921, «der die fundamentale und alles durchdringende Absurdität des menschlichen und des gesamten öffentlichen Lebens zum Ausdruck bringt, ohne dabei an Pathos zu verlieren. Du bist so freundlich und doch so schonungslos. Dein Buch scheint mir einer wahrheitsgetreuen Sicht näherzukommen als alles, was andere bislang herausgefunden haben.»

Die Protagonisten des Buches lassen sich in drei Kategorien einordnen. Das sind einmal die unsichtbaren Mächte und immateriellen Wesen, die in finsteren Winkeln lauern und auf geheimnisvolle Weise das Geschehen bestimmen. Zum anderen erscheinen schillernde Porträts von britischen Premierministern des neunzehnten Jahrhunderts, die ihrerseits glauben, die Fäden der Macht in den Händen zu halten. Schließlich die Heldin und der Held, um die sich das gesamte Geschehen rankt.

Die Duchess of Kent, Baronin Lehzen, König Leopold I. und Baron Stockmar werden von Strachey geschickt als Figuren eingesetzt, um den politischen Machtkampf hinter den Kulissen zu dramatisieren. Indem die heimliche Vormachtstellung von einer Figur auf die andere übergeht, verschiebt sich das Kaleidoskop der Biographie. In Viktorias Kindheit entzündet sich ein heftiger Kampf zwischen ihrer Mutter und ihrer Erzieherin – und die Erzieherin, Baronin Lehzen, geht triumphierend daraus hervor. «Diskret und siegreich behauptete sie das Feld», schreibt Strachey. «Inniger denn je hing sie an der Seite ihrer Herrin, Schülerin und Freundin, und in den verborgenen Winkeln des Palais war ihre geheimnisvolle Gestalt zugleich unsichtbar und allgegenwärtig.» Bei internationalen Angelegenheiten versucht Viktorias Onkel Leopold I. von Belgien, die Vorherrschaft über die junge Königin zu gewinnen. Schließlich ist es jedoch Baron Stockmar, Leopolds «Vertrauensmann», der auf der ganzen Linie siegt. Wenn Viktoria die Schülerin der Baronin ist, so ist Albert der dienstbare Flaschengeist, den Baron Stockmar herbeiruft und der ihm jeden Wunsch erfüllt. Nach Albert und Viktorias Heirat beginnt ein Kaspertheater, in dem Stockmar und Lehzen die königlichen Marionetten rücksichtslos gegeneinander agieren lassen, bis am Ende der Kasper, Albert und Stockmar, Sieger bleibt. Lehzen «verlor spürbar an Boden», vermerkt Strachey. Dann überträgt Stockmar dem Prinzen die vernichtenden Kräfte seiner Zauberei: «Er sprach, und Lehzen verschwand für immer.»

Stracheys Gestaltung von Stockmar, der als graue Eminenz einen ungeheuren Einfluß auf Albert ausübte, gründet auf der mythischen Darstellung, die Stockmar von sich selbst in einem verklärend-optimistischen Rückblick gab. Er ist der gute Zauberer in diesem Stück, der ebenso unversehens auf der Bühne erscheint, wie er wieder in der Versenkung verschwindet, während für das königliche Paar die Rolle chinesischer Mandarine bleibt, die durch Kopfnicken oder -schütteln Zustimmung oder Ablehnung andeuten, ganz wie es ihrem Meister gefällt. «Sein [Stockmars] tiefstes Wesen fand Befriedigung darin, unsichtbar im Hintergrund zu bleiben», so schildert ihn Strachey, «– unbeobachtet, durch geheime Zugänge in die innerste Kammer der Macht zu gelangen und dort in aller Stille zu sitzen und die feinen Fäden zu ziehen, die das Räderwerk der ganzen Welt in Bewegung setzen.» Das Ende Stockmars wird vorangekündigt durch den Tod Alberts. Seines Mediums beraubt, ist der Baron plötzlich überflüssig: ein Zauberer ohne Zauberstab, ein Bauchredner ohne Puppe. «An seinem Kamin in Coburg sah der Baron plötzlich den gewaltigen Bau seiner Schöpfung unwiderruflich in Scherben zerbrechen. Albert war nicht mehr da, und er hatte umsonst gelebt.» Da Viktoria von ihrem Puppenmacher und Meister kein neues Leben eingehaucht bekommt, kann sie nur ihre alten Nummern wiederholen. Ihre Freundschaft mit Disraeli ist ein verzerrtes Abziehbild ihrer früheren Liebe zu Melbourne, ihre Abneigung gegen Gladstone erinnert an ihre kühle Haltung gegenüber Peel. Ruhig tritt sie ihre zweite Kindheit an.

Viktorias frühe Jahre unter der Herrschaft ihrer Mutter, der Duchess of Kent, ähneln denen einer Klosternovizin. «Das Kind wuchs zum Mädchen, das Mädchen zur jungen Frau; aber immer noch schlief sie im Schlafzimmer ihrer Mutter; immer noch war ihr kein Plätzchen vergönnt, wo sie allein mit sich sitzen oder arbeiten konnte. Auf Schritt und Tritt wurde sie behütet.» Darüber hinaus wurde die junge Viktoria vor der verderblichen Gegenwart von

Männern beschützt. Strachey vermutet aber, daß die sie umgebende weibliche Atmosphäre zu einer unvorhersehbaren Reaktion geführt haben könnte: «Vielleicht ist die Reinheit für ein forschendes Auge am Ende doch nicht so vollkommen. Der aufmerksame Beobachter mag in dem jungfräulichen Gebilde die ersten schwachen Spuren einer unerwarteten Ader entdecken.» Trotz aller Sorgfalt ihrer Erziehung «gab es tief in ihrem Inneren etwas, das unmittelbar und sehr stark empfänglich für Charakterzüge war, die zu ihr einen romantischen Gegensatz boten».

Im Verlauf seiner Darstellung von Viktorias Beziehung zu den verschiedenen Premierministern untersucht Strachey ebendiese untergründige Sexualität. Besonders eindrucksvoll ist der romantische Gegensatz zwischen der jungen Königin und Lord Melbourne. Wir sehen Lord M. nicht nur aus der Perspektive der faszinierten Viktoria, sondern auch mit den bewundernden Augen ihres Biographen. Das Ergebnis ist die lebendigste aller impressionistischen Studien des Buches. Charles Greville beschrieb Melbourne als «einen Mann mit der Fähigkeit zu lieben, der aber nichts auf der Welt besaß, was er hätte lieben können». Diese orientierungslose Liebesfähigkeit richtete sich plötzlich auf die Königin. Strachey greift Bilder heraus, die die romantische Sexualität ihrer Zuneigung andeuten: «So kam die Herbstrose ... in diesen Herbstmonaten von 1839 zu wunderbarer Blüte. Zum letztenmal breitete sie herrlich ihre Blätter aus. Zum letztenmal genoß der alte Feinschmecker in diesem unerwarteten, seltsamen, fast unglaublichen Duo die Wonnen der Romantik.» Robert Peel hingegen besaß nichts von Melbournes Anziehungskraft. Frauen schienen ihn in Verlegenheit zu bringen, und sein Verhalten in ihrer Gegenwart war unangenehm wichtigtuerisch. Da er auf Viktoria nur geringen Eindruck machte, nimmt er in ihrer Biographie wenig Raum ein.

Nach ihrer Heirat verlor Viktoria (deren einfache Freuden, wie Strachey erzählt, meist physischer Natur waren) ihren «anmaßenden und unzufriedenen Ausdruck», und ihre Vernarrtheit in Lord Melbourne ließ allmählich nach. Ihre Reaktion auf Männer wurde einzig von der Meinung ihres Ehemanns bestimmt, der sie beherrschte. Der unbeschwerte und impulsive Palmerston, den sie ansonsten sicher anziehend gefunden hätte, stieß sie ab, weil er all das repräsentierte, was dem Prinzgemahl am englischen Geist am meisten zuwider war. Doch Strachey führt die zigeunerhafte Figur des

Zaren Nikolaus I. von Rußland ein, um uns daran zu erinnern, daß Viktoria gegenüber gutaussehenden Männern nicht unempfänglich war.

Selbst über den Tod hinaus behielt Albert seine Macht über Viktoria: Immer wenn ihre sexuellen Empfindungen ins Spiel kamen, wurde Alberts posthume Billigung als gegeben angenommen. Er hatte Gladstone Disraeli vorgezogen, doch weil Gladstone sich ihr gegenüber so verhielt, als sei sie eher eine Person des öffentlichen Lebens und keine Frau, konnte sie sich mit ihm nie so anfreunden wie mit Disraeli, der ihr ihr weibliches Selbstvertrauen zurückgab. Über Gladstone geht Strachey in seinem Buch wie schon zuvor über Peel schnell hinweg, doch sein Porträt von Disraeli ist beinahe so sympathisch wie das Melbournes. «Nach dem langen Dunkel ihrer Verlassenheit, nach der Kälte der Gladstoneschen Pedanterie ging sie unter den Strahlen von Disraelis Ergebenheit auf wie eine Blume in der Sonne.»

Stracheys Viktoria ist eine Frau, die von Männern abhängig wird. Obwohl sie klug ist, hat sie nichts von dem politischen Genie Königin Elisabeths. Ihre Politik gehörte dem achtzehnten Jahrhundert an. Politischer Eifer war ihr verdächtig, in ihren späteren Jahren fühlte sie sich mit ihrem schottischen Gefolgsmann John Brown und ihrem indischen Diener Munshi Abdul Karim wohler als mit Politikern. Um Alberts stummen Protest aus dem Grab zu beschwichtigen, erfand sie eine obskure spirituelle Verbindung – «der barsche, gute, behaarte Schotte war, ihrem Gefühl nach, auf irgendeine geheimnisvolle Weise ein Vermächtnis des Toten. Schließlich gewann sie fast die Überzeugung – oder es schien zumindest so –, daß ihr der Geist Alberts näher sei, wenn Brown da war.»

Viktorias höchstes Glück war ihre Ehe mit Albert, die den zentralen Teil der Biographie ausmacht. In einer äußerst blumigen, romantischen Sprache wird beschrieben, wie sie sich Hals über Kopf verliebt: «Albert kam an, und der ganze Bau ihres Lebens fiel in sich zusammen wie ein Kartenhaus. Er war schön – ihr Atem stand still –, das war alles, was sie wußte. Und dann, wie in einem Blitz, enthüllten sich ihr tausend Geheimnisse.»

Obwohl der Prinz in den Augen der Königin ein Abbild männlicher Schönheit war, verfügte er über keine sehr starke Konstitution und «infolge seiner eigentümlichen Erziehung oder vielmehr einer grundlegenden Veranlagung verspürte er einen deutlichen Widerwillen gegen das andere Geschlecht». Strachey erzählte Hesketh Pearson, er habe Albert als homosexuell darstellen wollen. Dies muß als Schlüssel für mehrere Abschnitte gelten, die Alberts Melancholie und Isolation aufzeigen: «Ein schüchterner junger Ausländer, der sich in Damengesellschaft nicht zu benehmen wußte, der nie aus sich herausging und stets seine eigene Meinung hatte – es war in jeglicher Hinsicht unwahrscheinlich, daß er einen gesellschaftlichen Erfolg haben würde ... Wahrhaftig, man fand, daß er mehr einem ausländischen Tenor glich ... Der Stütze und des Trostes wahrer Kameradschaft sah er sich gänzlich beraubt.»

Strachey erkennt in Albert etwas von seiner eigenen Einsamkeit wieder. Sein Prinzgemahl hat die Macht, eine Vergötterung hervorzurufen, die aber seine eigenen emotionalen Bedürfnisse nicht befriedigt. Doch konnte er sich niemand anders zuwenden, um Gesellschaft zu finden. Auf diese «sonderbare Stellung» Alberts kommt Strachey in einem späteren Abschnitt zurück: «Der Ehegatte war nicht so glücklich wie seine Frau. Trotz des großen Wandels in seiner Stellung, trotz des Familienzuwachses und der Anbetung Viktorias war Albert noch immer ein Fremdling in einem fremden Land, und die Heiterkeit geistiger Zufriedenheit blieb ihm versagt ... Viktoria vergötterte ihn, aber es war Verständnis, wonach er verlangte, nicht Anbetung ... Er fühlte sich einsam.» Die Faszination dieser Ehe für Strachey zeigt sich deutlich, wenn er fragt: «War er die Frau und sie der Mann?» und darauf antwortet: «Es schien fast so.» Im Laufe der Ehe wandelt Albert sich von seiner Ähnlichkeit mit einem ausländischen Tenor zu einem idealisierten Butler. Mit Leib und Seele nimmt er die Rolle des Prinzgemahls an. Er opfert das Authentische seines Charakters und wird zur Karikatur eines würdigen Mannes. Was Stracheys Neugier erregte, war, daß Viktoria eigentlich die Vorherrschaft innehatte. Nur wenn man Viktoria mit den Augen ihres körperlich mehr und mehr verfallenden Ehemanns betrachtet, kann man Abneigung gegen sie empfinden.

Bei der Beschreibung der alternden Viktoria nach dem Tod Alberts ist Stracheys Haltung gegenüber der Königin versöhnlicher. Die letzten beiden Kapitel enthalten zwar eine vollständige Bestandsaufnahme ihrer Mängel, und die Liste ist beachtlich: Imperialismus und religiöser Obskurantismus, Mißbilligung der Memoiren Grevilles, Feshalten an der Etikette, selbstgefälliger Stolz, Egoismus und Gefühllosigkeit. Aber Strachey zeigt sich eher amüsiert als strafend. Viktorias bürgerliche Moralvorstellungen waren in Wirklichkeit, so soll der Leser annehmen, das Resultat ihrer Familienliebe. Mit ihrer Leidenschaft für John Brown beweist sie nur, daß auch sie eine der beliebtesten Eigenschaften der Engländer besitzt, nämlich Exzentrik. Ihre Sammelleidenschaft, die in Begriffen einer Zwangsneurose beschrieben wird, wurzelt in ihrer Angst vor dem Tod, so daß wir eher gerührt sind. Selbst eine Position, die durch nichts zu rechtfertigen war, wie ihr beharrliches Eintreten für die Abänderung der Rechtsprechung bei Fällen von Geisteskrankheit, wird teilweise dadurch entschuldigt, daß sie sich an Alberts Einstellung zu diesem Punkt erinnert habe. In vieler Hinsicht verdiente sie solche Ergebenheit nicht. Sie hielt mit ihrer Zeit nicht Schritt, und ihr Verhalten gegenüber den Menschen ihrer näheren Umgebung war oft unerträglich. Trotzdem war die außergewöhnliche Loyalität ihr gegenüber ungebrochen, so daß alle charakterlichen Mängel, auf die Strachey hinweist, dazu angetan sind, unsere Verwunderung über diesen Zauber noch zu vergrößern. Im vorletzten Kapitel schreibt er:

«Man begrüßte die Königin als die Landesmutter und zugleich als das verkörperte Symbol der Weltmacht; und sie beantwortete dieses zweifache Gefühl mit der ganzen Glut ihrer Seele. Sie wußte und fühlte, England und das englische Volk gehörten ihr auf irgendeine wunderbare und gleichwohl ganz einfache Weise. ... Endlich, nach so langer Zeit, war das Glück zu ihr zurückgekehrt, zwar noch nicht in höchster Vollkommenheit, aber nichtsdestoweniger unverkennbar.»

Diese Zärtlichkeit mag teilweise daher rühren, daß Strachey die Königin mit seiner eigenen Mutter assoziierte. Offensichtlich prüfte der «kühle und schonungslose Porträtist viktorianischer Berühmtheiten nicht mehr mit dem gleichen distanzierten Blick», schrieb der Kritiker Ivor Brown. «Während er die Königin über die Jahrzehnte verfolgt, wird er am Ende gewahr, daß er sich selbst auf einer empfindsamen Reise befindet.»[4] Die Erleichterung im Land war ungeheuer. Strachey sei gekommen, um zu verdammen, bemerkte G. M. Trevelyan, und geblieben, um zu segnen. «Sosehr ich Ihr letztes Buch auch schätze», gratulierte er ihm am 6. Mai 1921, «meine ich, daß Ihr neuestes noch um vieles besser ist.»

Stracheys Darstellung der Königin Viktoria bewies, wie recht doch Bernard Shaw hatte, als er sagte, daß «ein paar Fehler unerläßlich sind für einen wirklich beliebten Monarchen». Seine Biographie leitete eine neue, legendäre Betrachtungsweise ein – eine exzentrische, neckende, halb bewundernde und halb spöttische Sicht, die in der Königin das altmodisch eindrucksvolle Symbol eines ebenfalls antiquierten großen Zeitalters sah. In Großbritannien waren die ersten fünftausend Exemplare des Buches innerhalb von vierundzwanzig Stunden verkauft, im ersten Jahr wurden vier weitere Auflagen gedruckt. In den Vereinigten Staaten war das Werk sogar noch beliebter, in den zwanziger Jahren erlebte es siebzehn Auflagen. Viele Kritiker betrachteten es als ein Meisterwerk der Gattung Biographie, einen kunstvollen *tour de force*. «Dieses umfangreiche Material in eine synthetische Form zu bringen», schrieb Harold Nicolson, «nicht bloß einen einheitlichen Eindruck, sondern dem Ganzen zu überzeugender wissenschaftlicher Realität zu verhelfen; durchgängig eine distanzierte Haltung und die Anmut und Balance steter, leiser Ironie zu wahren und dies alles ohne offensichtliche Anstrengung zu erreichen ... das ist zweifellos eine Leistung, für die die höchsten Gaben des Geistes und der Einbildungskraft nötig sind.»[5] Strachey hatte nicht nur die Königin ein zweites Mal erschaffen, er hatte auch die Gattung der Biographie erweitert. «Er war der erste, der die Möglichkeiten dieses neuen Genres begriff», schrieb David Cecil. «Er war es, der das technische Rüstzeug dafür entwickelte. Wir können sein Gebäude vielleicht erweitern, aber wir werden immer auf seinem Fundament bauen. Er war der Mann, der die Form geschaffen hat.»[6]

Strachey hatte die Kunst der historischen Biographie revolutioniert, indem er vorführte, daß sie ein fiktionales Genre verwenden konnte. Doch nur wenige Biographen oder Historiker folgten seinem Beispiel. «Das Schicksal dieses wunderbaren Buches ist sehr traurig gewesen», schrieb der Romancier und Kritiker Nigel Dennis. «Das wurde deutlich, als Könige und Königinnen bei Historikern ins Abseits gerieten und ihre Souveränität an die Ökonomie und an soziale Verhältnisse abtreten mußten. Da Stracheys Hauptaugenmerk den Charakteren Viktoria und Albert galt, erschien sein Werk plötzlich als frivol – ein Stigma, das ihm bis zum heutigen Tage anhaftet.»[7] Nach Meinung des Historikers E. H. Carr gehört Lyttons Werk eher zur Literatur als zur Geschichtsschreibung. «Historische Fragen waren für Lytton Strachey immer und nur Fragen individuellen Verhaltens und individueller Exzentrik», erklärte Hugh Trevor-Roper. «... Historische Fragen, die Fragen von Politik und Gesellschaft suchte er nie zu beantworten, noch strebte er danach, die Fragen überhaupt zu stellen.»[8] Auch die Form des romantischen Romans, in die Strachey seine Biographie Viktorias gegossen hatte, galt in der Erzählliteratur bereits als abgegriffen und war keine Empfehlung für ernstzunehmende zeitgenössische Romanschriftsteller. Wyndham Lewis tat die Verherrlichung «der stillen kleinen Größe» verächtlich ab. Für ihn war «die strahlend schöne *élite* gewöhnlich eine wunderliche, halb entschuldigende, verhätschelte Projektion des Verfassers selbst». E. M. Forster hielt seine «mal hier und mal dort probierende Schmetterlingsmethode» für begrenzt, und auch Virginia Woolf fand sie «dürftig». Zwar hatte es ihr geschmeichelt, daß Strachey ihr die Biographie gewidmet hatte, doch «meine Eifersucht regte sich», bekannte sie, als sich der große Erfolg des Buches bei der Kritik und beim Publikum abzeichnete. «Ich glaube», meinte Forster, «er *hat* wirklich ein wichtiges Werk geschrieben», und schließlich teilte auch Virginia diese Auffassung. Strachey habe für die alte Königin wahrscheinlich das getan, «was Boswell für die alten Lexikographen tat», schrieb sie Ende der dreißiger Jahre. «In der Zukunft wird Lytton Stracheys Königin Viktoria schlicht die Königin Viktoria sein, so wie Boswells Johnson nun Dr. Johnson ist. Die anderen Darstellungen werden verblassen und verschwinden. Es war eine außerordentliche Meisterleistung.»[9] Was Lytton selbst anging, so kamen ihm Zweifel, ob er seine Darstellung mit ausreichend subversiver Energie aufgeladen hatte. Als sein Bruder James ihm aus Wien berichtete, Sigmund Freud ziehe «Eminent Victorians» dem neuen Buch «Queen Victoria» vor, antwortete er am 15. Februar 1922: «Ich war erfreut zu hören, daß dem Doktor die Eminent Victorians gefallen, und stimme mit ihm überein, daß sie den Vorzug vor Q. V. verdienen.»

2. Angeln und Küssen

«Mein Privatleben fließt ganz gemächlich dahin», schrieb Lytton an James. «Die seltsame *ménage* oder die *ménages* funktionieren, glaube ich, ganz gut. Ralph ist wirklich charmant und scheint ganz glücklich, und auch Carrington macht einen zufriedenen Eindruck.»

Lytton selbst war mehr denn je der Salonlöwe und sandte Carrington treu Berichte über die anderen Tiere, wenn er wieder einmal die große Menagerie durchstreifte. Nach einem Abendessen bei den Sitwells sei er, wie er am 28. Juni 1921 schrieb, «zu einem unglaublich schrecklichen Empfang in Arnold Bennetts Haus» mitgenommen worden. «*Er* war nicht da, aber *sie* – ach, du lieber Gott! Was für eine Frau!

Das Ganze stellte offensichtlich so etwas wie eine Dichtergesellschaft dar. Es gab eine (sehr schlechte) Rede über Rimbaud usw. von einem schwachsinnigen Franzosen. Dann erschien Edith Sitwell, die Nase länger als die eines Ameisenbären, und las etwas von ihrem absurden Zeug vor. Danach Eliot – traurig und erbärmlich –, es war zum Heulen. Schließlich rezitierte Mrs. Arnold Bennett mit singendem Tonfall und unter allerlei Armgefuchtel Gedichte von Baudelaire und Verlaine, bis jeder nahe dran war, sich zu übergeben. Als Studie über die Schrecken des Schwachsinns war es nicht uninteressant. Die Räumlichkeiten waren ganz besonders widerlich, und die Gesellschaft sehr gemischt ... Warum gibt sich Eliot nur mit solchen Idioten ab? Ich fürchte, es ist ein Zeichen, daß mit ihm ernsthaft etwas nicht stimmt.»

Durch die Anforderungen des Gesellschaftslebens war Lytton in jenem Sommer vielleicht weniger aufmerksam gegenüber den drohenden Veränderungen der *ménage à trois*. Carrington hatte ihre «phantastischen Tage» in Yegen noch immer in lebhafter Erinnerung. In ihren Tagträumen sah sie Gerald Brenan als ein Wesen, das sich wie sie selbst romantisch dahintreiben ließ. Sie liebte seine Unschuld. Er merkte nicht einmal, daß sie mit ihm flirtete, als sie ihm kokett schrieb, sie könne «zwei oder drei Menschen *sehr mögen*», sie denke «mit viel Gefühl» an ihn, und wenn er sie in Tidmarsh besuche, werde sie ihn mit «Erdbeereis & Sahne & Käsestangen» füttern und er dürfe «Lyttons Portwein trinken».

Obwohl Gerald über Carringtons Briefe «immer erfreut» war, warfen sie ihn doch auf seine eigene Einsamkeit zurück. «Du bist eine der wenigen jungen Frauen, fast die einzige (ich bin nur wenigen begegnet!), in die ich mich hätte verlieben können», schrieb er ihr am 8. Mai 1921. Doch sie war die Freundin seines Freundes Ralph gewesen und nun dessen Frau. «Wenn man jemandem dazu gratulieren kann, ein so großes Wagnis wie die Ehe einzugehen, dann Dir», schrieb er Ralph bald darauf (1. Juni 1921). «... Ich muß hinzufügen, daß D. C. sich kaum weniger glücklich schätzen darf.» Doch Gerald selbst war nicht glücklich. «Es ist schade für mich selbst», sagte er Carrington, «denn verlieben muß ich mich ja, und wie soll ich je jemanden finden, der so reizend ist wie Du?»

In jenem Sommer machte Geralds Großtante ihn zum Erben und schickte ihm etwas Geld, so daß er England besuchen konnte. Er kam Mitte Juni. «Wir werden uns vermutlich im Juli treffen und uns ehrlich die Hände schütteln», hatte er Ralph geschrieben. Am 2. Juli blieb er über Nacht in Tidmarsh, und fünf Tage später radelte er von seinem Elternhaus zum White Horse nach Uffington, um dort mit Carrington zu picknicken. Ralph konnte wegen seiner Arbeit bei der Hogarth Press nicht dabeisein, und Lytton, der Picknicks nicht mochte, blieb in London. Carrington und Gerald waren also allein.

Es war genau der richtige Tag, um den englischen Sommer in vollen Zügen zu genießen. Die Sonne brannte auf das Gras und saugte den Saft aus den Bäumen. Die Luft rundum flirrte, kein Blatt regte sich. Der Himmel war ein bewegungsloses, mattes Violett. Auf einem Abhang im Schutz eines Heuschobers nahe bei einem dunklen Wäldchen aßen sie ihr Picknick. «Wir unterhielten uns, und plötzlich legte sie die Arme um mich und küßte mich. Ich ließ sie, doch hinterher ärgerte ich mich, weil sie Ralphs Frau war und weil sie mir nichts bedeutete...» Vierzehn Tage später kam Gerald über das Wochenende nach Tidmarsh. Er hatte sich vorgenommen, daß sich aus dieser Episode nichts Weiteres ergeben sollte. «Doch während ich im Lehnsessel saß, sah ich sie am Fenster vorbeigehen, das Abendlicht im Rücken, und da wußte ich auf einmal, ich war verliebt. Es war wie der erste Fieberanfall eines Inselbewohners im Pazifik – ich war vom ersten Augenblick an total gefangen. Ich hatte mich auf dieselbe Weise in sie verliebt wie sie sich in Lytton, nicht weniger heftig. Und auch sie war in mich verliebt.»

Ralph Partridge ahnte nichts von dieser überraschenden Entwicklung. Er hatte dem Besuch seines Freundes in England mit größter Freude entgegengesehen. Gerald sei «die Zerstreutheit in Person. Er geht und ißt und schläft, ohne sich der Naturgesetze, die diese Körperprozesse leiten, auch nur im mindesten bewußt zu sein. Er wird noch jeden ins Koma reden und ist obendrein immer interessant. Er könnte sehr wahrscheinlich ein gutes Buch schreiben, wenn er sich nicht vorher bei seinen Tagträumereien das Genick bricht» (Brief an Noel Carrington vom 17. Juli).

Nach dem Wochenende kehrte Gerald nach London zurück, Carrington folgte ihm, und sie erlebten eine zweitägige «Kußorgie». «Ich brauche Dir nicht zu sagen, wie gern ich Dich habe», schrieb er ihr am 29. Juli 1921, «denn dazu brauchst Du mich ja nur anzuschauen. Ich kann Dir auch nicht sagen, welche Gefühle ich für Dich habe, denn das weiß ich selbst nicht genau. Es gibt Augenblicke, in denen Du mir so überwältigend, so herzzerreißend schön erscheinst, daß ich darüber ein bißchen den Kopf verliere ... [Du bist] ein so wunderschönes Geschöpf, daß es eine Form von Wahn wäre, sich nicht in Dich zu verlieben.» Anfang August brach Carrington mit Lytton und Ralph zu einer Ferienreise in den Lake District auf, während Gerald sich auf seinen einsamen Rückweg nach Yegen vorbereitete. Dann erreichte ihn ein Telegramm von Carrington, ob er nicht nachkommen wolle. Ohne zu zögern, verschob er seine Rückkehr nach Spanien und machte sich auf den Weg nach Norden zur Watendlath Farm nahe Keswick in Cumberland. Mittlerweile war auch Marjorie Strachey mit von der Partie, die dort «in pechschwarzer Finsternis und bei heulendem Sturm» aufgetaucht war und dabei «eine Handtasche mit sechs Pfund verloren hatte». Auch das sehr verliebte Paar James und Alix war da. Sie waren erst vor kurzem aus Wien zurückgekehrt und spielten nun eifrig Schach und übersetzten Freud.[10] «Meine Familie läßt mir kaum Luft zum Atmen», murrte Lytton. Die sieben drängten sich in dem kleinen hinteren Zimmer von Bauer Wilsons Schaffarm zusammen. «Ich sitze hier, wie Du Dir denken kannst, in ziemlichem Dämmerzustand in einem kleinen Cottage», schrieb Lytton am 23. August an Virginia, «grüne Berge vor dem Fenster und den ausgestopften Kopf eines sehr alten Schafs über dem Fenster.»

Für Gerald verflogen die folgenden zwölf Tage wie im Traum und in heimlicher Erregung. Alles Schöne und Traurige schien sich in diesem kurzen Abschnitt seines Lebens zusammenzudrängen. Wenn die Sonne schien, kletterten sie alle über die steinigen Hügel, bis Lytton Blasen an den Füßen hatte. «Ich kann nur noch Seidensocken und Pantoffeln tragen, in denen ich hin und wieder im Freien umhertapse.» An Regentagen blieben die beiden Strachey-Brüder vor dem Kamin – Lytton las Beckfords «Biographical Memoirs of Extraordinary Painters», und James, «auf einem riesigen Luftkissen, das auf einem Roßhaarsofa schwebte», grübelte über die Psychologie des Tagtraums nach. Doch Ralph ging bei jedem Wetter mit eiserner Entschlossenheit zum Angeln – obwohl er erst «zwei Sardinen» gefangen hatte – und wurde dabei von Carrington und Gerald begleitet, die Angelhaken und in Zeitungspapier eingewikkelte hartgekochte Eier trugen. Während Ralph, die Angelrute in der Hand, am Ufer saß, küßten und liebkosten sich die beiden anderen hinter einer nahen Böschung oder weiter entfernt in einer Scheune auf dem getrockneten raschelnden Farnkraut. Gerald war wegen des Betrugs bald von Schuldgefühlen geplagt. Er hatte sich auf eine innige platonische Freundschaft gefreut, aus der vielleicht Gedichte hervorgegangen wären. Statt dessen hatte er wenige Stunden nach seiner Ankunft in der Watendlath Farm nichts als Liebe im Kopf, alles andere war wie weggeblasen. Er fühlte sich wie ein im Meer Ertrinkender. Daß er die Frau seines besten Freundes liebte, quälte ihn – und trotzdem konnte er nicht von Carrington lassen. Es gab nur einen Ausweg: Er mußte Ralph offen sagen, was geschehen war. Ralph würde es sicher verstehen. In ihrem Wunsch, ihm gegenüber nicht als treulos zu erscheinen, glaubten Gerald und Carrington, sie seien nur besonders gute Freunde. Sie wären aus allen Wolken gefallen, wenn sie gehört hätten, daß ihre Beziehung als «Liebesaffäre» bezeichnet wurde. Carrington jedoch, die Ralph besser kannte, wollte nichts verraten. So ging es mit dem Angeln und Küssen weiter. Carrington genoß dieses kostbare Geheimnis, während Gerald in einem romantischen Hochgefühl lebte und seinem Freund gegenüber wachsende Zuneigung und geradezu Dank empfand. Jede Nacht ging Ralph mit Carrington zu Bett, und jeden Morgen kam Gerald ins Schlafzimmer spaziert und setzte sich plaudernd «in einem sonderbaren Gemütszustand» zu ihnen aufs Bett. Ralph selbst freute sich sehr darüber, daß Carrington und Gerald sich so gut verstanden. Seit sein Freund da war, hatte er weniger Streit mit seiner Frau. Sie waren sich einfach ähnlich, dachte er, zerstreut, phantasievoll, hoffnungslos unpraktisch – sie schälten sogar Äpfel auf dieselbe ungeschickte Weise.

Auch die anderen schenkten ihnen wenig Aufmerksamkeit. Lytton beklagte sich in einem Brief vom 25. August 1921 an Mary Hutchinson, daß die einzigen Abenteuer in der Gegend wohl meteorologischer Art seien, «und – soweit ich beurteilen kann – gibt es herzlich wenig Liebeleien». Das einzige Zeichen von der Welt draußen, informierte er Pippa am 30. August, «ist der Anblick von Mr. Stephen McKenna gewesen, der in Gesellschaft einer Dame in tiefroter Seide über die Bergeshöhen schritt.» Alles in allem hätten sich die Ferien als ziemlich ereignisarm erwiesen.

Doch dann, nachdem Ralph seine Frau und Brenan beinahe zusammen erwischt hätte, war Gerald mit der Abreise einverstanden. «Du kannst Dir nicht vorstellen, wie weh es mir tat, Dich fortzuschicken», entschuldigte sich Carrington in einem Brief am 30. August 1921. «... mir brach fast das Herz, und ich weinte, als Du fortfuhrst.» «Es war mehr, als ich ertragen konnte», erwiderte Gerald am 5. September. «Ich konnte mich nicht länger damit begnügen, bei Dir zu sein und Dich nicht einmal küssen zu können – mit meiner Abreise tat ich das einzig Mögliche.» Doch Ralph war darüber verärgert, daß sein Freund nun fort war, und beschuldigte Carrington, ihn vertrieben zu haben. Sie liebte Ralph, aber sie hatte Gerald unbewußt für ihre Rache benutzt: für Ralphs Tyrannei und ihre Abhängigkeit von ihm, damit das Glück von Tidmarsh fortbestand. Manchmal «möchte ich Asche auf mein Haupt streuen, weil ich nicht mehr riskiere», schrieb sie Gerald am 30. August, «weil ich nicht abenteuerlustiger bin, weil ich nicht mehr Zeit mit Dir verbringe». Später änderte sich ihre Stimmung wieder, und am 14. September wollte sie «zu Gott beten, daß die Wahrheit nie herauskommt».

Gerald spürte, daß er und Carrington Seelenverwandte waren und daß sie den falschen Mann geheiratet hatte. «Oh, wenn ich doch nie nach England zurückgekehrt wäre», klagte er, «wenn ich doch nie zurückgekommen wäre! Ich hätte in Spanien ein ereignisloses Leben geführt und mich glücklich geschätzt ... Ich habe manchmal wach gelegen und habe daran gedacht, daß ich Dich acht Monate nicht mehr sehen werde. Schon der Gedanke macht mich ganz krank. So wie die Dinge liegen, möchte ich nicht länger bei Dir sein, doch ein Leben ohne Dich ist schrecklich. Es ist, als ginge man plötzlich in die absolute Finsternis hinaus.»

3. Urteil und Kritik

«Die Frage ist, ob es so klug war, in den Norden zu fahren», hatte Lytton am 23. August 1921 von der Watendlath Farm an Virginia geschrieben. Nun, Anfang September, trieb es ihn wieder in Richtung Süden. Er besuchte die Woolfs in Monk's House, die Hutchinsons in Eleanor House und die Bells in Charleston. Dort «las ich zum ersten Mal den (fast) vollständigen Bericht von Oscars Gerichtsverfahren», erzählte er Carrington (September 1921). «... Er ist ebenso interessant wie deprimierend. Das Überraschendste daran ist, daß er wirklich beinahe davongekommen wäre. Wäre das der Fall gewesen, was wäre dann weiter geschehen, frage ich mich. Ich bilde mir ein, die englische Kulturgeschichte wäre vielleicht ganz anders verlaufen, wenn es der Dummheit eines Schöffen gefallen hätte, dem Ganzen eine andere Wendung zu geben.»

In diesem Herbst erhielt Lytton von vielen Seiten Einladungen: von Ottoline und Lady Astor, den Sitwells, Lady Colefax und Princess Bibesco. Als Maynards Gast in Cambridge begegnete er einem ganzen Schwung von Studenten des Nachkriegsjahrgangs und ließ sich wieder von den «Aposteln» vereinnahmen. Unter seinen neuen Freunden, die er bald auf Wochenenden nach Tidmarsh einlud, waren George («Dadie») Rylands[11], ein katzenhafter, blonder, elegant gekleideter Eton-Absolvent mit viel Grazie und schauspielerischem Talent, der damals in seinem ersten Jahr im King's College war und sehr unter dem Einfluß Sheppards stand; der herausragende, frühreife Logiker Frank Ramsey, dessen Bruder Erzbischof von Canterbury wurde, sowie die drei ältesten Penrose-Brüder, Alec, «ein ausgemachter Frauenheld», wie Lytton ihn einmal nannte, Lionel, der Vererbungsforscher, und Roland, der Kunstkritiker und Biograph Picassos. «Er [Alec] ist ein Mann von Charakter (selten heutzutage) und möchte unbedingt Ästhet sein», schrieb Lytton an James (28. November 1921), «aber ich fürchte eher ohne große Begabung in dieser Richtung ... Lionel Penrose (der jüngere Bruder) ist auf dem Saint John's College, ein ziemlicher Schwätzer, aber auf eine kindliche Weise anziehend, und obgleich es ihm an Grips fehlt, paßt er doch ganz gut in die Gesellschaft [der ‹Apostel›].»[12]

Kurz nach der Veröffentlichung von «Eminent Victorians» hatte Geoffrey Whitworth Lytton vorgeschlagen, einen Band ausgewählter Aufsätze als Intermezzo zwischen den beiden Biographien herauszubringen. «Ein solches Buch wäre sicherlich erfolgreich», glaubte Whitworth (4. April 1919), «auch wenn es nur ein schmales Bändchen ergäbe.» Doch Lytton hatte schon mit «Queen Victoria» begonnen, und der Plan wurde fallengelassen. Auch nach Erscheinen der Biographie kam er nicht sofort auf diese Idee zurück. Er diskutierte mit Virginia verschiedene biographische Vorhaben, besonders eine «Geschichte der Regierungszeit Georgs IV.», die er für ein großartiges Thema hielt. Doch es gab Schwierigkeiten. «Das Schlimme bei Georg IV. ist, daß ich von niemandem die Fakten bekomme, die ich brauche», sagte er während einer Teegesellschaft bei Verreys. «Die Geschichte muß wieder ganz neu geschrieben werden. Sie besteht durch und durch aus Moral.» «Und aus Schlachten», fügte Virginia hinzu.

Während Lytton noch unentschlossen war, erinnerten ihn Chatto & Windus an Whitworth' ursprünglichen Vorschlag für einen Aufsatzband und machten ihm ein klares Angebot. Er akzeptierte zunächst und verhandelte mit seinem amerikanischen Verleger Harcourt Brace. «Ich glaube nicht, daß Du schon gehört hast, wie die Verhandlungen mit Mr. Brace ausgegangen sind», berichtete er James am 28. November 1921, «– sie verliefen in vollkommener Hektik. Ich verbrachte Tage damit, zwischen den großen Sälen des Hotels Cecil und dem Büro der Autorenvereinigung hin- und herzupendeln, wo der arme Mr. [Herbert] Thring[13] mir mit Rat und beschwörenden Ausrufen beiseite stand.»

«Mr. Brace war ein sehr blasser, erschöpft wirkender Amerikaner im obligatorischen braunen Nadelstreifenanzug. Wir haben uns prächtig amüsiert, kämpften und verhandelten auf die sonderbarste Art. Ich unternahm einen schneidigen Versuch, das Urheberrecht an Viktoria zurückzubekommen, merkte aber, daß er mehr dafür wollte, als ich zu geben bereit war. Es endete damit, daß ich ihm mein nächstes Buch überließ (zu sehr guten Bedingungen) und das Angebot für zwei weitere gegen 1500 Pfund Anzahlung [entspricht heute 27000 Pfund]. Es war ein außergewöhnlich langer und fieberhafter Kampf. Am Ende wäre Mr. Brace fast tot umgefallen, als er mit zitternder Hand und aschfahlem Gesicht sein Scheckbuch herauszog. Er hatte zuerst 1200 Pfund geboten, doch in letzter Sekunde konnte ich meine Bedingungen noch steigern, und im Nu hatte ich 300 Pfund gutgemacht. Ich kann nur hoffen, daß ich nicht auf eine mysteriöse Weise hereingelegt worden bin – aber Mr. Thring hat jeden meiner Schritte unterstützt.»

Nach Abschluß dieser geschäftlichen Vereinbarungen kehrte Lytton nach Tidmarsh zurück, wo er die folgenden zwei Monate damit beschäftigt war, aus den vielen Besprechungen und Artikeln, die er seit seinen Tagen in Cambridge geschrieben hatte, eine Auswahl zu treffen. Schließlich wählte er vierzehn Aufsätze aus – einschließlich derjenigen über Beddoes, Blake, Sir Thomas Browne, Samuel Johnson, Rousseau, Shakespeare, Stendhal und Voltaire –, alle zwischen 1904 und 1919 verfaßt. Er ging die Texte noch einmal sorgfältig durch und nahm an den früheren Aufsätzen umfangreiche Änderungen vor. So schrieb er zum Beispiel in dem Aufsatz über Racine nicht weniger als 32 Abschnitte neu. Manche Korrekturen waren geringfügig. An anderen Stellen glättete er schwerfällige oder redundante Ausdrücke, die ihm beim lauten Lesen aufgefallen waren. «Und weitere ergeben sich aus dem Wunsch, journalistische Artikel und Besprechungen zu literarischen Essays umzuformen», berichtet C. R. Sanders, der einen genauen Zeilenvergleich der ersten und zweiten Fassungen der Aufsätze vornahm und alle Abweichungen dokumentierte.[14] Fußnoten wurden weggelassen oder drastisch gekürzt, Adjektive gestrichen, neues, veranschaulichendes Material oder ein gelegentlicher, amüsanter Kommentar kamen hinzu, und die Zahl der Parallelkonstruktionen wuchs.

Die interessantesten Überarbeitungen waren stilistischer Art. Dabei lassen sich zwei Arten unterscheiden: solche, die seine Prosa strafften, und solche, die der ursprünglichen Schilderung zusätzlichen Nachdruck verliehen. Einige lange überleitende Passagen wurden entweder gekürzt oder ganz herausgenommen. Ansichten über lebende Autoren wurden an manchen Stellen abgemildert oder durch die Einfügung eines «vielleicht» relativiert. Wenige lange Absätze wurden der besseren Lesbarkeit halber unterteilt, doch noch öfter faßte Lytton zwei Absätze zusammen, um ihnen größeres Gewicht zu verleihen. Er trug auch mehrere wörtliche Zitate nach, auf die in der ersten Fassung nur angespielt wurde.

Er wollte die Sammlung «Views and Reviews» (Ansichten und Kritiken) nennen, verwarf die Idee aber wieder, als er herausfand, daß W. E. Henley diesen Titel bereits benutzt hatte. «Hilfe! Hilfe!» flehte er Pippa an (31. Januar 1922). «Die Titelfrage drängt, ich bin fast am Verzweifeln. Was hältst Du von ‹Books and Brains› – mit ‹French and English› als Untertitel? Eine Mischung aus reiner Literatur und Biographie sollte wenn möglich angedeutet werden ... Schicke eine Postkarte, wenn Ihr, Du oder Lady S., Vorschläge habt.» Zwei Tage später entschied er sich für «Books and Characters» – «zahm und harmlos», wie er zu Pippa sagte, und fügte dem Titelblatt noch «French & English» hinzu.

«Books and Characters», das John Maynard Keynes gewidmet war, erschien am 18. Mai 1922 in Großbritannien und einen Monat später in den Vereinigten Staaten. Die Kritiken in der Presse waren insgesamt positiv und lobten oft die Literaturkritik auf Kosten der Biographie. Ein Rezensent der *Times* gratulierte Lytton, die «Ehre der Nation wiederhergestellt» zu haben. «Er hat die Sakrilegien der Vergangenheit wiedergutgemacht, indem er den besten Essay über Racine veröffentlicht hat, der je in englischer Sprache geschrieben wurde ... Mr. Strachey ist vielleicht der Kritiker mit dem feinsten Urteil in der heutigen englischen Literatur.»[15] Für Middleton Murry vom *Athenaeum* war er «weder Bilderstürmer noch Heldenverehrer», sondern «ein Mann mit einem kritischen Verstand höchsten Ranges», der «darangeht, die Ungerechtigkeiten der Zeit wiedergutzumachen».[16] Aldous Huxley erschien er als «ein höchst zivilisierter Indianer, der abseits der gemeinen Welt in einem parkähnlichen Reservat lebt» und kaum einmal das umliegende Land jenseits der Mauern betrachtet. «Es wimmelt nur so, weiß er, vor schrecklichen Kolonisten. Wie die gastfreundlichen Bewohner des Midian schleichen die zahllosen armen Weißen um ihn herum, aber der edle Wilde schenkt ihnen keine Aufmerksamkeit.»[17]

«Books and Characters» führte zu einer Neuauflage von «Landmarks in French Literature» im Jahr darauf und festigte Stracheys Ruf, ein Literaturkritiker in der Nachfolge Swinburnes zu sein, wie man auch von Walter Raleigh und Edmund Gosses sagte, und weniger den eines Erneuerers der Biographie. Viele Leser waren für diesen Schritt dankbar. «Mit «Landmarks in French Literature» und «Books and Characters» hatte er eines der besten, wenn auch weniger populären Werke geschaffen», schrieb Hugh Trevor-Roper, «– frühe Arbeiten, die aufgrund ihres Mitgefühls reifer wirken als seine späteren und berühmteren Studien.»[18]

Seine wachsende Berühmtheit zeigte sich in der Verleihung der Benson-Silbermedaille und einer Aufforderung der Royal Society of Literature, Mitglied ihres akademischen Ausschusses zu werden.[19] Letzteres Angebot lehnte er ab. Nach einer höflichen Absage, in der er den Verzicht auf seine «Wahl» erklärte, bat er Edmund Gosse, der selbst im akademischen Ausschuß saß, als sein Sprecher aufzutreten. «Es wäre zwecklos, das Für und Wider von Akademien und ähnlichen Gremien im allgemeinen zu diskutieren», erklärte er Gosse gegenüber am 30. Dezember 1922, «und mir ist klar, daß vielleicht viel für sie spricht, doch soweit es mich persönlich betrifft, bin ich überzeugt, daß ich wirklich nicht an einen solchen Ort gehöre. Dies ist eher eine Sache des Instinkts denn der Vernunft. Das mag bedauerlich sein, aber es bleibt Tatsache, daß, wie Saint-Simon von sich selbst sagte: *Je ne suis pas un sujet académique* ... Wenn ich je in der Lage sein sollte, der Literatur einen Dienst zu erweisen, so als eine vollkommen unabhängige Person und nicht als Mitglied einer Gruppe.»

In den Vereinigten Staaten erlebte «Books and Characters» im selben Jahr weitere fünf Auflagen, in Großbritannien war die Erstauflage von 5000 Exemplaren binnen eines Monats ausverkauft. Chatto & Windus mußten sofort weitere 5000 Exemplare nachbestellen und gerieten später in die Verlegenheit, weitere 15000 in ihrer Phoenix Library zu verkaufen. Zwischen Frühjahr 1918 und Herbst 1921 hatte Lytton annähernd 8000 Pfund verdient (heute etwa 140000 Pfund), doch von der Einkommensteuer war er verschont geblieben.[20] «Die Behörden hier haben meine Existenz anscheinend übersehen, und wenn dieser glückliche Zustand so bleiben könnte, um so besser» (Brief an Maynard vom 11. November 1921). Doch er wußte, daß das nicht möglich war, und als Maynard mit seinem «Sherpa» Sebastian Sprott zu Weihnachten nach Tidmarsh kam, bat Lytton ihn um Rat. Maynard gab ihm auch eine «detaillierte Liste von Aktien aller Art». «Er besteht darauf, daß ich alles, was ich habe, in sie investiere. Mir bleibt keine andere Wahl, als mich zu ergeben und dem Bankrott entgegenzusehen.»

Nach der Veröffentlichung von «Queen Victoria» hatte er sich ermattet gefühlt. «Ich führe das auf den Winter zurück – das Leiden an dicker Unterwäsche usw. usw., aber es kann selbstverständlich auch Gehirnerweichung sein», gestand er Virginia am 6. Februar 1922. «Egal aus welchem Grund, ich bin *sans* Augen, *sans* Zähne, *sans* Schwanz, *sans* ... noch mehr *sanses* kann es danach nicht geben – und alles in allem fühle ich mich eher wie ein Fisch auf dem Trocknen als alles andere. Es ist schrecklich. Ich hoffe inständig, daß mit den Schwalben auch eine Besserung kommen wird ...»

Er war vor kurzem in den Oriental Club eingetreten, zu dessen berühmten Mitgliedern auch sein Vater gezählt hatte.[21] Dieser neue Status, empfand er, passe sehr gut zu seiner winterlichen Altersschwäche. Der Club war wie ein luxuriöses Mausoleum. «Sehr viel Messing», vermerkte Carrington in einem ihrer Briefe an Noel.

«Voller alter indischer Ausgrabungen.» Und Lytton beschrieb ihn in einem Brief an Virginia (6. Februar 1922) als ein «großes, abstoßendes Gebäude ... in dem sich große, abstoßende Anglo-Inder drängen, sehr alte und sehr reiche. Wer 65 ist und ein Einkommen von 5000 Pfund im Jahr vorweist, kann sofort eintreten. Man ist dort so dick, daß man kaum gehen kann, und das Gehirn arbeitet mit außergewöhnlicher Langsamkeit. Genau der richtige Ort für mich, wie Du merkst, in meiner gegenwärtigen Verfassung. Mit meinen glasigen Augen und weißen Haaren komme ich fast unbemerkt durch und sinke mit einem Buch von Field in der Hand schwerfällig in einen Ledersessel. Exzellenter Rotwein – einer der besten Weinkeller Londons, beim Jupiter. Du *mußt* kommen! Ich werde Dir bald wieder schreiben, wenn Du es ertragen kannst.» Doch als er ihr vier Tage danach erneut schrieb, erzählte er immer noch von seiner Mattigkeit. «Für das Grauen des Aufstehens fehlt mir jeder Vergleich. Jeden Morgen wundere ich mich aufs neue, wie ich es wieder geschafft habe. Meiner Meinung nach läßt sich Reichtum eindeutig nur an einem ablesen, und das ist – ein Kaminfeuer im Schlafzimmer. Solange man das nicht zu jeder Zeit und ständig haben kann, ist man arm. Ein Hausmädchen, das morgens früh kommt, das wär's!»

Ende Februar fuhr Ralph mit Carrington nach Wien, um James und Alix zu besuchen, während Lytton, der die Reise bezahlte, zum Gordon Square zog. Alix hatte eine Rippenfellentzündung, und die Ärzte mußten ihr ohne Narkose ein Stück der Rippen entfernen, um die Lungen zu reinigen. «Sie kann jetzt nur mit einem Lungenflügel atmen», schrieb Carrington an Lytton. «Doch seit der Operation geht es ihr ein bißchen besser ... Der arme James ist sehr erschöpft.» Auf einem kleinen Kocher bereitete sie James besondere Mahlzeiten zu. Allerdings durfte sie Alix nicht sehen, da deren Temperatur stieg, sobald Carringtons Name erwähnt wurde.

Lytton schrieb Carrington an seinem zweiundvierzigsten Geburtstag, in London «[gehe] das Leben seinen gewohnten trübseligen Lauf, unterbrochen von hektischer Aufregung. Letzteres passierte vergangene Nacht – ein absurdes Fest bei Lady Astor, um Mr. Balfour zu treffen – eine Riesengesellschaft – 800 gänzlich unterschiedliche Gäste – Herzoginnen, Rothensteins, der Premierminister, Stracheys (männliche und weibliche) – so etwas hast Du noch nicht gesehen!

Da es in Strömen regnete, kam es auf dem St. James's Square zu einem schrecklichen Gedrängel von Autos und Taxis – es war praktisch kein Durchkommen. Niemand konnte hinaus, da es so naß war – stundenlang saßen wir bei laufendem Motor fest, fluchten und bewegten uns gelegentlich einen Zentimeter oder zwei näher auf die Pforten der Seligkeit zu. Zu allem Überfluß strömten schließlich auch noch Menschen von den Seitenstraßen auf den Square und mischten sich unter die Autos. Dank der Polizei und der Gutmütigkeit der englischen Unterschicht kam es nicht zu Ausschreitungen. Wäre so etwas in Paris passiert, wäre es schlicht die Hölle gewesen. So war es bloß sehr langweilig. Der Premierminister ging, als wir kamen. Schrecken aller Schrecken! Der ehrenwerte Gentleman erkannte Lytton Strachey *nicht*! – obwohl dieser sich sehr höflich verneigte – ebenso Mrs. Lloyd George – eine unvergleichliche Vogelscheuche. Mr. Balfour sprach schmeichelhaft hinter großen, halb gespenstischen Brillengläsern.»

Nach Carringtons und Ralphs Rückkehr aus Wien, kam Lytton zu ihnen zurück nach Tidmarsh. Alle schienen halbwegs glücklich zu sein. «Ich vermisse ihn so sehr, wenn er weggeht», hatte Carrington am 12. Oktober 1921 an Gerald geschrieben. «Ich liebe seine Erscheinung so sehr & die Räume & der Garten sind so leer, wenn er weg ist.» Aber Ralph mochte seine Arbeit bei der Hogarth Press nicht und sprach manchmal davon, als Kriegsberichterstatter nach Nordafrika zu gehen. Was Lytton betraf, so schienen seine Liebesabenteuer und die seiner Freunde auf unheilvolle Weise unterbrochen worden zu sein.

4. Valentines Tag

Seit Gerald vor sechs Monaten nach Spanien gefahren war, hatte Carrington ihm alle paar Tage geschrieben. Und er hatte geantwortet. Obwohl Ralph darauf bestand, den Briefwechsel zu lesen, schöpfte er immer noch keinen Verdacht – hauptsächlich, weil den Briefen noch gesonderte Blätter beigefügt waren, die er nie zu Gesicht bekam. Nun, Anfang April, wollten sich alle – Lytton, Carrington, Ralph und Gerald – als Gäste von Valentine und Bonamy Dobrée in Larrau in den Pyrenäen wiedertreffen. Carrington und Ralph hatten ihre Hochzeitsnacht bei den Dobrées verbracht, als diese in Paris wohnten, und Gerald war vergangenen Herbst auf seiner Rückreise aus England bei ihnen gewesen. Er hatte Valentine sein Herz ausgeschüttet und ihr von seinen Gefühlen für Carrington erzählt, ohne zu merken, daß Valentine an ihm ein leidenschaftliches Interesse gefunden hatte. Anfang 1922 hatten die Dobrées Spanien bereist, wo Valentine mit Gerald den Plan für das Zusammentreffen im Frühling geschmiedet hatte. Sie versprach, Ralph «abzulenken», damit Gerald und Carrington zusammensein konnten – sie stahl sich sogar zu Gerald ins Bett, um ihn ganz intim in ihre Pläne einzuweihen. Doch Gerald «konnte sich wegen Carrington in niemanden verlieben». Er stieg aus dem Bett und teilte Carrington in einem Brief die neuen Pläne mit. Beide waren ganz verrückt vor Aufregung. «Ich möchte mit Dir glücklich sein», antwortete Carrington am 12. März 1922, «& sowenig wie möglich bereuen. Ich habe ein Gefühl, als könnte uns das in Larrau gelingen.» Daß Valentine eingeweiht war, sorgte noch für zusätzliche Aufregung. «Alles was sie tut, berührt mich seltsam.» Tatsächlich konnte sie nicht verstehen, daß Gerald weiterhin in sie und nicht in Valentine verliebt war. Valentine sei «so viel talentierter, schöner & charmanter als Deine Doric». Trotzdem wolle sie heimlich «genügend Geld mitbringen, damit Du nach England mitkommen kannst», schrieb sie ihm. «... Lytton ist so wunderbar. Dieses Mal bestehe ich darauf, daß du ihn besser kennenlernst.»

Zu Ralphs Freude lag beim Haus der Dobrées ein Forellenbach. Carrington schien es der ideale Ort, um mit dem Angeln und Küssen wie früher auf der Watendlath Farm fortzufahren. Sie kamen mit Lytton zusammen am 5. April an und Gerald – eine unglaubliche Gestalt, die über kahle Berghänge und durch Wälder streifte – tauchte vier Tage später aus dem Nebel auf. Um das Anwesen lagen tiefe, sattgrüne Täler und überall wuchs hohes, in Bogen wucherndes Farnkraut. Buchenwälder bedeckten das Quellgebiet der Flüsse, und darüber ragten Bergspitzen von rotem und gelbem Fels. «Wir sind ganz schön weit oben in den Bergen», schrieb Lytton am 7. April an Pippa, «– ein reizendes, rustikal eingerichtetes Haus – viele Schränke und Regale – in einem kleinen, von steilen Bergen umgebenen Dorf. Alles scheint ganz nett, wenn auch nicht besonders aufregend. Man wird hoffentlich angeln können, wenn die Flüsse, die im Moment die reinsten Niagarafälle sind, zurückgehen ... Ich schreibe dies in einem baskischen Bett, doch jetzt sollte ich aufstehen und hinuntergehen und mich der Familie stellen. *Le père de Madame* (ein anglo-indischer Plantagenbesitzer, nehme ich an) ist ziemlich furchterregend. In Nagpur wollte er einmal Trappen schießen, fand aber keine ... Madame hingegen ist sehr angenehm und singt sehr hübsche italienische Lieder nach dem Abendessen.»

«Valentines Diplomatie wird sehr wichtig sein», hatte Carrington Gerald geschrieben. Doch die sinnliche Valentine war nicht die geborene Diplomatin. Es war erstaunlich, daß sie diesen humorlosen, langweiligen, pedantischen kleinen Mann überhaupt geheiratet hatte – «einen flinken, zweitklassigen Mann», nannte ihn Virginia –, es sei denn wegen seiner Duldsamkeit.[22] Es ging das Gerücht um, sie sei Derains Geliebte gewesen und sei von Mark Gertler aus Liebe gemalt worden. Gertler war bei ihr in Paris gewesen und sollte bald auch nach Larrau kommen. Er behauptete von ihr, sie gebe allem, was sie tue, einen «Hauch von Genie». Carrington, die sie auf der Slade School kennengelernt hatte, hielt sie auf ihre Art für ebenso außergewöhnlich wie Alix.

Später Schnee hatte sich auf den Flieder gelegt. Während Ralph am Forellenwasser angelte, Lytton still dasaß und Bonamy Dobrée lauschte, wie er Passagen aus seinem Buch über die elisabethanische Tragödie vortrug, stand Gerald oben in der Mansarde für Carrington Modell. Leider empfand Ralph eine heftige Abneigung gegen Valentine und war ständig unhöflich zu ihr, so daß die Atmosphäre zunehmend peinlich und gespannt wurde. Carrington wiederum schien sich mehr zu Valentine als zu Gerald hingezogen zu fühlen. Der gewann jedoch ihre Aufmerksamkeit zurück, als er in einem kritischen Moment einen Schwächeanfall erlitt. Noch unerklärlicher, zumindest für Lytton, war es, daß Valentine mit Ralph zu flirten begann. Am letzten Tag fielen sie, zu aller Verwunderung, einander in die Arme.

Gleich am Morgen darauf packten Lytton, Ralph und Carrington die Koffer und eilten über Toulouse und die Provence nach England zurück. Ihnen folgten die leidenschaftliche Valentine und der zerstreute Gerald, der aufgehalten wurde, weil er erst einen Schlafsack und die Campingausrüstung abholen mußte, die er auf seiner Reise von Yegen im tiefen Schnee des Roncesvalles-Passes zurückgelassen hatte. Valentines Avancen wies er zum zweitenmal zurück, ohne sich dessen bewußt zu sein. Sie gerieten in einen «Sog immer neuer Verwicklungen».

Gerald, dessen Stimmung ständig zwischen Begeisterung, Eifersucht und Verzweiflung schwankte, wohnte den Mai über in Pangbourne. Ralph setzte indes unverhohlen seine stürmische Affäre mit Valentine in London fort und zeigte sich dabei sehr geringschätzig gegenüber Carrington. Einige Wochen sah es so aus, als ob sich die ganze Tidmarsh-Gemeinschaft bald auflösen würde. Carrington wandte sich in ihrer Verzweiflung an Lytton, der ihr zu Geduld riet. In der Zwischenzeit versah er Bonamy Dobrée mit Literatur über die elisabethanischen Dramatiker. Gerald hatte bis dahin seine Beziehung zu Carrington auf eine mehr oder weniger platonische Ebene beschränkt, aus einem eher matten Gefühl der Loyalität gegenüber Ralph (obwohl er wußte, daß dieser schon früher untreu gewesen war). Nun, da Ralph und Valentine einige Tage zusammen wegfuhren, kamen er und Carrington sich auch sexuell näher. Carrington fürchtete, sie könnten «sich mit all den Komplikationen und zu vielen Geheimnissen vor Ralph die Freude an der Freundschaft verderben». Verlegenheiten, warnte sie ihn, störten die Intimität. Es war, als hätte sie eine Vorahnung, daß alles schiefgehen würde. «Ich habe etwas verloren, was mich wohl davon abhält, mich jemals wieder völlig hinzugeben», schrieb sie Anfang Juni 1922. Zugleich versicherte sie ihm jedoch: «In gewisser Hinsicht kann ich Dir alles geben, und ich gebe Dir wirklich viel Liebe.»

Dann brach das Gewitter los. Auf ihrer gemeinsamen Reise verriet Valentine Ralph, daß sich seine Frau und sein bester Freund ineinander verliebt hätten. Sie erzählte ihm von dem Techtelmechtel auf der Watendlath Farm und daß Gerald, Carrington und sie selbst in den Pyrenäen eine ehebrecherische «Larrau-Verschwörung» ausgeheckt hätten, nach der sie mit Ralph flirten sollte, damit Carrington und Gerald allein sein könnten. Valentine hatte Gerald nicht verziehen, daß er sie so leichtfertig abgewiesen hatte. Sie spürte, daß sie Carrington sexuell überlegen war, und benutzte alles, was sie gehört hatte und was sie dazuphantasierte, um ihr Verhältnis mit Ralph zu festigen. Doch obwohl er ihr alles glaubte, konnte er nicht mehr viel für sie empfinden. Zu Barbara Bagenal sagte er im Vertrauen, nun müsse er Gerald leider umbringen. Er eilte sogar zu Mark Gertler, um Genaueres über dessen Verhältnis zu Carrington zu erfahren. Was er zunächst tat, war allerdings noch gefährlicher: Er trank eine halbe Flasche Whisky und fuhr wütend nach Tidmarsh, in einem Auto, das Lytton ihm vor kurzem überlassen hatte.

Obwohl er entsetzt darüber war, daß Carrington einen Liebhaber hatte, hielt er selbst es anscheinend für richtig, ein Verhältnis mit einer verheirateten Frau zu haben. Doch es war noch mehr als das – nämlich das demütigende Gefühl, hinters Licht geführt zu werden. Valentine mit ihrem «Hauch des Genies» hatte ihm verraten, daß alle außer ihm selbst von der Affäre wußten. Er glaubte gern an völlige Offenheit – und im Vergleich zu Carrington war er bemerkenswert offen. Sie hegte ihre Geheimnisse und verbarg auch kleine, ganz untadelige Dinge, um sich ihr Privatleben zu bewahren. Der Schlüssel zu Ralphs Wesen lag in seinem Glauben, Heirat und Freundschaft bedeuteten Vertrauen und eine offene Sprache. Seine Raserei nach Valentines Enthüllungen war weniger auf die Tatsache der Untreue zurückzuführen – obwohl dies noch wichtig wurde – als vielmehr auf die Heuchelei. Das Wissen um diesen Betrug schadete seiner Ehe so sehr, daß auch eine Aussprache nichts mehr zu heilen vermochte.

Nach einem schrecklichen Streit mit Carrington im Mill House setzte Ralph ein Telegramm an Gerald auf, daß er ihn in London sehen müsse. Sie trafen sich im Hogarth House, wo Ralph verkündete, er werde Carrington verlassen und die Ehe beenden, sofern Gerald ihm nicht versichern könne, daß er mit Carrington keinen Geschlechtsverkehr gehabt hatte. Gerald, der bereits von Carrington im «Club 1917» informiert worden war, beschränkte sich in seiner Erinnerung auf Watendlath und Larrau und verschwieg, was im vergangenen Monat in Tidmarsh geschehen war. Einen romantischen Flirt gab er zu, leugnete jedoch jeglichen «Verkehr». Obwohl er seinem Freund instinktiv immer noch die Wahrheit sagen wollte, merkte er, daß er kein Recht hatte, Carringtons Leben mit Lytton zu gefährden. Und eigentlich sagte er ihm ja auch die Wahrheit, so dachte er, weil Ralph nur nach den früheren gemeinsamen Ferien gefragt hatte. Ralph, der nun nicht mehr weiterwußte, erwiderte mit ernstem Zweifel, er müsse sich überlegen, was er tun werde. Doch falls er sich entschließe, weiter mit Carrington zusammenzuleben, müsse Gerald nach Spanien zurückkehren und versprechen, nie wieder Verbindung mit ihr aufzunehmen. Gerald gab ihm sein Wort, etwas anderes hätte er auch nicht tun können. Der wichtigste Mensch in Carringtons Leben war immer noch Lytton, und Gerald selbst konnte nicht hoffen, Ralphs Platz einzunehmen. So kehrte er zum letztenmal kurz nach Tidmarsh zurück und erzählte Carrington, was geschehen war. Während des Mittagessens mit ihr und Lytton zitterten seine Hände so stark, daß er kaum das Besteck halten konnte. Sein Leben schien zerstört. Er fuhr nach London zurück und wartete dort auf Carrington, die ihn vor seiner Abreise nach Spanien am 14. Juni noch einmal sehen wollte. Doch sie kam nicht. Statt dessen wurde er von Valentine belagert, was seinen Kummer noch verstärkte, seine Eltern jedoch erleichterte, weil sie es als Beweis nahmen, daß er nicht homosexuell war. «Mir tut es sehr leid um ihn», schrieb Lytton an Ralph. «Er hat sich selbst sehr weh getan, und selbst in den besten Tagen war sein Leben nicht besonders erfreulich.» Einen Tag nach seiner Abfahrt sandte Lytton ihm einen ermunternden Brief:

«Die Dinge hier sind immer noch aus dem Gleichgewicht, oberstes Prinzip ist es, die Atmosphäre zu klären. Briefe zwischen Euch könnten Ralph zweideutig erscheinen, und jede Zweisamkeit muß gerade jetzt vermieden werden.

Ich hoffe, Du wirst wieder schreiben. Das wenige, das ich von Deinem Werk gelesen habe, schien mir von *der Art* her anders zu sein als alles, was bei Schriftstellern Deiner Generation gängig ist. Meiner Ansicht nach liegt ein Zug von Inspiration darin, der sehr selten und wirklich sehr wertvoll ist.

Die Dinge haben eine unglückliche Wendung genommen. Doch vergiß nie, was auch immer geschieht und trotz aller Entfremdung, daß Du von denen geliebt wirst, die Du am meisten liebst.

Mit herzlichen Grüßen, Immer Dein
Lytton Strachey»

Der Brief zeigt das Mitgefühl eines Mannes, der selbst schon unter Liebesbeziehungen gelitten hatte. Er verdeutlichte auch, was der Bloomsbury-Kreis, im besten Sinne, mit zivilisiertem Verhalten in persönlichen Beziehungen meinte, und wie schwierig es anderen manchmal fiel, dieses Verhalten zu akzeptieren. Denn Bloomsbury weigerte sich, der Eifersucht Rechte und Ansprüche zuzugestehen. «Bitte vergib mir das Unglück, das ich Dir und auch den anderen zugefügt habe, und denke nicht zu schlecht von mir», schrieb Gerald die Nacht vor seiner Abreise an Lytton. «Und danke für die Freundlichkeit, mit der Du mir stets begegnet bist. Es war mir eine große Freude, Dich kennengelernt und in Tidmarsh einen kleinen Blick auf Menschen geworfen zu haben, die ein freies, glückliches und kultiviertes Leben führen. Jetzt, da ich meinen Part darin verloren habe, sehe ich das Verlockende daran.»

Er hatte seinen besten Freund verloren und die Liebe seines Lebens. Dennoch fühlte er sich schuldig, ihr Unglück mit verursacht zu haben, das Durcheinander schien immer noch sinnlos und unnötig. Er konnte seine Liebe oder Freundschaft nicht ändern und konnte im großen und ganzen auch nicht bereuen, was er getan hatte.[23] «Doch daß es unter vernünftigen Menschen soweit kommen kann, daß ich, der ich Ralph gern habe – herrliche Ironie! –, C. zu gern haben kann und damit, ohne die Ursache für ihr immer sporadischeres Zusammensein und ihre nachlassende Liebe zu sein und ohne den Wunsch nach Neuem für mich selbst zu haben, bei allen guten und unschuldigen Absichten dennoch die Quelle unser aller Unglücks geworden bin – das ist für mich einfach Wahnsinn, Wahnsinn, schrecklicher Wahnsinn ...»

5. Diplomat im Ehekrieg

In den folgenden achtzehn Monaten fiel in erster Linie Lytton die Aufgabe zu, in Tidmarsh wieder eine Atmosphäre der Zuneigung zu schaffen. Er stand vor der schwierigen diplomatischen Aufgabe, eine gemeinsame Basis zu finden, auf der sich ihre Dreierbeziehung erneuern ließ. Zuerst mußte er Ralph und Carrington miteinander versöhnen. Keiner von beiden wollte den anderen sehen, bevor Lytton nicht eine Schlichtung ausgehandelt hatte, bei der jeder sein Gesicht wahren konnte. Zunächst versicherte er Carrington, daß er für ihre Gefühle absolute Sympathie empfinde und daß er, wie immer es auch ausgehen mochte, sie nie verlassen werde. Dennoch müsse sie diese vertrauliche Aussage für sich behalten und zumindest eine Weile Ralphs Abenteuer mit großer Nachsicht betrachten. «Lytton war großartig und versuchte, die Wogen zu glätten», berichtete Carrington am 19. Juni 1922 Alix Strachey. «... [Er] sagt, daß R.s Komplex wegen meiner Tugend fast krankhaft ist. Es hat ihn furchtbar mitgenommen, er ist das reinste Nervenbündel ... R. sagt jetzt, daß er es derzeit nicht ertragen kann, mit mir zu leben, weil ich so eine Betrügerin sei usw. Lytton glaubt, mit der Zeit werde sich alles wieder einrenken.» Doch er warnte sie vor weiteren Affären, wenn sie mit Ralph zusammenbleiben wolle. «Da es nicht einmal Affären waren», erklärte sie Alix, «ist Liebelei wohl das passende Wort dafür ... und da ich keine anderen hatte, ist es auch kein großes Opfer, dieses imaginäre Leben [einer] *rouée* aufzugeben. Wie Du vielleicht schon gemerkt hast, fühle ich mich ziemlich grausig – diese ganze düstere Angelegenheit könnte so ausgehen, daß ich am Ende malen und als Künstlerin etwas taugen werde.»

Ralph selbst war versuchsweise damit einverstanden, unter gewissen Bedingungen nach Tidmarsh zurückzukehren. Er blieb im Untergeschoß von Hogarth House, während Lytton in seinem Namen verhandelte. «Ich glaube, ich konnte ihr Deine Gefühle und Deinen Standpunkt deutlich machen», schrieb ihm Lytton (Juni 1922):

«Selbstverständlich war und ist sie schrecklich mitgenommen. Sie sagte, Du seist ihr sehr wichtig – was Gerald überhaupt nicht war –, diese Krise habe ihr mehr denn je die Stärke ihrer Liebe zu Dir deutlich gemacht. Ich erklärte ihr Deine Furcht vor einer Szene, Versöhnungen usw. und sagte, daß Du in dem gelben Zimmer schlafen möchtest. Sie sah das völlig ein. Und ich bin sicher, daß sie Dich innig liebt. Wenn Du kommst, sei so nett zu ihr, wie Du kannst.

Wir müssen jetzt versuchen, all diese schrecklichen Einzelheiten zu vergessen und auf die Kraft unserer grundsätzlichen Zuneigung zu vertrauen, durch die wir alles überstehen werden. Auf jeden Fall wissen wir, woran wir sind, und das ist sehr gut.

... Was mich angeht, lieber Ralph, kann ich Dir gar nicht sagen, wie glücklich ich über Deine Entscheidung bin, herzukommen und es noch einmal zu versuchen. Ich glaube, ich *könnte* mich mit einem Leben ohne Dich abfinden, genauso wie ich mich mit einem Leben mit nur einer Hand *abfinden* könnte, aber es wäre ein schrecklicher Schlag....

... Meine Nerven sind ziemlich angespannt, und ich sehne mich nach Deiner Nähe – das beste Heilungsmittel, das ich kenne! Ich fühle so vorbehaltlos, so völlig mit Dir, mein Allerliebster. Manchmal fühle ich mich so, als *wäre* ich in Dir! Warum kann ich Dich nicht durch den Wink eines Zauberstabes vollkommen glücklich machen?

Behalte diesen Brief für Dich.»

Nun, da der Weg für Ralphs Rückkehr geebnet war, versuchte Lytton, das Leben in Tidmarsh so angenehm wie möglich zu machen. Er lud seine lustigsten neuen Freunde aus Cambridge, die Ralph mochte und die Carrington verehrten, über die Wochenenden ein, und auch ältere Koryphäen wie E. M. Forster, der einen beruhigenden Einfluß ausübte. Er kaufte ein Auto, und da weder er noch Carrington fahren konnte, Ralph hingegen der «geborene Fahrer» war, verstärkte dies ihre gemeinsame Abhängigkeit von Ralph, während dieser sich für sie verantwortlich fühlte – obwohl ihm Lytton versicherte, daß das kleine Auto ihm, Ralph, gehören solle. Als sich Ralph über seine Arbeit bei der Hogarth Press, über sein geringes Einkommen und die schlechten Aussichten beklagte, schaltete sich Lytton ein und versuchte den Fall mit Virginia zu besprechen. «Es gab verschiedene Diskussionen über die Hogarth-Frage – mit ziemlich vagen Ergebnissen», berichtete er ihr am 19. September 1922. «Ich glaube, der arme Kerl ist wirklich bestrebt, weiterzumachen, sieht aber Schwierigkeiten voraus. Er sammelt jetzt schon seine Kräfte! Alles in allem nehme ich an, daß er weniger Druckereiarbeit und mehr Kaufmännisches für eine mögliche Lösung hält. Wenn ihm ein Geschäftsbereich ganz übertragen werden könnte, würde er sich vielleicht mit mehr Schwung in die Arbeit stürzen. Doch das ist nur ein vager Vorschlag, ziehe deshalb bitte keine Schlußfolgerungen daraus. Ich bin sicher, er wird Dir bald selbst schreiben. Das Problem der weiten Entfernung von London ist ziemlich heikel.»

Lytton war «äußerst geschickt» in seinem Engagement für Ralph. Er war immer noch zaghaft in ihn verliebt und erfreute sich an seiner Einfachheit, obwohl er sich auf väterliche Art und Weise für beide, Ralph und Carrington, einsetzte. «Man kann Liebende nicht wie vernünftige Menschen behandeln», gab er gegenüber Virginia zu bedenken und erinnerte sich an seine eigenen Qualen über Duncan und Henry. Ralphs berufliche Ungewißheit bei der Hogarth Press verschlimmerte höchstwahrscheinlich auch dessen Eheprobleme. «Das alles bereitet mir sehr viel Kummer», schrieb Virginia an Vanessa (22. Dezember 1922), «da ich mich ein wenig für diese Heirat verantwortlich fühle ... Und wenn es wahr ist, daß wir alle für die Sünden aller verantwortlich sind, sollten wir gewiß auch gemeinsam untergehen?» Für einen kräftigen und gebildeten jungen Mann mochte es nicht einfach gewesen sein, die meiste Zeit im Keller des Hogarth-Verlages bei der Handpresse und Paketen zu verbringen. Doch Ralph mißachtete auch viele wohlbegründete Ratschläge Lyttons und verdarb ihm die Argumente, wenn er zum Beispiel andeutete, er würde Lyttons nächsten Bestseller für Hogarth bekommen, wenn er befördert würde, oder er würde mit Lyttons Geld einen Konkurrenzverlag in Tidmarsh gründen, sollten sie ihn bei Hogarth rauswerfen. Solche schuljungenhafte List brachte Virginia in Rage. «Wir werden uns von dem Ansehen & der Macht & der Aufgeblasenheit aller Benson-Medaillenträger Englands nicht unterkriegen lassen», schimpfte sie (7. Januar 1923). «... Liebe ist der Teufel.»

Auf Ralph hatte die Liebe eine besonders teuflische Wirkung. «Wir haben einen wild gewordenen Stier im Haus – einen normalen Engländer, der verliebt ist & betrogen», hatte Virginia am 23. Juni 1922 in ihrem Tagebuch vermerkt. Die meiste Zeit war er, wie Carrington beobachtet hatte, «ungeeignet für jede kontinuierliche Arbeit». Nun wurde er auf merkwürdige Weise unberechenbar – faul, fleißig, mürrisch, liebenswürdig, streitlustig und entwaffnend freundlich – alles an einem Tag. Insgesamt gesehen übernahm Virginia Carringtons Rolle. Sie war weitaus feinfühliger – außerdem mochte Virginia «Frauen nicht unglücklich sehen». Zweifellos hatte Carrington gelogen, «aber Kinder muß man eben anlügen», und Ralph war in seiner tyrannischen Leidenschaft wie ein Kind. Seine gedankenlosen Bemerkungen und Rücksichtslosigkeiten brachten ihr Blut in Wallung, immer wenn Leonard dadurch in Unannehmlichkeiten gebracht wurde. Leonard wiederum wurde manchmal, wie sie merkte, blaß vor Zorn. Was sie selbst nicht sehen konnte, wohl aber Carrington, war die Tatsache, daß die Woolfs «als Freunde vollkommen, aber als Vorgesetzte & Geschäftsleute ziemlich schwierig» waren. Das Verlagsgeschäft war für sie jedenfalls nur ein Teilzeitberuf und für Ralph nur ein Teilzeithobby. Seine Unmutsbekundungen und sein Gebrüll tönten aus dem Keller nach oben, und wenn er selbst nach oben kam, sträubte er sich oft wie ein Bär. «Ich mag das Normale nicht, wenn es mit 1000 Pferdestärken daherkommt», schrieb Virginia (23. Juni 1922). «Seine Dummheit, Verblendung, Gefühllosigkeit haben mich viel stärker getroffen als die magischen Wirkungen der Leidenschaft ... Vor allem hat mich beeindruckt, wie albern Männlichkeit ist – & wie die Wollust zuerst jene praktischen Gleise der Konvention legt und dann blind auf ihnen entlangjagt.»

Im Dezember, nach einem Wochenende in Tidmarsh, war Leonard einverstanden, daß Ralph mit dreimonatiger Frist kündigen konnte. «Der Bruch mit den Woolfs, lange vorausgesehen, ist nun schließlich vollzogen worden – von wem, kann ich nicht sagen», schrieb Ralph am 22. Dezember 1922. «... Ich verstand sie nicht, und sie verstanden mich nicht vor zwei Jahren, oder wir hätten uns nie auf eine Partnerschaft einlassen sollen.» Man erwog kurz die Gründung einer Tidmarsh Press, um Lyttons extravagante Dichtungen herauszubringen. Doch dann kam man überein, daß Lytton Ralph als seinen Sekretär beschäftigen sollte. Er sollte sich um die Korrespondenz kümmern, mit den Steuerbehörden, Verlegern und Herausgebern verhandeln und ihm beim Korrekturlesen helfen. «Ich danke Dir, daß Du in Tidmarsh so tapfer versucht hast, ein glückliches Ende herbeizuführen», schrieb Carrington am 21. Dezember an Virginia. «Aber wenn man auf alles zurückblickt, so wird das jetzt vielleicht das Beste sein.» Virginia hätte «eine Menge» dafür gegeben, «um mit Lytton in der Herausgabe von Literatur zusammenzuarbeiten», doch die praktische Chance dafür war vielleicht ebenso unrealistisch wie die einer erfolgreichen Ehe mit ihm und sie war es leid, Lyttons feinsinnige Ideen von Ralph wie durch eine schmetternde Blechtrompete übermittelt zu bekommen. In gewisser Hinsicht tat es ihr leid, daß er ging, weil sie den Kontakt mit Tidmarsh gerne pflegte. Doch der Abschied war ganz freundschaftlich verlaufen, und sie konnte Carrington am 25. Dezember versichern, daß «alle Freundschaftsbande unversehrt bleiben».

Das war jedoch nur eines der Probleme, die Lytton zu lösen hatte. Für Außenstehende schien die Dreierbeziehung im Mill House so weiterzugehen wie bisher. «Du kannst Dir nicht vorstellen, was für ein harmonisches Leben wir hier führen», schrieb Carrington ihrem Bruder Noel (25. Juli 1922). «3 Bienenvölker, 30 Enten, 30 Hühner, ein Wald mit köstlichen Himbeeren und Erbsen und ein römisches Bad, in dem man draußen baden kann. Annie, eine Sechzehnjährige, ist fröhlich und außergewöhnlich liebenswert. Sie kocht und führt uns den Haushalt. Und dann Lytton, ein Musterexemplar von Freund, der neue Bücher kauft, um uns eine Freude zu machen. Das neue Auto ist ein großer Spaß. Wir machen herrliche Ausflüge ...»

Doch unter der Oberfläche hielt die Krise unvermindert an. Für Carrington waren die Sommermonate schrecklich. Sie weinte oft und schämte sich für ihren Betrug und ihre Täuschungsmanöver. Sie hatte Angst, Lyttons Vertrauen verloren zu haben und den Scherbenhaufen ihres Lebens nicht mehr kitten zu können. Zugleich schien es jedoch keine andere Möglichkeit zu geben, als das Leben im Mill House fortzusetzen, wo ihr «alles völlig unerträglich» schien. Sie sehnte sich nach Geralds Briefen. «... mehr als ich in meinen wildesten Augenblicken dachte, und wenn man nicht darüber sprechen darf, zermartere ich mir den Kopf. Aber ich werde nicht über ihn sprechen, weil ich dann nur noch mehr an ihn denken muß.» Jeden Tag schrieb sie ihm und berichtete über ihre Gefühle und über alles, was seit seiner Abreise geschehen war. «Ich werde mein Leben in Intervallen schildern, in Form von Briefen an Dich», schrieb sie am 14. Juni 1922. Sie wollte die Briefe jedoch nicht an ihn abschicken, «vielleicht ein ganzes Jahr lang». Carrington war innerlich so leer, daß sie nicht mehr wußte, was sie von sich selbst dachte, noch was die anderen dachten. Sie glaubte nach wie vor, daß zwischen allen Beteiligten noch genügend Gemeinsamkeit vorhanden war, daß sich das Weitermachen lohnte, obwohl es vielleicht nur noch eine Frage der Zeit war, bis es zum endgültigen Bruch kommen würde. «Wir haben wahrscheinlich vierzig Jahre, um über alles nachzudenken!» schrieb sie Gerald. «... Ich fühle mich jetzt wie eine Gefangene. Mein Mut ist dahin ... das Spiel ist aus, das Publikum gegangen, der Epilog gesprochen.»

Lytton versuchte weiterhin, sie zu beruhigen und ihr ein Gefühl der Sicherheit zu geben, aber sie spürte, daß sich Ralphs Liebe in Haß verwandelt hatte. Manchmal war er ganz still, schaute so krank und mitgenommen aus, daß sie seinen Anblick kaum ertragen konnte. Dann wieder wurde er von solcher Wut ergriffen, daß sich sein Gesicht bis zur Unkenntlichkeit verzerrte. An Carrington und Gerald zu denken bedeutete ihm eine Qual. Er sehnte sich danach, sie aus seiner Vorstellung zu verbannen, trotzdem konnte er Gerald nicht wirklich ablehnen und sich nicht von Carrington trennen. «Wie ein Freund kann ich sie nicht lieben», schrieb er, «... wie ein Liebhaber, nicht wie ein Ehemann, sie ist so beschmutzt ... trotzdem hat sie über viele Jahre hinweg drei Viertel meines Lebens dargestellt. Ich kann mich nicht selbst dazu zwingen, mich von solch einem wesentlichen Teil meines Lebens zu trennen, ohne unerträgliche Schmerzen zu leiden.»

Ralph führte sein Verhältnis mit Valentine offen weiter, brachte sie nach Tidmarsh mit und schlief dort mit ihr. Carrington schlug er vor, nach Wien zu fahren und sich ihre Lügen und Wahnvorstellungen von Dr. Freud «kurieren» zu lassen. «Ich kann Dir sagen, es war ziemlich unerträglich», gestand Carrington in einem geheimen Brief an Gerald später im Jahr (19. Oktober 1922). Valentine schien entschlossen, «die Sache auf die Spitze zu treiben» und Ralphs Eifersucht noch weiter anzufachen, um die Gemeinschaft von Tidmarsh zu zerstören. Carrington quälte dies um so mehr, als sie sich von Valentine sexuell stark angezogen gefühlt hatte: «Das kommt von meinem wollüstigen Sapphismus.» Zuerst wollte sie nur glauben, Valentine habe «unbewußt» gehandelt und «all diesen Schmerz nicht beabsichtigt». Doch nun erkannte sie in ihr einen weiblichen Jago, und Ralph spiele dabei die Rolle des Othello. «Er will bloß mit ihr zusammensein & sie schreibt ihm jeden Tag, wie langweilig Tidmarsh sei & Lytton und ich seien ‹kalte Fische›, schrieb Carrington in ihrem Tagebuch für Gerald. Lytton hatte ihr versichert, Valentine sei unfähig, Ralph glücklich zu machen, und beide wären schon längst fortgegangen, wenn sie sich lieben würden. Ralph würde in erster Linie aus Rache noch mit ihr schlafen. Es sei unmöglich, eine solche Unruhestifterin in ihrem Leben gern aufzunehmen, und die Affäre werde bald ein natürliches Ende nehmen.

Im Spätsommer schließlich verlor Bonamy Dobrée die Geduld und beorderte seine Frau nach Larrau zurück. Sie ging und nahm sich einen neuen Liebhaber, Mark Gertler. Mark hatte Ralph schon immer gehaßt (er nannte ihn «den Polizisten») und glaubte vielleicht an eine ausgleichende Gerechtigkeit, wenn er sein Nachfolger wurde. Doch für Lytton war das die beste Gelegenheit, Ralph und Carrington wieder zusammenzubringen. Am besten werde das wohl gelingen, dachte er, wenn er selbst nicht als Beobachter dabei wäre. Deshalb entschloß er sich zu einer vierzehntägigen Reise nach Venedig mit Maynards Freund Sebastian Sprott. Vorher lud er aber noch die «heitere, kleine Barbara» Bagenal nach Tidmarsh ein, damit sie sich um Carrington kümmere.

Lytton und Sebastian quartierten sich in der Casa Frollo auf der Giudecca ein, «ein nettes heruntergekommenes Hotel, das genau zu uns passen dürfte» (Brief an seine Schwester Pippa vom 22. Juni 1922). Der einzige Nachteil war typisch venezianisch – Lärm. «Eine Eisfabrik, stell Dir vor, ist nebenan, und natürlich finden dort um drei Uhr morgens die lautesten Arbeiten statt – schreckliches Krachen und malmende Geräusche erschüttern den Boden, und in panischer Angst um mein Leben wache ich auf.» Ansonsten war alles so schön wie im Jahr zuvor, als Ralph und Carrington auf ihrer Hochzeitsreise ihn dort besucht hatten. «Venedig ist herrlich – aber, meine Liebe!, *nicht halb* so herrlich wie letztes Jahr», schrieb er Carrington im Juli. «Einen solchen Unterschied macht das Gemüt dabei aus! Sebastian ist wirklich wunderbar – sehr ungezwungen im Umgang, sehr aufmerksam, sehr lebenslustig und an allem interessiert, was vor sich geht ... Natürlich ist er jung – hat also irgendwie nicht das, was Du wohl einen ‹vertrauensvollen› Charakter nennen würdest –, was auch seine Vorzüge hat. Er ist auch nicht leidenschaftlich. Wenn er zu etwas neigt, dann dazu, sentimental zu sein, obwohl er zu schlau ist, das auf schmachtende Weise zu sein. Seine Sentimentalität richtet sich nicht auf mich ...»

Lyttons eigene Sentimentalität richtete sich auf einen «göttlichen» Gondoliere namens Francesco, auf den er schon bei einem früheren Aufenthalt ein Auge geworfen hatte. «Francesco bringt einen in etwa zehn Minuten zur Piazzetta, je nach Wind und Hindernissen», schrieb er Ralph (24. Juni 1922).

«Er ist genauso wie immer. Es war ein Glück, ihn zu bekommen ... wenige Wochen nach unserer Abfahrt letzten Sommer wurde eine neue Regel aufgestellt, nach der niemand einen Gondoliere länger als einen Tag anstellen darf – ausgenommen alte Kunden, zu denen ich glücklicherweise zähle! Offensichtlich versuchte Berenson im letzten Juli genauso wie ich, Francesco zu bekommen, mit dem Ergebnis, daß eine Meute wütender Gondolieri sich pfeifend und laut schimpfend versammelte und ihn fast in Stücke gerissen hätte. Aber *ich* wurde sofort erkannt, und keine Meute griff mich an ... Die Regel wurde von heruntergekommenen Gondolieri aufgestellt, die merkten, daß sie ihre ganze Kundschaft verloren. Ich glaube, nächstes Jahr werden sie die Privilegien der ‹alten Kunden› auch abschaffen – die Schweine –, Sebastian genießt alles sehr und plappert ständig wie ein freundliches Kind, was mir im Augenblick gerade recht ist. Ich kann nicht behaupten, daß er übertrieben anständig aussieht mit seinem kragenlosen, tief ausgeschnittenen Hemd, und die vielen erfreuten Blicke, die er auf sich zieht, sind alarmierend. Bis jetzt allerdings hat sein *Benehmen* nichts zu wünschen übriggelassen.»

Die Neuigkeiten aus Tidmarsh in jenen Wochen waren trostlos. Nach Ralphs Vorschlag war ein gemeinsames Kind die einzige Möglichkeit, ihre Beziehung wiederzubeleben – seine Eltern würden ihnen dann sicherlich Geld geben. Doch für Carrington schien das unmöglich, manchmal dachte sie sogar an Selbstmord. Barbara war jedoch sehr verständnisvoll. «Ich glaube, ihre Ruhe und schlichte Zuneigung hatten einen wunderbaren Einfluß», schrieb sie Lytton. Sie schlief aber schlecht und merkte an Lyttons Abwesenheit, wie sehr sie ihn brauchte. «Danke Lytton für alles, was Du für mich und für ihn getan hast, und daß Du uns beide glücklich machen wolltest», schrieb sie am 21. Juni. «Du allein hast mich an manchen Tagen davon abgehalten, Torheiten zu begehen und die Engel zu besuchen.»

Es klang nicht gerade danach, als würden sie sich wieder näherkommen. Lytton fühlte sich manchmal entmutigt – «ein Gefühl, als ob alles zu schwierig und schrecklich ist – ein Gefühl der Vergeblichkeit des Lebens». Doch solche Stimmungen gingen vorüber, und seine Briefe an Carrington waren vergnügt, während die an Ralph mehr von seinen Sorgen verrieten. Ob er zu früh aus Venedig zurückkomme? Ob es die Sache erleichtern würde, wenn er vor der Rückkehr nach Tidmarsh erst zehn Tage am Gordon Square bliebe? Ob ihn Ralph schon vergessen habe? Die Unsicherheiten der vergangenen Monate hatten Lyttons Zuneigung aufleben lassen: «Ich umarme Dich hundertmal und beiße Dich ins Ohr. Merkst Du immer noch nicht, was ich für Dich empfinde? Wie sehr ich Dich liebe? ... Ich wünschte, ich könnte jetzt mit Dir reden ... Auf immer Dein Lytton.»

Sobald er zurück war, machte er sich wieder daran, die kaputte Ehe zu flicken, und versuchte alles, um die gedrückte Stimmung, die noch immer über Mill House lag, zu vertreiben. Im August untervermietete er Tidmarsh und nahm Ralph und Carrington auf eine fünfwöchige Autoreise durch Devon und Wales mit. Doch sie hatten Pech. Nach drei Wochen «haben wir genau zwei schöne Tage gehabt, und an einem davon ging das Auto kaputt, so daß wir die meiste Zeit in der Werkstatt verbrachten». Sie waren ständig unterwegs von einem schrecklichen und unverschämt teuren Hotel zum anderen. «Ich glaube, meine nächste Arbeit wird eine Schmähschrift über Englands Hotels.»

In der dritten Augustwoche mieteten sie sich für zehn Tage in Solva bei St. David's ein. «Es liegt an der Spitze von Wales – eine Meeresküste wie in Cornwall, mit Felsen, Buchten und Inseln, und es wäre vollkommen, wenn es dort ein wenig Sonne gäbe», schrieb Lytton an Pippa (18. August 1922). Es war eine Erleichterung, sich endlich an diesem einsamen Ort eine Weile niederzulassen – aber nicht für Carrington und Ralph. Da die Pannenserie vorbei war, die die beiden von ihren persönlichen Konflikten abgelenkt hatte, nahmen die Spannungen schnell zu, bis es zur Explosion kam. Während der ganzen Reise spürte Carrington, wie Ralphs Gedanken auf Valentine, die nach London zurückkommen wollte, fixiert waren. In Solva kam es schließlich zu wütenden Szenen. Carrington forderte, daß Ralph Valentine aufgeben müsse, da sie selbst Gerald geopfert hatte. Sie verfluchte Valentine für «dieses Chaos!» Ralph erwiderte scharf, er habe nun nichts mehr dagegen, daß sie und Gerald Freunde seien – und setzte sich auf der Stelle hin und schrieb dies Gerald in einem Brief. «Wenn es Dir genauso elend geht wie mir, hast Du mein herzliches Mitgefühl.» Nach Ralphs Ansicht hatte Carrington sich selbst das Verbot, mit dem anderen Verbindung aufzunehmen, nur auferlegt, um ihn mit Valentine ins Unrecht zu setzen. So stritten sie mehrere Tage weiter. Erst als die Sonne wieder hervorkam, hellte sich auch die Stimmung zwischen beiden allmählich auf.

Am ersten Tag im September fuhren sie nach Tidmarsh zurück, während gleichzeitig Valentine mit Mark Gertler nach London zurückkehrte. Carrington sah eine weitere Zeit des Elends auf sich zukommen, die zur endgültigen Krise führen würde. Sie erlitt einen Zusammenbruch. Alles woran ihr am meisten lag, schien ihr zu entgleiten. «Ich liebe R so sehr», dieses Geständnis entrang sie sich in einem Brief an Gerald vom 19. Oktober 1922. «Ich glaube, erst wenn ein Mensch stirbt oder einen beinahe für immer verläßt, wird man sich aller Gefühle für ihn bewußt ... Ich liebe auch Lytton, und ich liebe unser Leben hier. Wenn ich das Leben anderer Menschen sehe, merke ich, wie schön unseres ist ... Es bedeutet mir so viel, daß ich mich mit aller Energie jedem Feind entgegenstellen werde, der es bedroht.»

Die Krise, vor der sie sich fürchtete, trat nicht ein. Ende Oktober schienen sie und Ralph sich einig geworden zu sein. Solange Carrington keine Verbindung zu Gerald aufnahm, versprach Ralph, Valentine nicht zu sehen. «Du sagst, daß du Valentine mißtraust», sagte er zu ihr, «und glaubst, daß sie böse ist. Ich sage dir, daß ich Gerald mißtraue, und glaube, daß er nicht aus Bosheit, sondern aus Gedankenlosigkeit und Nonchalance mein Glück gefährden kann.»

Keinem war diese Amnestie mehr zu verdanken als Lytton. «Lytton ist immer noch mein Cäsar oder was auch der richtige Ausdruck dafür sein mag», schrieb Carrington in diesem Herbst. «Bei allen Szenen und bei dem ganzen Elend hier hat er eine bewundernswerte Haltung bewahrt. Wenn die Freundschaft zu ihm nicht gewesen wäre, hätte ich mich davongemacht. Er zeigt einem, daß man sich durch die Gemeinheiten anderer Menschen niemals zugrunde richten lassen darf.»

Auch Ralph war während dieser schrecklichen Monate bei Carrington geblieben, weil er sich Lytton in Treue verbunden fühlte. Sein Zorn auf Carrington war nun verraucht, und er schien ein ganz anderer Mensch zu sein als die gequälte Gestalt, die er im Sommer war. «Mein Geist ist wieder völlig im Gleichgewicht», schrieb er am 23. Oktober an Gerald. Auch Carrington bestätigte das. Ralph sei «völlig verändert», schrieb sie Gerald am 1. Januar 1923. Im Winter gab er Valentine endgültig auf und bekräftigte seine Absicht, weiterhin in Tidmarsh zu leben. «Meine Beziehung zu D. C. hat ein Stadium erreicht, in dem man nur noch durch einen beiderseitigen Kompromiß weitermachen kann», erklärte er Gerald am 27. November 1922. «Sie mag vielleicht gefestigt scheinen, aber die alten Wunden werden wieder aufreißen, wenn eine neue Krise kommt.» Auch wenn er sich noch nicht ganz wiederhergestellt fühlte, baute er darauf, daß die Zeit alles heilen würde. Sie waren durch ein Minenfeld von Mißverständnissen gegangen («Laß uns keine Geheimnisse mehr haben») und hatten ihre jeweilige Position gegen Ende des Jahres soweit «geklärt, erneut geklärt, bestätigt und angenommen», daß er sich zu Carrington wieder stark hingezogen fühlte. Doch es war eine andere Form von Zuneigung, weniger besitzergreifend, und eine, die schließlich für beide zu weiteren Schwierigkeiten führte.

Für Carrington zählte jetzt nur noch ihre «Dreifaltigkeit des Glücks». Sie fürchtete Ralph nicht mehr und hatte auch nicht mehr das Gefühl, daß sie dazu beitragen würde, ihn zu ruinieren. «O Gerald, Du ahnst ja nicht, wie es war, auf dem Schlachtfeld zu stehen», schrieb sie ihm am 14. November 1922. Sie hätte ihn gern bald wiedergesehen. «Soll etwa alles», fragte sie ihn am 1. Januar 1923, «wie bei Tschechow enden?»

6. Ein Ende wie bei Ibsen

«Ich bin steif – steifgefroren – zum Eiszapfen erstarrt», hatte Lytton am 22. August von Pembrokeshire an Virginia geschrieben. «Ich bleibe noch eine Woche hier hängen und schmelze langsam südwärts und ostwärts – ein heulendes Überbleibsel dessen, was einst Dein alter Freund war.»

Für seine Herbstbesuche hatte er einen ausgeklügelten Zeitplan entworfen, er wollte Clive und Vanessa in Charleston besuchen und die folgende Woche zwischen ihnen und den Woolfs in Monk's House aufteilen. «Ich gebe vor zu lesen und tue in Wirklichkeit nichts anderes als plaudern», schrieb er am 27. September. «Clive und ich unternehmen ausgedehnte Spaziergänge über die Downs, die schöner denn je sind. Was gäbe ich nicht alles für ein Landhaus hier ganz für mich allein.» Er freute sich auf den Winter, der immer eine ruhige Zeit ohne amouröse Verwicklungen zu sein versprach.

An den Ereignissen des Frühlings und Sommers war er fast zerbrochen, wie er Mary Hutchinson anvertraute (22. August 1922). «Es wäre wirklich reizend, Dich wiederzusehen und Vertraulichkeiten auszutauschen. Doch ich hoffe, Ihr seid gut versorgt mit Holz, Kohle, Regenmänteln, Schirmen und Galoschen – und mit Rumpunsch für die Abende, höchstwahrscheinlich gefolgt von Gläsern Porter in unseren gut geheizten Schlafzimmern, in denen die Feuerhaken rot glühen. Ich bete um den Winter, wenn wir es uns wieder gemütlich machen. Die Sonne wird scheinen, und wir werden nur *hin und wieder* frösteln.»

Ottoline hatte Lytton mit Einladungen überhäuft, so daß er nach seinem Besuch bei den Hutchinsons ein «ziemlich grauenhaftes» Wochenende in Garsington verbrachte. Weitere Gäste waren der Dichter und Kritiker W. J. Turner und seine Frau – «ein sehr kleiner, vogelähnlicher Mann mit einem schrecklichen Akzent, der ziemlich viel redete – aber unterbrochen von sonderbaren Verzögerungen – Sprachfehlern – ziemlich bedauernswert; aber ein netter, kleiner Bursche, wenn man sich daran gewöhnt hat, wie er ‹Count› sagt», schrieb er herablassend an Virginia (19. September). «Ott. war furchtbar *dégringolée*. Ihr Geschwätz hat nun denselben Weg genommen wie ihr Verstand – ein melancholisches Gesabbere, und wenn sie dann nach dem Abendessen im Lampenschein sitzt, ihre

Hamsterbacken voll Pfefferminzbonbons, eine Zigarette zwischen den falschen Zähnen und Riesenbrillengläser auf der geschminkten Nase, so hat das einen höchst aufwühlenden Effekt. Ich merkte, daß ich wie ein irischer Wolfshund heulen wollte – aber die Wirkung auf Dich war vielleicht anders.»*

Von Garsington machte er sich davon nach Manor House, Mells, um einige Tage bei Lady Horner zu verweilen. «Das Haus ist wunderhübsch – der echte Landhausstil, und die Horner *famille* ist dem herkömmlichen Durchschnitt der Oberklasse um einiges überlegen. Lady H. hat von Beaumont und Fletcher gehört, und Katherine A[squith][24] beschäftigt sich nebenbei mit Theologie.» In der Woche darauf fuhr er mit James kurz nach Berlin, der dort an einem psychoanalytischen Kongreß unter dem Vorsitz Sigmund Freuds teilnahm – «es ist anscheinend eine gute Gelegenheit, herumgezeigt zu werden». Danach besuchten die beiden Brüder Potsdam und Sanssouci, sie sahen das von Friedrich dem Großen entworfene Voltaire-Zimmer, die mit Affen bemalten Wände und Voltaires Bücher in den Regalen.

In der neuen, friedlichen Atmosphäre war Lytton mehr als glücklich darüber, den Winter in Tidmarsh zu verbringen. «Der Winter ist so schrecklich», schrieb er scherzhaft an Maynard (28. November 1922). «Ich kann weder fühlen noch denken, noch schreiben – ich kann gerade einmal atmen, lesen und essen. Ich bin impotent – mein Haar ist ganz weiß – mein Bart ist abgefallen ...» Doch mit dem Winter waren, wie er es vorausgesehen hatte, ihre Gefühlsdramen zu einem gütlichen Ende gekommen. Über Weihnachten kamen Maynard und seine überraschende Geliebte, die zierliche russische Ballerina Lydia Lopokowa, zu Besuch, und Lytton schrieb ein kleines Stück für Carrington, das sie in ihrem Puppentheater aufführte. Das

---

* Am gleichen Tag schrieb Lytton an Ottoline selbst: «Es war ein großes Vergnügen, bei Ihnen gewesen zu sein und sich zu unterhalten – ich wünschte nur, wir hätten mehr Gelegenheit dazu gehabt. Ich brauche Ihnen wohl nicht zu sagen, wie sehr ich mein Wochenende genossen habe. Es war erfreulich, Philip in so guter Verfassung anzutreffen, und gern habe ich die Bekanntschaft von Turner gemacht. Ich hoffe, daß sich mit Ihrer Gesundheit endlich alles zum Besseren wendet. Welch unangenehme Einrichtung ist doch der eigene Körper, wenn er nicht mehr recht funktionieren will.»

alte Jahr klang in Tidmarsh also sanft und friedvoll aus, wie wenn ein Schiff nach einem großen Sturm wieder in ruhigere Gewässer kommt.

Das neue Jahr begann angenehm. Lytton unternahm vom Mill House aus einige Ausflüge, unter anderem nach Cambridge, wo er eine Aufführung des «Oedipus Rex» von der Marlowe-Gesellschaft sah. Im Publikum waren viele seiner neuen studentischen Freunde – F. L. Lucas, Stewart Perowne und Dadie Rylands, der schon so etwas wie einen Namen besaß, nachdem er in «Die Herzogin von Malfi» die Rolle der Herzogin gespielt hatte. Cecil Beaton vermerkte die Szene in seinem Tagebuch: «In der Pause eilte das Publikum zum Schimpfen und Rauchen in den Clubraum. Lytton Strachey starrte jeden durch dicke Gläser an, er sah aus wie eine Eule bei Tag. Er ist unheimlich groß und könnte noch zweimal so groß sein, wenn er nicht krumm wie ein lappiger Spargel wäre. Die großen Hände hingen ihm völlig schlaff an den Seiten herunter. Sein Rauschebart ist dicht und dunkel, er trägt ihn lang, nach der Art der Kunststudenten.»[25]

Er machte auch einen weiteren Besuch bei Ottoline. «Jetzt gehe ich – *est-il possible?* – nach Garsington», meldete er James im Februar. Ottolines Einladungen kamen häufig und hartnäckig, und trotz seiner bissigen Kommentare gegenüber anderen erinnerte sich Lytton nur zu gut an ihre frühere Freundlichkeit ihm gegenüber. Sie war ihm jetzt zwar weniger sympathisch geworden, doch um ihr Haus schimmerte immer noch ein Nachglanz des alten Zaubers. Außer dem harten Kern der alten Bloomsbury-Garde gab es normalerweise noch einen Zustrom von klugen milchgesichtigen Studenten aus Oxford unter den Gästen. Unter diesen jüngeren Männern befanden sich auch Sackville-West, David Cecil, L. P. Hartley, Lyttons Cousin John Strachey und C. M. Bowra. Über einen heißen Sonntagnachmittag berichtet John Rothenstein:

«Ich befand mich mit zwei Freunden, Oxford-Studenten wie ich, in einem Haus, wo niemand von uns zuvor gewesen war. Wir standen an einer offenen Verandatür, die auf den Rasen hinausging, an dessen anderem Ende sich eine Teegesellschaft versammelt hatte. Wir blieben stehen, denn der Rasen war nicht sehr weitläufig, und wir hatten unter den Teetrinkern die Gestalten Lytton Stracheys, Aldous Huxleys und Duncan Grants erkannt, wie auch die unserer

Gastgeberin Lady Ottoline Morrell, die bei der ersten Begegnung so ehrfurchtgebietend war. Mit einemmal wirkte dieses bescheidene Stück Rasen wie ein beunruhigend großes Gelände, das wir unter den Augen so illustrer Gäste überqueren mußten. Ich kann mir die Gruppe immer noch bildlich vorstellen: Lytton Strachey, unbeweglich in einem niedrigen Sessel, der rotbärtige Kopf nach vorne gekippt, lange herunterhängende Hände, die Fingerspitzen das Gras berührend; Aldous Huxley im Gespräch, sein Gesicht in die Sonne gestreckt; Duncan Grant, blaßgesichtig, mit feinem, unordentlichem schwarzem Haar, hellen Augen, die rasch ihren melancholischen Ausdruck verloren; und Lady Ottoline in einem Kleid, das wohl eher für eine Lustbarkeit des viktorianischen Zeitalters gepaßt hätte, und mit einem riesigen Strohhut ... Nachdem ich der Rede Lytton Stracheys und verschiedener anderer gelauscht hatte, begriff ich undeutlich, daß sich in diesem Dorf in Oxfordshire die Berühmtheiten einer mir bis dahin fast unbekannten Cambridge-Welt versammelt hatten.»[26]

Anfang März ging Lytton an den Gordon Square, um bei seiner Mutter zu sein, die nun fast ganz erblindet war. «Ich hoffe, es dauert nicht lange, bis ich Dich zu Gesicht bekomme», hatte sie in ihrem letzten Brief im Februar in einer zittrigen Schrift geschrieben. «... Ich kann nicht sehen, was ich schreibe, hoffe aber, daß Du es lesen kannst. Auf immer, Deine Dich liebende Mama.»

Mit dem Herannahen des Frühlings machte Lytton sich wieder Sorgen um Ralph und Carrington. Ralph traf sich bereits mit vielen «neuen Leuten, einer jüngeren Generation als Bloomsbury ... aufstrebende Talente, Tänzer und Partygänger; der «Club 1917», neue Gesichter ...» Carrington hatte ihn im Verdacht, «mindestens vier Liebeleien mit hübschen Geschöpfen in London nebenher zu unterhalten» – mit Sicherheit gab es eine von Virginia so genannte «Champagner-Liaison» mit Marjorie Joad, der *soi-disant* Frau von Professor C. E. M. Joad, den Ralph für seine frei werdende Stelle bei der Hogarth Press einarbeitete. Da die erneuerte Gemeinschaft in Tidmarsh nach Lyttons Einschätzung noch nicht hinreichend gefestigt war, um weitere Erschütterungen zu überstehen, plante er eine gemeinsame Auslandsreise, sobald Ralph «vom Woolftum befreit» sein würde.

In der dritten Märzwoche fuhren die drei nach Algerien, um sich mit James und Alix im Établissement Thermal zu treffen, das sich in einem kleinen, abgelegenen Dorf namens Hammam-Méskoutine wenige Kilometer südwestlich von Bône befand, wo Alix eine Bronchitis auskurierte. «Abgesehen von den unglücklichen Umständen, ist es ein Vergnügen, hier zu sein», schrieb er am 27. März an Pippa. «... das Hotel liegt fast ganz für sich in einer wunderschönen Landschaft, mit Bergen rundherum, üppiger Vegetation und wildwachsenden Blumen, die ich vorher noch nie gesehen habe. Orangen, Zitronen, Palmen und Bananen wachsen im Garten, Wiedehopfe hüpfen von Ast zu Ast.» Die Araber erschienen ihnen hochromantisch, wenn auch gänzlich unnahbar. Die anderen Hotelgäste waren ausnahmslos kranke englische Paare, die wegen der Heilquellen gekommen waren – «seltsame, kochendheiße Dinger, die aus dem Boden hervorsprudeln, Dampf verbreiten und buchstäblich zu heiß sind, um den Finger hineinzustecken».

Kaum hatte Lytton seinen Fuß auf algerischen Boden gesetzt, ging auf dem afrikanischen Kontinent eine außergewöhnliche Veränderung vor sich: Das Wetter schlug um. Während in London zu Ostern die Massen mit eisgekühlten Getränken im Regent's Park draußen saßen, fror die algerische Bevölkerung am heimischen Feuer. Das Wetter war, wie so oft, unberechenbar und, soweit sich die ältesten Einwohner erinnern konnten, noch nie so schlecht gewesen. Während Carrington und Ralph eine Woche wegfuhren, um Constantine und Biskra zu besichtigen, und James sich um Alix kümmerte, widmete sich Lytton einer kleinen, halbfertig liegengebliebenen Arbeit. Am 12. April schickte er Maynard seinen Essay über «Sarah Bernhardt» für die erste Nummer der in neuer Aufmachung erscheinenden Zeitschrift *Nation and Athenaeum*.

«Er ist *sehr* geeignet», erwiderte Maynard am 27. April. Er hatte ihm auch ein Rezensionsexemplar von Harold Nicolsons «stracheyeskem» *Tennyson* geschickt, doch Lytton zeigte sich empört. «Es tut mir leid, aber Lord Tennyson kann ich einfach nicht über mich bringen», schrieb er am 17. April zurück. «Harold N.s Buch ist so widerlich und dumm.» Virginia habe die Biographie dieses geschickten Nachahmers auch zu lesen versucht, dann aber, wie sie Lyttons Schwester Pernel mitteilte, das Buch «angewidert auf den Boden» geschleudert.

Die fünf verließen Hammam-Méskoutine am 15. April und reisten über Tunis nach Palermo und eine Woche später weiter nach Neapel. «Wir haben eine sehr schöne, wenn auch ziemlich anstrengende Zeit verbracht», schrieb Lytton am 5. Mai vom Parker's Hotel an Maynard. «Ich erhole mich jetzt in diesem etwas schrecklichen Haus. Die Sonne scheint, das Meer glitzert, die Straßenbahnen klingen vorbei – und heute abend um halb sieben wird sich San Gennaros Blut verflüssigen. Doch ich fürchte, daß ich wie Kardinal Newman keine Zeit haben werde, um das Wunder mit anzusehen.»

Von Neapel fuhren sie nach Rom weiter, und von Rom aus kehrten sie nach Pangbourne zurück – «mehr oder weniger lebendig», wie Lytton am 28. Mai aus Tidmarsh an Maynard schrieb, «aber wütend, daß wir so dumm waren, die Hitze Roms gegen dieses schreckliche Kühlhaus einzutauschen». Die Woche darauf war er wieder in Garsington und verlebte dort, wie sich herausstellte, das katastrophalste Wochenende von allen, die er bisher dort verbracht hatte. Lytton verriet Carrington (die seit ihrer Heirat nicht mehr eingeladen wurde, da Ottoline sie nicht mehr sehen wollte, wie Mark erklärt hatte) nicht, daß auch Virginia und Leonard dort waren. Statt dessen schrieb er von Ottolines neuem Leibarzt, einem antisemitischen Quacksalber, der «England ziemlich weit voraus» war. Er habe der vor dem Krieg gängigen Praxis des «Sichvollstopfens» abgeschworen und dafür strenge Diät angesetzt, die durch Injektionen von Biest- und Sauermilch gemildert wurde. «Es war sogar noch schlimmer, als ich befürchtet hatte», klagte er am 3. Juni 1923.

«Entsetzlich! Ein fataler Fehler, daß ich gekommen bin. Das merke ich jetzt nur zu deutlich. Der einzige andere Gast, ein erbärmlicher deutscher Arzt – ‹Psychoanalytiker› aus Freiburg –, [ist] bereit, über jedes Thema stundenlang in gebrochenem Englisch zu diskutieren.[27] Die Langeweile war unbeschreiblich. Das Gespräch ist meist an den Hund gerichtet, wenn sich nicht gerade der Doktor ausläßt. Stell Dir nur die gräßlichen Mahlzeiten vor. Dann Philip am Pianola, dann Philip seine Artikel aus dem *Spectator* laut vorlesend, dann Dr. Marten über Mystizismus – ‹das kann man in wenigen Sätzen erklären› –, gefolgt von einer Ansprache von geschlagenen 40 Minuten. Danach stimmt Ottoline mit ein. Schrecklich! Schrecklich! ... Julian [Morrell] ist so etwas wie eine junge Dame geworden – sie spielt Bach und schmust den ganzen Tag mit den Hunden. Mr. Ching kam und spielte Bach. Pipsey sollte nach dem Dinner Bach spielen. Mir wird im Hirn ganz schwummrig. Bald werde ich noch selbst Bach spielen ... Wenn ein Telefon im Haus gewesen wäre, glaube ich wirklich, daß ich Dich angerufen hätte und geflohen wäre. Wie die Dinge liegen, bin ich versucht, zu gehen.

‹Psychoanalyse› ist ein lächerlicher Schwindel. Nicht nur Ottoline ist in Freiburg geheilt worden. Der junge Sackville-West war dort, um von seiner Homosexualität geheilt zu werden. Nach vier Monaten und Ausgaben von 200 Pfund stellte er fest, daß er den Gedanken, mit einer Frau ins Bett zu gehen, gerade so ertragen könne. Sonst nichts. Mehrere todunglückliche Studenten haben dieselbe ‹Behandlung› über sich ergehen lassen. Sie spazieren verhärmt über den Rasen, fragen sich, ob sie den Gedanken an die Geschlechtsorgane einer Frau ertragen könnten, und starren ihre kleinen Liebhaber an, die mit Kameras hin und her rennen und Lytton Strachey knipsen. Es fragt sich nur, wovon Ott geheilt werden sollte? Was es auch gewesen sein mag, von all den jungen Männern wird ihr bescheinigt, daß es ihr ‹besser – viel besser› gehe. Nach meinem Bachspiel heute abend werde ich wahrscheinlich selbst nach Freiburg eilen. Sicherlich bedarf ich dringend einer ‹Behandlung›. Aber ich muß zugeben, daß ich sie lieber von P[hilip] Ritchie erhielte als von dem deutschen Arzt. Ich muß jetzt runtergehen. Er wird mir die Bedeutung der Askese erklären, ‹in wenigen Sätzen› – und dann wird Ottoline mit einstimmen. Die Glocke läutet. Schrecken und Entsetzen!»

Philip Ritchie, ältester Sohn von Lord Ritchie of Dundee, war damals ein Oxford-Student und begann bald eine juristische Karriere mit dem Romancier C. H. B. Kitchin [28] in der Kanzlei von Lyttons altem Freund C. P. Sanger. Er war mit einigen Freunden an jenem Sonntagnachmittag als «das einzige charmante Element», wie Lytton behauptete, zum Tee gekommen. «Er erzählte mir schockierende Klatschgeschichten über jeden, und in meiner Dankbarkeit hätte ich ihn fast umarmt.»

Als das Wetter allmählich wärmer wurde und der Sommer sich ankündigte, taute Lytton schnell wieder auf und seine frostige Stimmung verflog. Virginias Beobachtungen zufolge wirkte er heiter, mit großem Optimismus hatte er erklärt, sie hätten noch zwanzig Jahre kreativer Arbeit vor sich. «Warum nicht mit sich selbst zufrieden sein im Sinne von Lytton – so echt, leicht, unendlich gewandt & menschlich?» grübelte Virginia nach ihrem Wochenende in Garsington. «Ich stimme selten lange völlig mit jemandem überein. Doch hier, glaube ich, sollten die Gefühle, die man hat, uneingeschränkt sein.» Er machte einen glücklichen Eindruck, deshalb nahm sie an, er schreibe an etwas, was ihm Spaß mache. Jedenfalls hatte er sich von der langen Erschöpfungsphase nach der Niederschrift der «Queen Victoria» erholt. «Ich habe mich selbst verpflichtet, einmal im Monat etwas für diesen Teufel Maynard zu schreiben» (Brief an Dadie Rylands vom 14. Juli 1923). Obwohl er behauptete, zu dieser «vollkommen verrückten Tätigkeit» «geködert» worden zu sein, erwies sie sich als einträglich. Maynard, den er Anfang Juni im King's College besucht hatte, machte für ihn ein Honorar von vierzig Pfund für jeden Beitrag aus (heute etwa 1000 Pfund) – «eine glänzende Bezahlung», wie Lytton anerkannte. Außerdem hatte Maynard «eine widerrufliche Abmachung mit der *New Republic* getroffen», daß jeder Artikel in den Vereinigten Staaten erscheinen sollte, was ihm fast noch einmal soviel einbringen würde.

Da er nun wieder regelmäßig schrieb, war für gesellschaftliche Unternehmungen weniger Zeit, so daß er die Zahl der Einladungen zu seiner eigenen Erleichterung reduzierte. Das Leben in Tidmarsh war ungetrübt. Während des ganzen Juli kam er nur ein einziges Wochenende heraus – zu einem Hausfest bei der Duchess of Marlborough in Blenheim, dessen mächtige Architektur er atemberaubend fand.

«Niemand war besonders interessant (außer vielleicht die Duchess) – es war das Haus, das bezaubert und dem Leben einen höheren Stil verleiht. Ich wünschte, es gehörte mir. Es ist riesig, aber man empfindet es nicht als zu groß. Auch die Anlagen sind wunderschön, es gibt einen See mit einer Brücke darüber, daß man regelrecht eine Erektion bekommt. Die meisten Gäste spielen den ganzen Tag Tennis und die ganze Nacht Bridge, so daß sie (abgesehen vom Essen und Trinken) genausogut in Putney hätten sein können» (Brief an Mary Hutchinson vom 11. Juli 1923).

Einige Gäste besuchten Tidmarsh: Pippa, Boris Anrep, J. H. Doggart, Frank Ramsey (zweimal), Sebastian Sprott, Dadie Rylands (der bald zur Hogarth Press ging) und der Sohn von Lord Justice Tomlin, Stephen Tomlin, ein großartiger, impulsiver Bildhauer, bisexuell, gutaussehend und zeitweilig depressiv.

Anzeichen von Streit zwischen Carrington und Ralph hatte es bis dahin zwar kaum gegeben, doch Lytton wollte es nicht darauf ankommen lassen. Seine Taktik bestand immer noch darin, beide in Bewegung zu halten. Anfang August zwängten sich Lytton, Ralph, Carrington und Barbara Bagenal zusammen mit Sebastian Sprott («sehr interessant ... aber für Deinen Geschmack vielleicht ein bißchen zu schwul», so Carrington an Gerald) in das Auto und machten sich auf zu einer ehrgeizigen Fahrt durch Frankreich. Von Boulogne fuhren sie nach Amiens, von dort eilig weiter nach Rouen und Chartres. Die dortige Kathedrale fand Lytton großartiger als alles, was er bisher gesehen hatte. Weiter ging die Fahrt Richtung Süden nach Le Mans, dann ostwärts über Orléans nach Dijon, wo Sebastian sie verließ, um einen jungen Freund in Basel zu treffen. Lyttons Zielort war die Zisterzienserabtei von Pontigny im Departement Yonne, wo er zu den jährlichen «Entretiens d'été» eingeladen worden war. Zu diesen Gesprächen, die etwa zehn Tage dauerten, kamen Schriftsteller und Professoren aus vielen Ländern zusammen, um über weltanschauliche und literarische Fragen zu diskutieren. Lytton war von André Gide eingeladen worden, der selbst im *Comité provisoire des Entretiens d'été* war und ihm in seiner unleserlichen Handschrift versichert hatte, sie erwarteten ungeduldig seine Anwesenheit – «*votre présence à cette réunion d'éminents – penseurs des pays divers, qui doit avoir lieu cet été – du 16 au 27 août, à l'abbaye de Pontigny (celle-même où Thomas Becket trouvait asile) ... J'aurais le plus grand plaisir à vous y voir et à vous présenter quelques amis qui ont un vif désir faire votre connaissance.*»*

Ralphs ursprünglicher Plan war es gewesen, mit Carrington und Barbara weiter durch das Land zu reisen, während Lytton bei diesem «Intellektuellenklub» blieb. Doch aus England erreichte ihn die Nachricht, daß sein Vater im Sterben lag, so daß er die beiden Frauen in einem Gasthaus bei Vermonton einquartierte, versprach, sie alle am Monatsende mit dem Auto abzuholen, und selbst schnell nach Hause fuhr.

Währenddessen stellte Gide Lytton seinen *penseurs*-Kollegen vor,

---

* [Wir erwarten] Ihre Anwesenheit bei dieser Zusammenkunft von «herausragenden» – Denkern aus verschiedenen Ländern, die diesen Sommer vom 16. bis 27. August in der Abtei von Pontigny stattfinden wird (derselben, wo Thomas Becket Asyl fand) ... Es wäre mir eine große Freude, Sie dort zu begrüßen und einigen Freunden vorzustellen, die den lebhaften Wunsch haben, Sie kennenzulernen.

unter anderem Heinrich Mann, der damals als Romancier fast ebenso berühmt war wie sein Bruder Thomas.

Die Franzosen waren zahlenmäßig besonders stark vertreten, darunter Georges Raverat, Paul und Blaise Desjardins, Charles du Bos (der später einen langen kritischen Essay über Lytton schrieb), Jacques Rivière, Roger Martin du Gard, Jean Schlumberger und Max Lazard. Sie waren alle anfänglich verblüfft über Lyttons Ähnlichkeit mit dem Porträt von Henry Lamb, das sie für eine Karikatur gehalten hatten. «Am ersten Tag», erinnerte sich André Maurois, «waren wir verwundert über seine große, schlaksige Gestalt, seinen langen Bart, seine Unbeweglichkeit, sein Schweigen; doch wenn er in seinem schrillen Falsett sprach, waren es wunderbare, sparsam gesetzte Epigramme.»

Auch Lytton war bestürzt über seine Erfahrungen in Pontigny. Die sanitären Einrichtungen in der Abtei waren «katastrophal und unangemessen», zum Frühstück war kein einziges Ei vorgesehen, und sein Schlafzimmer war schlicht eine Mönchszelle. Er fühlte sich auch melancholisch, weil er von Ralph getrennt war und «dauernde und große Schwierigkeiten hatte, mit den Einheimischen jegliche Art von Verständigung zustande zu bringen». Er war allein und verwirrt wie ein Schuljunge, der in eine neue Schule versetzt war. Einige ältere Jungen wirkten besonders unnahbar. «Gide ist hoffnungslos unzugänglich», erzählte er Carrington, die jeden Tag mit Malen beschäftigt war (26. August 1923). «Letzte Nacht veranstaltete er eine Lesung eines seiner Werke – in einem höchst außergewöhnlichen Stil – wie ein Pfarrer auf der Kanzel. Es wurde sehr bewundert.» In einem Brief an Ralph vom 25. August erklärte er, wie sehr er ergriffen sei von «einer sentimentalen Sonnenuntergangsstimmung à la Verlaine». Er genieße «selbstverständlich einige geheime Romanzen – beschränkt, ebenso selbstverständlich, auf meine Brust». Eine geheime Leidenschaft galt dem strengen Blaise Desjardins – «ziemlich groß, blaß, ungesund, singt sehr gut – aber mag mich offensichtlich überhaupt nicht, *hélas!*» Auch einige Pseudoabenteuer gab es, in denen er selbst das Objekt der Bewunderung war:

«*La belle Américaine* mit dem kurzen schwarzen Haar ... sie ist eine ‹Künstlerin› – bat mich, neben ihr zu sitzen – hat meinen Artikel über Racine gelesen, den sie wundervoll findet – starrt mich mit leicht melancholischen Augen an, usw. usw. ... Ich werde mich allerdings, fürchte ich, als eine Enttäuschung entpuppen. Ihr Ehemann ist ein angenehmer, Amerikanisch sprechender Franzose ... Ich frage mich allmählich, wie wir eine weitere Woche überstehen werden. Übersetzung scheint kaum ein angemessenes Thema für zehn Tage Diskussion! Ich wünschte nur, ich wäre selbst übersetzt, wie Zettel.[29] Manchmal komme ich mir vor, als ob ich es gewesen *wäre*! Und meine Titania? – *La Belle Américaine? Peut-être.*»

Der beste Teil des Tages war immer noch der Morgen, wenn er in der hervorragenden Bibliothek sitzen und unbehelligt lesen konnte. Dennoch war, wegen des fehlenden Frühstückseis, seine Mattheit beträchtlich. In manchen Augenblicken erschien ihm die alte Abtei wie ein Traum, aus einem morgendlichen Schwächegefühl heraus oder aber wegen der einschläfernden Wirkung der nachmittäglichen Gespräche. Er hörte den Diskussionen mit einer Miene höflich spöttischer Nachsicht zu. «Die *entretiens*, die jeden Tag von halb drei bis halb fünf Uhr (warum bloß diese Uhrzeit) stattfinden, sind ziemlich entsetzlich», beklagte er sich bei Ralph. «Fast ständig lustlos – und dann die dauernde Sorge, daß man etwas sagen sollte und es nie tut. Bis jetzt habe ich – in der Öffentlichkeit – genau drei Wörtern erlaubt, aus meinem Munde zu entfliehen, so daß ich mich sehr unbeliebt mache.»

Einige Themen waren an sich schon recht nichtssagend: *«Les HUMANITÉS, sont-elles irremplaçables pour former une Élite?* oder *«Y-a-t-il dans la Poésie d'un Peuple un trésor réservé impénétrable aux Étrangers?»**
Während der langen Diskussion über «DIE BEDEUTUNG DER EHRE» nickte er, die langen Grashüpferbeine übereinandergeschlagen, einfach ein. «Und was ist nach Ihrer Meinung, Monsieur Strachey, die wichtigste Sache auf der Welt?» fragte ihn plötzlich Paul Desjardins. Eine lange und peinliche Stille trat ein. Dann, mit einem leichten Zucken um den Bart, antwortete Lytton mit hoher Stimme: «Leidenschaft!» Das war eines der drei Wörter. Kaum hatte er es im Kreis der ehrwürdigen Intellektuellen ausgesprochen, brach er, für einen Augenblick erleichtert, in Lachen aus. Als er sich in einer anderen Diskussion gezwungen sah, etwas über «LES

---

* Sind die Humaniora für die Bildung einer Elite unersetzlich?
   Gibt es in der Dichtung eines Volkes einen verborgenen Schatz, der Fremden unergründlich bleibt?

CONFESSIONS» beizutragen, stand er auf und verkündete: *«Les confessions ne sont pas mon genre»**, worauf er sich wieder setzte. Am Tag darauf, gegen Ende einer Analyse der Gideschen *actes gratuits* hörte man seine noch immer dünne Stimme vom Ende des Raumes her klagend fragen: *«Est-ce qu'un acte gratuit est toujours désagréable?»***

Viele der französischen *éminents penseurs* wußten nicht recht, was sie von diesem seltsamen Frankophilen in ihrer Mitte halten sollten. Vielleicht war er zu sehr Engländer, um von abstrakten Ideen beflügelt zu werden. «Wenn wir ihn dort anschauten», schrieb André Maurois, «hatten wir den Eindruck von nahezu grenzenloser Verachtung, von eigensinniger Entrücktheit, von Verweigerung ... Und doch manchmal, für einen flüchtigen Augenblick, blitzte ein Leuchten hinter seinen Brillengläsern auf, so lebhaft, daß wir uns fragten, ob diese Trägheit nicht nur die Maske war für einen in Wirklichkeit amüsierten und leidenschaftlichen Mann, der durch und durch Brite war.»

Ende des Monats erschien Ralph wieder und rettete Lytton. Dann holten sie Carrington und Barbara ab und traten gemeinsam die Rückreise nach England an. Sie fuhren in bequemen Etappen nach Paris und dann nach England, wo Lytton seinen nunmehr gewohnten Septemberausflug nach Charleston machte. Der Sommer war fast vorüber, und immer noch hatte es keine ernsthaften Schwierigkeiten zwischen Carrington und Ralph gegeben. Zu Lyttons großer Zufriedenheit hatte sein Plan, das Jahr mit ausgedehnten Reisen hinzubringen, anscheinend funktioniert. Tatsächlich schrieb Carrington am 1. Juni 1923 an Gerald, es gebe keine Streitigkeiten, weil es nichts gebe, worüber zu streiten wäre. «Alles in allem sind wir jetzt seit vier Jahren verheiratet», so lautete ihre falsche Rechnung, «und ich bin dreißig Jahre alt ... Ich glaube, Ralph wird vielleicht Buchbinder ... Im Augenblick langweile ich mich selber.» Sie machte sich keine Sorgen über Ralphs «Intrigen und Affären nach Feierabend vom Buchbinden» am Polytechnikum in London. Und Ralph selbst störte sich nicht an Carringtons neuer Leidenschaft für die Amerikanerin Henrietta Bingham, eine bisexuelle Schönheit, die «das Gesicht einer Madonna von Giotto» hatte, «zur Mandoline herrliche Lieder» sang und «so wunderbare Cocktails» mixte, daß

---

* Bekenntnisse sind nicht meine Sache.
** Ist ein «acte gratuit» [eine unmotivierte Tat] immer unangenehm?

Carrington «sie beinahe in aller Öffentlichkeit liebte». Doch was beide auf die Probe stellte, war das sonderbare Dilemma, in dem sich Gerald befand.

Seit dem Abschied von England hatte Gerald seine Zeit in Yegen unter Mauleseln und kleinen Bettelkindern verbracht. Er ernährte sich von Brot und Trauben, las Proust, schrieb Gedichte und zerriß sie wieder. Er unternahm große Wanderungen in den Bergen der Sierra Nevada, atmete die Meeresluft und träumte von Carrington. «Ich konnte es nicht ertragen, von allen Nachrichten über Dich abgeschnitten zu sein», hatte er Ralph geschrieben (11. und 31. Oktober 1922). «... unsere jährlichen Treffen und mein Briefwechsel mit D. C. sind eine Nahrung gewesen, die ich nur schwer entbehren kann.»

Im April 1923 waren Leonard und Virginia zu ihm zu Besuch gekommen. Es war ihr erster Auslandsurlaub seit ihrer Hochzeitsreise vor elf Jahren, der sich auch als «der größte Erfolg» herausstellte, wie Virginia Roger Fry am 16. April erzählte. «... wir diskutieren jeden Tag zwölf Stunden über Literatur.»

Doch sie sprachen auch über Tidmarsh, und nach Leonards und Virginias Abreise heckte Gerald einen Plan aus, wie er selbst dort wieder Zugang finden könnte. Seitdem er sich mit Carrington wieder schrieb, hatte er es versäumt, durch Anspielungen auf halbherzige Flirts, mit denen er seiner Einsamkeit in Yegen zu entkommen suchte, ihre Aufmerksamkeit zu wecken. Nun schrieb er an Leonard und teilte ihm einige außergewöhnliche Neuigkeiten mit, die Virginia rasch Carrington weitererzählte. «Gerald berichtet Leonard, daß er sich vor kurzem mit einem amerikanischen Mädchen in Granada verlobt habe», schrieb sie am 27. Mai 1923. «Hast Du davon gehört? Vielleicht ist es ein Scherz.»

Es war ein Scherz, aber mit sehr ernster Absicht, und er erzielte den gewünschten Effekt. «Wir haben erfahren, daß Du heiraten willst», schrieb Ralph am 29. Mai 1923 an Gerald. «... Ich bin strikt dagegen ... Virginia erzählte uns alles darüber ... Zum Teufel mit Virginia ... Hol sie der Teufel.» Und Carrington teilte ihm am 28. Mai mit, Ralph sei durch diese Nachricht «in eine düstere Stimmung verfallen», was zeige, «wie besorgt» er sei.

Carrington war aber auch verblüfft, wie schwer sie es nahm. «Es macht mir auf seltsame Weise viel aus», gab sie zu. Sie hatte wieder angefangen, von ihm zu träumen. «Meine Gründe, warum ich mich um Dich sorge, kann ich Dir nicht nennen», schrieb sie am 31. Mai unaufgefordert. «Obwohl es unlogisch und unmöglich ist, macht es mir immer noch etwas aus.» Auf seinen Gebirgswanderungen durch die Sierra Nevada hatte sich Gerald vorgestellt, seine Beziehung zu Carrington sei «von derselben Art wie die zwischen Dante und Beatrice, zwischen den Troubadours und ihren Damen oder die Beziehung Shelleys zu Emilia Viviani und Jane Williams». Nun, da sich Carrington ihm wieder geistig so nahe fühlte, erklärte sie: «Ich liebe Shelley, und so bilde ich mir ein, daß Shelley in dir lebt und du nichts tun kannst, was schlimm für mich wäre.»

Trotzdem hatte er etwas Schlimmes getan, fast so schlimm und provozierend wie sein Verlobungsscherz. Er hatte die hübsche Barbara Bagenal zu einem Besuch eingeladen. «Warum kann jeder nach Spanien kommen und bei dir sein außer deiner zurückgewiesenen und verlassenen KÖNIGIN DES NICHTS?» fragte Carrington. «... Ich wünschte so sehr, ich könnte Barbara nach Yegen begleiten.» Ralph empfand dasselbe. «Ich war fast entschlossen, zu Dir und Barbara zu kommen», schrieb er am 29. Mai.

Warum sollten sie nicht beide gemeinsam dorthin fahren? Das eigentliche Hindernis war Lytton. Er selbst würde nicht mitkommen (die letzte Fahrt sei der «TOD» gewesen, versicherte er Virginia), außerdem sah er alle möglichen Schwierigkeiten voraus – zusätzlichen Schmerz für Gerald und eine Extrabelastung (nach all seinen diplomatischen Anstrengungen) für Ralph und Carrington. Vielleicht, so schlug er vor, könne Ralph dieses Jahr fahren und Carrington das nächste. «Ich glaube, es ist das beste, ich schreibe Gerald und sage ihm ganz offen, was ich fühle», schrieb Carrington am 27. August an Lytton, «und erläutere ihm die Schwierigkeiten ... die Du siehst.» Sie willigte also widerstrebend ein. «Aber es muß nicht sofort sein ...» Ralph jedoch war von Lytton nicht zu überzeugen, da es eine Fürsprecherin für seine Expedition nach Spanien gab, die noch mächtiger war.

Frances Marshall war die Schwägerin von David Garnett und eine «angeheiratete Nichte» Lyttons (ihre ältere Schwester Judy war mit Lyttons Neffen Dick Rendel verheiratet). Sie war dreiundzwanzig, intelligent, lebensfroh und ganz anders als die hübschen, oberflächlichen Frauen, mit denen Ralph im vergangenen Jahr kurze Affären gehabt hatte. Sie hatte in Newnham Philosophie studiert und arbeitete nun in Francis Birrells und David Garnetts

Bloomsbury-Buchhandlung in der Taviton Street. Dort war sie Ralph zum erstenmal begegnet, als er mit Büchern der Hogarth Press hereinkam. «Ralph hat gerade irgendein Techtelmechtel in London», teilte Carrington Gerald mit (15. September 1923). Als sie dann die «schwarzhaarige Schönheit ... eine schöne Prinzessin, die in Birrell & Garnetts Buchhandlung ihr Wesen treibt», persönlich kennenlernte, fand sie sie nett und regte sich über dieses Verhältnis nicht weiter auf. Lytton nahm es positiv auf, da es Ralph so charmant machte. Anders als die «ausgepichte Abenteurerin» Valentine (deren Name, wie sie mit Freude entdeckten, eigentlich Gladys war) liebte Frances Tidmarsh. Sie mochte Carrington und war von Lytton geradezu beängstigend tief beeindruckt.

Obwohl ihr Ralph mit großem Aufwand den Hof machte, achtete sie darauf, daß er mit seinen Avancen nicht zu weit ging – eine Vorsicht, die ihr Lyttons Respekt eintrug und seine Zuneigung zu ihr vertiefte. Sowie Ralph sich verliebte, war er gegenüber Gerald milder gestimmt. Frances' Einfluß war es zu verdanken, daß er bereit war, Carrington nach Yegen fahren zu lassen. Er war entschlossen, den Rest von Bitterkeit, der noch zwischen ihnen geblieben war, zu beseitigen. Er hatte Frances alles erzählt und wußte, daß er sie eher ins Bett bekäme, wenn Gerald und Carrington ihre Beziehung wiederaufnehmen würden. Mit Frances als seiner Geheimagentin überredete er Lytton nachzugeben. «Es ist alles ausgemacht, Liebster, wir BEIDE werden kommen!!!!!!» teilte Carrington sofort Gerald mit.

Ihre drei Wochen in Spanien Ende 1923 bis Anfang 1924 waren ein *entr'acte*, ein Zwischenspiel, das nichts entschied, aber die Atmosphäre für die nächste Szene in ihrem Drama vorbereitete. Sie gingen auf Parties, tanzten, schwammen, aßen Datteln bei Gitarrenklängen, lasen Eliot und Joyce und hatten «faszinierende Gespräche über die verschiedensten Themen», so schrieb Carrington am 23. Dezember an den daheim gebliebenen Lytton, «... und dann eher fahrige Diskussionen». Während sie mit ihren Malsachen in die Landschaft ging, schien es so, als könnten die beiden Männer, Ralph und Gerald, den ganzen Tag mit Reden zubringen, sogar in der prallen Sonne. Sie waren beide sehr unnachgiebig – trotzdem stritten sie sich nicht wirklich. Gerald beabsichtigte, mit Hilfe seiner Großtante im Frühjahr nach England zurückzukehren, und Ralph gab ihm seinen Segen, Carrington zu küssen, so wie er Frances küßte. «Ich bestreite weder, daß ihr euch zueinander hingezogen fühlt, noch bin ich deswegen unglücklich, denn ich bin mit meiner eigenen Beziehung zu ihr jetzt mehr versöhnt als vorher», erklärte er seinem Freund am 21. Januar. Im übrigen glaube er, daß Carrington, was auch immer geschehe, Lytton oder ihn um keinen Preis gehen lasse.

«Alles ist so vollkommen», hatte Carrington Lytton erzählt (23. Dezember 1923). «... Oh, warum kannst Du nicht auf einem fliegenden Teppich hierhergeflogen kommen ... Wie glücklich wärst Du bei uns.»

Frances hatte vereinbart, sie auf dem Rückweg in Paris zu treffen, wo auch Lytton hinkommen sollte. Er wartete mit einer phantastischen Neuigkeit auf. Seit einigen Monaten hatten Ralph und Carrington schon über die Möglichkeit spekuliert, mit Lytton aus Tidmarsh wegzuziehen. «Es ist langweilig, ohne Zweifel, hoffnungslos häuslich, provinziell, fad, bieder und lachhaft», hatte Ralph den Sommer zuvor nach der Rückkehr aus Italien gemeint (29. Mai 1923). «Überall ist eine kriecherische Unterwürfigkeit – die Blumen, die Möbel, die zahmen und die wilden Vögel, alles sehr höflich und artig, aber erdrückend, das ganze Gewicht Englands lastet darauf.»

Carrington stimmte mit ihm überein. «Ich langweile mich immer mehr mit diesen feuchten Wiesen & dem Tröpfeln des Regens wie bei Ibsen & den nächtlichen Nebeln vom Fjord.» Die Räume seien zu eng für die Malerei und zu feucht für Lyttons Gesundheit, klagte sie. Doch in Wirklichkeit hatte sie in Tidmarsh einfach zu viel Schmerz erlitten, um den Ort noch als «irdisches Paradies» zu empfinden. «Ich glaube, es ist falsch, wegen irgendeines Ortes sentimental zu werden», hatte sie sich selbst gegenüber Gerald entschuldigt (31. Mai 1923), «& ich kann meinen Haß gegen diesen Garten & die trüben grünen Felder einfach nicht überwinden ...»

Lytton fühlte sich im Mill House aber noch zu Hause. Trotz aller Probleme war er dort glücklich gewesen. «Fortgeschrittenes Alter, nehme ich an, aber aus welchen Gründen auch immer, die absolute Ruhe von Tidmarsh ist genau richtig für mich» (Brief an Carrington vom 1. Januar 1924). Trotzdem hatte er im Oktober zuvor zugestimmt, bei ihrer Haussuche mitzuhelfen, und Carrington fand schnell, was sie suchte. «Ich habe mich in ein Haus verliebt», verkündete sie. Auch Ralph war hingerissen. «Was für ein Haus», schrieb er Gerald aufgeregt am 17. Oktober 1923. «Ein Traumhaus unterhalb der Downs nahe bei Hungerford, eine Zuflucht für das Alter. Wir gackern den ganzen Tag darüber.»

Der Name war Ham Spray House. «Das ist ein guter Name für einen neuen Anfang», schrieb nun Carrington an Gerald (23. Oktober 1923).

«Es liegt knapp eine Meile von den Dörfern Ham & Inkpen entfernt und einen Steinwurf (wenn man gut wirft) von den wunderbarsten Bergen der GANZEN WELT – Tibet ausgenommen – Inkpen Beacon. Es liegt vier Meilen von Hungerford. Wir sahen einen baufälligen Schuppen, eine lange Lindenallee, die Bäume waren alle windgebeugt, rauh & die Straße eine Graspiste. Verfallene Scheunen, dann die Rückseite eines ziemlich düsteren Bauernhofs. Wir gingen zur Vorderseite & sahen zu unserer Überraschung das schönste englische Landhaus im Sonnenlicht. Aber mit einem Blick auf die Downs, der uns den Atem verschlug ... Innen ist das Haus ordentlich gebaut, einfache & gute Aufteilung. Es ist nach Süden gerichtet, so daß man nie frösteln wird wie hier mit all der Feuchtigkeit und Kälte. Und es hat acht Schlafzimmer & viele verwinkelte Dachböden & Seitengebäude, auch ein kleines Cottage separat vom Haus.»

Das Problem war der Preis – unerschwingliche 3000 Pfund! «Was können wir tun?» fragte Carrington Lytton am 27. November 1923. «Ich bin furchtbar verzweifelt!» «Ich kann den Gedanken kaum ertragen, daß es uns durch die Lappen gehen könnte, aber es scheint unmöglich, daß wir es bekommen.» Während Ralph und Carrington nach Spanien fuhren, gingen die Verhandlungen weiter. «Ich glaube, ich habe Ham Spray für 2300 Pfund [heute etwa 55 000 Pfund] gekauft – doch die Sache ist noch wackelig», schrieb Lytton seinem Bruder am 4. Januar. Sobald der Vertrag abgeschlossen war, schickte er ein Telegramm nach Spanien und erwartete dann Ralph und Carrington in Paris mit allen Details. Ham Spray House hatte weder Rohrleitungen noch elektrisches Licht und mußte von Grund auf renoviert werden. Doch Carrington hatte in ihrer Vorstellung bereits alle Räume neu ausgestaltet.

Die Handwerker begannen Anfang des Frühjahrs mit der Arbeit. Carrington ging fast jeden Tag hin und plante die Innenausstattung und die Gestaltung des Gartens. «Wir sind ab jetzt mit unserem neuen Haus beschäftigt», erzählte Lytton am 24. April Ottoline.

«... Es ist im ganzen ziemlich aufregend, der völlige finanzielle Ruin steht mir bevor. Ich glaube, ich muß ein weiteres Meisterwerk schreiben.» Sogar mit einer Erbschaft, die Ralph nach dem Tod seines Vaters gemacht hatte, stellte sich alles als furchtbar teuer heraus, und Carrington gab zu, daß sie «in puncto *d'argent* auf dem trockenen saßen».

Beim Streichen und Tapezieren war sie jedoch in ihrem Element, sie beizte auch Dielen und Türen. Als die Räume in neuem Glanz erstrahlten, faßte sie wieder Mut. «Alles ist wunderschön!» versicherte sie Lytton (16. Juli 1924). «Und wir werden immer glücklicher.» Ralph fuhr sie und die Gäste in diesem Frühling ständig von Tidmarsh zum neuen Haus – Leonard und Virginia, Sebastian, Dadie, Maynard, Frances Marshall und andere wurden zu sämtlichen anfallenden Arbeiten angestellt. Lyttons Briefe sprechen vom geschäftigen Treiben jener Monate. «Gestern verbrachten wir den Tag in unserem neuen Haus», schrieb er am 23. Mai an Bunny Garnett, «mit verschiedenen Leuten, darunter Tommy [Stephen Tomlin] und Henrietta [Bingham] – ich mochte sie mehr als früher. Sie tünchte mit bewundernswerter Energie die Wände und sagte die ganze Zeit kein Wort.»

Als sie am 15. Juli aus Tidmarsh auszogen, war Ham Spray immer noch nicht richtig bewohnbar. Lytton blieb während der ersten Wochen so oft weg, wie er konnte, und floh mit Pippa vierzehn Tage in die Bretagne. Tidmarsh behielt immer einen besonderen Platz in seiner Erinnerung. Jahre später – es war eine Nacht im Juli 1928 –, weinte er fast, als eine Musik auf dem Grammophon ihn an das Leben dort erinnerte. «Unter anderem gab es ein Streichquartett von Schubert, das mir Tidmarsh mit ungewöhnlicher Lebendigkeit zurückrief. Ich fühlte den Verlust dieses *régime* sehr stark, und tatsächlich ... brach ich beinahe in Tränen aus. Ich hoffe und bete, daß unsere neue *grandeur* ... daran nichts ändern wird.»

Carrington empfand ganz anders. Obwohl sie sich oft wegen der Schwierigkeiten schämte, mit denen sie Lyttons Leben befrachtet hatte, und schreckliche Alpträume ausstand, daß er sie verlassen könnte, geriet sie wegen Ham Spray in fieberhafte Erregung. «Wir müssen einfach hoffen, daß unser ideales Leben in der Sonne unterhalb der Downs so großartig sein wird, daß wir es nie bereuen werden», neckte sie Lytton (10. Januar 1924). «Ich bin mir ganz sicher, daß wir die Situation meistern. Das einzige, was zählt, sind unsere unzertrennlichen Gefühle füreinander. Die warme Sonne, eine Veranda und die allerschönste Landschaft kann den schon existierenden Zustand vollkommener Harmonie nur noch bereichern. Wir lieben dich *so* sehr.»

VI.
Ham Spray House

> «Ich führe ein Hundeleben zwischen den Liebesaffären von Königin Elisabeth und meinen eigenen.»
> *Lytton Strachey an Dorothy Bussy (11. Juni 1927)*

> «Was ist Liebe? Sie ist nicht künftig – nein, aber sie ist auch nicht von einst. Ist sie denn hier? Wer weiß! Aber das Merkwürdige ist (neben allen anderen Merkwürdigkeiten), daß man es gelegentlich schafft, sich zu amüsieren.»
> *Lytton Strachey an George Rylands (12. August 1927)*

1. Schreibspiele und Miezekatzen

Ham Spray war ein angenehm modernisiertes Landhaus aus der Zeit Jane Austens. Von der langen Veranda, die nach Süden lag, ging der Blick vorbei an Blutbuchen, mächtigen Eschen und einer prachtvollen Steineiche über einen Rasen und Felder zu den Newbury Downs hinüber, die sich «wie eine gewaltige grüne Woge» einen knappen Kilometer entfernt über dem flachen, braunen und grünen Ackerland erhoben. Das Haus war größer als das in Tidmarsh («wo jedes Schlafzimmer mit allen anderen in Verbindung steht»), und da es lang und schmal war, konnte man es nur schwer warm halten. Lytton führte eine Reihe von Neuerungen ein – eine lauwarme Zentralheizung, einen «Generator für elektrisches Licht», einen Heißwasserbereiter – und ließ später den Dachboden auf der Ostseite des Hauses zu einem Atelier für Carrington ausbauen. Endlich konnte er sich, nach seiner eigenen Definition, einen reichen Mann nennen, denn er hatte einen offenen Kamin im Schlafzimmer. Den Kaminschmuck hatte Boris Anrep entworfen: Quer über die Vorderseite des Simses erstreckte sich das Mosaik eines nackten, schwimmenden Hermaphroditen, der Carrington ähnlich sah und der verführerisch über die Schulter ins Zimmer lugte. Lytton hatte sich angeblich auch einen Apparat montieren lassen, der

Drähte in seinem Bett elektrisch heizte, so daß er die ganze Nacht hindurch wohlig geröstet wurde – eine der vielen apokryphen Geschichten, die sich allmählich um ihn rankten.

Lyttons Arbeitszimmer war ebenfalls im Obergeschoß. Die Wände waren bis an die Decke mit den alphabetisch geordneten Werken französischer und englischer Schriftsteller gefüllt, die überwiegend aus dem siebzehnten Jahrhundert stammten. Ein großer Schreibtisch stand in der Mitte des Raumes, und über dem Kamin hing, alles beherrschend, ein Bildnis Voltaires von Huber. Es zeigt den Philosophen am Tisch sitzend, die Hand zum Segen über eine Gruppe von Freunden erhoben, so daß der Segen auch den Personen im Arbeitszimmer zu gelten schien. Lytton benutzte nie eine Schreibmaschine und diktierte auch nicht gern. Er ging im Zimmer auf und ab und legte sich jeden Abschnitt in Gedanken zurecht, dann setzte er sich hin und brachte ihn in seiner säuberlichen, flüssigen Schrift zu Papier. «Ich schreibe sehr langsam und in fehlerfreien Sätzen», sagte er einmal, als er nach Korrekturen gefragt wurde.

Der Tagesablauf in Ham Spray war einfach. Nach dem Frühstück arbeitete Lytton, bis zum Mittagessen, dann legte er sich hin. Nach dem Tee ging er gewöhnlich mit dem Spazierstock in der Hand in den Downs spazieren. Nach dem Abendessen spielte er entweder im vorderen Wohnzimmer des Erdgeschosses Poker oder Pikett, «ganz zu schweigen von anderen Spielen», oder er hörte Musik – meist Mozart, Beethoven oder Haydn auf seinem ausgeleierten Grammophon. Manchmal las er Ralph und Carrington mit einer überraschend tiefen, gefühlvollen Stimme aus seinen Lieblingsbüchern oder aus eigenen Manuskripten vor, wobei seine linke Hand eigentümlich durch die Luft wirbelte. Dabei saßen dann alle drei samt der Katze Tiber um den Kamin.[1]

Unter Carringtons Hand verwandelte sich nach und nach jeder Raum in Ham Spray. Sie fertigte Patchwork- und Steppdecken, bastelte Muster im viktorianischen Stil aus farbigem Stanniolpapier, verzierte Türen und Kaminsimse und malte auf Glas und Porzellan. Auf Kacheln, Tellern, Tassen und Untertassen erschienen Passionsblumen, Sonnenblumen, Hammelkeulen, Celli, Fische, Vögel, Schiffe, Muscheln, Bogenschützen, Jagdszenen, abstrakte Formen, Katzenorchester und andere Wunderdinge. Außer ihren eigenen Dekorationen gab es auch einige Zeichnungen von Henry Lamb, Gemälde und Friese von Duncan Grant und ein Wandgemälde des Surrealisten John Banting, das einen «schwangeren», zwei Zwillinge austragenden Ralph zeigt. Die Wände vieler Zimmer wurden mit «Fanny Fletcher's Papers» geschmückt – Tapeten, die mit Kartoffelstempeln von Hand in den charakteristischen Bloomsbury-Farben bedruckt wurden, in allen möglichen Schattierungen von warmem Braun und Terrakotta, Rostrot, Mauve, Olive, gedecktem Gelb, zartem Blau und Blaßgrün.

Obwohl Carrington ein Dienstmädchen für die Hausarbeit angestellt hatte, kochte sie meist selbst. Sie arbeitete auch im Garten und zog ihre pseudolateinischen Pflanzen (Bacca loculis, Bummonia uncanta). Sie pflanzte Weißdorn und Kletterpflanzen und legte ein Maiglöckckenbeet und einen Tulpengarten an. Zeitweise schien sie völlig in ihrer Pflanzen- und Tierwelt aufzugehen. «Die Lieblichkeit dieser Landschaft macht einen offenbar dauerhaft glücklich», schrieb sie ihrer Freundin Barbara Bagenal. «Nahezu alles läßt mich gleichgültig, nur nicht der Blick auf die Downs und das Umherstreifen im Garten. Es gibt auch sehr viel zu tun, und am Ende tue ich doch nichts anderes, als auf dem Sofa zu liegen wie eine Katze. Dann blättere ich Blumenkataloge durch, denke an meine Gartengestaltung und an die Malerei, überlege, ob ich Briefe schreiben soll, rede mit Lytton, lese Zeitungen und schaue unaufhörlich auf die Downs hinaus.»

Ham Spray war auf den Namen von Ralph eingetragen worden, da Ralph so viel jünger war als Lytton. Auch das hat vielleicht zu Carringtons Gefühl der Sicherheit dort beigetragen. Sie mußte nun, bei allen Widrigkeiten, die ihnen noch zustoßen mochten, nicht mehr ernstlich befürchten, ihr Zusammenleben mit Lytton sei bedroht. Ereignisse außerhalb ihres häuslichen Kreises verloren für sie weitgehend an Bedeutung. Ende der zwanziger Jahre vernachlässigte sie ihre Erscheinung so, daß sie verhärmt und schlampig aussah; sie benutzte keinen Lippenstift und kein Make-up mehr. Aber sie bewahrte sich auch in diesen späteren Jahren immer die Intensität ihrer Emotionen, und ihre sexuellen Bedürfnisse waren deutlicher lesbisch ausgerichtet. «Ich bedaure es heute, daß ich früher so dumm war und so viele sinnliche Wünsche unterdrückt habe, die ich in meiner Jugend gegenüber mehreren Frauen empfunden habe», gestand sie Alix Strachey. Ihre «trunkene Leidenschaft» für die schöne Henrietta Bingham lebte wieder auf und vertiefte sich. Diese «Prinzessin aus Kentucky» mit ihrem ebenmäßigen ovalen Gesicht, dem symmetrisch gekämmten dunklen Haar und unglaublichen Wimpern, die ihre strahlend blauen Augen beschatteten, öffnete Carrington die Augen für ihre eigene bisexuelle Veranlagung. «Ich träume sechsmal in der Woche von ihr, und zwar Träume, über die sich mein Verstand empört» (Brief an Alix vom 11. Mai 1925). Dennoch schienen sie diese leidenschaftlichen Gefühle nicht zu beunruhigen, denn sie erklärte: «Ich habe mich selten als so selbstsicher und so in Frieden mit meinem niederen Ich empfunden.» Vielleicht lag es daran, daß sie nun der Lebensmitte näher rückte. «Zu den Pluspunkten der Jahre über dreißig gehört, wie ich feststelle, daß man endlich weiß, was man fühlt, und nur noch die Dinge tut, die man tun will!» behauptete sie gegenüber Mark Gertler (7. Oktober 1925). «In Wahrheit bin ich sehr glücklich. Ich liebe das Landleben, und ich kümmere mich mit solcher Leidenschaft um mein Hauswesen, daß mich nichts, was außerhalb geschieht, sonderlich berührt. Ich male mehr als früher und habe jetzt hier auch ein schönes Atelier.»

Carrington und Lytton wirkten in Ham Spray wie ein eigentümlich liebenswertes Paar, dem nur ganz in der Ferne eine leise Gefahr drohte. «Ich erinnere mich, wie die beiden zur Dämmerstunde in ihrem behaglichen, großen Wohnzimmer saßen», schrieb Iris Tree. «Bücher, Bilder, vor den Fenstern die sanften Wellen der Downs, eine alte Richtstätte auf einer Anhöhe, der Garten beschattet von einer Steineiche, Rosen draußen und drinnen. Und Carrington, mit rosigen Wangen, schenkt Tee ein, lacht unter ihrem dichten Haarschopf hervor und leckt sich in lustvoller Erwartung köstlicher Dinge und Themen die Lippen. Lytton, in einen warmen Schal gehüllt, schnurrend vor sanfter Bosheit und vor Freude an prägnant ausgedrückten Gedanken, die Hände nach den Flammen im Kamin ausgestreckt, die sie durchschimmernd machen.» Im Dorf Ham betrachtete man ihn mit einer seltsamen Mischung aus Respekt, Ärger, Zuneigung und Belustigung, wenn er, von Bauernjungen umgeben, auf dem Dorfanger saß und verbotene Zigaretten verteilte.

In Ham Spray lebten sie auf größerem Fuß als im «Grab der Pilze» in Tidmarsh. Es gab gutes Essen und gute Weine, größeren Komfort, endlose Gespräche. Es war nicht länger das zurückgezogene Leben in der Abgeschiedenheit», von dem Lytton an seinem vierzigsten Geburtstag noch so geschwärmt hatte. Er lud mehr Gäste ein, und auch die Besucher waren unterschiedlicher. Tagsüber war er so gebrechlich und schwach wie eh und je, und er konnte noch immer eine ganze Gesellschaft mit seinem eisigen Schweigen zum Verstummen bringen. Aber wenn der Abend herannahte, schien er aufzuwachen, erfreute sich an der Gesellschaft zahlreicher junger Gefährten und spielte häufig den Narren – steckte sich den Bart in den Mund, tat, als sei er furchtbar senil, und gab sich höchst übermütig. «Er hatte ein besonderes Vergnügen und Talent für Unsinn», erinnert sich Raymond Mortimer, «und wenn am Abend irgendein Schreibspiel gemacht wurde, pflegte er unvermittelt irgendeinen Vierzeiler über einen Freund oder eine Miezekatze beizutragen.» Im Sommer hielt man auf einem umfunktionierten Tennisplatz Badminton-Matches ab, badete im Fluß, spielte auf dem Rasen Bowling und eine komplizierte Art von Krocket und führte im Haus erstaunlich harte Tischtenniswettkämpfe durch. Zur abendlichen Unterhaltung verfaßte Lytton gelegentlich Einakter, die seine Gäste aufführen sollten und deren raffinierte Handlung die verblüfften Schauspieler in hermaphroditische Verwirrung stürzte. Beliebt waren auch Vorführungen von Amateurfilmen. So gab es etwa eine Phantasie im Stile von Wells, die Carrington und Stephen Tomlin produzierten und die Bernard Penrose filmte, wie David Garnett schildert:

«Der Ort der Handlung war die private Irrenanstalt von Dr. Turner, in der man an den Insassen Experimente vornahm und sie wie Tiere hielt. Thema waren Saxon Sydney-Turners heimtückische Versuche, an der unschuldigen Heldin herumzuexperimentieren. Deren Rolle wurde von Rachel MacCarthy[2] übernommen, die hierfür mit einem Kränzchen aus Gänseblümchen geschmückt war. Die Szene, in der Saxon als Dr. Turner um die Badezimmertür herum nach ihr äugt, war so makaber, wie ich es seither in keinem anderen Film mehr gesehen habe. Auch meine Schwägerin Frances [Marshall] hatte Erfolg als verrückter menschlicher Vierfüßler, dessen Arme in Reitstiefeln steckten.»[3]

Ein Zauber schien von der üppig grünen Landschaft auszugehen und über Ham Spray zu schweben. «Ich bin überglücklich, soft ich daran denke, wie außerordentlich gut ich es getroffen habe», schrieb Carrington am 23. Januar 1925 an Gerald Brenan. «Gut, weil ich an einem so schönen Fleckchen Erde lebe & mit so angenehmen Gefährten & dann noch London als Luxus habe, wenn mir der Sinn nach Abwechslung steht ...» Aber konnte der Zauber ihren Kümmernissen und Ängsten standhalten? Mit gequälter Stimme gestand Lytton einmal der Romanautorin Rosamond Lehmann, daß er bereitwillig seinen ganzen literarischen Erfolg für die Gabe körperlicher Schönheit hergeben würde. Aber jetzt konnte er sich wenigstens mit gutaussehenden Freunden umgeben und sich an ihrer Schönheit erfreuen. Er liebte es, scheu über ihre bloßen Arme zu streichen, ihnen in die Wangen zu kneifen, seine Finger durch ihr Haar gleiten zu lassen, ihre Ohren zu berühren. Die kritische Strenge seines Verstandes schmolz, und er schrieb ihnen leuchtende Eigenschaften zu, obwohl er wußte, daß ihr Hirn in Wahrheit «aus Erdbeeren und Sahne» bestand. «Müssen wir uns eigentlich wirklich den *ganzen* Nachmittag langweilen?» fragte er seinen siebzehnjährigen Neffen Richard, als er aus Rugby kommend bei ihm in Ferien war und irgendeine langweilige Übungsaufgabe erledigen sollte. «Komm, wir gehn ins Theater!» Und er nahm ihn mit zu einer Vorstellung, die einem Schuljungen mit Sicherheit gefiel und an der er offensichtlich auch selbst seine Freude hatte. Aber nicht immer traf er den richtigen Ton im Umgang mit Halbwüchsigen, die sein Aussehen und manchmal auch sein Auftreten allzu einschüchternd und verwirrend fanden. Die ersten Schritte zu jeglicher Art von Intimität waren noch immer quälend schwer für ihn. Ein anderer Neffe, John Strachey, erinnert sich, daß Lytton ihm einmal «plötzlich einen französischen Druck aus dem 18. Jahrhundert zeigte, auf dem eine junge Frau zu sehen war, die gerade einen Einlauf bekam. Dabei kicherte er schrecklich. Ich vermute, er wollte damit versuchen, mir irgendwie näherzukommen. Leider mißlang ihm das gründlich, denn ich fürchtete mich nur noch mehr vor ihm.»

Er sah Konversation als die angenehmste Beschäftigung an, die das Leben zu bieten hatte. «Und tatsächlich», meinte Lionel Penrose, «konnte man mit den Stracheys dieses Ideal auch erreichen.» Sie sprachen über Geschichte, Kunst und Literatur und ihre schriftstellerisch und künstlerisch tätigen Freunde. Lytton hatte die Gabe, beim Sprechen Vergangenes zu Gegenwart werden zu lassen. Er vermochte auch verborgene Qualitäten bei anderen zu entdecken. Dieser Eigenschaft erwies Virginia Woolf ihre Reverenz, als sie nach Lyttons Tod zu Clive sagte: «Hast du nicht auch das Gefühl, daß es Dinge gibt, die man gern sagen würde und die man jetzt niemals sagen wird?»

Aber nicht alle mochten ihn. Seine Leidenschaft für obszöne

Witze, schuljungenhafte Wortspiele und Scharaden war manchmal peinlich, und er konnte auf arrogante Weise intolerant gegen jene sein, die er nicht leiden konnte, manchmal ohne rechte Begründung. Stephen Spender, der häufiger von Wogan Philipps und seiner Frau Rosamond Lehmann mit nach Ham Spray genommen wurde, hielt Lytton für den erstaunlichsten Charakter des Bloomsbury-Kreises: «Er vereinte auf verblüffende Weise ihre Heiterkeit und ihre zeitweilige Frostigkeit. Manchmal amüsierte er sich bei kindischen Partyspielen, wie einmal an Weihnachten.

Oft lästerte er brillant und boshaft. Manchmal lag etwas Heimtückisches in seinem Gekicher, und manchmal saß er auch in seinem Sessel und sagte kein Wort.»[4] Harold Nicolson bezeichnete ihn als bärtiges, gehässiges altes Weib[5], für Herbert Read war er «eine ziemlich schwermütige, nörgelige Person», Sylvia Townsend Warner meinte, «sein Atem ist so kalt wie der des Erlkönigs», und George Santayana war «kein Bewunderer von Strachey. Ich kannte ihn.»[6]

Aber keiner von ihnen kannte ihn wirklich gut. Einige von denen, die ihn nicht mochten, waren kaum mit ihm in Kontakt gekommen. Bei T. E. Lawrence zum Beispiel – den Lytton selbst für einen «vulgären» Charakter und Schriftsteller hielt – scheint die Abneigung überwiegend auf Lambs Porträt von Lytton zu beruhen.[7] Am extremsten jedoch ist die phantasiereiche Boshaftigkeit von Wyndham Lewis. Am 22. Juli 1926 schickte er Lytton einen mysteriösen Brief. «Lieber Strachey», schrieb er von der Ossington Street 33 in Bayswater aus, «es ist lange her, seit ich Sie das letztemal gesehen habe. Ich würde mich sehr gern bald einmal mit Ihnen treffen, um zwei oder drei literarische Fragen mit Ihnen zu erörtern.» Er schlug vor, sie sollten sich «inkognito, möglichst unbeobachtet» in einer wenig frequentierten Gegend von London treffen, «etwa im Restaurant des Great Eastern Hotel, das, glaube ich, Great Eastern Restaurant heißt, oder zum Tee in einem ruhigen Teesalon – vielleicht in der Nähe der Law Courts oder des Covent Garden Market». Vorsichtshalber sollten sie diese Verabredung auch geheimhalten. Es gibt keine Aufzeichnungen darüber, ob Lytton zu diesem Rendezvous gegangen ist, und auch keinen Hinweis darauf, daß Wyndham Lewis in Ham Spray war. Aber beinahe dreißig Jahre später, nachdem er Lytton mit dem Auge des Karikaturisten gründlich studiert hatte (wobei Karikaturen wahrscheinlich zu den literarischen Fragen gehörten, von denen in seinem Brief die Rede war), veröffentlichte er 1954 einen Roman,

«Self-Condemned», in dem die Gestalt des Cedric Furber auf Lytton basiert. Dieser Furber ist ein reicher, einsamer Junggeselle in den Vierzigern, streng, wählerisch und altjüngferlich. Die Schilderung, die er von dem kindischen, vollbärtigen Narren gibt, der draußen in seinem Haus auf dem Lande lebt, zeugt von einem brillant boshaften Blick von ätzender Frivolität:

«Gewiß rief Mr. Furbers Maske höchst erfolgreich den Eindruck einer besonderen und möglicherweise neuen zoologischen Spezies hervor ... Ein langer, formloser, schwarzer Bart ... wallte vom unteren Ende der Nase herab und schob die Verantwortung für mimischen Ausdruck auf die Augen ab ...

Solange er mit diesem merkwürdigen Geschöpf zusammen war, hatte René stets das Gefühl, er sei als Amateurnaturforscher mit einer Feldstudie beschäftigt. Es war, als beobachte er Vögel und Mr. Furber sei eine große, trübselige Eule ... War er ein sanfter, gutmütiger, ‹schalkhafter› alter Waldschrat? Nein, er paßte in keine irgendwie geartete weltliche Klassifikation. Von einer Eule kann man zum Beispiel nicht sagen, sie sei ein Waldschrat.»

Aber Lytton war nicht mehr das ewig trübselige Geschöpf vergangener Tage. Er war «keineswegs häßlich», wie Frances Marshall nun entdeckte, als sie ihn näher kennenlernte. «Er war groß, gertenschlank und hatte sehr schöne, lange Hände. Eine besondere Eleganz lag in der Art und Weise, wie er unter einem weißen Sonnenschirm mit grüner Borte über den Rasen zu gehen oder besser zu stolzieren pflegte und seine langen Beine in einen Liegestuhl drapierte. Seine samtigen braunen Augen waren sehr ausdrucksvoll.»[8]
An heißen Sommertagen erschien er stets mit einem breitkrempigen Sonnenhut und schritt von der Veranda her gravitätisch wie ein afrikanischer Sekretärvogel über den Rasen. Dann sank er in einen Liegestuhl, eine alterslose Erscheinung, die Beine fest zusammengepreßt, die Knie auf gleicher Höhe mit dem Kopf, die durchsichtigen Hände auf ausgebeulten Hosen abgelegt. Dann fing er an zu sprechen. Es herrschte ein eigentümlicher Kontrast zwischen seiner Ruhe und seiner übertriebenen Sprechweise: beim Reden schlug seine Unbeweglichkeit abrupt in heftiges Gestikulieren um. Für seine Nichte, die Schriftstellerin Julia Strachey, war er «die lebendigste Persönlichkeit, die ich je gekannt habe».

Ohne seine Schalkhaftigkeit abzulegen, gewann er einen Teil des romantischen Imperialismus seiner Tage in Cambridge und beim

Spectator zurück. David Cecil erinnert sich, wie er mit stiller Freude von der britischen Herrschaft in Indien sprach. Mit hoher Stimme und ernster Miene rief er, Frederick Laws zugewandt, aus: «Als ich Dr. Reniers Buch ‹Sind die Engländer Menschen wie wir?› las, fühlte ich mich genau wie der britische Löwe. Ich schlug mit dem Schweif und brüllte!»

Oberflächlich gesehen schien es auch, als sei seine Haltung gegenüber der Religion duldsamer geworden. Er war der Meinung, das Christentum, das sich in seiner langen Geschichte als ein erbitterter Feind des humanitären Gedankens gezeigt habe, sei nun weitgehend am Ende seiner Kräfte angelangt und daher nicht länger strittig, geschweige denn interessant. Vielleicht seien aus diesem Grunde auch militante Atheisten nicht mehr aktuell. «Man kann jetzt über die Religion sagen, was man will (mehr oder weniger)», schrieb er am 5. Mai 1926 an seinen Neffen Richard, «aber nur deswegen, weil sich niemand mehr sehr für sie interessiert. Es gibt andere, intimere Themen, die man nicht ansprechen kann – oder nur in ganz versteckter Weise.»

Einige dieser intimeren Themen beschäftigen ihn, wenn er im British Museum seine geheimen Studien trieb. Er wohnte dann am Gordon Square 51 in Pernels Wohnung, die ihre Karriere am Newnham College in Cambridge vorantrieb, erst als Tutorin, dann als Leiterin, Dozentin und schließlich als Rektorin. Während die jüngeren Mitglieder des Bloomsbury-Kreises – dessen zweite Generation gesellschaftlich bald von Angelica Bell angeführt wurde – im Atelier in der Fitzroy Street[9] nächtliche Parties feierten, formierte sich die alte Bloomsbury-Garde neu um den Tavistock Square 52 herum, wo Leonard und Virginia in den beiden oberen Stockwerken über der Hogarth Press wohnten. Lytton erschien selten bei den lärmenden Parties in der Fitzroy Street, fand sich aber häufig bei den ruhigeren abendlichen Zusammenkünften am Tavistock Square ein. Roger Fry, Duncant Grant, Maynard Keynes und Lytton selbst waren die Koryphäen an diesen Abenden, ebenso Desmond MacCarthy und Morgan Forster, die aber seltener kamen. Manchmal versammelte man sich auch in Vanessas Haus – wobei meist nicht mehr als sieben oder acht Personen anwesend waren, darunter eine oder zwei der jüngeren Generation.

Lytton lud seine Gäste häufig in seine Clubs ein, den Oriental und später den Athenaeum Club. John Lehmann, der von Dadie Rylands mit Lytton bekannt gemacht worden war (beide arbeiteten zu unterschiedlichen Zeiten für die Hogarth Press), hat überliefert, wie er Lytton dazu anstachelte, böse Geschichten über Leonard Woolf zu erzählen. «Ich glühte geradezu vor Freude und Vergnügen», schrieb er, «wenn Lytton mit seiner hohen, dünnen, aber gebieterischen Stimme einen erlesenen Wein bestellte und wir dann behaglich ein langes Gespräch führten über die Vergangenheit von Bloomsbury und Lyttons Zeit in Cambridge, über Gedichte (die Lytton reichlich, aber in aller Bescheidenheit und heimlich schrieb) und über moderne französische Literatur, in der er betrübt alle Untugenden der deutschen Literatur versammelt sah und wenige der großen, traditionellen französischen Tugenden. Ich besuchte ihn auch in Ham Spray und stöberte endlos in seiner Bibliothek, während er arbeitete. Anschließend gingen wir oft spazieren und nahmen unsere Diskussion wieder auf – oder genauer gesagt, ich stellte weiter meine wißbegierigen Fragen, und er gab seinem ewig unersättlichen Schüler kluge und geistreiche Antworten.»[10]

Die Atmosphäre in Ham Spray mit seiner beruhigenden Stille ringsum schien Lytton besonders entgegenzukommen, und sein Wesen, das sich in seinen Schriften niemals ganz offenbaren konnte, erschloß sich hier seinen Freunden in eindringlicher Weise. «Man erinnerte sich nachher», schrieb Gerald Brenan, «an seine Zweifel und sein Zögern, an seine Weigerung, dogmatisch zu werden, an die Höhenflüge seiner Phantasie, an seine hohe, flüsternde Stimme, die mitten in einem Satz ersterben konnte, und vergaß den sehr klaren und geordneten Geist, der dahinterstand. Man konnte eine Reihe von widersprüchlichen Eigenschaften erkennen – die Sensibilität einer Frau, die Freude am Absurden, einen Sinn für Übertreibung und für das Melodramatische, eine sehr reife Urteilsfähigkeit und dann einen gewissen Mangel an menschlicher Substanz, eine ererbte Blutarmut, die manchen bei der ersten Begegnung mit ihm befremden konnte. Was ihm in fast unanständiger Weise fehlte, war Gewöhnlichkeit.»[11]

Die hohe Stimme, der rötlichbraune Bart, das freche Grinsen, das bei einer gepfefferten Bemerkung in seinem Gesicht aufblitzte, die Reglosigkeit, der ruhige und stete Ernst in seinen nachdenklichen Augen hinter der Hornbrille bildeten den Ausdruck einer Persönlichkeit, die das Haus mit ihrer Anwesenheit prägte. F. L. Lucas erinnert sich, daß die hohe Gestalt, «die in den Gefilden von Ham Spray herumspazierte, einen fremdländischen Zug an sich hatte; er wirkte wie ein russischer Gutsbesitzer oder wie das Bildnis eines Jehovas, der Fremde abschreckte, aber sich jeden Augenblick in einen amüsierten, epikureischen Zeus verwandeln konnte».

2. Verbundenheit

«Wir haben uns jetzt ganz gut hier eingerichtet», schrieb Lytton am 8. November 1924 an Ottoline, «und sind sehr zufrieden mit dem Ort unserer Wahl – die Umgebung ist überaus romantisch.» An ihrem ersten Weihnachtsfest im neuen Haus schrieb Lytton ein Transvestitenstück für die Gäste. Außer Carrington, Ralph und Frances waren noch der erfrischend lebhafte Dadie Rylands aus Cambridge und der stämmige Mosaizist Boris Anrep da, der einen riesigen russischen Osterkuchen mitbrachte, der von Mandeln strotzte. «So vergingen die Monate», schrieb Frances, «Lytton ordnete die Bücher seiner Bibliothek, Carrington verschönerte das Haus mit zauberhaften Kacheln und bemalten Tapeten, und Ralph fällte und beschnitt Bäume und band Bücher.»[12]

Aber schon im ersten Jahr war ihre seltsame *ménage* neuen Belastungen und Wirren ausgesetzt. Äußerlich hatten Carrington und Ralph wieder zueinandergefunden, und Lytton wurde «immer gütiger und charmanter», wie Carrington am 11. Mai 1925 Alix schrieb, «was wahrscheinlich bedeutet, daß wir am Rande irgendeines noch unsichtbaren Vulkans stehen».

Die Gefahr lag just in ihrer Umgebung, die Lytton als so romantisch bezeichnet hatte. Seit der Pionierzeit des «Tidmarsh-Experiments» hatte sich das Grundgefüge ihres Lebens sehr erweitert, so daß der Kern seltsam instabil geworden war. Alle drei suchten nun außerhalb dieser Dreierbeziehung nach sexueller Erfüllung, ohne dabei das Zusammenleben in Ham Spray gefährden zu wollen, das sie alle sehr schätzten. Dennoch blieben die voneinander unabhängigen Leidenschaften und Abenteuer der einzelnen nicht ohne Folgen.

Zum Zeitpunkt des Umzugs von Tidmarsh nach Ham Spray bildete Lytton das Zentrum ihres Planetensystems, um das sich Ralph und Carrington drehten, während Gerald und Frances auf einer entfernteren Umlaufbahn um alle drei kreisten. In den darauffolgenden Monaten begannen zwei weitere Personen aus größerer Entfernung ihren Einfluß geltend zu machen. Eine davon war Lyttons neue Liebe, Philip Ritchie: Als «gescheit und amüsant» bezeichnete ihn Frances, er sei «ein großer Liebhaber von Kammermusik und von Diskussionen über abstrakte Themen». Aber Carrington mochte ihn nicht. Sie hatte den Eindruck, er rede über nichts anderes als Analverkehr, Vergewaltigung, Lieblinge und schwule Bübchen und ergötze sich an Zoten als Ausgleich für seine prüde Erziehung. Außerdem «hat er Lytton nicht halb so gern, wie er behauptet», erklärte sie Alix. «Vielleicht behauptet er es auch gar nicht & Lytton macht es sich selbst vor.» Lytton sah, daß Philips Besuche in Ham Spray für Carrington und Ralph keine Freude waren. «Aber bitte, ihr beiden, versucht meinen Philip trotzdem zu mögen – oder ihn wenigstens nicht abzulehnen», bat er sie am 17. Oktober 1924. «Ich versichere euch, er ist eine große Seltenheit. Es ist wahr, daß er auf den ersten Blick nicht sehr attraktiv aussieht und daß er wahrscheinlich keinen Sinn für Bilder hat, aber er ist intellektuell (ein Vorzug), und er ist sinnlich (auch gut), und er spricht keiner Sache auch nur den geringsten Wert zu, wenn sie nicht wirklich wertvoll ist (außerordentlich gut).»

Eine viel größere Gefahr drohte, so glaubte Lytton, von Carringtons waghalsiger neuer Liebe, Henrietta Bingham. Sie warf ihre Netze von der London School of Economics in Holborn und ihrem eigenen, verschwiegenen Haus in Knightsbridge aus und angelte sich viele Männer und Frauen. Ihr rätselhaftes Lächeln, ihre gurrende Stimme, ihre schimmernde Haut ließen Lytton kalt. Er spürte die zerstörerischen Kräfte dieser Frau, die Carrington ebenso betörten wie Stephen Tomlin und die beide bald mit ihr intim wurden. «Ich hatte wahre Ekstasen mit ihr», vertraute Carrington am 21. Juli 1925 Gerald Brenan an, «und ich schämte mich nachher auch nicht dafür.»

Das war das Letzte, was Gerald hören wollte. Er war Anfang April 1924 von Spanien nach England gekommen, überzeugt, seine Liebe zu Carrington überwunden zu haben. «Aber ich habe es noch nie fertiggebracht, meine Sexualität im Zaum zu halten», gestand er Ralph kurz vor Beginn seiner Reise (4. Februar 1924), «und das war stets ein Grund zur Verzweiflung für mich.» Carrington hatte ihn am Bahnhof Victoria abgeholt, ihn ins Hotel Belgravia gebracht und dort gleich in der ersten Nacht mit ihm geschlafen. «Ich kann Dir gar nicht sagen, wie glücklich Du mich gestern gemacht hast», schrieb sie ihm am 3. April 1924.

Aber in den darauffolgenden Wochen und Monaten machte sie ihn todunglücklich. Noch einmal faszinierten ihn ihre rosigen Wangen, die verführerische Stimme, das üppige dunkelblonde Haar, das wie eine Eibenhecke geschnitten war, und die blauen Augen mit ihrem entwaffnend unschuldigen Blick. Im Juni war er in eine Wohnung in der Fitzroy Street 18 gezogen, die ihm Roger Fry überlassen hatte, und wartete dort auf Carrington. Aber sie kam nicht – oder, nach seinem Empfinden, doch so gut wie nie.

Außer Lytton hatte Carrington Gerald wahrscheinlich mehr geliebt als jeden anderen, denn solange er in Spanien lebte, zeichnete er sich durch die gleiche Entrücktheit wie Lytton aus, die sie so attraktiv fand.

«Du weißt, mein heimliches Leben bist Du», schrieb sie ihm im Juni 1924. «Ich bezweifle, daß mir jemals wieder jemand begegnen wird, der diesen besonderen Zauber auf mich ausübt ... Ich fühle mich innig mit Dir verbunden.» Dieser magische Ort in Carringtons Phantasiewelt verlor seinen Reiz, als Gerald in England auftauchte und sie immerfort sehen wollte. Um den geheimnisvollen Nimbus seiner Entrücktheit zu erhalten, entzog sie sich nun ihrerseits. Gerald verbrachte oft «den ganzen Tag im Bett», wie sein Biograph Jonathan Gathorne-Hardy schreibt, «und weinte oft, von Kummer und Verzweiflung gequält, oder ging schnell und unter höchster nervlicher Anspannung im Zimmer auf und ab, wartend, hoffend, horchend ...»[13]

Was sollte er tun? «Ich möchte dir und Frances mein Zimmer zur Verfügung stellen», bot er am 25. Juni 1924 Ralph an. Aber er verspürte keinerlei Neigung, im British Museum seinen Forschungen über das Leben der heiligen Teresa von Avila, einer asketischen spanischen Heiligen aus dem sechzehnten Jahrhundert, nachzugehen und Carrington solange sein Zimmer zu überlassen, damit sie sich mit Henrietta Bingham vergnügen konnte. Letztere habe, so behauptete Carrington, ihre «Wünsche nach *les jeunes garçons* so ziemlich abgetötet». Sie fragte sich, ob es in ihrem Leben weniger Katastrophen gegeben hätte, wenn sie ganz lesbisch gewesen wäre. Es entbehrte nicht einer gewissen Ironie, daß gerade Henrietta, die ihr in Wahrheit viel weniger bedeutete als Gerald, ihr sexuelles Empfinden so tiefgreifend verändert hatte.

«Wenn ich dich unglücklich machen könnte, würde ich es tun», schlug Gerald zurück. «Ich sehe in dir einfach ein Objekt, das mir (aus Gründen, die ich nicht verstehe) ganz ausgeklügelte Qualen bereitet.»

Wenn sie ihn hätte glücklich machen können, hätte sie es getan. Aber trotz der anhaltenden Zuneigung füreinander stand etwas zwischen ihnen, das ihnen weiterhin Kummer verursachte. Sooft sie ihn traf, spürte sie noch immer eine Erregung, eine Liebe, die sich von der Liebe unterschied, die sie für andere empfand. Hinterher haßte sie die Streitigkeiten, die so oft zwischen ihnen ausbrachen. Das Problem war, daß Geschlechtsverkehr für Gerald zum einzigen Beweis dafür geworden war, daß sie ihn noch liebte. «Ich weiß, ich kann Dich nicht auf die Weise glücklich machen, wie Du es gern möchtest», schrieb sie ihm am 7. November 1924, «und ich ertrage es nicht, diejenige zu sein, die Dich unglücklich macht.» Sie quälte sich so sehr mit Schuldgefühlen, daß ihre Freundin Julia Strachey sagte: «Sie umgaben sie wie ein Schwarm Stechmücken, wo sie auch hinging.» Der einzige Trost, den sie Gerald zu bieten hatte, bestand darin, daß «Henrietta mir meine Zuneigung beinahe ebenso schändlich vergilt wie ich Dir nach Deiner Meinung die Deine. Am Ende wirst Du feststellen, daß die heilige Teresa Deine beste und treueste Geliebte ist» (25. Juli 1924). Aber Gerald kam mit seiner Heiligenbiographie nicht gut voran. Je mehr er arbeitete, desto bestürzendere Ähnlichkeiten fand er zwischen dem Gegenstand seiner Forschung, der gottseligen Teresa mit ihrem Zauber, ihrer Komplexität und ihren Selbstzweifeln, und Carrington. Es schien kein Entrinnen zu geben.

Aber im August entkam er dann doch, und zwar nach Romney Marsh in Kent, wo er die beiden Kinder von Boris und Helen Anrep über die Ferien als Hauslehrer betreuen sollte. «Du würdest Dein Leben in Zukunft viel besser ohne Rücksicht auf mich gestalten», hatte ihm Carrington am 25. Juli 1924 geraten. Als er jetzt jedoch weggegangen war, ohne Rücksicht auf sie zu nehmen, war sie außer sich. Es stellte sich heraus, daß Frances mehr über Geralds Pläne wußte als sie selbst. Außerdem hatte Stephen Tomlin Henrietta in diesem Monat nach Schottland entführt, so daß sie Gerald hätte besuchen können, sooft er wollte. So sagte sie wenigstens. «Das bedeutet, daß ich Dich mindestens zwei Monate lang nicht sehen werde», schalt sie ihn (4. August 1924). Aber da er nun wieder schwer erreichbar war, folgte sie ihm nach Kent und verbrachte Anfang September vier Tage in Romney Marsh. Tagsüber stritten sich die beiden, während, wie sich die Kinder der Anreps später erinnerten, die ganze Nacht über die Matratzen quietschten.

Die Ehe der Anreps stand kurz vor dem Auseinanderbrechen. Boris hatte sich seine exotische achtzehnjährige Geliebte ins Haus geholt, und Helen bereitete sich darauf vor, auszuziehen und mit Roger Fry zusammenzuleben. In Anbetracht von Rogers vorangegangener Liaison mit Vanessa fragte sich Gerald, ob solche Arrangements nicht für Carrington ein nachahmenswertes Beispiel dafür sein könnten, wie man ein Zusammenleben glücklich beendet und neue Verbindungen eingeht. Im Laufe des Jahres 1925 stellte Ralph, der mit Frances immer enger zusammenwuchs, die ehelichen Beziehungen zu Carrington ein. Dies schien jedoch Carringtons Zuneigung zu ihm neu zu entfachen. «Es tut mir leid, daß ich nicht genauso fühlen kann wie Helen für Boris oder Vanessa für Roger», entschuldigte sie sich am 30. Juni 1925 bei Gerald.

Sie war besorgt, daß Gerald sein erstaunliches Talent zur Indiskretion zum Einsatz bringen und all ihre Probleme vor Ralph ausbreiten könnte. «Ich möchte nicht, daß er und F[rances] sich an unserem Unglück weiden», schrieb sie ihm am 7. Oktober 1924. In London traf Gerald sich während dieser Zeit sehr häufig mit Frances. «Ist das jetzt eine Affäre?» erkundigte sich Alix. Aber James, der sie einmal unbemerkt zusammen gesehen hatte, als sie zehn Meter vor ihm aus einem Zug stiegen, diagnostizierte auf der Stelle, daß sie kein Liebespaar waren. Ob sie im Olympiagebäude im Zirkus oder auf der Riesenrennbahn in Wembley oder im Varieté waren, Gerald sprach mit Frances stets über die Philosophie Hegels und über die Wankelmütigkeit Carringtons. «Er war ein unterhaltsamer und sehr angenehmer Gefährte», schrieb Frances später, «[aber] ich wußte, daß er einige seiner Bemerkungen in der Hoffnung machte, daß sie Carrington zu Ohren kämen, so daß ich mich wie ein geladenes Gewehr fühlte, das Schaden anrichten kann, ganz gleich, ob es losgeht oder nicht.»

Carrington war beunruhigt über Frances' Einfluß auf Ralph. «Seine Beziehung zu ihr ist so unkompliziert, nie stellt er irgendeinen Mangel an Frances fest» (Brief an Gerald vom 6. August

1924). «Er kann unsere Schwierigkeiten nicht verstehen, und wenn er sie versteht, denkt er einfach, entweder Du seist verrückt oder ich hätte verdient, was ich bekomme, weil ich mich so unmöglich benehme.» Dennoch hatte auch Ralph Probleme. Er fühlte sich verantwortlich für Lytton und für Carrington, aber er empfand sie auch als Hindernis, das zwischen ihm und Frances stand. «Ohne Dich fühle ich mich wie eine verlorene Seele», klagte er Frances am 22. Juni 1924, als er sich auf den Einzug in Ham Spray vorbereitete. Die Besuche von Frances in Ham Spray sorgten auch für Mißtöne. Sowohl Lytton als auch Carrington hielten sie für eine potentielle Bedrohung für ihr Lebensarrangement – mochte sie auch herausragende Qualitäten besitzen, im Grunde war sie nicht ihr Typ: Sie war zu unrealistisch geradlinig und gnadenlos ausgeglichen. Sie hofften, daß Ralphs Leidenschaft für sie wieder erkalten würde.

Möglicherweise fürchtete Ralph das auch selbst. «Ich fühle mich unbehaglich», schrieb er Frances am 17. Juli 1924 nach London, «weil ich mich auf etwas einlasse, das Du letztlich nicht mit mir teilen kannst. Man verschwendet hier seine Zeit und reibt sich die Nerven auf. Ich werde heilfroh sein, wenn ich wieder in die Welt zurückkehre.» Für Carrington war die Welt Lytton und Ham Spray, für Ralph war es London und Frances.

Im Sommer 1924 begann sich Frances mit einem anderen Mann zu treffen. Er hatte wie sie eine Begabung für das Tanzen, war unverheiratet, und es stand ihm frei, mit ihr Kinder zu haben. «Die Sache mit Hamish* macht mir schwer zu schaffen», erklärte ihr Ralph. «Ich liebe Dich verzweifelt.» Er hatte oft mit ihr über die fernere Zukunft gesprochen, aber ihr war klar, daß «Lytton, Carrington und Ham Spray zusammengenommen ein sehr großes Hindernis für unser gemeinsames Glück sind, während im Falle von Hamish der Weg frei und unverstellt ist». Daher wuchs die Spannung, und jede Erregung, die in einem Teil des Moleküls zwischen je zweien seiner Atome entstand, affizierte alle anderen.

Lytton stand diesen wechselnden Krisen hilflos gegenüber, wie man etwa heftigen Wetterumschwüngen zusieht. Sein Gesundheitszustand hatte sich in letzter Zeit verschlechtert – niemand wußte, warum. «Offenbar ist Lytton früher öfter in dieser Weise krank geworden», berichtete Ralph Frances. «Wir vermuten nun, daß er wie-

---

* Philip Nicols, in ihren Memoiren «Hamish» genannt.

der in diesen früheren Zustand zurückfällt, wenn wir nicht noch düstere Prognosen machen. Wir müssen zu zweit für ihn sorgen und brauchen die Hilfe eines Arztes.» Ralph konnte nicht verhindern, daß er sich bei allem guten Willen von Lyttons Kränklichkeit irritiert fühlte, die noch zu Carringtons verantwortungslosem Verhalten und den wilden Capricen Geralds hinzukam. Er begann sich gegen die Einschränkungen seines Lebens in Ham Spray aufzulehnen. Aber konnte er weggehen? Carringtons unterdrückte Eifersucht auf Frances führte dazu, daß sie ganz besonders hartnäckig an ihrem Mann festhielt. Sie ließ nie jemanden freiwillig los – nicht Gerald und nicht einmal Gertler –, und sie fürchtete, wenn Ralph wegginge, um mit Frances zu leben, könnte Lytton sie verlassen.

Von Freitag abend bis Sonntag fanden sie sich zusammen, um zu streiten, zu diskutieren und ihre mißliche Lage zu analysieren, und von Montag bis Freitag tauschten sie weiterhin Witze, Klatsch und Ratschläge in seitenlangen Briefen aus. Wenn sie an den Wochenenden auf der Veranda hin und her gingen, im Garten saßen, Runden um die Tischtennisplatte drehten, sprangen sie in ihren Gesprächen – über Psychoanalyse und Masturbation, das Laster der Eifersucht und die Tugend der Neugier, die Natur der Bisexualität und die Charakteristika amouröser Beziehungen – zwischen persönlichen Spekulationen und allgemeinen Aussagen hin und her. Dann wurden sie wieder mittendrin von irgendeinem *pièce de résistance* unterbrochen, wie etwa einer Rezitation Lyttons aus Stendhals «Über die Liebe», einer Scharade von Sheppard, in der er Ottoline bei dem Versuch imitierte, so zierlich wie Lydia Lopokowa zu wirken, oder einem neuen Schwung obszöner Kinderreime von Marjorie Strachey. All das und die Aufführung von Lyttons Schwänken entlastete sie zeitweilig von ihren Bedrängnissen wie eingestreute Musikeinlagen in einer Komödie aus dem siebzehnten Jahrhundert.

Nichts hätte das Mysterium der Liebe und die Unbeständigkeit sexueller Leidenschaft so melodramatisch verdeutlichen können wie das Auftauchen von Lyttons alter Flamme Henry Lamb in Ham Spray. Von seiner blendenden Schönheit vor dem Krieg war in seinem nunmehr verlebten Gesicht keine Spur mehr. «Er sieht aus wie ein Militärarzt, der das Leben gesehen hat, vielleicht an der tibetischen Grenze. Oder wie einer, der in Sierra Leone Gelbfieber bekommen und zudem noch einen Mord oder sonst ein Verbrechen auf dem Gewissen hat, das ihn argwöhnisch und schreckhaft macht»

(Brief an Gerald vom 22. Januar 1925). Er war noch immer in die außergewöhnliche Dorelia John verliebt, aber gegen ihre überragende Schönheit wirkte er wie ein vergilbtes Stück Tapete. Dennoch hieß Carrington ihn freudig willkommen, weil er klug über Malerei zu sprechen verstand und ein ermutigender Kritiker ihrer Arbeit war.

Philip Ritchie mit seinen unregelmäßigen Zügen und seiner liebenswert linkischen Art war für Lytton wesentlich interessanter – wie eine bessere Ausführung seiner selbst in jüngeren Jahren. An einem Wochenende in Garsington stellte Philip Lytton seinen engsten Freund vor, einen jungen Mann namens Roger Senhouse, der ebenfalls aus Oxford kam, ein romantisches Wesen «mit einem schmelzenden Lächeln und dunkelgrauen Augen». Die beiden schienen unzertrennlich zu sein, und bis zum Frühjahr 1925 waren sie regelmäßige Wochenendgäste in Ham Spray geworden. So wurden dem komplexen Molekül immer wieder neue Atome hinzugefügt, und obwohl die Struktur noch hielt, sorgten die hin und her strebenden Kräfte im Innern für immer stärkere Erschütterungen.

Es wurde notwendig, gelegentlich dieser Hochdruckstimmung zu entkommen. In Lady Horners Herrenhaus in Somerset wagte Lytton einen vorsichtigen Flirt mit dem Romanautor Stephen McKenna, während eine französische Gouvernante deutlich mutiger mit ihm flirtete und eine ganze Serie von bewundernden Briefen an ihn richtete. In London trat er Bunny Garnetts neuem Cranium Club[14] bei, in dem sich viele der jüngeren Bloomsbury-Anhänger einmal im Monat trafen und, nach Carringtons Aussage, «versuchten, Einstein zu diskutieren, aber in Wirklichkeit ‹Rendel my Son› mit Klavierbegleitung sangen».

Während des Frühjahrs und der frühen Sommermonate des Jahres 1925 unternahmen sie die unterschiedlichsten Schritte auf der Suche nach einer Lösung für ihre Probleme. Während Gerald sich darauf einrichtete, ein Zimmer im Dorf Shalbourne in der Nähe von Ham Spray zu beziehen, fuhr Ralph mit Carrington und Frances nach Frankreich, und Lytton suchte mit Sebastian Sprott in Lyme Regis sein Gemüt wieder zu beruhigen.

Von Carrington und Ralph getrennt, war Lytton besser in der Lage, seine Gefühle zu offenbaren, denen er sich so schwer stellen konnte – Gefühle, die sie vielleicht selbst jetzt noch übersehen könnten. «Unter anderem habe ich eine gewisse Unfähigkeit gespürt, meine Gefühle angemessen auszudrücken», gestand er in einem

Brief an Ralph vom 3. April 1925, «ich weiß nicht, warum – und ich habe gefürchtet, daß Du vielleicht gedacht oder Dir vage vorgestellt hast, sie hätten sich in irgendeiner Weise geändert – vielleicht wegen Philip [Ritchie] oder aus anderen Gründen. Aber so ist es ganz und gar nicht. Meine Gefühle für Dich sind noch genau dieselben, nur sind sie im Laufe der Zeit stärker geworden, und es wäre sinnlos, wenn ich versuchen wollte, auszudrücken, wieviel Du und Carrington mir bedeutet. Vielleicht ist all das überflüssig und lediglich das Ergebnis der Depression und der Furcht vor mangelnder Vitalität. Aber Du wirst mich auf jeden Fall verstehen.»

Liebe, dieses Allerweltswort, das war es, was Lytton andeuten wollte – aber er brachte es einfach nicht über sich, es hinzuschreiben. Ein anderes Wort trifft ihre Situation allerdings noch besser: *Verbundenheit*. Sie waren miteinander verbunden durch viele Bande des Verständnisses, der Zuneigung, der Bedürftigkeit. Lytton liebte Ham Spray und wollte in allererster Linie ihre dortige Lebensweise bewahren, die nun durch die Einwirkung so vieler äußerer Kräfte bedroht war. In Gerald Brenan und Frances Marshall sah er zwei zerstörerische Einflüsse, aber er erkannte ihr Recht an, an dem Leben dort ebenso teilnehmen zu dürfen wie Philip Ritchie oder Roger Senhouse. Wenn das gegenwärtige, komplexe Molekül, dessen Atome in ständiger Bewegung bleiben mußten, durch die Kraft seiner eigenen Verbundenheit mit ihnen zusammengehalten werden konnte, dann wäre seine Stabilität gewährleistet.

Aber wie lange konnten diese Erschütterungen anhalten, ohne die prekäre Struktur ihres Lebens zu sprengen? Lytton konnte lediglich sein eigenes Glück an andere weitergeben und mußte ansonsten zuschauen, wie das ganze Gefüge unter der ständigen Unruhe erbebte.

3. Ein mässiger Erfolg

Die drohenden Tragödien wurden im Sommer 1925 für kurze Zeit durch die Aufführung von Lyttons «tragischem Melodrama» «A Son of Heaven» [Ein Sohn des Himmels] hinausgezögert, das «chinesische Machwerk», das er vor zwölf Jahren verfaßt hatte in der Hoffnung, rasch ein spektakuläres Vermögen zu erwerben. Jetzt, da ihm Geld und Ruhm durch seine Biographien zugeflossen waren, zeigten die Theatermanager, die in den mageren Jahren betont zurückhaltend gewesen waren, großes Interesse, sein Stück noch einmal neu zu begutachten. Sie erklärten, die rechte Zeit, es auf die Bühne zu bringen, sei nun gekommen. Die rechte Zeit für sie vielleicht, aber nicht für Lytton. Er konnte diesen jugendlichen Bühnenthriller nicht mehr ernst nehmen. Sein Interesse flammte kurzfristig noch einmal auf, als er erfuhr, daß Lord Chamberlain (der sich selbst leicht als den Obereunuchen im Stück hätte wiedererkennen können), Einwände gegen bestimmte Passagen erhob, aber als die Stage Society[15] mit dem Angebot an Lytton herantrat, das Stück aufzuführen, lehnte er ab. Harcourt Brace machten sich in den Vereinigten Staaten als Agentur für das Stück stark, und der mittellose Desmond MacCarthy machte die zuversichtliche Prophezeiung, wenn man es verfilme, würde Lytton Millionär werden. Auch Mrs. Patrick Campbell schien sich damals für Lytton als Bühnenautor interessiert zu haben. Als er ihr versicherte, es gebe in «A Son of Heaven» keine Starrolle für sie, bat sie ihn, ein anderes Stück für sie zu schreiben, und lieferte ihm auch gleich eine Schilderung ihrer möglichen Rolle mit. Seine Reaktion war ein langer ungläubiger Blick und tiefes Schweigen, daß sie schon beinahe glaubte, er sei vom Schlag getroffen worden und bereits tot. «Nun, Mr. Strachey, werden Sie das tun?» fragte sie nach einer langen Pause, worauf er sich abwandte und mit schriller Stimme kurz und bündig hervorstieß: *«Nein!»* Aber einer bescheideneren Bitte glaubte er nachkommen zu müssen. Sie bestand darin, zwei Wohltätigkeitsvorstellungen im Scala-Theater zugunsten der London Society for Women's Service zu erlauben, deren Schriftführerin seine Schwester Pippa war.

«A Son of Heaven», das im Winterpalast des kaiserlichen Hofes in Peking zur Zeit des Boxeraufstands spielt, ist ein «bunter historischer Cocktail aus Tragikomödie, Romanze, Melodram, Satire, Einsicht und Voreingenommenheit», wie der Kritiker George Simson schrieb, der die Dramaturgie des Stückes als Experimentierfeld für die Neue Biographie auffaßte. Es weist vielfältige Stilelemente auf, entlehnt etwas von den psychologischen Mitteln Racines, etwas von der Unterhaltungskunst Gilberts und Sullivans und etwas aus den Musichalls der edwardianischen Epoche. Seine Helden sterben aber «nicht mit Gewalt: mit Gewimmer», wie Simson feststellte, «sondern an Verwirrung».[16] Mitten in dieser Verwirrung läßt uns der Autor, der als Herold und teilnehmender Beobachter fungiert, das Drama miterleben, sooft er kann, und wenn er es nicht kann, erhebt er seine Stimme, um erzählend die Lücken in der Handlung zu füllen, «eine Figur auf der Bühne, die gleichzeitig das Geschehen deutet und gestaltet».[17] Der indische Kritiker K. R. Srinivasa Iyengar nannte die Inszenierung von «A Son of Heaven» im Scala-Theater einen «mäßigen Erfolg». In Anbetracht der Qualität der schauspielerischen Leistung und der heftigen Auseinandersetzungen, die noch bis zum Premierenabend zwischen Regisseur und Schauspielern tobten, ist selbst ein mäßiger Erfolg beachtlich. Das Stück bietet Palastintrigen vor dem Hintergrund üppiger orientalischer Pracht, handelnde Figuren, darunter eine Kaiserin, die wie eine imposantere Version von Elisabeth I. spricht (und die sich vorteilhaft von Queen Victoria abhebt), einen empfindsamen Kaiser, einen Prinzen, Minister, Mandschu, die alle in finstere Ränke verstrickt sind, einen Chor abergläubischer Eunuchen und einen maskierten Scharfrichter (gespielt von Ralph Partridge). Daraus kann die Regie entweder ein prunkvolles historisches Ausstattungsstück machen, das von der Kaiserinwitwe dominiert wird (bei der teilweise Lyttons Tante Lady Colvile Pate gestanden hatte), oder aber, mit ein paar geschickten Kürzungen, ein intimes Drama im Stil des zwanzigsten Jahrhunderts und in der Tradition von Granville Barker. Der Thronsaal im Winterpalast würde dann Anklänge an Whitehall, Westminster und den Buckingham Palace zur Zeit König Edwards enthalten, und der thematische Schwerpunkt läge bei dem *fainéant* Kaiser.

Die Hauptrolle der Kaiserinwitwe hatte Lytton ursprünglich für die Komödienschauspielerin Fanny Brough geschrieben; nun wurde sie von Gertrude Kingston gespielt, einer bekannten Darstellerin der alten professionellen Schule[18], die das Werk als neoklassizistisches Melodrama auffaßte. Der Regisseur war Lyttons Cambridger Freund Alec Penrose, der stark von der Arbeit Edward Gordon Craigs beeinflußt war und meinte, das Stück müsse wie ein Ballett choreographiert werden. Diese beiden Hauptpersonen nahmen zwangsläufig großen Anstoß aneinander, und da beide nicht gewillt waren, irgendwelche Konzessionen zu machen, kam es zu einer Reihe handfester Kräche. Das künstlerische Resultat zeichnete sich durch den Zusammenprall verschiedener Stile aus. Für Gertrude Kingston waren die Vorstellungen, die der Regisseur vom Theater hatte, lediglich neumodischer Unsinn, folglich setzte sie sich über seine Anweisungen hinweg. Penrose war machtlos, sie irgendwie zu beeinflussen, da sie die zentrale Figur des Stücks war. Während der Proben kam es alle paar Tage zu einer Krise, die die ganze Inszenierung in Gefahr brachte, und dann reiste Lytton in der ihm bereits vertrauten Rolle des diplomatischen Vermittlers eilends nach London, um den Streit zu schlichten.

Die Proben wurden auch durch die übrige Besetzung nicht leichter – junge Laienschauspieler aus Cambridge und aus der Nachbarschaft des Gordon Square, darunter drei zukünftige Professoren. Professor Geoffrey Webb[19] spielte Wang Fu, einen Provinzbeamten und außerdem einen europäischen Soldaten; Sheppard spielte einen Mandschu, Professor Dennis Robertson[20] war Li, Obereunuch im Palast, zu dessen Gefolgsleuten auch Lyttons künstlerisch tätiger Neffe John Strachey gehörte. Lyttons Nichte, die Romanautorin Julia Strachey, spielte die führende Hofdame, trug chinesische Hoftracht und hatte die Lippen wie zwei Herzen geschminkt, die aneinanderstießen. Sie trippelte sehr anmutig durch ihre Rolle. Aber Gerald Brenan, der als Angehöriger der Palastwache nur «Ja, Majestät!» sagen mußte, war bei der Premiere so aufgeregt, daß er «Nein, Majestät!» sagte.

Die meisten Schauspieler hatten Rollen, die ausgesprochen schlecht zu ihrem Charakter paßten, und mußten Liebesszenen mit Partnern spielen, gegen die sie eine besondere Abneigung hegten. Von Anfang an gab es viel Rivalität um bestimmte Rollen, viel Tauschhandel mit Rollen, viel Genörgel und Gerangel. In Ham Spray sprach man wochenlang von nichts anderem als dem Theaterstück. «Willst Du eine ausgezeichnete Rolle?» fragte Ralph am 25. Mai 1925 bei Frances an. «Für mich ist vorgesehen, daß ich einen Russen, einen Boxer, einen Scharfrichter und einen Eunuchen spiele – weitere Eunuchen sollen Adrian [Stephen], Frankie [Birelli] und Mouldy [Webb] sein. Alec nimmt das alles sehr ernst. Lytton gibt sich große Mühe, uninteressiert zu wirken, aber seine Aufregung ist unverkennbar ... Ich vermute, es wird am Ende eine Menge Verdruß und wenig Spaß geben.»

Einige Tage vor der Premiere sah es beinah so aus, als müsse die Aufführung abgesetzt werden. «Es gibt in Lyttons Stück eine Intrige im Stil Pirandellos», erklärte Ralph am 7. Juli 1925. «Die Kaiserin schmiedet zusammen mit dem Obereunuchen ein Komplott gegen Bea Howe, im wirklichen Leben genauso wie auf der Bühne, und will sie und Alec loswerden. Man rief Lytton an, und er mußte gestern nachmittag nach London eilen, um mit Dennis Robertson und den Verschwörern zu reden. Am Gordon Square 51 herrscht Aufruhr – Pippa und Ray [Strachey] wissen nicht mehr, wie sie Gertrude besänftigen sollen, ohne Alec dabei zu verlieren. Lytton fuhr mit dem eisernen Entschluß los, die Zusammensetzung beizubehalten, hatte aber auch großes Verständnis für den Aufstand.» Wieder einmal wurde eine Krise abgewendet, die Schauspieler und der Regisseur besänftigt, und das Stück war endlich soweit, daß es aufgeführt werden konnte.

Vielleicht war das Beste an der Aufführung im Scala-Theater die Begleitmusik, die der junge William Walton [21] komponiert hatte, die Kostüme und die Bühnenbilder – der Thronsaal der himmlischen Reinheit im Winterpalast, der Palastgarten und der Hof im Palastbezirk –, die Duncan Grant ungefähr im Stil einer «*Mikado*»-Inszenierung von D'Oyly Carte entwarf. Die Atmosphäre entsprach insgesamt der eines hübschen Teesalons, wie James Agate meinte, «und es drängte sich einem der Gedanke auf, daß Sir Arthur Sullivan das Ganze in ein bezauberndes Unterhaltungsstück verwandelt hätte».[22] Der Umschlag des Programms, auf dem in chinesischen Schriftzeichen «A Son of Heaven» stand, war in Mauve und Rot gehalten und von Vanessa Bell entworfen worden.

Das Schlimmste war die Verstümmelung von Lyttons Text. Man hatte drastische Kürzungen vorgenommen, denen auch einige wichtige Reden zum Opfer fielen, so daß die schon ursprünglich vorhandenen Schwächen des Stückes in ein noch grelleres Licht gerückt wurden. Die Rezensenten stellten fest, «A Son of Heaven» bestehe eigentlich aus zwei Stücken. Das erste, ein rauschendes elisabethanisches Melodrama, erreiche seinen Höhepunkt im Schlußakt mit einer stakkatoartig hereinbrechenden Fülle von überwältigenden Augenblicken. Das zweite, ein wenig im Stil Tschechows gehaltene Stück sei eine sanftere Tragikomödie. Aber Realismus und Romantik waren nirgendwo so ineinander verschränkt, wie es in Lyttons Essays und Biographien der Fall war. Für seine Kaiserinwitwe hatte er das biographische Porträt J. O. P. Blands [23] verwendet, und sie war die einzige Gestalt, die richtig zum Leben erweckt wurde. Neben ihr wirkte der hilflose junge Kaiser wie eine Wachsfigur. «Er rückte den Sohn des Himmels ganz in den Vordergrund, dabei hätte er einen Teil des Hintergrunds bilden müssen», schrieb Desmond MacCarthy. «Der Alte Buddha sollte das Stück vollkommen beherrschen. Selbst wenn das zweite Thema ebenso interessant gewesen wäre wie das erste, hätte es lediglich den eigentlichen Schwerpunkt des Stückes verlagert, denn das Geheimnis guter Theaterstücke ist die Ausarbeitung eines einzigen Themas, nicht die raffinierte Verflechtung von zweien.»

Die Londoner Kritiker schrieben recht positiv über das Stück. St. Loe Strachey, der sich seit «Queen Victoria» weitgehend mit der Arbeit seines Vetters ausgesöhnt hatte, sprach von einem herausragenden Bühnenereignis und verlangte in seiner Besprechung im *Spectator*, daß «A Son of Heaven» im Westend aufgeführt werden solle. Aber obwohl Gertrude Kingston es in den Vereinigten Staaten auf die Bühne bringen wollte und obwohl Sybil Thorndike nach der Aufführung im Scala-Theater «außerordentlich beeindruckt» war und gern im Anschluß an ihren triumphalen Erfolg in «Die heilige Johanna» die «wunderbare Rolle des ‹Alten Buddha› gespielt hätte»[24], wurde zu Lyttons Lebzeiten nichts aus diesen Plänen.[25]

Aber vierundzwanzig Jahre später, im Frühjahr 1949, wurde «A Son of Heaven» noch einmal drei Wochen lang im New Lindsay Theatre aufgeführt. Für diese Inszenierung war Vera Bowen verantwortlich, eine Russin, die Theaterstücke und Ballette aufführte und eine Freundin von Lydia Lopokowa war. Diese professionelle Darbietung war der Scala-Version weit überlegen, ausgewogen in der Inszenierung und, wie James Strachey sich erinnert, «wirklich sehr bewegend».[26]

4. Neue Irrungen und Wirrungen

Die Premiere von «A Son of Heaven» fand am 12. Juli, einem Sonntagabend, statt. Aber Lytton war nicht dabei. Ein paar Stunden ehe sich der Vorhang hob, hatte er fluchtartig das Land verlassen und fuhr durch die Nacht nach Innsbruck, wo er mit Sebastian Sprott verabredet war. Mit ihm wollte er einen Wanderurlaub in den Dolomiten verbringen. Aber am dritten Tag wurde ihm sein schwerer Rucksack zuviel, und zwischen zwei steilen Felswänden klappte er zusammen. Sie kehrten um und gingen ein kurzes Stück zu einem Café an der Straße zurück, worauf die Expedition zu einer gewöhnlichen Busreise degenerierte. Bis sie in Cortona eintrafen, hatten beide das Busfahren gründlich satt. «Es ist eine äußerst strapaziöse Form des Reisens», klagte Lytton in einem Brief an Carrington. «Dauernd gibt es Zwischenfälle – man weiß nie, ob man einen Sitzplatz bekommt – dann wird man mit zahllosen Deutschen zusammengequetscht, die wie entlaufene Sträflinge aussehen – und schließlich hat der Bus in dreitausend Meter Höhe und dreißig Kilometer von der nächsten Ortschaft entfernt einen Motorschaden. Das alles haben wir erlebt. Da saßen wir also bei Einbruch der Dämmerung unter den Sträflingen, der Regen trommelte auf unser Planverdeck – Schrecken über Schrecken! Aber schließlich gelangten wir sicher ans Ziel ... Sebastian ist sehr charmant und stellte unser Überleben sicher, da er des Deutschen mächtig ist.»

Am Mittwoch, dem 5. August, enteilte Sebastian nach Florenz, und Lytton, der einen frühen Zug nach London nahm, traf am Wochenende wieder in Ham Spray ein. «Er ist ganz der alte», erklärte Ralph am 9. August 1925, «ziemlich erschöpft von seiner Rückreise von München hierher und von Herzen froh, wieder zu Hause zu sein.» Carrington, der diese Streifzüge in die Ferne noch immer nicht behagten, war entzückt, ihn wieder bei sich zu haben. Jetzt konnte sie sich wieder an den schönen Dingen in ihrer Umgebung erfreuen – «den ganzen Tag warme Sonne, die überwältigende Schönheit der Downs, Lyttons sehr wohltuende Zuneigung». Er hatte, wie sie Ralph am 20. September pointiert erklärte, «ein so ausgeprägtes Taktgefühl, daß er sehr rasch auf jede Stimmung reagiert».

Während Ralph einen Großteil seiner Zeit damit verbrachte, Bücher zu binden und von Frances zu träumen, kochte und malte Carrington und umsorgte Lytton, der sich daranmachte, seinen Bücherbestand zu katalogisieren. Er schrieb wenig, und die einzigen neuen Bücher, an denen er Gefallen fand, waren offenbar die seiner Freunde. Vor allem Maynards brillante Biographie von Alfred Marshall [27] hatte es ihm angetan. Wenn ihm das häusliche Klima jetzt ruhiger erschien, dann lag es daran, daß er «Schwierigkeiten geflissentlich übersieht (oder wenigstens so tut)», wie James am 7. März 1925 Alix berichtet hatte. Aber es lag auch daran, daß sich so viele Liebschaften verflüchtigt hatten. Die erste war, Mitte Mai 1925, Henrietta Bingham. «Ich habe sie nicht durch übermäßigen Stolz verloren», gestand Carrington Alix, «sondern durch ein Übermaß an L[iebe] ... Ich vermute, sie hatte das Gefühl, meine Zunei-

gung sei so leicht zu haben, daß sie nicht sehr viel wert sein könne.»
In gewissem Sinne traf das zu. Henrietta hatte bei Ernest Jones eine Psychoanalyse gemacht, und er hatte, wie James am 7. Mai 1925 Alix anvertraute, herausgefunden, daß sie «Carrington fallenließ, weil sie (Carrington) keine Jungfrau war». Die Ironie der Situation rief bei Carrington einige Bitterkeit hervor. «Ich vergesse immer wieder, daß sie grausam und gleichgültig ist», erklärte sie Gerald, «und ich kann mich nur an ihre Schönheit und ihren Charme erinnern.»

Die meiste Bitterkeit empfand jedoch Gerald. Carrington hatte sich geweigert, in seiner Wohnung in der Fitzroy Street bei ihm zu übernachten, weil es dort so laut war und so schlecht roch. Ungefähr zu der Zeit, als Henrietta in die Vereinigten Staaten zurückkehrte, war Gerald nach Shalbourne umgezogen, damit er Carrington häufiger in Ham Spray besuchen konnte. Aber ihre Verbindung war schon immer die schwächste im Ham-Spray-Molekül gewesen. «Ich habe im Bett geweint, so quälend traurig war der Tag, den wir zusammen verbracht haben», schrieb sie ihm nach einer gefühlsgeladenen Begegnung am 1. Juni 1925, «ich konnte die Schwierigkeiten, die uns von allen Seiten einzukesseln schienen, fast nicht ertragen ... Kaum gehe ich von Dir weg, hasse ich mich, weil ich so ekelhaft zu Dir bin ... Ich werde nie mehr einen Freund wie Dich haben.» Es war das alte Problem: Immer wenn er sexuelles Verlangen spürte, fühlte sie nichts, sobald er außer Reichweite war, war sie von romantischer Sehnsucht nach ihm erfüllt. Sie seien nicht selbst an alldem schuld, schrieb sie ihm. «Es war einfach eine Ironie des Schicksals, die plötzlich aus einem alten Bündel unterdrückter Neigungen meine Gefühle für H[enrietta] hervorholte. Die natürlich vollkommen vergeblich und sinnlos sind.»

Diese Qualen führten dazu, daß Gerald sich sehr befremdlich verhielt. Oft ging er zu Ralph, unterbrach ihn beim Bücherbinden, bat ihn inständig, ihn im Tischtennisspiel zu trainieren, wollte drei, vier, fünf Stunden am Tag mit ihm üben, bekam dann plötzlich einen Tennisarm und ließ die ganze Sache fallen. Noch immer hatte er kein Wort seiner Biographie der heiligen Teresa niedergeschrieben. Statt dessen zog er zwanzig Bücher aus dem Regal, las hie und da eine halbe Seite, stellte die Bücher wieder zurück, kam nach einer halben Stunde wieder, zog dieselben Bücher erneut heraus und begann die ganze Prozedur von vorn. Geistesabwesend wanderte er von einem Zimmer ins andere und von einem Buch zum anderen. Wenn er eine Stunde im Haus verbracht und die Schönheiten der englischen Landschaft gepriesen hatte, brachte er die nächste Stunde mit einem Spaziergang im freien Feld zu, wobei er die architektonischen Vorzüge der Fitzroy Street und die Vorteile einer schmutzigen Umgebung für den literarischen Charakter rühmte. Je nach Stimmungslage behandelte er alle Dinge mit peinlich genauem Ernst oder tat alles als völlig belanglos ab. Unter den Gästen war er der Inbegriff der Indiskretion, und wenn er niemanden hatte, über den er schimpfen konnte, dann zog er über die Katze Tiber her – über ihren Mangel an Charakter, ihr schlechtes Benehmen, ihre Häßlichkeit, ihre unerklärliche Gewohnheit, ihn zu kratzen, sobald er sie ärgerte. Auf die eine oder andere Weise brachte er alle aus dem Lot.

Lytton gab sich große Mühe, ihm Mitgefühl entgegenzubringen. Dann aber hörte jemand ihn sagen, Verliebte sollten nicht im selben Haus wohnen, weil sie einander verrückt machen würden. Gerald machte gewiß den Eindruck eines Verrückten. Da Carrington darauf bestand, konsultierte er Dr. Ellie Rendel, die Tochter von Lyttons ältester Schwester Elinor, die ihm mit ihrer tiefen, pessimistischen Stimme Veronal verordnete. Als das nicht half, empfahl sie ihm «alle drei Tage Quecksilber zu nehmen und nach den Mahlzeiten Strychnin und Salzsäure».[28] Die Aussicht auf so starke Mittel heiterte ihn ein wenig auf, erlöste ihn aber nicht von seiner Zwanghaftigkeit.

Auf einer Party, die im Anschluß an die letzte Aufführung von «A Son of Heaven» stattfand, trank sich Gerald einen kräftigen Rausch an, flirtete mit Ralphs früherer Freundin Marjorie Joad und wütete dann gegen Carrington, weil sie ihm aus dem Weg gehe. Ralph war bereits weggegangen, so daß Carrington um zwei Uhr morgens, beladen mit einem schweren Rucksack, Richtung Bahnhof King's Cross wankte. Gerald rannte ihr nach und bat sie, ihr das Gepäck abnehmen zu dürfen. Aber sie ließ es nicht zu. Ihr Gesicht war totenblaß, wie er sich später erinnerte, «ihre Augen waren weit aufgerissen und starr vor eisigem Elend». Immer wieder forderte sie ihn auf, nach Hause zu gehen, aber Geralds Unglück war, daß er kein Zuhause hatte.

Damit war ihre Affäre im Grunde zu Ende. «Ich sehe, daß *meine* Komplexe nur Deine schlechtesten Eigenschaften an den Tag bringen», schrieb sie ihm am 19. Juli 1925 von Ham Spray aus. «Gerald, ich glaube, ich bin ein Mensch, der unfähig ist, Beziehungen mit irgend jemand einzugehen. Manchmal denke ich sogar, daß meine Obsessionen und Phantasien an Irrsinn grenzen.» Auch Gerald wirkte traurig, er war «ein Nervenbündel, oft den Tränen nahe». Alles mußte aufhören, aber keiner von beiden sah einen Weg, den anderen aufzugeben. Ihnen schwirrte der Kopf vor Unglück und Verwirrung. «Wir wollen erst ein wenig zur Ruhe kommen», schlug Carrington vor. Beide fürchteten sich vor den Folgen einer Trennung, aber in der letzten Juliwoche raffte sich Gerald zu einem fast übermenschlichen Kraftakt auf. «Ich habe endgültig mit Carrington gebrochen», verkündete er Ralph am 27. Juli 1925, «bitte verstehe, daß ich Dich eine Zeitlang nicht sehen möchte.»

Aber Geralds Freundschaft mit Ralph, die von seiner Eifersucht auf Ralphs früheres Eheleben mit Carrington vergiftet worden war, begann sich nun zu erholen. Die beiden Männer, die all das verband, was sie beide durchlitten hatten, kamen sich im Laufe der Zeit wieder näher. Geralds Verzweiflung erinnerte Ralph an seine eigene Lage vor etwa dreieinhalb Jahren. «Er [Gerald] ist viel verbitterter über sie als ich», schrieb er an Frances. «Bei ihm sind die Wunden noch frisch, bei mir sind sie vernarbt.» Manchmal schockierten Geralds leidenschaftliche Ausbrüche Ralph. Er befreite sich dann vor der lang aufgestauten Wut über Carringtons zermürbendes Verhalten – ihre gebrochenen Versprechen, ihre Gleichgültigkeit, wenn er sie wollte, ihre Glut, wenn sie ihn wollte. Und doch, wie langweilig wirkten andere Frauen im Vergleich zu ihr! Ihre Fähigkeit zu verletzen war vielleicht das Faszinierendste an ihr. In plötzlicher Panik bat Gerald Ralph, Carrington daran zu hindern, sich neue Liebhaber zu nehmen. Gleichzeitig trug er eine gewisse Verachtung für friedlichere Liebesverhältnisse zur Schau, und Ralph fürchtete, er könne ihn und seine Frances aus genau diesem Grunde verachten.

Bei Lyttons Rückkehr aus Italien war von Gerald weit und breit keine Spur mehr, aber es wurde wild über ihn spekuliert. Philip Ritchie war ebenfalls verschwunden – nach Monte Carlo – und schrieb kein einziges Mal an Lytton. «Ich gestehe, daß ich im Augenblick deprimiert bin», schrieb Lytton in einem Brief an Mary Hutchinson. «Überall herrscht Flaute.» James und Alix kamen zu Besuch, ebenso E. M. Forster und J. R. Ackerley. Auch Henry Lamb, der immer noch Dorelia nachhing, tauchte auf. «Er kam buchstäblich auf allen vieren gekrochen und bettelte um die Krumen, die aus Lyttons Bart fielen», stellte Carrington fest. «Was für eine Ironie ... daß er nun um die Erlaubnis fleht, doch bitte wiederkommen zu dürfen, und vor zehn Jahren konnte *er* Lytton mit einem Blick zur Schnecke machen.»

Ein weiterer alter Freund, der sie in diesem Herbst besuchte, war Bunny Garnett, und er brachte ein Exemplar seines neuen Romans «The Sailor's Return» mit. «Ich halte es für ein wunderbares Kunstwerk», lobte ihn Lytton am 20. September 1925, «sehr geschickt in Konzeption und Ausführung. Besonders bemerkenswert erscheint mir dabei Dein Talent zur Auslassung. Ich (persönlich) hätte mir nur gewünscht, daß das Thema ein anderes gewesen wäre – mir gehen schlichte Häuslichkeit, Babys und Rasseln ein bißchen gegen den Strich.»

Virginia gegenüber verglich er diesen neuen Roman mit einem «perfekt restaurierten Gasthaus – Zum alten ... Alles ist ordentlich aufgeräumt und wiederhergestellt.» Er hatte auch Virginias «Mrs. Dalloway» gelesen und kritisch angemerkt, daß die kunstvolle Gestaltung und die banalen Ereignisse weit auseinanderklafften. «Ich schätze ihn um so mehr, weil er das sagt», schrieb Virginia in ihr Tagebuch, «und es macht mir nicht viel aus.» Auch Aldous Huxley hatte etwas Neues geschrieben. «‹Parallelen der Liebe› sank mir aus den Händen, ehe ich mehr als vier Seiten gelesen hatte», schrieb er an Ottoline. «Die Geschichte vom Prinzen Genji», übersetzt von Arthur Waley, fand er recht vergnüglich, «sehr schön, stellenweise – Landwein, hergestellt von einer Dame mit Talent – Schlüsselblumenbrandy».

Am 20. September brach Lytton zu seinen traditionellen «Herbstmanövern» auf, bei denen er diesmal Monk's House ausließ und direkt nach Charleston ging. «Clive, dessen Kleidung sogar mir zu schäbig ist – Flicken auf den Schulterblättern, Knöpfe, die nur an einem Faden an den Hosen hängen – ist ein unermüdlicher Spaziergänger», schrieb er am 24. September 1925 an Carrington, «wir wandern stundenlang über die Downs. Abends sitzen wir bis halb eins zusammen und plaudern.» Er hatte in letzter Zeit sehr wenig von Leonard und Virginia gesehen, vor allem, weil er von den verschiedenen Amouren in Ham Spray so sehr in Anspruch genommen war. Leonards freundschaftliche Gefühle waren langsam abgekühlt, Morgan Forster war ihm inzwischen ein Gefährte geworden, der ihm viel mehr lag. Virginia gab zu, daß Leonard in vielen Punkten mit seiner Kritik [an Lytton] recht hatte. «Er ist wirklich sehr vorsichtig», räumte sie ein. «Und er ist hypochondrisch.» Aber das änderte nichts an der Tatsache, daß er zu dem halben Dutzend Menschen in ihrem Leben gehörte, die ihr etwas bedeuteten, und wenn sie zusammenkamen, wie in jenem Herbst in Charleston, und über jedes Thema unter der Sonne redeten: «Liebe und Schönheit und Prosa und Dichtung ... über unsere Freundschaft und das Alter und die Zeit und den Tod und alles übrige», dann wuchs zwischen ihnen etwas Vertrautes und Leuchtendes. Virginia hatte etwas gegen farblose junge Männer mit Milchgesichtern, «wie etwa den armen, schwächlichen Philip [Ritchie], der genau wie ein Eton-Schüler in einem Eton-Jackett aussieht: Schenk ihm ein Eis und eine Pfundnote», weil sie Lytton von ihr fernhielten. Denn wenn er verliebt war, dann «fühlt er sich ein wenig lächerlich, unbehaglich und kann der Gesellschaft alter, zynischer Freunde unseres Schlages nichts abgewinnen», wie sie erkannte.

Aber geklatscht wurde in diesem September hauptsächlich über ein anderes Paar in Bloomsbury. Wie sollte man sich Maynards sensationelle Heirat mit Lydia Lopokowa erklären?

Am 25. August hatten die beiden auf einem Londoner Standesamt geheiratet und waren dann zu einer zweiwöchigen Hochzeitsreise nach Rußland aufgebrochen, damit Maynard Lydias Eltern kennenlernen konnte. Bloomsbury war «schockiert». Wie konnte sich Maynard, wunderte sich Lytton, nur an diesen «schwachsinnigen Kanarienvogel» binden, der zwischen den Möbeln herumhüpfte und -schwirrte und gedankenlos draufloszwitscherte, ohne dabei verbergen zu können, daß er der englischen Sprache nicht mächtig war? Was, um Himmels willen, war in den armen Pozzo gefahren? Er schien tatsächlich in sie verliebt zu sein – und sie in ihn! Es war wirklich unglaublich.

Duncan mochte ein Stück weit entschuldigt sein für seinen Groll über das Auftauchen einer zweiten großen Liebe in Maynards Leben. Aber richtig boshaft waren eher die anderen. Als Lydia noch Maynards Geliebte war, hatte sie etwas Bizarres und Kindliches in den Bloomsbury-Kreis gebracht – sie war ein deutlich beliebterer Gast als Clives eine Spur zu elegante Geliebte Mary Hutchinson. Aber «heirate sie ja nicht», hatte Vanessa am 1. Januar 1922 Maynard beschworen. Wenn er das tue, würde Lydia nicht mehr tanzen;

teuer werden und ihn bald fürchterlich langweilen. Aber was Vanessa und die übrigen Bewohner von Charleston vor allem störte, waren die Auswirkungen, die Lydia als Maynards Frau auf Bloomsbury selbst haben mußte. Da sie nur einen halben Kilometer entfernt in Tilton House am Rande der South Downs wohnte, würde sie dauernd hereinschneien und Vanessa vom Malen abhalten – und diese Unterbrechungen brachten eine solche Flatterhaftigkeit ins Haus! Vanessa scheint auch der Gedanke an die emotionale Wirkung von Lydias Heirat auf Duncan beunruhigt zu haben sowie die Frage, inwieweit sie eine Ermutigung für Clive darstellen könnte, sich von ihr scheiden zu lassen und Mary zu heiraten.

Aber auch Clive mißbilligte Lydia. Sie war so ganz und gar nicht intellektuell. Zu Maynards Ärger konnte Clive es nicht lassen, Lydia in Verlegenheit zu bringen, wenn sie es wagte, Proust zu erwähnen, für den er in Bloomsbury der Experte war. Lydia bemühte sich redlich, versuchte es mit dem Studium von Shakespeare und tat, als sei sie so ernsthaft wie Alix, aber offenbar war die Sache hoffnungslos. «Ich glaube, es ist ziemlich tragisch für Maynard», meinte Roger Fry.

All diese Einwände schlugen sich konzentriert in den Briefen, Tagebüchern und Gesprächen Virginias nieder. Sie hielt die Heirat für einen fatalen Fehler. Ein Stück weit drückte sie damit eine allgemeine Ablehnung gegen die Ehe aus, die teils aus ihrer eigenen Unzulänglichkeit als Ehefrau, teils aus ihrem Groll über Clives Ehe mit ihrer Schwester erwachsen sein mochte. Einmal hatte sie Clive als ein Sittichmännchen bezeichnet, und nun nannte sie Lydia ein Sittichweibchen. Denn Tatsache war, daß Maynards frischgebackene Ehefrau «keinen Verstand im Kopf» hatte, «die Seele eines Eichhörnchens» besaß und von erlesenen, konventionellen Ballettfreunden umgeben war, die Maynard bereits korrumpiert und ihn «sehr dick und feist» gemacht hatten, er sehe «sonderbar verquollen und aalartig» aus. Diese geistlosen Gefährten würden bald das Heim des Ehepaars Keynes in Tilton und am Gordon Square «zum Tummelplatz für Herzöge und Premierminister» machen. Es war in Ordnung, wenn Lytton bei solch hochstehenden Persönlichkeiten auftauchte und mit amüsanten literarischen Skizzen über sie zurückkehrte. Etwas ganz anderes war es, wenn sie in Bloomsbury einfielen.

Lytton teilte einige dieser Befürchtungen, war aber niemals unhöflich gegen Lydia (vielmehr war er «sehr freundlich und liebenswürdig», wie sie sich erinnert) und lud sie und Maynard nach Ham Spray ein. Aber sie kamen nicht, weil Lydia, die sich vielleicht wegen Maynards und Lyttons Vergangenheit befangen fühlte, erklärte, sie mißbillige Carringtons unmoralischen Lebenswandel. Lytton hatte Maynard nie ganz verziehen, daß er ihm Duncan weggenommen hatte, und konnte nicht der Versuchung widerstehen, den Klatsch, den er in Umlauf brachte, noch etwas zu würzen. Er berichtete, Maynard habe Anspruch auf ein bestimmtes Bild von Duncan erhoben, von dem Vanessa behauptete, es gehöre ihr, und Duncan, der als Schiedsrichter hinzugezogen wurde, hielt natürlich zu ihr. Die Wogen der Empörung schlugen hoch. Maynard *brauche* das Bild nicht, erklärten sie. Er habe keinen künstlerischen Geschmack und er sei viel zu reich. Außerdem habe er andere Bilder. Also planten sie, das Bild zusammen mit ihren übrigen Habseligkeiten vom Gordon Square 46 nach 39 mitzunehmen. Aber Maynard hatte das Bild in weiser Voraussicht an der Badezimmerwand festgeschraubt und so ihren Plan vereitelt. Vanessa war zornentbrannt und noch immer entschlossen, sich nicht überlisten zu lassen. Scheinbar besänftigt, lud sie Maynard an einem Wochenende nach Charleston ein, und während er auf dem Weg dorthin war, reiste sie selbst nach London, mit ihrem alten Hausschlüssel zu Nr. 46 und einem Schraubenzieher bewaffnet. Sie schraubte das Bild ab, trug es hinüber nach Nr. 39 und kehrte dann seelenruhig am selben Nachmittag nach Charleston zurück, ohne ein Wort zu sagen. Solche Aktionen waren nicht leicht zu verzeihen, und Maynards Verbindung zu Charleston lockerte sich.

Lytton hatte Gelegenheit, sich ein Urteil von dem neuen Haushalt zu machen, als er nach der Abreise von Charleston einige Tage in Tilton verbrachte. «Der Besuch bei den Keynes war irgendwie ziemlich bedrückend», schrieb er Carrington am 29. September 1925. «Zum einen war das Haus furchtbar häßlich. Und dann ist Lydia für mich ein armseliges Geschöpf – und so mittelmäßig. Maynard ist genauso von seinen eigenen Angelegenheiten in Anspruch genommen wie sonst. Er hatte sehr interessante Dinge über Rußland und Wittgenstein zu sagen, aber der Umgang mit ihm ist irgendwie schwierig – er wirkt ziemlich abwesend ... Und stell Dir vor, nicht ein einziger Tropfen Alkohol kam auf den Tisch. Die Charlestonleute behaupten, der große Pozzo sei jetzt unermeßlich reich – wahrscheinlich 10000 Pfund im Jahr [was etwa 230000 Pfund im Jahr 1994 entspricht]. Ich glaube es durchaus – und dann Wasser, nichts als Wasser! Das sind die Folgen des Reichtums.»

Was Lytton und die anderen dabei übersahen, war, daß ein Mann, der immer gemeint hatte, er sei für Frauen hoffnungslos unattraktiv, von Lydias Liebe körperlich und emotional in Bann geschlagen wurde. Zwar hatte er eine Zeitlang versucht, das Beste aus beiden Welten herauszuschlagen, und neben seiner Romanze mit Lydia die Liaison mit Sebastian Sprott fortgeführt. Aber als Lydia schließlich Einspruch dagegen erhob, gab Maynard Sebastian als Sexualpartner auf. Es besteht kein Zweifel daran, daß sie mit ihm sexuelle Erfüllung fand – ihre Briefe sind voller Lob für seine «feuchten, warmen Küsse» und seinen «subtilen Finger» –, und wenn Virginia prophezeite, «Alter und Vertrautheit» würden Maynards Liebe zu ihr «vollständig zerschmettern», dann stellte sie nur den Mangel an einfühlsamem Verständnis für menschliche Beziehungen bei den Bloomsbury-Mitgliedern unter Beweis, obwohl doch gerade bei ihnen dieses Verständnis besonders ausgeprägt sein sollte.

Daher war es auch nicht verwunderlich, daß Lytton, wie Virginia bemerkte, den Scheinwerferstrahl des Bloomsbury-Kreises von Ham Spray fernhalten wollte. «Vielleicht verblaßt der Stern Philip Ritchies», hatte sie am 19. April 1925 spekuliert. Aber als Lytton im folgenden Herbst Philip in Eleanor House traf und ihn mit nach Ham Spray nahm, wirkten sie so herzlich verbunden wie eh und je – ausgenommen vielleicht die Zeiten, in denen Lytton noch mehr Zuneigung für Philips Freund Roger Senhouse empfand. Roger bezauberte alle außer Virginia, die den Verdacht hegte, er sei, wie Lydia, «beinahe schwachsinnig» (wenn auch, im Gegensatz zu Lydia, «vielleicht ziemlich attraktiv»). Es ärgerte sie, daß sie zu Lyttons Reihe neuerworbener rosiger Jünglinge freundlich sein sollte – es gefiel ihr ganz und gar nicht. Aber Carrington fand Roger bedeutend angenehmer als Philip. «Ich schmolz geradezu dahin an diesem Wochenende», berichtete sie Julia Strachey in jenem Sommer. Carrington ihrerseits begann nun, da Henrietta und Gerald sie verlassen hatten, eine Schwäche für Julia zu entwickeln. «Ich habe Julia sehr gern hier», schrieb sie am 27. Dezember 1926 von Ham Spray aus an Gerald. «Sie hat einen fröhlichen, sympathischen Charakter. Ihre Art von Humor ist faszinierend.» Aber Julias neue Liebe war zufällig Henriettas alte Liebe, der quecksilbrige Stephen Tomlin, der Lytton anzog und Ralph abstieß und dabei in Spiralen um das Ham-Spray-Molekül kreiste und überall Druckwellen erzeugte.

Nachdem Lytton Ralph ein Auto gekauft hatte, schenkte er Carrington etwas, wovon sie lange geträumt hatte: ein Pferd. Nach einem Ritt von dreißig Kilometern schrieb sie einmal an Gerald: «Ich wünsche mir, Dich auf einem kleinen Braunen neben mir zu haben. Ich habe die Landschaft noch nie als so schön erlebt.» Es erfüllte sie auch mit freudigem Stolz, wenn sie oben auf den Downs spazierenging und das kleine, weiße Pferd auf seiner Koppel entdeckte im Wissen, daß es ihr gehörte. Sie fühle sich wie eine Dreizehnjährige. «Belle ist sehr zufrieden auf ihrer Weide», berichtete sie Lytton am 19. September 1926. «Ich besuche sie, und sie kommt her und läßt sich streicheln.»

Mit diesen einfachen Maßnahmen hoffte Lytton, ihre Lebensgemeinschaft zu festigen. Aber gegen Ende 1925 gerieten sie ins Schleudern und steuerten auf eine neue Krise zu. Nach einem Wochenende in Ham Spray erklärte Morgan Forster, er werde nie mehr dorthin kommen, weil Ralph so übellaunig gewesen sei. Höchst überrascht, bemühte sich Ralph, den Schaden eiligst wiedergutzumachen.[29] Aber der Vorfall war nur Ausdruck seiner eigenen Sorgen wegen Frances und «Hamish».

Anfang Oktober reisten Frances und Ralph für einen Monat nach Spanien. Es war Ralphs Idee gewesen und «war taktisch ein hervorragender Zug», wie Frances später erkannte. Bei ihrer Rückkehr nach wochenlangem glücklichem Liebesleben hatten sie nur noch den einen Wunsch, ihr Leben gemeinsam zu verbringen.

Aber wie konnten sie sich aus dem Beziehungsgeflecht in Ham Spray herauslösen? «Meine Gedanken kehren ständig zu meinen Gefühlen für Dich zurück», schrieb Ralph an Frances. «Ich laufe wie in Trance umher und weiß kaum, was ich tun soll.» Ralph nutzte einen Wochenendausflug Lyttons zu F. L. Lucas in Cambridge, um mit Carrington ein langes Gespräch über diese Probleme und seine Lösungsvorstellungen zu führen. Seit Monaten seien sie ständig in heftige Streitereien verwickelt. Die Wahrheit sei, daß sie nicht zusammenpaßten. Sie wolle immer ihren Willen durchsetzen, und dieser Wille müsse sich immer von dem aller anderen unterscheiden. Er wiederum bringe es nicht fertig, ihr ihren Willen zu lassen, ohne aggressiv dagegen zu protestieren, was sein Versuch sei, *seinen* Willen durchzusetzen. Keiner von beiden beuge sich den Ansprüchen des anderen, und die beste Beziehung, auf die sie hoffen könnten, sei eine geschwisterliche, nie mehr die zwischen Mann und Frau. Er könne sich nicht von Frances, die er liebe, trennen und müsse etwas tun, um ihrer Beziehung eine dauerhaftere Grundlage zu geben. Da Frances aus Gründen, die offensichtlich seien, nicht nach Ham Spray kommen und dort leben könne, müsse er nach London gehen.

Carrington stand vor ihm, unglücklich und ratlos, wie ein Schulmädchen, das vom Rektor gescholten wird. Genau das hatte sie befürchtet. Sie bat ihn, das Leben in Ham Spray nicht ganz aufzugeben. Wie konnte sie Lytton halten, wenn er dachte, Ralph hätte keinerlei Interesse mehr an ihr? Ralph leugnete, daß er vorhabe, sie zu verlassen. Aber Frances müsse Vorrang haben. Im übrigen akzeptiere Frances auch seine Verpflichtungen in Ham Spray und verlange nicht, daß er sich von Carrington scheiden lasse. Was sollte also geschehen? Es war Zeit, Lytton ins Vertrauen zu ziehen, denn viel hing davon ab, wie er auf die Neuigkeit reagierte.

Nach Lyttons Rückkehr aus Cambridge fand ein langes Gespräch zwischen allen dreien statt. Ralph, der sich vor dieser Aussprache gefürchtet hatte, wiederholte mechanisch alles, was er schon einmal gesagt hatte. Carrington war jetzt, da Lytton neben ihr saß, «ruhiger, aber so traurig», während Lytton selbst aufmerksam zuhörte, ohne Emotionen zu zeigen. Zwar empfand er keine tiefe Liebe mehr zu Ralph, glaubte aber, Ralphs praktische Hilfe und Charakterstärke sei unverzichtbar für das Wohl von Ham Spray. «Aber weiß Ralph *immer*, was zu tun ist?» hatte Morgan Forster vorsichtig gefragt. «Ja», hatte Lytton geantwortet. «Er hat einen Instinkt, der ihm sagt, wie andere Menschen sich verhalten werden. Er tut niemals das Falsche.» Die gegenwärtige Lage war jedoch eindeutig Ralphs Kontrolle entglitten, und Lytton fühlte sich von der Anwesenheit Carringtons daran gehindert, alles zu sagen, was er gern sagen wollte. Das Beste, was er tun konnte, so überlegte er, sei wohl, sich mit Frances zu treffen, die sich vielleicht als weniger unnachgiebig erweisen würde als Ralph.

Die Begegnung zwischen Lytton und Frances Marshall fand am darauffolgenden Abend im Oriental Club statt. Lytton stellte seinen eigenen Standpunkt sofort klar. Wenn Ralph nach London ginge, um dort auf Dauer mit ihr zusammenzuleben, könne er nicht garantieren, daß er auf unbegrenzte Zeit mit Carrington in Ham Spray bleibe. Es bestehe die Gefahr, daß sich das Ham-Spray-Molekül ganz auflöse und Carrington gestrandet zurückbleibe. «Was würde dann aus ihr werden?» fragte er. Frances sagte, sie wolle zwar keinen Keil zwischen sie alle treiben, aber es sei gewiß nicht unbillig, daß sie mit Ralph zusammenleben wolle. Trotzdem verließ sie den Oriental Club «von einem Giftpfeil durchbohrt», wie sie später festhielt. «Bisher hatte ich nicht das Gefühl gehabt, mich verbrecherisch zu verhalten.»

Lytton kehrte nach Ham Spray zurück. Mehr konnte er nicht tun. Er wollte Ralph und Frances die möglicherweise weitreichenden Folgen ihres Handelns vor Augen führen. Darüber hinaus würde er ihnen weder helfen noch im Weg stehen. Sie mußten sich selbst entscheiden.

Mochte Lytton auch fest an Ralphs feines Gespür glauben, so blieb doch wahr, daß dessen ständige Überwachung der Liebesverhältnisse zwischen Gerald, Carrington, Frances und ihm selbst ihre Probleme verschärft hatte. Carrington, die seinem Diktat entgehen wollte, trat nun an Julia Strachey heran und schlug ihr vor, mit Frances zusammenzuziehen und Ralph Besuchsrecht einzuräumen. «Ich liebe Dich, Julia, weil Du so verständnisvoll bist und mir einen Strohhalm bietest, an dem ich mich festklammern kann», schrieb sie ihr Anfang 1926. «Wenn nur die eigenen Gefühle nicht so heftig in Mitleidenschaft gezogen würden, hätten die Intrigen und Verschwörungen eine unvergleichliche Faszination.»

Als aus dieser Intrige nichts wurde, gab Carrington das Finassieren auf und wandte sich direkt an Frances...

«Wir alle wissen, was jeder von uns in den vergangenen Monaten durchgemacht hat. Jetzt ist es mehr oder weniger vorbei. Der Vertrag muß aufgesetzt werden. Ich muß mich der Tatsache stellen, daß ich aufgrund einer Situation, die nicht zu ändern ist, auf ein Zusammenleben mit Ralph verzichten muß. Ich schreibe jetzt einfach ganz offen, um Dich zu bitten, darüber nachzudenken, ob es nicht mit Deinem Glück vereinbar wäre, mich ein Stück weit an meiner Freundschaft mit Ralph festhalten zu lassen. Ich kann nicht von allem weggehen wegen Lytton... Die nackte Wahrheit ist von meinem Standpunkt aus, daß, wenn Ralph mich ganz verläßt, dieses Leben im Grunde zu Ende ist. Ich kann nicht *ihn* bitten, mich weiterhin hier zu besuchen, weil er letztlich das Gefühl hat, es hänge davon ab, ob *Du* es dulden kannst. Wenn Du es nicht kannst, ist überhaupt nichts zu machen. Wenn Du es kannst, solltest Du wissen, daß es für Lytton und mich alles bedeutet.»

Frances gab sich «zutiefst schockiert» über diesen Brief. Hatte sie nicht Lytton im Oriental Club erklärt, sie wolle keinen Keil zwischen ihn und Carrington treiben, indem sie ihnen Ralph auf Dauer abspenstig mache? Viel zu lange hatten die beiden Frauen nur indirekt durch Ralph miteinander kommuniziert. Der Knoten, von dem ihrer aller Glück abhing, zog sich immer enger zusammen, je schwieriger es für sie wurde, offen mit ihm zu reden. Es war für beide Frauen einfach gewesen, sich in dunklen Augenblicken gegenseitig für Ungeheuer zu halten. Aber endlich begann sich der Knoten doch zu lösen. Frances erklärte, sie habe zwar Einwände gegen Lyttons Theorie erhoben, die derzeitige Situation ließe sich einfach aufrechterhalten und sie solle als Gast in Ralphs Leben anwesend sein, «aber nie und nimmer glaube ich, daß wenn R mit mir zusammenleben würde, ich etwas dagegen hätte, wenn er Dich weiterhin sehr oft besucht und Dich auch in Zukunft sehr gern hat ... Es ist durchaus in meinem Interesse, daß er sowenig wie möglich von seinem Glück aufgeben muß, um mit mir leben zu können.»

Nach diesen beiden Briefen und der Korrespondenz, die anschließend reihum zwischen ihnen allen geführt wurde, begannen sich die Mißverständnisse allmählich zu lichten. Lytton fuhr mit Carrington ein paar Tage nach Falmouth in Urlaub, und als sie zurückkehrten, schienen die bangen Wintertage vorbei zu sein. «Heute haben mich die warme Sonne, die vielen Vögel mit ihrem Gezwitscher und die Blumen, die mit einemmal alle herausgekommen sind, so glücklich gemacht, daß ich nicht im Haus arbeiten konnte», schrieb Carrington am 13. Februar 1926 an Ralph. «Ich mußte im Garten herumlaufen und Rasenstücke auf das leere Blumenbeet legen, aber in Wahrheit lief ich aus purem Übermut durch den Garten. Lytton kam heraus und tat so, als sei er ein alter Herr, der auf einer Strandpromenade entlangwackelt.» Ralph, der befürchtet hatte, Frances könne selbst jetzt noch zu «Hamish» zurückkehren, war ebenfalls sehr erleichtert. «Ich dachte, Du hättest mich aufgegeben, weil ich Dir inzwischen gleichgültig sei», gestand er ihr unglücklich. Auch Frances war erleichtert, zu wissen, daß Carrington Ralph weiterhin sehen wollte, nachdem er sich mit ihr in London niedergelassen hatte. Das Problem, wie sich dieses Arrangement praktisch umsetsetzen ließ, löste sich unerwartet im Frühjahr, als James und Alix ihnen die hübsche, L-förmige Wohnung im ersten Stock von Gordon Square 41 zur Miete anboten. Dort würden sie Maynard und Lydia, Adrian und Karin Stephen, Clive Bell, Dadie Rylands und fast die ganze Familie Strachey als nächste Nachbarn haben. «Ich freue mich so, daß ich keinerlei Vorbehalte habe», schrieb Ralph an Frances. Er betrachtete sich nun als mit Frances verheiratet, so jedenfalls schrieb er Gerald, der nach Frankreich gegangen war. Was Lytton betraf, schrieb Ralph weiter an Frances, so schien er «sich sehr darüber zu freuen, daß wir nach 41 gehen, und hat kein einziges boshaftes Wort gesagt, außer daß er die Wohnung selbst genommen hätte, wenn er gewußt hätte, wie billig sie ist».

Carrington nannte es «ein Wunder». In einem Jahr wäre sie vielleicht «so gleichmütig gegenüber den Menschen wie Alix». Sie war nahezu in den Tumult verliebt gewesen, obwohl die Umstände für sie «niederschmetternd» waren, «und auch für mich», wie Lytton am 7. Mai 1926 Sebastian Sprott erklärte. «Alle haben viel Großmut an den Tag gelegt, und ich habe nicht den Eindruck, daß noch irgendwo Vorwürfe zurückgeblieben sind – aber es ist schade.» Frances ging Farben und Pinsel einkaufen, strich eine Wand rosa und die andere grün, räumte die Kelimbrücken, Bilder, Möbel und das Doppelbett für dieses neue Experiment ein und ließ sich dabei von Ralph helfen. Währenddessen wurde es in Ham Spray merkwürdig still. «C und ich», schrieb Lytton, «leben hier in einem Vakuum.»

5. Trödeln mit Elisabeth

«Wie lang waren doch die Pausen zwischen seinen Büchern!» wunderte sich Desmond MacCarthy. Lytton dachte in diesen Pausen sorgfältig über seine literarische Zukunft nach. Was sollte er als nächstes tun? An Vorschlägen mangelte es nicht und auch nicht an Einwänden seinerseits gegen diese Vorschläge. Wie es MacCarthy formulierte, bewahrte Lytton das Schachbrett des literarischen Erfolges in einer Ecke seines Arbeitszimmers auf und spazierte immer wieder einmal hinüber, schmunzelte über sein Zögern und fragte sich, welche Figur er wohl als nächste bewegen solle – die Königin, einen Läufer oder einen Springer? Oder vielleicht erst einmal eine kleine Bauern-Attacke gegen die Öffentlichkeit?

Seit seinem Umzug nach Ham Spray hatte er wenig geschrieben – allerdings befand sich unter dem wenigen sein Leslie-Stephen-Vortrag über Alexander Pope. Seit langem hatte er eine Geistesverwandtschaft mit Pope und dessen, wie er es nannte, «gewundener Denkweise» empfunden. Er erkannte darin eine «Erscheinung jenes von Deformation und Kränklichkeit geprägten Daseins, das seinen Körper verkrüppelt und verdreht und aus seinem ganzen Leben eine lange Krankheit gemacht hatte».[30] Er schrieb als ein *névrosé* über einen anderen und stellte dabei eine Beziehung zwischen der körperlichen Verfassung eines Schriftstellers und dessen literarischem Stil her. Konnte es nicht sein, daß Pope seine ausgefeilte «Stimmigkeit» mit ihren fließenden Übergängen und der Brillanz des metaphorischen Gewebes teilweise als Kompensation für seine schwer zu verbergenden körperlichen Unzulänglichkeiten anstrebte? Lag nicht eine besondere Befriedigung darin, das enge Korsett des Paarreims aus der heroischen Dichtung als Folterinstrument für seine aristokratischen Opfer zu verwenden und sie dadurch in Formen zu pressen, die noch demütigender waren als seine eigene verkrüppelte Gestalt? In vielem von dem, was Lytton über Pope schreibt, läßt sich eine Parallele zu seinem eigenen Leben und Schreiben entdecken.

Der verstechnische Aspekt von Popes Werk sei «vielleicht die wichtigste Seite überhaupt», schrieb Lytton, als er 1909 George Pastons Biographie für den *Spectator* rezensierte. Der Entwicklung der Versformen widmete er fünfzehn Jahre später seinen Leslie-Stephen-Vortrag: Er analysierte den Beitrag, den der klassische englische Paarreim zur Entwicklung der englischen Dichtung leistete, nachdem die Möglichkeiten des elisabethanischen Blankverses erschöpft waren. Er deckte die Sprache der Leidenschaft in dieser strengen Symmetrie auf und kam zu dem Schluß, daß diese Merkmale den «großen Ernst» und «die angemessene dichterische Kritik am Leben» darstellten, die Matthew Arnold (den Lytton «Dr. Arnolds Sohn» nannte) Pope abgesprochen hatte.

Er machte sich Sorgen, weil er seinen Vortrag vor einem großen Publikum in Cambridge halten sollte, und überlegte, ob er mit Mikrophon sprechen sollte. «Wir haben keinen Lautsprecher», erklärte der stellvertretende Rektor A. C. Seward, «und nach dem, was ich über den Einsatz eines Mikrophons in London gehört habe, scheue ich mich doch, die Installierung eines solchen Gerätes bei uns vorzuschlagen.» Lyttons Ängste wuchsen, und er bekam Halsschmerzen, was sein Bruder James als hysterische Reaktion auf den Vortrag diagnostizierte. Aber seine Entschlossenheit siegte, und am Nachmittag des 6. Juni 1925, einem Samstag, hielt er seinen Vortrag ohne erkennbare Schwierigkeiten. Schon kurz nach Beginn, als Lytton Pope als schelmischen Affen schilderte, der vom Fenster im oberen Stockwerk aus löffelweise heißes Öl auf seine Opfer herabschüttete, brach das Publikum in amüsiertes Lachen aus. «Wenn ich das Privileg genossen hätte, anwesend zu sein», notierte Edmund Gosse finster, «hätte ich mein Gesicht in den Händen vergraben müssen.»

Gosse nahm seinen Aufsatz «Pope and Mr. Lytton Strachey» in einen Essayband mit dem Titel «Leaves and Fruit» auf, den er Lytton Strachey «mit liebevoller Bewunderung» widmete.[31] Das war eine neue Geste in der Beziehung zwischen den beiden Biographen, die ansonsten herzlich wenig von Bewunderung geprägt war und noch viel weniger von Zuneigung. Gosses Mißbilligung von Lyttons Arbeit, die sich ein Stück weit hinter einer Phalanx von manierierten Wendungen versteckte, wurzelte in der Überzeugung, daß er, im Gegensatz zu Pope, «der Würde der Literatur» untreu geworden sei. Es war die Unvereinbarkeit zweier Generationen, die sie auf so verquere Weise verband. Gosse hatte mit Lytton wegen der «irrigen Ansichten» in «Eminent Victorians» die Klinge gekreuzt, hatte aber «Queen Victoria» als «reifer, ausgeglichener und verantwortungsvoller als alle vorherigen Studien» begrüßt. Sie etabliere ihn als «ersten Biographen, der darauf besteht, daß eine Katze, und erst recht ein sorgfältiger Beobachter der Wunderlichkeiten des Lebens, die Königin lange und direkt anschauen darf». Aber wie seine Biographin Ann Thwaite bemerkt, hatte Gosse selbst den Weg für diesen Wandel in der Biographie gebahnt.

Lytton mochte Gosses «Father and Son», «nicht jedoch ihn», wie er sich beeilte festzustellen. Er sei so vorsichtig, meinte Lytton, vielleicht auch unehrlich. Auf die Frage, ob Gosse homosexuell sei, antwortete er: «Nein, er ist Hamo-sexuell», womit er auf Gosses enge Freundschaft mit dem Bildhauer Hamo Thornton anspielte. Henry James schrieb von Gosse, er habe «eine geniale Begabung für Unrichtigkeit», und viele seiner Unrichtigkeiten waren von dem Kritiker und Kriminologen Churton Collins vom Deckmantel literarischer Würde entblößt und nachgewiesen worden. Nach der Lektüre von Evan Charteris' Buch «The Life and Letters of Sir Edmund Gosse» schrieb Lytton am 15. April 1931 an Max Beerbohm: «Ich stelle fest, daß er [Gosse], wie für ihn typisch, Swinburne eine Witwe andichtet. Zum Glück ist Churton Collins schon tot.[32]

Wenn sie sich begegneten, wahrten sie stets die Fassade gesellschaftlicher Höflichkeit; Gosse gab unhöfliche Bemerkungen über Lytton an die Presse weiter, Lytton reservierte seine Schmähungen für die Ohren seiner Freunde. Als Gosse Lytton fragte, ob er sich als Edwardianer betrachte, antwortete er galant: «Ich bin Edmundianer.» Aber nachdem Gosses Name einmal mit einem fatalen Druckfehler aufgetaucht war, nämlich als «Edmund Goose» [Gans], hieß er für Lytton nur noch «Goose Gosse».

Einige der Änderungen, die Lytton an den Essays vornahm, ehe sie in «Books and Characters» erschienen, hatten den Zweck, Gosse weniger dumm erscheinen zu lassen. Er schickte Gosse ein Exemplar, und Gosse, der damals bereits die Siebzig erreicht hatte, antwortete, Lytton sei «der beste Schriftsteller unter fünfzig».

Solche Komplimente mißfielen Virginia, die das Geschehen verfolgte. Gelegentlich tauchte «Kaufmann Gosse», wie sie ihn nannte, in den Gesprächen von Bloomsbury auf. Sie wußte, daß Lytton sie in bezug auf Gosse für «ziemlich engstirnig» hielt, und sie hegte den Verdacht, Lytton selbst sei zu sentimental. «Es heißt, Du würdest eine Spendenliste vorbereiten, damit Du Edmund Gosse zum 100. Geburtstag goldene Manschettenknöpfe schenken kannst», neckte sie ihn am 26. Januar 1926. Aber schon kurze Zeit später, im Alter von kaum achtzig Jahren, starb Gosse. Sein Nachfolger als führender Kritiker bei der *Sunday Times* wurde Desmond MacCarthy.

In den zwanziger Jahren widerstand Lytton vielen Angeboten und ließ so manche Gelegenheit vorübergehen. Er lehnte es ab, Einleitungen zu Paul Valérys «Le Serpent» und ebenso zu C. K. Scott Moncrieffs Übersetzung von Prousts «Auf der Suche nach der verlorenen Zeit» zu schreiben. Obwohl er sich schließlich bereit erklärte, für jeden Band des «New Cambridge Shakespeare» (herausgegeben von Arthur Quiller-Couch und John Dover Wilson) eine Einleitung zu verfassen, platzte diese Vereinbarung, als die Cambridge University Press sich weigerte, Chatto & Windus die Rechte für den Nachdruck dieser Einleitungen zu übertragen. Der einzige Auftrag, den er schließlich ausführte, war eine Einleitung zu einer von der Hogarth Press herausgegebenen Anthologie seines Freundes Dadie Rylands, «Words and Poetry» (1928).[33]

Es gab noch andere Angebote, die er strikt ablehnte. Auch für ein Honorarangebot von tausend Pfund kürzte er nicht die sechsbändige Biographie «Life of Disraeli» von Monypenny und Buckle auf eine zweibändige Ausgabe zusammen, und als seine alte Universität in Liverpool sich erkundigte, ob er der Nachfolger Oliver Eltons auf dem Lehrstuhl für Literatur werden wolle, lehnte er höflich ab. Er wollte noch mehr schreiben und zog einige Monate halb im Ernst, halb im Scherz das Leben Jesu in Erwägung. «Ein recht gutes Buch ist soeben angekommen», schrieb er Ralph am 3. April 1925, «Le Mystère de Jésus» von Couchoud – es verbannt den armen Mann schließlich ins Reich der Mythen und ist damit der letzte Sargnagel für mein Buch. Wie ärgerlich! Ich denke, ich werde mich endgültig dem Drama zuwenden müssen.»

Wieder warf er einen Blick auf das Schachbrett, doch am Ende entschied er sich nicht für ein Bühnenstück. Denn im Oktober 1925 hatte er eine neue Idee. Er würde ein Buch mit lauter Liebesverhältnissen zusammenstellen, Königin Elisabeth und der Earl of Essex, Voltaire und Madame du Châtelet, Byron und seine Halbschwester, Mr. und Mrs. Browning und schließlich, wenn er den Nerv dazu hatte, Verlaine und Rimbaud. Ein solches Vorhaben würde wunderbar den Prinzipien der Biographie entsprechen, die Dr. Johnson in seinem Buch «Lives of the Poets» (Biographische und kritische Nachrichten von einigen englischen Dichtern) formuliert hatte: «Flüchtig die Handlungen und Ereignisse streifen, die eine vulgäre Größe ausmachen, die Gedanken in die häusliche Sphäre lenken und die kleinen Details des Privatlebens darstellen.» Lytton war sehr darauf bedacht, dieses Projekt voranzutreiben – und er brauchte außerdem das zusätzliche Geld, um die umfangreichen Steuernachforderungen zu bezahlen, wie Ralph ihm klarmachte. Er begann sofort, Bücher über Königin Elisabeth zu lesen.

Zwei Monate später hatten sich seine Pläne geändert. Die Geschichte von Elisabeth und Robert Devereux, Earl of Essex, fesselte ihn so sehr, daß er beschloß, ihr einen eigenen Band zu widmen. Er würde an das Porträt der einen Königin die Untersuchung einer zweiten anschließen. Aber es sollte eine ganz andere Art von Buch werden, ein Versuch, die Biographie vom soliden Handwerk seiner «Victoria» ins poetische Drama mit seiner viel schwerer faßbaren

Sphäre zu überführen – jene flüchtige Welt, die zwischen Fakten und Fiktion schwebt, zwischen Phantasie und Realität, und die auch die Welt seiner eigenen Liebesverhältnisse war.

Lytton begann mit «Elizabeth and Essex» am Morgen des 17. Dezember 1925. «Er hat zwei Seiten an seiner Königin Elisabeth geschrieben», berichtete Carrington Ralph am folgenden Tag. «Er sagt, er habe vergessen, wie man schreibt, und findet es fast unmöglich!» Einen Monat lang arbeitete er beinahe täglich an dem Buch. «Ich hatte einen ziemlich schweren Kampf mit der jungfräulichen Königin und fühle mich im Augenblick vollkommen erschöpft» (Brief an Ralph vom 6. Januar 1926). Von all seinen Büchern sollte «Elisabeth und Essex» das ehrgeizigste werden. Kein anderes bereitete ihm solche Schwierigkeiten und forderte ihm soviel ab. Länger als ein Jahr hatte er Zweifel, ob er es fertigstellen könne. Nach sechs Monaten zäher Arbeit fuhr er mit seiner Schwester Pippa für ein paar Tage nach Paris, wo «die große, die aufregende, die faszinierende Neuigkeit lautete, Cocteau sei zum katholischen Glauben übergetreten» (Brief an Ottoline vom 10. Juni 1926). «Im Vergleich dazu war der Kurseinbruch des französischen Franc gar nichts.»

Er brauchte diese Erholungsreisen. Nach einer weiteren Arbeitsphase an «Elisabeth» reiste er nach Hexham in Northumberland, um dort einige Tage mit der Romanautorin Rosamond Lehmann und ihren beiden Ehemännern (dem damaligen und dem zukünftigen) zu verbringen. «Mr. und Mrs. R[unciman] teilen das Haus mit einem jungen Mann namens Wogan Philipps – recht nett – und dann war noch Dadie hier – und das war die ganze Gesellschaft», schrieb er am 19. Juni 1926 an Carrington.

«Leslie [Runciman][34] finde ich außerordentlich attraktiv – seinen Charakter und ebenso seine Erscheinung. Aber ich glaube nicht, daß viele Menschen dem beipflichten würden. Er ist aufgeblasen, launisch, bekommt Wutanfälle und seiner Unterhaltung fehlt die Spritzigkeit. Vielleicht würde Dich der arme Kerl langweilen. Aber dann! Er ist so stark, und seine Schwierigkeiten sind so eigenartig – und seine Wimpern ... er hat etwas Kindliches an sich – ich wage zu behaupten, alle Erwachsenen sind in irgendeiner Weise kindlich –, das ich liebenswert finde. Rosamond ist ein viel schillernderer Charakter ... wenn auch nicht so gutaussehend – fröhlich, enthusiastisch und voller Humor. Sie und Dadie verstehen sich auf Anhieb hervorragend. Wogan liegt ihnen geistesabwesend und verständnisvoll zu

Füßen. Und der liebe Leslie macht eine wichtigtuerische Bemerkung, auf die niemand hört, sieht göttlich aus und blickt finster drein, bis mich das Verlangen erfüllt, ihm die Arme um den Hals zu werfen.»

Er setzte seine Reise noch weiter nach Norden fort, bis nach Schottland, wo er von der University of Edinburgh den Ehrendoktor der Rechtswissenschaften erhalten sollte. «Ich werde kein vernünftiges Wort mit einem einzigen Menschen wechseln können, bis ich wieder abreise», beklagte er sich bei Carrington. «Sir Alfred [Ewing][35] ist ein trockener, kleiner Schotte, seine Frau eine sehr biedere Person mit leider sehr hoher Gesinnung, ohne einen Funken Humor. Lord Allenby – ein großer, dummer Mann – ist mit mir zusammen Hausgast.[36] Es war gewiß sehr weise von mir, das Abendessen auszuschlagen, das gerade im Augenblick stattfindet, bei dem all die armen Geschöpfe versammelt sind, schlechten Sekt trinken und witzelnden Rednern lauschen. Das Haus ist ein stattlicher Bau aus dem Jahr 1800 und wunderschön kreisförmig angelegt, aber der Geschmack der Inneneinrichtung – oje! Wie beklagenswert sind die Begüterten!»

Zwei Tage später wurden die Ehrendoktortitel offiziell überreicht.[37] «Die Reise nach Jerusalem ging heute morgen sehr ruhig vonstatten», schrieb Lytton noch am selben Tag an Rosamond Lehmann, «seitdem gab es ein Mittagessen und eine Gartenparty, und in einigen Minuten beginnt ein festliches Dinner. Was dann noch von mir übrig ist, wird morgen zurückkehren – und Lady Astor entgegentreten sowie ihrem Sohn Bobbie[38] (der gar nicht so schlecht ist). Es läßt sich kein schärferer Kontrast vorstellen als der zwischen hier und Anick Cottage.»

Am Ende des Monats war Lytton wieder in Ham Spray. Die Liebesgeschichte zwischen Elisabeth und Essex beschäftigte ihn schon jetzt innerlich viel stärker, als seine «Queen Victoria» es je getan hatte. Sie rief immer wieder Erinnerungen an seine frühen Liebesaffären wach und vermischte sich mit den Tagträumen über derzeitige Liebesgefühle – besonders mit denen für den jungen Roger Senhouse. Zeitweise schien er – wie Virginia am Anfang ihrer Geschichtsphantasmagorie «Orlando» – in eine Traumwelt abzugleiten, in der es schwierig wurde, Phantasie und Wirklichkeit auseinanderzuhalten. Ein paar Augenblicke lang stellte er sich etwa vor, er besäße etwas von Elisabeths königlicher Weiblichkeit – während vor ihm der junge und lebendige Essex stand! Dann befiel ihn wieder ein Gefühl der Leere und der Mühsal. Als Nachwirkung dieser seltsamen Stimmungen fühlte er sich seiner Identität beraubt, so als schwebe er in einer Trance. «Eine Art Verträumtheit hat Besitz von mir ergriffen, wahrscheinlich nur für Augenblicke, wie ich vermute – aber dennoch – ich treibe willenlos dahin; sehr angenehm, aber entsetzlich hinderlich für meinen Arbeitsgeist ... Die Umstände haben sich ein wenig gewandelt, aber die Gefühle kaum, wie ich meine. Was mich betrifft, bin ich, soweit ich es beurteilen kann, stets derselbe geblieben, der ich mit zwei Jahren war. Vielleicht ein wenig eintönig für den Rest der Welt!» (Brief an Bunny Garnett vom 11. August 1926).

Jetzt, da Ralph nur noch an Wochenenden nach Ham Spray kam – fast immer in Begleitung von Frances – und Lytton unter der Woche in die private Welt von «Elisabeth und Essex» eintauchte, brauchte er die Gesellschaft anderer Freunde, schon allein, um die Verbindung zur Welt seiner Zeit aufrechtzuerhalten. Er nahm Einladungen dankbar an und fuhr zum Auftakt einer Reihe von neuerlichen Herbstbesuchen zu Edward Sackville-West nach Knole. «Knole war interessant – äußerlich im großen und ganzen schön, mit seinen collegeähnlichen Höfen, den bezaubernden Gärten und Parkanlagen, aber das Innere war eher enttäuschend – zu viel einengender elisabethanischer Stil, man sehnte sich nach der Geräumigkeit des achtzehnten Jahrhunderts; und der schlechte Geschmack unzähliger Generationen von Sackvilles hat alles verschandelt. Eddie scheint mir diese Tradition in seinen damenhaft eingerichteten Räumen fortzusetzen ... Wir hatten jede Menge Musik, sowohl auf dem Klavier als auch auf dem Grammophon – unterbrochen von Zeit zu Zeit, was recht typisch ist, wie ich fand – von einer Kuckucksuhr! Mich ließ die Selbstzentriertheit meines Gastgebers ein wenig frösteln, und ich bin sehr froh, daß ich nicht der Erbe von Knole bin.» (Brief an Roger Senhouse vom 2. September 1926)

Dann reiste Lytton erneut nach Norden, um Sebastian Sprott zu besuchen, der vor kurzem Cambridge verlassen und eine Stelle als Dozent für Psychologie am University College in Nottingham angenommen hatte. «Ich traf hier[39] am Freitag ein, zusammen mit R[oger]», teilte er Mary Hutchinson am 11. Oktober 1926 mit. «Nottingham ist der merkwürdigste und schmutzigste Ort auf der Welt, aber von einer gewissen abscheulichen Erhabenheit – riesig groß.»

In einem Brief an Pippa vom selben Tag schilderte er die Stadt als «düster und weitläufig in einer Art und Weise, mit der ich nicht gerechnet hatte. Wahrscheinlich die Erklärung für England.» Man könne wenig anderes unternehmen, als vor dem gasbeheizten Kamin sitzen und elisabethanische Bücher lesen oder durch die Straßen streifen, in denen «ich bisher weder in den Geschäften noch außerhalb derselben etwas gesehen habe, was mehr als flüchtige Aufmerksamkeit verdient». Kollegen von Sebastian kamen zum Tee, aber sie schienen eine melancholische Truppe zu sein, allen voran Professor Weekley, der frühere Ehemann von Frieda Lawrence – «ein aufgeblasener alter Affe: ‹Haben Sie einen Butler, Sprott?› usw.»

Schließlich, nachdem er noch ein paar Tage mit F. L. Lucas und seiner Frau «Topsy» in Cambridge verbracht hatte, kam er in Ham Spray zur Ruhe. Das Jahr schien den Atem anzuhalten, ehe es den Sprung in den Winter wagte, und er wußte, daß er sich jetzt in «Elisabeth und Essex» stürzen sollte. Aber eine schreckliche Lethargie lähmte ihn. «Ich habe den Eindruck, daß die Welt aufgehört hat, sich zu drehen, aber ich bin so träge, daß es mir völlig gleichgültig ist.» Statt dessen wandte er sich Emil Ludwigs «Wilhelm der Zweite» zu, «recht ordentlich gemacht – interessant und ganz intelligent, allerdings könnte die Übersetzung besser sein». Dann nahm er sich eine neue Ausgabe von «Les Fleurs du Mal» (Die Blumen des Bösen) vor «mit einer hochinteressanten Einleitung von Valéry», [der] ... hartnäckig behauptet, daß Poe ein Genie ersten Ranges sei. Schließlich las er Arnold Bennetts «Lord Raingo» – «ausgesprochen neolithisch, aber *qua* Speerspitze aus Feuerstein recht gut gemacht». Es war jetzt ein Jahr her, seit er «Elisabeth und Essex» begonnen hatte. «Niemand kann die Verzögerung abscheulicher finden als ich selbst» (Brief an seinen Verlag Chatto & Windus vom 13. Dezember 1926). «Ich hoffe, daß ich in der Lage sein werde, in nicht allzu langer Zeit etwas über Königin Elisabeth fertigzustellen – bestimmt in weniger als einem Jahr – hoffentlich viel früher ... Das Buch über Elisabeth dürfte sehr kurz werden – und von ihrer Liebesaffäre mit Lord Essex am Ende ihres Lebens handeln. Ich hätte natürlich gern, daß Sie es veröffentlichen, wenn Ihnen die Idee zusagt, aber ich habe selbst noch große Zweifel an dem ganzen Unternehmen.»

Die Erklärung hierfür war, daß er gesundheitlich «am Ende» sei.

Abhilfe schufen vierzehn Tage in Rom mit Roger Senhouse – «ein kurzer Ausflug mit einem göttlichen Wesen!» schwärmte er in einem Brief an Bunny Garnett vom 21. Dezember 1926. «Ich glaube, daß der frische Wind des Ärmelkanals und die Sonne von Rom mich wieder ganz herstellen werden», hatte er am 16. Dezember 1926 zuversichtlich prophezeit. Die beiden Reisegefährten kamen am Heiligen Abend unter blauem Himmel und bei strahlendem Sonnenschein an. Sie hatten ein großes Doppelzimmer im Hotel Hassler reservieren lassen, «das beste in Rom, hoch über den Treppen gelegen, die zur Piazza di Spagna hinunterführen ... so daß alles vor uns ausgebreitet daliegt – die Kuppel des Petersdoms und hundert Kirchen ... Wir leben im größten Luxus – ein eigenes Badezimmer usw. für ein Pfund pro Tag, einschließlich der Mahlzeiten. R. ist der ideale Gefährte – er weiß alles zu schätzen und ist immer sehr charmant zu mir. Er sagt, es gefalle ihm außerordentlich gut, und das glaube ich ihm auch – mir jedenfalls gefällt es.»

Der Urlaub verlief so erfreulich, daß er unvorhergesehene Tücken zu fürchten begann. Irgend etwas *mußte* doch schiefgehen – zumindest eine leichte Magenverstimmung. Aber nein, die Tage verflogen bei eitel Sonnenschein in ungebrochener Freude – es war wirklich geradezu beunruhigend. «Alles hat ganz meinen kühnsten Träumen entsprochen» (Brief an Ralph vom 3. Januar 1927). «Wir bummeln über das Forum, erklimmen keuchend vor Hitze das Kolosseum, lassen uns auf dem Pincio rösten. – Ich wage die herrliche Wärme kaum zu beschreiben ... Am Freitag packten wir ein Lunchpaket ein und fuhren mit dem Auto hinaus in die Campagna. Wir aßen zwischen alten Grabmälern an der Via Appia unter Zypressen und Pinien mit ihren breiten Schirmen, tranken Chianti in der glühenden Sonne, während die Eidechsen aus den Spalten des römischen Mauerwerks krochen und mit ihren grünen Schwänzen schlugen.» Abends kehrten sie ins Hotel Hassler zurück, «wo alte, morganatische, englische Frauen kauern und herumkriechen» und Pikett spielen und Dante lesen. Sie sahen auch eine «köstliche römische Oper», und an einem Tag war Lytton Ehrengast bei einem Essen, das die Prinzessin San Faustino gab. Die Prinzessin erklärte, wie man den Arbeitslosen mit dem Anbau von Sojabohnen helfen könne, einer magischen Substanz, aus der man wie durch ein Wunder Fabriken und Autos, synthetische Schokolade und Badesalz herstellen könne. Sie führte diese Idee bei jedem neuen Gang immer weiter aus, bis sie sich schließlich im größten Eifer Lytton zuwandte und ihn beschwörend fragte: «Mr. Strachey, was halten Sie von meinen Plänen?» «Es tut mir leid, aber ich mag leider keine Bohnen», antwortete er entschuldigend.

Von den Freuden Roms heimgekehrt, empfing ihn Ham Spray tief verschneit. Aber Lytton akklimatisierte sich schnell und pries bald die Schönheiten der Downs mit ihren fortwährenden Schatten, den glitzernden Feldern und Bäumen. Das Wetter schien sich selbst zu übertreffen, geradezu anzugeben, als «wolle es den Beweis antreten, daß der Unterschied zwischen England und Italien nicht eben groß sei». Während Carrington ihre Tage im Freien verbrachte, Schneeballschlachten mit Ralph machte oder auf ihrer weißen Stute Belle ausritt, saß Lytton in seinem Arbeitszimmer und «befaßte sich mit Elisabeth». Er war entschlossen, vor dem Ende des Sommers etwas zustande zu bringen. Fest entschlossen. Dennoch nutzte er jede Gelegenheit, sich abzuwenden und sich weniger anspruchsvollen Dingen zu widmen – einem nicht sehr ernsthaften Essay über Racine, der enthüllte, daß Racine homosexuell war (und den ein Hausmädchen in London verbrannte), ein komisches Miniaturporträt von Dr. North, der im siebzehnten Jahrhundert Rektor von Trinity war, für *Nation and Athenaeum* und sogar ein langes Gedicht für Kater Tiber über eine Maus. «Ich kann heute nur Nonsens schreiben», gestand er Roger Senhouse am 7. Februar. «Ich wollte, ich könnte auch an Elisabeth arbeiten. Wenn ich sie nur auch zu Nonsens reduzieren könnte – das wäre ideal. Darin liegt die ganze Kunst. Das Material pulverisieren und es entsprechend der eigenen, persönlichen Absurdität neu modellieren. Welch ein Glück liegt darin, das zu tun! Ich muß es noch einmal versuchen.»

Dadie Rylands hatte ihm, «um meine Leidenschaft für Eton zu hätscheln», M. R. James' Memoiren geschickt – eine «trübselige Angelegenheit», wie er sie am 26. Januar 1927 nannte. «Bemerkenswert nur insofern, als sie zeigen, welch außerordentlich großen Eindruck eine Institution auf den Geist eines Halbwüchsigen machen kann. Es ist merkwürdig, daß der Rektor von Eton noch immer sechzehn Jahre alt ist. Ein Leben ohne Erschütterungen.» Er las auch Emil Ludwigs «Napoleon» – «interessant, aber im Grunde zweitrangig». Die Bücher, die ihn jedoch hauptsächlich beschäftigten, waren drei moderne Romane, die seine Freunde geschrieben hatten. David Garnetts «Go She Must!» fand er «wunderschön geschrieben und einige der Beschreibungen exquisit – das Ganze, soweit ich sehe, außerordentlich gut gemacht – nur – es ist fast unlesbar. Wenigstens finde *ich* das. Es scheint keinen inneren Zeitfluß zu geben, der das Buch durchzieht und der einen mitträgt. Aber das kann auch an meinem persönlichen Unvermögen liegen. Ich weiß nur, daß ich auf jeder Seite Qualen der Langeweile ausstehe – und voller Bewunderung bin.»

Rosamond Lehmanns erster Roman «Dunkle Antwort» las sich leichter. «Es schien mir ganz entschieden seine Vorzüge zu haben», schrieb er am 11. Mai 1927, «und für ein Erstlingswerk ist es beachtlich. Der Nachteil ist meiner Meinung nach, daß es zu romantisch ist, überladen mit Sonnenuntergangsstimmung. Ein Fehler der Jugend, glaube ich. Nicht genug ‹lebensbejahend›. Aber sehr gut und sorgfältig gemacht – ohne schreckliche Geschmacksverirrungen (was heute selten ist) und stellenweise wirklich bewegend.»

Am originellsten fand er Virginias «Die Fahrt zum Leuchtturm». «Aber wirklich eine ganz außerordentliche Form von Literatur. Es ist der Mangel an Geschlechtsverkehr – tatsächlich vollzogener oder angedeuteter –, der mich beunruhigt. Eine wundervolle und exquisite Arabeske scheint das Ergebnis zu sein. Ich vermute, es steckt eine gewisse Symbolik im Leuchtturm usw. – aber ich kann sie nicht enträtseln. Bei jeder anderen Person wäre die Andeutung ziemlich offenkundig, aber das paßt in gar keiner Weise in das sexlose Muster» (Brief an Roger Senhouse vom 11. Mai 1927).

In jenem Winter und Frühjahr kamen auch Scharen von Besuchern nach Ham Spray – Dadie Rylands, der «mit einem fürchterlichen Schnupfen Shakespeare las», der «sehr drollige und charmante» Morgan Forster, James und Alix, die «über Dr. Freud und die Künstler» diskutierten, Raymond Mortimer und Francis Birrell, «die wie geschwätzige Windmühlen herumwirbelten», Julia Strachey, «wie ein exotischer Vogel, aber mit Gewohnheiten, die kein anderer Vogel hat», John Lehmann, der «mit einer geringfügigen Korrektur seiner Gesichtszüge eine große Schönheit hätte sein können», Lyttons Schwester Pippa, «ein äußerst sympathischer Charakter», und dann Saxon Sydney-Turner, «der aussieht wie ein Kranich und immer raucht – die Pfeife in der Hand, auf einem Bein stehend – oder auf der Armlehne eines Sessels hockt, Plotin im Original lesend, und es tatsächlich fertiggebracht hatte, was typisch für ihn ist, den Wagen zu verfehlen, den man zum Bahnhof geschickt hatte, um ihn abzuholen, so daß er den ganzen Weg von Hungerford mit der Tasche in der Hand zu Fuß zurücklegte – «genau die Sorte von Abenteuer, die er von Herzen genießt!»

Ab und zu kam es auch zu spektakuläreren Invasionen und Mißgeschicken. «Als ich heute von meinem Nachmittagsspaziergang zurückkam», berichtete Lytton am 9. Februar 1927 in einem Brief an Roger Senhouse, «war ein Flugzeug zu sehen, das über dem Haus Runden drehte.

Dreimal kreiste es über uns, wobei es jedesmal ein Stück tiefer herabkam. Große Aufregung! Die Landarbeiter, einige Frauen, Olive[40] und ihre Mutter, sämtliche Katzen und ich rannten darauf zu, und Carrington blieb verlassen in ihrem Bett zurück und hatte das Nachsehen. Schließlich landete die Maschine auf einem Feld genau gegenüber von Tor und Pförtnerhaus am Ende der Allee. Dort fand ich sie – eine Gruppe von Bauern hatte sich in respektvollem Abstand aufgestellt. Ich fühlte mich berufen, näher heranzugehen – stellte aber sofort fest, daß das Abenteuer im Sande verlaufen würde. Kein göttlicher Ikarus trat mir entgegen. Nur ein rotgesichtiger, dumpfer Offizier und ein kreideweißer, dumpfer Mechaniker. Sie hatten sich verirrt. Ich erklärte ihnen, wo sie waren, lud sie zum Tee ein, was sie glücklicherweise ablehnten, und weg waren sie. Es *hätte* so wunderbar sein können! – Am meisten überraschte mich, wie klein und kompakt die Maschine war – viel kleiner als ein Omnibus.»

Anfang Februar hatte Lytton Roger Senhouse mitgeteilt: «Meine eigene Arbeit geht ganz gut voran, wenn auch langsam.» Als es wieder kälter wurde, gab es keine andere Möglichkeit, als nach London zu eilen und dort seine Trägheit in einer Flut von Parties zu ertränken. Er war zum Lunch eingeladen bei Lady Curzon, zum Dinner bei Ethel Sands, am nächsten Tag zum Tee bei Lady Horner, wo er «den alten Haldane» traf, «weltmännisch wie immer. Er redete in einer Weise über Newton und Einstein, die es einem unmöglich machte, zu entscheiden, ob er nun ein Wort von dem verstand, was er sagte oder nicht.» Auch ging er zu einem Vortrag, den Roger Fry in der Queen's Hall hielt. «Der Saal war brechend voll – es gehen etwa 1800 Menschen hinein – und der Vortrag dauerte von acht Uhr bis zehn Uhr dreißig! – Er war natürlich sehr interessant, und das Beste war ein Zitat von Michelangelo über flämische Kunst – wirklich brillant – ich hatte keine Ahnung, daß er so witzig sein kann.»

Mit neuem Arbeitseifer kehrte er nach Ham Spray zurück. Schritt für Schritt kämpfte er sich weiter, als durchquere er eine Wüste, wurde aber immer langsamer. Die Osterferien waren eine Oase, und danach kam er noch langsamer voran, und eine Zeitlang dachte er sogar daran, Elisabeth ganz aufzugeben. Aber Pfingsten bot eine weitere Oase, dann wirbelte er ein paar Tage durch London – eine Begegnung mit Emil Ludwig, ein hektischer Abend als Ehrengast beim «Club 1917», Dinner mit Dadie Rylands bei Boulestin, Tee mit Lady Lavery und einen amüsanten Lunch bei Lady Aberconway, wo er mit Somerset Maugham zusammentraf – «ein Galgenvogeltyp, dachte ich ... mit einer Ehefrau. Vielleicht war ich so amüsiert, weil ich solche Dinge so lange gemieden habe – jene merkwürdige Mischung aus Zurückhaltung und *laisser-aller* fiel mir ins Auge ...»

Wieder einmal schienen ihm die Vergnügungen von London neue Energie einzuflößen. «Ich glaube, mein Zustand hat sich gebessert», stellte er am 17. Juni 1927 fest. «Ich habe schon ein gutes Stück geschrieben und hoffe, daß es so weitergeht – in meinen Augen eine höchst unangenehme Form der Beschäftigung – aber man muß eben.» Es war offensichtlich geworden, daß er das Buch niemals bis Ende des Sommers vollenden konnte. Nach über achtzehn Monaten fleißigen Bemühens hatte er 25000 Wörter geschrieben – kaum mehr als ein Drittel der fertigen Erzählung. «Ich fürchte, ich kann keinen sehr befriedigenden Bericht über Ihre Majestät abliefern», teilte er am 5. Juli 1925 Charles Prentice von Chatto & Windus mit.

«Es erscheint mir eher unwahrscheinlich, daß sie vor Oktober fertig wird, und ich halte es kaum für ratsam, an eine Veröffentlichung vor Weihnachten zu denken – vielleicht wäre das Frühjahr sogar der geeignetere Zeitpunkt.

Soweit ich die Sache beurteilen kann, ist etwa die Hälfte fertig, und der ganze Text dürfte etwa 50000 Wörter umfassen, aber darüber bin ich mir noch völlig im unklaren. Ich habe immer wieder die Erfahrung gemacht, daß die Texte länger werden und mehr Zeit in Anspruch nehmen, als man zunächst erwartet hat.

... Bitte, erwarten Sie nicht zuviel! ‹Eine ziemlich langweilige Geschichte›, würde ich meinen!»

Er «kauerte» auch weiterhin in seinem Arbeitszimmer und «trödelte mit Elisabeth herum». Jack und Mary Hutchinson kamen ein paar Tage zu Besuch, und es wurde viel über die altvertrauten Themen gesprochen – Freud und die Liebe, Sainte-Beuve und die Liebe, Cambridge und die Liebe. «Ich kann nicht arbeiten», schrieb er am

27. Juli 1927 verzweifelt an Topsy Lucas, «vielleicht bringe ich es morgen fertig – aber ich bin schon seit Tagen untätig. Es ist ein Elend ...»

Sebastian Sprott kam und sortierte Lyttons umfangreiche Korrespondenz, die sich angesammelt hatte, eifrig «wie ein Eichhörnchen» in Mappen mit Ziehharmonikafächern.[41] «Er hofft, Ordnung in alle Briefe und Papiere Lyttons zu bringen», teilte Carrington Dorelia mit, «und ich hoffe, daß er sich dazu bewegen läßt, Großputz im Haus zu machen.» Er blieb wochenlang bei der Stange, bis «Ordnung in das Chaos einzieht», schrieb Lytton am 12. August 1927 an Dadie Rylands. «Ein Briefwechsel nach dem anderen wird gesichtet, geordnet und gebunden. Ich habe das Gefühl, wenn das alles fertig ist, bleibt mir als einzige Tat noch übrig, ins Grab zu sinken – es wirkt alles so säuberlich und endgültig.» Er konnte nur selten der Versuchung widerstehen, seinen Schreibtisch, auf dem immer noch kein Ende in Sicht war, zu verlassen und die Bündel von Briefen durchzusehen. Dann glitt er, von Nostalgie ergriffen, in die Vergangenheit, vorbei an Ottolines «gigantischem Berg» und einer «exquisiten, aber allzu kleinen Sammlung» von Virginia, dann zu den verschwundenen Visionen von Sheppard und Woolf, weiter durch den Nebel der Jahre zu immer älteren Erinnerungen an Maynard und Hobber in Cambridge, Papa und Mama in Lancaster Gate. «Ach, welch ein Eintauchen in die Vergangenheit! – und so viele Vergangenheiten! Hektische Studentenjahre – irrsinnig melodramatisch» (Brief an Mary Hutchinson vom 27. Juli 1927).

«ter George Mallory – so süß. Ein Bündel von Rupert Brooke – ganz zweifellos nett. Einige vage Briefe von Duncan – sehr amüsant. Der Packen von Bunny [Garnett]. Und so weiter – bis die Gegenwart zu einer Art Trugbild zu verblassen schien und die Unwirklichkeit regierte. Ich fürchte, meine Biographie wird ein leicht schockierendes Schauspiel bieten! Mittendrin, als ich gerade über einem Schnappschuß von George träumte, den ich ganz vergessen hatte – er war so verführerisch! –, geht die Tür auf, und wer kommt herein? – Henry [Lamb]! Jawohl – dieser Geist. Aber diesmal begleitet von einem ganz und gar nicht geisterhaften Geschöpf – seiner Pansy – einer fröhlichen, stämmigen, hellblonden, dunkeläugigen jungen Dame – ausgesprochen attraktiv. (Ihr Bruder stünde ihr in nichts nach, sagt Henry – oh, oh!) Er scheint fest entschlossen zu sein –

vielleicht wird es gut ausgehen –, vielleicht bringt sie es fertig, seinen bösen Geist zu bezwingen.»[42]

Die Vergangenheit schien ihn einzuhüllen und seinen kostbaren Vorrat an Energie aufzubrauchen, als der jugendliche Kult egozentrischer Krankheit mit einer langen Serie kleiner Unpäßlichkeiten wiederkehrte und Carrington in Angst und Schrecken versetzte. In mancher Hinsicht besaß Lytton, wie beinahe alle Stracheys, eine unverwüstliche Konstitution – er marschierte manchmal fünfzehn bis zwanzig Kilometer und steckte damit viele seiner Freunde in die Tasche – dennoch war sein merkwürdig labiles Temperament für vielerlei Störungen und Fieber anfällig. Während er an «Elisabeth und Essex» arbeitete, ließen seine emotionalen Spannungen kaum nach – vermutlich stiegen sie eher noch an. In seinen Briefen beklagt er sich, daß seine Nerven «gereizt und nicht in Ordnung» seien. Eine mögliche Erklärung dafür ist, daß einige seiner Krankheiten, wie die Elisabeths, hysterischen Ursprungs waren und daß sein Herumstochern in Elisabeths Neurose seinen eigenen Zustand verschlechtert haben könnte. Auf jeden Fall zehrte dieses Buch an seinen Kräften wie noch kein anderes davor.

Ende August kam alles zum Stillstand. Mit großer Erleichterung wandte er sich einigen seiner alten Lieblingsbücher zu – den «Essais» von Montaigne, den «Bekenntnissen» von Rousseau in einer «Erstausgabe, [die] aus Prüderie einige zentrale Passagen ausläßt», und den Gedichten von Swift – «dieser Mann hatte gewiß einen schmutzigen Geist, im wahrsten Sinne des Wortes. Aber wenn er einen gemocht hätte, wäre es ohne Zweifel außerordentlich aufregend gewesen.» Seine Untersuchungen über das England des sechzehnten und siebzehnten Jahrhunderts hatte seinen Appetit auf «die seltsamen Strafen» angeregt, «die man in jenen Tagen für angebracht hielt». Ein Großteil seiner damaligen Korrespondenz enthält vergnügliche Schilderungen dieser Greuel[43] – zum Beispiel die einer französischen Gerichtsordnung aus dem achtzehnten Jahrhundert, die die Strafen für Gotteslästerung aufführte:

«Beim erstenmal erhielten die Missetäter eine Geldstrafe, beim zweiten-, dritten- und viertenmal immer höhere Geldstrafen, beim fünftenmal wurden sie an den Pranger gestellt, beim sechstenmal wurde ihnen die Oberlippe abgeschnitten, beim siebtenmal die Unterlippe; *et si par obstination et mauvaise coutume invétérée ils continuent ...* wurde ihnen die Zunge abgeschnitten. Danach versiegt die Vorstellungskraft des Gesetzgebers. Es gibt auch einen Abschnitt über *Délits commis dans les Bois . . . »*

Er hatte ein Regal voller Bücher über homosexuelle Praktiken gesammelt, darunter die lateinische Abhandlung eines Jesuiten aus dem siebzehnten Jahrhundert, wie Frauen einander geschlechtlich befriedigen können. Gleich daneben, auf einem anderen Regal, stand Katherine Mansfields «Tagebuch», herausgegeben von Middleton Murry, das Lytton als «sehr schockierend und unbegreiflich» bezeichnete. «Wie ich sehe, verrät Murry, daß es zur Veröffentlichung gedacht war – was zweifellos vieles erklärt. Aber warum dieser unflätige, bösartige, schamlose Besenstiel von einem Weib sich herausgeputzt hat wie ein nach Rosenöl duftender Wattebausch, übersteigt mein Fassungsvermögen.»

Anfang September war er «besserer Stimmung und hielt es für möglich, daß er bald ein wenig arbeiten könne». Aber er wollte nicht an «Elisabeth» arbeiten – noch nicht. Statt dessen fügte er seiner Sammlung zwei weitere Miniaturporträts hinzu, eines von Carlyle und eines von Gibbon, und schrieb eine Rezension des zweiten Bandes von Sidney Lees «Eduard VII.» für die *Daily Mail*.[44] Mit seiner Gesundheit und seiner seelischen Verfassung ging es nun «definitiv bergauf» (Brief an Virginia vom 16. September 1927). In der dritten Septemberwoche besuchte er mit Carrington das Ehepaar Augustus und Dorelia John in «ihrem merkwürdigen Zuhause auf der anderen Seite von Salisbury. Du hast noch nie etwas so Eigentümliches gesehen», schrieb er Dadie Rylands, «– so unbestimmt – so ganz ohne Annehmlichkeiten – so (hier und dort) faszinierend. Es waren zwei Mädchen da – zwei Jungen – eine Art Gouvernante – eine solche Stille und ein solches Sichtreibenlassen! Dorelia selbst ist eine wundervolle Person. Ich empfinde eine tiefe Zuneigung für sie – aber sie bewegt sich auf einer unglücklichen Bahn.»

Ein paar Tage später, am 20. September, tauschte er diese karge Künstlerstätte mit einem der ländlichen Außenposten von Bloomsbury aus. «Clive ist nett, wie immer, wenn er nicht gerade meint, angeben zu müssen», schrieb er am 22. September 1927 von Charleston aus an Roger Senhouse, «Vanessa superb – und Julian, den ich nicht mehr gesehen habe, seit er ein Junge war – er ist jetzt drauf und dran, nach Cambridge zu gehen. Er ist ein sehr netter Kerl, war einmal sehr schön, was aber jetzt alles dahin ist, weil er unansehnlich dick geworden ist. Ein Sozialist – verachtet die Kunst

– so sagte man mir ...[45] Nach dem Abendessen tauschen wir Klatsch aus und lassen das Grammophon spielen.» Solange er dort war, kamen die Woolfs von Rodmell herüber, und Virginia «sah sehr jung und schön aus» und erklärte, sie müßten alle ihre Memoiren schreiben, und zwar in ganz großem Stil, und sie in zehn Jahren reihenweise veröffentlichen lassen.

Lytton verließ Charleston mit der Absicht, Carrington für eine Woche nach Weymouth einzuladen. «Ich bin sicher, daß Dir Weymouth gefallen wird», schrieb er. Die Stadt war gänzlich unprätentiös, «man hat das Gefühl, daß sie sich seit den Tagen des alten George III. kaum verändert hat». Er kaufte eine schwere Kodakkamera, schlenderte herum und schoß «gewaltige Fotos» – von der Wunschquelle in Upwey, von «einer absurden Statue von George III. mit einer Art Piazza-del-Popolo-Effekt dahinter» und vom Leuchtturm am Ende von Portland Bill, «einer desolaten Gegend, außerordentlich geeignet für Sträflinge». Sogar die Pension, in der sie wohnten, entzückte ihn. «Unser Hausherr ist der Bürgermeister von Weymouth», brüstete er sich. «Das Leben in einer Pension finde ich wirklich faszinierend. Alles ist festgelegt – so losgelöst vom wirklichen Leben – so abscheulich angenehm. Ich könnte wochenlang hier bleiben.»

Wenn Carrington neben Lytton saß, spähte sie gern hinüber, um zu sehen, was er las, und las es dann vielleicht selbst oder gab die Neuigkeit an andere weiter. «Lytton liest. Was liest Lytton?» hatte sie Gerald geneckt. Manchmal, wenn er am Kaminfeuer saß und mit seinem Bart spielte, entglitt irgendein Roman seinen Händen. «Ich weiß nicht, ob ich hoffnungslos klassisch bin oder einfach altmodisch oder ein unrettbarer Purist, oder was sonst», schrieb er am 30. Oktober 1927 Topsy Lucas. «Es gibt so viele moderne Schriftsteller, denen ich gar nichts abgewinnen kann und die andere Leute sehr gern lesen, so daß es für mich so aussieht, als gebe es gewisse Qualitäten, für die ich nicht empfänglich bin.» Trotzdem war er ziemlich beeindruckt von William Gerhardies «The Polyglotts»[46], das er «wirklich sehr amüsant, im Stil von Dickens-Dostojewski-[Norman]Douglas» geschrieben fand, und hatte auch Vergnügen an einem Pamphlet gegen Anthologien, das Robert Graves und Laura Riding verfaßt hatten, sowie («nicht ganz so amüsant») an Evelyn Waughs «Auf der schiefen Ebene».

Seine eigene Arbeit kam inzwischen erstaunlich gut voran, wenn auch nicht ganz in der gewünschten Richtung. Nach den beiden Miniaturporträts von Carlyle und Gibbon plante er zwei weitere, nämlich von Macaulay und Hume. Aber «Elisabeth und Essex», das er seit Mitte August keines Blickes mehr gewürdigt hatte, ließ noch immer auf sich warten. «Ich war den ganzen Sommer nicht auf der Höhe», erläuterte Lytton am 4. Oktober 1927 Charles Prentice, «und die Folge davon ist, daß Elisabeth bei weitem nicht so weit gediehen ist, wie ich gehofft hatte. Es ist wirklich ärgerlich, aber ich scheine mich jetzt erholt zu haben.»

Aber es gab noch einen anderen Grund für die Verzögerung. Im Laufe des vergangenen Jahres war sein Leben einer Reihe von Erschütterungen ausgesetzt. Als er in jenem Herbst von Weymouth nach Ham Spray zurückgefahren wurde, erschien ihm das Leben so verheißungsvoll wie schon seit Monaten nicht mehr. Er war seltsam glücklich.

Er war wieder verliebt.

6. Warten auf Roger

«Eine große Stille ist in letzter Zeit in Ham Spray eingekehrt», schrieb Carrington Anfang 1927 an Julia Strachey. Während Lytton im Haus «fleißig vor sich hin schrieb», steckte sie reihenweise Blumenzwiebeln in den Boden – «alle verkehrt herum», wie Lytton vermutete –, spielte mit ihren Katzen, ritt auf Belle durch die Gegend, fuhr mit dem Hausmädchen Olive in den Downs Schlitten und zündete Feuerwerkskörper im Garten (C. habe es fertiggebracht, die einzige gute Rakete seitlich abzuschießen, stellte Lytton fest). Jetzt, da sich Ralph und Frances am Gordon Square niedergelassen hatten, fühlte sie sich Lytton wieder näher. «Ich habe es genossen, in letzter Zeit mit Dir allein zu sein», schrieb sie ihm am 19. September 1926. «Ich liebe Dich, weil Du immer so freundlich zu mir bist.» Es mochte lächerlich erscheinen, daß sie ihm nach zehn Jahren noch solche Dinge sagte, «aber jedesmal, wenn Du weggehst, merke ich, daß Ham Spray trotz der Schönheit der Steineiche und der Downs mindestens die Hälfte seines Reizes einbüßt ...» Wenn er wegfuhr, schrieb er ihr und kam mit «höchst amüsantem Klatsch zurück. Ich lachte beinahe zwei Stunden lang über seine Geschichten.»

Alles war ruhig, obwohl sie selbst für Gerede sorgte, als sie mit Stephen Tomlin nach Dorset fuhr. Sie bemühte sich kaum, diese Liaison zu verheimlichen, nicht einmal in ihren Briefen an Gerald Brenan, und ebensowenig, daß sie sich immer stärker zu Julia Strachey mit ihren schönen, langen Beinen, dem Herrenschnitt und der eleganten Kleidung hingezogen fühlte. Es sei «zum Verrücktwerden», schwärmte Carrington gegenüber Gerald, «eine lilienweiße Dame mit chinesischen Augen und milchweißen Armen jede Nacht in meinem Haus schlafen zu haben (oder vielmehr nicht zu ‹HABEN›), und ich kann nichts tun, als sie aus der Ferne bewundern und ihr unter dem Vorwand, gute Nacht zu sagen, flüchtige Küsse zu rauben».

In jenem Winter wurde die Ruhe vorübergehend durch Geralds Rückkehr aus Frankreich gestört sowie von Stephen Tomlins und Julia Stracheys Aufbruch nach Paris, wo sie eine «Ehe auf Probe» führen wollten. «Stephen Tomlin hat die liebliche Prinzessin Julia siegreich entführt», schrieb Carrington an Dorelia. «Ich freue mich, weil sie beide meine Lieblinge sind.» Auch Gerald war ihr Liebling, aber über seine Rückkehr freute sie sich weniger. «Ich mache mir selbst das Leben unerträglich schwer», hatte Gerald bei Ralph geklagt. Er war zwischen Paris und Toulon hin- und hergependelt, hatte seine Biographie der heiligen Teresa fallenlassen, mit dem Gedanken an einen Schelmenroman über einen Handlungsreisenden gespielt und sogar eine Reihe von satirischen astrologischen Prophezeiungen zu Papier gebracht, die, wie Carrington ihm mitteilte, sowohl Lytton als auch Desmond MacCarthy unterhaltsam fanden. Gerald wollte nun seine «Liebe zu Carrington» neu aufleben lassen. Zwar scheute Carrington, wie ihre Biographin Gretchen Gerzina schreibt, davor zurück, «sich noch einmal in die Tretmühle dieser Beziehung zu begeben», aber sie konnte ihn nicht ganz zurückweisen.

Die eifersüchtigen Streitereien zwischen ihnen waren bereits wieder in Gang gekommen, als die Affäre dadurch unterbrochen wurde, daß Carrington schwer vom Pferd stürzte. Man hielt sie schon fast für tot. Zehn kräftige Männer hoben sie auf, trugen sie zu einem Auto, das sie mitten durch eine gaffende Menge von Bewunderern ins Krankenhaus brachte. Im Frühling erholte sie sich allmählich unter den Händen einer «furchtbar sadistischen» Masseuse, die Lyttons Nichte Ellie Rendel empfohlen hatte, während Lytton dasaß und mit dem neuen Radioapparat spielte, den James ihnen geschenkt hatte. Es sah «sehr komisch aus, wenn er, die Kopfhörer auf dem edlen Haupt, an den Kondensatoren herumspielte» (Carrington an Gerald am 6. April 1927).

Sie wollte sich in diesem Jahr wieder ganz der Malerei widmen und «für das Vogelbuch, das ich gerade mache, Menschen als eine Art von Vögeln betrachten». Als Teil ihrer Arbeit strich sie Geralds geräumiges Appartement im obersten Stockwerk der Great James Street 14 in lebhaftem Zinnoberrot und mattem Apfelgrün an und machte anschließend im Erdgeschoß von Gordon Square 41, unter Ralphs und Frances' Wohnung, weiter, wo Lytton ein *pied-à-terre* gemietet hatte. Aber schnitt sie sich nicht ins eigene Fleisch, wenn sie «Lyttons Zimmer so elegant und schön machte?» fragte sie Gerald. «Wird er jetzt jeden Montag mit R[oger Senhouse] an den Gordon Square entfliehen und mich trostlos in Ham Spray zurücklassen?» Er antwortete nicht, und sie konnte es nicht sagen.

Beinahe zwei Jahre lang hatte Lytton in seinen Gefühlen zwischen Philip Ritchie und Roger Senhouse geschwankt, und da er unschlüssig blieb, hatte er sich auf keinen von beiden ernstlich eingelassen. Philip schien er den Vorzug zu geben; seine bezaubernd unregelmäßigen Züge legten die Vermutung nahe, er habe ein zugänglicheres Wesen als sein blendend aussehender Freund. Außerdem paßte seine Lebensauffassung «ausgezeichnet zu meinem persönlichen Geschmack», wie Lytton am 17. September 1924 Mary Hutchinson erklärt hatte. Aber Philip hatte sich doch als etwas enttäuschend entpuppt. «Ich finde ihn sehr interessant und immer attraktiver, und ich nehme an, daß er mir irgendwie zugetan ist» (Brief an Sebastian Sprott vom 8. September 1924). Aber er befürchtete, daß seine Freunde Philip vertreiben könnten. «Bitte versuche, nett zu Philip zu sein», hatte er Sebastian am 1. Oktober 1924 gedrängt. «Ich fand Dich ausgesprochen hochnäsig ihm gegenüber. Aber ich versichere Dir, daß er sehr nett ist und auch intelligent. Er … hat sich ziemlich vor Dir gefürchtet – Du darfst nicht so niederschmetternd sein.» Aber was immer die Gründe dafür waren, Philip entzog sich oft. Und es war unmöglich, zu einer tieferen Beziehung mit einem Menschen zu gelangen, der so häufig ohne Erklärung ins Ausland verschwand, niemals Briefe beantwortete und selten andere Bewunderer zurückwies.

Auch die äußeren Umstände hatten die Bindung an Roger begünstigt. Im August war der junge Mann für einige Tage nach Ham Spray gekommen, die sich im nachhinein als entscheidend erwiesen. Kaum war er wieder abgereist, schrieb Lytton am 11. August 1926 aufgeregt an Mary Hutchinson: «*Ma chère*, mir wurde soeben ein außergewöhnliches Glück zuteil – ein wahres Geschenk der Vorsehung. Vor einigen Tagen habe ich einer Tür einen sanften Stoß gegeben, deren Klinke ich schon seit zwei Jahren gern heruntergedrückt hätte, jedoch kaum zu berühren wagte. Zu meinem Erstaunen öffnete sie sich nun, und ich befand mich in einem köstlichen Paradies. Ich bin sozusagen immer noch dort. Vielleicht kannst Du die Anfangsbuchstaben der Tür erraten – wenn ja, wirst Du sofort begreifen, daß das eine streng vertrauliche Mitteilung ist!»

Die Leute hielten Lytton noch immer für einen vertrockneten Bloomsbury-Stockfisch. Dabei hatte er, wie Virginia wußte, selbst in mittleren Jahren noch «mehr Liebe im kleinen Finger», als die ganze neue Generation von Bloomsbury-Kritikern zusammengenommen, die ihm vorwarf, er «liebe die Menschheit nicht». In Wahrheit hatte die Natur ihn mit einer solchen Liebeskraft gesegnet, daß es seinen Freunden oft peinlich war. Seine Empfänglichkeit für Roger war für niemanden zu übersehen – der hübsche, elegante junge Mann mit seiner offenen Art, seiner jungenhaften Lebenslust, seinen bewundernden Worten und Blicken faszinierte Lytton. Er entstammte dem alten Geschlecht der Senhouses aus Maryport in Cumberland und war vor kurzem vom Magdalen College in Oxford nach London gekommen, um dort für eine Import-Export-Firma in Hays Wharf in den Londoner Docks zu arbeiten. Er sprach mit dem melodiösen Tonfall, der im Eton College gepflegt wird und der in Lyttons Ohren so lieblich klang und in ihm jene übertriebene Loyalität weckte, die Nicht-Etonianer manchmal für die alte Schule empfinden. Ein Butler namens Peel sorgte für ihn, ganz ähnlich wie Bunter für Lord Peter Wimsey sorgte. Roger war ein Kenner und Liebhaber von Büchern – später wurde er Partner von Fredric Warburg in der Firma Secker und Warburg. Außerdem war er ein Freund von Genet und übersetzte Colette. Er war nicht ehrgeizig, aber seine merkwürdig sanfte Art verbarg viel hektische Abenteuerlust. Er war kräftig gebaut, hatte stahlblaue Augen und ein markantes Kinn, was alles auf eine Entschlossenheit im Handeln hindeutete, die in keiner Weise vorhanden war. Er war der Spielball seiner Stimmungen, der Zufälle des Lebens, der wechselnden Impulse, die ihn zur Gelehrsamkeit antrieben und dann wieder in Laszivität verfallen ließen, und so lebte und bewegte er sich in herrlicher Ungewißheit.

Etwas an ihm – vielleicht der Sitz seines dunkelbraunen Haars – erinnerte Lytton an George Underwood, die zweite von Lyttons «hoffnungslosen Lieben» in Leamington College. Es bestand eine Ähnlichkeit zwischen seinen Gefühlen für Roger und denen für den sommersprossigen Schuljungen von vor über dreißig Jahren. Vor kurzem hatte Lytton Underwoods Namen in einer Armeeliste gesehen und darüber nachgedacht, daß er nun ein höherer Offizier von fünfzig Jahren mit Frau und Kindern sein mußte – ein kleiner, rundlicher, gutmütiger Typ, schon relativ kahl, aber mit noch ein paar Büscheln ergrauender roter Haare, sehr beliebt in der Offiziersmesse. Aber wenn er zu Roger hinübersah, fühlte er wieder die fiebrige Erregung und Eifersucht der Jugend. Wieder in jene einfache Vergangenheit des Schuljungen in Leamington zurückzukehren, sich in die verlängerte Unschuld der Knabenzeit mit ihrer Folgenlosigkeit und ihren Träumen zu retten – das war Liebe.

Oder etwa nicht? Lytton ging nun auf die Fünfzig zu, während Roger Anfang Zwanzig war – eine gefährliche Alterskonstellation. Aber im Augenblick – es war Herbst 1926 – war alles gut. Es gab lange Gespräche, lange Spaziergänge durch die Downs von Berkshire, am Abend Gelächter und Musik, bis Ham Spray schließlich leer war und die beiden allein übrigblieben und kartenspielend am Kamin saßen. In London besuchte Lytton Roger oft in seiner Wohnung, und jede Woche – beinahe jeden Tag – tauschten sie liebevolle Briefe aus. Ihre Freundschaft hatte eine zärtliche, verspielte Note. Lytton verfaßte Liebesgedichte, Sonette, Akrostichen und Limericks für ihn. Manchmal addressierte er auch einen Brief in Versform:

> *Deliver this to SENHOUSE (Roger)*
> *I prithee, postman debonair!*
> *He is the handsome upstairs lodger*
> *At number 14 BRUNSWICK SQUARE.**

---

* Bringen Sie dies zu SENHOUSE (Roger),
ich bitte Sie, liebenswürdiger Briefträger!
Er ist der gutaussehende Bewohner des oberen Stockwerks
von Nr. 14 BRUNSWICK SQUARE.[47]

«Wie soll ich Dir mein Glück beschreiben?» schrieb Lytton von Nottingham aus, wohin er Roger zu einem Besuch bei Sebastian Sprott mitgenommen hatte, am 11. Oktober 1926 an Mary Hutchinson. «Es ist einfach entsetzlich – das ist alles, was sich dazu sagen läßt. Sebastian ist charmant und ahnungslos.» Es gab in jenen ersten Monaten einen besonderen Grund dafür, ihre Liaison möglichst geheimzuhalten. Keiner von beiden wußte, wie Philip Ritchie reagieren würde, wenn er davon erfuhr. Sie fürchteten sich davor, ihn zu verletzen. Spielte Lytton ihm jetzt nicht genau denselben Streich, den Maynard ihm vor zwanzig Jahren mit Duncan gespielt hatte? Vielleicht nicht ganz denselben, aber einen ziemlich ähnlichen.

Die Neuigkeit konnte Philip nicht ewig vorenthalten werden, und als die beiden sich entschlossen hatten, im neuen Jahr zusammen nach Rom zu fahren, müßten sie ihm die Wahrheit bekennen. Aber auch dann sagten sie ihm nur so viel, wie unbedingt notwendig war. «R[oger] hat P[hilip] davon erzählt – so vage wie möglich», teilte Lytton am 17. Dezember 1926 Mary Hutchinson mit. «P[hilip] war außerordentlich charmant und mitfühlend, wie R[oger] sagt, und machte sich nicht die Mühe, ihn ins Kreuzverhör zu nehmen. Bitte, falls er mit Dir darüber spricht, sag, daß Du nicht viel mehr weißt als das bloße Faktum. Die Einzelheiten sind so verletzend – für ihn und alle anderen. Am besten weißt Du auch nichts über die Termine. Morgen kommt er hierher. Ziemlich dramatisch! Wirklich, eine ganz sonderbare, um nicht zu sagen entsetzliche Situation.»

Selten war Lytton so glücklich gewesen wie in Rom. Hätte die Zeit doch nur stillstehen, hätten diese Sommerwochen doch nur ewig anhalten können. Aber Beziehungen müssen sich weiterentwickeln oder zugrunde gehen. Nachdem sie die Sonne und den blauen Himmel Italiens verlassen hatten, war dieser süße Prolog ihrer Freundschaft zu Ende, und die erste Szene des nun folgenden Dramas spielte sich im winterlichen Klima Englands ab.

Wie Lyttons Erinnerungen an George Underwood schon andeuten, hat sich die Qualität seiner Liebesbeziehungen im Laufe seines Erwachsenenlebens nicht sehr gewandelt. Sporadisch fühlte er sich ein Stück weit sexuell zu Frauen hingezogen – zu Maria Nys, Katherine Mansfield und natürlich auch zu Carrington –, aber im allgemeinen ängstigten ihn Frauen. Da ihm der Weg zu heterosexuellem Glück versperrt war[48], kehrte er bei den meisten Affären in seine Adoleszenz zurück. Wenn er sich verliebte – wobei stets auch das

Element der Heldenverehrung eine Rolle spielte –, war dies immer von einem Gefühl der Unsicherheit begleitet – im Grunde war es eine Regression ins Jugendalter. Aber die Beziehungen waren nicht alle gleich. Die Männer, in die er sich verliebte, waren noch immer der Typ Mann, der er selbst gern gewesen wäre, sie besaßen Eigenschaften, die ihm bedauerlicherweise fehlten. Aber die Eigenschaften, die er bewunderte, waren vielfältig, manchmal widersprüchlich, und sie wechselten auch im Laufe der Zeit.

Die uns vorliegenden Liebesgedichte weisen noch auf andere Veränderungen hin. Die Gedichte, die er in Cambridge oder kurz nach seinem Weggang von dort geschrieben hatte, zeigen seine zwanghafte Beschäftigung mit der physischen Seite der Liebe, die er abstoßend findet. Außerdem spiegeln sie die Stimmung dieser dunklen Lebensphase wider. Seine späteren Gedichte trennen häufiger Lust und Liebe, wobei sie die Lust durchaus zotig behandeln und die Liebe dem Reich des Imaginären zuweisen, wo sie der Vergänglichkeit alles Körperlichen enthoben ist. Die Lust ist nicht länger eine «kehlige Stimme», die antithetisch auf den «irdischen Staub» bezogen wird, um das Grab edlen Strebens anzudeuten: Sie ist etwas weniger Ernstes und vielmehr Aufregendes. Sehr charakteristisch für den leichteren Ton, in dem er nun erotische Themen präsentiert, sind einige Verse, die er im Sommer 1929 Roger Senhouse schickte:

> *How odd the fate of pretty boys!*
> *Who, if they dare to taste the joys*
> *That so enchanted Classic minds,*
> *Get whipped upon their neat behinds;*
> *Yet should they fail to construe well*
> *The lines that of those raptures tell*
> *– It's very odd, you must confess –*
> *Their neat behinds get whipped no less.**

---

* Schon seltsam ist das Schicksal hübscher Knaben!
Denn wenn sie es wagen, die Freuden zu kosten,
die den Geist der Alten so entzückten,
wird ihnen der hübsche Hintern versohlt;
Können sie die Perioden nicht richtig konstruieren,
die von solchen Wonnen künden,
– schon überaus seltsam, das mußt du zugeben –
wird ihnen ebenfalls der Hintern versohlt.

Dieses Gedicht ist in erster Linie dazu gedacht, sexuelles Vergnügen hervorzurufen. Es sind die Verse eines glücklicheren, freieren Mannes, der die Lust inzwischen mehr liebt. Er brauchte sexuelle Stimulation, und zwar weniger um das Verlangen zwischen ihm und einem anderen Mann zu wecken, als vielmehr um die schmerzhaft starken Triebe zu lindern, die seinem Liebesleben in der Vergangenheit so oft den Stempel des Zwangs aufgeprägt hatten. Wenn dieses Bedürfnis erst einmal gestillt war, war er von seinem körperlichen Verlangen erlöst und gelangte in ein schwebendes Reich des Geistes. Dieses freudetrunkene Universum der Selbstvergessenheit preisen seine späteren Liebesgedichte. In «The Haschish», das er vor dem Ausbruch des Krieges verfaßte, stellt er sich selbst als befreit dar von dieser, wie er es nennt, «falschen Welt» und in einen körperlosen Zustand versetzt, beseligt und erlöst von den Fesseln der Logik und des Verstandes.[49] Obwohl vieles auf die okkulte und überirdische Natur dieser Träumerei zu verweisen scheint, besteht das Hauptanliegen doch darin, Egoismus und Eitelkeit abzulegen. Die bewegendsten Verse des Gedichtes sind diejenigen, in denen Lytton seinen Wunsch nach Selbstvergessenheit ausdrückt, nach einer Befreiung aus dem Kokon seines kranken Körpers und von dem verhaßten Londoner Leben, das ihn mit Mauern umgab:

> *Let me eclipse my being in a swoon,*
> *And lingering through a long penumbral noon,*
> *Feel like a ghost a soft Elysian balm,*
> *A universe of amaranthine calm,*
> *Devoid of thought, forgetful of desire,*
> *And quiet as joined hearts which still suspire ...*
> *– Looks that are felt, and lusts as light as air,*
> *And curious embraces like September flowers*
> *Vanishing down interminable hours,*
> *And love's last kiss, exquisitely withdrawn,*
> *And copulations dimmer than the dawn.*
> *Who now shall fret?* *

---

* Laß mein ganzes Sein in Dämmer tauchen
 und mich im mittäglichen Schatten verweilen,
 wie ein Geist einen sanften, elysischen Balsam fühlen,
 ein Universum von amarantenhafter Ruhe,

Nur auf diese Weise betäubt, können sich Lust und Liebe zur Befriedigung von Lyttons anspruchsvoller Natur vereinen. Die evozierte Vision der Unschuld hat deutlich konventionelle Züge. Er übernimmt die klassische poetische Diktion der spätviktorianischen Gefühlswelt, wenn er versucht, ein anschaulicheres Bild von homosexueller Verzückung zu zeichnen.

Dann sieht er:

> *forms of golden boys*
> *Embraced seraphically in far lands*
> *By languid lovers, linking marvellous hands*
> *With early Virgins crowned with quiet wreaths*
> *Of lily, frailer than the air that breathes*
> *The memory of Sappho all day long*
> *Through Lesbian shades of fragmentary song* ...*

In seinem Gedicht «Happiness», das er während der Arbeit an «Eminent Victorians» schrieb, wird die Empfindung der Liebe wiederum so beschrieben, als sei sie von einer Art Droge hervorgerufen worden – nicht von einem Aphrodisiakum, sondern von einem Beruhigungsmittel oder Opiat, das Schläfrigkeit auslöst. Das Glück, so sagt er, kommt am wahrscheinlichsten zu denen, die ihre Ungeduld

> frei sein von Gedanken, alles Verlangen vergessen
> und ruhen wie vereinte Herzen, die dennoch schmachten ...
> – Blicke, spürbar, und Lüste, leicht wie Luft,
> und Umarmungen wie Septemberblumen,
> die in endlosen Stunden versinken,
> und den letzten Kuß der Liebe, köstlich verhalten,
> und Vereinigungen, zarter als die Morgendämmerung.
> Wer sollte sich da noch sorgen?

---

* Gestalten goldener Epheben,
in fernen Ländern seraphisch umarmt
von schmachtenden Liebhabern, die prächtige Hände
zarten Jungfrauen reichen, gekrönt mit Lilienkränzen
still und zerbrechlicher als die Luft,
die den ganzen Tag die Erinnerung an Sappho atmet
durch Lesbos' Schatten fragmentarischer Lieder ...

besiegt haben und deren Sinne nicht mehr vom Verlangen nach Lust oder nach Macht aufgewühlt werden. Es wird

> *oftenest known*
> *To those in whom the waiting soul has grown*
> *A little weary, and whose deep desires*
> *(as in black coal sleep unextinguished fires)*
> *All joy's rich possibilities ignore*
> *And, not despairing, not expect no more.**

Er hatte das Stadium erreicht, in dem er nichts mehr erwartete, als Roger plötzlich diese verborgene Glut wieder neu entfachte. Die neue Flamme brannte hell, unstet, fast ungezügelt und schimmerte in einem ganz anderen Licht als frühere Brände. Während seiner Zeit in Cambridge hatte Lytton nach Schuljungenart Sexualität mit Ausscheidung assoziiert und war von der Vorstellung des Analkoitus besessen gewesen. Aus seinen nach Cambridge entstandenen Schriften läßt sich die Entwicklung subtilerer Formen der Erotik ablesen. Offenbar besaßen nun auch andere Körperteile erotische Reize für ihn, speziell die Ohren. Es gibt ein paar Hinweise auf Ohren im Briefwechsel mit Duncan Grant, und etwas später bekundet er ein merkwürdiges Vergnügen daran, «die auffallenden, göttlichen, ach so großen und lasziven Ohren» von George Mallory zu betrachten. Aber erst nachdem er sich in Ralph Partridge verliebt hatte, ist in seinen Briefen regelmäßig von Ohren die Rede. Zu der Zeit, in der er an Roger Senhouse schreibt, scheinen sie eine orale Bedeutung gewonnen zu haben (er bezeichnet sie als «Lutscher»). Er droht ständig, Roger für irgendeine Missetat die Ohren langzuziehen, zu zwicken oder sie ihm als Strafe für irgendein phantasiertes Verbrechen abzuschneiden. Mit wonnevollem Grausen schildert er auch die Verstümmelungen, die man im sechzehnten und siebzehnten Jahrhundert an den Ohren der Delinquenten vorgenommen hat.

---

* am häufigsten jenen zuteil,
deren wartende Seele
ein wenig ermattet ist und deren tiefe Sehnsüchte
(wie in schwarzer Kohle ungelöschte Feuer schlummern)
all die reichen Möglichkeiten des Vergnügens mißachten
und, ohne zu verzweifeln, nichts mehr erwarten.

Solche Fetische waren Teil des Phantasielebens, dem er sich nun zum erstenmal hingab. In seiner Liaison mit Duncan Grant hatte er sich bemüht, seine Tagträume ein Stück weit Wirklichkeit werden zu lassen, indem er beinahe buchstäblich die Gestalt und Persönlichkeit des Mannes anzunehmen versuchte, den er liebte. Bei Henry Lamb war er nur in Krisenmomenten oder bei Versöhnungen in sexuellen Infantilismus verfallen, so daß Phantasie und Wirklichkeit stets parallel verliefen in dieser Partnerschaft, die mehr schlecht als recht gedieh und schließlich auseinanderbrach. Bei Ralph Partridge hatte er versucht, das Objekt seiner Liebe umzugestalten, um eine größere Nähe im täglichen Leben zu erreichen – aber als ihm diese Veränderung ein Stück weit gelungen war, schwand seine anfängliche Verliebtheit und ging in eine recht gewöhnliche Freundschaft über. Aber in Gesellschaft von Roger Senhouse betrat er eine Welt der Wunscherfüllung, in der beide fiktive Identitäten annehmen und in fremde Rollen schlüpfen konnten. Das war eine phantasievollere Methode, sich selbst zu entrinnen und mit dem Geliebten zu verschmelzen – eine Methode, die sich Rogers surrealistischem Wesen verdankte. Sie taten so, als seien sie David und Absalom, Nero und sein Sklave, ein Mitglied von Pop (der Eton Society) und sein *fag**, ein Elternteil und das Kind – der Phantasie waren keine Grenzen gesetzt, die Vielfalt war unerschöpflich, und Lytton übernahm dabei die Führung. «Warum können wir nicht in unseren Urwald zurückkehren und uns glücklich von Ast zu Ast schwingen?» fragte er am 13. März 1927. «Wir würden uns von drei Nüssen am Tag ernähren und zusammen schlafen, hoch oben, mitten in einer herrlichen Palme. Niemals den Boden berühren, Roger – wie göttlich! Wäre nicht das allein den gesamten Intellekt der Menschheit wert?» Dann wieder beschwor er das Bild einer gemeinsamen Häuslichkeit herauf. «Willst Du mich nicht als Diener nehmen anstelle von Peel?» bat er im Dezember 1926. «Ich habe mich stets nach einem solchen Posten gesehnt. Keinen eigenen Willen haben, keine Bedeutung, keine Verantwortung, kaum eine Seele – wie außerordentlich befriedigend wäre das. Wenn ich mir meinen Bart abrasieren würde, würde mich kein Mensch erkennen. Bekannter Autor verschwunden – und es wäre köstlich.»

Für Lytton bedeutete das Gefühl, in eine Vielzahl imaginärer hi-

---

* Schüler, der für einen Älteren Dienste verrichtet.

storischer Szenen, Gestalten und Orte eintauchen zu können, eine Erweiterung seines Lebens um ein unerforschtes, verzaubertes Territorium, in dem er sich nahezu nach Belieben bewegen konnte. Der ästhetische Geschmack, den er mit Roger gemeinsam hatte – besonders für Literatur und Musik –, wurde mit sexuellen Konnotationen aufgeladen. Bücher und ihre Einbände begannen Lytton bis in seine Träume zu verfolgen. «Meine Gefühle für gewisse Bücher sind sicher nahezu libidinös, wie Dr. Freud sagen würde», stellte er fest. In Rom hatten sie während der vierzehn Tage intensiven gemeinsamen Glücks Dante gelesen, und anschließend entdeckte Lytton, daß die bloße, sanfte Berührung des Buches mit seinen Händen eine Welle sinnlicher Gefühle entfachen konnte. Wenn er seine Fingerspitzen über das feingenarbte Saffianleder wandern ließ, überrieselte ihn ein Schauer der Erregung – «für den Dante sicherlich einen eigenen Höllenkreis reserviert hätte – wenn er auf ein solches Laster gekommen wäre». Selbst wenn sie zusammen in einer französischen Erstausgabe lasen, die einmal dem «Grand Dauphin» – dem ältesten Sohn Ludwigs XIV. – gehört hatte, war Lytton hingerissen. Er war dann nicht länger ein Autor des zwanzigsten Jahrhunderts in mittleren Jahren, sondern der rechtmäßige Erbe des französischen Thrones, und neben ihm saß nicht ein hübscher Büchernarr und Eton-Absolvent, sondern der König selbst! Es war eine Erfahrung, die selbst für den ausgefallensten Roman zu unwahrscheinlich klang – es sei denn, Virginia würde ihn schreiben. «Ich fürchte, ich bin beinahe zu glücklich, wenn ich mit Dir zusammen bin», gestand Lytton Roger im Februar 1930. «Ach, die Kompliziertheit und Intensität des Daseins macht mich zu einem Schatten meiner selbst. Nicht ein Augenblick läßt sich in Worte fassen.»

Auch Musik übte denselben Zauber auf beide aus. Wenn sie zusammen Mozart hörten, besonders Kammermusik, schien es beinahe, als seien er und Roger selbst die Instrumente – die Geige, ihre Saiten und der Bogen, der mit straffer Hand rhythmisch vor und zurück, nach innen und außen geführt wird. Es war die Musik, die ihre Liebe nährte, aber seltsamerweise empfanden sie nicht dasselbe, wenn sie Vaughan Williams spielten. «Ich vermute, das liegt nur daran, daß ich früher seine weiblichen Verwandten kannte», spekulierte Lytton.

Solche Erfahrungen entzogen sich der Sprache, aber wenn er am Ende des ersten Kapitels von «Elisabeth und Essex» den höchsten Punkt der Ekstase in der Liebesaffäre der Königin mit ihrem Höfling schildert, versucht er dies unbeholfen mit einer musikalischen Metapher einzufangen:

«Wenn zwei bewußte Wesenheiten zu einem gewissen Grad von Verbundenheit kommen, so drängt die innere Triebkraft ihrer Wechselwirkung mit immer wachsender Gewalt zu einer unentrinnbaren Steigerung. Das Crescendo strebt seinem Höhepunkt zu, und erst wenn er erreicht ist, wird die vorherbestimmte Lösung des Themas offenbar.»

Was war nach ihrem Urlaub in Rom natürlicher, als Zukunftspläne zu schmieden? Aber als Lytton an Roger schrieb und ihm von seinem neuen Quartier am Gordon Square 41 erzählte, war seine Antwort vage und zögerlich. Lytton hatte damit gerechnet, daß seine eigenen Gefühle erwidert würden. Doch was er sah, war etwas Verschwommenes und Unklares. «Wir haben wirklich eine wunderbare Kombination von Dingen entdeckt oder vielleicht erfunden», hatte Lytton an Roger geschrieben. Aber Roger war sich da nicht so sicher. Er fürchtete sich davor, in eine Position gedrängt zu werden, in der seine eigene Zuneigung versagen würde. Aufgrund seiner Zustimmung zu der Romreise mit Lytton – der für alles bezahlt hatte – fühlte er sich ihm gegenüber mehr gebunden als durch bloße Freundschaft oder einen Flirt. Alle weiteren Pläne konnten ihn nur noch stärker binden. Daher begann er Ausflüchte zu suchen.

Lytton war bestürzt und verletzt. An Roger zu appellieren war, als versuche man Druckspuren in Watte zu hinterlassen. Einem Impuls folgend, rief Lytton bei ihm an, als er in London war, und «fühlte sich wie ein ertappter Mörder». Aber zu seiner Überraschung klang Rogers Stimme ausgesprochen freundlich, und sie verabredeten, zusammen «Così fan tutte» zu besuchen. Die Versöhnung war köstlich, aber dennoch blieb Lytton verwirrt. «Ich bin jetzt viel glücklicher, aber ziemlich beunruhigt», schrieb er Mary Hutchinson am 25. März 1927, «– ich weiß nicht recht, warum – bitte steh mir bei!»

Diese Unruhe hatte gute Gründe, und während der folgenden Wochen und Monate hatte er den Beistand seiner Freunde bitter nötig. Schon an dem Abend, an dem die beiden zusammen Mozarts Musik lauschten, war ein Brief nach Ham Spray unterwegs, in dem Roger vielen seiner Befürchtungen Ausdruck gab. Wohin führten diese Spiralen der Phantasie, diese Abenteuer des Geistes und der Vorstellungskraft, fragte Roger. Lytton konnte sich Rollen und Situationen ausdenken, die so hinreißend waren, daß Roger völlig von ihnen aufgesogen wurde. Sie waren auch amüsant, und da sie Lytton so offenkundig Freude machten, freute auch er sich an ihnen. Aber dann vereitelte die Wirklichkeit all sein Streben und stürzte Lytton in einen furchtbaren Abgrund. Diese plötzlichen Einbrüche verstörten Roger. Er selbst erlebte diesen schrecklichen Rückstoß nicht, denn er hatte nicht dasselbe heiße Verlangen nach Scheinwelten, aber er sah ihre Wirkung auf Lytton uund wurde mit in den komplizierten Gefühlsstrudel hineingezogen. Zwar verstand er nicht genau, was geschah, fühlte sich aber dennoch verloren und bestürzt und in gewisser Weise auch verantwortlich für den Schmerz, der Lytton so plötzlich überfiel. Was sollte er tun? Ihre körperlichen Bedürfnisse und Neigungen waren grundverschieden. Es war in Ordnung, wenn Carrington da war, und es ging auch ganz gut, wenn Lytton nach London kam. Dann trat Roger in gewisser Hinsicht an Carringtons Stelle. Aber er hatte Angst davor, allein nach Ham Spray zu fahren. Er fürchtete buchstäblich, Lytton könnte verrückt werden. Er drängte Roger zu immer extravaganteren Phantasien, wurde dabei immer erregter, aber es gab keine Entladung. Selbst in seinen extremsten Zuständen war er noch immer gehemmt. Roger wußte, daß Lytton ihm nicht bloß sexuelles Verlangen entgegenbrachte, sondern eher eine grenzenlose Zuneigung. Es graute ihm davor, Lytton, der immer so verletzlich war, der sich an alles erinnerte, was er sagte, und in alles einen gar nicht beabsichtigten Sinn hineinlegte, es graute ihm davor, einem solchen Liebhaber weh zu tun.

«Lytton, ich kann es nicht ertragen, Dich in irgendeiner Weise zu verletzen», schrieb er ihm. «Es hat eine sofortige Wirkung auf mich – und doch sehe ich, daß ich ständig Gefahr laufe, durch ein unbedachtes Wort oder eine Geste ebendas zu tun. Wenn ich merke, daß ich Dir weh getan habe, empfinde ich Scham und werde nervös.

Ich möchte Dir gegenüber immer ganz offen, direkt und unverhohlen sein, aber ich stelle allzu häufig fest, daß ich meine wahren Gefühle verhüllt habe und in eine Rolle schlüpfe, die meinem Wesen nicht entspricht ... Lytton, Du bist so umwerfend charmant und so aufmerksam zu mir, daß ich gar nicht weiß, wie ich Dir danken soll. Würde es mir je einfallen, mich unzufrieden zu zeigen über das, was wir gerade tun, weiß ich, wieviel Mühe Du Dir geben würdest, es besser zu machen ... Du sagst, Du fändest alle Befriedigung, die Du brauchst, in dem Leben, das wir in den letzten Monaten geführt haben, aber ich, der ich sozusagen darüber wache, bin zu der Feststellung gelangt, daß die ‹Dinge›, wie ich es salopp genannt habe, sehr viel besser sein könnten.»

Die Wirkung des Briefes auf Lytton war niederschmetternd. Er konnte seine Erschütterung nicht verbergen. «Ich bin der völligen Verzweiflung nahe», klagte er Mary Hutchinson am 1. Mai 1927. «Alles ist zerstört!» Er las nur eines aus Rogers unschlüssigen Zeilen heraus: Er liebte ihn nicht. Und er war sich seiner Liebe so sicher gewesen! Gerade jetzt, wo das Glück zum Greifen nahe schien, wo er praktisch fähig gewesen war, mit Rogers Augen zu sehen und mit ihm zu fühlen, war die schöne Zeit vorüber. Alles war so plötzlich dahin. «Ich kann es kaum glauben. Warum geschehen solche Dinge?» (Brief an Sebastian Sprott vom 2. Juni 1927) Hatte er Roger wirklich gezwungen, seiner wahren Natur untreu zu werden, oder hatte Rogers Charme ihn in die Irre geführt? «Ja, Rogers Charme. Aber was, bitte, ist Charme, das möchte ich gerne wissen», fragte Lytton wehmütig bei Mary Hutchinson an. Sein Charakter schien von allem, was er berührte, Farbe anzunehmen. Von einem Tag auf den anderen war er nie dieselbe Person – einmal liebevoll, einmal kurz angebunden, als sei es ihm ein wenig peinlich, sich als Idol eines alternden, kränklichen Mannes zu sehen. Lytton wußte nicht, woran er war.

Die nächsten viereinhalb Monate waren von Unsicherheit geprägt. Lytton wurde von quälender Ruhelosigkeit umgetrieben. Er ertrug es nicht, allein gelassen zu werden, sondern hastete von Carrington zu Mary Hutchinson und Topsy Lucas, von Dadie Rylands zu Stephen Tomlin und sog gierig ihre Worte des Trostes und der Ermunterung auf.

Er konnte sich glücklich schätzen, solche Freunde zu haben. Sie taten alles für ihn, was Freunde unter solchen Umständen nur tun können. «Ich bin umgeben von unendlich viel Liebenswürdigkeit und Zuneigung. Aber wie sollte ich mich nicht manchmal dennoch einsam fühlen?» (Brief an Dadie Rylands vom 18. Juli 1927). In Ham Spray bahnte sich eine Neuorientierung der Beziehungen an, denn Lytton wandte sich aus seiner enttäuschten Leidenschaft für Roger vorübergehend wieder Ralph Partridge zu. Erinnerungen an die alte Vertrautheit – «so ungeheuer romantisch und bewegend –

kamen mir wieder in den Sinn, und ich fühlte mich seltsam erregt. «Da stand er, eine Treppe tiefer, im Grunde dieselbe Person, wie ich gestehen mußte, aber sechs oder sieben Jahre sind seither vergangen – und wie stehen wir jetzt zueinander? – Ich sehnte mich danach, etwas zu sagen – aber es war unmöglich, mehr als ein, zwei undeutliche Worte zu murmeln, und so kehrte er nach London zurück» (Brief an Mary Hutchinson vom 9. August 1927).

In jenem Sommer versuchte er, seinen Kummer mit ein paar Flirts zu zerstreuen. «Ja, die Liebe ist aufreibend», gestand er Topsy Lucas am 27. Juli 1927, «aber das Leben geht weiter, und es geschieht etwas – erfrischende, aufregende Dinge –, auch wenn ein gewisser R[oger] mit einem Schluß macht.» Am nachhaltigsten wirkten der Trost und die Gesellschaft von Dadie Rylands und Stephen Tomlin.

Tomlin, der bisexuell war, spielte für kurze Zeit eine virtuose Rolle im Haushalt von Ham Spray. Aber Ralph war heftig dagegen, daß «Tommy» eine Liaison mit Carrington anfing – was später von tragischer Bedeutung sein sollte –, weil er befürchtete, er sei ein Mensch, der eher zerstöre als Glück bringe. Ende Juli ging diese lockere Beziehung in die Brüche, weil Tomlin schließlich Julia Strachey heiratete.

«Ich führe wirklich ein verrücktes Leben», schrieb Lytton an Mary Hutchinson. «Sowohl T[ommy] als auch D[adie] sind mir zugetan – und ich ihnen auch, sie gefallen mir in jeder Hinsicht – wenn auch natürlich auf jeweils unterschiedliche Weise! – Meine Beziehung zu T[ommy] ist aufregend – da ist Kraft – und Geist – und ein bemerkenswerter Charakter – aber unsere Beziehung ist derzeit zum Stillstand gekommen, da er am Donnerstag heiratet (glaube ich). Auch die Beziehung zu D[adie] stockt, da er nach Cambridge gefahren ist – eine zauberhafte, heitere Beziehung. Du siehst, daß ich eine Menge Stoff zum Nachdenken habe in meiner Abgeschiedenheit ... Hat es je zuvor eine solche Welt gegeben? Solche Lebenswege? Solche Eigentümlichkeiten?» (Brief vom 19. Juli).

Carrington hatte Julia Mitte Juli versichert: «Ich freue mich, daß Du Tommy heiratest, denn wenn Du ihn nicht heiraten würdest, würde ich ernsthaft darüber nachdenken, ihn selbst zu heiraten, weil er so charmant ist.» Als sie die beiden vor der Hochzeit sah, erschienen sie ihr «einander sehr zugetan und glücklich, und so hoffe ich, daß es (mindestens eine Zeitlang) gutgehen wird mit ihnen» (Brief an Saxon Sydney-Turner vom 15. Juli 1927).

Zwischen ihr und Gerald hingegen lief es gar nicht mehr gut. Er empfand noch immer eine eifersüchtige Liebe zu ihr, und als er in jenem Sommer nach Ham Spray zu Besuch kam – zum erstenmal seit zwei Jahren –, fühlte er sich vor Ralph und Frances gedemütigt, weil Carrington sich ostentativ geweigert hatte, in sein Schlafzimmer zu kommen. Sie hatten geplant, sich Ende Juli wieder beim White Horse von Uffington zu treffen, wo sie sich vor sechs Jahren zum erstenmal geküßt hatten. Aber im letzten Moment überlegte Carrington es sich anders und zog einen Aufenthalt mit Alix und James in München vor. «Ich habe das Gefühl, es ist im Augenblick nicht gut für Dich, wenn wir uns sehen», schrieb sie ihm am 13. August 1927. «Ich habe mich geirrt, als ich letzten Herbst dachte, ich könne eine Liebesbeziehung aufrechterhalten.» Es war derselbe Schluß, zu dem sie zwei Jahre zuvor schon einmal gelangt war, aber jetzt waren sie wirklich am Ende oder vielmehr, beinahe am Ende, denn sie waren sich darin einig, daß sie «volle Freiheit hatten, alle Regeln zu brechen und so kapriziös zu sein, wie sie wollten», wie Carrington später (11. Februar 1928) schrieb. «Es gibt also keine unwiderruflichen Schlüsse, letzten Briefe, unverzeihlichen Kränkungen oder geschlossenen Türen.»

Lytton arbeitete noch immer an «Elisabeth und Essex», fand aber darin keinen Ausweg aus seinen Nöten, denn er sah in ihre Geschichte vieles eingebettet, was seine eigene tragische Liaison mit Roger widerspiegelte. Das mag ein Stück weit der Grund dafür gewesen sein, daß er nur quälend langsam vorankam. Er war auch früher schon unglücklich verliebt gewesen, hatte es aber dennoch fertiggebracht, stetig an seiner Arbeit weiterzuschreiben, weil es ihm Erleichterung von seinen emotionalen Problemen verschaffte. «Elisabeth und Essex» hingegen verstärkte seinen Schmerz.

Die Abwesenheit Rogers wurde für Lytton nach und nach unerträglich. Ende Juni kam Philip Ritchie nach Ham Spray, um sich bei Lytton von einer Mandelentzündung zu erholen, und für kurze Zeit wurde es ruhig. Aber bald war alles wieder voller Düsterkeit und Unsicherheit. Gelegentlich sah Lytton Roger, und manchmal waren sie sich so nah wie immer – die Unstimmigkeiten schwanden, die Dunkelheit lichtete sich, die Hoffnung kehrte wieder. Aber Lytton wußte nie, wie sich die Dinge zwischen einer Begegnung und der nächsten entwickeln würden. «Was meinen jungen Freund angeht, zu dem ich ging, als ich Dich verließ – so war er unerwarteterweise hinreißend – wirklich äußerst entgegenkommend – der Schuft!» (Brief an Mary Hutchinson vom 15. Juli 1927) Gab es ein Muster in Rogers Verhalten? Lytton glaubte eines zu erkennen. Je weiter sie voneinander entfernt waren, desto liebevoller erschien Roger. Lytton machte dasselbe durch, was Carringtons Liebhaber durchgemacht hatten. «Ich denke immer noch an R[oger] – zweifellos viel zuviel – ich wollte, ich täte es nicht», schrieb er Mary Hutchinson am 27. Juli 1927. «Die Dinge müssen ihren Lauf nehmen, und es ist wenig wahrscheinlich, daß ich ihn vor dem Herbst noch einmal wiedersehe. Ohne Zweifel muß ich etwas Ermüdendes an mir haben, wenn man mich aus nächster Nähe erlebt, aber ich denke, seine Reaktionen waren ein bißchen extrem.»

Kaum hatte Lytton einen gewissen Gleichmut zurückgewonnen, da machte ihn Roger wieder zunichte, indem er in Ham Spray auftauchte. Seine Ankunft fiel genau auf den Tag, an dem ein Jahr zuvor der Besuch begonnen hatte, bei dem sich Lytton «in einem köstlichen Paradies befand» – und Roger – «beging jetzt den Jahrestag damit, daß er zum erstenmal allein schlief», wie Lytton am 9. August 1927 Mary Hutchinson verriet.

«Jedoch sind solche Zufälle lächerlich ... Er sah alles andere als gut aus – blaß und aufgedunsen – weit und breit nichts von Schönheit – im Grunde fast ein anderer Mensch. So schrecklich dick! – Alles ging gut, er war äußerst liebenswürdig. Ich benahm mich außerordentlich wohlanständig, er schien sich zu vergnügen, und als er ging, gab er mir tatsächlich völlig unaufgefordert einen Kuß. Ein merkwürdiges Geschöpf, muß ich sagen. Entschieden charmant ... Wir verbrachten eine glückliche Stunde damit, Rabelais im Original mit der Übersetzung von Urquhart zu vergleichen. Er pflückte auf unserem Morgenspaziergang wildwachsende Blumen und Zweige von Büschen – noch mehr Blumen im Garten – und kam mit einem riesigen Armvoll zurück – was in meinen Augen ausgesprochen sympathisch ist und was niemand sonst, den ich kenne (außer Carrington), auch nur im Traum einfallen würde. Sind die Dinge nicht merkwürdig – zum Verzweifeln – konfus? Was will man? Was will überhaupt irgend jemand? – In Wirklichkeit? Ach! – so wenig – und doch so viel.»

Alles hatte sich wiederholt und schien nun zum Stillstand gekommen zu sein. «Die Lytton-Uhr muß wieder aufgezogen werden», schrieb Lytton am 15. August 1927 an Dadie. «Die Zeiger sind auf halber Strecke des Zifferblatts stehengeblieben, und Ham Spray ist ein Hort der Keuschheit.» Anfang September fuhr Roger in Urlaub nach Deutschland und schickte eine Flut von Postkarten und langen Briefen an Lytton, in denen er «ausdrücklich viele Liebesgrüße schickte». Aber was war eigentlich Liebe? Ein Gefühl enormer Erleichterung überkam ihn, nachdem Roger abgereist war – endlich konnte er für ein paar Wochen ein wenig in Frieden leben. Aber allzubald begann er sich mit dem Gedanken herumzuquälen, was Roger trieb. Die Briefe und Postkarten waren keineswegs eindeutig. Sie ließen sich in so vielerlei Weise lesen. Und dann war das Leben so langweilig ohne ihn. «Denkst du manchmal an mich?» fragte er, «Beginnst Du zu vergessen, daß es mich gibt? Was mich angeht, so kann ich kaum glauben, daß es mich gibt.»

Die Dinge hätten endlos so weitergehen können, wenn sich nicht im September etwas Trauriges ereignet hätte. Philip Ritchie, der seine Mandelentzündung schon kuriert glaubte, erlitt einen Rückfall. Er mußte operiert werden und starb an den Folgen des Eingriffs. «Ich hatte gedacht, es gehe ihm gut und er sei vielleicht in Schottland», schrieb Lytton am 15. September 1927 an Dadie Rylands. «Es ist niederschmetternd und elend. Auch Carrington ist sehr betroffen – sie ist unsäglich lieb und gut zu mir. Roger ist noch nicht zurück ... Ich bin seinetwegen sehr in Unruhe. Das Schicksal hat ihm gewiß übel mitgespielt. Ich möchte gern bei ihm sein und ihn trösten, aber es ist noch eine zusätzliche Ironie, daß er meine Zuneigung jetzt vielleicht gar nicht gebrauchen kann.»[50]

Die Ironie war, daß Roger selbst in diesem Unglück nichts von seiner Fähigkeit einbüßte, Lytton zu überraschen. Es war keineswegs so, daß er Lyttons Zuneigung nicht gebrauchen konnte, vielmehr war er absolut auf sie angewiesen. Philips Tod wischte all die Entfremdung und Unsicherheit der letzten Monate weg. Die beiden trafen sich, sobald Roger wieder in London ankam. Er war in einem erbärmlichen Zustand, erfüllt von krankhaften Selbstvorwürfen, denen Lytton entgegenwirkte, indem er Roger darauf hinwies, wie übertrieben sie waren. «Es ist eine solche Gnade, Dadie», schrieb er später (21. September 1927), «die dunkle Wolke, die zwischen uns hing, hat sich aufgelöst, und ich konnte alles in meiner Macht Stehende tun, um ihn zu trösten, und ihm ganz natürlich meine Zuneigung zeigen; er war sehr charmant und liebevoll.»

Solange Lytton sich in Charleston und Weymouth aufhielt, schrieben sie einander jeden Tag. Das geteilte Leid versprach ihrer Beziehung neue Kraft zu geben. «Aber Du weißt, mein Liebster», schrieb Lytton, ehe er im Oktober aus Weymouth zurückkehrte, «es ist unmöglich, nicht eine unterschwellige Traurigkeit zu empfinden – mehr als zuvor, wegen Philip und wegen allgemeiner Dinge – wegen der Gefahren und Schwierigkeiten des menschlichen Daseins – wegen des quälenden Schmerzes von Trennungen und Mißverständnissen – der bösartigen Macht des reinen Zufalls über das Glück und das Gute – ich weiß, daß Du all das fühlst, und wenn ich über diese Dinge nachdenke, dann muß ich weinen, und dann, Roger, versinke ich in unserer Liebe, die mir wie die göttliche Lösung eines Mißklangs vorkommt, und alles ist gut.»

7. Zusammen

«Alles ist gut» war ein froher Refrain in vielen von Lyttons Briefen aus den folgenden Monaten. «Es ist wunderschön, wieder hier draußen zu sein», schrieb er am 29. Januar 1928 von Ham Spray aus an Topsy Lucas. «Roger ist weiterhin außerordentlich charmant, und ich bin sonderbar glücklich.» Sie hatten vereinbart, daß sie einander nur dann Briefe schreiben wollten, wenn sie wirklich Lust dazu hatten. Aber Lytton juckte es ständig in den Fingern, seinem «Liebsten» Liebesgrüße zu schicken und heimliche Küsse für die grotesken «Affen-Lutscher» in Umschläge zu stecken oder Roger zuzuflüstern, wie sehr er sich danach sehne, seinen lieben Cherub oder seinen Roger-Strolch, seinen Pavian oder sein Monster wieder in Ham Spray zu haben. Aber er achtete sorgfältig darauf, Roger nie vorzuhalten, er schreibe seltener als er, bemühte sich, ihn nicht mit allzu zahlreichen Einladungen oder Geschichtslektionen zu langweilen. Seine Bitten sind bescheiden («Darf ich den hübschen Schnappschuß von Dir mit der Pfeife & dem Halstuch haben ... wenn er nicht für jemand anders bestimmt ist?»); er neckt ihn («Ich muß es Dir ins Ohr sagen – manchmal – und Du darfst nicht böse werden – bist Du ... komm ganz nah zu mir her ... eine richtige Gans!»), und er füllte seine Briefe mit allem, von dem er dachte, daß es Roger zum Schmunzeln bringen würde – Geschichten aus Büchern, Schilderungen von Personen. Manchmal waren seine Befürchtungen und sein Groll zu spüren, aber er versteckte sie sorgfältig, um keinen Ärger zu verursachen. «Alles ist jetzt gut zwischen Roger und mir», schloß er einen Brief an Dadie vom 15. Oktober 1927, «ich habe volles Vertrauen in seine Zuneigung. Ich bin auch in jeder Hinsicht ruhiger. Es ist eine ungeheure Erleichterung ... ich danke Dir für all Dein Mitgefühl und Deine Güte in jener elenden Zeit.»

In Ham Spray war er in jenem Herbst entweder immer noch «eingesperrt und kämpfte mit Gibbon», oder er «las das gesamte Geschichtswerk von Hume, mäuschenstill». Am 2. November war er mit Gibbon fertig, und «ich schufte an Macaulay», berichtete er Roger. «Hume ist, wie Du siehst, bis zuletzt übriggeblieben – ich hoffe ihn (Mac) vor Freitag abschicken zu können.» Zwei Wochen später teilte er Dadie mit: «Ich habe in letzter Zeit geschuftet wie zehn Pferde und habe jetzt diese verdammten vier Historiker fertig. Eine große Erleichterung! – Und jetzt befinde ich mich wieder unter vier Augen mit dieser verwünschten Königin.»

Nachdem Lytton sich ans Werk gemacht hatte, war er entschlossen, sich nicht mehr ablenken zu lassen, nicht einmal durch eine Schar Besucher aus betuchten Kreisen – unter ihnen Osbert Sitwell, Christabel Aberconway, Siegfried Sassoon und Stephen Tennant, die alle davon schwärmten, sich zu verkleiden. Lytton schilderte das Ereignis in einem Brief an Roger vom 27. Oktober 1927:

«Am Abend zuvor hatten sich alle als Nonnen verkleidet, am Morgen waren alle als Schäfer und Schäferinnen kostümiert, und am Abend wollten sie dann als Gott weiß was herumlaufen. Sie baten und beschworen mich inständig, mitzukommen und an ihren Vergnügungen teilzuhaben. Wenn sie fertig verkleidet sind, werden sie gefilmt – und am folgenden Wochenende wird der Film dann wohl vorgeführt. Kannst Du Dir etwas ‹Göttlicheres› vorstellen? Man hätte meinen können, sie würden in einem dicken Benz vorfahren, aber keineswegs – ein kleiner Zweisitzer (offen), mit einem Notsitz hinten war das Automobil ihrer Wahl. Sie kamen sehr spät, weil sie sich in den Downs verirrt hatten, und mich schaudert, wenn ich an die Schrecken ihrer Rückreise denke. Wunderliche Wesen – mit nur ein paar Federn, wo das Gehirn sitzen sollte. Aber Siegfried ist sicherlich ganz anders.»

«Ich wappne mich für Elisabeth», schrieb er am 15. November 1927 an Roger. Anfang November hatte er seinen amerikanischen

Verleger Donald Brace in London getroffen und ihm gesagt, er halte es inzwischen für unwahrscheinlich, daß er das Buch vor März fertigstellen könne. Brace wollte die britische Ausgabe auf jeden Fall bis zum Herbst aufgeschoben haben. «Er sagte, das würde es sehr viel einfacher machen, den Weg für den Verkauf in Amerika zu ebnen», erklärte Lytton am 6. November 1927 Charles Prentice. «Offenbar ist das in jedem Fall ein langwieriges Unterfangen – teilweise, weil das Land so groß ist – aber bestimmt auch, weil seine Bewohner, dieser Gedanke drängt sich mir förmlich auf, nicht gerade Schnelldenker sind.» Die nächsten drei Monate arbeitete er fast ohne Unterbrechungen an «Elisabeth», «die mit unendlicher Langsamkeit vorankommt». Frances Marshall, die mit Ralph zusammen noch immer an den meisten Wochenenden nach Ham Spray kam, hielt zu dieser Zeit in ihrem Tagebuch fest, daß Lytton immer «fleißig schreibt». Ein anderer Eintrag gibt die Atmosphäre dieser Wintermonate sehr einfühlsam wieder:

«Traf mit dem schwarzen Kätzchen in Ham Spray ein. Roger Senhouse einziger Gast. Lytton scheint sehr in ihn verliebt zu sein. Philips Tod hat sie wohl in gewisser Weise zusammengeführt. Als Folge davon ist Lytton sehr fröhlich und charmant. Gingen in den Feldern spazieren, während Carrington auf Belle durch die Gegend galoppierte. Am Abend zündeten wir einige Feuerwerkskörper – ein wunderschönes Schauspiel von rosaroten und grünen Fontänen unter dem Pampasgras.»

Am selben Tag (12. November 1927) schrieb Lytton an Dadie Rylands: «Er [Roger] schenkt mir so viel Glück, daß ich kaum weiß, was ich damit anfangen soll. Ich habe manchmal Lust, mich auf den Kopf zu stellen und ein Rad nach dem anderen zu schlagen bis an die Downs hinunter. Hältst Du das für eine gute Idee?»

Über Weihnachten kamen Tommy und Julia (die, nach Carringtons Aussage, aussah, als habe sie «Veronese gemalt», während sie Lytton eher wie «eine stattliche Schweizer Witwe» vorkam) nach Ham Spray, ebenso Ralph und Frances, und auch James gesellte sich zu ihnen. Carrington brachte die Tage damit zu, «Kaminfeuer anzuzünden und sich neue Möglichkeiten auszudenken, wie man Truthahnknochen kochen und Schinken kleinhacken kann», so berichtete sie Dorelia. Es war gewiß lächerlich, sich zu beklagen, denn sie hätte auch sehr viel schlechter dran sein können. Aber manchmal ärgerte es sie, wenn sie in ihrem Atelier gestört wurde, «um das Wasser vom Feuer zu nehmen, neue Holzscheite nachzulegen und für die vielen Mahlzeiten zu sorgen. Und dabei auch noch dieses ewige Gelächter aus dem Wohnzimmer zu hören, und niemand rührt einen Finger, um mir bei der Hausarbeit zu helfen.» Voller Zorn fühlte sie, daß sie sonst vielleicht besser malen könnte, aber es war so schwierig, sich unter solchen Umständen zu konzentrieren. Es machte ihr nie etwas aus, Lytton «etwas auf dem Tablett» zu bringen. Aber wenn sie mit einem Ohr auf das Telefon hörte, ein Auge darauf hatte, was draußen vorging, und immer die Uhr im Kopf haben mußte, um für die Schar der Wochenendbesucher und sogar für regelmäßige Gäste wie Frances bereit zu sein, dann, so gestand sie Alix, packte sie manchmal das Gefühl, «gleich überzukochen».[51]

In jenem Jahr wurde im Hinterzimmer ein Weihnachtsbaum für die *«petit peuple»* aus dem Dorf aufgestellt, und sie feierten eine ausgelassene Party unter dem Baum – während sich nur ein paar Schritte weiter Lytton wie ein Schatten zwischen seinen Büchern bewegte. Über Nacht schneite es stark, der Schnee füllte die Gräben und türmte sich auf den Landstraßen zu riesigen Verwehungen auf, die die bizarrsten Formen annahmen. Sie sahen aus wie gigantische Pilze, wie Säulen und Sanddünen. «Wir mußten Lebensmittel auf dem Schlitten holen», berichtete Carrington. Die Sonne schien auf die weißen Felder und Bäume, und ein tiefblauer Himmel wölbte sich wolkenlos von Horizont zu Horizont. Die Pferde tummelten sich im Hof des Bauern und sprangen über scheinbare Hindernisse, um sich warm zu halten. Auch im Inneren von Ham Spray schienen sich alle seelischen Gewitterwolken in Luft aufgelöst zu haben. «Lytton, der eine Verabredung mit Roger [in Brighton] hatte, wollte trotz aller Schwierigkeiten unbedingt wegfahren», schrieb Frances am 28. Dezember 1927, «und eine ganze Prozession machte sich zu Fuß auf den Weg nach Hungerford.»

«Lytton mit einem Pelzmantel und hohen Wasserstiefeln, R[alph] mit kniehohen Stiefeln, einem Rucksack und einem karmesinroten Hut, der mit Affenpelz besetzt ist, James, das Haupt vollständig in sein Halstuch gehüllt – wir müssen einen grotesken Anblick geboten haben. Der Schauplatz der Handlung war unglaublich schön; nach Inkpen waren die Straßen über und über mit Schnee bedeckt, der blaue Himmel sorgte für ein seltsam rosiges Licht und tiefblaue Schatten. An den Cottages hingen bizarre Eiszapfen herunter wie auf einer Postkarte, und der Schnee war vom Wind in lauter kleine Wellen gekräuselt. In Hungerford wirkte die Welt plötzlich wieder normal; Herren mit Melonen stiegen in den Zug und starrten mit offenem Mund eine Gruppe bulgarischer Bauern an, die offenbar von ihrem Premierminister im Pelzmantel angeführt wurden.»

Das Jahr 1928 begann in ungetrübtem Glanz. «Die gute Königin Elisabeth» kam schrittweise voran, Roger ließ seinen sprunghaften Charme weiter spielen, und dementsprechend hielt Lyttons zerbrechliches Glück an. Am Wochenende des 11. Februar machten die beiden einen Wochenendausflug nach Frankreich, überquerten den Ärmelkanal bei einem gewaltigen Gewitter zwischen Tilbury und Dünkirchen und eilten weiter nach Paris, um Norman Douglas zu treffen, mit dem Lytton seit fast fünf Jahren sporadisch korrespondierte. Lytton hatte bis 1923 nichts von Douglas gelesen, wurde aber dann von Carrington auf ihn aufmerksam gemacht. Sie liebte seine Romane und Reiseberichte über alles. Zwei Jahre später, am 16. Februar 1925, schrieb Lytton an Ottoline: «Ich bin ein großer Bewunderer all seiner Werke geworden, allerdings, wie ich kaum zu sagen wage, aufgrund des Spottes der Kultivierten.»

Auf Carringtons Drängen hin hatte er im Oktober 1923 an Douglas geschrieben und ihm mitgeteilt, wie gut ihm «Siren Land» (1911), «Old Calabria» (1915; Reisen in Süditalien), «South Wind» (1917), «Alone»[52] (1921) und «Together» (Wieder im Walgau) gefallen hatten, das im Laufe des Jahres 1923 erschienen war.[53] Dieser Brief führte zu einer langen Folge von gegenseitigen Höflichkeitsbekundungen, zu denen Schriftsteller eine so ausgeprägte Neigung haben. «Ich schätze Ihre Meinung höher als die jedes anderen englischen Schriftstellers», antwortete Douglas am 9. November 1923.

«Ihre Bücher sind so reich, es steckt so vieles und auch so viel Verschiedenes darin – so viel Erfahrung, Wissen, Kunst, Humor, Philosophie, und es gibt genügend Beweise, daß noch unendlich viel mehr dahinter steht, was gar nicht ausgesprochen wird – tatsächlich hebt sich Ihre Meinung von denen der anderer ab, ebenso wie Ihre Arbeiten für mich eine eigene Kategorie bilden ... lassen Sie mich Ihnen für das große Vergnügen – für die Freude, wie ich sagen sollte – danken, die mir Ihre Bücher bereitet haben. Ohne Zweifel sind sie Meisterwerke.»

Bis zum Ende des Jahres hatten sie bereits ihre Fotografien ausgetauscht – «sein [Douglas'] Foto erscheint mir viel gewinnender, als ich erwartet hatte. Ich hatte mir etwas Massiges, Schottisches und

Grobes vorgestellt» (Brief an Dorothy Bussy vom 25. November 1923). Douglas hatte Lytton auch eine überarbeitete Fassung von «Siren Land» zugeschickt, und Lytton hatte mit «einem charmanten Brief des Dankes und der Anerkennung» geantwortet und lediglich das Fehlen einer Landkarte bedauert.[54] Douglas wollte mit der Vergabe literarischer Lorbeeren nicht zurückstehen und schrieb nun seinerseits «einen sehr netten Brief». «Ich wollte, Sie würden etwa eine Biographie von Heliogabalus schreiben, gestützt auf neue Quellen, die Sie kürzlich auf einer Reise nach Ägypten gefunden haben», schlug er ihm am 3. Dezember 1923 vor. «Kommen Sie her, und wir schreiben sie zusammen. Oder das private Tagebuch von Kaiser Claudius.»

Die überschwenglichen Komplimente und die etwas wunderlichen Einfälle setzten sich im nächsten Jahr sporadisch fort, und im Februar 1925 schickte Douglas Lytton vier Exemplare seiner privat gedruckten Broschüre «D. H. Lawrence and Maurice Magnus. A plea for better manners» [Eine dringende Bitte um bessere Manieren][55], ein Thema, das hübsch mit ihrer Korrespondenz harmonierte. «Ich hoffe, es wird Ihnen ein wenig gefallen», schrieb er am 4. Februar 1925. «Es ist der erste Text, den ich seit Oktober 1923 verfaßt habe, Sie sehen also, daß Sie nicht der einzige Mensch sind, der mit dem Übel der Unproduktivität geschlagen ist ... Ich habe ein Gerücht gehört, dem zufolge Sie bald Herrn William Beckford Ihre Aufmerksamkeit schenken werden. Das wäre wundervoll. Sie wären der einzige, der diesem Vorhaben gewachsen wäre. Ein herrliches Thema!»

Die ganze Zeit über hatten sie mehrmals die Gelegenheit ins Auge gefaßt, sich persönlich kennenzulernen. «Kommen Sie jetzt her, wenn Sie können», schrieb Douglas am 25. September 1927 von Italien aus. «Florenz ist für mich derzeit ebenfalls tabu. Ich wohne in Prato und fahre nur gelegentlich für einen Nachmittag hinein und dann dicht verschleiert, mit einer blauen Sonnenbrille und einem roten Bart. Das wird vermutlich bis nach Weihnachten so bleiben. Aber es gibt keinen Grund, warum Sie nicht in diese Gegend kommen sollten.» Als sie sich dann etwa vier Monate später wirklich trafen, ging auch das auf einen Vorschlag von Douglas zurück. «Überlegen Sie doch, ob Sie nicht für ein Wochenende nach Paris kommen können (vielleicht mit dem Flugzeug)», forderte er Lytton am 31. Januar 1928 auf. «Ich muß um den 10. herum dort hinfahren und mir ungefähr 58 Zähne ziehen lassen und dafür 63 neue einsetzen lassen, und ich bin sicher, Sie sind genau der Richtige, um mir dabei die Hand zu halten. Außerdem können wir zwischendurch zu Pruniers gehen. Nancy Cunard ist dort, ich hoffe, Sie mögen sie.[56] Bitte, kommen Sie doch!»

Nach so viel brieflicher Ermutigung fühlte sich Lytton angesichts dieses «wahrhaft hektischen Vorhabens» ziemlich nervös und war froh, Roger bei sich zu haben. «Ich bin aufgeregt und habe schreckliche Angst, wie Du Dir vorstellen kannst», schrieb er am 9. Februar 1928 an Dadie. «Mein Gott! Die Überfahrt! Die Kälte! Die Straßen von Paris! Und – das ist das Allerschlimmste – Norman Douglas. Wird er charmant sein, vulgär, geschwätzig, zu vage oder was sonst? – Vielleicht ist er am Ende doch ein Schürzenjäger. Wer weiß? Und was soll ich nur sagen? Wie soll ich es nur über die Bühne bringen? Eine stumme Eule im Efeu. Ich werde Roger bitten, sich einen falschen Bart anzukleben, und meinen abrasieren, damit wir die Rollen tauschen können. Und ich werde Dir das Ergebnis mitteilen.» Diese anfänglichen Befürchtungen wurden bald durch ein paar Katastrophen in letzter Minute so weit gesteigert, daß sie in Panik umschlugen: «Es herrscht große Aufregung, weil seine [Lyttons] Unterhosen und Unterhemden nicht von der Wäscherei zurückgekommen sind und weil der Wind derart tobt, daß er befürchtet, alle Schiffe würden untergehen», teilte Carrington am 10. Februar 1928 Dorelia mit. «Aber ich denke, es wird großen Spaß machen, bei Foyot's ein Besäufnis zu veranstalten.»

Douglas hatte schriftlich bei Lytton angefragt, ob er jemanden wisse, der ihm dabei helfen könne, «möglichst obszöne und blasphemische Limericks (Universität oder Börse?)» zu sammeln. Er wolle eine umfassende Anthologie zusammenstellen, «natürlich zu wissenschaftlichen Zwecken», die privat gedruckt werden sollte, «mit ausführlichen Anmerkungen». So machte sich Roger als Ratgeber für Limericks mit Lytton auf den Weg.[57]

Nach der rauhen Überfahrt fühlte sich Lytton bei der Ankunft «wie ein Stück nasses Packpapier». Douglas zeigte sich jedoch sehr mitfühlend, sprach mit einem pseudoschottischen Akzent und benahm sich keineswegs so überschwenglich, wie seine Briefe hatten vermuten lassen. Er schien Lyttons Abneigung «gegen diese sich ewig hinziehenden Zusammenkünfte in Cafés» sofort zu begreifen, und damit Lytton Gelegenheit bekam, sich zu erholen, verabredeten sie sich zum Abendessen bei Foyot's. Am Abend erschien Douglas in einem düster wirkenden schwarzen Mantel, seiner Konversation haftete jedoch nichts Schweres an. «N. D. war um einiges älter, als ich erwartet hatte», schrieb Lytton am 22. Februar 1928 an Mary Hutchinson, «– nicht extravagant (wie ich durchaus befürchtet hatte) – sogar eher das Gegenteil – sehr ordentlich – ein bißchen schulmeisterhaft (wie Roger sagte) in der *Erscheinung* – einer jener seltsamen, wohlwollenden, unerwartet aufgeschlossenen Lehrer, denen man manchmal begegnet. Große Klasse in Restaurants, beim Bestellen usw.

Ein eigenartiger, sehr ausgeprägter Akzent – vielleicht teilweise schottisch, und teilweise – ich weiß nicht was – jedenfalls ausgesprochen faszinierend. Die Unterhaltung beschränkte sich größtenteils auf ein gewisses Thema. Roger drehte ganz schön auf, wirklich bewundernswert, und sorgte dafür, daß alles viel leichter ging, als es ohne ihn der Fall gewesen wäre. Er schien nicht besonders literarisch gebildet zu sein – was ein wenig störend war, und ich denke, auch eine Spur zu alt – damit meine ich, er gehört zu einer Generation, die schon beinahe zu weit weg ist für eine wirklich intime Annäherung – ein Hauch Sickert – aber vielleicht habe ich unrecht ... Er erweckt den leisen Eindruck, daß er vom Leben nicht allzu gut behandelt worden ist. Er hat großes Pech mit Verlegern gehabt und an seinen Büchern kaum etwas verdient. Man würde ihn gern mit allem erdenklichen Komfort ausstatten und mit Bewunderung und mit unzähligen Knaben von 14 ½.»

Am folgenden Tag gingen Lytton und Roger hinüber zum Hôtel d'Isly in der Rue Jacob, wo Douglas mit Victor und Nancy Cunard wohnte. «Ihre Beziehungen zueinander waren nicht gerade leicht zu entwirren», berichtete Lytton. «Sie sprachen sich mit Vornamen an – und sie wohnten alle drei im selben Hotel. N. D. bestand darauf, mich zum Bahnhof zu begleiten – bestand darauf, für jede Mahlzeit zu bezahlen – und versuchte dann noch dem Gepäckträger das Trinkgeld zu geben!»

Je mehr Lytton bei seiner Rückkehr nach England über Douglas nachdachte, desto mehr fand er, daß er etwas Trauriges an sich habe. Er war ein freundlicher Mann, aber er litt Mangel. Er versuchte, Chatto & Windus für das Werk von Douglas zu interessieren, besonders für seinen Roman über Religion, «In the Beginning», von dem im Vorjahr in Florenz eine begrenzte Auflage im Privatdruck erschienen war. «Natürlich weiß ich überhaupt nicht, ob so etwas bei Ihnen möglich wäre», schrieb er am 15. Februar 1928 an Charles Prentice, «ich habe ihm auch nichts davon gesagt, aber mir scheint, es ist ein lohnender Vorschlag, und ich hoffe, Sie nehmen ihn mir nicht übel. Ich habe das Gefühl, daß er genau die Art von Schriftsteller ist, mit der Ihr Verlag gern in Kontakt tritt, und daß er seinerseits einen großen Vorteil davon hätte. Meiner Meinung nach ist er eine herausragende Persönlichkeit, und es ist eine Schande, daß seine letzten drei Bücher ihm nicht mehr als zwölf Pfund im Jahr an Tantiemen einbringen.» Dieser Brief führte dazu, daß Chatto & Windus der Verlag von Douglas wurde und daß «In the Beginning» noch im gleichen Jahr dort erschien und außerdem später eine Reihe von weiteren Büchern, darunter seine Autobiographie, Nachdrucke früherer Werke und «An Almanac» (1945). Dieser Band enthielt Lieblingspassagen von Douglas aus seinem Gesamtwerk.

Lytton nahm sich vor, von nun an nirgendwo mehr hinzugehen, bis er «Elisabeth und Essex» endlich fertiggestellt hätte. Er lehnte alle Einladungen ab – darunter den Besuch eines Balles zugunsten der Geburtenkontrolle und eine Wohltätigkeitsvorstellung eines Theaterstückes, das Oscar Wilde angeblich aus der «anderen Welt» diktiert hatte. «Ich spüre, daß ich an dieser verflixten Arbeit bleiben muß, sonst ist alles verloren. Daß sie sich so ellenlang hinzieht, ist wirklich kein Vergnügen mehr» (Brief an Mary Hutchinson vom 22. Februar 1928). Er war beim dreizehnten Kapitel angekommen, und alles ging gut voran, obwohl es «wirklich furchtbar schwierig ist». «Die Krise mit Elisabeth ist sehr ernst – ein wahrhaft tödlicher Kampf.[58] Aber ich hoffe, das Schlimmste wird bis zum Ende der Woche vorbei sein ... Bemax ist mir eine Stütze» (Brief an Roger vom 6. März).

Nachdem er mit Unterbrechungen zweieinhalb Jahre mit dem Buch gerungen hatte, rückte nun der längst fällige letzte Abschnitt in Sichtweite. Voller Ungeduld ließ er sich dazu hinreißen, jeden Tag länger zu arbeiten – aber «Tugend zahlt sich nie aus», wie er Ottoline schrieb, seine Widerstandskraft erlahmte, und er konnte zwei Wochen lang überhaupt nichts schreiben. Carrington pflegte ihn, und an Ostern fühlte er sich schon wieder so wohl, daß er Dadie zu Hause in Tockington bei Bristol besuchen konnte, und kehrte schließlich mit vierzehn eng beschriebenen Seiten nach Ham Spray zurück – wieder hatte er ein Kapitel fertig.

«Im Augenblick bin ich beinahe tot vor Erschöpfung wegen dieses schrecklichen Ringens mit der alten Hexe» (Brief an Roger vom 19. April 1928). Am letzten Tag des Monats war das Ringen vorbei. «Ich freue mich, Ihnen mitteilen zu können, daß mein Buch fertig ist», schrieb er an Charles Prentice, «das letzte Stück wird gerade getippt.»[59]

In der folgenden Woche fuhr er nach London und übergab das Typoskript Chatto & Windus. Es war der erste Donnerstag im Mai. Am Spätnachmittag verließ er das Verlagshaus, nachdem die Pläne für die Veröffentlichung besprochen waren. Die Sonne schien hell in den Straßen, während er nach Bloomsbury schlenderte. Er war wieder ein freier Mann.

8.
Das Ende einer Ära

«Es war schrecklich anstrengend, dieses Buch zu schreiben», teilte Lytton später Ottoline mit (29. November 1928), «ich weiß nicht, warum – ich war die meiste Zeit über trüber Stimmung.» Im Laufe der nächsten dreieinhalb Jahre sollte er nur vier Essays und seine Anmerkungen zu «The Greville Memoirs» schreiben. Es schien, als hätte eine innere Feder ihre Spannkraft verloren. «Mir war nicht bewußt gewesen, welche Last Elisabeth für mich dargestellt hatte – besonders in den letzten paar Monaten. Meine Lebensgeister fangen wieder an, quicklebendig zu werden, wie es sich gehört» (Brief an Roger Senhouse vom 25. Mai 1928). Während der letzten Monate seiner Arbeit an «Elisabeth und Essex» hatte er Topsy Lucas geschrieben (30. Oktober 1927), er wünsche sich, «daß ich niemals auch nur so tun müßte, als arbeitete ich – ich glaube, dann würde ich auf einer ewigen Kreisbahn des Vergnügens herumwirbeln». Nun konnte er den Rest des Jahres mit Reisen und Faulenzen verbringen und nach Herzenslust auf einer sanften Ellipse kreisen. Das Nichtstun, so erklärte er Lumsden Barkway, ist «eine Kunst, auf die ich mich meisterlich verstehe! Ich könnte darin Unterricht geben.»

Im letzten Jahr hatten er und Carrington ihr relativ getrenntes Leben, das sich dennoch überschnitt, weiter ausgebaut. Sie hatte keine Freude mehr an den endlosen Gesprächen der Besucher aus

London, die für sie keinen Anfang und kein Ende zu haben schienen. Aber Augustus und Dorelia John allein in Fryern Court zu besuchen war «ganz nach meinem Geschmack». Dort konnte sie mit den beiden hinreißenden Töchtern der Johns auf wilden Pferden durch die Landschaft galoppieren und abends mit den rätselhaften Söhnen und der faszinierenden Dorelia am imposanten Kamin sitzen, trinken und plaudern. Und zwischendurch hatte sie Gelegenheit, im Schatten des alten Monsters Augustus etwas zu malen. «Ich bin den ganzen Tag glücklich», schrieb sie am 10. April 1928 an Lytton. «Wenn es da nicht einen bärtigen Heiligen gäbe, der in einem idyllischen Landhaus mit einer Steineiche lebt, könnte ich ohne weiteres den Rest meiner Tage hier zubringen und abwechselnd malen und reiten.»

Sie war auch glücklich, wenn sie bei Julia und Tommy in ihrem Cottage in Swallowcliffe in Wiltshire war. «Es kann sich in puncto Eleganz und Komfort durchaus mit Ham Spray messen, ist aber ordentlicher und sauberer.» Solche Ausflüge waren eine willkommene Abwechslung in einer Zeit wachsender Bedrücktheit. Sie machte sich sorgenvolle Gedanken über die Einsamkeit, das Altern und den Tod. Sie überlegte, ob sie ein Testament machen sollte, und fand es dann zu peinlich, jemanden zu bitten, als Zeuge zu unterschreiben. In manchen Nächten hatte sie schreckliche Träume. Einmal kroch sie durch einen erstickenden grauen Nebel und konnte nicht um Hilfe rufen, weil sie wußte, wie sehr Ralph und Frances sich über ihre Dummheit aufregen würden. Ein anderes Mal watete sie durch grünen Schaum auf einen Zauberer zu, der lachte und ihr sagte, das Wasser sei «von stinkender Syphilis verseucht, & ich hatte das Gefühl, darin zu ertrinken».

Julia Strachey beobachtete einmal, wie sie, das Gesicht dem Licht abgewandt, auf der Kante eines Stuhls hockend, die Ellbogen in die Höhe gehoben «wie halb ausgebreitete Schwingen», ihre Zigaretten rauchte, und sie kam ihr vor wie eine moderne Hexe, «eine Liebhaberin des Wunderbaren, eine Frau auf der Suche nach einem glanzvollen Gefühlsleben» oder aber wie ein Wechselbalg, «der vor sympathischem Magnetismus und drolligen Ideen sprüht».

«Sie trug ihre fortschreitende Jugend mit ins Alter hinein (welches das gewöhnliche Los der Menschheit ist und ein ganz respektabler Mantel sein kann) wie etwas Geliehenes, ‹von der Stange› Genommenes, das sie sich ‹irgendwie übergeworfen› hatte und das lächerlich clownesk an ihr hing ...

Aus der Ferne sah sie wie ein jugendliches Wesen aus, unschuldig und ein bißchen linkisch, angetan mit sehr seltsamen Kleidern, wie man sie in einem altmodischen Bilderbuch finden kann. Wer aber näher trat und mit ihr sprach, sah bald die Spuren des Alters um ihre Augen – und dann noch etwas Schlimmeres – eine Art Krankheit, körperlich oder seelisch, die merkwürdig fremd wirkte in diesem unverdorbenen Gesichtchen mit dem gesunden Pfirsichteint. Sie hatte dunkle, tiefe Ringe unter den Augen, fast als sei sie mißhandelt worden, und auch die Augen selbst, groß, klar und hell wie ein nördlicher Himmel, hatten etwas Beunruhigendes. Sie wirkten wie blind – wie die Blindheit einer Statue, mit der sie ihre Gefühle nach außen abschirmte.»[60]

Sie hatte sich besonders verletzlich gefühlt, in der Zeit als Lytton so von Roger besessen und so intensiv mit seiner Arbeit beschäftigt war. Sie zog es vor, wenn er krank im Bett lag, wo sie für ihn sorgen konnte, statt ihn Tag für Tag in seinem Arbeitszimmer verschwinden zu sehen, «*tête-à-tête* mit Ihrer Majestät». Sie erzählte ihm von ihren Anwandlungen «abgrundtiefer Verzweiflung», und er meinte, das sei die Folge einer schweren Grippe im Winter. Aber sobald er «Elisabeth und Essex» abgegeben hatte, reiste er einen Monat lang mit ihr durch die Provence. «Aix hat uns sehr gut gefallen – es ist ein ganz bezauberndes Städtchen – eine friedvolle Atmosphäre überall – und ein Haus schöner als das andere» (Brief an Roger Senhouse vom 17. Mai 1928). Sie logierten im Hôtel Nègre-Coste, und jeden Tag schlenderten sie durch die bezaubernden Straßen, begeisterten sich für Fassaden und Hauseingänge oder stöberten in den Antiquitätenläden, wo Lytton, «von Carrington angestachelt», einige Möbelstücke für Ham Spray kaufte, darunter eine große Kommode («O weh! Die riesigen Pakete!»). Während Lytton in einem Café saß, Wermut mit Soda trank und «Kenilworth» las, ging Carrington in den Mineralbädern schwimmen oder streifte durch die Stadt und sammelte in ihrem Kopf «hundert Ideen zum Malen». Sie beobachtete «kuriose schwarzgekleidete Witwen, alte Männer mit weißen Schnauzbärten und Ledertaschen, Nonnen, die *petities* [sic] *peuples* in weißen Gewändern zur Erstkommunion führten, und Studenten der Universität von Aix, die in den Straßencafés miteinander diskutierten». Eines Morgens fuhren sie mit dem Auto nach Cassis hinüber, um dort bei Duncan und Vanessa in ihrem Häuschen «La Bergère» zu Mittag zu essen. «Sie schienen bei Laune zu sein, wollten uns aber keine Bilder zeigen», schrieb Lytton am 17. Mai 1928 an Roger. «Eine recht eigentümliche *ménage*.» Aber Vanessa fand, Carrington habe eine dämpfende Wirkung auf Lytton und mache seine Konversation lustlos.

In seinen Briefen gibt es jedoch keinerlei Anzeichen von Lustlosigkeit. «Dieses schlimme Gefühl der Erschöpfung ist verschwunden», schrieb er an Dadie. «C. war eine charmante und außerordentlich anpassungsfähige Reisegefährtin. Zum Glück hat sich ihre Neigung zu draufgängerischen Eskapaden gelegt, daher ist alles glatt gegangen.»

Am 18. Mai brachen sie von Aix auf und ließen sich – «von einem hervorragenden Fahrer, der den Wagen mit größter Souveränität über alle abschüssigen Straßen steuerte» – über Les Baux nach Arles chauffieren, wo sie Brian Howard[61] trafen, der offenbar dorthin geschickt worden war, um einen Artikel über das große Zigeunertreffen in Saintes-Maries zu schreiben. Carrington schrieb am 20. Mai 1928 an Ralph:

«Natürlich würde ich liebend gerne zu der großen Versammlung der Zigeuner am nächsten Donnerstag in Santa Maria gehen. Dort feiern sie ein Fest zu Ehren ihrer Schutzpatronin, der heiligen Sara, aber wie ich sehe, *graut* Lytton vor der Welt der Zigeuner, so daß ich es für besser halte, ihn nicht zu fragen, ob ich hingehen darf. Man sagt, daß die Zigeuner niemandem erlauben, ihren heiligen Riten in der Kathedrale beizuwohnen, und daß sie Fremde in Stücke reißen, wenn sie bei der Zeremonie entdeckt werden. Als Lytton Brian Howard fragte, ob es ihm etwas ausmache (in Stücke gerissen zu werden), antwortete er mit schwacher Stimme: ‹Nun – mir scheint, es hätte vielleicht schon seine Faszination und seinen Reiz.› Er hofft, sich heimlich in der Kathedrale aufhalten und ein paar Fotos machen zu können, mit Hilfe eines Empfehlungsschreibens von *Country Life* an den Erzbischof. Er wirkte sehr unsicher und hatte noch nie im Leben ein Foto gemacht.»

Sie eilten weiter nach Nîmes und ließen sich mitten im bunten Treiben im Hôtel du Cheval Blanc nieder, wo «es kein männliches Personal gibt, nur Frauen. Bis auf ein steinaltes Walroß von Ober. Lytton war ganz außer sich, als er sah, daß seine Koffer von einer Frau getragen wurden!» Obwohl sie sehr müde waren, stürmten sie sofort los, um das Theater und das Amphitheater zu besichtigen. «Beides sehr bemerkenswert», schrieb Lytton in einem Brief an Roger, «aber letzteres kam mir nach dem Kolosseum merkwürdig klein vor ... der Raum in der Mitte wirkte viel zu eng, um gekreuzigten Ungläubigen bequem Platz zu bieten – ein Löwe konnte sich kaum darin umdrehen – außerdem waren in Vorbereitung auf irgendein gräßliches Konzert, das morgen stattfindet, Reihen von ordentlichen grünen Gartenstühlen aufgestellt.»[62]

Dann reisten sie über den Pont du Gard nach Avignon weiter. Eine drückende Hitze hatte sich über das Land gelegt. Nach einigen Tagen kämpften sie sich unter sengender Hitze nach Paris durch, wo es noch heißer war. Lytton schlich, halbtot vor Benommenheit, aus dem Hôtel Foyot nach draußen, um im Jardin du Luxembourg ein wenig frische Luft zu schnappen. Aber es half nichts. Schon nach einer Stunde schleppte er sich in sein Bett zurück und ließ sich aus dem Restaurant etwas zu essen aufs Zimmer bringen.

Er sehnte sich inzwischen nach dem erholsamen grauen Himmel über England und nach dem sanften, verläßlichen englischen Landregen. «Auf dem Boden meines guten alten England wird es mir bald wieder wohl sein.» Aber die Aussicht auf die Weiterreise erschreckte ihn, und schließlich kam Ralph in einem großen, neuen Sunbeam, den Lytton gekauft hatte, herüber und holte sie heim. Es war eine Erleichterung, wieder in der Kühle und Ruhe von Ham Spray zu sein. Zunächst dachte Lytton darüber nach, ob er eine Idylle über Eton verfassen sollte – «eine Mischung aus Tennyson und T. S. Eliot» –, entschied sich aber dagegen, als die Korrekturfahnen von «Elisabeth und Essex» von Chatto & Windus kamen. Er ging sie dreimal durch und ließ sie außerdem noch separat von Goldie Dickinson und Roger Senhouse überprüfen. In diesem Stadium fügte er das Gedicht von Essex am Ende des siebten Kapitels ein. Außerdem mußten noch ein Register erstellt und Illustrationen ausgesucht sowie eine limitierte Auflage für die Vereinigten Staaten vorbereitet werden – «ich verbringe meine Tage damit, meinen Namen für vier Guineen pro Unterschrift für die Amerikaner zu schreiben».[63]

Es war eine Erleichterung, sich den Büchern anderer zuzuwenden. Er hatte T. S. Eliots Kommentar zu Shakespeare gelesen («interessante Bemerkungen, aber nicht ganz befriedigend»), und F. L. Lucas' Ausgabe der «Complete Works of J. Webster» in vier schönen roten Bänden, die zwar von außerordentlicher Sachkenntnis und großem Fleiß zeugte, aber dennoch «in mancher Hinsicht ein unreifes Werk» war.

An zeitgenössischen Romanen las er unter anderem Aldous Huxleys «Kontrapunkt des Lebens» und «Lady Chatterley» von D. H. Lawrence. Huxleys Sammlung von Kurzgeschichten, «Mortal Coils» (1922), hatte ihm gefallen, dessen Roman hingegen fand er zwar «beachtlich, aber ganz und gar nicht interessant. Ist das etwa meine Schuld?» (Brief an Topsy Lucas vom 7. Oktober 1928) Als er das Buch zu Ende gelesen hatte, war er zu der Überzeugung gelangt, daß die Schuld hauptsächlich beim Verfasser lag. Es war, wie er Dadie Rylands schrieb, «meiner Meinung nach ein schlechtes Buch. Der Mann kann nicht schreiben; seine Ansichten sind korrupt, und insgesamt hinterläßt sein Roman den Eindruck mangelnder Vitalität und Schwermut.»

In bezug auf «Lady Chatterley» hatte er weitaus gemischtere Gefühle. «In mancher Hinsicht hat es mir gefallen», schrieb er Roger am 23. Oktober 1928, «– die üblichen Eigenheiten von Lawrence stachen weniger hervor – und es war ausgezeichnet, dieses Thema frontal anzugehen. Aber ich beklage einen betrüblichen Mangel an künstlerischer Intention – beklage die Verschwendung schöpferischer Kräfte – beklage einen zwanghaften Hang zum Moralisieren. Von der barbarischen, antizivilisatorischen Weltanschauung, die ich mißbillige, ganz zu schweigen.» Er hatte sich von Norman Douglas dazu hinreißen lassen, es zu lesen. Douglas hatte ihm geschrieben und ihn um seine Meinung gebeten (30. Juli 1928). Nachdem er Lyttons Brief erhalten hatte, antwortete er am 12. September 1928: «Was Lawrence angeht (D. H.), so haben Sie vollkommen recht. Er schreibt zu schnell, der reinste Durchfall, oder ist es vielmehr Cholera, außerdem kann er seine Impulse nicht kontrollieren. Lady Chatterley ist besser, als ich erwartet hatte.»

Einen Teil des Geldes, das Lytton nach der Abgabe von «Elisabeth und Essex» erhielt, gab er Carrington für die Renovierung von Ham Spray. Das war eine phantasievolle Art, ihre Zukunftsängste zu beschwichtigen. «Das ganze Leben ist ein einziges Durcheinander von Schreinern, Ingenieuren und Verbesserungsplänen», teilte sie Julia mit. Eine Verbesserung bestand in der Umgestaltung ihres Ateliers, das ein «wunderschöner Raum wurde, wie der Bug eines Schiffes, mit 4 Fenstern und in einem wundervollen Blaßblau gestrichen», schrieb sie Gerald am 30. August 1928. «Aber Du wirst nie hierherkommen und es sehen.» Sie war nie so glücklich, wie wenn sie malte, und dieses neue Atelier würde ihren Charakter «vollkommen verändern», so hoffte sie, und sie «in eine eingefleischte Einsiedlerin» verwandeln, die den ganzen Tag Bilder malt.

Um dem Gehämmer und der Unruhe zu entgehen, entführte Lytton Roger zu einem kurzen Urlaub nach Skandinavien. «Wir haben alle möglichen Mahlzeiten in allen möglichen Restaurants eingenommen», schrieb er aus Kopenhagen, «– wir haben Stunden in Antiquariaten zugebracht, ohne Ergebnis – sind durch endlose Straßen und Gärten gegangen – und haben bisher nichts Sehenswertes entdeckt. Die Einheimischen sind nett, aber ach!, es fehlt ihnen so an Temperament! Die Pflicht scheint ihre Schritte zu lenken, nichts als die schiere Pflicht» (Brief an Carrington vom 8. August 1928).

Am Ende der Woche reisten sie weiter nach Stockholm. Die furchterregenden medizinischen Räume des Sanatoriums in Saltsjöbaden, denen Lytton aus Nostalgie einen kurzen Besuch abstattete, erschienen ihm unverändert seit seinem Aufenthalt dort vor achtzehn Jahren, aber Stockholm selbst hatte nun ein stärker hauptstädtisches Gepräge. «Es gibt eine Menge Wasser in jeder Richtung – breite Meeresarme der Ostsee reichen bis zwischen die Straßen hinein – so daß tatsächlich eine gewisse Ähnlichkeit mit Venedig besteht», schrieb er am 14. August 1928 an Carrington. «Das Blau des Wassers in diesem nördlichen Licht ist oft sehr eindrucksvoll, und es sind auch zahlreiche weiße dampfbetriebene Fährschiffe unterwegs, was ebenfalls zur Heiterkeit des Anblicks beiträgt.

Das schönste Gebäude ist für meine Begriffe das königliche Schloß, das auf der zentralen Insel der Stadt steht – ein großer, strenger, quadratischer hellbrauner Bau aus dem 18. Jahrhundert, der die Szene beherrscht. Dann, etwas abseits gelegen an einem breiten Wasserarm, das neue Rathaus – ausgesprochen eindrucksvoll – sehr hoch – und von bemerkenswerter Größe, in dunkelrotem Backstein erbaut, mit einem sehr hohen Turm dort, wo die beiden Flügel zusammenstoßen – einer (der dem Wasser zu gelegene) länger als der andere ... Das Schlimmste daran ist jedoch, daß trotz einer gewissen Großartigkeit in der Konzeption kein richtiges Gefühl der Erhabenheit entsteht. Es ist außerordentlich geschickt und gut durchdacht konstruiert, aber die Details sind ausgesprochen häßlich – geschmacklos und stellenweise sogar grotesk –, außerdem hat es keinen einheitlichen Stil – klassisch, gotisch, orientalisch, byzantinisch, Wiener Moderne usw. usw., so daß man kein Gefühl der

Sicherheit oder Ruhe erlangt. Das ist schade, denn die Lage ist so günstig und der riesige Koloß ist durchaus eindrucksvoll – was gewiß schon etwas wert ist, aber je länger ich hinschaute, desto sicherer wurde ich mir, daß es unendlich weit davon entfernt ist, etwas wirklich Großes zu sein.»

Die Tage flogen dahin, und bald war er wieder in Ham Spray, wo ein erbarmungsloser Trupp von Handwerkern unter Carringtons Anleitung letzte Veränderungen vornahm. Ihr Treiben steigerte sich zu einem stündlich wilderen Crescendo von Lärm, Chaos und immer neuen Kosten. «Kein Friede, keine Ruhe auf dieser Welt, wie ich deutlich sehe», grummelte Lytton am 30. August 1928. «Man eilt ins Freie, um dem ewigen Mahlstrom zu entkommen, und augenblicklich stürzen sich zehn Millionen Wespen auf einen, die alles Obst im Garten vertilgt haben und jetzt dazu übergehen, Menschen zu fressen.» Solange das Inferno anhielt, floh Lytton nach London, wo er auch weiterhin ein «skandalös träges Leben» führte. Er ging zum Lunch ins Ivy, zum Dinner ins Boulestin, er hatte ein langes Gespräch im Oriental Club – Erdbeeren – Spargel – Apfelwein-Becher, und es gab Parties in Hülle und Fülle. In Argyll House zählte zu den Gästen, die mit ihm eingeladen waren, der achtzigjährige Ex-Premierminister A. J. Balfour. «Ich beobachte ihn gern», berichtete Lytton Roger, «die makellosen Umgangsformen – die seltsame Düsterkeit – die unterschwellige Bosheit, die man hie und da aufblitzen sieht. Aber natürlich ist jeglicher Gedankenaustausch vollkommen ausgeschlossen. Man könnte genausogut mit dem Mann im Mond reden.»

In Bloomsbury ging er zu den Abendversammlungen der «Woolves» und der Bells. Virginia hatte ihn im Laufe des vergangenen Jahres mit Unterbrechungen beobachtet und oft festgestellt, er sehe aus wie «ein Kranker nach einem Anfall von Liebe». Sie hielt die Geschichte mit Roger für den schlimmsten Anfall von Liebe, den er seit seiner Affäre mit Duncan erlitten hatte. Es war etwas Verzweifeltes daran. Natürlich konnte sie das nur vermuten, weil er nie etwas darüber sagte. «Ich gleite oft mit Lytton in die Vertraulichkeit hinein, wenn wir über Bücher sprechen», hatte sie am 6. Juni 1927 geschrieben. «Er ist enthusiastisch, sein Geist offen, seine Aufmerksamkeit hellwach, wenn es um Bücher geht; in puncto Liebe hingegen ist er verschlossener.» Aber was hielt sie dann von seinem letzten Buch, das, wie das ihre, eine Liebesgeschichte war? «Ich habe allen

Grund zu der Annahme, daß seine Elisabeth ein Meisterwerk ist», hatte sie am 31. Januar 1928 vorsichtig an Clive geschrieben. Man hatte ihm ein Vermögen bezahlt – dem Gerücht nach 6000 Pfund[64] – für die Veröffentlichung in Fortsetzungen in der amerikanischen Zeitschrift *Ladies' Home Journal*. Es würde gewiß «die vornehmen Damen entzücken».

In jenem Herbst fanden auch literarische Nachmittage statt, die Ottoline in ihrem neuen Haus in der Gower Street veranstaltete. Das war die letzte Phase ihrer Laufbahn als Kunstmäzenin. Aber nicht einmal die Anwesenheit von W. B. Yeats – «mit grauen Rockschößen und einem Zwicker am breiten Band, was ihm das Aussehen eines altmodischen amerikanischen Politikers gab» – konnte ihren ursprünglichen Glanz völlig wiederherstellen. Bei Lyttons erstem Besuch befanden sich unter den Gästen Aldous Huxley und der redselige irische Dichter James Stephens. «Ein kleiner, gnomhafter Ire», so schildert ihn Lytton, «mit einem leichten Seemannstouch, recht nett, aber er redet wie ein Wasserfall über alle möglichen Theorien und Gemeinplätze. Einer jener im Grunde oberflächlichen Geister, die dies mit einem großen Aufwand an Ernsthaftigkeit und hoher Gesinnung zu verschleiern suchen» (Brief an Roger Senhouse vom 9. November 1928).

Lyttons zweiter Besuch in der Gower Street verlief deutlich zufriedenstellender, bis auf einen peinlichen Vorfall zu Beginn. «Ich kam mit großem Trara herein – verspätet – alle saßen schon bei Tisch – allgemeines Schweigen usw. und einige leicht betretene Blicke», schrieb er Roger am 8. Januar 1929. «Ich wußte nicht, warum, aber als ich mich schließlich hingesetzt hatte, entdeckte ich, daß *alle* meine Knöpfe vorn offen waren, von oben bis unten ... Es war auch dieser *éternel* Stephens da und dann Max [Beerbohm], der sich sehr ruhig verhielt – wie ein großer, kugelrunder Kater. Er wurde jedoch von dem Iren untergebuttert.»

Ottoline lud Lytton weiterhin eifrig ein, aber er ging nicht mehr oft in die Gower Street. Er hatte einige Gewissensbisse wegen Ottoline. «Liebe Marquise, ich weiß meine Freundschaft zu Ihnen außerordentlich zu schätzen», hatte er ihr vor dem Krieg geschrieben (1. Juli 1911). Aber seit dem Krieg hatte er sie im Grunde nur besucht, weil sie es wollte und nicht er, und manchmal «bringe ich es einfach nicht über mich», schrieb er Mary Hutchinson am 10. Dezember 1919. Er entschuldigte sich damit, daß er sagte, er könne sich nicht von Ham Spray losreißen, obwohl Ottoline erfahren hatte, daß sein Kalender voll mit reizvollen Terminen war. «Das ist das Glück des Erfolgs», resümierte sie großmütig am 15. Juli 1931, «das Glück all dessen, was er nicht bekam, als er noch jünger war. Er muß seinen Champagner trinken, und ich bezweifle, daß er je wieder zu unseren bescheidenen Teetassen zurückkehren wird.»

Bei einer dieser hochkarätigen Einladungen in Adelskreisen geriet Lytton in eine leicht beängstigende Gesellschaft in Rushbrook Hall bei Bury St. Edmunds. Das schöne große Tudorhaus aus rotem Backstein mit einem Wassergraben war von Queen Anne im Renaissancestil umgebaut worden und befand sich nun im Besitz von Lord Islington.[65] Er war aus heiterem Himmel dorthin eingeladen worden und hatte mutig zugesagt – bereute seinen Entschluß aber schon bei seiner Ankunft. Der Anblick eines kleinen, ordentlich vorbereiteten Bridgetisches, aufgestellt in einem großen Salon, an dem er auf seinem langen Weg in sein Schlafzimmer vorbeikam, bestätigte seine schlimmsten Befürchtungen. Altbekannte Gefühle stiegen wieder in ihm hoch, sein Zorn und Groll über die Banalität der Oberschicht, die um so schmerzhafter war, als er den Finger nicht richtig auf den wunden Punkt legen konnte – vielleicht waren am Ende doch die Drüsen schuld. Wie konnte er in einer solchen Gesellschaft glänzen? «Ich hatte mir irgendwie eine große Gästeschar vorgestellt, unter die ich mich hätte mischen können», schrieb er am 7. Oktober 1928 an Topsy Lucas, «– aber es gibt außer mir nur noch zwei weitere Gäste – Lord Hugh Cecil und Evan Charteris.»[66]

«Die Unterhaltung floß endlos dahin, man hatte keine Gelegenheit, einen eigenen Gedanken zu formulieren. Lord I. ist ein Landedelmann von etwa 60 Jahren. Lady I. ist eine verblichene Schönheit, kann ausgezeichnet Leute nachahmen (o weh!) und hat nichts im Kopf. Evan C. ist ein Lebemann mittleren Alters – mild, sarkastisch, träge und amüsant. Lord Hugh – wie man sich vorstellen kann – eine sehr unwirkliche Figur mit dem üblichen Charme der Cecils. Bei einer langen Diskussion über das Pro und Kontra der Todesstrafe vertrat er gestern abend die Ansicht, es gebe nur einen Einwand gegen sie – daß man (bei der derzeitigen Regelung) einen freiwilligen Scharfrichter benötige. Das tiefste Mittelalter!»

Als Carrington mit ihren Renovierungsarbeiten fertig war, strömten die Gäste wieder nach Ham Spray – Morgan Forster, Raymond Mortimer und Francis Birrell, Lyttons Nichte Janie Bussy, Gerald

Heard[67], der alle durch seine «unerwartete Intensität» entzückte, Arthur Waley, «bewundernswert, triumphierend, ausgesprochen redselig und viel weniger zurückhaltend als sonst», Saxon Sydney-Turner, der herumspazierte und «sehr klug und nervös und liebenswürdig und krank aussah und Isokrates im Original las», der überschäumende Boris Anrep, der «sich in einem nicht enden wollenden Strom von Scherzen erging» und «eine absurde Geschichte über William Jowitt[68] in Paris [erzählte] ... diese ernste, gutaussehende Persönlichkeit».

«Er gestand, seine ganze Wonne sei es, Frauen zu peitschen, wisse jedoch nicht, wie das einzurichten sei. Daher fragte er G., ob er ihm vielleicht sagen könne, was er tun und wohin er gehen solle. G. reichte ihn an einen seiner zahllosen Freunde weiter, der mit Auskünften sofort bei der Hand war. W. J. konnte sich nicht recht entscheiden, was ihm am besten gefallen würde. Der Freund schilderte ihm nun ein gewisses Etablissement, wo die nackten Damen auf allen vieren in den Raum kamen und dabei wie Hühner Körner vom Boden aufpickten, während die Kunden mit der Peitsche die prangenden Hintern traktierten. W. J. war davon sehr beeindruckt ...' und doch ... war er sich schließlich nicht *ganz* sicher, ob es wirklich das war, was er wollte. Und so ging es weiter, bis am Ende die vier Stunden vorbei waren und er nach England zurückkehrte. So ergeht es dem armen Mann immer bei seinen Ausschweifungen.»

Das Jahr, das so glücklich begonnen hatte, endete traurig. Anfang Dezember erkrankte Lady Strachey, die inzwischen neunundachtzig Jahre alt war, an Bronchitis. Es bestand wenig Hoffnung auf Genesung. Ihre Kräfte hatten im Laufe des Jahres langsam, aber stetig abgenommen, und da sie die Welt um sich herum nicht mehr sehen konnte, hatte sie ihren Geist immer stärker auf die Vergangenheit gerichtet. Ereignisse aus ihrem Leben in London, die mehr als fünfzig Jahre zurücklagen, waren in ihrer Vorstellung noch sehr lebendig – Brownings Entrüstung, als er von einer Gruppe fremder Amerikanerinnen «Robert» genannt wurde, Tennyson, der mit monoton steigender und fallender Stimme seine Dichtung rezitierte; der Abend, an dem Salvini seine glattrasierte Perücke mitten in Alfieris *Samsone* verloren hatte, George du Maurier, der mit seiner winzigen Moskitostimme französische Lieder mit makellosem Akzent sang, die ruhige und ernste Art von George Eliot und Carlyles homerisches Gelächter. Und noch weiter zurück und noch lebhafter konnte sie sich die unglaubliche Reise nach Indien in Erinnerung rufen – die Wolkenbrüche und die fliegenden Fische, den Albatros, der über ihnen kreiste, die gewaltigen Stürme und die überirdische Stille des Meeres und ihre Mutter, die an Bord der *Trafalgar* das Pianino spielte. Die fernen Tage in Indien waren wirklicher und kostbarer für sie denn je – Lord Lytton, der Vizekönig, in seinem blauen Seidenmorgenmantel, und Lord Roberts, der ihre Nähmaschine reparierte, und die Laienaufführungen in Kalkutta und das eine Mal, als sie den Leoparden mit einem Krocketschläger verjagt hatte.

Die Blindheit hatte ihre Distanz zum Nachkriegsengland verstärkt. Das Alter, so hatte sie geschrieben, war, «als blicke man auf einen Garten hinaus, der einmal das Leben in seiner ganzen Fülle und mit all seinen Gefühlen barg, und nun ist alles verschwunden, es ist nichts mehr da als der Raum, leer bis auf die Gräber, zwischen denen ein paar gealterte Gestalten herumwandern, während das schwache Echo einmal vertrauter Geräusche, das unser Ohr erreicht, uns von einem neu gefüllten Raum Kunde gibt, der sich unserer Kenntnis entzieht».

In jenem Herbst litt sie an beunruhigenden Ohnmachtsanfällen und war zu gebrechlich, um ohne Hilfe mehr als ein paar Schritte zu gehen. Leonard und Virginia, die an einem Tag im November unten auf dem Gordon Square entlanggingen, blickten zu ihrem Fenster hinauf und sahen ihre blinde Gestalt auf dem Balkon sitzen und Pippa dicht hinter ihr. Sie winkten hinauf, und als Pippa Lady Strachey darauf aufmerksam machte, beugte sie sich nach vorn und breitete in einer weiten, mütterlichen Geste ihre Arme aus.

Der Tod kam friedlich. «Es war sehr traurig», schrieb Lytton am 22. Dezember 1928 an Sebastian Sprott, «aber zum Glück war sie nicht lange krank und entschlief ganz friedlich im Zustand der Bewußtlosigkeit.» Zwei Wochen lang mußte sie das Bett hüten und wurde Tag und Nacht von Pippa gepflegt. Lytton besuchte sie oft und versuchte, seine Schwester ein wenig zu entlasten. Abwechselnd lasen sie Lady Strachey vor. Als sie dabei die Kapitelüberschriften wegließen, rief sie: «Aber das sind die einzigen Stellen, die mir gefallen!» «Ich bin ziemlich benommen und erschöpft von dieser elenden Geschichte», gestand Lytton Roger, «und gleichzeitig verstört und durcheinander.» Jeden Tag wurde sie ein wenig schwächer, ein wenig hilfloser, obwohl sie fast bis zum Ende immer wieder Aufschwünge hatte. Am Nachmittag des 14. Dezember, einem Donnerstag, starb sie im Schlaf. Obwohl man mit ihrem Tod gerechnet hatte, war er für Lytton dennoch ein Schock. «Es ist unmöglich, dem Kummer zu entgehen, auch wenn man ihn so lange heruntergespielt hat», schrieb er am 21. Dezember 1928 an Topsy Lucas. «Die Aussichten auf das Alter sind in der Tat elend. Und doch gelingt es einigen, bis zum letzten Augenblick im Leben zu stehen – und dann ganz plötzlich zu verschwinden, aber das sind die wenigen Glückspilze.»

VII.
Eine andere Welt

> «Das menschliche Leben in seinen letzten Stadien ist zweifellos ein Elend. Und doch erschreckt uns der Tod, wenn er kommt, um unserm Leben ein Ende zu bereiten.»
> *Lytton Strachey an Carrington (19. November 1931)*

1. Elisabeth, c'est moi!

«Ich hoffe, Du hast Orlando inzwischen zu Ende gelesen», hatte Lytton am 23. Oktober 1928 Roger Senhouse geschrieben. In einem langen Artikel für die amerikanische Zeitschrift *Bookman* (Ausgabe vom Februar 1929) berichtete Raymond Mortimer den Lesern in den Vereinigten Staaten, «Elisabeth und Essex» und Virginia Woolfs «Orlando» seien «die beiden wichtigsten Bücher der Herbstsaison. Sie hat den Roman revolutioniert und er die Biographie ... weder der Roman noch die Biographie werden jemals wieder das sein, was sie früher waren ... Die Waffen, die sie gegen die Viktorianer richten, wurden in viktorianischen Häusern geschmiedet ... die Moral, auf die sie sich stützen, ... ist eine heidnische Moral ... was den Stil betrifft, liegen Welten zwischen den Autoren, doch in ihrem Denken haben sie diese mysteriöse Qualität gemein ... Sie ist wie eine Stimme, die niemals zu laut ist, Skeptizismus, der immer höflich bleibt, eine Bildung, die nie zur Schau gestellt wird, und eine despektierliche Haltung, die das Publikum doch nie beleidigt. Es ist eine Qualität, die sich einer gewachsenen Kultur verdankt.»

Raymond Mortimer hatte einerseits Ähnlichkeiten mit Werken vergangener Generationen gesucht und andererseits Vergleiche mit den Stilmitteln und Techniken von «Mrs. Dalloway» und «Eminent Victorians», «Die Fahrt zum Leuchtturm» und «Queen Victoria» angestellt. Doch jene mysteriöse Atmosphäre, die «Orlando» und «Elisabeth und Essex» zu einem gewissen Grad verbindet, hatte er nicht näher zu erklären vermocht – «nicht etwa, weil sie nicht vorhanden wäre, sondern weil sie undefinierbar ist». Ihre Undefinierbarkeit lag zum Teil darin begründet, daß beide Bücher einer sehr persönlichen Erfahrung entsprangen. Beide Autoren hatten Wunschträume ihres Ichs zu Papier gebracht: Virginia hatte ein Verhältnis mit Vita Sackville-West und Lytton mit Roger Senhouse. Beide Autoren sprengten den Rahmen des Herkömmlichen und experimentierten mit neuen Lebensmustern. Sie vertauschten Geschlecht und Zeit und forderten den öffentlichen Geschmack mit extravaganten Phantasien heraus.

«Warum sollte es nicht möglich sein», fragte Lytton Dorothy Bussy am 3. Januar 1930, «daß schöpferische Menschen diese geistigen Welten erschaffen und sie mit ihrer Empfindung und dramatischen Kraft beseelen?» In Ham Spray war von Virginias unangemessener psychologischer Gestaltung, mangelnder Körpersprache und ihrer Unfähigkeit, zwischen Menschen und Schauplätzen zu unterscheiden, die Rede gewesen – doch ihr Genie machte aus allem ein unverwechselbares Ganzes. In Monk's House war zu vernehmen, daß Lytton sich trotz seiner großen Fähigkeiten und Erfolge nicht als der «herausragende Historiker und Biograph in der Tradition Voltaires»[1] erwiesen habe, den seine Zeitgenossen in Cambridge in ihm vermutet hatten. In ihrem Tagebuch (Eintrag vom 25. November 1928) nennt Virginia «Elisabeth und Essex» ein «auf lebendige Weise oberflächliches, überladenes Buch» und gesteht einerseits ihre «heimliche Genugtuung» über sein Mißlingen, gleichzeitig aber auch ein Gefühl der Niedergeschlagenheit über ein derart boshaftes Vergnügen. Erst im darauffolgenden Juni diskutierte sie mit Lytton persönlich über sein Werk und merkte, daß er ihr die kritischen Bemerkungen ein wenig übelnahm. Damit gewann er wiederum ihre Sympathie, denn sie spürte zugleich, daß ihr Urteil wichtig für ihn war, ungeachtet der Lobeshymnen von Dadie, Roger, Carrington und allen anderen. «Abgesehen von den schändlichen Gefühlen hatte ich den Eindruck, daß es nun nichts mehr gab, um das ich ihn noch zu beneiden hätte», notierte sie am 15. Juni 1929, «mit Orlando schien mir ein überzeugenderes Werk geglückt zu sein als ihm, er betrachtete mich deswegen, glaube ich, als Schriftstellerin zum erstenmal ein wenig mit Neid.» Für Virginia stellte diese Unterhaltung «eine Erleichterung» dar. Und ihre Erleichterung sollte noch größer werden, als sie ihre schändlichen Gefühle – sie selbst nannte sie «unliebenswürdig» – zu einer Literaturtheorie zusammengefaßt hatte, wonach die Schwächen von Lyttons Buch eher in den Beschränkungen des von ihm gewählten Genres lagen als in mangelndem dramatischem Talent. So hatte sie nicht nur das Problem gelöst, warum ein Mann von solchen Geistesgaben, solcher Eloquenz und Spritzigkeit nichts Originelleres geschaffen hatte, sondern gleichzeitig auch die These ihres eigenen biographischen Pastiches belegt, daß «der Aufruhr und die Verwirrung der Gefühle» sich nicht in eine überkommene biographische Form pressen ließen, sondern daß (wie Georg Gissing geschrieben hat) «die einzig wahre Biographie in Romanen zu finden» sei.

In ihrem mehr als sechs Jahre nach Lyttons Tod verfaßten Essay «Die Kunst der Biographie» behauptete Virginia, daß «die Biographie die begrenzteste aller Künste» sei. «Wo der Romanautor frei ist, sind dem Biographen die Hände gebunden.» Anhand von Lyttons «Queen Victoria» zeigte sie auf, was eine Biographie zu leisten vermag, und anhand von «Elisabeth und Essex», wo die Grenzen dieses Genres liegen. «In der Victoria behandelte er die Biographie wie ein Handwerk und unterwarf sich ihren Beschränkungen», urteilte sie. In Elisabeth und Essex behandelte er die Biographie wie Kunst; er mißachtete ihre Grenzen.

Könnte die Biographie nicht etwas von der Eindringlichkeit der Poesie, etwas von der Spannung des Dramas entstehen lassen, ohne dabei die besondere Qualität einzubüßen, die dem Faktischen anhaftet – ihre suggestive Wirklichkeit, ihre ganz eigene Kreativität?

Königin Elisabeth schien sich für dieses Experiment bestens zu eignen ... für die Schaffung eines Buches, das die Vorzüge beider Welten kombinierte und dem Künstler die Freiheit ließ, von Fakten ausgehend seine eigene Phantasie zu entfalten – ein Buch, das nicht nur eine Biographie, sondern auch ein Kunstwerk war. Doch die Kombination erwies sich als nicht realisierbar; das Faktische und das Fiktive wollten sich nicht vermischen lassen. Elisabeth wurde nie in dem Sinne Wirklichkeit, in dem Königin Viktoria Wirklichkeit geworden war, doch gleichzeitig auch nie in dem Sinne Fiktion, in dem Kleopatra oder Falstaff Fiktion sind ...»

Indem Virginia offen mit Lytton über «Elisabeth und Essex» sprach, nahm sie sich keineswegs mehr heraus, als er sich damals mit seinem Kommentar zu «Mrs. Dalloway» herausgenommen hatte. «Du solltest etwas Wilderes und Phantastischeres wählen», hatte er ihr geraten, «einen Rahmen, der alles zuläßt, wie Tristram Shandy.» Genau das hatte sie nun mit einer heiteren Pantomime getan, die im sechzehnten Jahrhundert begann, sich also zeitlich mit seiner eigenen farbenprächtigen, «tragischen Historie» überschnitt, und in der sie ihren Lesern neben einer alternden Königin Elisabeth, die Stracheys Königin sehr stark ähnelte, einen jungen Helden präsentierte, dessen Name und dessen «Kraft, Anmut, Romantik, Torheit, Poesie, Jugend» unweigerlich an den Earl of Essex erinnerten.

«Ich möchte die Biographie über Nacht revolutionieren», hatte Virginia erklärt. Doch in ihrem Liebestribut an Vita gestaltet sie das Leben quasi völlig neu und fordert auch vom Leser eine ganz neue Betrachtungsweise. Eine solche Eskapade – denn eine solche war es, da sie einer einengenden faktischen Welt zu entfliehen suchte – ließ sich wohl nicht wiederholen. Vielleicht hat Virginia mit ihrem Beitrag, der eher eine Möglichkeit andeutet als ein Modell darstellt, die Gattung der Biographie in ähnlicher Weise weiterentwickelt wie Lytton Strachey mit «Elisabeth und Essex». «Sein [Stracheys] Scheitern, das doch das Ergebnis eines außerordentlich geschickt durchgeführten, gewagten Experiments war», schrieb sie, «öffnet uns die Augen für weitere Entdeckungen. ... Er hat uns den Weg gezeigt, den andere vielleicht in Zukunft beschreiten werden.»[2]

«Eine Viertelstunde später – es schlug zehn Uhr – war der Earl am Tor. Er eilte herein, ohne eine Sekunde zu zögern, sprang die Treppen hinauf und dann – oh, er wußte den Weg wohl! – in das Audienzzimmer und von da in das Arbeitszimmer – das Schlafzimmer der Königin stieß daran. Er war schmutzig und unordentlich von der langen Reise, in groben Kleidern und Reitstiefeln; aber er dachte mit keinem Gedanken daran, als er die Tür aufstieß, die vor ihm lag. Und da, ganz nahe vor ihm, saß Elisabeth inmitten ihrer Damen, im Morgenrock, ungeschminkt, ohne Perücke; ihr graues Haar hing in Strähnen über ihr Gesicht, und die Augen quollen ihr aus dem Kopf.»[3]

In dieser Schlußpassage des zwölften Kapitels von «Elisabeth und Essex», die die verbotene Rückkehr des Earl of Essex aus Irland am 28. September 1599 beschreibt, reproduziert Strachey die Eröffnungsszene der von ihm im Jahre 1909 in Blankversen verfaßten Tragödie «Essex», deren Handlung er in den Kapiteln XIII bis XVI seiner Biographie nochmals wiedergibt. Viele dramatische Ereignisse in «Elisabeth und Essex» werden von solchen theatralischen Auftritten und Abgängen umrahmt. Als Essex zum Beispiel in Kapitel XI zum Vizekönig von Irland ernannt wird, läßt Strachey ihn und Robert Cecil folgendermaßen die Szene verlassen: «Mit langen, siegesstolzen Schritten und funkelnden Blicks verließ er triumphierend das Zimmer; und desgleichen tat – schleppenden Ganges und urbane Sanftmut im Antlitz – Robert Cecil.»

Stellenweise erinnern Stracheys Formulierungen an Bühnenanweisungen für ein Schauspielerensemble. In der Szene, in der Elisabeth vor dem vom Vorsitzenden des Unterhauses einberufenen Parlament ihre Rede hält, gibt er die Worte der Königin zwar exakt wieder, erteilt jedoch gleichzeitig Anweisungen, wie die Ansprache dargeboten und gehört werden soll:

«Stille trat ein; dann klang die helle Stimme ...»

«Sie hielt inne und gebot ihnen aufzustehen, da sie ihnen noch mehr zu sagen habe.»

«Sie hielt abermals einen Augenblick inne und fuhr dann mit tieferem Klang fort ...»

Am Schluß von Kapitel XVI beendet er diese Szene, als würde ein Bühnenvorhang fallen.

«Sie straffte ihre Gestalt zu Abschiedshoheit; ihre Augen flammten; Trompetenklang erscholl, und sich abwendend von ihnen im rauschenden Prunk ihrer Gewänder – hochaufgerichtet und gewaltig –, wandelte sie hinaus.»

Wenn irgend möglich, versetzt Strachey den Leser in die Situation des direkten Zuschauers, behandelt ihn also wie ein Theaterpublikum. Er bemüht sich, alle verwendeten Quellen, ob es sich nun um Briefe, Tagebücher oder zeitgenössische Berichte handelt, in anschaulichen und lebendigen Erzählstoff zu verwandeln. So zitiert er zum Beispiel Wort für Wort einen Brief von Essex an Elisabeth, unterbricht den Text jedoch mehrmals, um dem Leser den Eindruck zu vermitteln, als sähe er Essex tatsächlich beim Verfassen des Briefes zu («Im Schreiben erwärmte er sich», «... nun hielt er nicht länger an sich ...» «Die Die ganze Flamme seiner Empörung schlug hoch ...»).

Oft bedient sich Strachey der indirekten Rede, um den Anschein zu erwecken, als gäbe er die Perspektive und den Tonfall der Figuren selbst wieder. So schreibt er in Kapitel V: «Als die Stelle des Kronanwalts frei wurde, erklärte Essex sofort, daß Francis Bacon den Posten bekommen müßte.» Dann fährt er fort, als schildere er Essex' eigene Gedanken und Haltung: «Er war jung und hatte es in seinem Beruf noch nicht weit gebracht – aber was tat das? Er verdiente weit Höheres als dies; die Königin hatte das Recht zu ernennen, wen sie wollte, und wenn Essex irgendwelchen Einfluß hatte, sollte diesmal dem richtigen Manne der Vorzug gegeben werden.»

In diesen Selbstgesprächen versteckt sich Strachey hinter seinen Figuren. Sie dürfen ihre perspektivische Sicht der Situation und ihr persönliches Urteil über andere Figuren wiedergeben. Dabei wechselt der Autor unvermittelt von der Tatsachenbeschreibung zur Technik des Bewußtseinsstroms über, was der Leser oft nur an einem Gedankenstrich oder einem gelegentlichen Semikolon erkennen kann. Die Reflexionen der Figuren haben ihren Ursprung in den Monologen des elisabethanischen Dramas (das vielleicht beste Beispiel für dieses Stilmittel findet sich in Kapitel XV, wo die Königin über ihre frühere Beziehung zu Essex und über seine Begnadigung nachdenkt).

Strachey hat seine Biographie im Grunde wie ein fünfaktiges, elisabethanisches Drama konstruiert. «Elisabeth und Essex» ist seine Version von Shakespeares «Antonius und Kleopatra». «Es gab nur eine Sache, die einen Mann in Antonius' Position in jenen Zustand völliger Verblendung versetzen konnte, in dem er sich auch tatsächlich befand, und diese Sache ist Leidenschaft», hatte Strachey an anderer Stelle geschrieben.[4] Leidenschaft ist das vorherrschende Motiv in «Elisabeth und Essex». Essex, dessen sinnliches Temperament und genialer Sinn für Freundschaft in einer Art und Weise geschildert werden, die seine Ähnlichkeit mit Antonius unterstreicht, verläßt seine Königin und kehrt wieder zu ihr zurück, wie Antonius sich zuerst von Kleopatra abkehrt und dann doch wieder zurückkommt. Und genau wie Antonius stirbt auch Essex eines gewaltsamen Todes. Elisabeth ist zwar nicht Kleopatra, doch ist jede der beiden Frauen auf ihre Art «ohnegleichen», und die ständigen Sinneswandlungen und das Temperament der Königin von England bilden eine dramatische Parallele zur «unendlichen Vielfalt» der Königin von Ägypten. Und Sir Robert Cecil, der überragende Geist in Stracheys Drama (dessen Funktion der von Baron Stockmar in «Queen Victoria» ähnelt), erinnert sehr an den berechnenden Octavius, der in Shakespeares «Antonius und Kleopatra» am Ende triumphiert. In der sorgfältig komponierten Passage, mit der «Elisabeth und Essex» endet (und die quasi eine Umkehrung des berühmten, rückblickenden Schlusses von «Queen Victoria» ist), verwendet Strachey eine weitere Technik der elisabethanischen Bühne: er läßt

Cecil über das Schicksal Englands und die Zukunft seines eigenen Hauses meditieren. Auch Essex' loyale Freunde Sir Christopher Blount, Henry Cuffe, Lord Southampton und Sir Charles Travers weisen gewisse Gemeinsamkeiten mit Shakespeares Figuren Eros und Scarus auf. Doch Strachey vereinfacht seine Charaktere. Francis Bacon, «die Schlange», ist ein schwärzerer Schurke als Enobarbus, und Sir Walter Raleigh, «der Fuchs», ist weit finsterer als Lepidus.

Lytton widmete «Elisabeth und Essex» James und Alix Strachey. Die beiden hatten sich als Übersetzer der Werke Freuds einen Namen gemacht; Freud selbst nannte sie «meine exzellenten englischen Übersetzer».[5] Lytton selbst las keine deutschen Bücher und war von den frühen Freud-Übersetzungen A. A. Brills weit weniger beeindruckt als von Constance Garnetts Übersetzungen der Romane Dostojewskis, deren psychologische Gestaltung seine «Eminent Victorians» so nachhaltig beeinflußt hatten. Noch 1923 bezeichnete Lytton die Psychoanalyse als «einen lächerlichen Schwindel»[6]. Doch er änderte diese Meinung allmählich, als Freuds Theorien Mitte der zwanziger Jahre im Bloomsbury-Kreis Eingang fanden und in ganz England ernst genommen wurden. Adrian und Karin Stephen hatten sogar beschlossen, nach dem Krieg Psychoanalytiker zu werden. Die Hogarth Press veröffentlichte nach 1924 Übersetzungen von Freuds Werken (Sebastian Sprott übersetzte später Freuds «Vorlesungen zur Einführung in die Psychoanalyse»). Zu diesem Zeitpunkt begann auch Lytton, seine Arbeiten zu lesen und mit James und Alix zu diskutieren.[7]

In «Elisabeth und Essex» benutzt Strachey die Freudschen Theorien teilweise zur Motivierung der Vorsehung, die in den Shakespeareschen Dramen waltet. So reichert er den für das sechzehnte Jahrhundert so charakteristischen, abergläubischen Fatalismus mit einer Atmosphäre triebbedingter Unvermeidlichkeit an. Strachey verwendet eine Reihe dramatischer Zwischenfälle wie den Sturm, der die in Richtung Ferrol losgeschickte Expedition heimsucht, als Omen für Essex' tragisches Ende und verstärkt dieses dramatische Mittel der Elisabethaner durch Anspielungen auf unbewußte Motive. Er war inzwischen von der Richtigkeit der Kernthese Freuds überzeugt, daß die kindliche Sexualität und die Macht des Sexualtriebs im Erwachsenenalter das menschliche Denken und Handeln nachhaltig prägen. Insbesondere griff er Freuds Vorstellungen vom Vater-Tochter-Verhältnis auf, um die unbewußte Haltung Elisabeths zu Essex' Hinrichtung deutlich zu machen. In den ersten Kapiteln des Buches finden sich mehrere Passagen, die uns auf die Beschreibung jener Gefühle vorbereiten, die sie später empfindet, als sie Essex in den Tod schickt. Strachey läßt seine Phantasie spielen und beschwört in Elisabeth den Geist Heinrichs VIII., ihres grausamen Vaters, herauf, der seine Ehefrauen hinrichten ließ – darunter auch Elisabeths Mutter:

«Er sollte spüren, daß sie wahrhaft die Tochter eines Vaters war, der es verstanden hatte, ein Königreich zu regieren und die Treulosigkeit derer zu bestrafen, die er am meisten geliebt hatte. Ja, wahrlich, sie fühlte ihres Vaters Geist in sich; und eine machtvolle Leidenschaft bewegte die dunklen Tiefen ihres Wesens, als sie ihren Geliebten zum gleichen Tode verdammte, den ihre Mutter erlitten hatte. In allem, was geschehen war, lag etwas düster Unabwendbares, eine geisterhafte Genugtuung; ihres Vaters Schicksal wiederholte sich, durch eine innere Fügung, in dem ihrigen; es war höchst folgerichtig, daß Robert Devereux Anna Boleyn auf den Block folgte. Ihr Vater! ... aber in noch abgründigeren Tiefen regten sich noch seltsamere Gefühle. Es gab nicht nur eine Ähnlichkeit, es gab auch einen Unterschied; schließlich war sie kein Mann, sondern ein Weib; und war dies vielleicht gar keine Wiederholung, sondern – Rache? War es ihre ermordete Mutter, die, nach all den Jahren ihres Lebens, nun zu diesem grausigen Finale auferstand? Der Kreis hatte sich vollständig geschlossen.»

Als sich Strachey nach Königin Viktoria, der Mutter des britischen Empire, nun der jungfräulichen Königin Elisabeth zuwandte, änderte sich auch sein Stil. «Zum erstenmal wird uns unangenehm bewußt», schrieb Edmund Wilson, «daß sich hier das schrille, alte Bloomsbury-Klatschmaul hämisch an den Skandalen der Vergangenheit weidet, die er in seiner Bibliothek aufgestöbert hat. Stracheys neugierige, gehässige Bosheit, seine Schadenfreude über die mißliche Lage seiner Charaktere tritt in ‹Elisabeth und Essex›[8] auf höchst unerfreuliche Weise zutage. Das Werk ist voller sexueller Anspielungen und Zweideutigkeiten.» In einem in der Zeitschrift *The Criterion* veröffentlichten Kommentar von Reverend Charles Smyth hieß es, daß es sich «in einem fast schon pathologisch anmutenden Ausmaß mit den Sexualorganen beschäftigt».[9]

Um Elisabeths Kindheitstraumata zu dramatisieren und aufzuzeigen, inwieweit diese ihre Entscheidung, Essex hinrichten zu lassen, bestimmten, erfand Strachey ein frühkindliches Erlebnis der Königin: «Der Mann – dieses fesselnde und zugleich abstoßende Wesen, das, in gelbe Seidenpracht gehüllt, ihr zum erstenmal ganz nahe war, als ihr Vater sie auf dem Schoß hielt – wurde endlich gestürzt und sollte in der Person dieses Verräters mit der Wurzel ausgerissen werden. Buchstäblich vielleicht ... sie kannte die Strafe für Hochverrat nur zu gut.»[10]

In «Elisabeth und Essex» gibt es ebenso viele Hinweise auf Verstümmelungen der Ohren, die im allgemeinen auf Kastrationsangst deuten, wie auf die Kastration selbst. Kapitel V, in dem die Beziehung zwischen Essex und Francis Bacon beschrieben wird, endet mit der Geschichte von Mr. Booth, «diesem bedauernswerten Mann, der eines schönen Tages mir nichts, dir nichts vom Gericht des Lordkanzlers zu einer hohen Geldstrafe, Gefängnis und zum Abschneiden der Ohren verurteilt worden war». Diese Anekdote führt den Leser zwar vom eigentlichen Thema des Kapitels weg, ergänzt jedoch das Bild der Brutalität und Willkür, das Strachey von jener Epoche zeichnet. Man gewinnt den Eindruck, als stelle er sich mit wonnigem Schaudern vor, selbst im sechzehnten Jahrhundert zu leben oder als Geist zwischen diesen prachtvollen und gleichzeitig furchteinflößenden Gestalten hin und her zu huschen.

«Wer kann diese Geschöpfe mit ihren stählernen Nerven wieder auferstehen lassen, die vielleicht in irgendeiner Taverne gerade noch einem herrlichen Madrigal lauschten, das ihnen ein bezaubernder Jüngling zur Laute sang, um schon im nächsten Augenblick mit Entzücken zu beobachten, wie scheußlich zugerichtete Hunde einen Bären in Stücke rissen? ... war so ein protzig gekleideter Mann von Welt, dessen Hosenlatz auf eine erstaunliche Virilität hindeutete, mit seinem lockig herabwallenden Haar und den juwelengeschmückten Ohren nicht zugleich auch weibisch? – Eine Schicksalswende – das Wort eines Spions –, und dieselben Ohren wurden vielleicht zur allgemeinen Belustigung am Pranger abgeschnitten; und wenn Ehrgeiz oder Glaubenseifer noch düsteres Gedankengut heraufbeschworen, so hielt man wohl – mitten im Geleier kindisch moralisierender Gemeinplätze und in wundervollstem Englisch hervorgebrachter Sterbegebete – noch gräßlichere Verstümmelungen bereit, um ein wenig Abwechslung in das grausame Ende irgendeines Verräters zu bringen.»

Stracheys elisabethanisches Zeitalter entspringt seiner ganz persönlichen Sichtweise und ist bevölkert von extravaganten Phantomen, die sich noch von Trieben leiten lassen, die vier Jahrhunderte später längst ins Unbewußte verdrängt sein werden. Er lädt uns ein, in die fremdartige Atmosphäre jenes Zeitalters einzutauchen, mit dem uns zwar noch Erinnerungen verbinden, das aber ansonsten für immer verloren ist.

In einer frühen Ausgabe der Zeitschrift *Scrutiny* schreibt T. R. Barnes, Strachey habe literarisch nicht recht überzeugen können, weil er sich die Vorstellungen Freuds und der Freidenker zu eigen gemacht habe, um sich auf jenes Bedürfnis nach Ersatzbefriedigung durch fiktive «Charaktere» zu berufen, das die Grundlage kommerzieller Literatur sei. Zum Schluß erklärt er, da Strachey unfähig gewesen sei, im Leben und in der Literatur etwas Schöpferisches hervorzubringen, seien seine Bücher ein Ersatz für beides gewesen.[11]

Rebecca West vertrat eine ähnliche Auffassung, als sie an «Elisabeth und Essex» beanstandete, das Buch verstoße «allzu kraß gegen die Regel, daß ein Kunstwerk niemals eine offensichtliche Kompensation für die Defizite im Leben des Autors sein darf. Das Buch ließ nur allzu deutlich die Rache der unterdrückten romantischen Kräfte einer Persönlichkeit erkennen, die sozusagen durch Mehrheitsbeschluß zu einer kühlen und klassischen Lebensweise gezwungen wurde. Es hatte den schwülstigen und irritierenden Charakter zu lange geträumter pubertärer Phantasien.»[12]

Doch damit nicht genug – denn wer sich der Psychoanalyse bedient, leistet immer neuen psychoanalytischen Interpretationen Vorschub. Der kanadische Dichter und Kritiker John Ferns stellte später folgende These auf: «Strachey hatte das Gefühl, seine Männlichkeit sei durch die Präsenz einer Frau, über die er nicht hinwegkommen konnte, verleugnet und verhindert worden ... [er] war unfähig, sich aus dem ödipalen Netz zu befreien. Betrachtet man ‹Elisabeth und Essex› aus der Freudschen Perspektive, deren Strachey sich beim Verfassen des Buches selbst bediente, könnte man Elisabeth schließlich mit Stracheys Mutter identifizieren und Essex mit Strachey selbst.»[13]

Beim Schreiben seines Buches wechselte Strachey auch die Perspektive. Manchmal sah er Essex mit den Augen der Königin als der Mann, der er selbst gern gewesen wäre. Dann verwandelte sich der blasse, sorgenvolle Gelehrte, der mit Schüttelfrost in der Dunkelheit seines Schlafzimmers lag, in jenen «schönen und anmutigen jungen Mann mit seiner freimütigen Art, seiner knabenhaften Lebendigkeit, seiner tiefen Bewunderung, die aus jedem Wort und jedem Blick sprach, mit seiner hohen Gestalt, seinen wundervollen Händen und dem von Kastanienhaar umrahmten Haupt, das er so ritterlich zu beugen wußte». Maynard Keynes las das Buch gleich nach dem Erscheinen und schrieb Strachey am 3. Dezember 1928: «Alles in allem scheint es so, als sähest Du Dich in der Rolle Elisabeths, doch an den Bildern erkenne ich, daß es Essex ist, in dem Du Dich selbst darstellst.»[14]

«Elisabeth und Essex» erhöhte Lytton Stracheys Renommee als Schöpfer einer neuen, freieren Form der Biographie. Für die Schwachstellen des Werkes waren möglicherweise weniger psychologische Faktoren verantwortlich, denn diese bereicherten den Text mit einer tieferen Bedeutungsschicht, als vielmehr körperliche Beschwerden des Verfassers. Seine Briefe aus der Entstehungszeit des Buches machen deutlich, daß sein Gesundheitszustand sich damals zusehends verschlechterte, was die zahlreichen schwachen Passagen erklären würde. Dennoch glänzt der Autor von «Eminent Victorians» durch seine Ironie. So schildert er zum Beispiel König Philipp von Spanien als «Spinne im Escorial», die «ihre Netze aus Träumen spinnt» und die auf dem Sterbebett ein schrecklicher Gedanke plagt: «War er etwa nachlässig gewesen im Verbrennen von Ketzern? Er hatte zwar viele verbrannt, daran bestand kein Zweifel; aber er hätte vielleicht noch mehr verbrennen sollen.» Dem Autor von «Queen Victoria» gelingen auch bezaubernde Metaphern, zum Beispiel in der Passage, in der er Elisabeths Stimmungsschwankungen beschreibt und die Königin mit einem Schiff vergleicht: «Das war ihre Natur – bei Windstille dahinzutreiben auf einem Meer der Unentschlossenheit und, sobald Wind aufkam, fieberhaft bald nach dieser, bald nach jener Seite zu lavieren.» Doch bisweilen wird der Text auch nur durch schwache Wortspiele, mißlungene Überleitungen und leere Phrasen zusammengehalten.

«Im großen und ganzen schien es sicher, daß mit ein klein wenig Geschick Taten und Charakter der Angeklagten derart angeschwärzt werden könnten, daß ein überzeugend klingender Schuldspruch ermöglicht würde.»

«In Irland hätten die Dinge wesentlich schlimmer stehen können.»

«Sie [die spanischen Gesandten] waren mit jenen Mächten im Wesen der Königin in Berührung gekommen, die ihnen später zum Verhängnis wurden und die ihr zu guter Letzt ihren ungeheuren Triumph eintrugen.»

Zwischen diese blassen Passagen plaziert Strachey seine dramatischen Meisterstücke, gibt «der Sprache die Peitsche», wie Virginia es am 25. November 1928 formulierte, «und treibt sie zu diesem wilden Galopp an, selbst wenn das arme Tier schon Schaum vor dem Maul hat und ganz wund und lahm ist».

Die Nebenfiguren, denen er auch in diesem Buch häufig die Züge von Tieren verleiht und die er geschickt in seinen elisabethanischen Gobelin webt, erwiesen sich als feste Charaktere aus Stracheys Repertoire. Da ist das brillante, undurchschaubare und beinahe unsichtbare Genie, das still berechnend in der Ecke sitzt und auf seine Chance wartet. In «Elisabeth und Essex» wird der ehrgeizige Federfuchser von dem buckligen Robert Cecil verkörpert, ein Mann von übermenschlicher Intelligenz, der, über Aktenberge gebeugt, mit kleinsten Bewegungen die Geschicke der Nation lenkt. Eine andere Figur ist der finstere Schurke in der Tragödie, hier gespielt von Francis Bacon, der Mann «mit dem Vipernblick». «Es handelt vom Löwen und der Schlange», kommentierte Wyndham Lewis Stracheys Buch am 27. November 1928 und spielte damit auf sein eigenes, 1927 erschienenes Werk «Der Löwe und der Fuchs» an, in dem er Othello als einen Löwen von einfacher und edler Gesinnung und Jago als einen verschlagenen und skrupellosen Intriganten darstellte. «Essex als die Verkörperung einfacher, gerader Ritterlichkeit und der arme Bacon als machiavellistischer Intrigant! Welch ein Schurke! Nach der Lektüre von Stracheys Werk möchte man fast meinen, er habe Shakespeares Stücke geschrieben und all die Dinge getan, die ihm vorgeworfen wurden.»[15]

Der Fuchs in Stracheys Darstellung ist der «gefährliche und prächtige» Walter Raleigh, der erbitterte Feind des Earl of Essex und «unheilvolle Prophet des Imperialismus». Diese Charakterisierung war notwendig, damit Essex als «der Geist des alten Feudalismus», als Symbol eines romantischen, im Elisabethanischen England bereits dem Untergang geweihten Lebensstils hervortrat. «Die höchste Verkörperung des Elisabethanismus» ist allerdings die Königin selbst, die neuen, rational denkenden Männern wie Bacon und Cecil hohe Ämter anvertraut. In diesen historischen Rahmen ist auch die Liebesgeschichte eingebettet, deren tragischer Held in G. M. Trevelyans damals soeben erschienener «Geschichte Englands» (1926) keinerlei Erwähnung fand.

Trevelyan hatte Strachey bereits vier Jahre zuvor seinen Tribut gezollt. Er hatte ihm bescheinigt, «der Geschichte einen großen Dienst erwiesen» zu haben, indem er «sie erneut mit der Literatur verknüpft und die Öffentlichkeit für ihre Themen interessiert [habe]». Doch er hatte auch hinzugefügt: «Ich würde es bedauern, wenn diejenigen, die am meisten von Geschichte verstehen, diejenigen, die ihr ganzes Leben dem Studium der Geschichte widmen, Auslegung und Darstellung der Geschichte gänzlich Romanautoren und Literaten überließen, die nicht primär Historiker sind.»[16] Je weiter sich Strachey von der gängigen Geschichtsauffassung entfernte, desto wohler fühlte sich Trevelyan. Die «Eminent Victorians» hatten ihn ernsthaft beunruhigt. Am 6. Mai 1921 sagte er zu Strachey, «Queen Victoria» habe ihm weit besser gefallen. Doch nach der Lektüre von «Elisabeth und Essex» war er vollends zufrieden: «Ich habe soeben ‹Elisabeth› zu Ende gelesen», schrieb er am 25. November 1928 an Strachey.

«Wir haben nicht sieben Jahre lang vergeblich gewartet. Ihr langes Zögern bei der Wahl eines Themas hat einen ebenso großen Erfolg gezeitigt wie Elisabeths langes Zögern in ihren glücklicheren Jahren. Sie gibt ein viel subtileres und großartigeres Thema ab als Viktoria, eines, daß Ihrem Genie weit besser entspricht. Es war eine ganz vortreffliche Idee, die Geschichte Elisabeths und ihres Zeitalters nicht in Form einer umfassenden Biographie, sondern mittels dieser besonderen Episode zu erzählen.

Es ist mit Abstand Ihr bestes Werk. Sein Gelingen bestätigt meine Theorie und widerlegt die Ihre beziehungsweise Ihre frühere Ansicht. Sie behaupteten damals mir gegenüber, daß Ihre Stärke die Satire und nur die Satire sei und Sie daher gezwungen seien, Menschen zu wählen, die Sie nicht besonders mochten, um sie verspotten zu können. Ich hielt nicht sehr viel von diesem Argument, und die Zeit gibt mir Recht. Ihr bestes Buch handelt von Menschen, die Ihnen geistesverwandt sind – in weit größerem Maße als die Viktorianer. Und es ist kein satirisches Stück, sondern ein Stück Leben.»

Über das Buch war man jedoch geteilter Meinung. «Lytton muß sehr auf sein Ansehen bedacht sein», schrieb Logan Pearsall Smith an Mary Berenson. «... er machte keinen Gebrauch von seiner wirklichen Begabung, seinem an Voltaire oder Gibbon erinnernden, vorzüglichen Gespür für das Absurde, das unglaublich Groteske, das dem Handeln und Denken der Menschen auf diesem Planeten anhaftet. Das ist eine seltene und glänzende Gabe, die nicht unter den Scheffel gestellt werden sollte.»[17]

Trevelyan wußte sehr wohl, daß die Gilde der akademischen Historiker kaum von einem Werk Notiz nehmen würde, das A. L. Rowse als Stracheys «brillantes und nicht ausreichend gewürdigtes Buch» bezeichnete. Allerdings taucht hier und da eine überraschende Anmerkung auf: Conyers Read weist in «The Tudors» darauf hin, daß sich in «Elisabeth und Essex» einige brillante und erhellende Einsichten über sie (Elisabeth) [befänden]». Insgesamt sei es eine «scharfsichtige und gehaltvolle Studie». Doch in Standardwerken wie J. E. Neales «Königin Elisabeth» wird es nicht zitiert. Die meisten Historiker sahen darin wie Logan Pearsall Smith eher ein Melodram und keine Geschichtsschreibung. War ihr Urteil vielleicht von akademischer Einseitigkeit getrübt? Für G. B. Harrison, der, als scharfe Antwort auf «Elisabeth und Essex», 1937 sein Werk «Robert Devereux, Earl of Essex» veröffentlichte, war Stracheys Buch «ein prächtiges Szenario, aber nicht Geschichte»[18]. Briefe und Gespräche zu zerstückeln und neu zu verknüpfen, schrieb Harrison, sei ein Privileg, das dem gewöhnlichen Historiographen verwehrt bleibe. Strachey beherrsche seine gestalterischen Kunstgriffe. Indem er zum Beispiel in Elisabeths letzter Rede vor dem Parlament unter Wahrung des Sinns Passagen auslasse und dem zitierten Wortlaut einen anderen Rhythmus unterlege (als wolle er einer Schauspielerin den Text eines Theaterstückes erleichtern), gebe er die Rede, ohne seine Eingriffe kenntlich zu machen, viel kürzer und eindrucksvoller wieder, als sie in Wirklichkeit war.

«Ich werde mit Post zu E & E überschüttet», schrieb Lytton am 29. November 1928 an Dadie Rylands. Den interessantesten Brief von allen hatte Sigmund Freud am Weihnachtstag in Wien geschrieben. «Ich kenne all Ihre früheren Veröffentlichungen und habe sie mit großem Vergnügen gelesen», teilte er Strachey mit. «Doch das Vergnügen war in erster Linie ästhetischer Natur.

Diesmal haben Sie mich zutiefst ergriffen, denn Sie sind selbst in größere Tiefen hinabgestiegen. Sie haben erkannt, was andere Historiker nur allzuleicht übersehen – daß es unmöglich ist, die Vergangenheit eindeutig zu verstehen, weil wir die Motive und die Seele des Menschen nicht erahnen und darum ihre Handlungen nicht deuten können. Unsere psychologische Analyse reicht selbst bei unseren Nächsten nicht aus, außer wenn wir sie zu Objekten mehrjähriger, eindringlicher Untersuchungen machen könnten, und bricht sich selbst dann an der Unvollkommenheit unserer Erkenntnis, an der Ungeschicklichkeit unserer Synthese. So stehen wir den Menschen vergangener Zeiten gegenüber wie den Träumen, zu denen uns die Assoziationen fehlen, und nur der Laie kann fordern, daß wir solche Träume deuten sollen. Als Historiker erweisen Sie sich folglich vom Geist der Psychoanalyse durchtränkt.

Und so nähern Sie sich, unter den genannten Vorbehalten, einer der merkwürdigsten Gestalten Ihrer vaterländischen Geschichte, verstehen es, ihren Charakter auf ihre Kindheitseindrücke zurückzuführen, deuten ihre geheimsten Motive ebenso kühn wie diskret an, und es ist sehr wahrscheinlich, daß es Ihnen gelungen ist, den wirklichen Hergang zu rekonstruieren.»

«Mein Buch ist sehr erfolgreich», schrieb Lytton eine Woche nach Erscheinen von «Elisabeth und Essex» (am 30. November 1928) an Topsy Lucas, «und ich höre von Prentice, daß die einzige Schwierigkeit darin besteht, genug Papier und Bindematerial für die vielen noch zu druckenden Auflagen zu bekommen. Allerdings müssen eine ganze Menge verkauft werden, wenn die Einnahmen mit meinen steigenden, extravaganten Ansprüchen Schritt halten sollen. Aubussonteppiche zum Beispiel – ich stürze mich wie wild darauf –, angestachelt zu dieser Idee hat mich, wie könnte es auch anders sein, Carrington.»

In Großbritannien erschien «Elisabeth und Essex» am 23. November. Der größte Teil der ersten Auflage von 40 000 Stück war schon nach einem halben Jahr verkauft. In den Vereinigten Staaten, wo das Buch erst am 1. Dezember auf den Markt kam, machte es Druckgeschichte. Man hatte zwei große Druckerpressen und eine kleine bereitgestellt, und bei jedem Druckdurchgang der drei Maschinen entstand ein komplettes Buch. Der Verlag Harcourt Brace hatte eine Erstauflage von 30 000 Stück veranschlagt, und bereits eine Woche nach Erscheinen wurden 25 000 weitere Exemplare produziert. Bis Weihnachten hatte man 70 000 Exemplare auf den Markt geworfen, und keinmal wurde der Titel als vergriffen gemeldet. Für die Herstellung und den Vertrieb eines nichtbelletristischen Titels war das ein absoluter Rekord. In der zweiten Januarwoche schrieb William Harcourt an Strachey: «Drei Wochen lang wurde Ihr Buch *Tag und Nacht* produziert.» So etwas habe es noch nie gegeben. 90 000 Exemplare waren mittlerweile gedruckt worden, ohne daß die Nachfrage nachgelassen hätte. Am Ende wurden in Großbritannien insgesamt 110 000 und in den Vereinigten Staaten 150 000 Stück der gebundenen Ausgabe von «Elisabeth und Essex» verkauft.[19]

«Mit E & E habe ich unglaublich hohe Summen verdient», berichtete Lytton im Februar 1929 seiner Schwester Dorothy Bussy. Doch als Vanessa Bell ihn fragte, ob ihm dieser Erfolg und die damit verbundene Berühmtheit gefalle, fiel ihm als Antwort nur ein müdes: «Es ist irgendwie angenehm» ein. Der Erfolg sei zu spät gekommen, sagte er zu Virginia Woolf, «um uns auf unseren Hühnerstangen herumhüpfen zu lassen». Dennoch – und das war merkwürdig – machten ihn seine finanziellen Gewinne bei anderen Autoren keineswegs beliebter. Ja, sie brachten ihm postum noch Kritiken ein, in denen es immer häufiger hieß, die Popularität seiner Bücher stehe in einem direkten Zusammenhang mit ihrer Mittelmäßigkeit.

2. Zwei werden ersehnt, nur eine wird geduldet

Lytton war «sehr guter Laune», berichtete Carrington in diesem Winter. «Ich glaube, der Erfolg von ‹Elisabeth› hat ihn ganz aus dem Häuschen gebracht.» Das Automobil war kaputt (Lytton hatte vorgeschlagen, es in ein Sommerhäuschen zu verwandeln), die Köchin hatte das Weite gesucht, und die Wasserleitungen waren fest zugefroren. Manchmal war es so bitter kalt, daß sie den ganzen Tag im Bett blieben. Dann aber verwendeten sie Lyttons Tantiemen dazu, in Ham Spray eine neue Zentralheizung installieren zu lassen, und das «mildert in gewisser Weise die Unzulänglichkeiten launischer Liebender und kaltherziger junger Männer».

Roger Senhouse kam und ging – die Freundlichkeit und Unverbindlichkeit in Person. Einige von Lyttons Freunden fragten sich bereits, ob Roger überhaupt so etwas wie einen Charakter habe oder ob alles an ihm nur Schein sei. Doch Lytton empfand eine zärtliche Liebe für ihn und blieb ganz in seinem Bann. «Ich schien in einer Art goldener Trance zu leben», schrieb er Sebastian Sprott. Er dachte ununterbrochen an Roger, durchlitt Wechselbäder aus Zweifel und Erwartung, brach zuweilen in Tränen aus, wurde dann wieder von einem ruhigeren Gefühl erfüllt; schließlich war es sein «Metier, seine Kapricen und Unarten zu erdulden». Obwohl er fürchtete, besitzergreifend oder ermüdend zu wirken, konnte er es nicht lassen, seinem Liebsten, den er abwechselnd Engel, Monster oder Antilope nannte, alle zwei, drei Tage Briefe zu schreiben. «Schau her, der fliegende Teppich wartet vor der Tür, Du brauchst nur darauf Platz zu nehmen, dann bist Du in fünf Sekunden hier.» Manchmal schien es beinahe so, als sei Roger tatsächlich auf diesen fliegenden Teppich gestiegen, als trete er plötzlich durch die sich öffnende Tür in Lyttons Arbeitszimmer, um den Raum mit der Schönheit und Wohltat seiner Gegenwart zu erfüllen. Solche träumerischen Augenblicke traten nach besonders glücklichen, gemeinsamen Stunden ein, wenn Lytton den entschwundenen Roger zwar schon vermißte, aber trotzdem weiterhin das Gefühl hatte, er sei noch anwesend. «[Mir kam es vor, daß] Du irgendwie bei mir bist – als könntest Du mich hören, wenn ich meine Stimme erhebe – als könnte ich Dich fast berühren, wenn es mir gelänge, meine Hand ein wenig weiter auszustrecken als sonst.» Er wußte, daß er in seiner Phantasie «alles durch eine rosarote Brille sah». Möglicherweise trug auch die neue Zentralheizung zwischen den Bücherregalen das Ihre dazu bei.

Lytton machte alle möglichen Vorschläge, um ihrer Beziehung eine solidere Basis zu verschaffen. Er regte an, gemeinsam den Bestand der Bibliothek in Ham Spray zu katalogisieren («Wie die Stunden und Tage verfliegen würden! Im Winter gewiß die ideale Beschäftigung für zwei Menschen!») Er erbot sich, Roger für 185 Pfund (das entspräche heute 4500 Pfund) einen Citroën zu kaufen, damit er leichter zu ihm kommen könnte («Würde Dir das nicht gefallen? Soeben ist ein dicker Scheck vom Chatto-Verlag eingetroffen – jetzt ist also der richtige Augenblick.»). Er fragte Roger immer wieder, ob sie beide in Zukunft nicht irgendwo in London zusammenwohnen könnten («ich würde jedes Haus bekommen, das Dir gefällt, und all Deine Wünsche berücksichtigen»). Und er bot ihm einen Kredit an, falls er sich entschließen könnte, seine gutbezahlte, aber unbefriedigende Anstellung im Import-Export-Handel aufzugeben und sich statt dessen eine Tätigkeit zu suchen, die ihm mehr zusagte («eine Buchhandlung vielleicht»). Gewiß wäre es besser, dieses Risiko einzugehen, meinte Lytton. «Ich kann mir nicht vorstellen, daß das Ergebnis der Hungertod wäre. Vielleicht wirst Du vergleichsweise bescheiden leben müssen, doch es gibt schlimmere Dinge als Armut, und eins davon, scheint mir, ist mangelnde Freiheit.»

Doch Roger entzog sich sämtlichen Plänen Lyttons, sein Leben neu zu gestalten. Man konnte nie wissen, was er als nächstes tun würde. Die Tage mit ihm waren wie ein ständiger Kostümball. «Ich glaube, Du würdest einen vorzüglichen Trapezkünstler abgeben», erklärte Lytton am 16. Januar 1929, «oder einen Lehrer im Diskuswerfen oder einen russischen Zaren oder einen Gardisten nach dem Spießrutenlauf!» In guten Zeiten versetzten diese turbulenten, kräftezehrenden Wechselbäder Lytton in «einen Zustand der Benommenheit, eine Mischung aus Glück, Erinnerungen und wohliger Erschöpfung».

Er hatte in den vergangenen Jahren nie für möglich gehalten, daß seine Liebeshoffnungen sich wirklich erfüllen könnten, doch an manchen Tagen und Nächten mit Roger hatte er sogar das Gefühl, sie würden noch übertroffen. Das war es, was er sich erhofft, wovon er geträumt hatte. Wenn Lytton die letzten Stunden des Tages mit Roger verbringen konnte, war er so außer sich vor Freude, daß er seine Gefühle kaum in Worte zu fassen vermochte. Allerdings verging kein Tag, an dem er nicht etwas zu Papier gebracht hätte.

«Deine göttliche Geschmeidigkeit verführt mich immer wieder aufs neue – ich fühle mich in Deiner Gegenwart über alle Maßen glücklich – die Verschlungenheit und Intensität der Existenz läßt mein Ich zu einem Schatten herabsinken. Jeder Augenblick ist so unbeschreiblich schön ... meine Liebe strömt aus mir hervor, umhüllt Dich ganz und gar und hält Dich über Raum und Zeit hinaus in meiner Nähe ...»

Doch nicht nur Raum und Zeit, auch andere Forderungen der Wirklichkeit nagten an ihrer Beziehung. «Ich bin ganz Ohr», schrieb Lytton am 15. Januar 1929, «für alles, was Du mir sagen möchtest.» Aber oft herrschte zwischen ihnen ein unerklärliches Schweigen. Dann geriet Lyttons Zuversicht ins Wanken, und seine Phantasie spielte ihm Streiche. Während er Roger noch Liebeserklärungen machte, sprach er auch von seiner Traurigkeit und Verwirrung: «Bitte, sei nicht so unbestimmt und laß mir eine Antwort zukommen ... Ich mußte mir einfach Sorgen machen ... Ich weiß nicht mehr, wie viele Briefe dieser Art ich Dir schon geschrieben habe ...

Mittlerweile habe ich es fast aufgegeben, Spekulationen über Dich anzustellen! ... Roger, Liebster, Du merkst gar nicht, wie wenig Du sagst. Manchmal glaubst Du, mir Dinge erzählt zu haben, dabei hast Du es in Wirklichkeit meinem Gespür und meiner Phantasie überlassen, sie zu erahnen ... Ich hoffe nur, daß sich die Aussicht, eines Tages eine Zeitlang mit Dir zusammenzuwohnen, nicht inzwischen zerschlagen hat.»

Eine akute Krise brach im Herbst 1929 aus. «War ich mit meinem Gerede über Filzläuse vielleicht zu ermüdend?» wollte Lytton am 2. September wissen. Die Geschichte zog sich noch die ganze folgende Woche hin:

«Allerherzlichsten Dank, mein Liebster, für die Medikamente und den bezaubernden Brief mit den Anweisungen ... Mich schaudert bei dem Gedanken, in welchem Zustand ich mich befunden hätte, wärest Du nicht so entschieden aufgetreten und hättest die Sache in die Hand genommen. Vor allem hast Du Dich sogleich mit der gräßlichen Wahrheit auseinandergesetzt. Könntest Du mir noch eine Flasche besorgen? ... Manchmal treten Reizungen auf, die zum Verrücktwerden sind ... Ich vermute, Du wirst auf dem Weg zum Schneider-Cup nicht zufällig vorbeischauen und an Ort und Stelle eine Visite vornehmen! ...»

«... eine schmerzhafte Komplikation ist aufgetreten. Die vorherigen Anwendungen haben meine Haut angegriffen. Eine recht große Partie ist wund und entzündet. ... Ich bin nicht ganz sicher, ob die Übeltäter auch wirklich ausgerottet wurden. Es ist furchtbar schwierig für mich, etwas zu sehen ... mit Hilfe dieses Spezialspiegels konnte ich nichts erkennen ... Ich muß warten, bis ich Dich wiedersehe, erst dann werde ich Gewißheit haben.»

«Denke bitte nicht, ich sei deprimiert», versicherte Lytton Roger kurze Zeit später (am 1. Oktober 1929). Als der Winter begann, schrieb er Dadie (in einem Brief vom 23. Dezember 1929) besorgt: «Nun beginnen die trüben Monate, nun müssen wir einander soviel Zuwendung, Liebe und Lust schenken, wie wir nur können ... Wo ist sie nur, die Glut des nächsten Juli?» Trotz aller Rückschläge – Roger reiste mehrmals ganz unvermittelt ab oder tauchte erst gar nicht auf; die Ferien wurden gestrichen; davon abgesehen bereitete sich Lytton mit seiner abgöttischen Liebe selbst Qualen – überstanden die beiden den Winter, und im darauffolgenden Juli (am 30. Juli 1930) schrieb Lytton an Roger: «Ich hoffe, daß die Dinge sich vielleicht bessern – jedenfalls ist es tröstlich, wenn man sich vorstellt, wieviel schlimmer sie stehen könnten! Mit Liebe, auf beiden Seiten, kann doch eigentlich gar nichts schiefgehen.»

Carrington versuchte, ihre eigenen Schwierigkeiten in Form einer regelrechten Malwut zu bewältigen. Sie zeichnete Porträts der umwerfenden vierzehnjährigen Vivien John und der wie durch ein Wunder verheirateten Julia Tomlin. Sie schmückte Dadies gotische Räume im King's College mit klassischen Pastiches in den Farbtönen Aprikose und Altrosa. Für Dorelia verzierte sie in Fryern Court die Schubladen einer Kommode mit selbstentworfenen Etiketten («Faden & Zwirn», «Seide & Baumwolle», «Reste»). Sie machte sich auch daran, auf eine nicht benutzte Tür in Ham Spray ein Bücherregal zu malen, in dem Bücher mit ironischen Titeln standen («The Empty Room» von Virginia Woolf, «The Lad» von Leonard Woolf und das ehrgeizige zweibändige Werk «Deeds Not Words» [Taten statt Worte] von A. Carpenter). Jedes Jahr begann sie mit dem festen Vorsatz zu malen, und wenn dann der Sommer kam, hatte sie das Gefühl, ihr Leben zu «vertrödeln, ohne etwas zu schaffen, was auch nur eines Blickes wert» gewesen wäre. Doch sie malte weiter.

Immer noch plagten sie Alpträume. Sie notierte: «Meine Kehle wurde durchschnitten und Blut rann über meine Brust.» Oder: «Schreckliche Feinde verfolgten mich in die Küche und versuchten, mir mit einer kleinen gebogenen Gabel die Augen auszustechen.» Sie liebte Ham Spray und die sanfte Landschaft, die das Haus umgab, doch immer, wenn Lytton sich gerade anderswo aufhielt, kam sie sich vor, als habe man sie auf einer stillen grünen Insel ausgesetzt. Sie hatte den Eindruck, daß er vieles mit sich fortnahm, wenn er ging. Die Räume sahen dann ganz anders aus, und der halbe Sinn ihres Lebens schien sich zu verflüchtigen. «Mein Leben verläuft wie eine Fuge», hatte sie Gerald Brenan am 30. August 1928 erzählt. «Ich bewege mich ein paar Takte vorwärts, dann kehre ich zurück und nehme das alte Thema wieder auf.»

Ihr neues Wohnexperiment – Ralph und Frances verbrachten die Wochentage nun am Gordon Square – hatte ihr nicht wirklich zugesagt. Sie fühlte sich ausgeschlossen, wenn die beiden zusammen wegfuhren, und unbehaglich, wenn sie wieder da waren. Sie konnte sie im Badezimmer miteinander reden und lachen hören, und die Fröhlichkeit der beiden schien ihre eigene Einsamkeit noch zu unterstreichen. Ralph geriet bisweilen in Wut über ihre Verstimmungen. Offensichtlich konnte man es ihr nie recht machen. War es nicht langsam an der Zeit, daß sie sich ihrem Alter entsprechend benahm? Doch das Gefühl, älter zu werden und sich dem Tod zu nähern, das Gefühl, daß die Zeit verrann und Liebesaffären zu Ende gingen, war mit ein Bestandteil ihrer Alpträume.

Auch für Lytton war das Gordon-Square-Arrangement eine Enttäuschung. Er fand es unmöglich, Ralph nur noch im Beisein von Frances sehen zu können. Jedesmal, wenn Ralph nach Hungerford kam, brachte er sie mit. Und wenn ihr Besuch zu Ende war, reisten sie gemeinsam wieder ab. Lytton hegte zwar nicht gerade eine Abneigung gegen Frances, doch er kam auch nicht leicht mit ihr aus – ebensowenig wie Carrington. Die beiden Frauen waren nie echte Freundinnen gewesen. Frances empfand zwar eine gewisse Bewunderung für Carrington, doch diese brachte Frances bestenfalls Dankbarkeit entgegen, weil sie Ralphs Verbundenheit mit Ham Spray so bereitwillig akzeptiert hatte. Allerdings wurde diese Dankbarkeit durch eine lesbische Anziehung verkompliziert, die Carringtons wohlgehütete Gefühle zuweilen in plötzliche Anwandlungen von Zärtlichkeit umschlagen ließ. Die beiden Frauen rivalisierten also nicht nur um Ralphs Liebe. Durch die Umstände war ihrer beider Gefühlsleben unentwirrbar miteinander verknüpft.

Für Carrington war die Situation besonders unangenehm. Sie beklagte sich nie bei Lytton über dieses neue Arrangement, weil sie befürchtete, dadurch alles nur noch schlimmer zu machen, doch er spürte ihre Verstörtheit. Nicht einmal Ralphs aufgeräumte Freundlichkeit konnte die von unausgesprochenen Gefühlen belastete Atmosphäre auflockern, die an den gemeinsamen Wochenenden des Quartetts herrschte.

Ende 1928 unternahm Lytton einen beherzten Versuch, die Situation zu bereinigen. «Lieber Ralph», schrieb er ihm am 6. November 1928:

«Carrington weiß nichts von diesen Zeilen, und vielleicht hältst Du es auch für besser, sie Frances nicht zu zeigen. Aber natürlich kannst Du tun, was Du für richtig hältst. Ich fühle mich seit einiger Zeit in bezug auf Frances ziemlich unbehaglich – doch ich habe es bisher nicht über mich gebracht, etwas zu sagen. Was mir Sorgen bereitet, ist, daß sie so oft mit Dir hierherkommt und fast die ganze Zeit, die Du hier bist, dableibt, so daß wir so selten mit Dir allein

sind. Ich hatte mir die Sache eigentlich ein wenig anders vorgestellt
– und ich glaube, Du auch. Ich fürchte, Du nimmst jetzt vielleicht
an, daß diese Zeilen auf eine gewisse Abneigung meinerseits gegenüber Frances schließen lassen, doch das ist keineswegs der Fall.
Kannst Du mir das glauben? Ich hoffe es. Ich hoffe, Du vertraust
darauf, daß ich die Wahrheit sage, und glaubst auch an meine Zuneigung zu Dir, die ich weder beschreiben noch ausdrücken kann.
Dafür ist sie viel zu tief. Ich weiß, daß dies schmerzlich für Dich sein
muß, doch es erscheint mir besser, Dir zu sagen, was mich innerlich
bewegt, als weiterhin so zu tun, als wenn nichts wäre, und dabei das
vage Gefühl zu haben, daß ein Problem zwischen uns nicht ausge-
räumt worden ist. Vielleicht läßt es sich auch gar nicht ausräumen –
jedenfalls halte ich es für besser, es anzusprechen, als es zu verschweigen. Ich möchte Dir nur ungern irgend etwas aufzwingen.
Wenn Du das Gefühl hast, nichts tun zu können, nun dann läßt sich
eben nichts machen. Und wenn Du meinst, diese Zeilen weder
schriftlich noch mündlich beantworten zu können, dann verzichte
einfach darauf, ich werde jedenfalls nicht mehr davon anfangen, und
zwischen uns wird alles in Ordnung sein. Doch vielleicht wäre es Dir
unter Umständen auch möglich, Frances nahezulegen, daß es besser
wäre, wenn sie nicht so oft hierherkäme – und es würde die Situation
sicherlich sehr entspannen, wenn sich das einrichten ließe. Doch es
liegt ganz bei Dir, zu entscheiden, was zu tun ist. Ich vertraue auf
Dein Urteil. Ich habe nur das Gefühl, daß Du den Dingen vielleicht
einfach ihren Lauf gelassen hast, weil es Dir widerstrebte, einen unangenehmen Schritt zu tun. Ich weiß es nicht. Und bitte unternimm
nicht nur deswegen irgend etwas, weil Du Dich von mir ‹unter
Druck› gesetzt fühlst. Ich dränge Dich zu nichts. Ich frage Dich lediglich, ob es nicht vielleicht, ohne allzu große Opfer, möglich wäre,
mich glücklicher zu machen.»

Ralph konnte diese Bitte unmöglich ignorieren. «Wenn Lytton
tatsächlich angenommen haben sollte, Ralph würde mir diesen Brief
nicht zeigen, dann hätte er damit eine erstaunliche Unkenntnis seines Charakters bewiesen», lautete Frances' bissiger Kommentar.
«Natürlich hat er es getan, und es war das einzige Mal, daß ich ihn
wirklich außer sich vor Zorn auf Lytton erlebt habe.»[20] Ralph
wußte, daß diese Zurückweisung Frances verletzt hatte, und zwar so
sehr, daß sie eine mysteriöse Krankheit, unter der sie Anfang 1929
litt, unter anderem Lyttons Brief zuschrieb. Sie liebte Ham Spray,

auch wenn sie sich dem Haus nicht ganz so verbunden fühlte wie Ralph. Die undefinierbare Stellung, die sie dort einnahm – sie war weder Gast noch Gastgeberin –, war inzwischen bezeichnend für eine Lebenssituation, in der sich alles in der Schwebe befand. Vor allem aber die Unterdrückung ihrer Mutterinstinkte verursachte ihr Höllenqualen. Die ganze Situation machte auch Ralph sehr zu schaffen. In der darauffolgenden Woche sprach er sich am Gordon Square 37 mit Lytton aus. Danach «lief alles praktisch weiter wie gehabt», schrieb Frances in ihr Tagebuch, «außer daß Ralph und ich nicht mehr so häufig nach Ham Spray kamen».

Was für Carrington alles noch schwerer machte, war ihr endgültiger Bruch mit Gerald in ebenjenem Monat. Sie hatten im Sommer versucht, ihre alte Melodie noch einmal zu spielen, aber diesmal liebenswürdiger und entschlossener. Doch inzwischen wußte keiner mehr so recht, was er eigentlich wollte. Sie fand es «nett», sich wieder mit ihm zu treffen, wollte jedoch nicht «die eigentümlichen Freuden» des vertrauten, zurückgezogenen Lebens in Ham Spray aufgeben. Er liebte sie, wollte jedoch unbedingt frei sein von der «qualvollen Verzweiflung», in die sie ihn jedesmal stürzte. Auf den Krach folgte die Versöhnung, und so ging es über Monate hin.

Schließlich trennten sie sich wegen einer Lappalie, bei der es um ein Bündel alter Krawatten ging. Lytton hatte vor einer Weile beschlossen, seine Kleider- und Wäscheschränke durchzusehen und alles auszumustern, was er nicht mehr benötigte. Doch Carrington, die sich nie gern von etwas trennte, fürchtete, es könne Unglück bringen, Lyttons alte Anzüge und Socken einfach wegzuwerfen. Da kam ihr ein Einfall, von dem sie glaubte, er würde alle Beteiligten zufriedenstellen: sie wollte diesen geheiligten Plunder einfach Gerald anbieten, der sich so teure Kleidung nicht leisten konnte. Dieser schlug ihr Angebot zwar wütend aus, aber Carrington, die gar zu gern Päckchen schnürte, wickelte unbeirrt ein paar von Lyttons alten Krawatten ein und schickte sie Gerald, «als Band unserer Liebe».

Das war zuviel für Gerald. Ihm Lyttons ausgemusterte Krawatten anzudrehen war für ihn die sinnfällige Bestätigung des zweiten Platzes, den er schon so lange in Carringtons Herzen einnahm. Zudem seien die Krawatten ausgesprochen scheußlich. Eine war aus «greller Kunstseide», die könne man «unmöglich tragen», beschwerte er sich bitter bei Frances. Mit Lytton hatte er eigentlich nichts gemein, dennoch hatte er sich die ganze Zeit über verpflichtet gefühlt, in Lyttons Schatten zu leben. Nun zwang man ihm auch noch dessen alte Sachen auf. Das war das Ende. Er drohte Carrington, ihr ein Paar Schlüpfer einer Prostituierten zu schicken, die er einmal gekannt hatte. Im übrigen nahm er sich vor, in seinen literarischen Arbeiten «auf ehrenvolle Weise» an ihr Rache zu nehmen. In Wirklichkeit quälte er sich mit einem riesigen Paket herum, in dem sich alle Geschenke befanden, die er je von ihr erhalten hatte: Bücher, Zeichnungen und originelle Glasbilder, die sie mit farbiger Tusche bemalt und mit silbernen Bonbonpapierchen verziert hatte. Schließlich schleppte er das Paket zum Gordon Square und übergab es dem verdutzten Ralph. So gingen Gerald und Carrington auseinander. «Sie konnte es nicht ertragen, wenn irgend jemand ihr Vorwürfe machte. Sie war einfach zu anfällig für Schuldgefühle», schrieb er später, «und so verlor ich sie.»

Doch sie ging ihm lange Zeit nicht aus dem Sinn. Mehr noch, der Prüfstein für all seine späteren Partnerinnen war ihre Ähnlichkeit mit Carrington. «Wenn ich mein Leben ruiniere», schwor er Ralph am 23. Oktober 1929, «dann wegen Carrington.» Manchmal erschien sie ihm wie ein Vampir, dann wieder hatte er das Gefühl, daß sie etwas in ihm «geweckt» habe. Zwanzig Jahre lang sollte sie ihn immer wieder in seltsamen Träumen heimsuchen. Jedesmal erwachte er und mußte über das Geheimnis ihres und seines Lebens nachsinnen, um dann «vollkommen überwältigt von der Süße und Traurigkeit der Erinnerungen an ihrer beider Liebe im Dunkeln zu liegen».[21]

Ende der zwanziger Jahre begann Carrington mit zeitweiligen Unterbrechungen ein privates Notiz- und Tagebuch zu führen. In ihm versammelte sie in beliebiger Reihenfolge niedergekritzelte Gedanken und Gefühle, Notizen zu Ereignissen, dazwischen Briefentwürfe, Anfangszeilen von Geschichten, eingeklebte Gedichte, Eingebungen und Gefühlsergüsse. Den steifen, beigefarbenen Einband versah sie in ihrer kindlichen Handschrift mit dem falsch geschriebenen Namen: «D. C. Partride, IHR BUCH».

Der Band gibt einen Einblick in das Chaos, das in ihrem Leben herrschte. Sie trank jetzt mehr, und gelegentlich wirkte selbst «die Orthographie ziemlich trunken». Lytton und Ralph importierten über Roger Senhouses Firma Faßweine aus Frankreich und füllten sie im Keller in Flaschen ab. «Ist die Katze aus dem Haus, tanzen die Mäuse», neckte Carrington Lytton in einem Brief vom 21. Mai 1929 und malte ein paar Mäuse darunter, die triumphierend die Flaschen leerten. Mit solchen kleinen Gelagen machte sie sich trinkfest für ihre Besuche bei Augustus John und seiner Familie. Vor allem auf die im Spätsommer 1929 mit ihnen gemeinsam unternommene Frankreichreise stimmte sie sich ein, indem sie sich «mit Weißwein betrank, obwohl ich mir eigentlich vorgenommen hatte, meinen Gaumen für den Burgunder sauber zu halten». Der Erfolg war nicht immer überzeugend, denn sie berichtete, daß sie «zu meiner Schande nach ein paar Gläsern Wodka ohnmächtig wurde und von Dodo aufgehoben und nach Hause gebracht werden mußte ...» Sie trank, um heftige Angstattacken und unerklärliche Depressionen zu bekämpfen. «Wie einen doch die tiefste Verzweiflung ohne die geringste Vorwarnung oder ohne einen ersichtlichen Grund plötzlich packen kann», schrieb sie in ihr Tagebuch. «Lytton behauptet, das käme von den Drüsen, die nicht genügend Adrenalin produzieren.»

Lyttons Nähe brachte eine gewisse Ordnung und Sicherheit in ihr Leben. Doch sobald er zu Parties oder ins Wochenende aufbrach, verfiel sie in Depressionen. Sie erzählte James, Ham Spray käme ihr dann vor wie «eine gute Kulisse für ein Stück von Synge, aber eine schlechte Kulisse für eine einsame Hexe mittleren Alters». «Ich kann Dir gar nicht sagen, wieviel Du mir bedeutest», versicherte ihr Lytton in einem kurzen Brief vom August 1929, als er bei Roger war. Sie brauchte seine Bestätigung immer nötiger. «Ich wünschte, ich hätte einen Liebhaber», hatte sie Julia geschrieben. Lytton sei natürlich ein sehr guter Ersatz, «so merkwürdig das auch scheinen mag». Schon allein der Gedanke, daß ihr jemand zu nahe kommen könnte, war ihr manchmal unerträglich – und Lytton berührte sie nie. Doch wenn er ihr abends vorlas, vermittelte ihr das ein Gefühl der Glückseligkeit. «Weißt du, es bereitet mir ungeheures Vergnügen, hier zu leben», erzählte sie Sebastian Sprott. «Es ist so wunderschön, und Lytton ist wirklich wie ein Engel zu mir.» Dennoch hätte ihr ein Liebhaber mehr Unabhängigkeit verliehen und ihr Leben nach der Trennung von Gerald wieder mit Geheimnissen bereichert. «Mein Leben ist zeitweise fast zu unberührt von menschlicher Hand», räumte Carrington ein.

All ihre zärtlichen und leidenschaftlichen Affären schienen wie Versuche, Situationen aus der Kindheit wiederherzustellen. Sie behandelte Lytton beinahe wie einen Adoptivvater und betrachtete die jungen Männer, mit denen sie Affären hatte, gewissermaßen als Ersatz für ihren toten Matrosenbruder Teddy. Gerald war nie ein überzeugender Ersatz gewesen. Doch nach dem Bruch mit ihm ließ sie sich mit jemandem ein, der ihrem Ideal wesentlich näherkam. Ihr neuer Liebhaber war Bernard Penrose, der jüngste der vier Penrose-Brüder. Beacus – so lautete sein Spitzname – war nach einer Ausbildung bei der Britisch-Indischen Dampfschiffahrtsgesellschaft als Vollmatrose und Zweiter Maat zur See gefahren. Er war in einem der letzten viermastigen Windjammer auf der Klipperroute um das Kap Hoorn gesegelt und auf dem Missionsschiff *Harmony* zum Nördlichen Eismeer gefahren. Danach hatte John Rickman in Wien versucht, ihn durch seine Psychoanalyse von seiner Leidenschaft für die Seefahrt zu kurieren, doch er war unheilbar. Er war inzwischen sechsundzwanzig – zehn Jahre jünger als Carrington –, hatte einen stämmigen, muskulösen Körper und ein ziegelrotes Gesicht.

Beacus, der so ganz anders war als Carringtons frühere Liebhaber, wurde «die letzte große Leidenschaft»[22] ihres Lebens. Für ihn war sie «eine geheimnisvolle, brillante Frau», doch verliebt war er nicht in sie. Oft war er ihr gegenüber gleichgültig. Es schien ihn nicht zu kümmern, wohin sie ging oder was sie erlebte, und er war die ganze Zeit über «ziemlich unfähig, meine komischen Sehnsüchte und Gefühle für ihn zu verstehen». Zudem fühlte er sich in Bloomsbury nie so recht wohl. «Sicherlich hast Du Dich schon gefragt, warum ich so sehr von ihm angetan bin», schrieb Carrington später (im Juni 1931) an Rosamond Lehmann, die solche Dinge verstand. «Das hat in Wirklichkeit eigentlich sehr wenig mit ihm selbst zu tun, vielmehr damit, daß er meinem ums Leben gekommenen Bruder so sehr ähnelt. ... Mir ist schrecklich klargeworden, daß ich eine Romantikerin bin und ziemlich dumm. Mein Bruder war sehr ruhig und zurückhaltend. Nur selten kamen wir uns einmal näher. Ich dachte immer, eines Tages würde ich ihm zeigen, wie viel er mir bedeutete, und dann war es zu spät ... ich brauchte eine Ewigkeit, ehe ich wirklich glauben konnte, daß er tot war.» Beacon, der selbst noch so jung war, brachte die Jugend in Carringtons Leben zurück. Aber das war nicht alles. In Bloomsbury wirkte er zwar unbeholfen, doch wenn er mit ihr auf seinem Rahsegler nach Plymouth oder zu den Scilly-Inseln fuhr, verwandelte er sich in einen ganz anderen Menschen. War es überhaupt möglich, anderen zu beschreiben, was für ein Gefühl es war, auf See zu sein? Wenn Beacon mit Carrington redete, fielen ihm alle möglichen früheren Erlebnisse wieder ein. Sie liebte es, diesen Geschichten zu lauschen, die von Schonern und Schonerbarken, von windstillen Tagen auf herrlichen Segelschiffen und von Augenblicken seltsamer Geistesklarheit auf dem Vorderdeck handelten. So erzählte er ihr seine Seeabenteuer: von der Zeit, als die Masten, Rahen und Takelagen im graugrünen Morgenlicht bis obenhin mit Eis überzogen waren, von dem sanften Duft nach Erde, Vieh und verbranntem Holz, der einem vor der felsigen, südirischen Küste entgegenwehte, und von der atemberaubenden Schönheit der Nordlichter, den Vorboten gefährlicher Stürme, die wie hell erleuchtete Schleier über dem Nordpol funkelten. Und nachdem sie ihm zugehört hatte, malte sie Bilder von stolzen Schiffen, die am Fuße von Eisbergen und steilen, weißen Klippen schaumgekrönte Wellen durchfurchten und tropischen Häfen entgegenstampften.

Alles, was sie zusammen unternahmen, war für Carrington neu und aufregend: in Seemannskneipen entlang der Küste rosafarbene Wacholderschnäpse zu trinken, mit seiner Kamera Filme zu machen, sich in Taxis zu küssen, im Kino Händchen zu halten, in seinem marineblauen Bentley-Sportwagen durch die Sommerlandschaft zu brausen und – was das Schönste von allem war – die Nächte auf seinem Brixham-Trawler *Sans Pareil* im Hafen von Southampton zu verbringen. An Bord befand sich eine schwarze Katze, die sie vom Deck aus bewachte, bis sie in ihrer mit blankpoliertem Mahagoniholz verkleideten Kajüte die Augen aufschlugen. «Es ist ein unheimlich romantisches Schiff», erzählte Carrington Julia im Dezember 1928, «mit Wandschränken aus poliertem braunem Holz und Griffen aus geschliffenem Glas und einem kleinen offenen Kamin mit einem Messingsims. Ich glaube nicht, daß ich jemals einen Abend in meinem Leben mehr genossen habe. Der Regen prasselte oben auf das Deck, und wir saßen beim Schein einer Laterne in der Kajüte, brieten über dem Feuer Eier und Würstchen und tranken Rum ... Er ist ja so verliebt in sein Schiff. Wie im Traum wandelt er darin umher, öffnet hier und da Schränke und preist seine Schönheiten mit sanfter Stimme ... Das schwarze Kätzchen ist ein großer Charmeur. Es saß auf den Streben der kleinen Balustrade, die die Kojen umgibt, und spähte mit grünen Augen auf das Mitternachtsmahl.»

Carrington nannte Beacus «Seeadler», obwohl er häufig eher ihr «unwürdiger Adler» war, unbeteiligt und unnahbar, so wie sie sich Ralph, Gerald und Mark (mit dem sie erneut korrespondierte) gegenüber verhalten hatte. Ihr «Zigeunerinstinkt» sagte ihr, daß Beacus auch noch mit anderen Frauen schlief, und sie kam sich «häßlich» vor. Manchmal, wenn er besonders desinteressiert schien, ärgerte sie sich, daß sie bei ihm war, statt ihre Zeit «viel unbeschwerter mit Julia und Tommy oder Dorelia und Augustus zu verbringen». Doch dann schlug ihre Stimmung plötzlich um. «Im Augenblick», so sagte sie sich, «ist mir seine Distanziertheit ganz angenehm. Ich habe das Gefühl, daß ich nicht die ganze Zeit beobachtet werde, daß keine Reaktionen erwartet werden. Daß alles, was passiert, in Ordnung ist. Der Mond scheint durch das Fenster gegenüber vom Bett. Am Morgen liegt ein Gesicht, von zerzaustem Haar umrahmt, neben mir, dann Umarmungen und wieder Liebe. Doch der Himmel wird hell, alles hat sein Ende, und der Alltag hat uns wieder.»

Lytton bemerkte, daß Carrington manchmal «unglücklich mit ihrer Galionsfigur» war, wie er es später in einem Brief an Mary Hutchinson vom 15. März 1931 formulierte. Er sah, daß sie Beacus langweilig fand, was ihn kaum überraschte. «Aber es ist eine Galionsfigur», räumte Lytton ein, «und das macht alles andere so gut wie wett.» Es war eine ausgesprochen unbeständige Beziehung, und immer wenn der Alltag zurückkehrte, wußte Carrington, daß sie zum Scheitern verurteilt war. «Die ganze Sache ist ein bloßes Trugbild», gestand sie Lytton, «etwas, das ich mir einbilde.» Die Liebesbeziehungen anderer Menschen sind stets schwer zu erklären. Lytton, der sich manchmal über seine eigenen, früheren Affären wunderte, hatte sich über Ottolines unersättliches Bedürfnis nach liebevoller Zuwendung mokiert und sich skeptisch über das Schauspiel geäußert, das Maynard und Lydia als singende Liebesvögel geboten hatten, um dann seinerseits von den «Westgoten», den Stephenschwestern Vanessa und Virginia, in einem Verzweiflungsduett bedauert zu werden, als er sich bis über beide Ohren in Roger Senhouse verliebt hatte. Vanessa bezeichnete Roger am 22. Februar 1927 als «unglaublich langweilig ... gutmütig ... und hohlköpfig». Neben diesen Liebeswundern nahm sich Carringtons Trugbild nicht weniger rätselhaft aus. Wie sollte man «diesen höchst beklagenswerten Fall» von sogenannter Liebe denn auch verstehen? «Er [Beacus] ist durch und durch aus Holz», behauptete Lytton am 19. März 1928 gegenüber Sebastian Sprott. Seine nichtssagende Persönlichkeit «gibt Einblick in die Abgründe menschlicher Bedeutungslosigkeit».

Aber nicht für Carrington, der Beacus ganz andere Perspektiven eröffnete. Nur in IHR BUCH schrieb sie, wieviel Verlangen, Angst und Aufregung er in ihr auslöste, denn mit ihm konnte sie über solche Dinge nie reden.

«Eine kurze Liebesaffäre. Dann ein Monat, in dem ich kaum an etwas anderes dachte. Für ein Wochenende nach Cornwall. Das Vergnügen, London unsichtbar im Regen zu verlassen, wie ein Geist, merkwürdig, wie wenig sich die Leute für Züge interessieren, und dann wie üblich eine plötzliche Panik: Ich bin zu alt. Wahrscheinlich ist das alles ein Fehler. In Exeter das Auto draußen und dann später auf dem Bahnsteig. Und meine Zweifel kehrten zurück. Ich ahnte, alles war nur eine Täuschung. Einer meiner Tagträume, ohne Verbindung zum Kopf anderer Menschen. In Oakhampton. Die Enttäuschung, weil das Schlafzimmer nicht so war, wie ich es mir vorgestellt hatte. Ich hatte ein ausladendes Himmelbett gesehen, einen großen, niedrigen Raum mit dunklen Mahagonimöbeln und einem Kaminfeuer... Statt dessen ein adrettes Gästezimmer im Stil meiner Mutter ohne offenen Kamin und alles hell und proper. Ich dachte, dagegen kommt nichts an. Doch seltsamerweise tat es das doch... Ich lag im Bett und las Tristram Shandy, während er in der Bar trank. Wenn ich sagte, heute nacht macht es nichts aus, fragte er nie nach oder erkundigte sich. Überhaupt wenig Neugier. Und doch übt wahrscheinlich gerade das die größte Anziehungskraft aus. Vielleicht der schönste Augenblick: mit einem Hemd, in dunklen, enganliegenden Hosen und einem Messinggürtel. Wissen Männer eigentlich genauso wie Frauen, wann sie anziehend wirken?»

Aus ihrer Vernarrtheit wurde Besessenheit, und aus der Besessenheit schließlich Panik. Jeder Tag war wichtig – lange konnte es nicht mehr anhalten. Dennoch ging es irgendwie weiter. Auf das Ende zu warten war so schmerzlich, daß sie manchmal den Wunsch verspürte, selbst die Initiative zu ergreifen, «den Seemannsknoten zu durchschlagen und mich wieder in meine frühere Einsamkeit zurückzuziehen». Da sie sich so unregelmäßig sahen, war sie nach jeder Liebesnacht «tagelang aus dem Häuschen». Die Macht dieser «animalischen Liebe» war «teilweise die Folge davon, daß ich zwei Jahre lang unberührt im Sarg gelegen habe», vertraute sie Julia im Januar 1930 an. «... Es ist schwierig, zu diesem Leben im Sarg zurückzukehren, selbst wenn der Wunsch danach vorhanden wäre. Wer so viele Komplexe hat wie ich, für den ist es nicht gerade leicht, eine Umsteigemöglichkeit zu jemand anderem zu bekommen.» Immer wenn sie spürte, daß Beacon sich von ihr entfernte, fühlte sie sich, wie sie ihrem Tagebuch anvertraute, «in jenen früheren Zustand zurücksinken, als sie keine Frau gewesen war. Dann hasse ich das Ausziehen ebenso wie das Zubettgehen.» In solchen Augenblicken erfaßte sie eine seltsame Taubheit, so als läge die Gegenwart bereits in der Vergangenheit.

Im Jahr 1929 geriet die Beziehung unversehens in eine Krise, als Carrington feststellte, daß sie schwanger war. «Wenn ich mit 38 immer noch keine ausgereifte Künstlerin bin», hatte sie Gerald im Oktober 1920 geschrieben, «und auch glaube, daß es keinen Sinn mehr hat, mich weiter mit Malerei zu beschäftigen, könnte ich vielleicht ein Kind haben ...» Mit ihrem nächsten Geburtstag, am 29. März 1930, begann ihr neununddreißigstes Lebensjahr. Doch nun, da ihre in jungen Jahren angestellte Spekulation Wirklichkeit geworden war, erwies sie sich als unannehmbar. Sie war eine Künstlerin und wollte sich in dem neuen Atelier in Ham Spray ganz ihrer Malerei widmen. Es war zu spät für ein Kind. «Sie war völlig verzweifelt», schrieb Frances.

«... Ralph führte lange Gespräche mit ihr und Lytton und war tief besorgt, als er hochkam, um sich schlafen zu legen ... Es schien undenkbar, daß sie es austrug.»

Wahrscheinlich war dieses Ereignis der Hauptgrund für den Zusammenbruch, den Frances in diesem Winter erlitt. Sie sehnte sich immer noch nach einem Kind, und nun erlebte sie, wie Carrington herumwütete und in Selbstmordstimmung Gewalttritte durch die Downs unternahm, um eine Fehlgeburt herbeizuführen. Zum ersten Mal verhielt sie sich so, wie Lytton und Carrington es vor einer Weile gewünscht hatten. «Ich machte mich in der Zeit, als diese kritischen Diskussionen stattfanden, so rar wie möglich», schrieb Frances, «und Lytton war im Taxi zum Gordon Square so nett zu mir, daß ich das Gefühl hatte, daß meine Bemühungen, entgegenkommend zu sein, nicht vergeblich gewesen waren.»[23]

Carrington mochte Kinder, doch die Vorstellung, selbst ein Kind auszutragen, war ihr unerträglich. Nur für ein Kind von Lytton, so glaubte sie jedenfalls, wäre sie bereit gewesen, diese Strapaze auf sich zu nehmen – doch daran war gar nicht zu denken. Was Lytton selbst betraf, so hatte er gegen Carringtons Liebhaber und Ralphs Geliebte bisher noch nie Einwände erhoben, außer gegen diese *femme fatale* Valentine (aber hieß sie nicht eigentlich Gladys?) Dobrée. Mehr als zwölf Jahre lang hatte Carrington seinem Wohlbefinden zuliebe Opfer gebracht. Ein Mensch wie Carrington, der von Natur aus so eigenwillig war und sich dennoch so aufopferte, mußte sich zwangsläufig, und sei es auch nur unbewußt, immer wieder nach Freiheit sehnen. Ihre Affäre mit Beacus war der stärkste Ausdruck dieser Sehnsucht, und obwohl Lytton «den trüben Beacus», wie er ihn in einem Brief an Roger nannte, nicht unbedingt mochte, wußte er, daß er kein Recht hatte, Protest zu erheben. «Du bist so verständnisvoll und mitfühlend», schrieb Carrington am 4. November 1929 an Lytton, «daß es mir leichtfällt, vernünftig zu sein ... Ich liebe Dich so sehr, und ich werde nie vergessen, wie gut Du in letzter Zeit zu mir warst.» Und einen Tag später: «Dein Verständnis ist wirklich wundervoll. Niemand kann so beruhigend und so liebenswürdig sein.»

Lytton erzählte Roger nichts von ihrer Schwangerschaft, und eine Zeitlang verschwieg Carrington sogar Beacus, daß sie in anderen Umständen war. Sie hatte sich wieder Geheimnisse in ihrem Leben gewünscht, und das war das größte Geheimnis überhaupt. Daher behielt sie es für sich. «Als er mich in der Küche in die Arme nahm», schrieb sie in IHR BUCH, «dachte ich, wenn du nur wüßtest, was du da zwischen uns umarmst!»

Ralph sorgte dafür, daß sie noch im selben Monat in einer privaten Londoner Klinik eine Abtreibung vornehmen lassen konnte. Er übernahm auch den größten Teil der Kosten. «Ich sehe wirklich nicht ein, warum eine solche Torheit auch noch belohnt werden sollte», schrieb ihm Carrington dankbar. Auch Beacus räumte anerkennend ein, daß Ralph «wirklich nett» gewesen sei. Dann segelte er in Richtung Mittelmeer davon. Er bewunderte Carringtons Lebensstil und wünschte manchmal, daß sie das Kind behalten und er sie geheiratet hätte.

Das war der Höhepunkt ihrer Beziehung, aber nicht das Ende. «Ich bin immer noch sehr angetan von meinem seltsamen Seeadler und dem Kneipenleben unter den Matrosen», gestand Carrington Lytton im darauffolgenden Frühjahr (am 17. April 1930). Als sie an einem gemeinsamen Wochenende in Ham Spray Beacus und Roger beobachtete, fiel ihr plötzlich «die Ähnlichkeit zwischen Lyttons und meiner Situation» auf. «Beide sind wir unfähig, irgend etwas zu tun, weil wir uns nach unseren Bettgenossen sehnen, denen gleichermaßen wenig daran gelegen war ... ins Bett zu kommen.» Als Carrington dann wenig später auf der *Sans Pareil* mit Beacon das Laternenanzünden lernte und Seemannssprache übte und Lytton sich in einem Hotel in Brighton über Roger beugte, um ihm beim Lösen des Kreuzworträtsels in der *Times* zu helfen, kamen beide zu einem ähnlichen Schluß. «Alle wirklich guten Leute bleiben unwahrscheinlich lange jung und leiden dementsprechend», hatte Lytton am 16. Januar 1929 zu Roger gesagt. Auch Carrington akzeptierte dieses Leid. «Trotz Kummer und Unglück hätte ich nichts anders gemacht», sollte Carrington Lytton am 31. Dezember 1930 versichern. «Du etwa?»

3. Ambitionen

«Es ist wirklich schockierend, ich entwickle mich immer mehr zu einem Naturfreund und Beobachter – fatal!» hatte Lytton Roger am 12. November 1928 geschrieben, und «in gleichem Maße verblaßt der Intellekt». Nach «Elisabeth und Essex» war der Müßiggang seine Hauptbeschäftigung geworden. Er trug sich mit großen Plänen für ein neues *opus magnum* – Voltaire oder Julius Cäsar. Der Dichter Robert Nichols drängte ihn, Ludwig XIII. in Angriff zu nehmen – «einer der außergewöhnlichsten Geschöpfe, die jemals gelebt haben». Der Literaturagent J. B. Pinker versuchte, ihn für das geheime Leben Shakespeares zu erwärmen. Und der Verleger Peter Davies bot ihm einen Vertrag für ein kurzes, vernichtendes Buch über Edward VII. an. Lytton selbst zog in Erwägung, als Gegenstück zu «Elisabeth und Essex» eine weniger publikumswirksame Biographie über General Booth, den Gründer der Heilsarmee, oder gar den ketzerischen Rektor des Balliol-College Benjamin Jowett zu verfassen. Er spielte auch mit dem Gedanken, ein Buch über George Washington zu schreiben, ließ ihn aber offenbar deswegen wieder fallen, weil er dazu «diese fast unverständliche und ziemlich unerträgliche Sprache – Amerikanisch» hätte lernen müssen. Gelegentlich überlegte er auch, einen bewundernswerten Viktorianer wie Charles Darwin als Thema zu wählen, oder etwas Kürzeres zu schreiben, eine Weltgeschichte zum Beispiel.

Es war von einer neuen Bloomsbury-Wochenzeitschrift die Rede gewesen, und Lytton hatte vorgeschlagen, sie *W. C. 1. nennen. Im März 1929 hatte Desmond MacCarthy Lytton den Vorschlag gemacht, für seine neue Monatszeitschrift* Life and Letters *zu schreiben, die das Verlagshaus des* New Statesman *als Konkurrenzblatt zu* J. C. Squires London Mercury *auf den Markt bringen sollte.* Lytton bekundete Interesse und schlug als Thema für seinen Beitrag entweder «König Lear» oder Bischof Creighton vor. MacCarthy entschied sich für Creighton. In *Life and Letters* wurde auch Lyttons Essay über Froude abgedruckt, der ursprünglich den Titel «One of the Victorians» trug und die letzte Arbeit aus seiner Serie «Six English Historians» war. Und «Madame de Lieven» war die vorletzte seiner biographischen Miniaturen. Sein letzter Essay, der den «Président de Brosses» zum Gegenstand hatte, erschien erst im April 1931 im inzwischen fusionierten *New Statesman and Nation*, für den seit dem finanziellen Ruin von *Life and Letters* Kingsley Martin die redaktionelle Verantwortung übernommen hatte. Lytton versprach ihm, regelmäßig für ihn zu schreiben. Er hatte sich inzwischen zu einem äußerst unproduktiven Autor entwickelt, doch er las ununterbrochen. Jedesmal, wenn er nach London fuhr, stöberte er den *Times*-Buchklub durch. Dort fiel ihm in jenem Frühjahr I. A. Richards' Buch «Practical Criticism» in die Hände, das er «faszinierend» fand. Weitere interessante Neuentdeckungen waren W. P. Kers postum herausgegebenes Werk «Form and Style in Poetry» («voller Gelehrsamkeit und Verstand») sowie Edwin Muirs «exzellente» Abhandlung «Structure of the Novel», die ihm besser gefiel als Forsters «Ansichten des Romans», «doch ich vermute, nur wenige werden mir beipflichten». Bald griff er jedoch wieder zu seinen alten Favoriten Vergil und Chesterfield, zu Moores «Principia Ethica» – «eine so überaus angenehme Lektüre» – und zu Gibbon. «Meine Faulheit wird immer skandalöser», berichtete er Roger am 13. September 1929 gutgelaunt. «Ich tue nichts außer Gibbon lesen – zuerst im Quartformat, dann in der Ausgabe von Bury.»

An guter zeitgenössischer Literatur herrschte ein «ernster» Mangel. Doch Lyttons Bewunderung für Virginia Woolfs «Ein Zimmer für sich allein» war uneingeschränkt. Es sei «ein Meisterwerk», erklärte er Dorothy Bussy. Ebenfalls meisterhaft war seiner Meinung nach Richard Hughes' erster Roman «Ein Sturmwind auf Jamaika», von dem er vielen Freunden in Briefen erzählte. «Mein Hauptgesprächsthema wird von nun an ‹Ein Sturmwind auf Jamaika› sein», teilte er Roger am 1. Oktober 1929 mit. «Ich bestehe darauf, daß jeder, der es noch nicht kennt, es lesen, und jeder, der es bereits gelesen hat, es bewundern sollte.» Achtzehn Monate später begegnete Lytton Hughes eines Nachmittags in Ham Spray. «Gestern fand ein Überfall in Gestalt von Richard Hughes statt. Er war in Begleitung von Faith Henderson, mit der er gerade herumzieht», schrieb er Roger am 5. Mai 1931. «Ein wenig finster, dachten wir – doch vielleicht ist es auch nur verkappte Schüchternheit.» Für Richard Hughes hingegen war es Lytton, der finster wirkte. «Als erstes fiel mir die außerordentlich schöne Inneneinrichtung des Hauses auf», schrieb er, «– eine sehr gelungene Verschönerung einer ursprünglich wenig bemerkenswerten Architektur. Lytton schien den größten Teil seiner Zeit in einem Lehnstuhl zu verbringen, in dem er fast versank – er war zu jener Zeit bestimmt krank –, doch ich hatte zu große Angst vor ihm, um ihn mir aus der Nähe anzusehen. Mein allgemeiner Eindruck war jedoch, daß er wie ein Kunstgegenstand aussah, den man eigens für die Einrichtung des Hauses konzipiert hatte.» Der stets sehr zurückhaltende Lytton erwähnte mit keinem Wort, wie sehr ihn «Ein Sturmwind auf Jamaika» beeindruckt hatte, was Hughes wohl auch nie vermutet hätte. «Wie stolz und glücklich wäre ich damals gewesen, wenn ich das gewußt hätte!»

Das schlechte Wetter hielt Lytton weiterhin in Ham Spray fest. Irgendwann erhielt er Besuch von Pippa. Ihre Mutter hatte in ihrem Letzten Willen bestimmt, daß die beiden gemeinsam als Testamentsvollstrecker und -verwalter fungieren sollten. Lytton hatte sie in einem langen und komplizierten Dokument 2000 Pfund Sterling vermacht (was etwa 48 000 Pfund im Jahr 1994 entspricht), abzüglich eventueller, bereits zu ihren Lebzeiten erhaltener Beträge.[24] Mehrere Wochen später arrangierte Lytton ihren gemeinsamen Umzug zurück an den Gordon Square 51. Er selbst übernahm das Erdgeschoß und verwandelte es in eine abgeschlossene Wohnung. Am 13. Juni setzte auch er ein Papier auf, das sich später als sein Testament herausstellen sollte. Darin vermachte er Carrington 10 000 Pfund (was etwa 240 000 Pfund im Jahr 1994 entspricht) und all seine Bilder und Zeichnungen und Ralph weitere 1000 Pfund (was heute etwa 24 000 Pfund entspricht). Der Rest seines Vermögens – mit Ausnahme der Roger überlassenen Bücher – sollte an seinen Bruder James gehen, den er zum Testamentsvollstrecker ernannte.

Die Wochen verstrichen wie ein ständig wiederkehrender Traum. Als die Tage schließlich wieder länger und wärmer wurden, machte der Müßiggang Lytton immer mehr zu schaffen. Mußestunden konnte man nur dann in vollen Zügen genießen, wenn es genügend zu tun gab. So fuhr er nach London hinauf, um Edith Evans in Reginald Berkeleys «The Lady with the Lamp» zu bewundern. Dieses Theaterstück über Florence Nightingale «schien sich gänzlich auf E. V. [‹Eminent Victorians›] zu stützen, wenn man von ein paar albernen Ausschmückungen absieht, die der gute Mann noch hinzufügte», stellte Lytton fest. Kurz darauf war er mit Nancy Cunard zum Mittagessen verabredet, was jedoch recht enttäuschend verlief, da die Lady «ununterbrochen redete, so daß Max [Beerbohm] kein einziges Mal den Mund aufmachen durfte. Idiotisch! Einfach idiotisch!»

Während Carrington nach Frankreich aufbrach und Ralph mit Lyttons Verlegern verhandelte und sich um seine Finanzen kümmerte, kehrte Lytton ins King's College zurück («so viel Sonnenschein – solche Scharen junger Herren – so viel Wohlwollen»), nahm weitere Einladungen zum Lunch und zu Teegesellschaften an und brach schließlich zu «einem ungetrübten Wochenende mit Roger» nach Bath auf. Sie wohnten im Hotel Pulteney in Laura Place – «ein vollkommenes Fleckchen Erde – und ein sehr nettes *établissement*», berichtete er Carrington am 3. Juni 1929, «mit einem nicht weniger netten Liftboy, der zum Schluß in breitem Dialekt zu mir sagte: ‹Entschuldigen Sie, Sir, aber sind Sie nicht der berühmte Schriftsteller?› ... Wir besichtigten alle beliebten Sehenswürdigkeiten – einschließlich Prof. Saintsbury in der Crescent Nummer 1 – sein weißes Haar mit dem Scheitelkäppchen war wie gewöhnlich am Fenster zu sehen.»[25]

In jenem Jahr reisten sie alle viel. Anfang Juli brachen Lytton und Carrington mit Ralph und Sebastian Sprott für vierzehn Tage nach Holland auf. Es war eine merkwürdige Reise. Alle vier hockten freudlos auf dem Schiffsdeck herum, tranken Gin und beobachteten die holländischen und deutschen Mitreisenden, deren Zeitvertreib darin bestand, auf den lang aufgereihten Deckstühlen Platz zu nehmen, ab und zu aufzustehen, um irgendwelche schweren Mahlzeiten einzunehmen, und ansonsten reglos auf den Horizont zu starren, der sich bald sanft über die Reling hob und bald wieder unter ihr verschwand.

In Rotterdam gingen sie von Bord, besuchten den Zoo und brachen anschließend sogleich nach Den Haag auf, um sich die Van Goghs anzusehen. Alle vier waren nach wie vor in trüber Stimmung, daher reisten sie schon wenig später nach Leiden weiter, das Nancy Cunard Lytton als «wundervoll» beschrieben hatte. Sie hofften, daß sich ihre Stimmung dort schnell aufhellen würde. Doch da sie den Ort eher enttäuschend fanden, machten sie sich unverzüglich auf den Weg nach Amsterdam, wo sie dann eine Woche blieben und sich «Käse anschauten».

«Es bringt mich ganz schön auf die Palme, wie sich meine Mitreisenden manchmal benehmen», schimpfte Ralph in einem Brief an Frances vom 4. Juli 1929. «Alle sind piano, piano, ich weiß nicht, warum. Vielleicht sind wir tatsächlich alle sehr alt, oder vielleicht färbt die holländische Langsamkeit auf uns ab.» Ralph selbst war alles andere als piano, sondern kochte schon vor Wut über die geringsten Kleinigkeiten. Jeder in der Gruppe schien verstimmt über das, was er «die selbstsüchtige Haltung der anderen» nannte. Ralph vermißte Frances sehr und fragte sich allen Ernstes, warum er sich bereit erklärt hatte, diese unsinnige Reise anzutreten. Sebastian, sonst ein perfekter *compagnon de voyage*, gab sich auf einmal unergründlich und reserviert. Mit Carrington war ebenfalls nicht viel los, da ihre Gedanken ständig übers Meer zu Beacus wanderten. Und Lytton, der sich wegen Roger Sorgen machte, war geradezu beängstigend schweigsam. Über jedem schien unsichtbar der Geist eines geliebten Menschen zu schweben, der ihm gegenwärtiger und näher war als die Reisegefährten selbst.

«Bist Du je in diesem wassersüchtigen Land gewesen?» fragte Lytton Mary Hutchinson in einem Brief aus Amsterdam vom 4. Juli 1929.

« ... Es entsteht eine seltsame Mischung aus ganz unterschiedlichen Eindrücken. Die letzten paar Tage vor meiner Abreise aus England waren angefüllt mit Erfahrungen, die mir nun ebenso gegenwärtig sind wie die schönen, aus dem siebzehnten Jahrhundert stammenden Türen und Fenster – so solide, so prächtig –, die die Wasserwege säumen, wie die Rembrandts und De Hooghes in den Museen und die köstlichen Mahlzeiten für ein Pfund Sterling pro Person, an die man ganz zufällig gerät, obwohl man ursprünglich einfach nur einen Snack in einem A. B. C. einnehmen wollte ... Doch es ist wahr, daß ich mir wegen Roger Gedanken mache – in ganz unerwartetem Maße. Es ist nicht leicht, zu verstehen, was im eigenen Kopf vorgeht – nicht leicht, Instinkt und Verstand im Gleichgewicht zu halten – nicht leicht, vernünftig und verliebt zugleich zu sein. Doch verstehe mich nicht falsch, ich bin *nicht* unglücklich – nur nachdenklich, ein wenig unschlüssig und etwas beunruhigt vielleicht. Ich wache um drei Uhr morgens auf, liege eine Stunde lang wach und versuche, das Durcheinander in meinem Kopf und in meinem Herzen zu ordnen – und dann sinke ich, zwar nicht klüger als zuvor, aber keineswegs verstimmt, in den Schlaf zurück ... da ist nichts als Unwägbarkeit, Intensität und Ungewißheit.»

Bei seiner Rückkehr aus Holland erfuhr Lytton, daß Roger überraschend mit einem Freund nach Südfrankreich aufgebrochen war. Tagelang hörte er nichts von ihm und konnte nur Vermutungen anstellen. Ein Wochenende, an dem sie ursprünglich zusammen verreisen wollten, näherte sich und ging vorüber – und er war noch immer ohne Nachricht. «Wie Du Dir vielleicht vorstellen kannst, geht es mir ziemlich miserabel wegen Roger», gestand er Mary Hutchinson am 25. Juli 1929. «Es gibt so viele verschiedene Möglichkeiten: der arme Junge könnte krank sein – oder mein schöner Schäfer träumt vielleicht – oder das kleine Luder ist womöglich auf Mr. B[urton]s Yacht nach Griechenland gesegelt. Jedenfalls kann ich im Moment nichts weiter tun als Däumchen drehen und mich mit Dingen trösten, die verfügbar sind.»

Ein paar Tage später traf ein Brief aus Cannes ein, in dem Roger Lytton in seinem äußerst verworrenen Stil mitteilte, daß er wegen einer Verstopfung gezwungen sei, seine Rückkehr zu verschieben! «Gewiß, gewiß, aber er hätte sich für eine weitere Woche in Südfrankreich auch eine bessere Entschuldigung einfallen lassen können», beklagte sich Lytton am 29. Juli 1929 bei Dadie Rylands, «doch so sind nun einmal die seltsamen Launen unserer Freunde. Ich ... bin träge geworden – kann mich nicht mehr wirklich aufregen ... Ich werde Däumchen drehen wie ein ergrauter Berberaffe.»

Alle weiteren Spekulationen waren müßig. Er beschloß, sich von nun an auch in der Liebe vernünftig zu verhalten und seinen Kummer mit einer literarischen Arbeit über «The Greville Memoirs» abzuschütteln, die er schon lange vor sich hergeschoben hatte. Seinen Freunden erschien Lytton in jenem Sommer «ziemlich kraft- und lustlos», doch «das heißt nicht, daß ich deprimiert oder besorgt bin – ganz im Gegenteil», versicherte er Dadie am 2. August 1929. «Ich bin ausgesprochen vergnügt und scheine auf einer höheren Ebene angelangt zu sein, von der aus ich das Getümmel des Lebens mit Gleichmut betrachten kann. Es ist wie ein Wunder und gleichzeitig auch eine große Befreiung.»

«Weißt Du, wie ehrgeizig ich bin?» hatte Lytton Roger am 16. Januar 1929 gefragt. «Sag niemandem ein Sterbenswörtchen davon, aber ich sehne mich danach, der Welt etwas Gutes zu tun – die Menschen glücklicher zu machen – den grauenhaften Nebel des Aberglaubens vertreiben zu helfen, der über uns hängt, uns das Atmen schwermacht und unser Leben vergiftet. Doch so etwas geschieht nicht von heute auf morgen.»

«Ich glaube, der große Fehler der englischen Nation ist ihre übertriebene Kompromißbereitschaft», hatte er Ottoline Morrell am 8. Dezember 1910 geschrieben, «– und das ist etwas relativ Neues: es war kein Kompromiß, der hinter der Aufhebung der Korngesetze und der Hinrichtung Karls I. stand.»

Den Aussagen seines Bruders James zufolge hatte Lytton vor, eine weitere Biographie zu schreiben und dann «alle Brücken hinter sich abzubrechen», indem er sich öffentlich zu seiner Homosexualität bekannte und eine Kampagne für sexuelle Gleichberechtigung startete – selbst auf das Risiko hin, aus der Gesellschaft ausgestoßen zu werden und im Ausland leben zu müssen. Er hatte bereits zahlreiche sehr fortschrittliche und auch soziale Projekte – von der Geburtenkontrolle bis hin zur Unterstützung für Kriegsopfer – finanziell gefördert und betrachtete sich als einen Mann des «linken Flügels», nicht jedoch als Sozialisten. Dennoch hatte er nie eine politische Karriere angestrebt. «Ich bin so froh, daß ich kein Premierminister bin!» schrieb er in einem Brief an Roger. «So glücklich, das zu sein, was ich bin.» Er wollte den Menschen seine liberalen und libertinistischen Überzeugungen über die Literatur nahebringen, und zwar mit derartig subtilen Techniken, daß der Leser sie ganz selbstverständlich akzeptierte. Der polemische Ton von «Eminent Victorians» war eine Reaktion auf den Krieg gewesen. In «Queen Victoria» hatte er bereits eine subversive zweite Bedeutungsschicht aus sexuellen Motiven angelegt, und in «Elisabeth und Essex» hatte er schließlich die Kühnheit besessen, sexuelle Abweichungen auch in die repräsentative Darstellung der englischen Geschichte aufzunehmen.

Die größte Bedrohung der persönlichen Freiheit war Lyttons Auffassung nach eine während des Krieges entstandene neue Tendenz, sich in das Privatleben des einzelnen einzumischen. Das Bestreben, andere zu bevormunden, ließ auch während der zwanziger Jahre nicht nach. In den Vereinigten Staaten, wo das Kriegsfieber am größten und die menschlichen Verluste am geringsten waren, hatte man zum erstenmal mit ansehen müssen, wie der Staat Zwangsmaßnahmen gegenüber einem relativ großen Teil der Bevölkerung anwandte. Nun, nach der Abschaffung der Wehrpflicht, herrschte ein Bedürfnis nach mehr Kontrolle, dem durch die Prohibition Genüge getan wurde. In Italien, Deutschland und Rußland entstanden totalitäre Herrschaftsformen, deren unterschwelliges Ziel es war, mit einem neuen Waffengang das im letzten großen Krieg verlorene Ansehen zurückzugewinnen. Lediglich in Frankreich ließ man die Bürger in Ruhe, denn anders als in den Vereinigten Staaten oder Großbritannien bestand dort auch schon vor dem Krieg allgemeine Wehrpflicht. Zudem hatte Frankreich, im Gegensatz zu Italien, Deutschland und Rußland, durch den Krieg an Prestige gewonnen.

In Großbritannien hatte die verstärkte Einmischung des Staates in das Leben seiner Bürger für viele den Reiz des Neuen. Das Gesetz zur Territorialverteidigung blieb weiterhin in Kraft, was den Normalbürger zwar irritierte, energische Übereifrige jedoch dazu ermutigte, noch drastischere Eingriffe in das Privatleben des einzelnen Bürgers zu planen. Der fanatische Diensteifer einiger Regierungsbeamter war es, der Lytton so aufbrachte.

Ein typisches Beispiel für diese Auswüchse war die Affäre Levy. Dr. Oscar Levy, ein angesehener Philosoph, Gelehrter und Literat, hatte England 1914 verlassen. Doch 1920 kehrte er aus beruflichen Gründen in seine einstige Heimat zurück. Durch eine unerwartete Verschlechterung seines Gesundheitszustandes war er gezwungen, seinen Aufenthalt in England zu verlängern. Nach ein paar Monaten drohte man ihm unter Berufung auf das Gesetz über den Aufenthalt von Ausländern (das im übrigen Ende 1921 ablaufen sollte) mit Ausweisung. In den ersten Herbstwochen jenes Jahres hatte Lytton sich dem Bloomsbury-Komitee angeschlossen, das nach Bekanntwerden des Falles gegen Levys Ausweisung Protest einlegte. In einer an Lloyd George gerichteten Petition wurde darauf hingewiesen, daß Dr. Levy seine deutsche Staatsbürgerschaft aufgegeben habe und nirgendwohin zurückkehren könne. «Die polizeilich angeordnete Ausweisung eines so berühmten Mannes rückt die englische Zivilisation in ein äußerst bedenkliches Licht», lautete der Schlußsatz der Petition.

Es wurden alle möglichen Gerüchte verbreitet: Levy habe während des Krieges mit Spionage zu tun gehabt und sei wahrscheinlich für die Spionageabwehr oder den Geheimdienst tätig gewesen. Weder bestätigte die Regierung jene Vorwürfe noch dementierte sie sie, aber immerhin genehmigte sie einen kurzen Aufschub der Ausweisung. Lytton war nicht sonderlich optimistisch. Er schloß sich ungern Bewegungen oder Komitees an und fühlte sich unter seinen neuen Verbündeten ausgesprochen unbehaglich. «Ich wurde in die große Bewegung für Dr. Oscar Levy hineingezogen», berichtete er Ralph am 5. Oktober 1921.

«... heute nachmittag wurde ich ins Hauptquartier der Bewegung am Gordon Square 34 bestellt. Als eine der Hauptstützen entpuppte sich Mr. [David] Bomberg, Maler ... Ein anderer Jude hieß mich willkommen, und ich hatte fast den Eindruck, ebenfalls ein Jude zu sein – was mich ziemlich irritierte. Schließlich konnte ich mich wieder von ihnen losreißen, doch mir graut davor, von diesem merkwürdigen Verein für den Rest meines Lebens verfolgt zu werden. Was den armen Dr. Oscar Levy betrifft, so kann ich nicht glauben, daß er bei solchen Befürwortern sehr gute Chancen hat.»

Lytton sollte recht behalten. Am 25. Oktober brach Dr. Levy nach Frankreich auf. Das französische Konsulat hatte ihm ein Visa und eine unbefristete Aufenthaltserlaubnis für Frankreich erteilt. Wieder einmal hatte sich die französische Zivilisation großzügiger als die englische gezeigt.

Eine der Hauptgefahren, die während der zwanziger Jahre die Freiheit des einzelnen bedrohten, war die zunehmende Beliebtheit autoritärer Herrschaftsformen. Ob Faschismus, Bolschewismus oder Puritanismus, all diese Autokratien nahmen für sich in Anspruch, den einzelnen mit seinen egoistischen Wünschen dem Gemeinwohl unterzuordnen. Doch nach Lyttons Auffassung sollten sich die Wünsche der Individuen in Wirklichkeit lediglich der Machtgier einiger psychisch deformierter Alleinherrscher unterordnen, die über eine ungeheure Energie, aber keinerlei innere Kräfte verfügten. Er lehnte autokratische Herrschaftsformen im Prinzip aus dem gleichen Grund ab wie den Militarismus. Jedes autokratische Regime, so edel die Ideale, auf die sie sich zu Anfang beriefen, auch sein mochten, führten unweigerlich zum Krieg, teils weil der Krieg die einfachste Ausdrucksform von Macht ist, teils weil die Unterdrückung der eigenen Bürger sich ohne einen gemeinsamen äußeren Feind nicht lange aufrechterhalten läßt.

In Großbritannien war der Puritanismus die bedrohlichste Form der Autokratie. Auf dem Gebiet der Literatur und der Künste äußerte dieser Puritanismus sich in Form von Zensur. Sie wurde von solchen Leuten ausgeübt, die zu fürchten schienen, daß die Gesellschaft jeden Augenblick im Sumpf des Lasters versinken könnte. Während seiner ganzen Karriere als Literaturkritiker führte Lytton einen konsequenten Kampf gegen die Anmaßung, Texte von anstößigen Stellen reinigen zu müssen. Als er die ersten vier Bände von Dr. Paget Toynbees sechzehnbändiger Ausgabe der Briefe Horace Walpoles rezensierte, beanstandete er vehement gewisse Auslassungen. «Die Rücksicht auf die *jeunes filles* ist ganz gewiß kein hinreichender Grund, und selbst wenn es einer wäre, ‹höhere Töchter› lesen Walpole sowieso nicht. Wer ihn aber tatsächlich liest, muß diese Auslassungen als störende Schönheitsfehler und betrübliche Relikte eines Zeitalters kulturloser Prüderie empfinden.»[26]

Im Jahr 1919, fast fünfzehn Jahre später, rezensierte Lytton dann auch Dr. Toynbees zwei Ergänzungsbände zu den Briefen Horace Walpoles und protestierte erneut gegen die «Säuberung» des Textes, der zahlreiche Passagen zum Opfer gefallen waren. «Zweifellos», wetterte er, «ist bei einem monumentalen Werk mit solch ernsthaften Intentionen die Veröffentlichung des *gesamten* ursprünglichen Materials nicht nur gerechtfertigt, sondern sogar geboten.»[27] Dr. Toynbee verteidigte seine Vorgehensweise in den Leserspalten der Zeitschrift *Athenaeum* und versicherte den Lesern, den Pflichten als Herausgeber mit größter Sorgfalt nachgekommen zu sein. Unschicklichkeit sei ein zu mildes Wort, um die entfernten Passagen zu beschreiben, die «mit den schamlosesten Geständnissen in der ungekürzten Ausgabe von Rousseaus Bekenntnissen» vergleichbar seien. Die Originalmanuskripte würden in der Bodleiana in Oxford unter Verschluß aufbewahrt, «wo sie jedem zukünftigen Herausgeber der Briefe nach dem Ermessen der bevollmächtigten Vertreter der Clarendon Press zur Verfügung gestellt werden können».

Lytton konterte in der darauffolgenden Woche: «Wenn ein Chirurg auf den Vorwurf, eine unnötige Amputation vorgenommen zu haben, erwidern würde, das abgetrennte Glied existiere schließlich immer noch und werde sorgfältig unter Verschluß aufbewahrt, um im Bedarfsfall zu einem späteren Zeitpunkt von einem anderen Chirurgen wieder angenäht werden zu können, dann würden die Freunde des Patienten eine solche Antwort wohl kaum sehr beruhigend finden.» Nachdem er sein Befremden über den Typus von Literaten, der Rousseaus «Bekenntnisse» nur in einer verstümmelten Fassung neu herausgeben würde, zum Ausdruck gebracht hatte, kam er auf das Problem der Zensur im allgemeinen zu sprechen:

«Es ist zudem schwer nachzuvollziehen, welchem guten Zweck die Auslassung von Passagen, die nach Meinung der jeweiligen Herausgeber anstößig sind, dienen soll ... In der Literatur wimmelt es von Unschicklichkeiten und Unanständigkeiten jeglicher Art; das Unheil – sofern es denn ein Unheil ist – wurde bereits angerichtet. Es ist zu spät für Prüderie: Catull, Rabelais und hundert andere schauen uns ins Gesicht. Das Pferd ist auf und davon, und kein Verschließen der Stalltür wird es wieder zurückbringen.»[28]

Ein weiterer Ergänzungsband zu Walpoles Briefen, den Dr. Toynbee 1926 herausbrachte, enthielt noch mehr von anstößigen Stellen gereinigte Seiten. «Der Herausgeber kann der Versuchung, eigenmächtig in den Text einzugreifen, nach wie vor nicht widerstehen», rügte Lytton, von einer wirklich vollständigen Ausgabe könne daher keine Rede sein:

«Offenbar müßten wir zu oft erröten, wenn wir Walpoles Briefe ganz lesen würden; dieses Privileg blieb Dr. Toynbee allein vorbehalten. Man mochte sich der Hoffnung hingegeben haben, daß er sich nach solch einem langen *Tête-à-tête* mit seinem Autor am Ende doch nachgiebiger zeigen würde; vielleicht wenigstens in diesem neuesten Band – doch nein! Die Machtbefugnisse des Herausgebers müssen bis zum bitteren Ende demonstrativ ausgeschöpft werden; und die fatalen Sternchen mit der Fußnote *Passage ausgelassen* tauchen zum Verdruß des Lesers mehr als einmal auf. Sicher wäre es freundlicher gewesen, die Tatsache, daß Streichungen vorgenommen wurden, zu verschweigen. Dann hätte man unschuldig und ungestört weiterlesen können. Doch so beginnt, sobald der Ärger sich gelegt hat, die eigene Phantasie, die eigene schockierende Phantasie, zu arbeiten. Es stellt sich also die Frage: Dienen diese ausdrücklichen Unterschlagungen wirklich einer höheren Moral?

Dr. Toynbee erinnert uns an den Mann, der ...* Doch genug davon, denn letztendlich ist es nicht das Haar, sondern die Suppe, der unsere Aufmerksamkeit gebührt.»[29]

Lytton entdeckte aber noch mehr Haare in der Suppe. Nicht nur Walpoles Korrespondenz, sondern auch Blakes Gedichte, das Tagebuch von Pepys und die Briefe von Boswell waren von akademischen Herausgebern verstümmelt worden, die vorgaben, den Text des Autors wiederherzustellen. «Wann», fragte Lytton, «wird diese törichte und barbarische Prüderie ein Ende haben?»

In einem Fall sah Lytton eine Gelegenheit, diese Prüderie zu besiegen. Die «Greville Memoirs» werden in den vier bibliographischen Anhängen von «Eminent Victorians» zwar nicht aufgeführt, doch am 6. November 1917, als Lytton gerade «Das Ende des Generals Gordon» in Arbeit hatte, schrieb er an Clive Bell: «Ich verbringe den größten Teil meiner Zeit mit der Lektüre von Grevilles Memoiren (kennst Du sie?) – sehr trocken, und gerade weil sie so trocken sind – genau die Art von Buch, die mir gefällt. Er war ein gemächlicher, durchschnittlicher Vertreter der herrschenden Klasse jener Tage – der Tage von Sir Robert Peel und Lord Melbourne – und er schreibt mit einer gewissen Zurückhaltung und Vornehmheit.»

Als Lytton Gelegenheit hatte, das vollständige Manuskript im British Museum mit der Ausgabe der Silver Library zu vergleichen – die in der Literaturliste am Ende von «Queen Victoria» unter «in den Anmerkungen angeführte Werke» ebenfalls erwähnt wird –, stellte er angewidert fest, wie übel verfälscht selbst die umfangreichste, bisher veröffentlichte Version war. Auf diesen Sachverhalt machte er die Leser von «Queen Victoria» zweimal aufmerksam: erstens, indem er den Verantwortlichen des British Museum für die von ihnen genehmigte Auswertung bisher unveröffentlichter Passagen dankte, und zweitens im Text selbst, wo er Viktorias Empörung über den Inhalt der gekürzten Fassung schildert. Im Jahr 1923, also zwei Jahre später, erschien in *Nation and Athenaeum* Lyttons biographischer Essay über Charles Greville, in dem es hieß, Grevilles Tagebuch sei gut genug, «um ihn mit Sicherheit berühmt und möglicherweise unsterblich zu machen». In dieser Abhandlung, die auch über die Entstehungsgeschichte des Tagebuchs Aufschluß gab, lobte Lyt-

---

* Passage ausgelassen [Fußnote von Lytton Strachey].

ton die literarischen Verdienste Grevilles nicht über Gebühr, indem er ihn, zu dessen Nachteil, mit Saint-Simon verglich. Grevilles Werk sei vom Stil her bisweilen kalt und hart und, was die politischen Informationen beträfe, nicht immer zuverlässig. Dennoch, fügte er hinzu, sei es von unschätzbarem Wert, denn schon allein der Umfang von Grevilles Wissen aus erster Hand sei enorm.

«Er war gewiß kein Klatschmaul und sicher auch kein Übereifriger, sondern lediglich ein ausgesprochen wißbegieriger Mensch, dem sich jeder, auf die eine oder andere Weise, ganz selbstverständlich anzuvertrauen schien. In den vielen Seiten seines Tagebuchs ist der breite Strom des Londoner Lebens eingefangen, und beim Lesen und Blättern taucht man unversehens in die seltsam ferne Welt von vor achtzig Jahren ein. Ein tiefes Wohlbehagen stellt sich ein, ein Gefühl von Weiträumigkeit und eine Atmosphäre angenehmer Zurückhaltung. Vernunft und Instinkt, Beständigkeit und Wandel, Aristokratie und Demokratie – all das ist vorhanden, doch zu einem nicht analysierbaren, alles umfassenden Kompromiß verwoben – ein wundervolles Arrangement aus zarten Zwischentönen ... Greville zeigt uns zuerst ein großes Panorama; dann hält er inne und wendet sich einer bestimmten Figur im Detail zu. Seine Porträts erinnern aufgrund der Nüchternheit ihres Stils und der Genauigkeit ihrer Konturen an sehr feine Stiche, und vielleicht werden gerade sie sich einmal als die denkwürdigsten Abschnitte seines Buchs erweisen.»

Am Ende zog Lytton folgendes Resümee: «Der Zeitpunkt scheint gekommen, eine wirklich vollständige Ausgabe seines Gesamtwerks vorzunehmen. Im Laufe der Zeit ist das, was vor einem halben Jahrhundert noch beunruhigend und persönlich war, zu interesseloser Geschichte geworden. Als das Buch zum erstenmal erschien, wurde es – trotz Reeves taktvollen Streichungen – als unerhört empfunden. Die späten Viktorianer waren schockiert ... Wer sich nach der Lektüre ihrer entsetzten Kommentare den eigentlichen Memoiren Grevilles zuwendet, ist fast enttäuscht. Auf keiner dieser recht nüchternen Seiten ist der giftsprühende Schurke der viktorianischen Phantasie zu entdecken.»[30]

Lytton wußte damals noch nicht, daß eine Kopie der Originaltagebücher, die von einem Gehilfen des Herausgebers Henry Reeve angefertigt worden war, nach dem Tod von Reeves Witwe ihren Weg in die Vereinigten Staaten gefunden hatte. Kurz nach der Veröffentlichung von Lyttons Essay in der *New Republic* gelangte dieses ungekürzte Manuskript in die Hände von P. W. Wilson, der früher für die *Daily News* geschrieben hatte und nun als Abgeordneter der Liberalen im Parlament saß. Er brachte 1927 zwei Bände mit Textauszügen heraus, die auch bisher unveröffentlichtes Material enthielten. Doch diese Publikation sorgte nur noch mehr für Verwirrung. Die erste Gesamtausgabe des Tagebuchmanuskripts, das ursprünglich aus 91 kleinen, in rotes Saffianleder gebundenen Quartheften bestand, hatte acht Bände umfaßt, die in drei Teilausgaben 1874, 1885 und 1887 erschienen waren. P. W. Wilsons Textsammlung schien zwar die von Reeve wegzensierten Passagen nachzuliefern, bestand jedoch nur aus einer Reihe neu zusammengestellter Textfragmente und enthielt zudem keinerlei Hinweise, wie das neue Material vom bereits bekannten zu unterscheiden sei. Es lag also nach wie vor kein zufriedenstellender Text vor.

In einem Brief an die *Times* schlug Lytton vor, sofort eine vollständige und zuverlässige Ausgabe der Tagebücher vorzubereiten, um «diesem merkwürdigen Sachverhalt» abzuhelfen.[31] Am nächsten Tag erhielt er ein Telegramm vom Verlagshaus Allen & Unwin, in dem man ihm anbot, als Herausgeber für eine neue, vollständige Fassung der Memoiren zu fungieren. Die Aufgabe reizte ihn, denn zum einen war er mit den politischen Verhältnissen zwischen 1814 und 1860 bereits bestens vertraut, und zum anderen würde eine Herausgebertätigkeit ihm helfen, Abstand von «Elisabeth und Essex» zu gewinnen. Vielleicht erwarteten ihn anregende Stunden wissenschaftlicher Arbeit.

Doch nach einem Monat ergebnisloser Verhandlungen verweigerten die Verantwortlichen des British Museum ihre Zustimmung. Lady Strafford, die damals bereits 97jährige Nichte Grevilles, würde wahrscheinlich einen Prozeß anstrengen, erklärten sie Lytton. Unter diesen Umständen könnten sie sein Projekt nicht unterstützen. «Was für eine Welt!» beschwerte sich Lytton wütend bei Carrington.

Im darauffolgenden Sommer starb Lady Strafford. Ohne lange zu zögern, fragte Lytton erneut bei den Museumsverwaltern an, die diesmal keine Schwierigkeiten machten. Ende August nahm er seine Arbeit wieder auf. «Es ist sehr nett hier», schrieb Lytton Carrington am 11. September 1928 aus London. «Das Wetter ist sehr angenehm – und die Arbeit im British Museum auch. Wir waren bisher ausgesprochen fleißig. Ich genieße die Arbeit sehr, und R[alph] ist ein ausgezeichneter Assistent. Die Frage ist nur, ob ich irgendwann einmal davon loskomme. Mir scheint es der ideale Zeitvertreib – es fällt uns außerordentlich schwer, uns um Viertel vor fünf, wenn das Museum schließt, von dem geliebten MS [Manuskript] loszureißen.»

Frances, die damals gerade ihre Arbeit in der Buchhandlung von Birell und Garnett niedergelegt hatte und im Begriff war, sich einer «Erholungskur» zu unterziehen, kommentierte Ralphs neue Situation in einer Tagebuchnotiz vom 7. September folgendermaßen: «R[alph] ist inzwischen so etwas wie ein Angestellter geworden. Jeden Tag geht er bis fünf Uhr ins British Museum, und da er gegenwärtig mit Lytton zu Mittag ißt, sehe ich ihn von morgens bis abends nicht, was völlig ungewohnt für mich ist.» Frances bemerkte, mit welcher Begeisterung Ralph unter Lyttons Anleitung die wichtige Kleinarbeit für die neue Ausgabe erledigte. «Ich bin ganz neidisch», räumte sie ein. Doch noch vor Ende desselben Monats sollte auch sie sich in eine Angestellte verwandeln und Lytton und Ralph bei der Arbeit in der Handschriftenabteilung unterstützen. «R[alph] und ich arbeiten nun alle beide im British Museum an den Greville-Manuskripten», schrieb sie am 21. September 1928 in ihr Tagebuch:

«Wir sitzen Seite an Seite auf einer Empore im oberen Bereich der Handschriftenabteilung, die gerade groß genug für einen Tisch und zwei Stühle ist und von wo wir auf die Magna Charta hinunterblicken können. Die Scharen von Schulkindern und anderen Besuchern, die um dieses nationale Dokument herumschwirren, würden uns vielleicht ablenken, wären wir nicht so gefangen von unserer Arbeit. Auf unserem Tisch liegen die alte, stark zensierte Ausgabe der Memoiren, die Henry Reeve seinerzeit herausgegeben hat, und die ersten paar Bände des Originaltagebuchs, die ein Museumsbeamter jeden Morgen aus einem Safe heraufholt und abends wieder zurückbringt ... Ich sehe jetzt, wie wichtig es war, gleich von Anfang an alle formalen Fragen zu klären und die getroffenen Regelungen stets im Kopf zu behalten.»

Nachdem Lytton die Verfahrensweise bei falschen Schreibweisen, Querverweisen, Abkürzungen und dergleichen sowie Markierungsregeln zur Unterscheidung der alten Aufzeichnungen von den neuen festgelegt hatte, beauftragte er Ralph und Frances mit dem Übertragen der fehlenden und umstrittenen Seiten. Ab und zu nahm Ralph das Material, das er gemeinsam mit Frances vorbereitet hatte, mit nach Ham Spray, wo es Lytton dann mit Anmerkungen versah. «Ich habe bisher fast jeden Tag mit Ralph im British Museum gearbeitet», erzählte Lytton Roger am 19. September 1928. «Nun nimmt Frances nachmittags meinen Platz ein, und bald wird sie mich dort ganz vertreten. Es ist eine sehr vergnügliche Arbeit. Immer wieder tauchen alle möglichen amüsanten Details auf, manchmal auf kindlich einfache Weise verschlüsselt.»

Bald ging Lytton, wie er prophezeit hatte, nur noch selten ins British Museum. Frances nahm nun auch vormittags seinen Platz ein. Dieses Arrangement verschaffte ihr Arbeit, die sie dringend benötigte, und ermöglichte es Lytton und Carrington, öfter mit Ralph allein zu sein, wodurch sich das Klima in Ham Spray entspannte. Ende Januar waren die drei schon ein gutes Stück vorangekommen. Ralph brachte «einen riesigen Stapel Greville-Material mit», schrieb Lytton am 2. Februar 1929 an Roger, «und ich sehe schon den Augenblick kommen, an dem ich mich mit dem nötigen Ernst in diesen Ozean stürzen muß».

Das erste Problem waren die Verleger. «Ich befürchte langsam, daß ich Schwierigkeiten mit den Verlegern bekommen könnte, sobald es um die Frage geht, ob wirklich *alles* gedruckt werden soll, denn genau das habe ich vor», teilte Lytton Roger am 19. September 1928 mit. So ein Buch enthielt wenig Aufsehenerregendes, und hohe Umsätze ließen sich damit kaum erzielen. Andererseits, überlegte Lytton, würden alle öffentlichen Bibliotheken und Bildungseinrichtungen es anschaffen müssen, und seine Ausgabe würde – wenn sie alles enthielte – nie durch eine andere ersetzt werden. Der Verlag Heinemann, der auch P. W. Wilsons englische Ausgabe der Memoiren Grevilles in zwei Bänden herausgebracht hatte, kam am ehesten in Betracht. Anfang 1929 suchte Ralph das Verlagshaus Heinemann auf und überredete im Prinzip die Verantwortlichen dazu, den vollständigen Text zu drucken.[32] Ein paar Monate später fragte der Verlag Harcourt Brace brieflich bei Lytton an, ob sie die amerikanische Ausgabe herausbringen könnten. «Mit Interesse habe ich vernommen, daß Ihr Haus die Veröffentlichung des neuen und vollständigen Greville in Erwägung zieht», antwortete Lytton Donald Brace in einem Brief vom 24. Oktober 1929:

«... das wäre ein gewichtiges Projekt; ich schätze den Umfang auf ungefähr zehn dicke Bände; wahrscheinlich wird es Ihnen mehr Ruhm als Gewinn einbringen! Was mich betrifft, so wäre mir nichts lieber, als wenn Sie sich dazu entschließen könnten. Unsere Beziehungen waren bisher so gut, daß ich eine Fortsetzung, in welcher Form auch immer, begrüßen würde. Im übrigen würde dies auch die Wiederveröffentlichung der Einleitung erleichtern ... Der springende Punkt ist jedoch der Umfang des Projekts – sowohl aus der Sicht des Verlegers als auch des Lesers, der das Werk nur kaufen wird, wenn er ernsthafte Studien damit verfolgt; die skandalträchtigen und überraschenden Rosinen – und dergleichen *gibt* es – sind zu vereinzelt, um für irgend jemand anderes einen Reiz darzustellen.»

Ab dem Sommer 1929 widmete Lytton regelmäßig einen Teil seiner Zeit der «Greville-Wühlarbeit», und in seinen Briefen der folgenden zwei Jahre erwähnt er immer wieder, daß er nach wie vor in Grevilles Memoiren vertieft sei. Im Jahr 1929 wurden auch die «Leaves from the Greville Diary» veröffentlicht, eine komprimierte einbändige Ausgabe, die ein sachkundiges Vorwort von Lyttons altem Freund Philip Morrell enthielt. Dieses Buch, das auf die Notwendigkeit einer zuverlässigen Werkausgabe hinwies, spornte Lytton und sein Team weiter an. 1930 setzte er mit Hilfe von Gabriel Wells aus New York durch, daß die Manuskripte nach England zurückgeschickt und in der Bodleiana in Oxford untergebracht wurden. Zum Zeitpunkt seines Todes waren bereits alle von Reeve wegzensierten Passagen, einschließlich der verschlüsselten und der mit Feder durchgestrichenen, aus den Originalmanuskripten übertragen. «Die letzte und beste Ausgabe von Reeve, die 1888 bei Longmans veröffentlichte Silver-Library-Ausgabe, wurde mit den Manuskripten verglichen und Reeves häufig eigenmächtiger Umgang mit dem Text korrigiert», schrieb Roger Fulford. «Die Anmerkungen stammen fast alle von Mr. Strachey – hier und dort war es allerdings möglich, sie auf der Grundlage zusätzlicher, nach seinem Tod veröffentlichter Informationen zu ergänzen.»

Lytton sprach sich auch entschieden gegen die Zensur zeitgenössischer Autoren aus und solidarisierte sich mit einer Bewegung, die öffentlich gegen die strafrechtliche Verfolgung von Radclyffe Halls Roman «The Well of Loneliness» wegen der Darstellung lesbischer Liebe protestierte. Er tat dies, obwohl er von dem literarischen Wert des Romans keine sehr hohe Meinung hatte. Als Gilbert Murray am 23. März 1929 in einem Brief an *Nation and Athenaeum* den Kult des Obszönen in der modernen Literatur beklagte, da seiner Meinung nach die schöpferische Phantasie der Autoren damit zerstört werde, berief sich Lytton in seiner Antwort in der gleichen Zeitschrift auf die beiden Klassiker Rabelais und Swift. «Sowohl in ‹Pantagruel› als auch in ‹Gulliver› ist es gerade dieses Element [Obszönität], das den Autor zu den tiefsinnigsten Beobachtungen und den erstaunlichsten Höhenflügen anregt.»[33]

Lytton hatte schon früher einmal gegen die Unterdrückung von D. H. Lawrences Roman «Der Regenbogen» Protest eingelegt und fühlte sich nun erneut genötigt, für diesen Autor Partei zu ergreifen. Dabei hegte er im Grunde eine Abneigung gegen Lawrence. Dessen ins Gegenteil verkehrter Puritanismus hatte diese Abneigung noch verstärkt. Nun fand am 14. Juni 1929 in der Galerie Warren in der Londoner Maddox Street eine von Philip und Dorothy Trotter organisierte Ausstellung mit Bildern des Schriftstellers statt. Nachdem ungefähr 13 000 Menschen in die Galerie geströmt waren, um sie zu besichtigen, traf plötzlich die Polizei ein, beschlagnahmte dreizehn Bilder und verwahrte sie im Keller des örtlichen Gerichts in der Marlborough Street, bis sie schließlich verbrannt wurden. «Ich nehme an, Du hast von dem Polizeiüberfall auf Lawrences Bilder in der Galerie Warren gehört?» schrieb Lytton am 15. Juli 1929 an Roger. Dann berichtete er, wie ihm Dorothy und ihr Mann abends bei Boulestin's den Vorfall geschildert hatten:

«Die Polizei schien dumm wie noch nie gewesen zu sein, doch D[orothy] selbst stand ihr, wie mir scheint, in nichts nach. Sie waren drauf und dran, eine Zeichnung von Blake, auf der Adam und Eva dargestellt waren, als obszön zu beschlagnahmen, und sie war auch noch so töricht, ihnen zu sagen, daß das Werk von Blake sei. Damit hat sie eine einmalige Gelegenheit verschenkt. Hätte sie sie gewähren lassen, wäre das die beste Entlarvung der Polizeimethoden gewesen, die man sich überhaupt nur denken kann. Am nächsten Tag war ich mit Mary [Hutchinson] zum Lunch verabredet, und sie zeigte mir das Buch mit den Reproduktionen seiner Bilder. Sie sind miserabel – soweit ich sehen konnte, keinerlei durchdachte Linienführung oder Komposition – wirklich nichts Auffälliges und auch nichts Anstößiges. Es waren ein paar Schwänze zu sehen, aber nicht eine einzige Erektion, was man natürlich als Grund für den Tumult vermutet hätte.»

Kurz darauf machte Lytton mit Geoffrey Scott einen kurzen Abstecher in die Galerie Warren. Die Ausstellungsstücke waren «armselig». Seiner Meinung nach war die ganze Ausstellung ein Fehler gewesen. «Findest du die Bilder denn wenigstens anständig?» fragte Scott im Hinblick auf das bevorstehende Verfahren. «Viel zu anständig!» antwortete Lytton.

Unmittelbar nach der polizeilichen Beschlagnahmung der Bilder hatten Philip und Dorothy Trotter begonnen, eine Petition vorzubereiten, doch sie spürten, Philip Trotters Worten zufolge, daß ihnen «im Unwillen Lyttons und im Schweigen Roger Frys ein eiskalter Wind aus Bloomsbury» entgegenblies. Die Trotters achteten sorgsam darauf, daß Lyttons Urteil über die künstlerischen Qualitäten von Lawrences Bildern in der Petition unerwähnt blieb:

«Obgleich viele Bilder, über deren großen künstlerischen Wert kein Zweifel herrscht, Details enthalten, die als ‹schädlich für sittlich ungefestigte oder noch unreife Menschen› bezeichnet werden könnten, protestieren wir grundsätzlich gegen die Zerstörung von Bildern unter Berufung auf diesen Tatbestand. Ein Buch, das verbrannt wird, ist dadurch noch nicht vernichtet, und zuweilen haben Bücher, die einst verdammt wurden, später einen Platz unter den Klassikern eingenommen. Das Verbrennen eines Bildes hingegen ist nicht mehr rückgängig zu machen.»

Ziel dieser Petition war die Änderung eines Gesetzes, das einem anonymen Denunzianten die Möglichkeit gab, unter dem Beifall der Sensationspresse jene Maschinerie in Gang zu setzen, die das Werk eines Malers zu zerstören drohte. Nach kurzem Zögern fügte Lytton den Unterschriften von Leonard und Virginia, Vanessa und Duncan, Maynard, Vita Sackville-West, Roger Fry, Clive Bell und Augustus John dann doch die seine hinzu, um «die zeitgenössische Kunst vor jener ernsthaften Bedrohung zu schützen, die aus den Formulierungen der Vorladung hervorgeht, die im Zusammenhang mit dem Werk von Mr. Lawrence erging». Allerdings wurde der Fall nie weiterverfolgt, da St. John Hutchinson bei der Verhandlung vor Gericht im Auftrag von Lawrence versprach, daß die Bilder zurückgezogen und nie wieder gezeigt werden würden.

Das waren die kleinen, aber notwendigen Kämpfe gegen Vorwände und Verlogenheiten, mit denen unter dem Deckmantel der Moral die öffentliche Meinung manipuliert wurde und die auch Lyttons Sexualleben überschattet hatten. Als nach dem Ersten Weltkrieg die alten Klassenschranken fielen, begann sich dieser «grauenhafte Nebel» aus Bedrohung und Schande allmählich aufzulösen. Sebastian Sprott erzählte Lytton von «Len», «Ernie», «dem Mann aus dem Blackmoor» und anderen exotischen Gestalten aus der Unterwelt Nottinghams und brachte kurz darauf seinen proletarischen Geliebten mit nach Ham Spray («groß, entschlossen im Denken wie im Auftreten – allerdings nicht schön, und wahrscheinlich auch falsche Zähne. Der Nottinghamer Akzent ... klingt merkwürdig und rauh. Als er [Spielkarten] gab, leckte er seinen Daumen auf äußerst sympathische Weise»). Und als dann auch noch Morgan Forster mit der Nachricht eintraf, daß er «mit einem 24jährigen Angehörigen der unteren Klassen das große Los gezogen» habe, und offen zeigte, daß er «noch nie so glücklich» gewesen sei – und das mit dreiundfünfzig Jahren –, da spürte Lytton, daß mit den sozialen Schranken allmählich auch die sexuellen fielen. Die Verurteilung Oscar Wildes lag dreißig Jahre zurück und schien bereits einer vergangenen Epoche anzugehören. Das «Neue Zeitalter», das Lytton nach dem Erscheinen von Moores «Principia Ethica» so optimistisch prophezeit hatte, schien nun unter dem Einfluß von Freud und Marx tatsächlich immer näher zu rücken. Er sah Umwälzungen in den wirtschaftlichen Verhältnissen und in der menschlichen Psyche voraus, die sich im Gefolge eines grundlegend neuen Verständnisses unseres Seelenlebens und der Umsetzung neuer soziopolitischer Theorien in unserer Gesellschaft einstellen würden. Dieser Umbruch war für Lytton eine erneute Chance, dem «Aberglauben» zu entrinnen, «der über uns hängt und uns das Atmen schwermacht und unser Leben vergiftet». Und wenn er seinen Beitrag dazu leisten könnte, die Homosexualität aus dem Bann strafrechtlicher Verfolgung und sozialer Diskriminierung zu befreien und damit das Schicksal von Menschen, die so fühlten wie er, in Zukunft zum Besseren zu wenden, dann wäre sein heimliches Ziel erreicht.

4. Ein sommerliches Intermezzo

Seit Carrington sich mit Beacus eingelassen hatte, war «der süße Kanarienvogel Don» Dadie Rylands zum wichtigsten Vertrauten Lyttons aufgerückt. Wenn Roger ihm die ersehnte Lust und Liebe vorenthielt, war es meistens Dadie, der ihm die nötige Seelenmassage gewährte. «Ich genieße die Atmosphäre, die er verbreitet – als komme er gerade aus dem Schulzimmer geweht», so hatte es Lytton gegenüber Sebastian Sprott am 31. August 1925 formuliert. «Wenn man ihn noch versohlen dürfte, wäre es himmlisch.» Dadie war sehr mitfühlend, wenn sein Freund wieder Anfälle von Trübsal hatte, doch er kannte und kritisierte auch dessen Schwächen. «Du merkst sicher, daß er (unbewußt) eifersüchtig auf uns beide ist», warnte Lytton Roger am 30. Juli 1930, «– daß er uns (unbewußt) gegeneinander ausspielen will.» Doch Dadie war so gütig und «erhöht das Lebensgefühl so ungemein», daß solche unbewußten Motive nicht ins Gewicht fielen, «solange man sich ihrer Existenz bewußt ist und auf der Hut bleibt (was ich, wie ich zu meinem Bedauern gestehen muß, nicht immer war)». Diese Äußerungen waren eine indirekte Entschuldigung Lyttons für verschiedene Indiskretionen, doch ansonsten hatte er sich Dadie gegenüber immer ausgesprochen loyal verhalten. Wenn Dadie ihm gereizt das trostlose Muster vor Augen führte, nach dem seine *Affäre* mit Roger ablief, dann rechtfertigte sich Lytton und ließ leise einen Vorwurf anklingen. So entgegnete er ihm am 20. November 1929: «Die Leute müssen ihren eigenen Weg gehen ... Zudem habe ich das Gefühl, daß es meine ganz spezielle Aufgabe ist, verständnisvoll und nachsichtig mit diesem einmalig süßen Geschöpf zu sein. Du verstehst also ...»

Doch Dadie war nicht immer bereit, zu verstehen. Während der trostlosen Wintermonate stand er Lytton sehr nahe. Doch im Juli, als es Lytton wieder glänzend ging, rückte ihre Freundschaft etwas in den Hintergrund. In manchen Augenblicken war es Lytton ein wenig unangenehm, zugeben zu müssen, daß er zur Zeit eigentlich keine weiteren Missetaten zu offenbaren hatte. Roger beherrschte Lyttons Denken und Fühlen in jenem Sommer zeitweise so ausschließlich, daß alle anderen Freunde in den Hintergrund gedrängt wurden. «Für mich war unsere Beziehung immer eine der größten Segnungen meines Lebens», schrieb er Roger am 30. Juni 1930. «– daran habe ich nie gezweifelt. Tatsache ist, daß ich von Fortuna außerordentlich verwöhnt werde, und wenn ich trotzdem nicht überglücklich sein kann, dann ist das wirklich unerhört.» Lytton war den Winter über von seltsamen gesundheitlichen Beschwerden geplagt worden. Ständig hatte er unter einem flauen Gefühl in der Magengegend oder einer sonderbaren Erkältung gelitten. Da er diesmal nicht die Geduld aufbrachte, monatelang auf «die Glut des Juli» zu warten, beschloß er, im Frühling seinen Winterschlaf in

Ham Spray zu beenden und nach Rom zu fahren. Diese Aussicht weckte seine Lebensgeister wieder. Roger teilte ihm nach langer Unentschlossenheit mit, daß er ihn begleiten werde, und kurz darauf, daß es leider doch nicht gehe. So lud Lytton schließlich Dadie ein, an Rogers Stelle mitzukommen. Sie quartierten sich im Hotel Hassler und im New York ein, in dem Lytton früher schon einmal mit Roger abgestiegen war. Dadie hatte eine Taschenausgabe von Shakespeare im Reisegepäck und Lytton einige Romane von Trollope und fast alle Werke von Proust. Doch nach dem Lösen ihres täglichen *Times*-Kreuzworträtsels («Meine neue Theorie lautet, daß das Leben eher ein Kreuzworträtsel als ein Muster ist», verkündete Lytton) blieb ihnen nur selten Zeit zum Lesen. Wenn die Sonne schien, unternahmen sie lange Besichtigungstouren. «Alles hier ist überwältigend schön», schrieb Lytton am 13. April 1930 an Carrington, «doch es ist ein ungemein aktives Leben, das man hier führen muß – es fällt schwer, hier in Italien zum Träumen zu kommen – und die Italiener tun, sagt man, nichts anderes! Ich verstehe das nicht.»

Ihr Gesellschaftsleben in Rom mutete wie eine Karikatur des Lebens in Londoner Kreisen an – «die Unverbindlichkeit und Wirklichkeitsferne der Oberschicht, der wilde Enthusiasmus der Amerikaner, intellektuelle Sodomie usw. usw.», wie Lytton es in einem Brief an Ralph vom 19. April 1930 beschrieb. «Es ist recht amüsant, doch es wäre viel netter, im Schatten eines Grabmals in der Campagna zu liegen oder unter den Zypressen von Tivoli spazierenzugehen.» An einem Nachmittag waren die beiden zum Tee bei einer Gräfin, die sich höflich erkundigte, ob Dadie Lyttons Sohn sei. An einem anderen Tag begegneten sie Lady D'Abernon – «die arme Seele tauchte aus dem Nichts auf und löste sich nach einem leicht gequälten Austausch von Höflichkeiten wieder in Luft auf». Irgendwann speisten sie mit Maurice Baring in der englischen Botschaft. Und eines Abends trafen sie Beverly Nichols und ihren millionenschweren amerikanischen Begleiter Warren Curry. Beide waren nach Lyttons Aussage «verzweifelt in Europa und Afrika herumgeirrt und standen nun vor Hotels auf der Straße und stritten offen miteinander».[34] Der Höhepunkt ihres Gesellschaftslebens war jedoch «eine besonders verrückte Party bei Lord Berners [35], auf der eine in ein fließendes Witwengewand gehüllte italienische Prinzessin mit einem nicht abreißenden Schwall kaum verhüllter Zweideutigkeiten den ganzen Tisch in Atem hielt».

Lytton und Carrington schrieben sich fast jeden Tag. Er erzählte ihr, wie groß sein Heimweh sei, und fragte sie, ob sie nicht Lust habe, zu ihnen nach Rom zu kommen, und sie, halb versucht, tatsächlich zu kommen, versicherte ihm: «Glaube bitte nicht, daß es mir auch nur das geringste ausmacht, daß Du in Rom bist. Ich meine, es macht mir schon etwas aus, doch ich werde die Zeit über sehr glücklich sein, denke also nicht an mich.» Er kehrte in der letzten Aprilwoche zurück und verbrachte den Mai in Ham Spray. «Ich habe das Gefühl, ich *muß* diesen Monat mit Greville verbringen», schrieb er am 11. Mai 1930. An den Wochenenden gaben sich Verwandte und Freunde in Ham Spray die Klinke in die Hand – die Bussys, die Lambs, die MacCarthys, Sheppard und Norton, Alix und James, Julia und Stephen Tomlin, der eine bemerkenswerte Büste von Lytton angefertigt hatte. Am 9. August 1929, als Tommy noch an ihr arbeitete, hatte Lytton sie in einem Brief an Dadie als «ein höchst eindrucksvolles, abstoßendes und finsteres Objekt» beschrieben und hinzugefügt: «Vielleicht ist es die reine Wahrheit.»[36] Clive Bell tauchte ebenfalls auf und «zwitschert drauflos, mit flatternden Hosenbeinen, die unterm Knie ein merkwürdiges Paar Unterhosen hervorlugen ließen, wie immer». Und Boris Anrep schritt durch die Zimmer und beschrieb dabei riesige Fische, die er vor der bretonischen Küste gesehen haben wollte: rund wie Fußbälle und mit einem grausamen, dreieckigen Maul, das einen Ziegelstein, den man hineinrammte, krachend zermalmte und als Staub wieder ausspuckte.

Lytton verbrachte den Sommer teils in Ham Spray und teils in seiner Wohnung am Gordon Square 51. William Plomer, der Lytton in dieser letzten Phase seines Lebens zum erstenmal in London begegnete, hielt seine Eindrücke später schriftlich fest. Lytton sei damals fünfzig gewesen, schrieb Plomer, doch der Bart und die Brille hätten ihn älter wirken lassen.

«Obwohl er [Lytton] hager war und Edward Lear rundlich, könnte ich mir vorstellen, daß auch bei Lear der Bart und die Brillengläser für eine gewisse Distanz zwischen ihm und den anderen gesorgt hatten. Ein Anflug von Weltüberdruß schien um Stracheys Augenlider zu spielen, während er durch die Fenster seiner Brille über die lebende Hecke seines Bartes hinausblickte. ... Ich sah ihn nicht als eine Summe vieler Jahre, sondern als den wachen und regen Verstand hinter einer Fassade aus Haaren und schützendem

Glas. In den Augen funkelte etwas, sein Gehirn arbeitete flink wie eine Fledermaus und reagierte mit einer radarähnlichen Sensibilität, die ebenfalls an eine Fledermaus erinnerte, und wenn er sprach, klang selbst seine Stimme manchmal wie die einer Fledermaus.»

Bei den gesellschaftlichen Ereignissen in den feinen Londoner Kreisen war Lytton mehr denn je ein gefragter Gast, und er unterwarf sich diesen mondänen Pflichten mit der für ihn charakteristischen Mischung aus Enthusiasmus, Boshaftigkeit, Neugier und gutem Willen. «Ich habe mich auf die merkwürdigste Weise in das gesellschaftliche Leben der oberen Klassen gestürzt», berichtete er Dadie am 8. Juli 1930. Zu diesen äußerst merkwürdigen Pflichten gehörte auch eine Teegesellschaft, die die Duchess of Marlborough nur zu dem Zweck veranstaltete, die bekanntesten Schriftsteller des Landes an einem Ort zu versammeln und dann nach dem Muster von Genrebildern zu gruppieren, um sie für die Nachwelt zu fotografieren. Die Fotos sollten später, falls sie sich als gelungen erwiesen, als Vorlage für Gemälde dienen. Eine bunte Menschenmenge versammelte sich in den goldverzierten Salons von Carlton House Terrace – darunter auch Augustine Birrell, der mit seinen achtzig Jahren «außerordentlich vital und tatsächlich jünger als alle anderen wirkt». Die Schriftsteller, die sich bereits weisungsgemäß zu einer Gruppe formiert hatten, mußten ewig warten, da der Duke eisenbeschlagene Stative, die das Parkett zerkratzten, und Blitzlichtbirnen, die mit ihrem Ruß die Farbe der Decke hätten schwärzen können, unter gar keinen Umständen dulden wollte und deshalb seit geraumer Zeit ergebnislos mit einem amerikanischen Fotografen herumstritt. «Die Erschöpfung war furchtbar und die Idiotie grenzenlos», beklagte sich Lytton.

Wohin Lytton auch ging, er versäumte es nie, Carrington zu schreiben. «Ich habe gestern einen interessanten Abend verlebt», berichtete er ihr am 28. Mai 1930 nach einer Dinnerparty bei Bryan und Diana Guinness. « ... Auf dem Weg dorthin geriet ich in eine endlose Autoschlange, die sich, mit einer traurigen Schar Debütantinnen und einem vereinzelten Rotrock an Bord, auf den ‹Hof› zubewegte. Eine beachtliche Menschenmenge säumte die Mall, um dieses äußerst langweilige Spektakel zu bestaunen. Ich fand auch diesmal eine große Partygesellschaft vor – ungefähr 18 Leute –, darunter Eddie Marsh, aber nicht Lady Cunard – und saß wie letztes Mal neben Diana [Cooper]. Auch Harold Acton tauchte wieder auf – ich spüre, wie er mich mehr und mehr in seinen Bann zieht. Nach einem langweiligen Dinner erreichten wir schließlich Rutland Gate, wo wir, wie ich befürchtet hatte, Pa und Ma Redesdale antrafen.[37] Dennoch war es wirklich eine vergnügliche und sehr junge Party – alle sahen ausgesprochen nett aus und benahmen sich sehr gut, schien mir – so gute, gepflegte, ungezwungene Manieren – keine Steifheit – keine Aufdringlichkeit. Die Wirkung war ungefähr die eines erlesen schönen Blumenbeets – jede Tulpe stand für sich allein, elegant und heiter – doch ein geisterhaftes Warnschild leuchtete kaum wahrnehmbar auf – ‹Bitte nicht pflücken›.»

Lytton geriet auch weiterhin gelegentlich in verzwickte Situationen. So kam es in diesem Sommer zu einem peinlichen Zwischenfall in der Nationalgalerie, «die ich gestern besuchte, um mir den Duveen-Saal anzusehen – er wirkt entschieden zwielichtig: doch durch großzügige Abstände zwischen den italienischen Gemälden entsteht alles in allem ein harmonischer Eindruck», schrieb er Carrington am 10. Juni 1930. «Durch die Ausstellung wanderte ein schwarzhaariger Herzbube in Gummistiefeln, der nur darauf wartete, mitgenommen zu werden.»

«Wir drückten uns auf sonderbarste Weise vor verschiedenen Meisterwerken herum – und schlenderten von einem Saal in den anderen. Doch als ich mich umschaute, erblickte ich einen noch süßeren Herzbuben – blond diesmal – schimmerndes blondes, üppiges Haar – ein rosiges Gesicht – und jede Menge Vitalität. So verlagerte ich meine Aufmerksamkeit und begann mich in seine Richtung zu bewegen, als ich bei genauerem Hinsehen plötzlich feststellte, daß es sich um den Prince of Wales handelte – es bestand kein Zweifel –, ein Wärter verneigte sich und überschlug sich geradezu vor Höflichkeitsbezeigungen, und Philip Sassoon war ebenfalls anwesend. Da bekam ich Angst, daß letzterer mich sehen und darauf bestehen könnte, mich offiziell vorzustellen, also floh ich – was vielleicht töricht war – denn es hätte der Anfang einer wirklich amüsanten Geschichte werden können. In der Zwischenzeit war der arme, schwarzhaarige Herzbube verschwunden. Vielleicht war er ja der Exkönig von Portugal.»

Um sich von solchen Aufregungen zu erholen, floh er ans King's College, um Dadie zu besuchen, doch Cambridge mit seinen Fluß- und Dinnerparties und seinen mit jungen Männern überfüllten

Theatern war inzwischen fast genauso hektisch wie London. So reiste er gleich für ein paar Tage nach Taplow Court weiter. Dieses Herrenhaus, erbaut im Stil eines französischen Schlosses, lag umgeben von ausgedehnten Rasenflächen unweit des verruchten Wochenendstädtchens Maidenhead auf einer Anhöhe oberhalb der Themse. Hier residierte Lady Desborough, die meistgefeierte Gastgeberin dieser Epoche. Die Namen der Gäste, die das Wochenende bei ihr verbracht hatten, standen am Montag in der *Times*: eine lange Liste von Staatsmännern, Diplomaten, Prokonsuln und prominenten Schönheiten, an deren Ende in der Regel ein oder zwei Gelehrte oder auch Schriftsteller standen. Doch offenbar war Lytton wenig beeindruckt von dieser illustren Gesellschaft, zu der, abgesehen von «einem Haufen Matronen und [J. M.] Barrie, auch Lord D[avid] Cecil» gehörte, von dem Lytton den Eindruck gewann, daß er sich «unter den weiblichen Antiquitäten nur allzu heimisch fühlte».

«Desmond war auch da – zum Glück; doch ich fühlte mich zum Schluß ziemlich ausgebrannt. Lord Desborough[38] selbst war noch der Beste von dieser ganzen Truppe – ein gewaltiger, alter Felsen von einem Athleten – fast völlig verkalkt – ich verbrachte den ganzen Sonntagnachmittag *tête-à-tête* mit ihm. Er zeigte mir seine unveröffentlichten Bücher – ‹The History of the Thames› – ‹The History of the Oar› usw. usw. Und er gestand mir, den ganzen Shakespeare gelesen zu haben. – ‹Und wissen Sie, da sind ein paar ziemlich gewagte Stellen drin!›»

Ein paar Wochen später bot sich Lytton in Irland eine weitere Gelegenheit, sich zu blamieren. Er war von Bryan und Diana Guinness nach Knockmaroon eingeladen worden, ein geräumiges, komfortables Haus, das in Castleknock am Rande von Dublin ganz in der Nähe des weitläufigen Phoenix-Parkes lag. Er hatte sich eigens für diesen Anlaß einen sehr auffälligen grellorange Tweedanzug gekauft. In dieser Aufmachung reiste er mit einem luxuriösen Zug nach Kingstown, wo ihn dann «wegen der Unfähigkeit der reichen Müßiggänger» niemand erwartete, um ihn abzuholen. So war er gezwungen, sich zuerst in einen unbequemen Zug nach Dublin zu quetschen und dann in ein unseriöses Taxi umzusteigen, das «stundenlang in der Umgebung der verschiedenen Maroons und Knocks herumkurvte – und die ganze Zeit über regnete es in Strömen». Schon zu vorgerückter Stunde kam er schließlich mit der Geschwindigkeit eines Bowlingspielers in den Salon gerast, so daß ihn die dort versammelten noblen Gäste ziemlich entgeistert anstarrten. «Du meine Güte! Mein neuer Tweedanzug war viel zu grell», gestand Lytton beschämt in einem Brief an Roger vom 9. August 1930. «Lady de Vesci war bestürzt (das konnte ich deutlich sehen), als ich so unerwartet hereinplatzte.» Gelassener fügte er dann hinzu: «Doch sei's drum, sie brach beinahe noch im gleichen Augenblick nach England auf (ob nun wegen meines Tweedanzugs oder aus irgendeinem anderen Grund), zu meinem Bedauern in Begleitung ihres Sohnes (wenn ich das richtig verstanden habe) Lord Rosse, eines albernen, aber nicht unattraktiven jungen Mannes.»

Unter den Anwesenden, die immer weniger wurden, je länger Lytton blieb (bis nach zehn Tagen außer ihm niemand mehr da zu sein schien), befanden sich auch Nancy Mitford, die «amüsante» Schwester von Diana Guinness, die Lytton immer wieder aufs neue zum Lachen brachte, Henry Yorke [39] und seine Frau («recht nett, wie mir scheint») und natürlich die Gastgeber, die «kleinen Guinness», über die Lytton schrieb: «Er ist so klein ... daß man ihn fast nicht sieht; ich vermute, daß sie interessanter ist, aber wahrscheinlich zu jung, um eine wirkliche Stütze zu sein.» Doch die dominierende Figur, zu der alle aufschauten und die alles ungemein zu genießen schien, war Henry Lamb, der mit seiner «sehr angenehmen» Frau Pansy gekommen war. Es war wirklich verblüffend, wie sehr er sich verändert hatte. «Auf dieser Versammlung wird eindeutig Henry mein großer Retter sein», schrieb Lytton Carrington am 9. August 1930).

«... [Er] ist ein voller Erfolg. Alle bewundern ihn, und er ist offenbar recht glücklich. Eine erstaunliche, unerwartete Verwandlung. ... Wie seltsam, nach all diesen Jahren mit Henry zusammengewürfelt zu werden, und obendrein auch noch in Irland, wo sich damals eine so schreckliche Krise zwischen uns abspielte.»

Lytton wurde kurz hintereinander auf einen Ball in der Viceregal Lodge entführt, auf eine Bergtour begleitet, durch die Nationalbibliothek von Dublin gelotst und ins Abbey-Theater mitgenommen, «wo die Langeweile und der irische Akzent Diana G. so nervös machten, daß sie mitten in der Vorstellung mit der ganzen Gruppe im Schlepptau hinausrauschte». Einige Aspekte dieses Salonlebens, insbesondere die ihm eigentümliche Mischung aus Etikette und Anzüglichkeit, überraschten Lytton wirklich. «Die gesellschaftlichen

Umgangsformen hier sind merkwürdig – und mir ganz neu», berichtete er Roger. «Eine seltsame Haltung, weder Fisch noch Fleisch. Zum Beispiel die Frage, was als anstößig empfunden wird – gewisse Scherze sind erlaubt, sogar beliebt – doch oh! es gibt Grenzen. Ich muß sagen, ich bin immer für das Absolute. Und die jungen Männer springen ausnahmslos auf, sobald eine junge Frau den Raum betritt.»

Das warme Wetter schien Lytton neue Energie verliehen zu haben, «und zudem – darf ich das sagen?», schrieb er Roger nach seiner Rückkehr aus Irland (4. September 1930), «hat die Wärme *chez toi* mich mit neuer Lebenskraft und Freude erfüllt.» Roger fuhr im September nach Schottland, und Carrington wollte den Großteil des Monats mit den Johns und den Tomlins verbringen und ein paar heimliche Tage mit Beacus auf See dazwischenschieben. So beschloß Lytton, den warmen Sommer zu verlängern und nach Frankrich aufzubrechen, um sich dort Dadie, Rosamond Lehmann und ihrem Ehemann Wogan Philipps anzuschließen. «Wir waren fast ununterbrochen in Bewegung, und das auf ganz eigentümliche Weise», schrieb er Roger am 9. September 1930, « ... ein seltsames Leben, so ganz und gar von der Welt abgeschnitten – ein Leben auf dem Floß, wirklich mitten auf dem Ozean, mit drei Gefährten – ein dahintreibendes, unbestimmtes und doch konzentriertes Leben».

Sie trafen in Trébeurden ein, fuhren nach Brest weiter («le pot de chambre de la France») und anschließend zu einem winzigen Dörfchen namens Les Mouettes in der Nähe des Fischerhafens Douarenez («Ein Ort, um sich die Stunden zu vertreiben und Cointreau zu nippen, auf unbestimmte Zeit»). Dann kämpften sie sich im strömenden Regen nach Quimper durch und reisten schließlich auf der Landstraße nach Chartres weiter, wo gerade ein Jahrmarkt «mit Karussells und *oiseaux* und mechanischen Orgeln» stattfand. Und endlich strahlte die Sonne. «Die dortige Kathedrale ist hundertmal besser als das ziemlich prätentiöse Objekt in Bourges», schrieb Lytton Roger am 15. September 1930.

«Es war wundervoll, gestern in der Dunkelheit dort hineinzugehen. Im ersten Augenblick konnten wir nur die verschwommenen Konturen von Säulen und diese erstaunlichen Lichteffekte von buntem Glas erkennen. Doch allmählich, als unsere Pupillen sich weiteten, sahen wir mehr und mehr – zum Schluß all die herrlichen Ausmaße und die ganze Erhabenheit. Oh, mein Liebster, ich wünschte so sehr, Du wärst bei mir gewesen, als ich an diesem überwältigenden Ort stand – dort, wo das Hauptschiff und das Querschiff zusammentreffen und die Säulen plötzlich emporstreben und eine unglaubliche Höhe erreichen und wo man sich der Macht und Pracht des gesamten Bauwerks erst ganz bewußt wird. In der Tat beinahe eine Rechtfertigung der christlichen Religion! Und ich habe mir auch Dinge für Dich gewünscht ... Ich ... habe die Bewegung und das schwindelerregende Gefühl geliebt ...»

So liebenswürdig Lyttons Reisegefährten auch zu ihm waren, so sehnte er sich manchmal danach, mit Roger herumzureisen. Dann wieder wünschte er sich, Carrington wäre mit auf ihrem Floß. «Ich denke so oft an Dich und liebe Dich mehr, als ich sagen kann», schrieb Carrington ihm am 14. September 1930. Und Lytton schrieb Roger am 9. September 1930: «Ich denke hundertmal am Tag an Dich und wünschte, Du wärest hier und lauschtest tausend Kommentaren zu Vergänglichem und Allgemeinem.»

Carrington traf ihn in Southampton, wo er mit der majestätischen *Olympic*, einem Linienschiff mit vier Schornsteinen, aus Cherbourg einlief. «Ich wünschte nur, ich könnte Dir ein wenig von meiner überschäumenden Energie schicken», schrieb Lytton am 23. September 1930 an Roger. «Früher hätte ich nie gedacht, daß ich je Kraft für andere Menschen übrig haben würde.»

Er schien einen strahlenden Spätsommer zu genießen und war «in seiner liebenswürdigsten Laune», stellte Vanessa fest. Er fuhr erneut nach Charleston, wo weiterhin «das unvermeidliche *Dolce far niente* das Leben bestimmte. Dann stürzte er sich in London wieder in die Vergnügungen des kulturellen Lebens und lernte dabei einen jungen walisischen Kurzgeschichtenautor, einen jungen italienischen Romancier und einen jungen englischen Dichter kennen. «Welch eine Szene im Ivy, wo Caradoc Evans, ziemlich betrunken, mich eine Dreiviertelstunde lang auf anglowalisisch in den höchsten Tönen lobte», erzählte er Roger am 23. September 1930.

«... ‹Bei Gott› war einer seiner Lieblingsausdrücke – ‹Bei Gott, Mr. Strachey, Sie verstehen es, Englisch zu schreiben – Englisch – Sie wissen, was ich meine – ja, Mr. Strachey, Sie *beherrschen* das Englische, bei Gott!› Es hatte erst ein Ende, als seine Geliebte, eine mächtige, grellbunt herausgeputzte Frau spanischen Typs [Countess Barcynska], die ganze Gesellschaft in ihrem Wagen zum Haus [am Gordon Square 51] fuhr – in das ich mich geschickt hineinflüchtete, ohne die anderen reinzulassen. Du siehst also, man erlebt schon gewisse Abenteuer ...»

Lyttons Abenteuer mit Alberto Moravia war eine eher nüchterne Angelegenheit und spielte sich in «diesem Palast verblichener Grimmigkeit», dem Reform-Club, ab, in den Morgan Forster sie beide eingeladen hatte. Lytton berichtete Roger am 15. November 1930:

«E. M. F. versicherte mir, er [Moravia] sähe wirklich gut aus – dennoch (da ich wußte, daß er einen eigenartigen Geschmack hat) war ich nicht überrascht, als ich unter den ockergelben ionischen Säulen des Hauptsaales ein menschliches Wiesel auf mich warten sah. Ansonsten war er gar nicht übel, wie Ausländer eben sind. Offenbar hat er einen Roman geschrieben, der so schockierend ist, daß selbst Beryl de Zoete sich weigert, ihn zu übersetzen. ‹Ich beschreibe nackte Frauen› war seine Erklärung. (Eine ziemlich enttäuschende!)»[40]

Eine Einladung von «Ros und Wog» führte Lytton Ende des Jahres ins ungefähr 65 Kilometer von Hungerford nahe bei Wallingford gelegene Ipsden House. Dort lernte er Stephen Spender kennen, «den ich sehr mochte», erzählte er Roger hinterher (27. Dezember 1930). Mit seinen geröteten Wangen, seinen blauen Augen und seinem romantischen Gesichtsausdruck wirkte Spender auf Lytton wie «ein fröhliches, undefinierbares, lebhaftes Geschöpf – jugendlich und sehr gesprächig. Hat einen homosexuellen Roman geschrieben[41], befürchtet jedoch, daß er nicht veröffentlicht werden wird. Überlegt sich, mit einem deutschen Jungen in Deutschland zu leben, hat bis jetzt allerdings noch keinen deutschen Jungen zum Zusammenleben gefunden. Schreibt nach dem Lunch Gedichte und liest sie Rosamond laut vor.» Am zweiten Weihnachtsfeiertag fuhren «Ros und Wog» mit Stephen Spender zum Abendessen nach Ham Spray hinüber, wo bereits Clive und Vanessa, Ralph und Frances und Carringtons Bruder Noel versammelt waren. «Es war eine komische kleine Party, doch ich genoß sie», schrieb Lytton.

«Habe ein wenig mit S. S. geplaudert, der sehr amüsant und nett war. Dann spielten wir Up Jenkins – ein ziemlich schreckliches Spiel. Dann wurde das Radio angeschaltet und getanzt – Clive torkelte mit Frances durchs Zimmer, Wogan wirbelte wie ein Kreisel mit Carrington herum – und einen Augenblick lang mit mir!... Die neueste Sensation ist, daß die Woolves (unterstützt und ermutigt von Dadie und allen anderen) John Lehmann zu überreden versuchen, sich der Hogarth Press anzuschließen, sein ganzes Kapital in den Verlag zu investieren und seine Arbeitsstunden in Zukunft im Kellergeschoß mit dem Schnüren von Päckchen zu verbringen. Und dieser arme Affe denkt auch noch allen Ernstes daran, das zu tun.»

Lytton fühlte sich nach wie vor unsagbar glücklich und unbeschwert. Er nutzte den Energieschub gegen Ende des Jahres für den Abschluß der letzten Essays für sein «kleines Frühlingsbuch». Er empfand es als «ein Vergnügen, wieder zu arbeiten», obwohl ihm einfach kein passender Titel einfallen wollte. «Gegenwärtig rechne ich mit ungefähr einem Dutzend kleiner biographischer Essays und einem ½ Dutzend Historiker ... Denkst Du, ‹Little Lives› würde passen?» fragte er Roger am 25. November 1930. Anfang 1931 entschied er sich dann jedoch für «Portraits in Miniature and Other Essays». «Ich trage mich mit dem Gedanken, ein Buch im Stile Malinowskys [42] mit dem Titel ‹The Sexual Life of the English› zu schreiben», erzählte er Roger am 20. März 1931, während er bereits die Korrekturfahnen durchging. «Es wäre eine bemerkenswerte Arbeit, die jedoch zweifellos in Neuguinea veröffentlicht werden müßte. In der Zwischenzeit machen die ‹Portraits in Miniature› auf zahmere Weise Fortschritte.»

5. Vergängliches und Allgemeines

Am 14. Mai 1931 brachten Chatto & Windus die «Portraits in Miniature» in zwei verschiedenen Ausgaben heraus: eine auf 260 Exemplare limitierte großformatige Luxusausgabe (von der 250 in den Handel kamen) zum Preis von zwei Pfund und eine Normalausgabe zu sechs Shilling in einer Auflage von 12 700 Exemplaren. Sowohl in Großbritannien als auch in den Vereinigten Staaten (wo das Buch erst am 16. Juli erschien) verkaufte es sich sehr gut und stieß auf große Resonanz. Edmund Wilson nannte es «einen von Stracheys wirklichen Triumphen»[43] und Virginia Woolf schrieb am 19. Mai 1931 in ihr Tagebuch: «Lyttons Buch: Sehr gut. Das ist seine Stärke. Ein komprimierter und gleichzeitig blendend geschriebener Bericht, der Logik, Verstand, Bildung, Geschmack, einen raffinierten Aufbau und unendlich viel handwerkliches Geschick verlangt – ich denke, das liegt ihm viel mehr als jene andere Größenordnung, die Kühnheit, Originalität und Schwung erfordert.»

Lytton hatte seine «Portraits in Miniature» Max Beerbohm gewidmet und damit auch eine geeignete Wahl getroffen.[44] Beide waren geborene Miniaturisten oder, wie Virginia es vorzugsweise ausdrückte, Schriftsteller mit einem «kleinen, aber mit großem Fleiß kultivierten Talent» – das war etwas, was sie respektieren konnte, aber nicht zu fürchten brauchte. Wie sie Vanessa am 23. Mai 1931 erzählte, war sie in der Tat überrascht, wie gut Lyttons neues Buch gelungen war. «Von der Technik her einfach meisterhaft», räumte sie ein, «und die Essays lesen sich zusammengenommen viel besser als einzeln.» Virginia führte das darauf zurück, daß Lytton «seine Rhetorik uns zuliebe etwas mäßigte». Er hatte an einigen Stellen zwar Ausdrücke wie «unermüdlich» und «Köstlichkeit» gestrichen, ansonsten aber am Text von «Portraits in Miniature» weit weniger verändert als an «Books and Characters». Diese Essays sind deshalb so gut am Stück zu lesen, weil ein Thema sich unauffällig wie ein roter Faden durch das ganze Buch zieht: die Entwicklung der modernen Welt vom sechzehnten bis zum neunzehnten Jahrhundert – in Frankreich und in England, in der Stadt und auf dem Land. In «Eminent Victorians» hatte Strachey die Mächtigen vom Sockel gestürzt, nun stellte er in «Portraits in Miniature» die Stiefkinder der Geschichte auf den Podest und beschrieb mit ironischer Zärtlichkeit obskure Pedanten und Pädagogen, Sektierer und Solipsisten, Spinner, Biographen und andere Außenseiter und wunderliche Käuze, die auf tragische Weise den Umständen zum Opfer fielen. Vorgestellt werden der Prophet Lodowick Muggleton, den außer seiner kleinen Schar verrückter Anhänger nie jemand verstand, der arme, vergessene Rektor des Trinity College John North – eine Karikatur der akademischen Gelehrsamkeit im siebzehnten Jahrhundert –, Sir John Harrington, dessen empfindlicher Nase wir die Erfindung des Wasserklosetts verdanken, und nicht zuletzt Stracheys Vorgänger John Aubrey, dessen eifrige Bemühungen in der Liebe und in der Literatur nie wirklich gewürdigt wurden, der nach Eingebungen und Anregungen suchte und «eine Handvoll Abfälle und Relikte in goldenes Leben» verwandelte.

Diese Menschen waren wie viele andere von den «sechs englischen Historikern» am Ende des Buches aus der offiziellen Geschichtsschreibung gestrichen worden. Nun lagen sie wie getrocknete, von Stracheys Neugier aufgespießte Exemplare aus der Vergangenheit vor dem Leser ausgebreitet als Anschauungsobjekte für die Eigenwilligkeit des menschlichen Geistes, als Muster von Karrieren, die schon im Keim erstickt wurden oder in Sackgassen endeten. Da ihre Ruhmestaten fragwürdig, ihre Glaubensvorstellungen antiquiert und ihre Argumente längst vergessen waren, interessierte sich im zwanzigsten Jahrhundert niemand mehr für ihre Seelenqualen. Sie eigneten sich bestenfalls noch als Thema historischer Persiflagen, «betrogene Gestalten, nicht für diese Welt geschaffen, ohne Macht und aus der Bahn geworfen», die jedoch eine Aura der Komik und des Pathos umgab.

«Eine Biographie sollte entweder so lang sein wie die von Boswell oder so kurz wie die von Aubrey», schrieb Strachey in seinem Essay über John Aubrey. «Die Methode der umfangreichen und geschickt eingeflochtenen Zusätze, nach der ‹Life of Johnson› entstand, ist ausgezeichnet, ohne Zweifel; doch wenn wir uns ihrer nicht bedienen können, sollten wir uns nicht mit Halbheiten zufriedengeben; beschränken wir uns also auf das Wesentliche – ein lebendiges Bild, auf ein oder zwei Seiten, ohne Erklärungen, Überleitungen, Kommentare oder überflüssiges Beiwerk.» Doch es war schwierig, seine Historiker zu beschreiben, ohne Erklärungen und Überleitungen einzufügen. Stracheys Methode bestand darin, immer nur eine Facette der jeweiligen Persönlichkeit zu beschreiben – die Neutralität Humes, die Ausgeglichenheit Gibbons, die Philisterei Macaulays, die moralische Haltung Carlyles, die Engstirnigkeit seines Schülers Froude und die Humorlosigkeit Mandell Creightons. Wo Strachey schmeichelhafte Ähnlichkeiten zwischen sich und seinen Figuren feststellte, zeigte er sich sehr verständnisvoll, doch wo ihm mögliche Parallelen eher unangenehm waren, äußerte er sich kritischer. Heute, 75 Jahre später, sind wir über Hume und Carlyle besser unterrichtet und wissen auch, daß Macaulays Gefühlsleben komplizierter war, als er zugeben wollte. Indes zeigen Stracheys Vignetten sehr deutlich, daß er Geschichte als literarische Kunst ansah.

Keiner setzte den Abgang seiner Figuren so sorgfältig in Szene wie Strachey. Für ihn war der sterbende Historiker eine ästhetische Notwendigkeit. Den bemerkenswertesten Tod von allen erlitt Froudes Peiniger, der rotbärtige Professor Edward Augustus Freeman, der seinerseits von Horace Round, einem weiteren «Wühler in Wurmlöchern», unerbittlich angefeindet wurde. Rounds bissige Artikel über Freeman lösten bei seinem Opfer extreme Reaktionen aus.

«Sein Blut kochte, doch er verzichtete bewußt auf eine Stellungnahme. Jahrelang folgte ein Angriff dem andern, und jahrelang blieb der Professor stumm. Niederschmetternde Erwiderungen fielen ihm ein und wurden sogleich wieder verworfen – sie waren immer noch nicht niederschmetternd genug. Dann erschien ein Artikel, der noch vernichtender war als alle vorangegangenen ... Freeman war bestürzt über diese neueste Unverschämtheit, doch er verharrte weiter in stummem Zorn. Wie King Lear würde er irgendwann Dinge tun – was genau, wußte er noch nicht –, die die ganze Welt in Furcht und Schrecken versetzen sollten. Schließlich scharte er sein gesamtes weibliches Gefolge um sich und fuhr wütend in Urlaub. Es folgte eine rätselhafte Pause, dann erreichte die schockierende Nachricht auch Brighton: Der Professor war in Spanien hopsgegangen.»

Strachey hatte die Gemüter von Freemans Gesinnungsgenossen unter den modernen akademischen Historikern in Wallung bringen wollen – und das gelang ihm offenbar auch. Am 17. Dezember 1930, als sein Essay über Froude gerade in *Life and Letters* erschienen war, schrieb er Roger schadenfroh: «Virginia hat soeben Lord Esher getroffen, der ihr berichtete, *er* sei soeben George Trevelyan begegnet, der vor lauter Wut Schaum vor dem Mund gehabt habe: ‹Also wirklich! Ich hätte nie geglaubt, daß ein Schriftsteller von L. S.s Rang einen derartigen Ausdruck benutzen würde – hopsgehen!› Es ist also eine gewisse Reaktion zu verzeichnen, und das ist doch schon etwas.»

Im Sommer 1931 veranstaltete der *Week-End Observer* einen literarischen Wettbewerb. Die Aufgabe bestand darin, eine biographische Skizze von Lytton Strachey anzufertigen, und zwar in dem ihm ureigenen Stil. Die Zeitung erinnerte ihre Leser an seine «Six English Historians» und fügte hinzu: «Lassen Sie uns einmal annehmen, diese würden durch einen siebten ergänzt – durch Mr. Strachey selbst.» Carrington sandte unter dem Pseudonym «Mopsa» eine imaginäre Sterbeszene ein, die ihr den ersten Preis eintrug. «Sollte Mopsa irgend jemandem grausam erscheinen», schrieb das für den Wettbewerb zuständige Redaktionsmitglied Dyneley Hussey, «– und auch ich habe hin und her überlegt, ob sie vielleicht aus diesem Grund ausgeschlossen werden sollte –, so gebe ich zu bedenken, daß dem Opfer schließlich nur das gleiche widerfährt, was es anderen zugefügt hat.» Carrington hatte Lyttons Stil mit den sorgfältig plazierten *mots*, den Anspielungen und dem despektierlichen Ton am Schluß gut getroffen. Aus ihrer Persiflage sprach der liebevolle Spott eines Menschen, der ab und zu den heimlichen Wunsch verspürte, auszubrechen. «Wir hätten so ein glückliches Leben führen können ohne diese Stracheys!» hatte sie Alix geschrieben.

«Auf seiner *chaise longue* unter der Steineiche hockte – abseits, fern, in sich selbst versunken und wunderlich zufrieden – der ehrwürdige Biograph. Eingehüllt in einen Sealmantel (denn obwohl es Juli war, spürte er die Kälte), strickte er mit langen, schmalen Fingern ein Leibchen für seinen Lieblingskater Tiberius. Er befand sich in seinem 99. Lebensjahr. Er wußte nicht, daß dies sein letzter Tag auf Erden war.

Ein Wachtmeister kam wegen einer Spende für den örtlichen Sportverein vorbei. ‹Trop tard, trop tard, mes jeux sont finis.› Er starrte in die Ferne zu den Downs hinüber. Der Gedanke, daß dies sein letzter Sommer sein könnte, beunruhigte ihn nicht im mindesten. Schließlich waren inzwischen die Sommer unendlich kalt und düster. Man hätte ebensogut ein Maulwurf sein können. Auch kümmerte es ihn nicht sonderlich, daß er nicht mehr als der größte Biograph galt oder daß die Countess nicht mehr ... oder etwa doch? Wäre er eine Frau gewesen, dann hätte er sich nicht als Schriftsteller hervorgetan, sondern als frivole Anstifterin zahlloser Intrigen.

Doch dann fiel sein Blick auf einen losen Knopf, ein besonders scheußliches Exemplar, das vor ihm im Gras lag; es war unerträglich, eine unbeschreibliche Katastrophe. ‹Mais quelle horreur!› murmelte er seinem Kater zu und beugte sich von seiner *chaise longue* hinunter, um den Knopf aufzuheben, beugte sich dieses eine Mal zu tief – und verschied.»⁴⁵

Lytton dachte in seinen letzten Lebensjahren häufig an den Tod. Abgesehen von Philip Ritchie und Lady Strachey waren in letzter Zeit auch viele Freunde gestorben – darunter einige «Apostel».

> *How fast has brother followed brother,*
> *From Sunshine to the sunless land.**

---

* Wie schnell folgte ein Bruder dem andern, vom Sonnenschein ins sonnenlose Land.

Im Frühjahr 1922 war Walter Raleigh, einer der ältesten und bekanntesten Brüder, eingeäschert worden, und Lytton war zu seiner Bestattung gefahren. Zwar hatte er Raleigh vor seinem Tod zwei oder drei Jahre lang nicht mehr gesehen, doch der Anlaß hatte viele Erinnerungen an die alten Tage in Liverpool und Cambridge in ihm wachgerufen.

Der Tod seiner alten Freundin Jane Harrison, der Koryphäe für klassische Anthropologie, die ihn in jenen längst vergangenen Tagen vor dem Krieg mutig ins Sanatorium im schwedischen Saltsjöbaden begleitet hatte, war für ihn nicht nur ein persönlicher Verlust, sondern beraubte seiner Meinung nach die ganze Welt einer großen wissenschaftlichen Kapazität. Wenig später, am 18. April 1928, schrieb er Roger: «Ich bin ziemlich traurig über Jane Harrisons Tod. Sie war eine so charmante, einzigartige Frau – sehr herzlich und verständnisvoll, einfach großartig und ausgesprochen amüsant. Ihr Humor war unvergleichlich ... Mir war gar nicht bewußt, daß sie schon siebenundsiebzig war. Es erscheint einem wie eine schreckliche Verschwendung, daß dieser ganze Reichtum an Erfahrung und Persönlichkeit nun völlig vernichtet sein soll! – Warum, fragt man sich, durfte sie nicht einfach weiter existieren? – Eines ist sicher! Einen Menschen wie sie wird es nie wieder geben.»

Lytton empfand das Dahinscheiden eines Menschen, der noch im Vollbesitz seiner geistigen Kräfte war, als blanken Hohn. Es gab nur so wenige echte Talente. Geoffrey Scott zum Beispiel hatte er zwar nie sonderlich gemocht, doch aufgrund seiner Intelligenz stets respektiert. Daher war sein Tod im August 1929 in Lyttons Augen ein ungeheurer Verlust für die Geisteswissenschaften in Großbritannien – insbesondere weil Scott seine Arbeit über die «Private papers of James Boswell from Malahide Castle» nicht vollenden konnte. Nun bestand die Gefahr, daß die Boswell-Papiere an irgendeinen angestaubten alten Professor auf der anderen Seite des Atlantiks geschickt wurden, bei dem sie dann möglicherweise jahrelang auf dem Schreibtisch lagen, weil er nicht viel damit anzufangen wußte. «Man weiß bisher niemanden, der für diese Aufgabe in Frage käme», schrieb Lytton Roger am 18. August 1929. «Ich hoffe nur, sie werden nicht irgendeinem stümperhaften Amerikaner ausgehändigt.»

Doch der größte Schock dieser Jahre war der plötzliche Tod von Frank Ramsey. Wegen eines erst sehr spät erkannten Leberleidens hatte er sich im Krankenhaus einer Operation unterziehen müssen, von der er sich nicht mehr erholte. Viele hatten in dem Sechsundzwanzigjährigen bereits den brillantesten Philosophen seiner Generation gesehen, obwohl seine Hauptschaffensperiode gerade erst begonnen hatte. Wie Moore um die Jahrhundertwende, so hatte auch Ramsey ihrem Geheimbund neues Leben eingehaucht. Mit ihm begann nach dem Krieg eine ganz neue «apostolische Ära». Maynard hielt ihn für ein Genie, ein humorvolles und bescheidenes Genie, das das Ziel der Philosophie nicht darin sah, Fragen zu beantworten, sondern Kopfschmerzen zu heilen. «Ich bin schrecklich betrübt wegen Frank», erzählte Lytton am 19. Januar 1930 Dadie Rylands, der den Verstorbenen ebenfalls gut gekannt hatte.

«Es ist wirklich tragisch. Er war einer der wenigen untadeligen Menschen, von himmlischer Bescheidenheit, die seinem Genius eine Schönheit verlieh, wie ich sie noch bei keinem anderen gesehen habe. Er hatte den ganzen Charme der Kindheit, dennoch zweifelte man in seiner Gegenwart keinen Augenblick lang daran, daß man einen sehr großen Geist vor sich hatte. Das letzte Mal, daß ich mit ihm sprach, war – erinnerst du dich? –, als wir ihm beim Verlassen der Provost's Lodge begegneten und er uns, unter diesen herrlichen Lachanfällen, von der Katze erzählte, die in seinen Hörsaal gekommen war. Mir ist ganz elend zumute – richtig elend –, wenn ich daran denke, daß ich nie wieder Gelegenheit haben werde, ihn zum Lachen zu bringen, ihm in Gesellschaft zuzuhören. Und wenn ich über die dekadente Menschheit nachgrüble, werde ich mir nie mehr sagen können: ‹Nun, immerhin gibt es noch Frank.› Der Gedanke an den Verlust, den sein früher Tod für deine Generation bedeutet, ist qualvoll – und die Welt wird nie erfahren, was geschehen ist – was für ein Licht da erloschen ist. Ich dachte immer, er hatte etwas von Newton an sich – die Leichtigkeit und Erhabenheit des Denkens – das sanfte Gemüt – stellt dir nur einmal vor, Newton wäre so früh gestorben – wie alt war er? – sechsundzwanzig? – Ich fürchte, Richard [Braithwaite][46] wird besonders erschüttert sein – würdest du ihm bitte liebe Grüße von mir bestellen?»

Ein weiterer «Apostel», Lyttons Freund C. P. Sanger, erlitt im darauffolgenden Monat einen Zusammenbruch und starb nach kurzer Krankheit. Wie Ramsey, Moore und ein paar andere hatte auch er sich durch große Begabung, gepaart mit angeborener Bescheidenheit, ausgezeichnet. Goldie Dickinson beschrieb ihn als «weltabgewandt, ohne fromm zu sein, unehrgeizig, ohne untätig zu sein, warmherzig, ohne sentimental zu sein». Lytton hatte nie vergessen, wie freundlich Sanger zu ihm war, als er damals zum Trinity College gekommen war. «Die Ursache war offenbar ein Nervenzusammenbruch», erklärte er Roger am 11. Februar 1930.

«Ich fürchte, es war die Folge jahrelanger Überarbeitung, Unterernährung und allgemeinen Unwohlseins – eine schreckliche Geschichte. Er besaß eine erstaunliche Intelligenz und war gleichzeitig so bescheiden, daß die übrige Welt nichts von seiner außerordentlichen Größe ahnte. Und er war so absolut weltabgewandt, daß die Aufmerksamkeit der Öffentlichkeit ihm nichts bedeutete. Ich kenne ihn noch aus den Tagen in Cambridge, wo er an den Wochenenden regelmäßig zu den Treffen der ‹Apostel› erschien. Später traf ich ihn dann in London wieder, wo er zunächst eine kleine Wohnung am Charing Cross hatte – und hinterher wurde Philip [Ritchie] durch einen merkwürdigen Zufall ein zusätzliches Bindeglied zwischen uns. Wie sehr er Philip doch mochte und wie oft er mir von ihm erzählte, mit sanften Ermahnungen wegen seiner Krankheiten! – Und nun ist das alles vorbei, und ich werde nie mehr zum New Square gehen.»

Der Tod dieser Freunde rief viele bittersüße Erinnerungen in Lytton wach. Sie schmerzten ihn noch um so mehr, als Sebastian Sprott in diesem Frühjahr nach Ham Spray kam, um die letzten Bündel von Lyttons Korrespondenz zu ordnen. Auch diesmal konnte Lytton der Versuchung nicht widerstehen, einen Blick auf die alten Papiere zu werfen, obwohl sie viele komplizierte und unangenehme Gefühle weckten. Warum, fragte er sich, war er manchmal eigentlich so schrecklich deprimiert, wenn er diese Briefe durchlas? Es war, als sähe man durch eine Brille, die ein schönes Trugbild von der Vergangenheit erzeugte – oder löste sie eher bisher gehegte Illusionen auf?

Die Vergangenheit erschien nun aufregender als die Gegenwart. Ottoline hatte Lytton im April einen Brief geschrieben, in dem sie ihn an viele längst abgeschlossene und halbvergessene Vorfälle erinnerte. Er sah sie jetzt kaum noch – höchstens ab und zu im Haus in der Gower Street, in dem sie als schwacher Abglanz einer ehemals blendenden Gastgeberin weiterhin Empfänge gab. Früher war sie eine sehr beeindruckende Persönlichkeit gewesen, großzügig, witzig und mitreißend. Doch Katastrophen schienen über ihre Beziehungen hereingebrochen zu sein und hatten sich wie Mehltau über sie gelegt. In ihrem Brief hatte sie von Aschehaufen und giftigen Dämpfen geredet, die vieles, was so gut und hoffnungsvoll begonnen hatte, erstickten. Lytton glaubte indes, daß sie diese Aschehaufen und Dämpfe selbst verursachte. Er wußte nicht so recht, was er ihr antworten sollte, und fühlte sich unbehaglich. Zweifellos wurde von ihm Mitgefühl erwartet, aber auch ein gewisses Maß an Ehrlichkeit – wie sollte, er aber beides taktvoll unter einen Hut bringen? Nach zehntägigem Zögern raffte er sich schließlich am 8. April 1931 zu einer Antwort auf, die der letzte längere Meinungsaustausch zwischen ihnen sein sollte. Das freundliche Schreiben, das einige in gefällige Metaphern gekleidete Wahrheiten enthielt, setzte den Schlußpunkt unter eine lange, aber inzwischen erloschene Freundschaft:

«Sie kennenzulernen war für mich eine wundervolle Erfahrung – ah! jene Tage in Peppard – jene Abende am Bedford Square! Ich kann mich des Eindrucks nicht erwehren, daß vieles *ganz* anders verlaufen wäre, wenn H[enry] L[amb] sich *ein wenig* anders verhalten hätte, doch vielleicht ist das auch eine irrige Annahme. Vielleicht sind wir alle so unverrückbar das, was wir sind, daß selbst der kleinste Positionswechsel ganz außer Frage steht. Ich glaube nicht, daß ich mich in diese Zeit zurückwünsche. Sie war aufregend, bezaubernd und gefährlich zugleich – man befand sich in einem besonderen (einem ganz besonderen) Zug, der mit halsbrecherischer Geschwindigkeit dahinraste – wohin? – das konnte man nur dunkel ahnen – man konnte jederzeit im Abseits landen – oder in Timbuktu – oder im Himmel. Einmal ist genug! ... Ich bin seit längerem unsagbar glücklich – wenn das Leben nur ein gutes Stück länger wäre – und der Sonnenschein weniger ungewiß!»

Ein Dialog, den Carrington am 20. März 1931 in IHREM BUCH festhielt, erlaubt vielleicht gewisse Rückschlüsse auf Lyttons damalige Gemütsverfassung: «Beim Tee sagte Lytton zu mir: Denk daran, daß all die Vogel- und Blumenbücher dir gehören. Ich sagte: Warum? Nun, nach meinem Tod ist das wichtig. Dann sagte ich, und all meine Bilder und Objekte gehören dir. Und er sagte: Wirklich? Fast so, als glaube er mir nicht. Ich sagte: Aber wenn du zuerst sterben solltest – doch plötzlich war mir ganz ernst und traurig zumute, und Lytton, der den Umschwung spürte wie einen Wind, der über den Rasen und durch die Lorbeerbäume weht, wechselte das Thema.»

Doch der innere Dialog ging weiter. Lytton rechnete nicht damit zu sterben – die meisten Mitglieder seiner Familie hatten ein hohes Alter erreicht, und er war in diesem März erst einundfünfzig. Doch abgesehen vom Tod seiner Freunde gab es noch weitere Gründe für diese Vorahnungen. Das ganze Jahr 1931 über war er fast ständig krank. Für sich betrachtet, schien keine dieser Krankheiten besorgniserregend, doch sie klangen nur selten ab und wirkten zusammengenommen doch sehr schwächend. Er war in seinem Leben schon häufiger krank gewesen, doch seine jetzigen Beschwerden waren so undefinierbar. Er hatte den Eindruck, wie in Teilnarkose oder in einem Traum die Abspaltung der körperlichen Seite seiner Wahrnehmung von seiner Gefühlswelt zu verfolgen. Was er verspürte, waren eigentlich keine richtigen Schmerzen. Es war eher ein unterschwelliges, nicht genau lokalisierbares Unwohlsein, das sich in ihm ausbreitete, so daß ihm alle Bewegungen Mühe bereiteten und das Sitzen oder Bücken seltsam schwerfielen. Zuerst diagnostizierte sein Hausarzt Dr. Starkey Smith innere Hämorrhoiden und verordnete Zäpfchen. Später änderte er dann seine Diagnose und veranlaßte, daß Lytton von einer gelernten Masseuse betreut und mit UV-Bestrahlungen behandelt wurde. Die Symptome kamen und gingen und kehrten in komplizierterer Form wieder zurück, begleitet von Kopfschmerzen, einem leichten Fieber und Ohrensausen. Als sich nach vier Monaten immer noch keine Besserung abzeichnete, schrieb er am 31. April 1931: «Ich habe schon daran gedacht, mich in ein Kloster zurückzuziehen, doch bei genauerem Überlegen wird mir klar, daß das wohl kaum das Richtige wäre – in ein Nonnenkloster vielleicht ...»

In seinen Briefen spielt Lytton seine Krankheit herunter und gibt stets seiner Hoffnung auf eine schnelle Besserung Ausdruck. Nur selten gesteht er die eher bedrückenden Gefühle ein, die sein Zustand in ihm auslöst: «Ich glaube, daß ich mich allmählich erhole», schrieb er Roger am 26. Januar 1931, «doch es gibt nach wie vor Augenblicke, in denen ich das Gefühl habe, mich auf dem Grund eines Brunnens zu befinden, ohne die geringste Aussicht, je wieder herauszukommen.»

Er hatte Angst, auf seine Freunde übertrieben beunruhigt oder ermüdend zu wirken, besonders auf Roger, den er mit hoffnungsfrohen Bulletins überhäufte, die am Ende oft durch eher enttäuschende Beschreibungen seines tatsächlichen Zustands relativiert werden mußten. «Was meine Gesundheit anbelangt», erklärte er am 20. März 1931, «so entwickelt sie sich langsam zur Großen Plage der Christenheit, und mir graut, davon zu sprechen. Ich möchte nur kurz anmerken, daß es mir vielleicht schon viel bessergeht – aber eben doch nicht richtig gut. Ich fühle mich eigentlich ganz gesund – und dann falle ich auf einmal wieder in diese niederschmetternde Schwäche zurück.»

Er verbrachte den Großteil des Jahres in Ham Spray. Wie englisch dort alles war – wirklich eine Umgebung nach seinem Geschmack. «Alles hier ist von einer gewissen romantischen Schönheit, die mein Herz entzückt», hatte er Mary Hutchinson erzählt. Er las Keats, «der vollkommen ist» und dessen Gedichte seine Sensibilität für die sanften grünen Formen ringsum schärften, so daß er sich eins mit ihnen fühlte. «Letzte Nacht», schrieb er Roger am 29. Juni, «gleich nach Sonnenuntergang, ein außergewöhnliches Licht, so als nähere sich irgendein großes Fahrzeug hinter den Bäumen auf der Anhöhe – ein Leuchten zwischen den Baumstämmen – wir betrachteten es erstaunt – und sahen, daß es der gerade aufgehende Mond war – er bewegte sich rasch nach oben und zur Seite – ein verblüffendes und romantisches Schauspiel, bis er sich schließlich im Gleichgewicht befand – ein goldener Kreis am Rande der Anhöhe.»

Das Leben ging auf die denkbar ruhigste Weise weiter. So konnte Lytton am 17. April 1931 an Roger schreiben, daß «die Frage, welches Buch man als nächstes lesen soll, der einzige Kieselstein [sei], der die Oberfläche des Teichs kräuselt». «Gestern ereignete sich allerdings doch etwas – zwei Besucher trafen mit dem Flugzeug ein – sprich Dorelia und Caspar John. Letzterer drehte mit C. eine Runde – sie war begeistert; doch *ich* sah davon ab – der Reiz war irgendwie nicht groß genug.» Nach ihrem Rundflug versuchte Carrington, Lytton zu überreden, sich ebenfalls in die Lüfte zu erheben, doch er schien nicht die geringste Lust zu haben, es auch einmal zu «probieren». Caspar versprach, mit einem derart zart besaiteten Passagier besonders sanft umzugehen, und Dorelia fragte Lytton, wie er denn glaube, Carrington disziplinieren zu können, wenn er schlappmache, wo sie Mut bewiesen habe. So zogen sie ihn weiter auf, bis sie das schützende Haus erreichten. Nun, wo das gefürchtete zweisitzige Flugzeug, das auf einem Feld hinter den Bäumen stand, außer Sichtweite war, zog Lytton mit wiedergewonnenem Selbstvertrauen über seine Peiniger her und erklärte, er habe einfach nicht die *Figur* zum Fliegen. Außerdem könnte sich sein Bart in den Armaturen verfangen und alles durcheinanderbringen. Dann ließ er sich in einen Lehnstuhl sinken, und damit war das Thema beendet.

Lytton unternahm auch weiterhin kleinere Ausflüge nach London und nach Cambridge, wo ein reges gesellschaftliches Leben herrschte, auch wenn es seiner Auffassung nach eher das einer allgemeinbildenden Schule war. Zusammen mit seinem neuen jungen Freund Alan Searle, den er seinen «Bronzino Boy» nannte, fuhr er nach Thorpe-le-Soken in Essex, um Oswald Balfour[47] im White House zu besuchen. Er bedauerte jedoch nicht, daß sie nur zwei Nächte bleiben konnten, denn «Bronzino» hatte sich in Lyttons Augen als recht langweilig herausgestellt. Nachdem die Bulldogge des Gastgebers ihn in den Bauch gebissen hatte, bekam er einen hysterischen Anfall. Daraufhin tauchte eine unerträgliche Putzfrau namens Mrs. Scroggins auf, die geradewegs einem Dickensschen Roman entsprungen zu sein schien, und nutzte die Gelegenheit, Lytton mit Tratschgeschichten aus dem Dorf zu behelligen. Auch die übrigen Gäste des Hauses schienen ziemlich uninteressant und unbedeutend. Selbst zum Hausherrn Oswald Balfour, einem unverheirateten Stabsoffizier mit den besten Verbindungen, fühlte Lytton sich nicht im mindesten hingezogen, «außer körperlich, auf eine sehr widerliche Weise. Die typische Angewohnheit der englischen Oberklasse, den Charakter höher einzustufen als den Geist, ist ärgerlich, insbesondere, wenn sie in so einer (in jeder Hinsicht) abartigen Umgebung in Erscheinung tritt» (Brief an Roger vom 4. Juli 1931).

Er empfand es als Erleichterung, nach Ham Spray zurückkehren zu können. Er las die «Chapters of Autobiography» des Ex-Premierministers A. J. Balfour und fand das Buch «auf seine Art sehr gut gemacht – ich meine damit die Art, nichts von wirklichem Interesse zu erzählen – merkwürdigerweise ganz im Stil des achtzehnten Jahrhunderts – so klar und doch so beschränkt. Aber der alberne Kerl war Christ, und das kann ich nicht verzeihen.» Er nahm sich auch eine Biographie Wellingtons mit dem Titel «The Duke» vor, die Philip Guedalla («einer meiner Nachahmer») verfaßt hatte, schaffte es jedoch nicht, sie zu Ende zu lesen. «Als ich den Peninsularkrieg und Waterloo durchhatte, habe ich aufgegeben», erzählte er Roger am 7. Oktober 1931, «... Königin V[iktoria]s Briefe sind in jeder Hinsicht besser – so ereignisreich und so gefühlvoll und so idiotisch genau.»

Unter den Neuerscheinungen dieses Jahres befand sich auch ein Roman von Somerset Maugham, das berüchtigte Werk «Derbe Kost». «Es sorgt hier für einige Aufregung», erklärte Lytton Dorothy Bussy im November 1930, «denn es enthält ein äußerst giftiges Porträt von Hugh Walpole, der vor Aufregung und Entsetzen ganz außer sich ist. Doch abgesehen davon ist es ein sehr amüsantes Buch – das sich offenbar (mehr oder weniger) auf Hardys Geschichte stützt. Seine einzige Schwäche ist meiner Meinung nach ein sonderbarer Mangel an Brillanz.» Lytton hatte übrigens dank Alan Searle Somerset Maughams Bekanntschaft gemacht. Ansonsten widmete er sich erneut der «ganz schön anstrengenden» Lektüre von Proust. Auch Carrington las ihn eifrig und fand das Ende des Baron Charlus «fast zu schrecklich. Es hat die entsetzliche Grausigkeit von Lear» (12. Mai 1931 an Lytton). Sie hatte einige Exlibris für Lyttons Bibliothek entworfen, doch als sie sie in Ham Spray zusammen mit ihm in die Bücher einklebte und sich daran erinnerte, wie er bei Sotheby's hohe Summen für Bücher geboten hatte, da kam ihr der Gedanke, daß «die düster dreinblickenden Buchverkäufer und Kaufinteressenten eines Tages diese Bücher anschauen werden. Und plötzlich überkam mich eine Vorahnung von dem Tag, an dem diese Namensschilder nicht mehr in der Bibliothek sein werden.[48] Ich bin mir noch unschlüssig, ob ich Lytton nicht bitten soll, keine mehr einzukleben.»

Carrington hatte sich auch in den ersten Monaten dieses Jahres wieder intensiv der Malerei gewidmet. «Ich habe für jeden Geschmack etwas anzubieten», hatte sie zu Alix gesagt. Neben ihren Glas- und Silberpapierbildern («viktorianische Schönheiten, tropische botanische Blumen, Vögel und Früchte sind nur einige meiner Themen») hatte sie auch Zierkacheln für Badezimmer und offene Kamine entworfen (unter Beacus' Einfluß «überwiegend mit Muscheln, Fischen und Schiffen») und sie gegen Provision über Fachgeschäfte verkauft (Beacus' Bruder Alex Penrose gab einen offenen Kamin in Auftrag, dessen Kacheln Carrington im holländischen Delfter-Stil gestaltete und mit einem wappenartigen Emblem aus einem gekreuzten Füllfederhalter und einer Rose versah). Kaum jemand ahnte, «welch blutigen Schweiß die Herstellung dieser federleichten Kleinigkeiten kostete». Die meisten ihrer ambitionierten Gemälde zeigten nun Pflanzen aus ihrem Garten in Ham Spray, den sie jede Woche in Gesellschaft ihrer Katzen bearbeitete («Ich wünschte, man könnte Katzen darauf abrichten, Gärten zu jäten»). Doch sie malte auch einen seltenen Kaktus, den sie von Dorelia bekommen hatte, und den Rummelplatz in Marlborough, den sie an einem besonders schönen Tag mit Alix besuchte. Während sie dort auf Flaschen schoß und Karussell fuhr, wirbelte Alix «auf diesen kleinen elektrischen Autos» herum «und fuhr alle in Grund und Boden» (Brief an Frances, September 1931).

Carringtons Affäre mit Beacus hielt zwar noch an, doch vertieft hatte sie sich in der Zwischenzeit nicht. Als er ihre «schrecklichen» weißen Strümpfe beanstandete und sie bat, ihm zuliebe schwarze Seidenstrümpfe zu tragen, «erkannte ich, daß wir verschiedene Wege eingeschlagen hatten», vertraute sie Julia im Juni 1931 an. Wenn Beacus in Ham Spray eintraf, schaute Carrington ihn manchmal an und fragte sich, ob das wirklich der Mann war, nach dem sie sich in seiner Abwesenheit wie eine Besessene verzehrt hatte. «Kann das die Nase sein, der Mund, nach dem ich mich sehnte? ... Ist das der Körper?» schrieb sie ungläubig in IHR BUCH. Auch jetzt kannten sie gelegentlich noch Abende, die von rätselhaftem Glück erleuchtet waren, doch Carrington überlegte trotz allem, ob es für eine Frau von achtunddreißig Jahren nicht angemessener wäre, «vor Teetassen zu sitzen und Stachelbeeren einzumachen», anstatt «Shelleysche Sehnsüchte» zu verspüren, «diese friedliche, ländliche Umgebung zu verlassen und zu irgendwelchen griechischen Inseln zu segeln».[49]

Das Ende der Affäre bahnte sich im Sommer an, als Beacus während eines Besuchs in Ham Spray an Gelbsucht erkrankte und fast einen ganzen Monat lang von Carrington gepflegt werden mußte. Lytton schleppte sich anfangs mühsam ins Nachbarzimmer und reiste schließlich nach London ab. «Es entbehrt nicht einer gewissen Ironie festzustellen, daß die eigene Lebensaufgabe darin besteht, Florence Nightingale zu spielen!» schrieb Carrington im Juli 1931 an Sebastian Sprott. «Allerdings erfuhr ich dabei alles, was es über ihn zu wissen gab, und überwand so meine fatale Leidenschaft.» Als Beacus sich wieder erholt hatte und davonsegelte, war zwischen ihnen «alles aus», und Carrington spürte, daß sie damit ihre letzte Verbindung zur Jugend durchtrennt hatte. In gewisser Weise war sie erleichtert. Glück, vermerkte sie in IHREM BUCH, war größtenteils eine Frage des richtigen Zeitpunkts von Beziehungen. Diese war zu spät gekommen. Neuerdings glaubte sie auch, Lytton vernachlässigt zu haben, und empfand Gewissensbisse. Sie hatte ihn zwar die ganze Zeit über ebenso unermüdlich gepflegt wie den kranken Beacus, doch nun, da ihre «Begierde versiegt» war und ihre «Ausgelassenheit» sich gelegt hatte, nahm sie sich fest vor, ihre Versäumnisse wiedergutzumachen. Das Zusammenleben mit Lytton wurde mit jedem Jahr schöner, und während sie sich von Beacus erholte, fühlte sie sich ihm näher denn je. Gegen Ende dieses Sommers freute sie sich bereits auf ein beschaulicheres Leben in den Räumen und Gärten von Ham Spray, die sie für sich und Lytton mit so viel Liebe und Geschmack gestaltet hatte. Alles war für die Zukunft eingerichtet.

Auch Lyttons Liebesaffäre mit Roger verlief sich allmählich im Sande. «Ich denke wahnsinnig oft an Dich, mein geliebter Engel – wahnsinnig oft – und einfach an alles an Dir», hatte er am 20. März 1931 geschrieben. «Ich sehne mich danach, bei Dir zu sein, mit Dir zu reden, Dich an den Ohren zu ziehen, glücklich zu sein – O ja! Es ist ein großes Glück, Dir schreiben zu können und Briefe von Dir zu empfangen.» Trotz seiner gesundheitlichen Beschwerden war Lytton allzeit bereit, seine Sachen zu packen und mit Roger an irgendeinen Ort der Welt zu reisen. Doch leider kam es so selten dazu. «Diese ewig langen Abwesenheiten sind sehr trostlos – wirst Du mich wiedererkennen, wenn Du mich siehst?» fragte er ihn in einem Brief vom 21. April 1931. «Wahrscheinlich erinnerst Du Dich inzwischen kaum mehr an meine Stupsnase und meine himmelblauen Augen, und ich bin überzeugt davon, wenn am Montag ein Schwindler einträfe, natürlich mit Bart und Brille verkleidet, würdest Du gewiß auf ihn hereinfallen.»

Da sie sich so selten sahen, spielte sich ihre Beziehung zunehmend auf der geistigen Ebene ab. «Hier sitze ich also in meiner Einsamkeit», schrieb Lytton Roger am 12. Mai 1931 von Ham Spray aus, «unter Büchern begraben – die hauptsächlich von alten Atheisten handeln – es werden so merkwürdige Geschichten über sie erzählt! Die Elisabethaner werden immer wunderlicher ... Vielleicht leben wir im großen und ganzen in besseren Zeiten, doch das ist schwer abzuschätzen.» Manchmal dachte er, ein genialer Kompromiß zwischen dem sechzehnten und dem zwanzigsten Jahrhundert wäre ihm am liebsten gewesen. Und etwas in dieser Art war es wohl auch, was er zwischen sich und Roger herzustellen versuchte, wenn sie gemeinsam andere Welten inszenierten. Auf der Grundlage jener seltsamen Geschichten, die in seinen alten Büchern standen, hatte er für sie beide einen Geheimcode entwickelt, mit dessen Hilfe sich die grausamen Seiten der menschlichen Natur in sanfte Spiele verwandeln ließen. Während sich die konkrete Beziehung langsam auflöste, nahmen diese Phantasien einen immer größeren Raum ein, so daß sie inzwischen eher ein Ersatz für diese Beziehung waren als eine anregende Bereicherung.

Lytton kannte Roger nun schon seit sieben Jahren, und seine geduldige Bereitschaft, sich von diesem gutaussehenden, unsichtbaren Liebhaber immer wieder aufs neue überraschen zu lassen, war nahezu erschöpft. Er brachte ihm nach wie vor große Zärtlichkeit und Zuneigung entgegen, doch seine frühere abgöttische Liebe hatte sich in den leeren Pausen, die Roger durch sein ausweichendes Verhalten zu oft hatte entstehen lassen, mehr und mehr verflüchtigt. Obwohl es immer noch Augenblicke gab, in denen Rogers besonderer Charme alles als möglich erscheinen ließ, schrieb Lytton ihm am 18. August 1931: «Ich habe das Gefühl gehabt, daß unsere Beziehung zu Ende geht – oder sich vielleicht einfach im Sand verläuft. ... Was würdest Du Dir wünschen? Ich fürchte, vielleicht irgendeine unmögliche Mischung aus Beiläufigkeit und Tiefe – zumindest wäre mir das unmöglich, da ich weder ein Heiliger noch ein Akrobat bin.»

Ralph und Frances arbeiteten immer noch in London an den Greville-Memoiren. Sie kamen inzwischen nicht mehr so oft nach Ham Spray, teils weil Ralphs in Devon lebende Mutter an Krebs erkrankt war, und teils weil sie umgezogen waren. Da die Psychoanalyse mehr Platz benötigte, waren sie aus dem Haus am Gordon Square 41 «hinausgeworfen worden», worauf sie sich in einem schönen Queen-Anne-Haus in der Great James Street 16 niedergelassen hatten, in dem auch die Nonesuch Press untergebracht war. «Wir sind sehr zufrieden hier», versicherte Ralph Gerald am 25. Februar 1930.

Ralph und Frances hatten Lytton und Carrington den Vorschlag gemacht, im kommenden Winter das Haus zu verriegeln und zusammen nach Malaga zu fahren. Vorher wollten sie jedoch noch einen Kurzurlaub in Südfrankreich verbringen. Carrington und Lytton blieben solange in Ham Spray und «hüteten das Feuer». Lytton war von ihren gemeinsamen Plänen für den Winter noch nicht so recht überzeugt, und Carrington hatte düstere Vorahnungen. «Es ist immer noch wunderschön hier», schrieb Lytton, «und Frieden ist eingekehrt – alle sind fort – C und ich sind nun allein in diesem verwilderten Garten voller Unkraut und Rosen – Ah! man holt tief Luft und schaut träumerisch zu den verträumten Downs hinüber.»

6. Abschied von Frankreich

Lytton hatte in diesem Sommer mit einem Essay über Othello begonnen. Er sollte der erste einer Reihe von Essays über Shakespeares Dramen sein. Es handele sich um eine «höllisch schwierige» Arbeit, hatte er Roger Senhouse erzählt, «denn das Ganze ist eine solide Beweisführung – und vielleicht ziemlich verrückt». Seine «Beweisführung» hat etwas Wirklichkeitsfremdes, als sei von jemandem die Rede, der sich vom wirklichen Leben abwandte – von der Krankheit und der Ernüchterung, die sein eigenes Leben bestimmten. Der «Othello», in den sich Lytton zurückzieht, ist kein bewegendes, tragisches Liebesgedicht innerhalb des Dramas. Auch geht er in seiner «soliden Beweisführung» mit keinem Wort auf die phantasievolle Lösung des Konflikts zwischen dem Glauben an die Tugend einerseits und der Kenntnis der menschlichen Natur andererseits ein. Stracheys «Othello» ist ein makelloses dramaturgisches Meisterwerk, das von prächtigen Phantomen bevölkert wird und den ästhetischen Regeln des antiken griechischen Theaters folgt. Die Figur des Schurken Jago, jene große Herausforderung für Literaturkritiker, wurde bei Lytton zu einem Kunstgriff, um ein künstlerisches Gleichgewicht herzustellen, bei dem sich die vielzitierte «Motivlosigkeit» mit der «dramatischen Notwendigkeit» in Einklang befand.

«Ich versuche, ihn zu Ende zu bringen», schrieb Lytton an Roger. Für den Essay mobilisierte er seine letzten Reserven, und am Ende reichten sie doch nicht.[50]

Eine weniger anstrengende Flucht aus der Wirklichkeit war, um es mit Frances' Worten auszudrücken, sein «ungewöhnlich abenteuerlicher Schritt, allein ins Ausland zu reisen».[51] Er wollte sich treiben lassen fernab von den Menschen. Er hatte genug von der Menschheit, genug vom gesunden Menschenverstand, genug von allem, er wollte nur noch träumen. Wenn er allein war, schien er weniger Überdruß zu empfinden – und ein selbstgewähltes Alleinsein mit allem Komfort, gutem Essen und auf Reisen würde vielleicht seine Lebensgeister wieder wecken. Carrington, die sich erst kürzlich von Beacus getrennt hatte, war noch so sehr mit ihren eigenen Schuldgefühlen und Problemen beschäftigt, daß er ihr nicht auch noch seine aufbürden wollte. Und Dadie Rylands war nicht unbedingt ein vertrauenswürdiger Beichtvater, wenn es um das Thema Roger ging. Es war besser, allein zu verreisen. Zum erstenmal seit 1902 begann Lytton wieder, ein Tagebuch zu führen, ein Schulheft, das er «A Fortnight in France» betitelte und in dem er jeden Abend seine Gedanken und Reiseeindrücke festhielt. Diese Aufzeichnungen, die unbefangener wirken als all seine anderen biographischen Schriften, halfen ihm, seinen damaligen Lebensüberdruß bereits vor seiner Rückkehr nach England Ende September zu überwinden.

Am 3. September brach er nach Paris auf. Gegen Abend traf er im Hôtel Berkeley in der Avenue Matignon ein. Nach vielen Wochen fiebriger Anspannung konnte er endlich eine Atempause einlegen und sich in aller Ruhe umschauen. Mehr als einmal war ihm in diesem Sommer seine Gedankenwelt wirklicher erschienen als die physische Welt, die ihn umgab. In Liebeskummer schwelgend, erinnerte er sich an jenes kurze Zwischenspiel in Paris mit Duncan vor ungefähr fünfundzwanzig Jahren, an die zweiundvierzig steilen Stufen im Hôtel de l'Univers et du Portugal und spätere Parisbesuche. Das letzte Mal war er mit Roger hiergewesen, um Norman Douglas zu besuchen. Diesmal war er allein, aber nicht einsam.

«Nach diesem wahrhaft eintönigen und keineswegs billigen Essen im Restaurant hier kämpfte ich mich nach draußen, um am Rond Point einen Kaffee zu trinken», schrieb er an diesem Abend in seinem Hotelzimmer in sein Tagebuch. «... und dann schlenderte ich, ohne mir viel dabei zu denken, in der Dunkelheit die Champs-Élysées hinunter auf die Place de la Concorde zu. In der Ferne erregten Lichter meine Aufmerksamkeit, dann erinnerte ich mich an die neue Beleuchtung.

Ich lief weiter und spürte Erregung in mir aufsteigen. Bald stand ich vor einer wirklich magischen Kulisse: der riesige Platz – die Statuen ringsherum – die beiden Hauptgebäude des Palais an der Nordseite – und mittendrin der wunderbare Anblick des Obelisken, ein leuchtendhelles Weiß, überzogen mit schwarzen Hieroglyphen, so gestochen scharf, als seien sie mit Tinte gezogen. Ein Schwenk nach rechts gab den Blick auf die Madeleine frei, und als ich mich dann umdrehte, sah ich den Arc de Triomphe, hell erleuchtet, mit dem Lichterboulevard, der auf ihn zuführte. Ein höchst belebendes Schauspiel! Es war warm, zahllose Motoren dröhnten, und die vielen Spaziergänger wirkten sympathisch.»

Am nächsten Tag fuhr Lytton mit dem Zug nach Reims, eine im wahrsten Sinne des Wortes «gottverlassene Stadt». Ganze Viertel, einschließlich der Kathedrale, waren vom Krieg hinweggefegt worden. «Natürlich ist mit der Kathedrale auch Gott verschwunden», notierte er, «doch noch schlimmer ist, daß fast alles andere ebenfalls verschwunden ist. Ich hatte gedacht, ein paar ordentliche deutsche Bomben hätten das Gotteshaus in die Luft gejagt, und sonst nichts. Weit gefehlt – die ganze Stadt wurde zerstört. Nichts als ein paar klägliche Überreste, die ausgebessert wurden – wobei die Ausbesserungen auch noch aus dem Jahr 1920 stammten. Schlimm!»

Am nächsten Morgen brach Lytton im Nieselregen mit Mantel und Schirm zu einer gründlichen Stadtbesichtigung auf. «Die vor dem Krieg restaurierte, im Krieg zerstörte und nach dem Krieg wieder notdürftig hergerichtete Kathedrale bietet einen traurigen Anblick. Mir scheint, daß sie nicht einmal in ihren glorreichen Tagen sonderlich beeindruckend war – bis auf die Glasfenster wahrscheinlich. Schwankend kehrte ich ihr den Rücken und irrte durch öde Straßen. Ein älterer Einheimischer starrte mich verdutzt an, als ich irgendwann ganz unvermittelt einen hohen Luftsprung machte – ein Anfall des Strachey-Twists.»

Diese Anfälle des «Strachey-Twists» beunruhigten ihn längst nicht mehr so wie in seiner Jugend. Er registrierte sie inzwischen mit einer ironischen Neugier, so als beobachte er jemand anderen. Eines Tages, als er in Reims die Rue St-Honoré hinunterging, erblickte er in einem Schaufenster sein Spiegelbild und betrachtete es so genau wie eine vor ihrem Schminktisch sitzende Frau *d'un certain âge*. «Zum erstenmal fiel mir auf, wie grau doch mein Haar an den Schläfen war. Jetzt ist es also soweit! Ich dachte schon, es würde nie dazu kommen. Fühle ich mich auch dementsprechend? Ein wenig vielleicht – ein klein wenig. Zwischen all den Aufregungen, die auch weiterhin meinen Weg kreuzen, stellt sich allmählich eine gewisse innere Distanz ein.»

Das war also der Trost der mittleren Jahre, die er einst so gefürchtet hatte. Ein dämpfender Schleier hatte sich über alles gelegt und schützte ihn vor den Herzensqualen, die ihn vor nicht allzu langer

Zeit noch in tiefste Verzweiflung stürzen konnten. Es war eine angenehme Veränderung. Getragen von dieser neuen Gelassenheit, hatte er das Gefühl, daß er gegen romantische Liebesqualen nunmehr gefeit war. Roger war erneut mit seinen Freunden an die Riviera gefahren, doch Lytton erholte sich langsam von ihm, so wie Carrington sich von Beacus erholte.

«Ich glaube kaum, daß ich seinetwegen je wieder so am Boden zerstört sein *könnte* wie früher. ... Ich bin wirklich ruhig – dieses scheußliche, unergründliche Gefühl in der Magengrube ist verschwunden. Welche Erleichterung! Ob das nun bedeutet, daß ich keine Liebe mehr empfinde, kann ich beim besten Willen nicht sagen. Ich hoffe nur, es bedeutet, daß meine Gefühle jetzt ein wenig rationaler sind. Der unbeschreibliche Zauber seiner Gegenwart, seine liebenswürdige Art, seine wundervolle Zärtlichkeit – warum sollten diese Dinge es mir so schwermachen, die Tatsache zu akzeptieren, daß es ihm gestattet sein muß, seine eigenen Vorlieben zu haben, und daß seine Vorlieben sich zufällig nicht immer mit meinen Wünschen decken?»

Er war wirklich verblüfft über seine Ruhe. Sollte diese sanft betäubte Schwundexistenz das sein, was die Leute die Blüte des Lebens nannten? War das Reife? Als er so über das Älterwerden nachsann, mußte er auch wieder an den Tod denken. Welche Haltung hatte er zum Tod? Vielleicht war es so, wie wenn man eine Party verläßt. «Wenn man in das Leben verliebt ist, wird das Abschiednehmen ebenso schrecklich sein wie der furchtbare Augenblick, in dem man den Menschen, den man liebt, verlassen muß – eine Qual, lange vorhergesehen – fast unerträglich – und doch unausweichlich. Und es ist wirklich jedesmal eine Art Tod, wenn das geliebte Objekt geht; deshalb ist das Miteinanderschlafen auch so ein unvergleichlicher Trost – der Tod wird umgangen – man verliert das Bewußtsein und ist dabei köstlich lebendig.»

Am Montag, dem 7. September, fuhr er von Reims mit dem Zug nach Châlons, um die dortige Kathedrale zu besichtigen, anschließend reiste er nach Nancy weiter. Diese «vollkommene Stadt» wirkte wie eine Rokoko-Miniaturausgabe des englischen Bath. Es gab dort bezaubernde Plätze, ein oder zwei Triumphbogen und einen herrlichen kleinen Park, der *La Pépinière* genannt wurde – mit schnurgeraden, von Bäumen gesäumten Wegen, dilettantisch angelegten Rasenflächen, hübschen Blumenbeeten, einer Quelle und einigen Statuen. Leider war das Grand-Hôtel an der Place Stanislas heruntergekommen. Der Aufzug stand still, das Warmwasser war kalt, sogar der Zimmerschlüssel brach entzwei. Doch obwohl nichts funktionierte, entschied sich Lytton dafür, ein paar Tage zu bleiben. Er wollte auf diesem prächtigen Rokokoplatz, unter den Triumphbogen und auf den Parkwegen der Pépinière spazierengehen und auf dem Kopfsteinpflaster Wermut nippen und von Voltaire träumen.

So verbummelte er auf angenehme Weise seine Zeit. Die einzige Episode, die etwas aus dem Rahmen fiel, spielte sich am ersten Tag ab, als er zu Abend aß. Es war einer jener banalen Zwischenfälle, die Lytton zu schätzen wußte und die sein Interesse an den Mitmenschen wiedererweckte. «Der Tisch neben mir war für eine Person reserviert», schrieb er damals in sein Tagebuch. «Bald darauf traf der Gast ein – einer jener schmallippigen, intellektuellen Epikureer, die genau einigen unserer kunstinteressierten Freunde entsprechen. Von Vergnügen kann allerdings *nicht* die Rede sein. Bei meinem Tischnachbarn erreichten der Ernst und die Pedanterie des guten Geschmacks ihr asketisches Extrem. Er aß seine Melone wie ein vorsichtiges Kaninchen, dann trat er mit den Kellnern in tadellosem Französisch und besorgtem Tonfall in komplizierte Erörterungen. ‹Où est le maître d'Hôtel?› usw. Sein Französisch war tatsächlich so makellos, daß ich daraus schloß, daß er Engländer sein mußte. Seine Kleidung wirkte ausgesprochen englisch. Kein Schmuck im Knopfloch. Das einzige, leicht verdächtige Detail – und das hätte mich eigentlich stutzig machen müssen – war eine ziemlich feminine Armbanduhr. Doch ich kam zu dem Schluß, daß er irgendein hoher Beamter sein mußte – einer jener unendlich kultivierten und verbitterten Eunuchen, die, wie man wohl annehmen muß, das Land regieren und vielleicht die beste Erklärung für seinen gegenwärtigen Zustand sind. Doch die Armbanduhr hätte mich wirklich stutzig machen sollen. Zu guter Letzt beschloß ich aber doch, *coûte qu'il coûte* [sic], meine Neugier zu befriedigen. Nach langen komplizierten Auswahlmanövern, in deren Verlauf er immer neue Bestellungen aufgab, um sie dann wieder rückgängig zu machen, aß er schließlich eine Feige. Ich hatte ebenfalls Feigen bestellt, doch bevor ich meine aß, wandte ich mich an ihn und fragte ihn in möglichst lässigem und idiomatischem Englisch: ‹Sind die Feigen da in Ordnung?› Ich rechnete mir aus, daß er, sollte er doch Franzose sein, ziemlich ratlos reagieren würde. Tatsächlich zögerte er einen kurzen Augenblick, antwortete dann jedoch mit der erwarteten, gewissenhaften Höflichkeit: ‹Sie sind vorzüglich.› Die Frage schien gelöst, und ich aß meine Feige, die, um ehrlich zu sein, nicht sehr gut war. Doch dann kamen mir plötzlich Zweifel – ‹darf ich Ihnen noch eine Frage stellen? Sind Sie ein Engländer, der sehr gut Französisch spricht, oder ein Franzose, der sehr gut Englisch spricht?› Ein schwaches – ein sehr schwaches Lächeln – huschte (zum ersten und letzten Mal) über sein Gesicht, dann antwortete er: ‹Ich bin Italiener.› Ich war völlig perplex. Diese Möglichkeit war mir gar nicht in den Sinn gekommen; und ich sah sofort, daß er zu dieser langweiligsten aller Klassen gehörte, den Kosmopoliten, und daß er zweifellos nichts weiter als ein Diplomat war. Gleichzeitig machte er – natürlich in Anbetracht seiner Stellung – nicht die geringsten Anstalten, seine Förmlichkeit abzulegen, sondern zog weiterhin kühl und ungerührt an seiner Zigarre. Ich war in eine unmögliche Lage geraten – man gab mir stillschweigend zu verstehen, daß ich ein lästiger Eindringling war –, und mir blieb nichts weiter übrig, als so rasch wie möglich und ohne ein Wort das Lokal zu verlassen mit dem kümmerlichen Rest an Würde, den ich noch aufbringen konnte.»

Drei Tage später fuhr er für einen Abend und eine Nacht nach Straßburg. «Ich hatte keine Ahnung, wie durch und durch teutonisch diese Stadt war. Auf den Straßen spricht jeder Deutsch – jeder ist Deutscher – der Ort ist einfach deutsch – und wie die Franzosen solch einen Lärm veranstalten konnten, ist mir unbegreiflich.»

Nach zweistündiger Wanderung durch die Straßen der Stadt war er froh, ins Hôtel de la Maison Rouge zurückkehren und vor dem Abendessen noch ein Bad nehmen zu können. Für solche Annehmlichkeiten stieg der Preis für das Zimmer bei der damaligen Inflation gleich von acht Shilling pro Tag auf zwölf Shilling, doch das war ihm dieser Luxus wert. Während der wirtschaftlichen Depression zwischen den beiden Weltkriegen schien es fraglich, ob es solche Annehmlichkeiten in Zukunft überhaupt noch geben würde. Ein Grund mehr, sie zu genießen, solange man konnte, und «sich sofort in ein heißes Bad sinken zu lassen, bevor die Revolution kommt und alles Wasser für immer kalt ist!»

Am nächsten Tag fuhr er nach Nancy zurück. Die schäbigen Außenbezirke mit ihren übelriechenden und löcherigen Straßen erinnerten ihn sehr stark an die Elendsviertel von Liverpool. Eine weitere Revolution war nötig. «Frankreich schien, ungeachtet des vielen Goldes, ziemlich verarmt zu sein», stellte Lytton fest. «Solche Bettler wie hier habe ich selten gesehen – sie sehen aus, als hätten sie allesamt ihrem Mitbürger Callot Modell gesessen – Bilder äußerster Grausamkeit und Erniedrigung. Die Soldaten sind ungehobelte Burschen mit roten Nasen und (ungefähr die Hälfte) tragen Brillen – was nicht ganz das Wahre zu sein scheint.»

Eines Morgens saß er in Nancy in einem Straßencafé und nippte «mit angenehm leerem Kopf» an einem Glas Grenadine mit Selters, als ein vorüberfahrendes Auto seine Geschwindigkeit verlangsamte und eine Frau, die ihm irgendwie bekannt vorkam, zu ihm herüberschaute. Sie schien ihrem männlichen Begleiter etwas zuzuflüstern. «Das Auto hielt an, und ich stand unwillkürlich auf, weil ich dachte, es könnte vielleicht Diana Cooper sein, war mir aber – so schlecht ist mein Gedächtnis für Gesichter – keineswegs sicher.» Erst als sie ihm ihren erbarmungslos glattrasierten und kugelrunden Begleiter als Dr. Rudolph Kommer – ihren geheimnisvollen «liebsten Freund» – vorstellte, hatte Lytton keine Zweifel mehr. «Sie wirkte tatsächlich jünger, fröhlicher und weniger madonnenhaft als sonst.[52] Sie stiegen aus und bestanden darauf, daß ich mit ihnen ins – teurere – Café Stanislas fuhr. Dort saßen wir dann eine Weile.» Duff Cooper, so erfuhr Lytton von Diana, sei im August aufgrund seiner Ernennung zum Staatssekretär im Kriegsministerium nach London zurückgekehrt. Sie sei mit Laura Corrigan in Venedig geblieben, wo sie die Saison genossen habe und vielen jüngeren Leuten begegnet sei, die, wie sie sich ausdrückte, mit herumgetollt seien. Nun war sie im Begriff, nach London zurückzufahren «– mit diesem gräßlich aussehenden Südländer – ein komisches Paar, aber irgendwie nicht im mindesten kompromittierend. Warum nur?» fragte sich Lytton.

«Vielleicht zahlte er ... Sie war sehr nett; doch ich hatte dauernd das Gefühl – das ich aus irgendeinem unerklärlichen Grund immer bei ihr habe –, krampfhaft beweisen zu müssen, daß ich kein Narr bin – merkwürdig, denn ihre eigenen Kommentare sind tatsächlich weit davon entfernt, originell zu sein. K (oder C) war höflich. Nancy gefiel ihnen sehr, doch es war noch zu früh zum Mittagessen, und sie mußten sich beeilen, um morgen [am 12. September] in Calais die Fähre zu erwischen. Sie gingen zu ihrem Wagen, und da sah ich, daß noch ein Dritter mit von der Partie war – ein Chauffeur oder dergleichen, der hinten auf dem Notsitz saß. Er grinste ständig – ziemlich unmißverständlich, dachte ich; vielleicht war er K (oder C)s Mann – in jeglicher Hinsicht – jedenfalls für mich eindeutig der hellste von den dreien.»

Zwei Tage später kehrte Lytton nach Paris zurück und besuchte dort eine Ausstellung von Degas-Porträts im Musée de l'Orangerie in den Tuilerien. «Die Bilder waren faszinierend», schrieb er an diesem Abend in sein Tagebuch, «– so erlesen, geistreich und ernst – und ein paar großartige Studien in Bronze waren ebenfalls zu sehen. Dann ein Spaziergang durch die Tuileriengärten – was für ein Hochgenuß! Das Grauen und der Abscheu vor Paris, die ich früher einmal empfand, lösten sich im strahlenden Sonnenschein in Luft auf. Ein Regenbogen in der Fontäne – weiter hinten die lange Allee – in der Ferne der prachtvolle Louvre – nichts als strahlender Glanz und Heiterkeit.»

Paris war für ihn tatsächlich zur Stadt der *temps retrouvé* geworden. Er ging erneut zum Jardin du Luxembourg, dessen Bäume sich zu verfärben begannen. Er mußte an den Herbst vor fast genau zwanzig Jahren (Ende September 1911) denken, als er nach seinem Besuch bei Henry Lamb in der Bretagne und nach einer nächtlichen Fahrt durch Nantes schließlich in Paris angekommen und diese kunstvoll angelegten Parkwege entlangspaziert war. Bei dieser Erinnerung fühlte er neue Energie und Erregung in sich aufsteigen. Während er weiterschlenderte, fiel ihm noch ein merkwürdiger, nicht ganz so lange zurückliegender Besuch in diesem Park mit Carrington ein. Es war damals so heiß gewesen, daß er sich halbtot vor Erschöpfung in diesen Park geschleppt hatte, um unter den Bäumen dort ein wenig frische Luft zu schnappen. Aber auch im Schatten der Bäume war es nicht kühler gewesen, so hatte er sich wieder zurück ins Hôtel Foyot gequält und war im Bett liegengeblieben, bis Ralph kam und sie beide rettete.

Carrington und Ralph. Zwei Wochen war er nun schon ohne jede Nachricht von ihnen. Allmählich spürte er, daß er England und die Annehmlichkeiten von Ham Spray doch sehr vermißte. Der fehlende Briefkontakt hatte ein merkwürdiges Vakuum um ihn herum entstehen lassen, doch gleichzeitig hatte diese Erholungspause ihm sehr gutgetan und sein Interesse an der Vielschichtigkeit menschlicher Beziehungen, an intensiver Arbeit und allen anderen Aspekten des normalen Lebens neu aufleben lassen. Plötzlich sehnte er sich nach England zurück. Es würde herrlich sein, Carrington, Ralph, Frances und Ham Spray wiederzusehen! Und wenn der Winter kam, konnten sie vielleicht doch alle zusammen nach Malaga aufbrechen, um den Unannehmlichkeiten des Winters zu entrinnen, für die er nun, da er fast zweiundfünfzig war, keinen Scherz mehr übrig hatte.

8. Das letzte Schweigen

Im Herbst drängten sich die gesellschaftlichen Termine. Lytton speiste mit Somerset Maugham, mit Lady Cunard, Desmond MacCarthy [CR] und Noël Coward; er traf auf einer von Syrie Maugham in der King's Road veranstalteten Party[53] William Gerhardie und Victor Cazalet und auf einem von Ottolines Empfängen in der Gower Street Charlie Chaplin. Er fuhr aufs Land zu «Ros und Wog» und nach Biddesden, dem Landhaus der «kleinen Guinness» in der Nähe von Andover. Carrington war auch dorthin gefahren und hatte ein perspektivisch gezeichnetes Fensterbild gemalt, mit dem sie Diana Guinness überraschen wollte, sobald sie mit ihrem neugeborenen zweiten Sohn aus London zurückkehren würde. Es zeigte einen Koch aus dem achtzehnten Jahrhundert beim Apfelschälen und eine Katze auf dem Tisch ihm gegenüber, die einen Kanarienvogel in einem Käfig anstarrte. Endlich war Carrington einmal richtig zufrieden mit ihrer Arbeit, und auch Lytton war voll des Lobes. Er hatte sich mutig in die private Entbindungsklinik in London begeben, um Diana zu besuchen. «Damals durfte man in den drei Wochen nach der Geburt keinen Fuß auf den Boden setzen», schrieb Diana Guinness. «Ich bat die Säuglingsschwester, das Baby in ihr Zimmer zu nehmen, da Mr. Strachey Babys nicht ausstehen kann. Doch als Lytton und ich gerade mitten in unserer Unterhaltung waren, kam sie mit dem Kind im Arm herein und bestand darauf, es dem armen Lytton praktisch unter die Nase zu halten. Er sagte höflich: Wieviel Haar es schon hat! Worauf sie ziemlich verächtlich antwortete: Oh, das wird nicht lange draufbleiben. Worauf Lytton einen spitzen Schrei ausstieß: Ist es eine Perücke?»

Er freute sich ungemein, Roger in London wiederzusehen. Im darauffolgenden Monat fuhren die beiden übers Wochenende nach Brighton. Diesmal stiegen sie im Hotel Bedford ab, denn es erschien Lytton ziemlich phantasielos, «nichts Neues auszuprobieren». Ob dieser Tapetenwechsel reichen würde, Rogers Interesse neu zu entfachen, blieb dahingestellt.

«Komm nicht allzu erschöpft zurück», warnte ihn Carrington, «denk an unser literarisches Wochenende. Du bist für die glänzende Unterhaltung zuständig.» Anfang November erwarteten sie Aldous und Maria Huxley in Ham Spray, und Carrington drohte, «Opium in die Pasteten zu mischen, um Aldous' Brillanz zu dämpfen». Doch als die beiden erschienen, war strahlend schönes Wetter, und alles lief gut über die Bühne. «Es lag ihnen offensichtlich daran, einen sympathischen Eindruck zu machen», berichtete Lytton am 7. November 1931, «– besonders Maria, die ihre frühe Erziehung durch Ottoline noch nicht ganz überwunden hat. Aldous ist sicher ein sehr netter Mensch – doch er neigt dazu, sich fast ununterbrochen auf einem sehr hohen Niveau zu unterhalten, mit der Folge, daß man hinterher leicht erschöpft ist.»

«Zuviel Geist und zuwenig Humor vielleicht», gab Lytton als Grund für diese Erschöpfung an, die ihn inzwischen recht leicht übermannte. Trotzdem litt er unter Rastlosigkeit – «eine der schlimmsten Plagen des Lebens!» Getrieben von einem unbändigen Drang, sich zu zerstreuen, eilte er nach London zurück. Während eines Abendessens mit Clive Bell kurz nach seiner Ankunft am Gordon Square klagte er, daß er sich nicht wohl fühle. Er verabschiedete sich recht früh und sagte noch, sie müßten sich unbedingt bald wieder treffen. Am Wochenende fuhr er in Begleitung von Pippa mit dem Zug nach Ham Spray zurück. In Paddington stellte er fest, daß Clive zufällig im selben Waggon nach Wiltshire unterwegs war. «Er besuchte mich in meinem Abteil, in dem ich allein war, und wir unterhielten uns eine Weile …», berichtete Clive später. «In Readington ging er wieder zu seiner Reisegefährtin zurück. In Hungerford schaute ich ihm noch nach, wie er den Bahnsteig entlang nach draußen ging. Das war das letzte Mal, daß ich Lytton sah.»[54]

Nach seiner Ankunft in Ham Spray legte er sich mit Beschwerden ins Bett, die zunächst wie ein schwerer Fall von Darmgrippe aussahen. Am 4. Dezember schrieb er Roger in einem seiner letzten Briefe: «Leider muß ich Dir mitteilen, daß ich immer noch arg angeschlagen bin – habe einige Tage im Bett gelegen. Nun schleiche ich herum, aber immer noch elend und schwach. Ich habe nicht das Gefühl, daß ich wirklich auf dem Wege der Besserung bin. Ein plötzlicher Rückfall in einen Zustand, den ich seit ungefähr 15 Jahren überwunden glaubte! ... Ich fürchte, das ist ein recht pessimistischer Bericht! – Auf eine Art besonders ärgerlich, weil es gar nichts Ernsthaftes zu sein scheint. Nur ein chronischer Mangel an innerem Gleichgewicht. *Hélas!* Glücklicherweise gibt es jede Menge Bücher zu lesen.»

Da waren «Der bunte Schleier» von Somerset Maugham – «Klasse II, Kategorie I» – Burns' Briefe an Mrs. Agnes Maclehose – «ein amüsantes, kurioses Buch, das in den Vierzigern veröffentlicht wurde – und Leonard Woolfs erster Band von «Nach der großen Flut» – «über die Kultur, die Geschichte, die Menschheit, das Leben usw. ... Ich finde es recht lesbar.» Auch Virginia hatte ihm ein Exemplar ihres neuesten Romans «Die Wellen» geschickt, doch er schreckte davor zurück, sich in dieses Buch zu vertiefen. «Es ist absolut furchterregend», gestand er Topsy Lucas am 4. November 1931. «Ich erschaudere und zittere – und kann mich nicht dazu entschließen, es weiterzulesen. Ich greife zu *irgendeinem* Buch, das gerade herumliegt, nur um eine Entschuldigung zu haben, es noch einmal beiseite legen zu können – so bin ich im Augenblick mitten in ‹Lucien Leuwen› (Stendhal) – den die Franzosen für eines *der* Meisterwerke überhaupt halten ... so, so! –»

In der letzten Novemberwoche und den beiden ersten Dezemberwochen sah es an manchen Tagen so aus, als erhole er sich langsam, doch insgesamt gesehen verschlechterte sich sein Zustand. Bald war er kaum noch in der Lage, überhaupt irgend etwas zu lesen. Sein Puls blieb zwar regelmäßig, doch seine Körpertemperatur war extremen Schwankungen unterworfen. Manchmal stieg sie innerhalb eines Tages auf 40 Grad und sank dann wieder auf 35,5 Grad ab. Er konnte nur Zwieback, Brei und ab und zu ein Gläschen Brandy zu sich nehmen – «Spatzennahrung», wie Carrington es nannte – und behielt von dem, was er aß, nur sehr wenig bei sich. Er nahm rapide ab und wurde immer schwächer. Fast zwei Monate lang kämpfte er mit seiner Krankheit. «Lytton ist so lieb», schrieb Carrington. «Tag für Tag liegt er unbeweglich da und beklagt sich nie ... Er ist bewundernswert tapfer, und die Ärzte staunen alle über seinen Mut und seinen Humor.» Der sterbenskranke Lytton wurde von mehreren Ärzten betreut, zeitweise von vier Spezialisten, zwei praktischen Ärzten und drei Krankenschwestern gleichzeitig. Lyttons Nichte Dr. Elinor Rendel wurde zwar nicht offiziell an sein Krankenbett gerufen, übernahm jedoch die Rolle eines düsteren griechischen

Chors und kommentierte alle Äußerungen des Ärzteteams. So erklärte sie, es handele sich um einen Fall von Typhus, verursacht durch das «tiefe Brunnenwasser» in Ham Spray. Doch «jede ihrer Vermutungen war falsch», schrieb Ralph.[55] Dr. Starkey Smith, Lyttons Hausarzt in Hungerford, der ihn regelmäßig besuchte, wirkte ratlos. Lytton sei krank – daran bestünde kein Zweifel. Es sei eine ernste, aber keine lebensbedrohliche Krankheit. Mit etwas Willenskraft hätte er relativ gute Genesungschancen. Es bestünde also wenig Grund zur Besorgnis. Möglicherweise, räumte Starkey Smith dann ein, handele es sich um einen schweren Fall von Dickdarmentzündung oder auch um eine der vier Formen von Paratyphus. «Niemand hat je einen Fall wie diesen gesehen, und nichts läuft so, wie erwartet», kommentierte Virginia.[56]

Solange keine eindeutige Diagnose vorlag, waren eine strenge Diät und Pflege rund um die Uhr das einzige, was man für ihn tun konnte. Das Haus füllte sich. Drei ausgebildete Krankenschwestern zogen ein und wechselten sich bei seiner Betreuung ab. Die erste hieß Mooney, die zweite McCabe und die dritte, die taub war, Phillips. Lytton erfand Spitznamen für alle drei: Klytämnestra, Mütterchen Hubbard und Mausi. Pippa und James reisten an, um Carrington und den sofort nach Ham Spray geeilten Ralph zu unterstützen. «Lytton fragte mich heute morgen, wie lange ich bleiben könne, und ich sagte, ich würde bleiben, bis es ihm wieder bessergehe», schrieb Ralph Frances am 10. Dezember 1931. «... Jedesmal, wenn Carrington nach ihm sieht, weint sie, sobald sie wieder draußen ist ... Ich rede stundenlang mit ihr, um ihren Panikattacken vorzubeugen ... Ich hasse es, von Dir getrennt zu sein. Wenn es länger dauert, möchte ich, daß Du nachkommst.»

Allmählich stellten sich alle auf eine längere Krankheit ein. Frances reiste an und bezog ein Zimmer über dem Postamt von Ham, um sich ein wenig um Ralph kümmern zu können. «Er war immer ein sehr gefühlsbetonter Mann, dem leicht die Tränen kamen, und er hing sehr an Lytton. Seine ständigen Bemühungen, Carrington in ihrer wachsenden Angst und Verzweiflung beizustehen, hatten seine Abwehrkräfte praktisch völlig erschöpft.»[57] Wenn er mit Frances allein war, auf der Rückfahrt vom Hungerforder Bahnhof oder während der darauffolgenden Woche auf gemeinsamen Spaziergängen durch die Felder, weinte er hemmungslos, doch sobald er wieder in Ham Spray war, benahm er sich wie ein Offizier, der alles unter

Kontrolle hatte. Frances, die sich eigentlich nie zu Tränen hinreißen ließ, empfand einen gewissen Groll, als sie sah, wie verheerend sich Lyttons Krankheit auf Ralph auswirkte. Dieses Aufgebot an hochrangigen Spezialisten in Ham Spray und die täglichen Bulletins über Lyttons Gesundheitszustand in der *Times*, die offenbar so ungeheuer wichtig genommen wurden – hatte all das nicht etwas von einer *folie de grandeur*? Jedenfalls verstand sie nicht, warum auf einmal so viele Stracheys in Ham Spray herumschwirrten. Lytton hatte eigentlich nur James und Pippa dahaben wollen, und die anderen machten die Lage für Carrington nur noch schwieriger, als sie ohnehin schon war. Frances sah sehr wohl, daß Lyttons Leiden «wirklich schrecklich» war und tiefes Mitgefühl auslöste, dennoch kam es ihr so vor, als hätte die Aufregung, die um ihn herrschte, «etwas Hysterisches». Vanessa erklärte das damit, daß die Mitglieder des Bloomsbury-Kreises zum erstenmal die Erfahrung machten, daß jemand, den sie schon seit ihrer Jugend kannten, auf der Schwelle zum Tod stand.

«Wir sind Tag und Nacht für Euch da, Leonard und ich», schrieb Virginia an Pernel Strachey am 30. Dezember 1931. Eigentlich wurde niemand ausdrücklich dazu ermuntert, nach Ham Spray zu kommen. «Was menschliche Freundlichkeit anbelangt, kann nicht mehr getan werden», erklärte Carrington Sebastian Sprott. Doch für viele war es eine Erleichterung, einfach nach Hungerford zu fahren. Irgendwann kam Saxon stillschweigend hereinspaziert, Clive und Vanessa kamen herüber, und auch Leonard und Virginia reisten an. Doch Lytton war zu krank, um sie zu empfangen. Carrington und Ralph hielten alle telefonisch und brieflich über jede geringfügige Verbesserung oder Verschlechterung von Lyttons Zustand auf dem laufenden. «Ich bin immer froh, wenn der Tag vorüber ist», gestand Carrington Rosamond Lehmann.

Das Hotel Bear in Hungerford hatte sich inzwischen mit Lyttons Schwestern und Brüdern gefüllt – «alle grau, alle in Wolle gekleidet, ruhig, korrekt, mit roten Nasen und geschwollenen Augen.»[58] Die Familienbande festigten sich, während sie vor dem offenen Kamin zusammen auf die Ärzte warteten und sich mit Krimis, Schach oder Kreuzworträtseln ablenkten. Ab und zu machte sich ihre Verzweiflung in gackernden Lachanfällen oder Streitereien Luft.

Am größten war die Belastung für Ralph, Carrington, Pippa und James. Ralph kümmerte sich um das elektrische Licht und die Wasserversorgung, er erledigte alle anfallenden Fahrten nach Hungerford oder Newbury. Carrington, die nur gefühlsmäßig auf die Situation reagieren konnte, war in gewisser Weise ebenfalls eine Patientin, so daß Ralph das Gefühl hatte, sich hauptsächlich um sie kümmern zu müssen. Sie wagte sich vor lauter Bangen um Lytton nicht weiter weg als bis zur Gartentür und zog sich meist zurück, wenn Besuch kam. Nachts schlief sie so gut wie gar nicht, und wenn sie doch einmal einnickte, hatte sie Alpträume, aus denen sie alle paar Minuten wieder hochschreckte. Dann horchte sie auf die Schreie der Eulen oder stellte sich ans Fenster und starrte auf die weiße, frostige Winterlandschaft. «Ich habe das Gefühl, etwas Schlimmeres kann es kaum geben», teilte sie Mary Hutchinson mit. Tagsüber saß sie an Lyttons Krankenbett, tupfte ihm das Gesicht mit Eau de Toilette ab und las ihm Jane Austen vor. Wenn sie abgelöst wurde, stürzte sie sich wie besessen in irgendwelche Haus- oder Gartenarbeiten und manchmal sogar in die Malerei. Unkraut wurde ausgerissen, Nesseln flogen ins Feuer, und in ihrem Atelier entstanden große Glasbilder. Ralph, der selbst Mühe hatte, seine Gefühle unter Kontrolle zu halten, sprach stundenlang mit ihr, während Pippa selbstbeherrscht an Lyttons Bett saß.

Pippa hatte Lytton wahrscheinlich am liebsten um sich. Je tiefer er in seine Krankheit sank, desto häufiger wanderten seine Gedanken – wie die Königin Viktorias – in die Kindheit zurück, und über diese Erfahrungen konnte er sich am besten mit seiner Schwester unterhalten, die ihn damals oft gesund gepflegt hatte. Sie hatte Lytton immer vergöttert, sich ihre Besorgnis aber nie anmerken lassen. Auch schien ihr lautes Lachen ihn aufzumuntern. Einmal, als das Fieber wieder auf 40 Grad angestiegen war, beobachtete Ralph, der einen Blick ins Krankenzimmer warf, wie Lytton Pippa mit matter Stimme, aber mit schlüssigen Argumenten die Vorzüge von McTaggarts Philosophie erläuterte. Als Virginia das hörte, schrieb sie am 4. Januar 1932 an Ethel Smyth: «Er bleibt vernünftig, ruhig, diskutiert sogar über Wahrheit und Schönheit und verteidigt so die Stellung der Gelehrten.»

Auch James verhielt sich in dieser schweren Zeit großartig. Von Carrington einmal abgesehen, betreute niemand Lytton so hingebungsvoll wie er; gleichwohl war er nicht ganz so pessimistisch wie Ralph. Wenn alle praktischen Dinge erledigt waren, las James Lytton ganze Romane vor. Er strahlte Zuversicht und Gelassenheit aus, so daß seine Gegenwart Carrington beruhigte, besonders wenn auch noch Alix dabei war, die ihr «furchtbar stark» vorkam. «James ist ein so aufrichtiger, gewissenhafter Mensch, daß ich ihm jedes Wort und jede Miene glaube.»

Am 9. Dezember übernahm der Londoner Bakteriologe und Leibarzt von George V., Sir Maurice Cassidy, den Fall. Carrington beschrieb ihn als «einen großen Spezialisten, geradlinig, fünfzig, Schnauzbart». Er war von seinem einstigen Kommilitonen Starkey Smith zu Hilfe gerufen worden. Nach seiner Ankunft untersuchte er Lytton gründlich und gelangte zu der Diagnose, daß er unter einer geschwürigen Dickdarmentzündung litt. Das Herz, die Lungen und der Puls seien in Ordnung, fügte er beruhigend hinzu, entnahm noch zwei Blutproben und verabschiedete sich wieder. Seine fröhliche, sachliche Art hatte allen Mut gemacht. Am nächsten Abend teilte Starkey ihnen das Ergebnis der Blutuntersuchung mit: die Proben seien ohne Befund gewesen. Im Verlauf der darauffolgenden Woche überprüfte Cassidy sechs weitere Blutkulturen, konnte jedoch in keiner irgendwelche Auffälligkeiten finden. Dennoch war er überzeugt, daß Lytton unter einer Form von enterischem Fieber litt. Am 17. Dezember brachte ihm Ralph weitere Blutproben zur Analyse, doch auch diese waren ohne jeden Befund. Cassidys anfänglicher Optimismus war inzwischen fast verflogen. Die Lage schien komplizierter und besorgniserregender denn je. Auf Anraten von Lionel Penrose zog die Familie auch noch Professor Leonard Dudgeon hinzu, der an der Londoner Universität Pathologie lehrte und für seine treffsicheren Diagnosen berühmt war. Er sei «der größte Pathologe der Welt», erzählte Carrington Sebastian Sprott. Nach einer sehr gründlichen Untersuchung bestätigte er Cassidys Diagnose. So ging man während der folgenden Wochen weiterhin davon aus, daß es sich um eine geschwürige Dickdarmentzündung handele, auch wenn an Weihnachten erneut die Möglichkeit von Paratyphus in Erwägung gezogen und das ganze Haus zu peinlicher Hygiene angehalten wurde.

Lyttons Zustand verschlechterte sich weiter. Cassidy und seine Kollegen fürchteten die bei enterischem Fieber immer bestehende Gefahr einer Perforation. Das Schlimmste an dieser Krankheit war, daß sie sich ohne auffällige Veränderungen oder Krisen monatelang hinziehen konnte. Das gefährliche Stadium könne unter Umständen ebenso lange dauern wie die Krankheit selbst, erklärte Cassidy. Die kritische Phase kündige sich in der Regel nicht durch klar erkennbare Warnsymptome an und könne jederzeit einsetzen, am Tag oder in der Nacht, und völlig unabhängig von der Pulsfrequenz oder irgendwelchen Blutungen. Dann sei eine sofortige Notoperation erforderlich. Wie und wo diese Operation vonstatten gehen sollte, war bereits abgesprochen. Für den Fall, daß Lytton völlig zusammenbrach und seine Temperatur weit unter normal absank, sollte Ralph sofort Starkey Smith verständigen, der daraufhin umgehend John Ryle, den auf Magen-Darm-Erkrankungen spezialisierten Chirurgen vom Guy's Hospital, nach Ham Spray rufen würde, der dann die Operation in Lyttons Schlafzimmer durchführen sollte. Eine Bluttransfusion würde zwar nicht erforderlich sein, doch irgendwann würde man Lytton eine Blutinjektion verabreichen müssen, und Ralph war genau instruiert worden, was er in diesem Fall zu tun hatte. Da Antitoxine damals noch unbekannt waren, war dies alles, was man tun konnte.

Eine düstere, bedrückende Stimmung lastete auf dem Haus. Carrington, Ralph, Pippa und James konnten nichts weiter tun als warten und hoffen. Die ständige Anspannung erinnerte Ralph an die schlimmsten Tage des Krieges: «Ich fühle mich in die Schützengräben zurückversetzt», erzählte er Frances am 13. Dezember 1931, «wie damals erhält man jeden Tag neue Befehle, telefonische Anweisungen aus dem Hauptquartier und Besuche vom Oberst und seinem Stab. Man muß Unteroffiziere zum Rapport bestellen und ihnen einschärfen, in ihrem Dienst nicht nachzulassen, auf den sie sich eigentlich viel besser verstehen als man selbst. Und im Hinterkopf ständig die Angst, in der Nacht von unerwarteten und mit Sicherheit unangenehmen Ereignissen überrascht zu werden. Mein Schlaf ist so leicht wie eine Feder. Solange es dunkel ist, atme ich nur mit der oberen Hälfte der Lungen, und wenn ich dann Tageslicht sehe, hole ich tief Luft und stürze mich auf das Frühstück.»

Es blieb abzuwarten, ob Lyttons Kraft ausreichen würde, die Doppelbelastung aus hohem Fieber und magerer Kost durchzustehen. Er hielt sich eine weitere Woche lang. «Alle Ärzte sind erstaunt über seine Stärke», schrieb Virginia, «... ich spüre immer, daß Lytton viel Zähigkeit und gesunden Menschenverstand in sich hat, obwohl er äußerlich eher schwach wirkt.»[59] Lytton wußte, daß viel von seinen eigenen Anstrengungen abhing, und solange noch Hoffnung auf Genesung bestand, konzentrierte er seine ganze Willenskraft auf dieses Ziel. Doch seine Symptome blieben weiterhin unverändert oder verschlimmerten sich sogar, und seine Kräfte ließen unweigerlich nach. Er hatte inzwischen erfahren, daß sein Vetter Sir Arthur Strachey seinerzeit in Indien an enterischem Fieber erkrankt und trotz Pippas Pflege daran gestorben war, so daß ihm sicher die Frage in den Sinn kam, ob es sich überhaupt lohnte, weiterzukämpfen, ob eine Genesung tatsächlich möglich war. «Wenn es nur darum geht, mich noch etwas länger am Leben zu erhalten, dann laßt es.» Die befürchtete Krise brach dann, sehr massiv, am Heiligen Abend aus. Lyttons Zustand verschlechterte sich rapide. Es schien auf das Ende zuzugehen. Cassidy, Ryle und ein Anästhesist wurden aus London herbeigerufen, doch zu diesem Zeitpunkt hatten bereits alle die Hoffnung aufgegeben – mit Ausnahme von Carrington: «Ich wollte einfach nicht glauben, daß er besiegt werden konnte, und ich kann es immer noch nicht.»

Als schon niemand mehr damit rechnete, erholte sich Lytton auf einmal wieder. Die Ärzte beschlossen, ihm ein neues Serum zu injizieren. Man sprach ihm Mut zu; wenn er es schaffe, noch eine kleine Weile durchzuhalten, bestünde Hoffnung, daß sein Fieber zurückgehe. Er tat sein Bestes. Carrington war über Lyttons Bereitschaft, sich mit seinem Tod abzufinden, so erschüttert gewesen, daß sie völlig verzweifelt und wie taub im Haus herumgeirrt war und kaum noch jemanden erkannt hatte. Doch nun sah sie, daß Lytton erneut den Kampf aufgenommen hatte. Wie durch ein Wunder ging es ihm am Abend schon wieder etwas besser, und obwohl er beängstigend schwach war, überstand er auch die folgenden kritischen Tage erstaunlich gut.

Eine große Erleichterung war allenthalben zu spüren. Obwohl alle zermürbt waren von den schlimmen Wochen, die hinter ihnen lagen, schöpften sie neue Hoffnung. Die Zähigkeit der Stracheys hatte offenbar gesiegt. Es mußte doch ein gutes Zeichen sein, daß Lyttons Zustand sich während der letzten zwei Tage kontinuierlich verbessert hatte. Immerhin war er inzwischen wieder bei Bewußtsein. «Die Stracheys und die Stephens mögen sich vielleicht wie Katze und Hund bekämpfen, doch ich kann mich des Eindrucks nicht erwehren, daß wir aus einem Fleisch sind, wenn es zum Äußersten kommt», schrieb Virginia zuversichtlich an Pernel Strachey.

Virginia fühlte sich Lytton sehr verbunden (abgesehen von Leonard «glaube ich nicht, daß irgendwer mir mehr bedeutet als Lytton ... Er ist aus meiner Vergangenheit – meiner Jugend – nicht wegzudenken»). Als sie und Leonard am Heiligen Abend in Monk's House beisammensaßen, meinten sie schon, Lytton sei bereits aus ihrem Leben entschwunden. Sie redeten über den Verlust von Freunden und irgendwann auch über ihren eigenen Tod. Auf einmal fühlten sie sich so alt und verlassen, daß sie zusammen weinten. Doch als am nächsten Tag Vanessa anrief, um ihnen zu berichten, daß Lytton nun ein neues Serum injiziert bekomme und Tee mit Milch und Brandy trinke, und als sein Zustand sich im Laufe der darauffolgenden Woche allmählich zu bessern schien, ergriff sie neuer Optimismus.

«Nun fliegen alle Gedanken wieder zu ihm & breiten sich aus & ich beginne mir schon Dinge zu überlegen, die ich ihm sagen möchte», schrieb Virginia in ihr Tagebuch.

«... daher lasse ich meiner Phantasie freien Lauf & stelle mir eine Zukunft mit meiner alten Schlange vor, wie ich mit ihr rede & über sie lache & lästere. Ich werde dieses Buch über Sh[akespeare] lesen; ich werde nach Ham Spray fahren; ich werde ihm erzählen, wie L[eonard] & ich am Heiligen Abend geschluchzt haben ... wir haben das gesamte Spektrum der Gefühle durchlebt – wie heftig, wie tief – intensiver, als ich dachte, obwohl die Höhle des Schreckens mir gut vertraut ist ... & Lytton, stets vernünftig, klar, erteilt seine Anweisungen; & denkt, er müsse sterben; & dann, als er etwas Kraft in sich zurückkehren fühlt, entschließt er sich ebenso vernünftig, am Leben zu bleiben ... man hat ihn wieder zurückgebracht nach all diesen grabesdunklen Tagen.»[60]

Ende des Jahres hielt sich Lytton immer noch tapfer. Der Überlebenswille des knapp dem Tod Entronnenen entfachte bei all seinen Freunden neue Hoffnung. Rosamond Lehmann schilderte ihrem Bruder in einem Brief die Neujahrsfeierlichkeiten in Ipsden und fügte hinzu: «Dieser Abend war der erste seit einer Woche, an dem dieses Gefühl, sich in einem schlechten Traum zu befinden, ein wenig nachließ – denn wir hatten gerade vernommen, daß Lytton wie durch ein Wunder wieder zu sich gekommen war, nachdem alle ihn schon aufgegeben hatten. Ich habe nun das Gefühl, daß er überleben wird, obwohl die Gefahr weiterhin akut ist. Wir würden den Boden unter den Füßen verlieren, wenn es Ham Spray nicht mehr gäbe.»

«Lytton hält sich weiter, mal geht es ihm besser, mal wieder nicht so gut», schrieb Virginia am 13. Januar 1932 in ihr Tagebuch, «... & nun sage ich, es ist nicht das Ende.» Auch Carrington kam es so vor, als seien sie einem dunklen Verlies entronnen. Lytton lag Tag für Tag geduldig da und schluckte, ohne zu murren, seine «scheußliche schwarze Medizin». «Wissen Sie», bemerkte Cassidy, «ich würde gewiß einen Narren an diesem Burschen fressen, wenn ich ihn viel sehen würde.» Da Lytton wußte, wie sehr seine Krankheit die anderen belastete, versuchte er ihnen dadurch das Leben zu erleichtern, daß er eine sarkastische Fröhlichkeit an den Tag legte und für jedermann ein freundliches Wort hatte. Er war zu schwach, um viel zu reden, doch wenn Carrington das Zimmer betrat, versuchte er stets, gut gelaunt zu wirken und sie möglichst mit einem Scherz zu begrüßen. Abends mußte er Schlafmittel einnehmen, die, so behauptete er jedenfalls, ihm viele amüsante Träume schenkten. «Ich habe die ganze Nacht mit Seilhüpfen zugebracht», erzählte er ihr eines Morgens, «zu komisch, ich wußte gar nicht, daß ich Seilhüpfen konnte. Es war einfach wunderbar.»

Kurz vor seinem Tod beschäftigte er sich mehr mit Literatur als mit den Menschen. Er sprach über Shelleys Jugend und rezitierte mit tiefer Genugtuung Gedichtzeilen:

Lorsque le grand Byron avait quitté Ravenne ...

Die Melodie solcher Verse, ihr strömender Wohlklang, waren Balsam für seine Seele. Er versuchte sogar, selbst zu dichten: «Aber es ist so schwierig. Dichten ist so ungeheuer schwierig.»

«Denke nicht an Dichtung», riet ihm Pippa, «das ist zu anstrengend. Denke an nette, einfache, faßbare Dinge – an Teekannen und Stühle.»

«Aber ich *weiß* überhaupt nichts über Teekannen und Stühle.»

«Nun», erwiderte Pippa, «dann denke an Leute, die Krocket spielen und gemütlich über einen Sommerrasen schlendern.» Diese Vorstellung schien Lytton zu gefallen. «O ja, das ist nett.» Er überlegte eine Weile. «Aber ich kann mich nicht erinnern, daß in der französischen Literatur *an irgendeiner Stelle* von Krocket die Rede ist.»

Einmal versuchte er in den frühen Morgenstunden, als er mit einer seiner Nachtschwestern allein war, mit leiser Stimme ein Gedicht zu verfassen.

«Sie sollen sich nicht überanstrengen, Mr. Strachey», ermahnte sie ihn im Befehlston. «*Ich* werde alle Gedichte schreiben, die zu schreiben sind.»

Es folgte ein langes Schweigen. Dann hörte die Krankenschwester ihn zwei Worte flüstern, die für niemanden einen Sinn ergaben, der darin nicht den Jargon einer bereits dreißig Jahre zurückliegenden Epoche wiedererkannte: «Mein Hut!»

Die Gedichte dieser letzten zwei Monate trug Lytton mit Bleistift und schwacher Hand in ein kleines Schreibheft ein.

> *Let me not know the wherefore and the how.*
> *No question let me ask, no answer find;*
> *I deeper taste the blessed here and now*
> *Bereft of speculation, with eyes blind.*
> *What need to seek or see?*
> *It is enough to be.*
>
> *In absolute quiescence let me rest,*
> *From all the world, from mine own self, apart;*
> *I closer hold the illimitable best,*
> *Still as the final silence, with calm heart.*
> *What need to strive or move?*
> *It is enough to love.**

Liebe war seine Religion. Deshalb konnte er auch nur einen Gott akzeptieren, der seine Art zu lieben heiligte, seine zahlreichen und doch einzigartigen Liebesbeziehungen, die zusammengenommen die dauerhaftesten Leidenschaften seines Lebens bildeten. Ein ande-

---

* Ich möchte das Warum und Wie nicht kennen,
 Keine Frage stellen, keine Antwort finden;
 Tiefer genieße ich das gesegnete Hier und Jetzt
 Ohne alles Forschen und mit blinden Augen.
 Wozu denn kennen oder sehen?
 Es genügt, zu sein.

In absoluter Stille laßt mich ruhn,
Von aller Welt, vom eigenen Ich getrennt;
Das höchste, grenzenlose Gut,
Still wie das letzte Schweigen,
Ruhigen Herzens halte ich es fester.
Wozu sich regen, wozu denn streben?
Es genügt, zu lieben.

res seiner letzten Gedichte, das die traditionelle Form des Gebets aufweist, ist eine Hymne auf die sexuelle Leidenschaft und richtet sich an einen unorthodoxen Gott:

> *Lord, in Thy strength and sweetness,*
> *Be ever by my side*
> *Close as the foot to fleetness*
> *The bridegroom and the bride.*
>
> *Through sickness and through sadness*
> *Still let me see Thy Face;*
> *Bestow upon my gladness*
> *Thy consummating grace;*
>
> *Fill with a golden clearness*
> *My crowded hours of light;*
> *And hallow with Thy nearness*
> *My most abandoned night!**

Der satirische letzte Vers wirkt wie ein unerwarteter Angriff auf den christlichen Gott der ehelichen Liebe. Doch Lyttons Unglaube wird von der gefühlsmäßigen Intensität, die in diesen Versen zum Ausdruck kommt, in den Hintergrund gedrängt. Das zeigt sich besonders in seinem letzten Gedicht überhaupt, das mit einem zweideutigen Schluß endet:

---

* Herr, in Deiner Kraft und Güte,
   Sei stets an meiner Seite
   Nah auf Schritt und Tritt
   Wie der Bräutigam und die Braut.

   Durch Krankheit und durch Trübsal
   Laß mich Dein Antlitz schaun;
   Verkläre meine Freude
   Mit Deiner vollkommenen Gnade;

   Erfülle mit goldener Klarheit
   Meine überreichen Stunden des Lichts;
   Und heilige durch Deine Nähe
   Meine zügelloseste Nacht!

> *Insensibly I turn, I glide*
> *A little nearer to Thy side ...*
> *At last! Ah, Lord, the joy, the peace,*
> *The triumph and the sweet release,*
> *When, after all the wandering pain,*
> *The separation, long and vain,*
> *Into the field, the sea, the sun,*
> *Thy culminating hands, I come!**

Die Tage vergingen, ohne daß sich Lyttons Zustand wesentlich verändert hatte. Während er reglos im Bett lag und sich dazu zwang, noch ein wenig länger zu leben, trafen viele Briefe von seinen Freunden ein, die Pippa und Carrington ihm dann vorlasen. Ein Brief von Virginia an Carrington am 18. Januar 1932 war der letzte, den er noch selbst lesen konnte. Ham Spray sei wirklich «der reizendste Ort in England», hieß es darin, und daß sie zu gern wiederkommen würde. An Vita Sackville-West hatte Virginia geschrieben: «Es würde mich bis ans Ende meiner Tage bekümmern, wenn er stürbe.»

«Diese Krankheit scheint kein Ende zu nehmen», schrieb Ralph an Gerald Brenan. In der zweiten Januarwoche wurde auf Empfehlung Ottolines Sir Arthur Hurst, ein weiterer angesehener Spezialist, hinzugezogen. «Ein uriger kleiner Mann», berichtete Carrington den Guinness. «Ich habe großes Vertrauen in seine kauzige, aufgekratzte Art, und er sieht ausgesprochen intelligent aus.» Hurst tendierte zwar ebenfalls zu Cassidys und Dudgeons ursprünglicher Diagnose, schloß jedoch auch die Möglichkeit von Paratyphus nicht aus. Er empfahl ein paar Änderungen in Lyttons Behandlung und behauptete, er habe ähnliche Fälle erlebt, in denen der Patient sich wieder erholt habe. Doch Lytton war mittlerweile nur noch ein

---

* Unmerklich wende ich mich und gleite
  Ein wenig näher an Deine Seite ...
  Endlich! Oh, Herr, die Freude, der Frieden,
  Der Triumph und die süße Erlösung,
  Wenn, nach all dem ruhelosen Schmerz,
  Nach der Trennung, lange und vergeblich,
  Ins Feld, ins Meer, in die Sonne,
  In Deine vollendeten Hände ich komme!

Schatten seiner selbst. Alle, die ihn im November zum letztenmal besucht hatten, sahen sofort, wie außerordentlich gebrechlich er war, und bekamen Zweifel, ob er es doch noch einmal schaffen werde.

Wenige Tage später verschlechterte sich Lyttons Zustand erneut. Zu diesem Zeitpunkt wußte keiner mehr, was er glauben sollte. In Ham Spray verfolgte man Stunde um Stunde die Entwicklung der verschiedenen Symptome und schwankte ständig zwischen Hoffnung und Verzweiflung. Inzwischen war noch eine ganz neue Sorge hinzugekommen. Ralph hatte in Carringtons Papierkorb unter mehreren zerrissenen Briefen ein bereits in der Anfangsphase von Lyttons Krankheit verfaßtes Schreiben gefunden, aus dem hervorging, daß sie Selbstmord begehen wolle, falls Lytton sterben sollte. Ralph zweifelte nicht daran, daß sie sich tatsächlich umbringen würde, wenn man sie nicht daran hinderte. Jeder, der sie kannte, wußte, wie stark ihre Gefühle waren und wie hartnäckig sie ihre Vorhaben allen Hindernissen zum Trotz in die Tat umsetzte. Ralph war sich allerdings sicher, daß gewisse Todesarten für sie nicht in Frage kamen, zum Beispiel solche, die den Körper entstellten. James sagte Carrington auf den Kopf zu, daß sie Selbstmordabsichten hege. Sie verwahrte sich zwar gegen diese Unterstellung, doch das wollte nicht viel heißen. Sie durchsuchten heimlich ihr Atelier, dieses Atelier, das für Carrington «ein Spiegel meines Daseins auf Erden» war: «Unaufgeräumt, unordentlich und unvollständig.» Sie fanden ein Medikament, das Gift enthielt, und entfernten es.

Am Mittwoch, dem 20. Januar, saß Carrington am frühen Nachmittag an Lyttons Bett und wusch ihm das Gesicht, als er plötzlich flüsterte: «Carrington, warum ist sie nicht hier? Ich möchte sie dahaben. Mein Liebling Carrington. Ich liebe sie. Ich wollte Carrington immer heiraten und habe es nie getan.» Das stimmte zwar nicht, doch etwas Tröstlicheres hätte er kaum sagen können. Hinterher sagte Carrington: «Es machte mich glücklich, zu hören, wie sehr er mich insgeheim geliebt hatte, und daß er mir das noch sagte, bevor er starb.»

Anschließend nickte er ein und schlief eine Stunde lang mit geöffnetem Mund. Carrington betrachtete ihn wie schon so oft mit Angst und Bangen, und wieder dachte sie, nicht weiterleben zu können, wenn er stürbe. Um Viertel vor drei bemerkte sie eine Veränderung in seinem Gesicht. «Plötzlich fiel mir auf, daß er anders atmete, obwohl er nicht aufwachte. Und ich dachte an das Goya-Gemälde von dem toten Mann mit dem Glanzlicht auf den Wangenknochen.» Sie lief hinaus und rief Schwester McCabe. Diese bat sie, Dr. Starkey Smith anzurufen und ihn zu fragen, wieviel Strychnin man ihm geben dürfe. Nach dem Telefongespräch eilte Carrington zurück in Lyttons Zimmer und hielt seinen Arm, während die Krankenschwester ihm die verordnete Dosis injizierte. Er begann sofort tiefer zu atmen, und Carrington lief weg, um Pippa und James zu verständigen. Als Lytton das Bewußtsein wiedererlangte, erzählte ihm Pippa, daß der Doktor bald wiederkäme. «Es wird mir eine Freude sein, ihn zu sehen», sagte er schwach. «Doch ich fürchte, ich werde nicht in der Lage sein, ihn gebührend zu empfangen.»

An diesem Nachmittag verlor Carrington zum erstenmal die Hoffnung. «Mir wurde klar, daß er nicht weiterleben konnte», kritzelte sie in IHR BUCH. Dr. Starkey Smith traf ein und gab Lytton noch eine Spritze. «Ich sah an seinem Gesicht, daß er keine Hoffnung mehr hatte», schrieb Carrington. «Lytton schlief ohne irgendwelche Beschwerden oder Schmerzen ein. Ein Haß auf Schwester Phillips überkam mich. Ich kann mich jetzt an nichts mehr erinnern. Ich weiß nur noch, daß ich Lyttons bleiches Gesicht mit den fest geschlossenen Augen betrachtete, wie es so auf den Kissen lag, und daß Pippa an seinem Bett stand.»

Um vier Uhr kehrte Ralph von einem späten Picknick mit Gerald Brenan zurück, der nun zusammen mit dem Dichter Gamel Woolsey ein kleines, riedgedecktes Cottage in East Lulworth bewohnte. Carrington hatte Gerald zum Tee eingeladen und hinzugefügt, daß sie ihn besonders gern zu sehen wünschte. Die beiden Männer waren kurz vor der Haustür, als James herausgestürzt kam und ihnen mitteilte, daß eine neue Krise eingetreten sei und Lyttons Zustand sich rapide verschlechtere. Ralph eilte hinein, und Gerald fuhr zum Postamt, um Telegramme aufzugeben, denn James wollte nicht das Telefon im Haus benutzen, weil er befürchtete, daß Carrington mithören könnte. Anschließend fuhr Gerald nach Ham Spray zurück, setzte sich ins Wohnzimmer und wartete. Da hörte er Carringtons schöne tiefe Stimme, die melodischer und zärtlicher klang denn je. Er fühlte sich außerstande, sie anzusehen, doch sie näherte sich ihm von hinten und ergriff seine Hand.

Man hatte beschlossen, im Falle einer ernsten Krise Stephen Tomlin, einen weiteren ehemaligen Liebhaber Carringtons, herbeizurufen. Die Idee stammte von Ralph. Er wollte jeden mobilisieren, der vielleicht dazu beitragen konnte, Carringtons Verfassung zu stabilisieren. Sie hatten sich mit ihm in Verbindung gesetzt, und er hielt sich bereit. Während Tommy im Haus war, würde Carrington bestimmt keinen Selbstmordversuch unternehmen. Es war ein grausamer, aber kluger Plan, denn er zielte darauf ab, daß der unausgeglichene, neurotische und selbst suizidgefährdete Tommy Carringtons Verantwortungsbewußtsein wecken sollte. Sie würde sich dann zusammenreißen und sich um ihn kümmern. Tommy war damals völlig am Boden zerstört. Einen Monat zuvor war sein Bruder Garrow mit dem Flugzeug tödlich verunglückt; außerdem lag seine Ehe mit Julia Strachey in Scherben, und schließlich waren alle Stützpfeiler seines Lebens ins Wanken geraten. Ein wesentliches Element aller seiner Beziehungen war Abhängigkeit. Lytton war nicht bloß einer seiner engsten Freunde; Tommy verließ sich fast wie ein Sohn darauf, daß er immer für ihn dasein würde. Sollte Lytton sterben, dann würde Carrington auf sich und Tommy gleichzeitig achtgeben müssen.

«Sei nett zu Gerald, er ist uns eine große Hilfe», bat Ralph Frances. Da Stephen Tomlin bereits unterwegs war, fuhr Gerald in Ralphs Wagen zum Bahnhof von Hungerford, um ihn abzuholen. «Als er aus dem Zug stieg, sah er noch unentschlossener und blasser aus als sonst, und wir machten uns schweigend auf den Weg nach Ham Spray», schrieb Gerald in sein Tagebuch. «D. C. freute sich offensichtlich sehr, ihn zu sehen, doch als es hieß, er werde dableiben, wollte sie nichts davon hören und erklärte, sie könne nicht verstehen, warum er gekommen sei.» So fuhren die beiden Männer zum Bear Inn nach Hungerford zurück und unterhielten sich dort bis spät in die Nacht. «Als wir schließlich hinauf ins Bett gingen», notierte Gerald weiter, «fragte er mich, ob er in meinem Zimmer schlafen dürfe, da er die Vorstellung nicht ertragen könne, allein zu schlafen. Ich sagte ja, doch anstatt sich in das andere Bett zu legen, kam er zu meiner Verwunderung in mein Bett und brach in Tränen aus wie ein Kind, das sich vor der Dunkelheit fürchtet und nicht allein sein wollte. Vor soviel Elend konnte man nicht ungerührt bleiben, und ich bedauerte, daß ich keine junge Frau war und ihm nicht mehr Trost geben konnte.»

In Ham Spray hatte man inzwischen einen besonderen Nachtwacheplan aufgestellt. Pippa würde bis Mitternacht an Lyttons Bett bleiben. Anschließend sollte Carrington bis drei Uhr morgens ihren Platz einnehmen. Dann würde Ralph sie ablösen kommen, und nach weiteren drei Stunden sollte James schließlich die letzte Schicht übernehmen. Als Carrington um drei Uhr morgens auf Lyttons Zimmer zusteuerte, begegnete sie James auf dem Treppenabsatz. Keiner von beiden hatte ein Auge zugetan. Nach einer Weile fragte Carrington Schwester Mooney, ob Lytton überhaupt noch eine Überlebenschance habe. Die Krankenschwester wirkte erstaunt. «Oh, nein – ich denke, jetzt nicht mehr», erwiderte sie. Carrington beugte sich über das Bett und gab Lytton einen Kuß auf die Stirn. Sie war feucht und kalt. Ralph, der auch nicht schlafen konnte, kam mit einer Tasse Tee herein und setzte sich an den offenen Kamin. Carrington ging zu ihm hinüber, küßte auch ihn und sagte, sie gehe jetzt in ihr Schlafzimmer und er solle sie bitte nicht wecken, da sie nach wochenlanger Schlaflosigkeit ziemlich erschöpft sei. Sie registrierte noch, daß James inzwischen ins Vorderzimmer hinuntergegangen war, dann lief sie schnell den Gang entlang und stürzte die Hintertreppe hinunter.

Es war halb vier. Im Haus war alles ganz ruhig, und draußen warf der Mond sein Licht durch die Ulmen und über die Scheunen hinweg in den Hof. Sie lief zur Garage hinüber. Das Tor stand weit offen und war festgekeilt, so daß sie es kaum bewegen konnte. Bei jedem Ruck zerriß ein lautes Kreischen die Nachtluft, so schien es ihr wenigstens. Schließlich hatte sie beide Türflügel zugesperrt. Sie setzte sich in den Wagen und kam aus Versehen an die Hupe. «Mein Herz stand still, denn ich dachte, R[alph] müsse es gehört haben, da das Fenster zum Treppenhaus offenstand. Ich ging in den Hof und schaute, ob in den Fluren das Licht anging. Nach einer Weile kroch ich wieder ins Auto zurück und bereitete alles vor, damit ich den Wagen in dem Augenblick starten konnte, wenn drüben auf der Farm die Melkmaschine anging.»

Sie wartete. Ihr war sehr kalt in ihrem Bademantel. Draußen war kein Laut zu hören. Sie hatte vor, bis halb fünf im Wagen hocken zu bleiben. Um diese Zeit warfen die Bauern jeden Morgen die Melkmaschine an, und deren Lärm würde den laufenden Automotor übertönen. Die Uhr im Wagen zeigte bereits halb fünf, doch es tat sich immer noch nichts. Da fiel ihr ein, daß sie zehn Minuten vorging. Sie ging wieder nach draußen und wartete. Um halb fünf hörte sie plötzlich Geräusche drüben im Hof und am Melkstand. Sie lief zurück in die Garage, schloß das Tor und ließ, sobald das Geräusch der Melkmaschine ertönte, den Motor an.

«Der Lärm erschreckte mich ... Es kam mir vor, als sei nichts zu riechen. Ich kletterte auf den Rücksitz & legte mich hin & hörte das Tuckern des Motors unter mir & das Geräusch der Melkmaschine, die draußen knatterte. Schließlich roch ich es & merkte, daß die Schwaden allmählich ziemlich dick wurden. Ich schaltete die Innenbeleuchtung im Auto an & schaute auf die Uhr. Es waren erst zehn Minuten vergangen. Ralph würde wahrscheinlich nicht um Punkt sechs kommen. Die Fenster des Wagens sahen trüb & ein bißchen beschlagen aus. Ich knipste das Licht wieder aus & legte mich hin. Allmählich fühlte ich mich ziemlich schläfrig, & das Tuckern klang immer schwächer & ferner. Hört sich fast an, als würde es aufhören, dachte ich, das weiß ich noch ... Ich dachte an Lytton & war froh, daß ich nun nichts mehr mitbekommen würde. Dann erinnerte ich mich an eine Art Traum, der langsam verblaßte ...»

Kurz vor sechs verschlechterte sich Lyttons Zustand wieder dramatisch. Da alle dachten, er müsse nun sterben, schickten sie nach Carrington. Als sie erfuhren, daß sie nicht in ihrem Schlafzimmer war, durchsuchten sie das ganze Haus. Schließlich warf Ralph auch einen Blick in die Garage und sah sie hinter dem Auspuffrohr des Wagens liegen.

Der Motor lief noch. Er trug die bereits bewußtlose Carrington in ihr Zimmer hinauf und rief sofort Dr. Starkey Smith herbei. Hätte er sie nur zehn Minuten später gefunden, wäre sie nicht mehr am Leben gewesen.

Der Arzt gab ihr eine Injektion. Mit einem schrecklichen Dröhnen in den Ohren wachte sie auf und erblickte Dr. Starkey, der immer noch ihren Arm mit der Spritze festhielt. «Nein! Nein! Gehen Sie weg!» schrie sie und schob seine Hand beiseite, bis er zu verschwinden schien wie die Katze in «Alice im Wunderland».

Dann schaute sie auf und erblickte ihr Schlafzimmerfenster. Es war Tag. «Ich war *wütend*, aus einem wunderschönen Traum zurückkehren zu müssen. Traurig, wieder wach zu sein ... etwas stimmte nicht mit meinen Augen. Ich konnte weder meine Hände sehen noch sonst irgend etwas erkennen.» Ralph war da. Er hielt sie in den Armen, küßte sie und fragte: «Wie konntest du das nur tun?» Es wäre ihm nie in den Sinn gekommen, daß sie so etwas unternehmen könnte, solange Lytton noch am Leben war. Er hatte geglaubt, sie würde den letzten Augenblick um jeden Preis miterleben wollen. Daher hatte er sich auch auf die Suche nach ihr gemacht, als Lytton kurz vor dem Tod zu stehen schien.

Sie hatte ihm versprochen, nichts dergleichen zu unternehmen. Doch sie mußte geahnt haben, daß man sie nach Lyttons Tod nicht mehr aus den Augen lassen würde und sofort Stephen Tomlin, der zusammen mit Gerald Brenan im nur wenige Kilometer entfernten Hungerford wartete, ins Haus holen wollte. Zudem hegte sie die vage, irrationale Hoffnung, Lyttons Leben dadurch retten zu können, daß sie ihres opferte. «Ironie des Schicksals», schrieb sie in IHR BUCH, «daß Lytton mir durch seine Krise um sechs Uhr früh das Leben rettete. Just als ich mein Leben für seines hingeben wollte, hat er mir meines wieder zurückgegeben.»

Aber Lytton war nicht tot. Alle versuchten ihm zu verheimlichen, wie schlimm es tatsächlich um ihn stand, doch er ließ sich nichts vormachen. Er akzeptierte die Vorstellung, bald nicht mehr zu sein, mit dem für ihn so charakteristischen, spöttischen Humor. «Wenn *das* Sterben ist», bemerkte er gelassen, «dann halte ich nicht viel davon.»

Noch am selben Morgen in aller Frühe wurde Stephen Tomlin ins Haus gerufen. Weitere Freunde und Verwandte trafen ein. Man hörte den Kies draußen knirschen, wenn Wagen vorfuhren und einparkten. Seit Weihnachten schien die Sonne fast ununterbrochen auf die friedlich daliegende frostige Winterlandschaft. Es herrschte eine tiefe Stille. Solches Wetter hatte Lytton immer besonders geliebt. Ein leichter Dunst hing über den Wiesen und in den Ulmen. Sonnenstrahlen fielen durch die Zweige und schienen eine Zeitlang auf dem Rasen zu verweilen, ehe sie die Wände des Hauses berührten und durch die Fenster hereinfluteten. Die Krankenschwestern huschten geschäftig rein und raus, während die anderen angespannt, schweigend und wie erstarrt dasaßen und warteten. Der Kontrast zwischen dem strahlend schönen Wetter und dem sterbenden Lytton war ihnen schmerzlich bewußt, und alle fragten sich in diesen bangen Stunden unweigerlich, wie es wohl mit den drei Menschen weitergehen würde, die Lytton zurückließ. Würde nach seinem Tod das labile Gleichgewicht zwischen ihnen zusammenbrechen?

Die in London zurückgebliebenen Freunde kehrten an diesem Morgen von einem Bloomsbury-Kostümfest heim – mit einem verkniffenen Zug um den Mund und dem Gefühl, etwas verloren zu haben. «Man vermißt die Leute mehr und mehr», bemerkte Duncan. Virginia fand die Unsinnigkeit des Todes unerträglich. Vanessa hatte die anderen gefragt, was sie sich gewünscht hätten, wenn einer von ihnen todkrank gewesen wäre, und alle waren übereingekommen, das Fest nicht abzubrechen.

«Es ist, als sei die Kristallkugel für immer zerstört – ohne Lytton», schrieb Virginia, «– & dann, siehe da, füllt sie sich wieder mit Zukunft.»

Carrington lag den ganzen Morgen in ihrem Himmelbett. Ralph führte Frances zu ihr hinauf. Sie war «immer noch sehr blaß im Gesicht, doch mit einer unnatürlichen Rötung auf den Wangen, die von der Gasvergiftung kommt». Die beiden Frauen küßten sich, und Frances fühlte «die weiche Fülle ihres Haars an meiner Wange». Um die Mittagszeit stand Carrington auf und ging in Lyttons Zimmer. Er schlief immer noch und atmete tief und schnell. Pippa saß an seinem Bett. «Ich ging hinauf, setzte mich in einen Sessel und betrachtete ihn. Das ist also der Tod, sagte ich mir immer wieder.» Nun durchlebte sie bewußt jene Erfahrung, vor der sie hatte fliehen wollen. Zwei Krankenschwestern bewegten sich hinter der spanischen Wand. Ralph kam herein und setzte sich auf den Fußboden.

«Ich fühlte mich vollkommen ruhig», schrieb Carrington später. «Sein Gesicht war sehr blaß, wie Elfenbein. Alles schien wie versteinert. Das blasse Gesicht von Schwester McCabe, die in ihren weißen Kleidern an seinem Bett stand, Pippa, die mit diesen sanften und ganz verweinten braunen Augen und mit Flecken im Gesicht zusah. Das Geräusch des Stromgenerators draußen. Ich saß da und dachte an all die anderen Morgen in Lyttons Zimmer. ‹Stolz und Vorurteil›, in dem ich am vorherigen Nachmittag gelesen hatte, lag immer noch auf dem Tisch – Es schien, als habe die Zeit ihre sämtlichen Eigenschaften verloren, als richte sich alles nur noch nach Lyttons Herzschlag ... Plötzlich wurde mir übel. Ich rannte in mein Schlafzimmer und erbrach mich heftig in den Nachttopf ... Ich ging in Lyttons Zimmer zurück und setzte mich auf den Stuhl. Um halb zwei oder zwei Uhr verschlechterte sich Lyttons Zustand, und seine Atmung wurde flacher. Ich stand da und hielt Pippa an der Taille umschlungen. Lytton öffnete überhaupt nicht mehr die Augen. Ich konnte nicht weinen ... James kam herein und stellte sich mit Ralph hinter uns ... Plötzlich kam Schwester Philipps nach vorn und sagte:

‹Ich glaube, meine Damen, Sie sollten jetzt besser gehen und sich hinsetzen. Sie können hier nichts mehr tun.› Ich war wütend und haßte sie ... Eine Amsel sang draußen auf der Espe in der Sonne. Wir standen da ... Manchmal setzte seine Atmung beinahe aus. Dann atmete er wieder, aber schwächer. Plötzlich atmete er überhaupt nicht mehr, und Schwester MacC. schob die Hand unter seine Kleider und fühlte nach seinem Herzschlag. Ich schaute auf sein Gesicht. Es war blaß wie Elfenbein. Ich trat zu ihm und küßte seine Augen und seine Stirn. Sie waren kalt.»

Epilog

> «Gespräch über Carrington: wie lange werden
> wir von Carrington reden?»
> *Virginia Woolf*
> *Tagebucheintragung vom 18. März 1932*

James bestand darauf, daß noch am selben Nachmittag, an dem Lytton starb, eine Obduktion durchgeführt wurde. Sie ergab, daß sich im Magen ein Krebsgeschwür gebildet hatte, das den Darm völlig blockiert und tatsächlich zu einer Perforation in den Dickdarm geführt hatte (durch die Nahrung ausgetreten sein mußte). Alle Ärzte hatten sich in ihrer Diagnose geirrt.

Ralph erklärte Carrington, daß Lytton nicht die geringste Überlebenschance hatte. «Das gibt dem Ganzen ein anderes Gesicht», schrieb sie in IHR BUCH. Man ließ Lyttons Leichnam einen Tag lang auf dem Bett liegen. Die Spuren der Erschöpfung und der Krankheit hatten sich seinen Zügen tief eingeprägt. Carrington lief immer wieder in sein Zimmer. «Der Raum sah so verlassen aus. Das Feuer war ausgegangen, und alles war entfernt worden», schrieb sie. Ralph gab ihr ein paar Lorbeerzweige. Sie wand sie zu einem Kranz, den sie zuerst probeweise sich selbst aufsetzte («er war ein bißchen groß») und dann Lytton aufs Haupt legte. «Er sah so schön aus. Das Olivgrün auf der elfenbeinfarbenen Haut. Ich küßte seine Augen und seine eiskalten Lippen.»

Am nächsten Tag fuhren die anderen mit ihr nach Savernake. Sie hatte diesen Wald immer geliebt, doch nun machte seine vertraute Schönheit ihren Schmerz nur noch qualvoller. «Sie stieg aus dem Wagen und machte ein paar Schritte. Sie ging wie eine schwache, gebrechliche Frau», stellte Frances fest. Carrington konnte nur an Lytton denken, wie sich sein bleiches Gesicht mit dem Grün der Lorbeerblätter gegen das Kissen abhob. «Ich wußte, während wir weg waren, würden Männer mit dem Sarg kommen und Lytton forttragen. Das war es, was ich nicht ertragen konnte.»

Der Leichnam wurde zur Einäscherung nach Golders Green

überführt.* Später wurde in der Privatkapelle der Stracheys in der St.-Andrew-Kirche in Chew Magna in der Grafschaft Somerset eine bronzene Gedenktafel angebracht.

James und Pippa reisten nach London ab. Stephen Tomlin quartierte sich in Ham Spray ein, um sich um Carrington zu kümmern, da Frances mit Ralph zwei ruhige Tage bei Rosamond und Wogan in Wales verbringen wollte. «Man hat sie am Leben erhalten», schrieb Ralph nach seiner Rückkehr (am 30. Januar 1932) an Gerald, «doch sie ist immer noch schrecklich mitgenommen, seelisch und auch körperlich.» Carrington blieb einige Tage lang im Bett, schlief jedoch kaum. Selbst die stärksten Schlafmittel halfen nicht viel. Während der endlos scheinenden Nächte und der viel zu kurzen Tage litt sie ständig unter Kopfschmerzen und Alpträumen, die ihr die letzte Kraft raubten. Jeden Morgen fühlte sie sich so, als sei Lytton eben erst gestorben, und mit jedem Tag wurde sein Verlust unerträglicher. «Ich stelle mich den Dingen nicht», gestand sie Rosamond Lehmann, «ich schaffe es kein bißchen ... Ich finde es schwierig, das normale Leben wiederaufzunehmen, und empfinde beinahe Haß auf alle anderen, die das können, obwohl ich weiß, daß es unvernünftig ist, zu erwarten, daß die Welt stillsteht.»

«Ich hoffe, daß ich keine so grausame Lücke im Leben anderer Menschen hinterlasse, wenn ich sterbe», schrieb Ralph am 15. Februar 1932 an Frances. Er bewachte Carrington wie ein Wärter, da er ihre Gefühle besser verstand als jeder andere und einige davon auch teilte. Sie schien sich allmählich zu erholen. Sie verließ ihr Zimmer, ging sogar in den Garten. Doch Ralph machte sich weiterhin Sorgen. «Sie ist zuviel mit Putzen und Aufräumen beschäftigt, besonders am

---

* Abgesehen vom Personal nahmen nur James Strachey und Saxon Sydney-Turner – der darauf bestanden hatte, zu kommen – an der Feuerbestattung teil. «Zeremonien irgendwelcher Art gab es natürlich nicht», versicherte James dem Autor. Doch Maynard Keynes ging James' Verzicht auf alle Konventionen etwas zu weit. «Keine Zeremonie, kein Abschiedsgruß», sagte er zu Virginia Woolf, «... bei Lytton bestand keine Gelegenheit, ‹Das ist nun vorbei› zu sagen.» Auch Virginia empfand das als unbefriedigend. «Er hat keine Beerdigung, ich weiß nicht, wo seine Asche beigesetzt wird», schrieb sie am 4. Februar 1932 in ihr Tagebuch. «Es gibt kein Erinnnern mehr, außer wenn wir uns treffen & reden, oder auf die üblichen Arten, allein in der Nacht, wenn man die Straßen entlangläuft ... Die massive Statue, die Vater hinterließ – das gibt es nicht mehr.»

Rand des Gebüschs neben der Steineiche», schrieb er Frances. Carrington hoffte, Lyttons Asche dort zwischen den Narzissen und Schneeglöckchen begraben zu dürfen. Doch hatte sie etwa vor, auch ihre eigene Asche dort begraben zu lassen? «Tatsächlich ist es so gut wie unmöglich, D. C.s Absichten zu erraten», gab Ralph zu.

«So vergingen die Tage in einem Zustand ständiger Angst», schrieb Frances. Ralph konnte nicht mehr tun, als den Lauf des Alltags zu organisieren und Freunde herzubestellen, um Carrington wieder an ein normales Leben zu gewöhnen. Doch er war fest davon überzeugt, daß sie erneut versuchen würde, sich umzubringen. Auch in elisabethanischen Dramen habe er selten eine so klare Situation erlebt, sagte er zu Frances. «Würde ich einen geladenen Revolver oder eine Unze Opium auf dem Tisch liegenlassen und einen langen Spaziergang machen, dann könnte ich fast mit Sicherheit vorhersagen, was mich bei meiner Rückkehr erwartet.»

Von allen Freunden, die Ralph nach Ham Spray einlud, schien Stephen Tomlin sie am ehesten davon abhalten zu können, einen weiteren Selbstmordversuch zu unternehmen. «Er überzeugte mich, daß der Geist eines Menschen nach einem schweren Eingriff oder Fieberzustand nicht in angemessener Verfassung ist, um über so einen wichtigen Schritt zu entscheiden», schrieb sie in IHR BUCH. «Ich gab ihm recht – So werde ich meine Entscheidung einen Monat oder zwei aufschieben, bis die Folgen des Eingriffs nicht mehr so akut zu spüren sind.» Er hatte sie zwar nicht dazu gebracht, ihre Meinung zu ändern, doch er hatte ihr «diese letzte Woche erträglich gemacht, was niemand sonst fertiggebracht hätte. Die endlosen Gespräche waren also nicht ganz umsonst», schrieb sie ihm Ende Januar.

Mit Stephen Tomlin las sie auch gern jene Gedichte, die sie und Lytton zusammen gelesen hatten, besonders die aus der Anthologie elisabethanischer Lyrik, die Lytton ihr geschenkt hatte. Eine Seite dieses Sammelbandes hatte sie mit einem breiten Eselsohr markiert. Dort stand ein kurzes Gedicht von Thomas Howell mit dem Titel «Misery».

> *Corpse, clad with carefulness:*
> *Heart, heaped with heaviness:*
> *Purse, poor and penniless:*
> *Back, bare in bitterness:*

O get my grave in readiness,
Fain would I die to end this stress.*

Am zweiten Tag nach Lyttons Tod hatte Carrington den Wunsch geäußert, Gerald zu sehen. «Ich hatte ein bißchen Angst davor», schrieb er, «denn – abgesehen von dem Kummer, sie so verzweifelt zu sehen – ahnte ich, daß unsere einstige Entfremdung, unser nun mehr verkrampftes Verhältnis und vor allem die Tatsache, daß es einst Lytton war, der uns wirklich auseinandergebracht hatte, zum gegenwärtigen Zeitpunkt jede wirkliche Verständigung unmöglich machen mußten...»

«Ich saß in dem Sessel neben ihrem Bett, und sie begann, mich über mein Leben auszufragen, über das Landhaus, über Gamel [Woolsey]; ihr Ton war nicht unfreundlich, nicht einmal unaufrichtig, aber so distanziert, und ließ eine solche Kluft zwischen uns entstehen, daß klar war, daß keine normale Form der Unterhaltung möglich war. Ich fragte sie nach ihren Plänen – sie antwortete vage. Es schien mir, als sei sie nicht nur von mir, sondern von jedermann abgeschnitten, und als seien zur Zeit weder Zuneigung noch Mitgefühl erwünscht.»

In IHREM BUCH ließ sie ihren Gefühlen freien Lauf, nicht um sich eine Last von der Seele zu schreiben, sondern um jede Regung festzuhalten, damit sie auch nicht die kleinste vergaß. Ihre Notizen lesen sich wie lange, unbeantwortete Briefe. «Oh, Lytton, Liebling, Du bist tot, und ich kann Dir nichts erzählen.» Sie konnte sich um nichts kümmern, konnte an nichts anderes denken als an die immer noch lebendige Vergangenheit.

«Ich war in all diesen 16 Jahren nie glücklich ohne ihn... Er war, und das ist auch der Grund, warum er alles für mich bedeutete, der einzige Mensch, den ich nie anzulügen brauchte, weil er nie von mir erwartete, daß ich mich anders gab, als ich bin, und er war nie neugierig, wenn ich ihm etwas nicht erzählte... Niemand wird je erfah-

---

* Leichnam, umhüllt mit Sorgfalt:
Herz, beladen mit Schwermut:
Geldbeutel, dürftig und ohne einen Penny:
Rücken, entblößt in Bitterkeit:
Oh, bereitet mir mein Grab,
Gern würde ich sterben, damit diese Pein ein Ende hat.

ren, wie unsagbar glücklich unser Zusammenleben war. Die absurden und phantastischen Witze bei Tisch und auf unseren Spaziergängen und über unsere Freunde, und seine fabelhaften Beschreibungen von all den Parties in London und seine Liebesaffären und dann all seine Gedanken, an denen er mich teilhaben ließ.»

Schmerz war nun ihre einzige Verbindung mit Lytton, und der Gedanke, daß sie irgendwann über ihren Schmerz hinwegkommen könnte, war ihr unerträglich. Hinzu kam eine selbstauferlegte Buße, mit der sie sich dafür bestrafte, daß sie Lytton während der letzten ein oder zwei Jahre wegen Beacus Penrose vernachlässigt hatte (so sah sie es jedenfalls). Doch selbst wenn es gar keinen Beacus gegeben hätte, wegen irgend etwas mußte sie sich zwangsläufig schuldig fühlen, denn das Gefühl der Schuld war fest mit ihrer Persönlichkeit verwoben. Hatte sie nicht schon eine Vorahnung gehabt, daß Lytton sterben könnte, als sie diese parodistische Sterbeszene für den *Week-End Observer* geschrieben hatte? Was sie sich vorwarf, waren weniger bestimmte Taten als vielmehr geheime Gedanken; Augenblicke der Niedergeschlagenheit oder Bitterkeit und Stunden, die sie unnötigerweise fern von ihm verbracht hatte.

In Anbetracht dieser Umstände schien es zweifelhaft, ob sie sich zum Weiterleben überreden lassen würde. Ralph hoffte, daß sie irgendwann von allein wieder Freude am Leben finden würde, wenn man ihr nur über die nächsten Monate hinweghalf. Doch er wußte, daß mit Lyttons Tod das Fundament ihres Lebens zerstört war, so daß wohl auch in den kommenden Jahren mit Augenblicken tiefster Niedergeschlagenheit zu rechnen war, in denen ihr die Entscheidung, ihr Leben zu beenden, leichtfallen würde. Vorerst hielt er es jedoch für das Allerwichtigste, sie nicht in Ham Spray allein zu lassen. Kaum war Gerald wieder abgereist, kam Julia Strachey, und die mitleidsvolle Überwachung von Carringtons Leben ging weiter.

Oben in ihrem Schlafzimmer schrieb Carrington in einer krakeligen, zittrigen Handschrift zahllose Briefe an Barbara Bagenal, Mark Gertler, Diana Guinness, Rosamond Lehmann, Roger Senhouse, Mary Hutchinson, Dorelia John und andere. Manchen schickte sie sogar Sachen von Lytton zum Aufbewahren, bis James sie deswegen zurechtwies. Doch diese Freunde und Bekannten konnten ihr nur begrenzt helfen. «Ich schreibe in ein leeres Buch. Ich weine in einem leeren Zimmer.»

Unter den Mitgliedern des Bloomsbury-Kreises kursierten zahlreiche Gerüchte. Man erzählte sich unter anderem, daß Lytton Carrington kein Geld vermacht habe, daß Ralph Frances verlasse und daß Frances in gewisser Weise für die ungelösten Probleme verantwortlich sei. Viele mußten daran erinnert werden, daß Lytton Carrington 10000 Pfund sowie seine Bilder und Naturkundebücher vererbt hatte. Zu Ralphs Bestürzung hatte sie ihm mitgeteilt, daß sie im Begriff sei, ein Testament aufzusetzen, in dem sie das Geld ihm vermachen wolle, und daß sie wünsche, daß er mit Frances ein Kind haben würde.

Einige Leute drängten Carrington, Ham Spray zu verkaufen und einen neuen Anfang zu wagen. Sie konnten nicht verstehen, daß das für sie einem weiteren Tod gleichgekommen wäre. Ralph kam es so vor, als würden diese Räume «sich nie von Lytton erholen». Doch Carrington störte schon die geringste Veränderung. «All Deine Papiere wurden fortgebracht», schrieb sie am 16. Februar 1932. «Deine Kleider sind verschwunden. Dein Zimmer ist leer. In ein paar Monaten werden keine Spuren mehr übrig sein.»

Ham Spray gehörte eigentlich Ralph, doch er stellte unmißverständlich klar, daß es von Carringtons Bedürfnissen abhängen würde, was mit dem Haus geschehen solle. Etwas später, vielleicht im Sommer, würden Frances und er möglicherweise wegziehen. «Die Antwort darauf wird bei D. C. liegen» (Brief an Gerald vom 8. März 1932). Doch vorerst «*muß* ich hier bei ihr bleiben, wenn ich kann», betonte er in einem Brief an Frances vom 11. Februar 1932. «Und ich *muß* ihr den Eindruck vermitteln, daß Du und ich uns nicht völlig selbst genügen, sonst ist alles verloren.» Es war eine traurige Aufgabe. Er war sich bewußt, daß alle Trostworte in Wirklichkeit eher Täuschungsversuche waren. Carringtons Beziehung zu Lytton war einzigartig gewesen, und die Einsamkeit ohne ihn war für sie unerträglich. Er war tatsächlich der einzige Mensch gewesen, den sie «nie anzulügen brauchte». Bei allen anderen gehörten Lügen zum normalen Umgangston. «Die Wahrheit ist im Augenblick nicht wichtig», erklärte Ralph Frances. «Es wäre töricht, sie durch die Unfähigkeit, eine Lüge zu erzählen, zu töten.»

Nach den ersten zehn Tagen verbrachte Frances den Großteil ihrer Zeit in London. «Ich kann einfach nicht aufhören, mir schreckliche Sorgen um Dich zu machen», schrieb sie Ralph. Sie war bereit, alles zu tun, was er für das Beste hielt, doch insgeheim glaubte sie, daß Carrington sie lieber in der Nähe gehabt hätte, denn es war offensichtlich, daß es sie einfach überforderte, neben ihrem eigenen auch noch Ralphs Schmerz verkraften zu müssen. «Kein Todesfall hat mich je so mitgenommen wie dieser», hatte Ralph Charles Prentice nach Lyttons Feuerbestattung geschrieben. Er erkannte nun, daß er sich Carrington gegenüber allzu oft unsensibel verhalten hatte, weil ihm selbst die Nerven durchgegangen waren. Er nahm sich vor, von nun an seine gesamte Zeit ihr zu widmen. Obwohl er sich auch ohne Trauschein als Frances' Ehemann betrachtete, gestand er Rosamond Lehmann im März 1932, er habe Carrington «auf eine Weise geliebt wie sonst niemanden, und bestimmt [werde] ich nie mehr jemanden auf diese Weise lieben können. Ich war besessen von ihr – wenn man sie einmal im Blut hatte, war sie durch nichts zu tilgen» (Brief an Rosamond Lehmann im März 1932).

«Er ist so gut zu mir», erzählte Carrington Rosamond, «doch ich habe das Gefühl, daß wir es uns in mancher Hinsicht gegenseitig nur noch schwerer machen.» Sie sehnte sich danach, allein zu sein, Trost zu suchen, indem sie sich in Lyttons Bibliothek einschloß und seine Briefe las oder im Garten umherging. «Doch jeder scheint mein Feind zu sein und besteht darauf, mich wie eine schwachsinnige Kranke zu behandeln», beklagte sie sich bei Sebastian Sprott. Unter Ralphs Bewachung, die wie ein ständiger Vorwurf wirkte, mußte sie sich vernünftig verhalten, dabei wollte sie nichts anderes als «sich in seine [Lyttons] Reliquien vergraben ... Ich habe das Gefühl, wenn ich allein hier sitzen und nur seine Kleider auf dem Sofa in meinen Armen halten könnte, mit diesem Taschentuch auf dem Gesicht, dann würde ich Trost finden, doch ich weiß, daß das nicht gut wäre.»

Aus diesem Grund hatte sie auch Frances gebeten, Ralph irgendwohin mitzunehmen. Es gab nichts, was Frances lieber getan hätte. Doch sie wußte, daß Ralph in diesem Vorschlag nur einen erneuten Beweis für Carringtons Schlauheit erblickte. «Sie behauptet, sie will allein sein, doch ich nehme ihr das nicht ab», schrieb er, «... alle außer mir finden sie so glaubwürdig.» Er merkte, daß sogar Frances ihm nur recht gab, weil sie ihn liebte.

Dorelia, Tommy und Julia verhielten sich Carrington gegenüber in diesen Wochen ausgesprochen rücksichtsvoll. Es war unumgänglich, nach Geralds Abreise und während Frances' Abwesenheit die Tomlins – oder Stephen Tomlin allein – ins Haus zu holen. Ralph war derjenige, der das arrangierte, doch er hatte den ungeheuren

Einfluß, den Carringtons ehemaliger Liebhaber nach wie vor auf sie ausübte, unterschätzt. Seine alte Wut kam wieder hoch, und Carrington konnte selbst in dieser Zeit größter Verzweiflung der Versuchung nicht widerstehen, die Differenzen zwischen den beiden geschickt auszunutzen. «Nach dem Abendessen sprachen wir nie miteinander», schrieb Ralph am 22. Februar 1932 von Ham Spray aus an Frances. «Ganz wie in alten Zeiten.» Kurz darauf kehrte Tommy mit Julia nach London zurück.

Vielleicht wäre es nach ihrer Abreise zu einer Krise gekommen, hätte Dorelia John Carrington nicht gleich für ein paar Tage nach Fryern Court eingeladen, so daß Ralph sich so lange bei Frances in London erholen konnte.

Von all den Menschen, die Carrington zu trösten und ihr Lytton zu ersetzen versuchten, war Dorelia eine besonders große Hilfe. Carrington hielt sie immer noch für die «schönste, vollkommenste Frau der Welt». Dennoch wandelte sie durch diese Woche in Fryern wie durch einen Traum. Beacus besuchte sie dort, doch sie zeigte keinerlei Gefühle.

«Ich kann das Leben nur ertragen, wenn ich mir verbiete, über die wirkliche Situation nachzudenken. Doch dann ist es kein Leben. Sondern ein Widerspruch. Ich mache mir während dieser Woche in Fryern vor, daß ich in Ferien bin. Ich vermeide es, auch nur im entferntesten an Lytton zu denken. Wenn die Gedanken an ihn meinen Schutzwall auch nur für einen Augenblick durchbrechen, dann fühle ich mich plötzlich so elend, daß ich den Schmerz nur ertragen kann, indem ich mir sage, daß es nur noch ein paar Wochen sind. Wenn niemand mehr da ist, den man von ganzem Herzen verwöhnen und lieben kann, ist alles sinnlos.»

Sie hatten eigentlich ausgemacht, daß Dorelia mit nach Ham Spray kommen und dort für eine Weile den Platz der Tomlins einnehmen würde. Doch als Augustus John überraschend erkrankte, mußte sie diesen Besuch absagen. Dafür vereinbarte sie mit Carrington, daß sie alle drei Mitte März in Frankreich Urlaub machen würden.

Bei ihrer Rückkehr aus Fryern Court schien es Carrington um einiges besserzugehen. Es sah so aus, als rappele sie sich wieder auf. «Versuche sie zu einem Besuch in London zu überreden», drängte Frances Ralph. Carrington kam und verbrachte ihre ganze Zeit mit James und Alix oder Julia und Tommy. Vieles schien darauf hinzudeuten, daß sie sich allmählich erholte. Ralph ließ sie sogar einen Tag lang in Ham Spray allein. Natürlich machte er sich auch weiterhin Sorgen um sie. «Doch ich bin praktisch hilflos», erzählte er Gerald. Carrington zündete im Garten von Ham Spray ein Feuer an, warf alle möglichen Sachen von Lytton hinein – seine Kleider, seine Schlafanzüge und schließlich sogar seine Brille, ohne die ihn nie jemand gesehen hatte – und sah zu, wie sie sich in Rauchschwaden auflösten. Alle außer Ralph hielten es für ein gutes Zeichen, daß sie emsig das Haus aufräumte und Bücher und Papiere ordnete. Desmond MacCarthy kam herüber, um sie zu besuchen und mit ihr über eine baldige Veröffentlichung von Lyttons bisher nicht erschienenen Essays und Briefen zu sprechen. Eigentlich war es dafür noch zu früh, doch der Plan war gut. Sie begann, Lyttons Schriften durchzulesen und das Andenken Lyttons mit der Zukunft zu verknüpfen. Zahllose Gedichte und unvollendete Stücke kamen zum Vorschein, doch James, der als Lyttons Nachlaßverwalter fungierte, fand sie nicht besonders gut. Es tauchten auch etliche Schachteln mit Briefen auf, doch Lyttons Art, über Leute zu schreiben, war so provokativ. Wie konnte man solche Äußerungen veröffentlichen? Vielleicht würde es das beste sein, nur einen Band mit Essays herauszugeben, obwohl James Virginia bat, auch noch etwas zu schreiben.

Seit Lyttons Tod waren inzwischen fünf Wochen vergangen. Die Wartezeit, die Carrington Stephen Tomlin versprochen hatte, war also fast verstrichen. Sie hatte nach wie vor an nichts wirklich Interesse und nicht das geringste Verlangen, in einer Welt zu leben, in der sie Lytton nie sehen konnte, in der er *nicht existierte*. Wie sollte sie je über diesen Verlust hinwegkommen? Eigentlich wollte sie gar nicht über ihn hinwegkommen, sondern lieber das Bewußtsein verlieren, um ihren Schmerz nicht länger zu spüren. «Ich bin fest entschlossen», schrieb sie in IHR BUCH. Sie konnte nicht nur von Erinnerungen leben und sah daher keine andere Möglichkeit, als «diese Tage irgendwie durchzustehen und zu beten, daß es nicht mehr allzu viele sein werden». Alix hatte argumentiert, sie müsse sich an den Maßstäben orientieren, an die Lytton geglaubt hatte, doch sie hatte diesen Maßstäben nur gerecht zu werden versucht, um ihm zu gefallen.

«Ich erinnere mich stündlich an irgendeine unserer gemeinsamen Gewohnheiten und vermisse Dich», schrieb Carrington Lytton in

IHR BUCH, «... in der Nacht träume ich von Dir, am Tag bist Du bei mir. Ich lese unsere Lieblingsgedichte wieder und wieder, doch nun ist niemand da, mit dem ich über ihre Schönheit reden könnte. Es ist jetzt auch müßig, mir Überraschungen auszudenken, um Dir eine Freude zu machen. Du bist mir jedes Jahr mehr ans Herz gewachsen – Wozu noch Abenteuer erleben, wenn ich sie Dir nicht mehr erzählen kann? ... Ein Leben ohne Dich hat keinen Sinn.» Lytton war «ihr ganzes Leben» gewesen. Niemand konnte ihr Dasein so völlig ausfüllen wie er. Virginia hatte es Lytton manchmal verübelt, daß er Carrington so vereinnahmte, doch aus Carringtons Aussagen wird deutlich, daß er dieser Gefahr vorzubeugen versucht hatte.

«Unsere Trennungen waren für mich erzwungen», schrieb sie. «Ich war in all diesen 16 Jahren nie glücklich ohne ihn. Ich zwang mich nur dazu, andere Beziehungen einzugehen, weil ich wußte, daß es ihm mißfiel, wenn ich abhängig war.»

Aus ihrer Sammlung elisabethanischer Lyrik schnitt sie zwei Verse aus, die Chidiock Tichborne[1] vor seiner Hinrichtung im Londoner Tower geschrieben hatte, und klebte sie in IHR BUCH:

> *My prime of youth is but a frost of cares;*
> *My feast of joy is but a dish of pain;*
> *My crop of corn is but a field of tares;*
> *And all my good is but vain hope of gain;*
> *My life ist fled, and yet I saw no sun;*
> *And now I live, and now my life is done.*
>
> *The spring is past, and yet it has not sprung;*
> *The fruit is dead, and yet the leaves be green;*
> *My youth is gone, and yet I am but young;*
> *I saw the world, and yet I was not seen;*
> *My thread is cut, and yet it is not spun;*
> *And now I live, and now my life is done.**

---

* Die Blüte meiner Jugend ist nur ein Frost aus Sorgen;
  Mein Freudenmahl ist nur eine Schüssel voller Schmerz;
  Mein Ährenfeld ist nur ein Beet mit Unkraut;
  Und all mein Gut nur vergebliche Hoffnung auf Gewinn;
  Mein Leben ist dahingeeilt, doch sah ich keine Sonne;
  Und jetzt, da ich lebe, ist mein Leben vorbei.

Das letzte, was Carrington in IHR BUCH schrieb, waren zwei Verse aus einem anderen elisabethanischen Gedicht von Sir Henry Wotton mit dem Titel «Upon the Death of Sir Albert Moreton's Wife».

> *He first deceased, she for a little tried*
> *To live without him, liked it NOT, and died.**

Außer diesen beiden Zeilen klebte Carrington noch eine weitere Strophe ein:

> *I sought my death and found it in my womb,*
> *I look'd for life and saw it was a shade,*
> *I trod the earth and knew it was my tomb.*
> *And now I die, and now I was but made;*
> *My glass is full, and now my glass is run*
> *And now I live, and now my life is done.***

Am letzten Februartag fuhren Carrington und Ralph mit Frances und Bunny zu den Guinness nach Biddesden. «Ich liebe meine Besuche in Biddesden und diese wilden Ritte, selbst wenn sie damit enden, daß ich stürze», schrieb Carrington an Brian Guinness. Während sie dort war, hatte ihr Pferd bei einem Ausritt entlang der geteerten Straße in einer Kurve gescheut und sie abgeworfen. Sie war direkt neben einem Holzstapel auf einer Böschung gelandet.

> Der Frühling ist vorüber, und doch hat er nichts sprießen lassen;
> Die Frucht ist tot, und doch sind die Blätter noch grün;
> Meine Jugend ist entschwunden, und doch bin ich noch jung;
> Ich sah die Welt, und doch wurde ich nicht gesehen;
> Mein Faden ist durchschnitten, und doch war er noch nicht gesponnen;
> Und jetzt, da ich lebe, ist mein Leben vorbei.

* Er verschied zuerst, sie versuchte ein Weilchen
ohne ihn zu leben, fand keinen Gefallen daran und starb.

** Ich suchte meinen Tod und fand ihn in meinem Schoß,
Ich suchte nach dem Leben und sah, es war nur ein Schatten,
Ich schritt über die Erde und wußte, sie war mein Grab.
Mein Stundenglas ist voll, und nun ist es verronnen;
Und jetzt, da ich lebe, ist mein Leben vorbei.

Noch lange mußte sie daran denken, welche Ironie des Schicksals es doch war, daß gerade sie, die den Tod so herbeisehnte, ihm noch einmal von der Schippe gesprungen war. Hinterher, während eines Picknicks im Wald, fragte sie ihre Gastgeber, ob sie sich vielleicht eines ihrer Gewehre ausleihen dürfe, um die Hasen zu erlegen, die in ihrem Garten in Ham Spray ihr Unwesen trieben. «Alle hörten die Bitte», erinnerte sich Frances, «doch sie wurde recht beiläufig geäußert, und ich glaube, jeder hoffte, daß sie ebenso beiläufig wieder in Vergessenheit geraten würde.» Seit sechs Wochen dachte sich Ralph nun schon alle möglichen Pläne aus, um Carrington dazu zu bringen, wieder etwas Geschmack am Leben zu finden. Eine Woche später forderte sie ihn auf, sie in Ham Spray allein zu lassen. Ralph machte ihr Vorhaltungen und bat sie, dableiben zu dürfen. Doch sie blieb hartnäckig. Sie erinnerte ihn daran, daß sie in ein paar Tagen sowieso mit den Johns in Urlaub fahren würde.

Ralph wurde das Gefühl nicht los, daß Carrington etwas im Schilde führte. «Inzwischen habe ich jedoch den Punkt erreicht, an dem ich aufhören muß, mich ständig aufzudrängen und einzumischen. Wenn sie mich wegschickt, muß ich gehen, sonst wird meine Anwesenheit unangenehm für uns beide. Ich komme mir dann vor wie eine verlorene Seele, die aus ihrem Leben hinausflattert und weder wagt, zurückzukehren noch allzuweit wegzufliegen – doch das muß so bleiben, bis ihr Leben wieder Formen und eine eigene Konsistenz annimmt» (Brief an Gerald vom 8. März 1932). Unterschwellig wäre ihm wohl fast jedes Ende dieser qualvollen Wochen recht gewesen.

Er befolgte Carringtons Wunsch und ließ sie allein in Ham Spray zurück. Offenbar hatte sie nach dem Picknick doch kein Gewehr aus Biddesden mitgenommen. «Es entsprach viel mehr ihrer Art, es später heimlich zu holen», schrieb Frances.[2] Hinterher sollte es Streit darüber geben, wie Carrington an ein Gewehr gelangt war, doch Frances blieb dabei, daß sie eigens nach Biddesden zurückgefahren sein mußte, um eines zu holen.

Am Donnerstag, dem 10. März, kamen Leonard und Virginia Woolf zu Besuch. «Ich habe Virginia falsch eingeschätzt», schrieb Ralph an Gerald, «in ihr schlägt doch ein warmes Herz.» Als Lytton starb, hatten die beiden «Westgoten», Virginia und Vanessa, wie er sie nannte, an den Tod ihres Bruders Thoby denken müssen – wie Lytton ihnen damals zur Seite gestanden hatte und wie unglücklich er in der Zeit bevor er Carrington kennenlernte, oft gewesen war. Daher empfanden sie nun großes Mitgefühl für die unglückliche Carrington. «Man kann nicht an Lytton denken, ohne dabei gleichzeitig an Dich zu denken», schrieb ihr Vanessa am 25. Januar 1932, «und all der Schmerz über seinen Tod ist gemischt mit einem Gefühl der Dankbarkeit für Dich, weil Du ihm so viel Glück geschenkt hast ... Dir ist es zu danken, daß es in der Vergangenheit nichts gibt, was jetzt zu bedauern wäre, und schon allein dafür lieben Dich seine Freunde. Liebes, komm bald vorbei und rede mit uns ...»

Auch Virginia würdigte ausdrücklich, was Carrington Lytton gegeben hatte. «Ich hoffe, Du hast nichts dagegen, daß ich Dir ab und zu schreibe – es ist so ein Trost, denn niemand, mit dem ich über Lytton rede, kannte ihn so gut wie Du», schrieb sie ihr am 31. Januar 1932. «... Es ist ein scheußliches Gefühl, daß das Leben in London nun ohne ihn wieder losgehen soll ... Ich lege mir im Kopf immer noch Dinge zurecht, die ich ihm gern sagen würde. Und wie muß das erst für Dich sein ... Ich konnte ihm nie geben, was Du ihm gegeben hast ... Eines Tages werde ich über ihn schreiben, doch es darf nur für Dich sein.»

Diese Briefe gehörten zu den wenigen, die Carrington ein Trost waren. Auch Virginia fand es immer schwerer statt leichter, Lyttons Abwesenheit zu ertragen, und betrachtete den Freitod im Gegensatz zu Leonard, der es «theatralisch» fand, jemandem durch Selbstmord in den Tod zu folgen, als etwas «durchaus Vernünftiges» – Doch es sei natürlich besser, «abzuwarten, bis der erste Schock vorüber ist, und zu sehen», wie man sich dann fühle. In der Zwischenzeit ermutigte sie Carrington in Briefen dazu, um Lyttons engster Freunde willen weiterzuleben. Am 2. März 1932 schrieb sie ihr:

«... Doch, Carrington, wir müssen leben und wir selbst sein – und ich habe das Gefühl, daß gerade Du mehr zum Weiterleben verpflichtet bist als jeder andere sonst; weil er Dich und Deine Eigenarten so liebte und Deine Art, Du selbst zu sein. Ich kann es nicht erklären, doch es kommt mir so vor, als ob etwas, was wir an Lytton liebten, etwas vom schönsten Teil seines Lebens, weiterbestünde, solange Du da bist.»

Die Woolfs trafen bei strahlendem Sonnenschein in Ham Spray ein, doch drinnen im Haus kam es ihnen kalt vor. «Wir unterhielten uns schleppend», erinnerte sich Virginia. Sie fragten Carrington, ob sie für ihr Briefpapier Holzschnitte, wie die für Ham Spray, anfertigen könne, und vielleicht auch ein paar Entwürfe für Julias ersten Roman «Cheerful Weather for the Wedding». Sie versuchten Carrington mit dem neuesten Klatsch aufzuheitern, doch sie «lachte nur ein- oder zweimal». Virginia fiel auf, daß sie immer noch sehr blaß war. Die beiden Frauen gingen nach oben. Sie blieben eine Zeitlang vor dem Fenster stehen und genossen die schöne Aussicht auf die vom Sonnenlicht überfluteten Hügel der Downs. Carrington erzählte, daß die Stracheys es krankhaft fanden, Lyttons Zimmer genau so belassen zu wollen, wie es war. Sie schien Angst zu haben, etwas falsch zu machen – «wie ein Kind, das man ausgescholten hat».

Carrington hatte Roger Senhouse in einem Brief versichert:

«Lytton liebte Dich wie eh und je und erzählte mir so oft von all dem Glück, das er mit Dir erlebte. Du hast sein Leben mehr verändert als irgendwer sonst.» Doch Virginia verhehlte sie nicht, daß sie einen Groll gegen Lyttons törichte junge Männer hegte, da diese ihn nicht gebührend geschätzt hätten. Natürlich würde Roger die Bücher nehmen müssen, doch «seine alten Freunde liebte Lytton am meisten», beteuerte sie gegenüber Virginia.

Sie machten einen Rundgang durch das Haus und sahen sich unter anderem die Bilder von Duncan, Augustus John und Henry Lamb, Lyttons Himmelbett und das Kaminmosaik von Anrep an. Im Wohnzimmer brach Carrington dann plötzlich in Tränen aus. «Nun bleibt nichts mehr für mich zu tun.» Das ist wahr, dachte Virginia, als sie Carrington in die Arme nahm. Doch sie sagte statt dessen, daß auch sie sich manchmal unnütz oder mutlos fühle, wenn sie nachts wach liege und an Lytton denke. «Ich hielt ihre Hände», erinnerte sich Virginia später. «Ihre Handgelenke kamen mir sehr schmal vor. Sie wirkte hilflos, verloren, wie ein verlassenes kleines Tier.»

Doch als die Woolfs Anstalten machten, zu gehen, war Carrington sehr still und bat sie nicht, zu bleiben. Sie gingen in den vorderen Teil des Hauses hinunter, und Carrington küßte Virginia mehrmals.

«Dann kommst Du uns also nächste Woche besuchen – oder auch nicht –, ganz wie Du willst?» fragte Virginia.

«Ja, ich werde kommen oder auch nicht», antwortete Carrington.[3]

Am nächsten Morgen wachte sie – wie immer in letzter Zeit – sehr früh auf, machte sich eine Tasse Tee und aß einen Apfel. Als die Post kam, öffnete sie ihre Briefe und warf einen Blick auf die *Times*, die später zerknittert in ihrem Schrank gefunden wurde. Dann zog sie Lyttons gelben Seidenmorgenmantel an, den nie zuvor jemand an ihr gesehen hatte, und ergriff das Gewehr. Es war fast acht Uhr. Durch das Fenster sah sie auf dem Rasen unten zwei Rebhühner herumlaufen – es hätte durchaus ihrer Auffassung von Humor entsprochen, statt einen der Vögel sich selbst zu erschießen.

Doch sie hatte sich alles sorgfältig zurechtgelegt. Zuerst entfernte sie ihren Lieblingsteppich, damit er nicht mit Blut bespritzt würde, und legte einen minderwertigen an seine Stelle, und zwar so, daß es so aussah, als sei sie darauf ausgerutscht. Dann drehte sie sich um. Jetzt stand sie mit dem Rücken zum Fenster einem großen Spiegel gegenüber, in dem sie sich ganz sehen konnte. Sie setzte den Kolben des Gewehrs auf den Fußboden und richtete den Lauf gegen ihre Seite. Zuletzt drückte sie ab.

Nichts geschah.

Sie hatte vergessen, das Gewehr zu entsichern. Sie holte es nach, doch muß der Lauf durch diese Bewegung von der vorgesehenen Stelle weggerutscht sein, denn als sie zum zweitenmal abdrückte, riß der Schuß zwar eine tiefe Wunde in ihre Seite, verfehlte jedoch ihr Herz.

Der Gärtner hörte ein Geräusch, und als er unter ihr Fenster trat, glaubte er jemanden stöhnen zu hören. Er eilte zum Treppenabsatz, doch da rief sie zu ihm hinaus, sie sei auf dem Vorleger ausgerutscht, er solle doch bitte die Frau, die in dem Pförtnerhaus am Ende der Allee wohne, holen und einen Arzt verständigen. Als die Frau eintraf, erzählte ihr Carrington dieselbe Geschichte und bat sie, Ralph anzurufen. Auch Dr. Starkey Smith bekam dieselbe Version zu hören. Da sie heftige Schmerzen hatte, spritzte er ihr Morphium. Als sie sah, wie fassungslos er war – er kannte sie seit mehreren Jahren –, schickte sie ihn nach unten, er möge den Kellerschlüssel holen und sich einen Schnaps einschenken. Sie entschuldigte sich auch dafür, ihm solche Unannehmlichkeiten zu bereiten. Obwohl er sie nicht gründlich untersuchen konnte, weil er befürchtete, die Blutungen dadurch noch zu verschlimmern, sah er, daß sie wahrscheinlich zu schwer verletzt war, um mit dem Leben davonzukommen.

Ralph war in der vorigen Nacht spät von einer Party in seine Wohnung in der Great James Street zurückgekehrt und schlief noch, als das Telefon klingelte. David Garnett, der einen Stock darüber im

Büro der Nonesuch Press übernachtete, hatte glücklicherweise seinen Wagen dabei und fuhr Ralph und Frances sofort mit halsbrecherischer Geschwindigkeit nach Ham Spray. Sie trafen ungefähr um elf Uhr mit einer ausgebildeten Krankenschwester ein und fanden Carrington in ihrem Schlafzimmer auf dem Teppich, genau dort, wo sie gestürzt war. Sie war noch bei Bewußtsein und hatte trotz der Morphiumspritze starke Schmerzen. Sie erzählte ihnen, sie habe das Leben gehaßt und sterben wollen, doch selbst das sei ihr mißlungen. Als sie jedoch Ralphs verstörten Gesichtsausdruck sah, änderte sie ihre Geschichte und behauptete, alles sei ein Unfall gewesen. Sie versprach, ihm zuliebe zu versuchen, am Leben zu bleiben.

«Nichts, davon bin ich überzeugt, hätte sie von ihrem Entschluß abbringen können», schrieb Frances später an Rosamond Lehmann. Doch es gab auch Anzeichen dafür, daß sie halbherzig bereit war, weiterzuleben: angefangene Briefe, ein mit Terminen vollgekritzeltes Tagebuch. Vielleicht läßt sich ein Selbstmord auch nur bis zu einem gewissen Punkt vorausplanen. Möglicherweise hatte sich Carrington erst an diesem Morgen endgültig dazu entschlossen. Vielleicht hatte sie gespürt, daß der ärgste Schmerz über Lyttons Tod langsam doch ein wenig nachließ, und befürchtet, später womöglich nicht mehr die Kraft für diesen Schritt aufzubringen. Ralph hatte am Abend wieder bei ihr sein wollen, und in der darauffolgenden Woche hätte sie mit Augustus und Dorelia nach Südfrankreich fahren sollen. Dieser Tag war also ihre letzte Gelegenheit. Eine gewisse Rolle spielte sicher auch das Bedürfnis, all jenen, die sich mit Eifer darum bemühten, sie wieder ins normale Leben zurückzuholen, zu beweisen, daß sie ihr allesamt im Vergleich zu Lytton nichts bedeuteten.

Da ihre Schmerzen wieder stärker wurden, gab ihr der Arzt noch eine Morphiumspritze. Um die Mittagszeit wurde sie bewußtlos, und um Viertel nach zwei starb sie. «Ich ging in ihr Zimmer und sah sie tot daliegen», schrieb David Garnett. «Auf ihrem Gesicht lag ein sehr stolzer Ausdruck.»

David Garnett reiste sofort wieder ab. Gerald Brenan traf ein und fand einen Ralph vor, der «kaum in der Lage war, seine Tränen zurückzuhalten, geschweige denn zusammenhängend zu reden». Er ging in den Garten und saß eine Weile in den Büschen unter der Steineiche und den portugiesischen Lorbeerbäumen. Es war offenbar «unmöglich für sie, woanders zu sein».

Sie hatte Ralph einen Brief hinterlassen. Sie hoffe, daß er Frances heiraten und mit ihr Kinder haben werde. Es folgten eine lange Liste mit Geschenken, die er ihren Freunden übergeben sollte, und die Bitte, ihre Asche im Garten zu verstreuen*, wenn möglich zusammen mit Lyttons. Ralph hatte recht gehabt. Carringtons emsige Gartenarbeit, in der alle außer ihm ein gutes Zeichen gesehen hatten, hatte nur der Vorbereitung zu ihrer Grabstätte gedient. Sie hatte auch hundert Pfund für einen Grabstein beiseite gelegt, den Stephen Tomlin anfertigen sollte. Doch diesen Wunsch erfüllte Ralph ihr nicht, vielleicht weil er lieber kein solches Monument neben dem Haus stehen haben wollte. Er verzichtete darauf, diesen Abschiedsbrief den Beamten vorzulegen, die am Montag, dem 14. März, erschienen, um die vorgeschriebene gerichtliche Untersuchung durchzuführen. «Unfalltod durch einen Schuß in die linke Körperseite, ausgelöst beim Ausgleiten mit einem geladenen Gewehr in der Hand» lautete die offizielle Todesursache. Eine Obduktion wurde nicht vorgenommen.

Ralph, Frances, Alix Strachey und Gerald Brenan blieben in Ham Spray, bis die Untersuchung abgeschlossen war. «Bevor sie sie mitnahmen, sah ich sie mir noch einmal an», schrieb Gerald in sein Tagebuch, «– oder besser das, was der Tod aus ihr gemacht hatte. Es herrschte derselbe eisige Frost, dasselbe bitterkalte Wetter wie vor sieben Wochen, als Lytton starb. Während ich in seinem Bett wach lag – denn man hatte mich zum Schlafen in seinem Zimmer einquartiert –, konnte ich die ganze Nacht über die Krähen in den froststarren Bäumen schreien hören. Ich konnte es einfach nicht glauben, selbst wenn ich ins Nebenzimmer gegangen wäre, wo ihr Leichnam lag.»

---

* Carringtons Leichnam wurde eingeäschert, doch dreißig Jahre später konnte sich niemand mehr daran erinnern, ob ihre Asche tatsächlich im Garten von Ham Spray verstreut worden war oder nicht.

Bibliographischer Anhang

Nach dreissig Jahren

In den sechziger Jahren, als ich diese Biographie schrieb, waren fast alle nachgelassenen Papiere Lytton Stracheys in Privatbesitz. Neben der Arbeit in Lord's Wood, dem Haus von James und Alix Strachey, und am Gordon Square 51, dem Haus der Familie Strachey, wo ich Philippa («Pippa») Strachey traf, besuchte ich Lyttons Freunde und deren Familien: In Hilton Hall las ich mich durch den Briefwechsel mit David Garnett, in der Gower Street durch den Briefwechsel mit Ottoline Morrell, zusammen mit ihrer Tochter Julian Vinogradoff; die Briefe an Barbara Bagenal las ich in ihrem Zuhause in Rye. Die meisten Personen, über die ich schrieb, lebten noch. Ich besuchte Noel Carrington in Lambourne, Duncan Grant in Charleston, Bertrand Russell in Wales, E. M. Forster und Sir John Sheppard in Cambridge, Sebastian Sprott in Nottingham. In London traf ich Boris Anrep, Clive Bell, Bonamy Dobrée (aber nicht Valentine), Mary Hutchinson, Rosamond Lehmann, Osbert Sitwell, Arthur Waley und Leonard Woolf. Roger Senhouse und Dadie Rylands liehen mir jeweils die Briefe, die Strachey ihnen geschrieben hatte. Gerald Brenan und Frances Partridge – letztere nicht ohne einige Überwindung – kopierten für mich Seiten aus Tagebüchern und Briefen.

Nur im Falle eines Manuskriptes gab es Unstimmigkeiten. In «Other People: Diaries September 1963–December 1966» (1993) berichtet Frances Partridge, daß Noël Annan, damals Rektor des King's College, Cambridge, ihr 1966 erzählt habe, der Briefwechsel von Lytton Strachey und Maynard Keynes sei im King's unter Beschlag – obwohl sie selbst sich erinnerte, wie an einem eisigen Wochenende in Charleston daraus vorgelesen wurde und sie gerade noch rechtzeitig bemerkte, daß dies «ein tödliches Geheimnis» sei. Im Tagebucheintrag vom 22. Januar 1966 schrieb sie: «Holroyd war vor zwei Tagen zum Abendessen bei mir und sah die Alben von Ham Spray durch. Ich bin ziemlich sicher, daß er mir dann erzählte, er habe die obigen Briefe auch gelesen, aber der Rektor vom King's nicht. Ich fragte Annan, ob Holroyd sie eingesehen hatte, als er im King's war, und er sagte: «Oh, nein. Ich habe sie selbst nicht gesehen.»

Diese seltsame Situation ergab sich aus einem Kompromiß zwischen Geoffrey Keynes und James Strachey. Geoffrey Keynes wollte den Briefwechsel vernichtet wissen, und James Strachey wollte ihn veröffentlichen. Schließlich einigten sie sich, die Briefe im King's College zu deponieren, unter der Voraussetzung, daß vor 1986 niemand darin lesen dürfe. Ich sah beide gemeinsam Anfang der sechziger Jahre und glaubte zu spüren, daß jeder den anderen überleben wollte, um seinen eigenen Willen durchzusetzen. Zur Sicherheit hatte James Strachey jedoch bereits 1948, vor dem Deponieren der Manuskripte, heimlich einen Mikrofilm von allem (und zusätzlich von Duncan Grants Briefen an Lytton) anfertigen lassen.* Die Lesung in Charleston fand vielleicht aus den Originalen statt, bevor sie ins King's geschickt wurden. Ich arbeitete mit den Mikrofilmen in meinem Zimmer und mit einem gemieteten Lesegerät. Doch bald bekam ich Skrupel, Auszüge aus einer Sammlung zur Veröffentlichung zu bestimmen, die so streng unter Verschluß gehalten wurde. Bevor mein Buch erschien, ging ich deshalb zu dem legendären Bibliothekar im King's, A. N. L. Munby, und erklärte die Lage. Zu meiner Überraschung faßte er es als einen großen Scherz auf, der etwas zu dem Vergnügen einer Bibliothekskarriere beitrug.

James Strachey starb 1967, wenige Monate vor Erscheinen meiner Biographie. In Bloomsbury-Manier hatte er anderen gegenüber einige abfällige Bemerkungen über mein Werk gemacht, doch das mag ihm dabei geholfen haben, sich mir gegenüber großzügig zu verhalten. Jetzt kann ich es einsehen, daß ich wohl eine Enttäuschung für ihn gewesen sein muß. Doch er war entschlossen, aus der unangenehmen Arbeit das Beste zu machen. In den fünf Jahren unserer Bekanntschaft hatte sich meine Einstellung zu ihm von Furcht und Verständnislosigkeit über die Empfindung von Dankbarkeit zu einem Gefühl vorsichtiger Zuneigung entwickelt. Das gereizte Wohlwollen,

---

* Nach James Stracheys Tod und der Veröffentlichung meiner Biographie wies Geoffrey Keynes die Rechtsanwälte an, diese Kopien wieder einzutreiben. «Sie werden, dessen bin ich sicher, volles Verständnis dafür haben, daß ich über die Briefe meines Bruders wirksam verfügen möchte», schrieb er mir am 4. Oktober 1970. Doch da der Besitz von Maynard Keynes' Briefen nach Lyttons Tod auf dessen Bruder James übergegangen war und da ich das Urheberrecht und die Klausel des fairen Gebrauchs nicht verletzt hatte, mußte Geoffrey Keynes mit der Zusicherung, daß die Strachey-Stiftung das Material rechtmäßig verwalte, «zufrieden (wenn auch unzufrieden)» sein. «Ich habe die Gewißheit, daß es moralisch verwerflich, wenn auch nicht gesetzlich verboten ist, ohne Erlaubnis eine Kopie von urheberrechtlich relevantem Material anzufertigen», teilte er mir mit (23. Oktober 1970). «... Ihr Buch hat meinem Bruder ebensoviel Schaden zugefügt, wie wenn Sie das Urheberrecht verletzt hätten.»

das er mir gegenüber empfand, wurde, so glaube ich, auch von seiner Witwe Alix Strachey geteilt.

Das Urheberrecht ging nun an Alix über, und sie ermöglichte mir auch, das autobiographische Buch «Lytton Strachey by Himself» 1971 herauszugeben. Eine Episode in diesem Zusammenhang kann ihre Nachsicht und Großzügigkeit veranschaulichen. Sie lieh zwei Porträts, die Carrington von Lytton gemalt hatte, meinen Verlegern, die eines für den Schutzumschlag verwenden wollten. Die Bilder sollten danach vom Verlag zu den fünfhundert Meter entfernten Upper Grosvenor Galleries gebracht werden, für die erste Ausstellung von Carringtons Werk. Die Bilder wurden fotografiert und dann von Verlagsangestellten für ein paar Minuten am Haupteingang abgestellt, während ein Lieferwagen Wendemanöver machte. In dieser kurzen Zeit wurden sie gestohlen und trotz einer ausgeschriebenen Belohnung nie wiedergefunden. Ich fühlte mich beschämt. Doch Alix Strachey nahm die «ziemlich schreckliche Nachricht» von den gestohlenen Bildern mit philosophischer Gelassenheit. Sie zeigte nie Groll oder erhob Vorwürfe gegen mich – obwohl es von anderer Seite an wilden Gerüchten nicht mangelte. «Ich nehme an, daß so etwas immer und überall passieren kann», schrieb sie am 26. September 1970.

Im Jahr 1972 gründete Alix Strachey die Strachey-Stiftung, eine gemeinnützige Stiftung, deren Hauptziel darin bestehen sollte, «Manuskripte mit allen einschlägigen Hilfsmitteln zu eruieren sowie ein Register der aufgefundenen Materialien zu erstellen, aus dem zum Nutzen der Allgemeinheit hervorgeht, welcher Art die Materialien sind und wo sie verwahrt werden». Alix übergab der Stiftung alle Materialien aus Lyttons Nachlaß, und mit ihrem Tod 1973 übertrug sie der Stiftung auch Lyttons Urheberrechte zusammen mit ihren eigenen und denen von James Strachey.

Alix hatte zwei Ängste, «die sie mit Vorliebe heimsuchten»: Die eine war, «in der Gosse zu sterben», und die andere, «in Ketten abgeführt zu werden wegen Sünden bei der Einkommensteuer». Die Gründung einer gemeinnützigen Stiftung und die Einrichtung eines Publikationsprogramms, für das sie zu Lebzeiten alle urheberrechtlichen Einkünfte erhielt, diente dazu, ihre «Ängste» zu beschwichtigen.

Ihre Absicht war es, über ihren Tod hinaus Forschern einen leichteren Zugang zu Manuskriptsammlungen zu ermöglichen. Die Gründer und ersten Kuratoren der Stiftung waren ich selbst, G. E. Moores Biograph Paul Levy sowie die Historikerin und Übersetzerin aus dem Französischen Lucy Norton, die Schwester von Harry Norton, dem «Eminent Victorians» gewidmet ist. Wir waren beauftragt, uns mit den Schwierigkeiten zu befassen, «denen Biographen, Historiker und andere begegnen, wenn sie die Existenz und den Verbleib von wichtigen Manuskripten eruieren wollen». Der Strachey-Nachlaß wurde später katalogisiert und von der British Library erworben (wie ich gerne glaube, mit Geld aus dem Bernard-Shaw-Nachlaß des British Museum). Die Stiftung verwendete das Geld zusammen mit einigen Lizenzeinnahmen, um das «Location Register of Twentieth-Century English Literary Manuscripts and Letters», das die British Library in zwei umfangreichen Bänden 1988 veröffentlichte, zu konzipieren, zu fördern und teilweise zu finanzieren. Ein Register der Manuskripte und Briefe des 18. und 19. Jahrhunderts wird 1995 folgen. Danach wird die Strachey-Stiftung sich an der Erarbeitung eines Urheberrechtsverzeichnisses beteiligen.

Mit Hilfe des «Location Register» kann leicht nachvollzogen werden, wo die meisten Materialien, mit denen ich vor dreißig Jahren gearbeitet habe und die damals in Privatbesitz waren, sich jetzt befinden. Ich habe das Register auch benutzt, um Materialien, die mir damals nicht zugänglich waren, ausfindig zu machen. Statt Nachweisvermerke ans Ende des Buchs zu verbannen, hatte ich versucht, mein ursprüngliches System beizubehalten und Daten und Briefempfänger in den Text selbst einzubinden und zusätzliche Verweise als Fußnote auf der gleichen Seite anzufügen.* Doch es scheint angebracht und nützlich, an dieser Stelle eine Liste der Aufbewahrungsorte der Materialien anzufügen.

Manuskripte der eigenständigen Veröffentlichungen und der wissenschaftlichen Arbeit Lytton Stracheys

«Eminent Victorians» mit vier Heften Anmerkungen und Entwürfen befindet sich in der British Library (Add MSS 54219–54223). Siehe dazu die Beschreibung: Jenny Stratford, «Eminent Victorians», «British Museum Quarterly», Frühjahr 1968, S. 93–96.

«Queen Victoria» befindet sich im Humanities Research Center, University of Texas, Austin. Zusätzlich zu den korrigierten Manuskripten besitzt das Forschungszentrum einige Typoskripte (mit kleinen Verbesserungen), überarbeitete Korrekturfahnen und Forschungsnotizen.

«Elizabeth and Essex» befindet sich in der Bibliothek der Duke University, North Carolina (ein einseitiges Fragment ist im Humanities Research Center, University of Texas, Austin).

«Portraits in Miniature». Ein unvollständiges, überarbeitetes Manuskript (84 Seiten) befindet sich im Humanities Research Center, University of Texas, Austin; ebenso ein Manuskriptfragment mit den letzten Zeilen des Buches und Korrekturfahnen mit Änderungen und Zusätzen.

«Warren Hastings, Cheyt Sing and the Begums of Oude» befindet sich in der

---

* Von dort hat meine Lektorin sie wieder aufgesammelt und gedruckt ans Buchende zusammengepfercht, weil «sie den Leser vom Erzählfluß ablenken». Aus Freundlichkeit mir gegenüber gönnt sie jedoch einigen Beispielen probehalber den freien Auslauf, den ich gewünscht hatte.

Robert H. Taylor Collection an der Princeton University, außerdem ein Typoskript. Ein weiteres Typoskript befindet sich im Trinity College, Cambridge.

Manuskripte von Gedichten, Theaterstücken, Essays und Rezensionen

Eine Fotokopie von «A Son of Heaven» befindet sich in der Duke University. Theaterstücke und Juvenilia Stracheys sind bei den Strachey-Materialien von vor der Jahrhundertwende in der British Library aufbewahrt (Add. MSS 60631–60654, 61825). Eine große Anzahl früher Gedichte befindet sich in der Robert H. Taylor Collection an der Princeton University, viele Gedichte an Roger Senhouse in der Berg Collection an der New York Public Library. Gelegenheitsgedichte tauchen in verschiedenen Sammlungen auf, unter anderem am King's College (Sheppard-Papiere), an der Reading University, an der Eton School Library (Edward Marsh Manuscript Album, Folge 125–126) und dem Humanities Research Center, University of Texas, Austin. Einige dieser Gedichtmanuskripte wurden bei der Auktion der Charleston-Stiftung versteigert und sind im Sotheby-Katalog abgedruckt (21. Juli 1980, Nr. 279–284), andere wurden bei der Auktion der Society of Authors versteigert und sind abgedruckt im Sotheby-Katalog (30. Juni 1982, Nr. 333–337, 618–620). Zu einer Liste von Gedichtmanuskripten Stracheys (einschließlich der im Druck erschienenen) und dem Aufbewahrungsort von Manuskripten von Gelegenheitsaufsätzen und -rezensionen siehe Michael Edmonds, «Lytton Strachey. A Bibliographie», 1981.

Weitere Manuskripte in Grossbritannien

The British Library, London
Der Briefwechsel zwischen Lytton Strachey und James Strachey (Add. MSS 60706–60712), Duncan Grant (Add. MSS 57932–57933), Carrington (Add. MSS 62888–62897) und der Society of Authors (Add. MS 63334). Dort befinden sich auch Lytton Stracheys Briefe an seine Schwester Philippa Strachey (Add. MSS 60720–60721), Clive Bell (Add. MS 71104), E. B. C. Jones/«Topsy» Lucas (Add. MS 53788) und Einzelbriefe an E. H. Blakeney (Add. MS 63087), D. H. Lawrence (Add. MS 48966), Sidney Lee (Add. MS 56087) und Christabel McLaren (Add. MS 52556). In der British Library sind ferner einige Briefe Lytton Stracheys an Zeitungen (Add. MS 60721) aufbewahrt und eine große Sammlung von Briefen an ihn und James Strachey, die früher zur Sammlung der Strachey-Stiftung gehörten (Add. MSS 60655–600734).

The India Office Library and Records, London
Briefe Lytton Stracheys an seine Großmutter (MSS. Eur. F. 127/69), seine Mutter (MSS. Eur. F. 127/341) und seinen Bruder Ralph Strachey (MSS. Eur. F. 127/444). Diese Briefe gehören zu den Papieren von Sir Richard Strachey, seiner Frau Jane Maria Strachey (geb. Grant) und ihrem Vater Sir John Peter Grant (genannt «The Strachey Collection»), die James und Alix Strachey 1964 in den India Office Library and Records deponierten. Später wurden die India Office Library and Records Teil der Oriental and India Office Collections in der British Library.

House of Lord Records Office, London
Briefwechsel zwischen Lytton Strachey und J. St. Loe Strachey (33/6/118–126).

Victoria and Albert Museum National Art Library, London
Briefe an Boris Anrep (86.PP.12).

Royal Society of Literature, London
Zwei Briefe an die Royal Society 1922–23.

King's College Library, Cambridge
Briefwechsel zwischen Lytton Strachey und John Maynard Keynes (mit zwei zusätzlichen Briefen Stracheys an Keynes zur Verwahrung für die Royal Economic Society, Cambridge) und Briefe Stracheys an E. M. Forster, John Hayward, Gertrude Kingston, George Rylands, J. T. Sheppard, W. J. H. Sprott und B. Swithinbank. Einzelne Briefe an Julian Bell, Goldsworthy Lowes Dickinson, Miss Finlay, Lydia Keynes, Rosamond Lehmann und Thoby Stephen (Kopie). Das King's College besitzt außerdem Stracheys Einführung zu George Rylands' «Words and Poetry» und einen Brief von Rupert Brooke an Strachey.

University of Cambridge Library
Briefe an G. E. Moore (Add. 8330), ein einzelner Brief an Edmund Gosse (Add. 7032/7) und an Philip Gosse (Add. 7031/51) sowie eine Abschrift Stracheys eines Briefes von Edmund Gosse (Add. 7031/46).

Trinity College, Cambridge
Briefe an R. C. Trevelyan (RCT 17[113–114]) und Briefe in Zusammenhang mit R. C. Trevelyans «the pterodamozels: an operatic fable» (RCT 19[33–56]). Ebenso eine Karte an A. J. Robertson (Add. MS a.238[8]).

The Bodleian Library, Oxford
Briefe an H. A. L. Fisher (MSS Fisher und MS Fisher 66, fols 71–72), an P. J. Toynbee (MSS Toynbee d25 & 27), an Sybil Colefax (MSS. Eng. c.3170, fols.

26–39 und c.3175, fol. 40) und ein einzelner Brief an H. H. Asquith (MS Asquith 35, fol. 105).

Merton College, Oxford
Briefe an Max Beerbohm (Max Beerbohm Collection 5A).

University of Sussex Library, Brighton
Briefwechsel zwischen Lytton Strachey (Abschriften) und Leonard Woolf (SxMs18.MHL), drei Briefe (Abschriften) an Virginia Woolf (SxMs 18MHL [VW]) (ebenso drei Briefe von Virginia Woolf an Strachey) und ein einzelner Brief an Goldsworthy Lowes Dickinson (SxMs 11/11/4). Die Bibliothek besitzt auch Fotokopien der Originalpapiere des Charleston-Archivs, das bis zur Auktion bei Sotheby 1980 im King's College, Cambridge, untergebracht war. Es enthält auch Briefe von Lytton Strachey an Clive und Vanessa Bell sowie einen einzelnen Brief an Thoby Stephen.

University of Reading Library, Reading
Briefe an Chatto & Windus (MS 2444) und Nancy Astor (MS 1416/1/2).

Brotherton Library, University of Leeds
Briefe an Edmund Gosse.

Hertfordshire County Record Office, Hertford
Briefe an Lady Desborough (D/ERv/C2500/1).

National Library of Scotland, Edinburgh
Brief an George Blake (Acc. 4989) und an John Purves (MS 15561).

Mitchell Library, Glasgow District Library, Glasgow
Brief an Henry MacLaren (MS 152/97).

National Library of Wales, Aberystwyth
Briefe an Dorelia McNeil (NLW MS 22789D fols 97–101) und ein Brief an Augustus John (NLW MS 22785D fol 138).

Weitere Manuskripte in den Vereinigten Staaten

Humanities Research Center, University of Texas, Austin
Briefe an J. R. Ackerley, James H. Doggart, Mary Hutchinson, Ottoline Morrell, Philip Moeller, Ralph Partridge, Lady Strachey, Sir Richard Strachey und die Familie Strachey sowie an Leonard Woolf. Dort befinden sich auch einzelne Briefe an Ralph Alker, St. John Hutchinson, John Lehmann, Frances Marshall, Philip Morrell und den PEN-Club. Ebenso ein Brief an Virginia Woolf, überreicht in einem Widmungsexemplar von «Landmarks

in French Literature», und ein Brief an Carrington und Ralph Partridge gemeinsam. Unter der Korrespondenz an Strachey (einschließlich der Briefe von Sir Richard Strachey und Lady Strachey, Mary Hutchinson, Ralph Partridge und Leonard Woolf) befindet sich auch ein lobender Brief von Thomas Hardy über «Queen Victoria», den Strachey verlegt und der von Sebastian Sprott in den zwanziger Jahren nicht ausfindig gemacht wurde.

Berg Collection, New York Public Library
Briefe an Barbara Bagenal, Rupert Brooke, John Maynard Keynes, John Middleton Murry, Roger Senhouse und Leonard Woolf. Dort befinden sich auch einzelne Briefe an Nick Bagenal, John Lehmann, Katherine Mansfield, Edward Marsh, J. B. Pinker, Edward Sackville-West und Edith Sitwell.

Robert H. Taylor Collection, University of Princeton
Briefe an Vanessa Bell, Dorothy Bussy, Leonard Woolf und Virginia Woolf sowie ein einzelner Brief an Richard Jennings.

Houghton Library, Harvard University
Briefe an Gamaliel Bradford, T. S. Eliot und William Rothenstein. Ebenso einzelne Briefe an Mr. Everett und Henry Goddard Leach.

Duke University Library, North Carolina
Drei Briefe an Crosby Gaige und einzelne Briefe an Percy Spalding von Chatto & Windus und an James R. Wells.

Columbia University, New York
Ein Brief an Paul Reynolds.

Manuskripte in Kanada

In der McMaster University, Hamilton, Ontario befinden sich ein Brief und ein Telegramm an Bertrand Russell.

Veröffentlichte Werke

Nach Lytton Stracheys Tod genehmigte sein Bruder und literarischer Nachlaßverwalter James Strachey die Veröffentlichung von «Characters and Commentaries» (1933), eine Sammlung von dreiunddreißig Essays, geschrieben zwischen 1905 und 1931, die bisher nicht gesammelt erschienen waren. Der Band enthielt den Nachdruck der Vorworte zu «A Simple Story» und «Words and Poetry» ebenso wie den Leslie-Stephens-Vortrag über Pope und Lyttons unveröffentlichte «English Letter Writers» und den unvollständigen «Othello».

«The Greville Memoirs», herausgegeben von Lytton Strachey und Roger Fulford, wurden 1938 veröffentlicht. Die Vorarbeit für das siebenbändige Werk war von Ralph und Frances Partridge geleistet worden, die auch einen Registerband erstellten.

Von Lytton Stracheys Gesammelten Werken gab es zwei Ausgaben. Chatto & Windus brachten 1934 sechs Bände heraus – «Eminent Victorians», «Queen Victoria», «Books and Characters», «Elizabeth and Essex», «Portraits in Miniature» und «Characters and Commentaries» – zusammen in einer schwarzen Kassette (Auflage 400). Eine einheitliche Ausgabe von Stracheys Gesammelten Werken mit scharlachrotem Einband und Schutzumschlag, entworfen von Edward Bawden, gaben Chatto & Windus 1948 heraus. Die Einzeltitel waren: «Landmarks in French Literature», «Eminent Victorians», «Queen Victoria», «Elizabeth and Essex», «Literary Essays» und «Biographical Essays». Die beiden letzten Bände, die auch in den Vereinigten Staaten von Harcourt Brace veröffentlicht wurden, enthielten in geänderter Anordnung die Essays aus «Books and Characters», «Portraits in Miniature» und «Characters and Commentaries». Sechs Aufsätze aus dem letzten Band wurden weggelassen, «Charles Greville», der in *Nation and Athenaeum* (11. August 1923) publiziert worden und in den «Biographical Essays» abgedruckt war, wurde zum erstenmal in den Sammelband aufgenommen.

Leonard Woolf und James Strachey gaben 1956 den Band «Virginia Woolf and Lytton Strachey» mit einer Einführung heraus, eine Auswahl von Briefen zwischen 1906 und 1931, mit manchen Auslassungen und einigen durch willkürliche Initialen ersetzte Namen.

1964 erschienen die «Spectatorial Essays», ausgewählt und eingeleitet von James Strachey, mit fünfunddreißig Beiträgen für den *Spectator*, einschließlich einiger ursprünglich mit «Ignotus» unterzeichneten Theaterkritiken, die Lytton Strachey zwischen 1904 und 1913 verfaßte. Die Auswahl umfaßt weniger als die Hälfte seiner Beiträge für seinen Cousin, den Herausgeber St. Loe Strachey.

Stracheys komischer Roman «Ermyntrude and Esmeralda», mit einer Einführung von Michael Holroyd und Illustrationen von Erté, wurde 1969 vom *Playboy* in Fortsetzungen veröffentlicht sowie in Buchform in Großbritannien (Anthony Blond, 1969) und in den Vereinigten Staaten (Stein and Day 1970). Eine limitierte Ausgabe von 250 Exemplaren im Schuber wurde von Anthony Blond herausgebracht, Übersetzungen erschienen in Italien (Sugar Editore 1970) und Frankreich (Flammarion 1971).

«Lytton Strachey by Himself. A Self Portrait» (1971), mit einer Einleitung und Kommentaren herausgegeben von Michael Holroyd, war eine Auswahl von bis dahin unveröffentlichten autobiographischen Essays (einschließlich «Lancaster Gate» und «Monday 26 June»), gelegentlichen Tagebuchnotizen von der Kindheit bis zu «A Fortnight in France» von 1931 und Varia wie Stracheys Erklärung als Kriegsdienstverweigerer.

Ein zweiter Sammelband unveröffentlichter Werke, «The Really Interesting Question and Other Papers», mit Einleitung und Kommentaren herausgegeben von Paul Levy, erschien 1972. Der Band versammelte einige Referate für die «Apostel», Verse, Prosa und Briefe aus der Kriegszeit und zeigte Strachey vor allem als Schriftsteller politischer und sozialer Themen. Zur Feier von Stracheys hundertstem Geburtstag 1980 erschien unter dem Titel «The Shorter Strachey» eine Sammlung von vierundzwanzig Essays, ausgewählt und eingeleitet von Michael Holroyd und Paul Levy. Die Auswahl bestand hauptsächlich aus früheren Sammelbänden, veröffentlichte aber auch zum erstenmal Stracheys Referat «Ought Father to Grow a Beard?», 1902 bei den «Aposteln» vorgetragen, und einen Essay über Warren Hastings, wahrscheinlich 1907 verfaßt, als Strachey erwog, seine wissenschaftliche Arbeit aus der Cambridge-Zeit als Buch umzuarbeiten. Erstmals gesammelt erschien auch seine Denkschrift über Asquith, die in «The Times» vom 15. Januar 1972 veröffentlicht worden war.

Arbeiten über Lytton Strachey u. a.: Günther Köntges, «Die Sprache in der Biographie Lytton Stracheys», Bauer 1938; Max Beerbohm, «Lytton Strachey. The Rede Lecture», Cambridge University Press 1943; Charles R. Sanders, «Lytton Strachey. His Mind and Art», Yale University Press 1957; M. S. Yu, «Two Masters of Irony. Wilde and Lytton Strachey», Hong Kong University Press 1957; Martin Kallich, «The Psychological Milieu of Lytton Strachey», Yale University Press 1961; Gabriel Merle, «Lytton Strachey (1880–1932) biographie et critique d'un critique et biographe», Librairie Honore Champion, 2 Bde., 1980; John Ferns, «Lytton Strachey», Twayne's English Authors Series 462, 1988; Barry Spurr, «Diabolical Art: The Achievement of Lytton Strachey», Edwin Mellen Press 1994.

Michael Edmonds hat eine Bibliographie zusammengestellt und eingeleitet: «Lytton Strachey. A Bibliography», Garland Reference Library of the Humanities, Bd. 231, 1981.

ANMERKUNGEN

I. Lytton Strachey

1 «Eminent Victorians» liegt in deutscher Teilübersetzung unter den folgenden Titeln vor: «Geist und Abenteuer», H. Reisiger, Bln. 1932 (enth. nur «Das Ende des Generals Gordon») – «Macht und Frömmigkeit. Florence Nightingale, Kardinal Manning, 2 Bildnisse aus der Viktorianischen Zeit», ders. und W. v. Einsiedel, Bln. 1937 (unvollst.).
2 Sämtliche Zitate aus Virginia Woolfs Tagebüchern stammen aus: «Gesammelte Werke, Tagebücher, Band I, 1915–1919», hg. v. Klaus Reichert, Fischer Verlag, Frankfurt a. M. 1990 (übersetzt von Maria Bosse-Sporleder); «Gesammelte Werke, Tagebücher, Band II, 1920–1924, hg. v. Klaus Reichert, Fischer Verlag, Frankfurt a. M. 1993 (übersetzt von Claudia Wenner). Band III der deutschen Ausgabe der Tagebücher von Virginia Woolf für die Zeit nach 1924 ist noch nicht erschienen.

II. Krieg und Frieden

1 Die Omega Workshops waren im Juli 1913 am Fitzroy Square 33 eröffnet worden. Die treibende Kraft war der Kunstkritiker Roger Fry, dem Vanessa Bell und Duncan Grant assistierten. Die Räume umfaßten Auslagen, Ateliers und Werkstätten, in denen Stoffe, Keramikwaren und Möbel kunstgewerblich hergestellt wurden. Zu den jungen Künstlern, die auf diese Weise eine Einkommensquelle erhielten, gehörten Wyndham Lewis, Edward Wadsworth, William Roberts und Henri Gaudier-Brzeska.
2 Gretchen Gerzina, «Carrington. A Life of Dora Carrington 1893–1932» (1989), S. 8.
3 Carrington, Dora, «Carrington. Letters and Extracts from her Diaries», David Garnett, Hg. (1970), S. 504.
4 Carrington bezeichnete ihren Bruder «Teddy» häufig als Seemann und weckte bei einigen Freunden den Eindruck, er sei auf See ertrunken. Als England in den Krieg eintrat, hatte er Cambridge verlassen und sich

freiwillig als Vollmatrose zur Marine gemeldet, wo er mit Freunden aus seinem Ruderclub auf ein Minensuchboot ging. Nach ungefähr achtzehn Monaten löste die Admiralität seine Einheit auf. Er bewarb sich um ein Offizierspatent beim Wiltshire-Regiment, in dem sein ältester Bruder Sam einige Jahre vor dem Krieg als Berufsoffizier gedient hatte und in dem Noel schon seit 1914 diente. Nach einer kurzen Ausbildung wurde er 1916 nach Frankreich geschickt und schon bald nach Ausbruch der Somme-Schlacht als vermißt gemeldet. In Doras Briefen ist auch gelegentlich noch von Sam, der im August 1914, und von Noel, der im Juni 1915 verwundet wurde, die Rede. Doch der Verlust von Teddy war ein besonders harter Schlag für sie und trug viel dazu bei, daß sie zur Pazifistin wurde. Obgleich sie nie eine sehr enge Beziehung zu ihm gehabt hatte, war er doch der erste ihr bekannte junge Mann, der im Krieg fiel, und sie empfand den Verlust als außerordentlich schmerzlich. Bei seinem letzten Urlaub hatte er seine Matrosenuniform getragen, und sie hatte mehrere Zeichnungen von ihm gemacht.

Noel war der Verfasser des Buches «Design in Everyday Life and Popular Art in Britain.» Er arbeitete bei der Oxford University Press und wurde Mitherausgeber der Zeitschrift *Country Life* sowie der Reihe «Puffin Picture Books» im Verlag Penguin. Nach dem Zweiten Weltkrieg legte er seine Verlagsarbeit nieder und wurde Landwirt in Berkshire.

5 Die Slade School ist im Besitz zweier naturalistischer Bilder von Carrington. Eines davon brachte ihr den Melville Nettleship Prize für gegenständliche Komposition (1912) ein, mit dem anderen belegte sie den zweiten Platz für gegenständliche Malerei (1911). In ihrem letzten Jahr an der Schule erhielt sie einen Preis für Malen nach einem Gipsmodell.
6 «Mein Name. Er ist tatsächlich ein streng gehütetes Geheimnis», schrieb sie an Gerald Brenan (26. Dezember 1920). «Denn wie alle Namen verrät er meine Bestimmung. Ich kann mir nicht helfen, aber ich fühle mich schon verurteilt, sobald mein Name bekannt ist.» Sie experimentierte mit verschiedenen Ersatznamen und unterschrieb ein paar Briefe mit «Doric» (oder mit dessen Umkehrung «Cirod») und mit «Kunak». Lytton nannte sie später «Mopsa» nach einer der Schäferinnen in Shakespears «Wintermärchen».
7 Mark Gertler, «Selected Letters», Hg. Noel Carrington (1965), S. 235.
8 Woolf, «Tagebücher I», S. 159.
9 Woolf, «Tagebücher II», S. 138.
10 Viscount Snowden (1864–1937), damals Parlamentsabgeordneter für Blackburn und Fürsprecher der Kriegsdienstverweigerer. Später wurde er Schatzkanzler (1924, 1929–31). Er war einer der Mitbegründer der Labour Party und Partei-Vize nach Ramsay MacDonald.
11 «The Shorter Strachey», Hg. Michael Holroyd und Paul Levy (1980), S. 40.

12 Die Frage, ob er ein deutscher Spion sei, wurde Lytton wiederholt gestellt und bereitete ihm besonders auf dem Land Ungemach. «Es ist ein ausgesprochenes Unglück, eine so auffallende Erscheinung zu sein», beklagte er sich am 6. August 1917 bei Vanessa Bell. «Sollte ich mir für die Dauer des Krieges den Bart abrasieren? Aber würde das genügen, um das Mißtrauen der Bauerntölpel zu zerstreuen?»
13 Wie «Lancaster Gate» wurde dieser autobiographische Essay im Memoir Club vorgelesen und später in «Lytton Strachey by Himself» veröffentlicht (1971).
14 «Selected Letters of Vanessa Bell», Hg. Regina Marler (1933), S. 199.
15 Später Viscount Tredegar (1899–1949). Er war damals Student am Christ Church College in Oxford.
16 Violet Paget (1856–1935), lesbischer «Blaustrumpf», die unter dem Pseudonym «Vernon Lee» Bücher über Ästhetik, Politik und internationale Kunst schrieb. In späteren Lebensjahren wurde sie ziemlich schwerhörig und mußte ein Hörrohr benutzen, das sie stets in die Höhe hob, wenn sie selbst sprach. Sie war auch deshalb berühmt, weil sie in der ersten Zeile eines Gedichtes von Browning auftauchte, «Who said Vernon Lee?»
17 Holroyd, Hg., «The Shorter Strachey», S. 40.
18 Ferienort der Familie in Schottland während Lyttons Kindheit. A. d. Ü.
19 Garnett, Hg., «Carrington», S. 37.
20 «Wie und warum Carrington ihn [Lytton] so hingebungsvoll liebte, weiß ich nicht», erklärte Dorothy Brett dem Verfasser. «Warum sie ihr Talent und ihr ganzes Leben unterdrückt hat, ist mir ein Rätsel ... Ich glaube, sie hat die meisten ihrer Freundschaften teilweise aufgegeben, als sie sich Lytton widmete ... Sie leistete seinen Obszönitäten Vorschub; ich habe es gesehen, deshalb habe ich eine Vorstellung davon. Ich sollte eigentlich kein Vorurteil haben. Aber ich glaube, Gertler und ich konnten nicht umhin, Vorurteile zu haben. Es war so schwer zu verstehen, wie sie ihn anziehend finden konnte.»
21 Beatrice Glenavy, «Today We Will Only Gossip» (1964), S. 104f.
22 Die erste Veröffentlichung der Hogarth Press, Leonhard und Virginia Woolfs «Two Stories» (1917), enthält vier Holzschnitte von Carrington, für die sie fünfzehn Shilling erhielt.
23 Gemeint ist Poppet John, die Tochter von Augustus John.
24 In ihren Memoiren, «Two Flamboyant Fathers» (1966), berichtet Nicolette Devas, daß sie Lytton und Carrington häufig mit Johns gesehen habe, «in Fordingbridge und anderen Turnierplätzen ... wenn man Strachey irgendwo in schlaffer Haltung auf wackeligen Beinen sah, war Dora Carrington sein Schatten, folgte ihm auf Schritt und Tritt, demütig, anbetend ... wir nannten sie den ‹Nordwind› wegen der Art, wie sie ihr Gesicht in den Wind hielt, ihr langes, schwarzes [sic] Haar mit dem eckigen Pony wehte wie ein schwarzer Wimpel hinter ihr her, während

ihr schwarzer Rock scheinbar auch unter dem Einfluß des Windes stehend gegen ihre hagere Gestalt geblasen wurde.»
25 Woolf, «Tagebücher I», S. 121.
26 Garnett, Hg., «Carrington», S. 63–65.

III. Tidmarsh

1 «Carringtons Letters & Extracts from her Diaries», S. 66.
2 Montague Sherman, Rechtsanwalt und Kunstkenner. Er war einer von Gertlers treuesten Freunden und Gönnern und überließ ihm oft sein Zimmer im Adelphi. 1940 gab es in der Redfern Gallery eine Ausstellung von Shearmans Sammlung.
3 Samuel Solomonovitch Kóteliansky (1880–1955) war 1911 mit einem dreimonatigen Stipendium für wirtschaftswissenschaftliche Forschung aus Kiew nach London gekommen und blieb sein Leben lang in der Acacia Road 5, St. John's Wood wohnen. Dunkelhäutig, mit einem blassen, sensiblen Gesicht und einem wilden Blick in den schwarzen Augen, sah er, wie sein Freund D. H. Lawrence sagte, «ein bißchen wie Jehova» aus. Er baute sich eine Existenz als Übersetzer von Bunin, Tschechow, Gorki, Kuprin und anderen auf, wobei er manchmal mit seinen Freunden Lawrence, Katherine Mansfield, Middleton Murry und Leonhard Woolf zusammenarbeitete, die sein eigenwilliges Englisch in ihren eigenen Sprachstil umformten, woraufhin die Arbeiten dann in der Hogarth Press veröffentlicht wurden.
4 David Garnett, «The Flowers of the Forest», 1955, S. 153.
5 Dieses Cottage war James Strachey von einer Quäkerin im Büro der «Gesellschaft der Freunde» empfohlen worden. Dort leistete er Ersatzdienst und gab Milch an deutsche Ehefrauen aus.
6 Vgl. John Woodeson, «Mark Gertler», 1972, S. 245f.
7 Noel Carrington, Hg., «Mark Gertler. Selected Letters», 1965, S. 151f.
8 Lytton schrieb später, 1929, einen Essay über Creighton (1843–1901), Bischof von London. Er erschien erstmals in der Sammlung «Portraits in Miniature» im Jahr 1931.
9 Als das Projekt angelaufen war, ging Maynard Keynes etwa alle drei Monate mit Barbara Bagenal ins Café Royal und überprüfte beim Mittag- oder Abendessen der Form halber ihre Buchhaltung.
10 Gerald Brenan, «Personal Record 1920–1972», 1974, S. 24.
11 Der Kornspeicher nebenan war eine regelrechte Brutstätte für Ratten. «Eines Morgens wurde ich durch Schreie aus Lyttons Zimmer geweckt» erinnert sich James Strachey, «und ging hinein und sah, daß sich im Unterteil des Bettes etwas bewegte – eine Ratte, die ich in einem Nachttopf fing.»
12 Robert Nichols (1893–1944), Dichter und Dramatiker, der damals im Arbeitsministerium arbeitete und an der belgisch-französischen Front

im Einsatz gewesen war. Sein gerade erschienener Gedichtband «Ardour and Endurance» war viel beachtet worden, und viele hielten ihn für einen neuen Rupert Brooke.
13 Frank Swinnerton, «Autobiography», 1936, S. 126.
14 In der ersten Ausgabe von «Eminent Victorians» gab es tatsächlich sechs Illustrationen, deren letzte eine Fotografie von Gladstone war.
15 Frank Swinnerton, «The Georgian Literary Scene», Ausgabe von 1951, S. 269.
16 Aber in ihrem Tagebuch schrieb Virginia am 7. Januar 1918: «Ich sagte ihm, er schreibe zu sehr nach dem Muster von Macaulay. ‹Du mochtest wohl Gordon nicht so sehr›, sagte er. Er war ganz ungerührt, zufrieden, beinahe glatt.» Virginia Woolf, «Tagebuch Bd. I», S. 175.
17 Sir John Dickinson (1848–1933), der sein Jurastudium am Trinity College in Cambridge absolviert hatte, war von 1913 bis 1920 Vorsitzender des örtlichen Gerichts in der Bow Street.
18 Lloyd George war davon überzeugt, daß die siegreichen alliierten Truppen im Westen Deutschland besiegen konnten, aber hatte den Chef des britischen Generalstabs Sir William Robertson, König George V. und Asquith sowie einige Mitglieder des Kriegskabinetts gegen sich. Er nahm es im Unterhaus erfolgreich mit ihnen auf, und am 18. Februar erfuhr Robertson aus der Morgenzeitung von seinem eigenen Rücktritt. «Der Gang der Politik am Anfang dieser Woche war zutiefst schockierend», schrieb Asquith am 22. Februar 1918 an seine Mutter. «Bonar [Law] hätte Premierminister werden können, wenn er gewollt hätte, aber er hat sich davor gedrückt, und da auch sonst niemand geneigt schien, den Posten zu übernehmen, setzte sich der Ziegenbock [Lloyd George] durch.»
19 Desmond hatte sich in Lady Cynthia Asquith, die Frau des Dichters Herbert («Beb») Asquith, verliebt, der der zweitälteste Sohn von H. H. Asquith war.

IV. Ein Leben in Abgeschiedenheit

1 Hugh Kingsmill, «The Progress of a Biographer», 1949, S. 7.
2 «A New History of Rome», in: *Spectator* 102 (2. Januar 1909), S. 20f.
3 Einführung zu den «Eminent Victorians» in der Ausgabe des Verlages Collins Classic, 1959.
4 Lady Raleigh, Hg., «The Letters of Sir Walter Raleigh 1879–1922», 1926, Bd. II, S. 479f.
5 Lytton hatte in seinem Vorwort einen Auszug aus Gosses Artikel zur Biographie in der *Anglo-Saxon Reviews* (VIII, 1901, S. 195–208) paraphrasiert, wo es hieß: «Wir in England begraben die Toten unter dem gewaltigen Katafalk von zwei Bänden (Kronenpapier im Oktavformat) und gehen dann erfrischt zur Tagesordnung über ... Diese beiden großen

feierlichen Bände ... folgen dem Sarg so unausweichlich wie die anderen Statisten der Trauergemeinde.»
6 David Cannadine, «G. M. Trevelyan. A Life in History», 1929, S. 43 f.
7 *Cambridge Review*, Bd. LXV (4. Dezember 1943), S. 120ff, und *Spectator* (21. Januar 1944), S. 7 f.
8 «Lytton Strachey as Historian», in: «Historical Essays» (1957), S. 279–284.
9 Edmund Wilson, «Lytton Strachey», in: *New Republic* 72 (21. September 1932), S. 146ff. Gesammelt in: «The Shores of Light: A Literary Chronicle of the Twenties and Thirties» (1952), S. 551–556.
10 Während seines Gastvortrags mit dem Titel «Some Aspects of the Victorian Age» sagte Asquith: «In einem kürzlich veröffentlichten Band – die scharfsinnigste und brillanteste Reihe biographischer Studien, die ich seit langem gelesen habe – hat sich Mr. Strachey unter dem bescheidenen Titel ‹Eminent Victorians› vier (denkbar verschiedener) Gestalten angenommen ... Sie sind jetzt weniger denn je vom Vergessen bedroht, da sie Mr. Stracheys feinsinnige und anregende Kunst für den zukünftigen englischen Leser (nicht im Geist blinder Heldenverehrung) wieder zum Leben erweckt hat.»
11 Holroyd, M. u. Levy, P., Hg., «The Shorter Strachey», 1980, S. 41.
12 Lytton erhielt Gelegenheit, die Druckmaschinen in Aktion zu sehen, und sollte am Ende der Vorführung das erste Exemplar seines Buchs als Geschenk in Händen halten. Als er sich in der Druckerei einfand, wo die Vorbereitungen auf Hochtouren liefen, streikten die Maschinen und waren nicht mehr in Gang zu bringen. Die Verleger und Drucker waren ratlos, während Lytton geradezu beruhigt schien.
13 Gide wohnte anfänglich in Grape House in Grantchester, zog dann aber nach Merton House um, in die Nähe Dorothy Bussys, die damals in der Grange Road 27 in Cambridge wohnte.
14 Am 29. September 1918 schrieb Gide Lytton: *«Un contretemps absurde fait que je n'ai reçu que trop tard votre aimable invitation, alors que déjà tout était décidé pour mon départ. Le plaisir que je me promettais, de vous revoir et Miss Carrington, était si vif que peu s'en fallut pour que je ne remisse mon voyage ... Du moins croyez la sincérité de mes regrets. Et pour me consoler, je vous lis.»*
15 Robert Skidelsky, «John Maynard Keynes. The Economist as Saviour 1920–1937», 1992, S. 406.
16 David Garnett, «Great Friends», 1979, S. 140.
17 Cyril Connolly, «The Modern Movement», 1965, S. 41 und «Enemies of Promise», überarbeitete Ausgabe von 1961, S. 59.
18 Ian Hamilton, «Keepers of the Flame. Literary Estates and the Rise of Biography», 1992, S. 238.
19 Barry Spurr, «Camp Mandarin: The Prose Style of Lytton Strachey», in: «English Literature in Transition 1880–1920», Bd. 33, Nr. 1 (1990), S. 31–45.

20 Anthony Kenny, «Evolution of a Primate», in: «Oxford Magazine», 6. Woche, Frühjahrstrimester (1986), S. 15.
21 Bertrand Russell, «Portraits from Memory. J. M. Keynes & Lytton Strachey», Sendung des BBC Home Service vom 10. Juli 1952.
22 Peter Clarke, «Strachey, Prospero, and the Seventh Heaven», in: *London Review of Books* (22. Mai–4. Juni 1980), S. 22f.
23 William Gerhardie, «God's Fifth Column», 1980, S. 18. Siehe ebenso Anthony M. Friedson, Hg. «New Directions in Biography» (1981), S. 24.
24 John Stewart Collins, «An Artist of Life. The Life and Work of Havelock Ellis», 1959, S. 92f.
25 Richard Holmes, «People who knead People», in: *Times Saturday Review* (11. Mai 1991), S. 16ff.
26 Charles Carrington, «Rudyard Kipling. His Life and Work», 1955, S. 479f.
27 Gerald Brenan, «South from Granada», Ausgabe von 1987, S. 28f.
28 Violet Asquith war die Tochter H. H. Asquith' mit seiner ersten Frau Helen (geborene Melland), später Lady Violet Bonham-Carter und noch später Baroness Asquith. In Garsington hatte sie Kriegsdienstverweigerer pauschal als Feiglinge und vaterlandslose Gesellen abqualifiziert, die deportiert gehörten. Lytton hielt ihr vor Augen, daß sich ihre Ansichten (und wohl auch die der Regierung) mit denen des preußischen Feindes deckten. Nach der Auseinandersetzung weigerte sie sich, noch einmal mit ihm zu reden.
29 Cyril Asquith, Margots jüngstes Stiefkind.
30 Anthony Asquith, im Familienkreis gewöhnlich «der Papageientaucher» genannt, wurde später Filmproduzent.
31 Margots Tochter Elizabeth Asquith, die Prince Antoine Bibesco heiratete.
32 Guilhermina Suggia (1888–1950) gestand später, daß sie sich vor Lytton fürchtete.
33 Osbert Sitwell, «Laughter in the Next Room», Ausgabe von 1975, S. 22.
34 Ist die Person gemeint, dann stets «Königin Viktoria», ist von Lyttons Buch über sie die Rede, dann «Queen Victoria», gemäß der dt. Ausgabe des Werks: L. Strachey: «Queen Victoria», Berlin 1925.
35 Im bibliographischen Anhang zu Stracheys «Queen Victoria» fehlt das Buch allerdings.
36 Im Jahre 1920 schrieb Lytton für den *Woman's Leader* über Disraeli dann tatsächlich einen Artikel. Eine Besprechung der sechsbändigen Biographie Monypennys und Buckles, genannt «Dizzy», besteht aus kaum mehr als einem eleganten Eingeständnis der eigenen Ratlosigkeit. «Der unglaubliche Judenbub, der aufbricht, um die Welt zu erobern, hat sein Ziel erreicht» lautete der erste Satz, eine Feststellung, der er nur wenig hinzuzufügen hatte: Hesketh Pearson teilte er kurz nach Erschei-

nen der «Queen Victoria» mit, daß ihm der geheimnisumwitterte und unergründliche Disraeli ein Rätsel geblieben sei. «Ich werde aus ihm nicht schlau», gestand er. «Sein Charakter ist völlig widersprüchlich.»

37 Lyttons Essay zu Thomas Creevey erschien in der *New Republic* (7. Juni 1919), im *Athenaeum* (13. Juni 1919), im *Living Age* (19. Juli 1919) und in den Sammelbänden «Biographical Essays» und «The Shorter Strachey».

38 Gemeint sind die Zeitungen, die dem ersten britischen Zeitungsbaron Alfred Harmsworth, später Lord Northcliffe (1865–1922), gehörten, vor allem das Massenblatt *Daily Mail*.

39 In einem Leserbrief vom 29. November 1917 im *Daily Telegraph* (der von der *Times* zuvor abgelehnt worden war) hatte der Veteran Lord Lansdowne gegen die Propaganda von Briten und Deutschen im eigenen Land angeschrieben, da sie seiner Meinung nach nur dazu beitrug, den Krieg in die Länge zu ziehen. Er betonte, daß es beim Kampf gegen die Deutschen nicht nur um einen Sieg als Abrechnung gehen dürfe. Wichtig sei vielmehr, in Zukunft weiteren Kriegen vorzubeugen. Das britische Kriegsziel umriß er in fünf Leitlinien. Gegen Deutschland solle kein endgültiger Vernichtungsschlag geführt, dem deutschen Volk keine unliebsame Regierungsform aufgezwungen und nach Kriegsende keine dauerhaften Wirtschaftssanktionen aufrechterhalten werden. Großbritannien solle auf internationale Übereinkünfte zu Fragen der «Freiheit der Meere» hinwirken und sich an der Erstellung eines zwingenden internationalen Paktes zur Wahrung des Friedens beteiligen. Der Leserbrief entfachte bei der Regierung und in der Presse einen Sturm der Entrüstung. Northcliffe griff Lansdowne persönlich und in seiner Ehre als Staatsmann und irischer Großgrundbesitzer an. Eine Minderheit spendete Lansdowne wegen seines Mutes und seiner Aufrichtigkeit dagegen Beifall.

40 Partridge hieß in Wirklichkeit Reginald oder kurz Rex mit Vornamen. Lytton nannte ihn allerdings Ralph, was sich dann allgemein als Rufname durchsetzte.

41 Gerald Brennan, «A Life of One's Own», 1962, S. 187.

42 Gegenüber von Kent House. Die Princess Bibesco, von der Lytton spricht, war wahrscheinlich Martha Bibesco, eine Freundin Prousts und die Verfasserin von «Proust's Oriane» und «The Sphinx of Bagatelle».

43 Robert Smillie, der Vorsitzende der Miners' Federation of Great Britain (1919–21), der 1923 für Morpeth Parlamentsabgeordneter der Labour Party wurde. Die wenigen, die ihn kannten, sagten diesem mürrischen Flachländer mit dem verbitterten Gesichtsausdruck Freundlichkeit und Intelligenz nach. In Oliver Strachey fand er einen großen Bewunderer.

44 Diaghilew war schon vor Ausbruch des Ersten Weltkriegs von der Londoner Gesellschaft (zum Beispiel von Lady Ripon und natürlich von Ottoline) gefeiert worden. Der Bloomsbury-Kreis schenkte ihm bis zu seinem neuerlichen Auftauchen nach dem Krieg seltsamerweise keine

Aufmerksamkeit. Dies hing damit zusammen, daß Diaghilew zu Picasso und Derain erst während des Krieges enge Kontakte geknüpft hatte und seine früheren Maler wie Bakst in Bloomsbury nicht beliebt waren. Eine Hauptattraktion bei Diaghilews erneutem Auftritt in London war die neue Primaballerina Lydia Lopkowa.

45 Clive Bell, «Old Friends», 1956, S. 172.
46 William Bruce Ellis Ranken (1881–1941), ehemaliger Schüler von Eton, Student der Slade School of Art und langjähriger Vizepräsident der Royal Institution of Painters in Water Colours. Besonders bekannt wurde er für seine Porträts der Königsfamilie, darunter Königin Elisabeths (der Frau Georgs VI.), der jetzigen Königinmutter, und Königin Marys, und zudem für seine Interieurs des Schlosses Windsor und des Buckingham-Palastes. 1936 erhielt er mit drei weiteren Malern den Auftrag, die Krönungszeremonie König Georges VI. in der Westminster-Abtei zu malen.
47 Sir Alfred Munnings (1878–1959), Mitglied der Newlyn Group und Präsident der Royal Academy (1944–49), wurde für seine Pferdebilder berühmt.
48 Der Right Honourable Richard Burton Haldane (1856–1928), Mitglied der Königlichen Akademie der Wissenschaften und Träger des Order of Merit, sollte 1924 unter der ersten kurzen Regierungszeit der Labour Party, die sich von den Liberalen getrennt hatte, erneut den Posten des Lordkanzlers bekleiden.
49 Frances Spalding, «Vanessa Bell», 1983, S. 177.
50 Angelica Garnett, «Freundliche Täuschungen. Eine Kindheit in Bloomsbury», Berlin 1990, S. 54.
51 Quentin und Oliver Bell tauften ihre älteste Tochter Virginia.
52 Virginia Woolf an Vanessa Bell am 23. März 1919. Nigel Nicolson, Hg., «The Question of Things Happening. The Letters of Virginia Woolf», Volume II, 1912–1922, 1976, S. 339.
53 Osbert Sitwell, «Laughter in the Next Room», Ausgabe von 1975, S. 38f.
54 Einige Tage nach dem gemeinsamen Abendessen in London schrieb Eliot Lytton (19. Mai 1919): «Lieber Strachey, ich habe erfahren, daß mich meine Bank, sobald ich abkömmlich bin, auf Reisen in die Provinz schickt. Ich muß dort wohl einige Wochen ausharren und habe daher leider keine Gelegenheit, Sie in naher Zukunft zum Abendessen zu bitten, was ich gern getan hätte. Ich fürchte nur, wenn ich wieder hier [Crawfort Mansions 18, West 1] bin, sind Sie wieder aufs Land entschwunden. Vielleicht halten Sie mich über Ihr Tun und Treiben auf dem laufenden, und vielleicht lassen Sie mir sogar Ihre Meinung und Ihre Besprechungen zu allem zugehen, was Sie von mir im Druck sehen.»
55 Als Lytton Eliot in einem Brief zu einem Wochenende in Tidmarsh einlud, antwortete er am 14. Juli, er freue sich, von ihm zu hören, und wäre sehr gern gekommen, «erwarte aber leider für Samstag nachmittag Gä-

ste, die mit dem Automobil kommen. Vielleicht ist dies ein Fingerzeig der Vorsehung, da ich am Sonntag an einem Buch arbeiten sollte, das schwer auf meiner Seele lastet. Wie schreibt man bloß ein Buch? Diese Aufgabe erscheint mir kolossal. Vielleicht laden Sie mich irgendwann wieder einmal ein?»

56 Peter Ackroyd, «T. S. Eliot», 1988, S. 98.
57 Gleichwohl schrieb Eliot Lytton am 10. Dezember 1923 in einem Brief, in dem er ihn zu einer kleinen Gesellschaft nach Burleigh Mansions 38 einlud: «Und noch einmal: Obwohl ich Ihre Porträts der Nation bewundere und Gefallen an ihnen finde, muß ich im eigenen Interesse sagen, daß sie nicht lang genug sind, um Ihnen Gerechtigkeit widerfahren zu lassen. Auch wenn Sie es vor zwei Jahren schon einmal abgelehnt haben, erinnern Sie sich bitte daran, daß ich eine Ausgabe des ‹Criterion› gern von Ihnen eingeleitet sähe, mit bis zu 5000 oder 8000 Wörtern ... Ich hätte da an MACAULAY gedacht, aber alles von Ihnen würde für den Erfolg der Ausgabe garantieren, ganz zu schweigen vom Vergnügen, das es mir bereiten würde. Könnten Sie das tun?» Lytton schrieb 1927 einen Essay zu Macaulay. Er erschien am 21. Januar 1928 mit 2500 Wörtern in der *Nation and Athenaeum*.
58 Lytton zeichnete seine hundert Pfund einen Monat bevor er seine Parodie verfaßte. Eliot wurde in späterer Zeit ein enger Freund von Dorothy Bussy und ihrer Tochter Janie.
59 Ramsay Muir (1872–1941), Historiker und Parlamentsabgeordneter der Liberalen für Rochdale (1923–24), war Vorsitzender und Präsident der National Liberal Federation und verfaßte eine «History of the British Commonwealth» (2 Bde., 1920 und 1922).
60 Naomie Gwladys Royde-Smith, die älteste Tochter von Michael Holroyd Smith, war eine sehr produktive Schriftstellerin von «Frauenromanen» aus Wales. Als Redakteurin für Belletristik der Zeitschrift *Weekly Westminster*, die vor Ausbruch des Ersten Weltkrieges sehr erfolgreich war, hatte sie einen Großteil des lyrischen Frühwerks von Rupert Brooke veröffentlicht. Während des Krieges führte sie mit Rose Macaulay nach dem Vorbild von Julie de Lespinasse, über die sie eine Biographie verfaßt hatte, einen Salon für Schriftsteller und bildende Künstler. 1926 heiratete sie den Schauspieler Ernest Milton.
61 Der zweite Band der Briefe Virginia Woolfs trägt diesen Titel. (The Question of Things happening. The Letters of V. W., vol. II 1912–1922), Hg. Nigel Nicholson, 1976.
62 Am 1. März schrieb Lytton Vanessa Bell: «Was hältst Du übrigens vom Albert Memorial als Kunstwerk? Ein unbefangenes Urteil fällt nicht leicht, es ist mit frühesten Erinnerungen behaftet. Sicher sind wir uns auf diesen Stufen in langen Kleidern begegnet? Aber sicher gibt es eine nicht zu vernachlässigende Kohärenz und Vorstellung darüber? Verglichen mit dem Denkmal der Viktoria vor dem Buckingham-Palast zum Bei-

spiel, ist es gewiß hervorragend. Jedenfalls vergißt man es nicht so leicht.» Quentin Bell bemerkte auf diesen Brief hin, das Denkmal des Prinzgemahls Albert sei Gegenstand eines beliebten Witzes und eine hervorragende Zielscheibe des Spotts in den zwanziger Jahren gewesen. «Dann wurde es von einer späteren Generation, die dem Geist des Nostalgikers John Betjeman nahestand, entdeckt oder wiederentdeckt.

Die geistreichen Witze über das A. M. erinnern trotzdem noch heute besonders an die Zwanziger und gehen, so vermute ich, auf Lytton zurück. Es ist schon faszinierend zu entdecken, daß Lytton mit seinem Urteil 1919 so nahe an die Post-Strachey-Epoche herankam.»

63 Virginia Woolf, «Gesammelte Werke, Tagebücher I. 1915–1919», hg. v. Klaus Reichert, Frankfurt a. M. 1990, S. 483.

64 Alix Sargant-Florence und James Strachey hatten ab Januar 1919 den gesamten Gordon Square 41 übernommen und überließen anderen zu verschiedenen Zeiten einige Teile des Hauses. «Wir wohnten zunächst in beiden Obergeschossen, bevor wir heirateten», berichtete James dem Verfasser. «Dann übernahmen wir den zweiten Stock, und dann eine Zeitlang, als wir viel Geld hatten, auch noch den ersten Stock. Es gab sogar eine kurze Periode, als wir über das gesamte Haus verfügten. Damals veranstalteten wir ein rauschendes Fest mit zweihundert Gästen. Dann gaben wir Teile wieder auf, bis wir in unserer letzten Phase nur noch die oberen drei Stockwerke hatten.

... Lydia [Lopokowa] bewohnte das Erdgeschoß, und wenn sie ihre Entrechats übte, bebte das ganze Haus.» 1956 gaben James und Alix Strachey das Haus am Gordon Square 41 auf und zogen nach Lord's Wood ins Haus von Alix' Mutter bei Marlow.

65 Er erwähnt Gides «sehr bemerkenswerten» Roman «Die enge Pforte», Daisy Ashfords «ganz reizenden» Liebes- und Gesellschaftsroman «Junge Gäste oder Mr. Salteenas Plan», Ethel Smyth' Erinnerungen «Impressions that Remaines» («äußerst unterhaltsam, um nicht zu sagen, interessant. Und auch seltsam altmodisch.») und «The Education of Henry Adams» («gewiß sehr bemerkenswert, wenn auch etwas langatmig»), Stephen Grahams «Private in the Guards», hauptsächlich interessant als «Bekenntnis, aber auch wegen der Berichte zu Angelegenheiten während des Krieges», sowie Festing Jones' Biographie Samuel Butlers («Band 2 läßt nach Miss Savages Tod für meinen Geschmack deutlich nach. Ihre Briefe sind einfach köstlich.»)

66 «Ach, wie wohltuend ist ein Lob von Dir», schrieb Virginia Lytton am 28. Oktober. «Ich sage mir, daß Du mir gegenüber natürlich immer zu großzügig bist, und sollte gleich Abstriche machen, bringe es aber nicht fertig. Ich genieße jedes Wort. Ich glaube, es gibt keine Art Lob, an dem mir mehr liegt, als an Deinem.»

67 Gerald Brenan, «South from Granada», 1987, S. 34.

68 Osbert Sitwell, «Noble Essences», 1950, S. 11 ff.

69 Da Lytton bis zum Herbst 1920 bei seiner Schätzung von hunderttausend Wörtern blieb, plante er ursprünglich anscheinend eine ausführlichere Behandlung von Viktorias Alter und entschied sich erst während der Arbeit am neunten Kapitel für eine knappere Darstellung.

70 Am 27. Januar schrieb Lytton seinem Bruder James nach Wien: «Ich war in einem erschreckenden Zustand, wochenlang ohne Unterlaß der Königin Viktoria verfallen, ein fürchterlicher Kampf, dessen Schrecken durch die entspannenden Arbeitsbedingungen in Tidmarsh noch gesteigert wurden. Jedenfalls ist es jetzt abgeschlossen, getippt und Chatto's ausgehändigt. Die Erleichterung ist enorm. Aber das Schlimmste ist, einige Krisen sind noch nicht ausgestanden. Die amerikanische Frage ist akut und kompliziert. Maynard hat als Vermittler bei Harcourt gedient, seinem amerikanischen Verleger, der nach einigem Zögern für sämtliche amerikanischen Rechte komplett 10000 Dollar geboten hat. Zum damaligen Zeitpunkt waren das fast 3000 Pfund, und ich hielt das für angemessen und lenkte ein. Aber seither ist der verdammte Dollar gesunken [und das Pfund stärker geworden], so daß die Summe jetzt nur noch um die 2660 Pfund wert ist. Der Vertrag ist allerdings noch nicht unterzeichnet. Auch gibt es verschiedene Schwierigkeiten bei Veröffentlichungen in Serie – in England und Amerika und im Hinblick auf den Zeitpunkt. Verhandlungen laufen (ebenfalls über Pozzo) mit der ‹Times›, aber noch ist nichts perfekt. Inzwischen hat mir Chatto 750 Pfund als Vorschuß auf die Tantiemen zugesagt, zahlbar bei Erhalt des Manuskriptes. Ausgemacht ist, daß ich auf die ersten 5000 Exemplare 20 Prozent und auf alle weiteren 25 Prozent vom Verkaufspreis des Buchs bekomme, der wahrscheinlich bei 15 Shilling liegen wird. Der Vorschuß deckt also den Gewinnanteil für die ersten 5000 Exemplare ab. Wenn ich 700 Pfund für die Serienrechte bekomme, was durchaus denkbar ist, dann verdiene ich zwischen 4000 und 5000 Pfund – durchaus nicht übel also, auch wenn ich noch immer zittere wegen der amerikanischen Frage, wo nach wie vor alles in der Schwebe ist. Ich glaube, ich werde es anlegen müssen, auch wenn das ziemlich langweilig ist, und ich wage sogar zu behaupten, daß ich am besten alles auf die Seite lege. Ich wünschte mir von Herzen, Du wärst hier, um mich bei diesen ganzen Transaktionen zu unterstützen. Und was die Korrektur der Fahnen angeht, so erschaudere ich schon beim Gedanken daran. C & W hat sie bis zum 7. April angekündigt. Im Hinblick auf das Werk hoffe ich, daß es lesbar ist und den richtigen Kurs zwischen Diskretion und Indiskretion hält. Ich habe einige Zweifel, ob die Darstellung Ihrer Majestät ein geschlossenes Ganzes bildet: Der Tonfall schwankt sehr stark zwischen Tragödie und Farce, zwischen Einfühlung und Zynismus: Aber hoffen wir, daß sich alles harmonisch ineinanderfügt. Ich bin im Augenblick außerstande, mir ein unparteiisches Urteil zu bilden. Eine so lange und kontinuierliche Arbeit bedurfte

äußerster Anstrengung. Ich habe nicht das Gefühl, daß ich imstande bin, noch einmal solch einen Brocken hinter mich zu bringen.»

71 «Ich habe soeben mit größter Spannung Dein Buch über Afrika zu Ende gelesen», hatte Lytton Leonard am 14. Juni 1920 geschrieben. «Es scheint mir ein höchst bedeutendes Werk, geschrieben mit großer Kraft, vollkommener Klarheit und großartiger, bestechender Distanziertheit ... Ich laufe jetzt mit einer deutlich getrübten Sicht von der Menschheit herum. In mancher Hinsicht ist Afrika schlimmer als der Krieg.»

Und Ralph Partridge schrieb Lytton: «Ich lese den Oedipus Tyrannus in einer neuen Ausgabe, die Sheppard veröffentlicht hat, bestehend aus einer Übersetzung (die ich mit gelegentlichem ratlosem Blick auf die andere Seite gelesen habe) und einem fundierten und recht interessanten Kommentar. In der Liste aller Meisterwerke der Weltliteratur würde ich es auf Platz zwei stellen, auch wenn ich gerne besser Griechisch verstehen würde. Wenn ich an all die Stunden und Jahre denke, die ich mit dem Erlernen der unregelmäßigen Verben und dem Konstruieren von Sätzen des Thukydides verbracht habe!»

72 Der Brief lautete folgendermaßen: «Lieber Lytton Strachey, im Jahre 1913 haben sich meine Frau und ich uns unter dieser Adresse einen jungen Fox-Terrier angeschafft. Wir berieten darüber, wie wir ihn nennen sollten, und da Henry James, dessen Bücher mir mehr Genuß verschafft hatten als die jedes anderen lebenden Menschen, gerade siebzig Jahre alt geworden war, bestand ich – auf ziemlich affektierte Weise vielleicht – darauf, der Hund sollte unter dem Namen ‹James› bekannt werden. Allerdings konnten die italienischen Bauern, die unsere einzigen Nachbarn waren, ihn nicht aussprechen. Wir nannten den Hund folglich nach der Schreibung des Namens Yah-mès, was auch tadellos funktionierte. Unser Hund war unter diesem Namen weit und breit bekannt, aber leider nicht sehr lange: Er starb an der Staupe. Und jetzt, da wir uns wieder hier [in England] niederlassen wollen, müssen wir dies ohne einen Hund tun. Hunde sind freilich weniger wichtig, wie man in England glauben mag, und sie machen einen auf seltsame und taktlose Art darauf aufmerksam, daß man sich wieder in England befindet – vielleicht weil sie nicht gestikulieren, kein Wort Italienisch sprechen und zu erwarten scheinen, daß sie in den Olivenhainen Kaninchen finden und daß man ihnen vom Mittagstisch die Knochen walisischer Hammel zuwirft. Aber an einem Tag schenkte man uns ein Kätzchen, reizvoll und nicht an lokalen Eigenheiten erkennbar. Erneut tauchte die alte Frage auf: Wie sollten wir es nennen? Wieder setzte ich mich dem Vorwurf der Affektiertheit aus, und wieder, so werden Sie denken, habe ich mir eine Freiheit erlaubt. Nun, hier ist es: Kein Buch eines lebenden Menschen hat mir, als ich mich darin vertiefte und es aufs neue las, einen solchen Genuß, ein so dauerhaftes Vergnügen bereitet wie Ihre ‹Eminent Victorians›. So lautet der Name des Kätzchens: Stré-chi (oder besser

Stré-cci). Und so wird denn auch der Name des Katers lauten. Ich hoffe, Sie sind mir nicht böse. Ich bin sicher, Sie wären amüsiert, wenn Sie hören würden, wie die Bauern es im Vorübergehen mit Ihrem kaum noch wiederzuerkennenden Namen anzulocken versuchen. Aber wenn Sie wollen, werden wir es umtaufen.»

Der Brief vom 7. Juli 1920 war in Villino Chiaro geschrieben worden. Lytton antwortete in einem Schreiben, er fühlte sich durch die Namensgebung geehrt, und zwei Jahre später, im Juni 1922, ließ Max in einem weiteren Brief eine Fortsetzung der Geschichte folgen. «Das Kätzchen, von dem ich Ihnen letztes Jahr geschrieben habe, ist jetzt ein ausgewachsener Kater. Er ist sehr viel größer, als man es bei ihm erwartet hätte, kräftig und launisch, aber wie ich leider auch sagen muß, weder sehr zutraulich noch intelligent. Man wüßte nicht, daß er je eine Maus gefangen hätte. Er verabscheut den Regen, hat aber keine Kenntnis davon, wie er ihm gegebenenfalls aus dem Weg gehen kann. Und wenn man ihn krault, kratzt er meistens. Immerhin ist er sehr stolz auf seinen Namen und schickt seine besten Empfehlungen an seinen illustren Eponymisto [sic] Inglese.»

Im gleichen Brief bezeichnet Max Lyttons Essay «Voltaire und Friedrich» als «bleibendes Meisterwerk» und fügt hinzu: «Und ebenso ‹Madame du Deffand›».

73 Ralph Partridges Einkommen belief sich auf 100 Pfund jährlich zuzüglich 50 Prozent vom Nettogewinn. 1920 verdiente er auf diese Art 56 Pfund, 6 Shilling und 1 Penny; 1921 wurden es 125 Pfund, das entspricht ungefähr 2200 Pfund am Anfang der neunziger Jahre.

74 Noel Olivier hatte bereits mehrere Heiratsanträge abgelehnt, darunter auch einen von Adrian Stephens. Nach Rupert Brookes Tod erklärte sie James Strachey, der sie noch immer verehrte, sie werde niemals aus Liebe heiraten. Sie wurde Ärztin und ging 1921, ein Jahr nach der Heirat von James Strachey und Alix Sargant-Florence, eine Ehe mit dem praktischen Arzt Arthur Richards ein. Zwischen 1924 und 1940 brachte sie einen Sohn und fünf Töchter zur Welt. (James übernahm für Tazza, die vierte, die Patenschaft.) Im Frühjahr 1932 teilte sie James im Alter von neununddreißig Jahren in einem Brief mit, sie wisse jetzt, daß sie ihn die ganze Zeit aufrichtig geliebt habe. Sie sei dankbar, daß sie dies jetzt erkenne, bevor es zu spät sei. Damit wurden die Rollen vertauscht. Während sie ihn leidenschaftlich liebte und begehrte, verhielt er sich eher vorsichtig und hatte Schuldgefühle. Die Affäre dauerte bis 1940. Nach James' Tod 1967 stellte Noels älteste Tochter Angela Richards Harris den Band mit dem Register und bibliographischen Angaben zu seiner «Standard Edition of the Complete Psychological Works of Sigmund Freud» zusammen.

75 Das Gemälde gehört inzwischen zum festen Bestand der National Gallery of Scotland.

76 Geoffrey Scott hatte sich unmittelbar vor dem Krieg um die Inneneinrichtung und Möbel in verschiedenen neuen Räumen in der Villa I Tatti gekümmert und sich dort in Nicky Mariano verliebt, die spätere Bibliothekarin und Lebensgefährtin von Berenson. Nach einem Plan von Mary Berenson hätten beide heiraten und sich in der Nähe niederlassen sollen, um ihrem Mann mit Rat und Tat beiseite zu stehen. Nach dem Krieg heiratete Geoffrey Scott allerdings Lady Sybil Cutting (die später Percy Lubbocks Frau wurde). Während seines Aufenthaltes in I Tatti hatte Lytton sporadisch Kontakt zu Nicki Mariano. Sie erinnerte sich an Berensons Aufforderung, sich als nächstes mit Pius IX. zu befassen, ein Gegenstand, der Lytton durchaus reizte.
77 Leonard Woolf, «Mein Leben mit Virginia», 1988, S. 198.
78 «Welch erfreuliche Nachricht vom Windhund!» schrieb ihr Lytton am 6. Juli 1921. «Es ist großartig, wenn Du ordentliche Schildmalerin für die Bezirke Berks, Wilts und Hants wirst! Ich fiebere dem Augenblick entgegen, es an Ort und Stelle hängen zu sehen.» Sie malte weitere Schilder für Auftraggeber aus der näheren Umgebung, unter anderem für John Fothergills Wirtshaus, den Spread Eagle in Thame.

V. Ein herausragender Edwardianer

1 «The Year of Jubilee», in: *Pall Mall Gazette*, 16. November 1886. Gesammelt in: «Bernhard Shaw's Book Reviews», hg. v. Brian Tyson, 1991, S. 213–218.
2 A. B. W[alkley], «Flamboyancy: Sidelights from Mr. Strachey», in: *The Times*, 18. Mai 1921, S. 6.
3 *The Times*, 28. Januar 1932, S. 6. Brief von Edith Plowden.
4 Einführung zu «Queen Victoria» in der Ausgabe Collins Classics, 1958.
5 «The Development of English Biography», 1927, S. 148ff.
6 Peter Quennell bezeichnet in seinem Artikel über Biographie für «The New Universal Encyclopedia» Lord David Cecil und Harold Nicolson als zwei «wirklich begabte Schüler» Lyttons. David Cecil, der in «The Dictionary of National Biography» den Beitrag über Strachey verfaßte, zeigte am meisten Bewunderung für ihn, als er «An Anthology of Modern Biography» (1936) zusammenstellte und die Einführung dazu schrieb. In der Biographie von Max Beerbohm (1964) schrieb er jedoch, Max hätte Lytton überschätzt, vielleicht glaubte er, das ebenfalls getan zu haben.
7 *Sunday Telegraph*, 2. März 1980.
8 «Historical Essays», 1957, S. 281. Siehe auch E. H. Carr, «What is History?», Ausgabe 1964, S. 48.
9 «The Art of Biography», *Atlantic Monthly*, April 1939. Gesammelt in: «The Death of the Moth», 1942, und «Collected Essays», Bd. 4, 1967.
10 James Strachey sollte der Übersetzer und Hauptherausgeber der Stan-

dardausgabe der «Complete Psychological Works of Sigmund Freud» (24 Bde., Hogarth Press) werden. Bei der Vorbereitung halfen ihm Alix und Freuds jüngste Tochter Anna Freud. Am 9. März 1921 schrieb er an Lady Strachey, daß er und Alix «eine Reihe von Freuds klinischen Schriften» übersetzten. «Es wird fünf davon geben, jede enthält eine detaillierte Geschichte eines besonders interessanten Falles und einen Bericht der Behandlung. Sie wurden in Abständen während der letzten zwanzig Jahre geschrieben – die erste 1899 und die letzte erst vor kurzem –, so daß sie ein sehr gutes Bild von der Entwicklung seiner Ansichten vermitteln. Alles in allem wird das Buch vielleicht 500 Seiten lang. Es ist eine große Ehre, mit dieser Aufgabe betraut worden zu sein. Und er kam auf diese Idee, um uns in zweierlei Hinsicht behilflich zu sein. Zuallererst wird es uns zu einer besonders intimen Kenntnis seiner Methoden verhelfen, da wir mit ihm über alle Schwierigkeiten, denen wir im Laufe der Übersetzung begegnen, reden können. Und wir besuchen ihn jetzt Sonntag nachmittags, speziell um alle Probleme zu besprechen, die wir wollen. Zweitens wird uns unser Auftreten als offizielle englische Übersetzer seines Werkes große Werbung in den psychologischen Kreisen in England verschaffen.» Die Übersetzung von «Group Psychology and the Analysis of the Ego» (Orig. Massenpsychologie und Ich-Analyse) erschien 1922. Nach der Fertigstellung teilte James Lytton mit (22. Januar 1922): «Der Prof hat uns für praxistauglich erklärt.»

11 George Rylands (geb. 1902) wurde später Dekan am King's College, Beirat des Old Vic Theatre, London und Vorsitzender des Arts Theatre, Cambridge. Sein bekanntestes Buch ist die Shakespeare-Anthologie «The Ages of Man» (1939). Lytton behauptete, er sei «glücklicherweise (fast völlig) immun gegen sein [blondes] Haar».

12 Lionel Penrose, Mitglied der Royal Society (1898–1972), Professor für Eugenik am Galton Laboratory, University College, London, und Autor von «The Influence of Heredity on Disease» (1934) und «The Biology of Mental Defect» (1949, 3. Auflage 1963), war, wie Lytton bald bemerkte, einer seiner klügsten Cambridge-Freunde.

13 G. H. Thring war ein Rechtsanwalt, der von 1892 bis 1930 als Schriftführer für die Autorenvereinigung arbeitete und bei den Verlegern wegen seiner Schärfe berüchtigt war. «Wir haben ihn zu wenig geschätzt, und er war der Vereinigung ergeben, unbestechlich und hart arbeitend», schrieb Bernhard Shaw bei Thrings Ausscheiden an H. G. Wells (21. Februar 1930), «... seine Methode, sich der Fälle anzunehmen, schloß ein, daß er sich in den Waden beider Parteien festbiß.»

14 Siehe «Lytton Strachey's Revisions in ‹Books and Characters›», in: *Modern Language Notes*, April 1945, S. 226–234; und «Lytton Strachey Improves His Style», in: *College English* VII, Januar 1946, S. 215 bis 219.

15 *The Times*, 18. Mai 1922, S. 16.

16 *Athenaeum*, 3. Juni 1922, S. 346f.
17 Aldous Huxley, «On the margin», 1923, S. 142.
18 Hugh Trevor-Roper, «Historical Essays», 1957, S. 284.
19 Die Stiftung von A. C. Benson (1. Mai 1916) verlieh Medaillen für verdienstvolle Werke in Dichtung, Prosa, Geschichte, Biographie und Belletristik. Jedes Jahr wurde von den Fellows der Royal Society of Literature ein Auswahlkomitee ernannt, das das alleinige Recht zur Auswahl von Preisträgern hatte.
20 Die Geschäftsbücher von Chatto & Windus zeigen, daß Lytton bis Ende März 1922 aus dem Verkauf seiner Bücher in Großbritannien 4867 Pfund 2 Shilling erhalten hat sowie 1105 Pfund 11 Shilling aus dem Verkauf in den USA (nicht eingerechnet die sofortige Summe von 1500 Pfund von Harcourt Brace), außerdem 99 Pfund für französische und schwedische Rechte. Dazu sollte man eine kleine Summe aus dem kontinuierlichen Verkauf von «Landmarks in French Literature», einen Betrag für seine Artikel im *Athenaeum* usw. hinzuzählen, und womöglich auch Einkünfte aus privaten Anlagen.
21 Im Oriental Club hängt ein Porträt von Sir Richard Strachey, etwa 1888 von Lowes Dickinson gemalt, dem Vater von Goldie Dickinson.
22 «Dobrée... hat einen mäßigen literarischen und einen pedantischen Geschmack. Er ist langweilig, aber harmlos – ich fürchte, er schreibt über verschiedene Lebensläufe des sechzehnten Jahrhunderts im Stil von ‹Eminent Victorians›. Sie ist viel interessanter – vielleicht eine Sappho – Carrington sehr zugetan – aber, leider nicht gerade das, was man schlau nennt. Sie malt – à la Modigliani usw. Der Ort liegt ziemlich weit oben in den Pyrenäen – ein ziemlich großes Dorf mit steilen Bergen in jeder Richtung – in der Ferne sieht man Schnee... Ich glaube, ich sollte es hier noch weitere 10 Tage oder so aushalten können...», Lytton an James Strachey (9. April 1922).
23 Gerald schickte Carrington in den folgenden Monaten mehrere lange Briefe, entweder über Lytton oder John Hope-Johnstone. Am 11. Juni 1922 schrieb er: «Ich habe eine Bitte. Wenn Du mit Ralph über mich sprechen kannst, sage ihm, wovon Du weißt, daß es wahr ist, nämlich daß mein einziger Verrat darin bestand, meine Zuneigung zu Dir vor ihm zu verbergen. Daß diese Zuneigung nicht plötzlich, sondern unmerklich entstand, daß ich, obwohl ich es nicht über mich brachte, es ihm zu sagen und damit zu beenden, versuchte, es in sichere Kanäle zu leiten. Daß ich, als ich merkte, daß meine Gefühle anders als Deine sind und ich so weit weg lebe, am Ende hoffte, es ihm offen sagen zu können und daß er es tolerieren würde... meine Freundschaft mit Ralph ist zu Ende. Das akzeptiere ich, aber was ich nicht ertragen kann, ist, daß er glaubt, es hätte sie nie gegeben. Ich war ihm zugetan, wie ich es, glaube ich, keinem anderen Mann gegenüber gewesen bin. Ich glaube nicht, daß ich ihn absichtlich verletzt habe.»

In einem zwei Tage später abgeschickten Brief fügte er hinzu: «Woran ich auch immer denke, meine Gedanken kehren zu Dir zurück und lassen mich spüren, wie groß und wie süß das Glück war, das mir genommen wurde ... Du weißt nicht, wie sehr ich Dich liebe, wie sehr ich Dich immer lieben werde. Es gibt nichts an Dir, was mich nicht bezaubert und was mich je verletzen könnte. Dein Gesicht, Dein Körper, Dein Wesen, Deine Gewohnheiten sind vollkommen – nicht weil sie einem äußerlichen Ideal entsprechen, sondern weil sie eine Einheit bilden, die gut und schön ist. Darf ich Dir das sagen? Ich werde mich vielleicht verlieben, werde vielleicht andere Freundschaften und Verhältnisse haben, aber Dich werde ich nicht vergessen, weil meine Gefühle für Dich weder andere Gefühle ausschließen noch von diesen ausgeschlossen werden können. Was ich für Dich empfinde, werde ich für niemand anderen empfinden, und Dir gegenüber werde ich immer anders sein als gegenüber anderen Menschen. Ein Teil von mir gehört untrennbar Dir, und wenn ich bei Dir bin oder an Dich denke, ist alles andere ausgelöscht.»

24 Lady Horners Tochter, verheiratet mit Raymond Asquith.
25 Cecil Beaton, «The Wandering Years. Diaries 1922–1939», 1961, S. 26.
26 John Rothenstein, «Summer Lease», 1965, S. 91 f.
27 Dr. Marten war einer der sonderbarsten Charaktere, den Ottoline nach Garsington lockte. «Andere Freunde von mir konsultieren ihn», berichtete Robert Gathorne-Hardy, «und in späteren Jahren verdächtigten wir ihn halb, mit englischen Patienten, die erst jüngst Feinde seines Landes gewesen waren, Experimente zu machen. Seine Heilmethoden verband er mit oberflächlicher Psychoanalyse. Ich fragte Ottoline, ob er etwas Eigentümliches an ihr entdeckt habe. ‹Ich stelle fest›, dröhnte sie mit komischer Feierlichkeit, ‹daß meine Brüder eine übermäßige Rolle in meinem Leben spielen.›»
28 C. H. B. Kitchin schrieb in seinem Roman «Crime at Christmas» (1935), der Kenneth Ritchie gewidmet ist: «Es ist mein Schicksal, in Bloomsbury als Banause zu gelten, während ich in anderen Zirkeln als Dilettant betrachtet werde, mit einem zu leidenschaftlichen Sinn für Ästhetik, um ein verantwortlicher Mensch zu sein.» Dieser Satz, wie Mr. Kitchin in einem Brief (5. Juli 1965) bestätigte, «hat selbstverständlich einen autobiographischen Unterton und faßt zum größten Teil meine gesellschaftliche Situation in den zwanziger Jahren zusammen. Ich wurde von Philip Ritchie, einem guten Freund von mir, in Bloomsbury eingeführt und traf die meisten führenden Köpfe in dem Zirkel. Aber damals war ich eine unangenehme Mischung aus Schüchternheit und Eigensinn und fühlte mich dort nie genügend zu Hause, um mit den Mitgliedern in ein vertrauliches Verhältnis zu kommen. Es mag verwundern, aber Virginia Woolf, die beeindruckendste von allen, entwickelte, glaube ich, eine leicht beschützerische Haltung mir gegenüber, und dank ihrer guten Dienste veröffentlichte die Hogarth Press meine ersten beiden Romane

‹Streamers Waving› und ‹Mr. Balcony›. Ich bezweifle, ob irgendein anderer Verleger sie damals ernsthaft geprüft hätte.» Kitchin erwarb sich mit seinem dritten Buch «Death of My Aunt» einen Ruf als Schriftsteller, doch Lytton bevorzugte seine ersten beiden und den vierten Roman «The Sensitive One».

29 Einer der komischen Handwerker aus Shakespeares «Ein Sommernachtstraum», in der Schlegelschen Übersetzung «Zettel» genannt. Titania ist die Elfenkönigin aus demselben Stück [A. d. Ü.].

VI. HAM SPRAY HOUSE

1 Außer Tiber (oder Tiberius) gab es mehrere Katzenfamilien in Tidmarsh und Ham Spray, zu denen Agrippa, Nero und Ptolemy gehörten sowie die von Carrington getauften Katzen Biddie, Stump und Rabbit Cat. Tiber, die wichtigste Katze, hatte ihren Namen nach einer Gedichtzeile von Matthew Arnold bekommen: «So hätte Tiberius vielleicht gesessen, wäre er eine Katze gewesen.»
2 Rachel MacCarthy war die Tochter von Desmond MacCarthy. Sie heiratete später Lord David Cecil.
3 David Garnett, «Flowers of the Forest», 1955, S. 46.
4 Stephen Spender, «World Within World», 1951, S. 143 f.
5 Harold Nicolsons Frau, Vita Sackville-West, hatte ebenfalls eine Abneigung gegen Lytton. Am 3. August 1938 schrieb sie ihrem Mann aus Sissinghurst: «Der schlaffe Lytton muß seinen [Bloomsburys] Interessen großen Schaden zugefügt haben. Ich habe Lytton gehaßt.»
6 «Ich persönlich kann Santayana nicht ausstehen, wie ich gestehen muß», schrieb Lytton am 3. Oktober 1919 an Katherine Mansfield, «aber das ist als rein persönliche Idiosynkrasie anzusehen.»
7 In einem Brief an Robert Graves vom 1. Oktober 1927 verglich T. E. Lawrence Lytton Strachey unvorteilhaft mit Bernard Shaw. «Es ist wohl kaum fair, ihn [Shaw] auf eine Stufe mit Lytton Strachey zu stellen», schrieb Lawrence. «Das einzige Porträt, das ich in letzter Zeit von ihm gesehen habe (ausgesprochenes Porträt), war das von William Archer, das dreien von Archers Theaterstücken vorangestellt war. Es war direkt und gesund. Strachey ist niemals direkt und auch nicht innerlich gesund, wie ich meine. Aber ich kenne ihn nicht, und meine Erinnerung an seine Bücher mischt sich mit der Erinnerung an Henry Lambs hervorragendes Porträt, das ihn als eine abscheuliche, schlappe Makrele von Mann zeigt, der wie ein alter Mantel in einem Korbstuhl hängt. Wenn das Porträt überhaupt irgendeine Bedeutung hatte, dann die, daß Lytton Strachey nichts taugt.» Vgl. T. E. Lawrence, «Letters to His Biographers. Robert Graves and Liddell Hart.»
8 Frances Partridge, «Memories», 1981, S. 77 f.
9 Fitzroy Street Nr. 8, ein Atelier, in dem einmal Whistler und dann

Sickert gewohnt hatten und in das Duncan Grant nach dem Krieg eingezogen war. Nicht alle Parties, die dort, in der Taviton Street oder am Gordon Square 46, stattfanden, waren auf Bloomsbury und Cambridge beschränkt. David Garnett erinnert sich, daß er bei einer Gelegenheit einmal Picasso im Gespräch mit Douglas Fairbanks senior gesehen hat und daß sich bei einem anderen Fest ein riesiger Kreis bildete, in dessen Mitte es zwei besonderen Gästen – Lytton und der Filmschauspielerin Mary Pickford – überlassen blieb, sich miteinander bekannt zu machen.

10 John Lehmann, «The Whispering Gallery», 1955, S. 187. Lytton wurde 1930 von Max Beerbohm für den Athenaeum Club vorgeschlagen, und Goldsworthy Lowes Dickinson unterstützte ihn dabei. Er wurde im darauffolgenden Jahr nach der Regel II aufgenommen, die es dem Komitee erlaubt, einer herausragenden Persönlichkeit ohne die Notwendigkeit einer Wahl die Mitgliedschaft anzubieten.

11 Gerald Brenan, «South from Granada», Ausgabe von 1987, S. 35f.
12 Frances Partridge, «Memories», 1981, S. 101.
13 Jonathan Gathorne-Hardy, «The Interior Castle. A Life of Gerald Brenan», 1992, S. 203.
14 Der Cranium Club bekam seinen Namen nach Thomas Love Peacocks Mr. Cranium in «Headlong Hall», der den Kult der Phrenologie verkörpert.
15 Ein 1899 gegründeter Theaterverein, der vierzig Jahre lang jeden Sonntag am Royal Court Theatre in London private Aufführungen experimenteller Bühnenstücke veranstaltete.
16 Anspielung auf T. S. Eliots Gedicht «Die hohlen Männer». Übers. von H. M. Enzensberger [A. d. Ü.].
17 George Simson, «Eminent Chinese: Lytton Strachey as Dramatic Herald from the Court of Pekin», «Etudes Anglaises» Nr. 4, Oktober–Dezember 1980, S. 440–452.
18 Gertrude Kingston war die Schauspielerin, für die Bernard Shaw seine einaktige Posse «Die große Katherina» (1913) geschrieben hatte, ein Varietéstück, das am Hof der Kaiserin Katharina angesiedelt ist und eher Shaws Großmut als sein Genie unter Beweis stellt. Gertrude Kingston war nicht nur Schauspielerin und Gründerin des Little Theatre in London, sondern hielt auch Vorträge über die Rhetorik politischer Reden, arbeitete an illustrierten Kinderbüchern mit und widmete sich der Lackmalerei.
19 Geoffrey Webb (1898–1970), der am Magdalene College in Cambridge gewesen und ein Freund von Roger Fry war, wurde Slade-Professor für Bildende Kunst in Cambridge (1938–1949) und Mitglied der Royal Fine Arts Commission (1948–1962). Er schrieb unter anderem eine Biographie über Sir Christopher Wren (1937) und das Buch «Architecture in Britain: The Middle Ages», 1956.
20 Sir Dennis Robertson (1890–1963), damals Fellow am Trinity College in

Cambridge, später Sir-Ernest-Cassel-Professor of Economics an der University of London, Berater beim Schatzamt (1939–1944) und Präsident der Royal Economic Society (1948–1950). Als ehemaliger Präsident des Cambridge Amateur Dramatic Club war er der einzige gute Darsteller in «Son of Heaven».

21 Walton komponierte sie zwei Jahre nach «Façade», als er noch unter dem Einfluß von Bernard van Dieren, Schönberg und Strawinsky stand, jedoch sind die Noten leider «seit langem verschwunden», wie Walton dem Verfasser sagte. Der Paukenspieler in dem improvisierten Orchester war Constant Lambert.

22 Andere Kritiker haben gegen diese Darstellung von James Agate protestiert und waren der Meinung, die Bühnenbilder hätten mehr dem Stil eines Diaghilew-Picasso-Balletts entsprochen.

23 J. O. P. Bland (1863–1945), der seit 1883 in China gearbeitet und zu den Vertretern der British und Chinese Corporation Ltd. gehört hatte, war nacheinander in Schanghai und Peking Korrespondent für die *Times* (1897–1910). Zu seinen Werken gehört «China unter der Kaiserin-Witwe», das er 1910 zusammen mit Edmund Backhouse schrieb, und eine Biographie von Li Hung-Chang (1917), die Lytton in «War and Peace» rezensierte und die ihm bei «Das Ende des Generals Gordon» von Nutzen war. Anfang der zwanziger Jahre schrieb Lytton an Bland und fragte ihn, ob er seiner Meinung nach die Aufführung von «A Son of Heaven» erlauben solle. Bland reagierte, als hätte die von Shaw ausgelöste Revolution im Theater gar nicht stattgefunden, und riet Lytton ab, «weil Sie großes Ansehen genießen, und dieses Stück würde, so fürchte ich, den Heiden Grund zur Blasphemie geben. Sie sind dem historischen Ablauf der Dinge so dicht gefolgt und haben die Hauptakteure beim Boxeraufstand so behandelt, daß es meiner Meinung nach erforderlich ist, sie wahrheitsgetreu darzustellen, und das tun Sie nicht. Eine chinesische Kaiserin, die vom Küssen spricht (oh, là-là!) und von Maskenbällen am Hof ist unvorstellbar! – Und keine chinesische Frau würde die Dinge sagen, die Ta-hé sagt. Das Stück ist zwar durchaus interessant und pittoresk, für mich aber nicht überzeugend, weil ihm die treffende orientalische Atmosphäre fehlt und weil die handelnden Figuren wie Europäer sprechen.»

24 «Würden Sie mir bitte erlauben, Ihr Stück zu lesen?» bat Sybil Thorndike. «Es gibt dieses Jahr nicht viele solche Rollen für Frauen – die großartigen Rollen sind alle für Männer – (außer in den griechischen Stücken), ich würde demnächst gern einmal eine Königin Elisabeth spielen. Ich habe acht verschiedene Stücke gelesen, und sie wurden mir alle angeboten – Bernard Shaw sagt, Elisabeth sei ihm zu erfolgreich, als daß er sie mit Interesse angehen würde –, ich hoffe, daß jemand sich ihrer annimmt.»

25 Lyttons Einstellung zu «A Son of Heaven» scheint sich nach der Aufführ-

rung am Scala-Theater etwas geändert zu haben. In einem Brief an Frances Marshall vom 9. August 1925 schrieb Ralph Partridge: «Lytton sagt, er sei erstaunt über die hochnäsige Herablassung, mit der all seine Freunde sein Stück begutachten, über ihre Art und Weise, alles mit Verachtung zu strafen, was nicht die Höhen der Kunst anstrebt (obwohl sie alle selbst für *Vogue* schreiben). Er möchte jetzt ein neues Bühnenstück schreiben, aber er denkt, sie werden ein strenges Urteil über ihn fällen, wenn er nicht so erhaben ist wie Shakespeare und so ernst wie Ibsen.» Als Gertrude Kingston sich bemühte, das Stück in den Vereinigten Staaten auf die Bühne zu bringen, schrieb Lytton ihr am 14. Juli 1926: «Es ist mir wirklich gleich, welche Kürzungen und Veränderungen vorgenommen werden, solange Sie mit ihnen einverstanden sind. Ich habe immer gedacht, was eigentlich fehle, sei ein Held – ein junger, gutgebauter Engländer (oder wie immer man so etwas nennt) in der britischen Botschaft, der Ta-Hé im kritischen Augenblick rettet usw. usw. – aber ich sehe keine Möglichkeit, das jetzt noch einzubauen.»

26 James Strachey an George Simson am 20. August 1962. 1950 und 1951 wurde «A Son of Heaven» von der BBC in verschiedenen Programmen im In- und Ausland mehrmals erfolgreich im Radio gesendet, und zwar in einer Bearbeitung, die der Arabist Harold Bowen (1896–1959), Ehemann von Vera Bowen (1889–1971), vorgenommen hatte.

27 Am 21. Oktober schrieb Lytton an Maynard: «Es war sehr freundlich von Dir, mir Dein ‹Leben Marshalls› zu schicken. Ich habe es mit größtem Interesse und großer Bewunderung gelesen. Ich habe das Gefühl, daß es zu Deinen besten Arbeiten gehört und finde es sehr schade, daß es im Anhang einer Wirtschaftszeitung verschwinden soll. Ich wollte, es würden mehr solche Schriften – gerade in der richtigen Länge und im rechten Geist – in englischer Sprache verfaßt. Was für eine Welt uns Dein Bericht eröffnet! Was für seltsame Menschen waren die verheirateten Mönche des neunzehnten Jahrhunderts! Übrigens erwähnst Du nicht – vielleicht war das unter den gegebenen Umständen nicht möglich – ob er Kondome benutzte. Oder war er (oder sie) von Haus aus unfruchtbar? Daß sie keinen Nachwuchs hatten, scheint ein zentraler Bestandteil ihrer Lebensweise gewesen zu sein. Ich bin bestürzt, erschreckt, beeindruckt – beinahe überwältigt – von einem solchen Dasein. Mon dieu! Wie vollkommen anders sind meine eigenen Erfahrungen! Die Emotionen und Umarmungen, in die ich mich verstrickt sah, als ich Deinen Lebensbericht las – was hätte wohl derjenige dazu gesagt, dem sie galten? Bei Licht besehen beschritt er doch einen recht leichten Weg zum Himmel. Ob er wohl dort angekommen ist?» In seinem Antwortschreiben erklärte Keynes, er glaube nicht, daß Marshall Kondome benutzt habe, sondern daß er bald nach seiner Eheschließung unfruchtbar geworden sei.

28 Jonathan Gathorne-Hardy, «The Interior Castle. A Life of Gerald Brenan», 1992, S. 203.

29 Forster hatte großen Gefallen an Ralph gefunden. «Ich machte einen langen Spaziergang mit Morgan [Forster] zum Gibbet und dann zum Gipfel von Walbury Camp», schrieb Ralph an Frances (undatiert), «es blies ein kräftiger Wind, und die Landschaft sah kahl, aber ansprechend aus. Ich konnte kaum mit Morgan reden, obwohl ich mich ernsthaft darum bemühte – das ist genau der richtige Ausdruck. Ich mag ihn, weil er mich mag, aber ich habe keine Ahnung von seinem wirklichen Charakter. Seine Sprache ist so sehr mit der seiner Mutter und seiner Tanten verflochten, daß sie mir wie ein Dialekt vorkommt, den ich nicht sprechen kann. Ich räumte ein, daß ich mich bei seinen vorangegangenen Besuchen ihm gegenüber schlecht benommen hätte, und erklärte ihm, daß ich dazu neige, ihm aus diesem Grund zu grollen. Wir sprachen über Freundschaft, aber nicht mit Überzeugung oder großem Interesse. Er mag sie ohne Intimität. Ich mit, andernfalls kommt sie mir fast zu schal vor ... Er liebt so viel und ich so wenig, daß es schwierig ist, zu einem Einvernehmen zu kommen.»

30 «Alexander Pope», *Spectator* 103, 20. November 1909, S. 847f. Vgl. auch «Spectatorial Essays», 1964, S. 147–152. Der Leslie-Stephen-Vortrag «Pope» wurde im Juni 1925 von der Cambridge University Press veröffentlicht, und im September 1926 von Harcourt Brace in den Vereinigten Staaten. Später wurde sie in «Characters and Commentaries» aufgenommen (1933) und ebenso in «The Shorter Strachey», 1980.

31 «Ich bin überwältigt von Ihrem Vorschlag, mir Ihren neuen Essayband zu widmen – überwältigt, geehrt und gerührt», schrieb Lytton am 16. Mai 1927 an Gosse. «Ich werde mit großem Vergnügen am Freitag zum Lunch in den Marlborough Club kommen – aber Sie müssen sich darauf gefaßt machen, daß ich mich einerseits selbst überflügeln, andererseits fortwährend erröten werde!»

32 Auf Seite 476 von Evan Cherteris' Biographie heißt es, daß Gosse geschrieben habe: «Tatsache ist, daß Übergriffe auf Swinburnes Urheberrechte – die Messrs. Heinemann der Witwe des Dichters für eine hohe Summe abgekauft hatten – häufig vorkamen.» Nach Ansicht von Ann Thwaite meinte Gosse damit Clara Watts Dunton, die Verfasserin des Buches «The Home Life of Swinburne», 1922.

33 Diese Einleitung wurde in «Characters and Commentaries», 1933, nachgedruckt und in die «Literary Essays» aufgenommen.

34 Walter Leslie Runciman (1900–1989), später Viscount Runciman of Doxford, der Generaldirektor der BOAC wurde (1940–1943), ließ seine Ehe mit Rosamond Lehmann im folgenden Jahr (1927) auflösen. 1928 wurde Wogan Philipps (später Baron Milford), ein Kommunist, Landwirt und Maler, Rosamonds zweiter Ehemann.

35 Sir Alfred Ewing (1855–1935), ein Wissenschaftler, der wegen seiner Forschungsarbeiten über den Magnetismus bekannt war, war Principal und Vice-Chancellor der University of Edinburgh (1916–1926).

36 Viscount Allenby (1861–1936), ehemals Feldmarschall Sir Edward Allenby. Er hatte den Spitznamen «the Bull» und wurde später Rektor der University of Edinburgh. Bei dieser Gelegenheit erhielt er den Ehrendoktor in Rechtswissenschaften. «Lord Allenby fuhr mit mir zusammen im Zug», schrieb Lytton am 20. Juli 1926 an Rosamond Lehmann, «und wohnt jetzt im selben Haus wie ich – ein großer, dummer Mann, den man gerne mit Nadeln spicken würde – aber es hätte keinen Sinn – er würde sie überhaupt nicht spüren.»

37 In seiner Festrede nannte Professor James Mackintosh Lytton einen «herausragenden Georgianer, der der zeitgenössischen Literatur zunächst mit seinen geistreichen und subtilen Biographien der ‹eminenten Viktorianer› seinen Stempel aufgedrückt hat. Das Buch war der große Erfolg des letzten Kriegsjahres, seine scharfen Charakteranalysen und seine brillante Ironie begeisterten eine Generation, die der Ideale und Idole ihrer Vorgänger etwas müde geworden war. Drei Jahre später machte seine ‹Queen Victoria› einen noch günstigeren Eindruck, dank seiner einfühlsamen und aufschlußreichen Porträts der verehrten Königin und ihres Prinzgemahls und dank seiner tiefgründigen und anregenden Kritik des damaligen Zeitgeistes. Obwohl Mr. Strachey nicht die Rolle des Historikers für sich in Anspruch nimmt, hat er einen Weg durch das Dickicht jener ereignisreichen Epoche gebahnt, für den ihm jeder zukünftige Forscher, der diesen Weg beschreitet, dankbar sein kann. Er ist unseres Verdienstordens in der geisteswissenschaftlichen Fakultät in höchstem Maße würdig, schon allein deshalb, weil er der köstlichen, aber nahezu vergessenen Kunst der Biographie den ihr angemessenen Stil, die Proportion und die rechte Einstellung zurückgegeben hat.»

38 Robert Gould Shaw (1898–1970), Nancy Astors Lieblingssohn aus erster Ehe, kam später wegen homosexueller Vergehen ins Gefängnis. Allerdings wurde seine Verurteilung nicht in der Presse bekanntgegeben, aus Rücksicht auf seinen Stiefvater, Waldorf Astor, der Eigentümer des *Observer* war. Die Astors besaßen ein Sportgelände auf der Insel Jura, wo Nancy sich dem Nichtstun hingab und Waldorf im Sommer angelte.

39 Clumber Street 29A, Nottingham.

40 Olive Martin, die Carrington beim Kochen und bei der Hausarbeit half und die in Ham Spray blieb, bis sie in den dreißiger Jahren heiratete.

41 «Ich kam auf die Idee, daß Du im August hierherkommen und mir als Sekretär behilflich sein könntest», schrieb Lytton am 17. Juni 1927 an Sebastian Sprott. «Ich brauche (im Ernst) schon lange jemanden, der meine Briefe & Papiere ordnet, die sich in einem schrecklichen Durcheinander befinden ... Ich weiß nicht, ob Du es aushältst, so lange hierzubleiben usw. usw. Ein Gehalt von drei Guineen pro Woche wäre mit dem Posten verknüpft – aber wäre das genug als *dédommagement*? Denke darüber nach – und verzeih mir, falls Du mich zu plump findest.»

42 «Dadie war hier, und jetzt sind Henry Lamb und seine Pansy für zwei Nächte bei uns», schrieb Lytton am 4. September 1927 an Roger Senhouse. «Ziemlich schwermütig, aber ich mag sie – sie ist eine Schwester von Longford – vielleicht kanntest Du ihn in Oxford? – Sehr hübsch, kräftig und fröhlich – aber so jung, daß es schwierig ist, zu erkennen, was in ihr steckt, und ich glaube kaum, daß H. L., der in eine Aura von blaßlila Depression gehüllt zu sein scheint, viel dazu beitragen wird, sie zur Entfaltung zu bringen.»

43 Ich muß Dir eine seltsame Geschichte aus dem 17. Jahrhundert erzählen, auf die ich gerade gestoßen bin ...», schrieb Lytton am 8. September 1927 an Dadie Rylands. «Erzbischof Laud entdeckte, daß der Schulleiter von Westminster einen Brief an einen Bischof geschrieben hatte, in dem von diesem kleinen, aufdringlichen Hokuspokus die Rede war. Der Brief wurde bei den Papieren des Bischofs gefunden, und Laud kam sofort zu dem (richtigen) Schluß, daß von ihm die Rede war. Er ließ den Schulleiter einsperren und vor das Star Chamber [nur dem König verantwortliches Willkürgericht bis 1641, A. d. Ü.] stellen, wo er zu einer Geldstrafe von 5000 Pfund verurteilt wurde ... und dazu, sich die Ohren an den Pranger von Westminster nageln zu lassen, in Anwesenheit seiner Schüler! – Kannst Du Dir einen spannenderen freien Tag für die ganze Schule vorstellen? Schon allein der Gedanke daran! – Leider floh der Schulmeister, und das Urteil konnte bedauerlicherweise niemals vollstreckt werden, und die lieben Knaben wurden enttäuscht. Wenn man in jenen fröhlichen Tagen gelebt hätte, wie vorsichtig hätte man dann sein müssen! – Noch viel vorsichtiger als heute, vermute ich.»

44 «A Frock-Coat Portrait of a Great King», *Daily Mail*, 11. Oktober 1927, S. 10. Für diese Rezension bekam Lytton fünfzig Pfund. Sie wurde in keinem Sammelband seiner Werke nachgedruckt.

45 In Cambridge wurde Julian Bell Apostel und widmete seine Talente der Dichtung und der linken Politik. Er war mit seiner Mutter innig verbunden, reagierte jedoch ablehnend auf die liberale humanitäre Gesinnung und den Pazifismus von Bloomsbury. Er versuchte, dem Konflikt zwischen seinem Gefühl der Loyalität und seinen wenig zimperlichen Instinkten dadurch aus dem Weg zu gehen, daß er 1935 den Posten eines Professors für Englisch an der Chinese National University of Wuhan annahm. Zwei Jahre später kehrte er nach Hause zurück, wo Vanessa versuchte, ihm die mit hundert Pfund im Jahr dotierte Stelle eines Firmendirektors bei einem Familienunternehmen zu besorgen, das Federn aus China importierte. Er selbst wollte unbedingt im spanischen Bürgerkrieg kämpfen, und schließlich einigte man sich auf den Kompromiß, daß er für die Republikaner in Spanien einen Ambulanzwagen fahren sollte. Er wurde am 18. Juli 1937 in Villanueva de la Canada bei der Schlacht von Brunete getötet.

46 «Er [Gerhardie] ist eine Neuentdeckung von Mary [Hutchinson]», er-

klärte Lytton am 1. November 1927 Sebastian Sprott. «Ausgesprochen amüsant und begabt, aber bedauerlicherweise ein hundertprozentiger Frauenliebhaber und außerdem zu fünfundsiebzig Prozent Russe (hier stimmt etwas nicht mit der Arithmetik).»

47 Lytton adressierte seine Briefe an mehrere Freunde in Versform. Ein weiteres Beispiel:

Kind Cambridge postman, please do not
Forget through loitering, love, or talk
To leave this letter with the SPROTT,
Who lives at 7 Brunswick Walk.

Lieber Briefträger von Cambridge, bitte
vergessen Sie nicht vor lauter Trödeln, Liebe oder Plaudern,
diesen Brief bei dem SPROTT abzuliefern,
der in 7 Brunswick Walk wohnt.

48 In einem Brief an Sheppard vom 7. April 1903 hatte Lytton ein Inzesttabu angedeutet: «Ich denke an die Zeit, als ich ein Kind war und stürmisch auf meine Mutter zurannte, sie umarmte und mit aller Kraft küßte, und frage mich, ob ich jemals wieder jemanden so sehr lieben werde, mit einer so wilden Ekstase und mit so vielen Tränen.»

49 James Strachey hat unterstrichen, daß Lytton ohne Frage niemals tatsächlich Haschisch geraucht hat. Zu jener Zeit war Haschisch (Cannabis Indica) weniger eine Droge als eine rein literarische Substanz aus «Tausendundeiner Nacht» (allerdings wurde sie später in Frankreich von Baudelaire auch ganz real genossen). Lytton war «viel zu ehrbar, um auch nur im Traum daran zu denken, sich auf so etwas einzulassen». Er hätte auch das journalistische Dasein mißbilligt, das die Droge heute führt. «The Haschish» und «Happiness» erschienen in *New Statesman and Nation*, 26. Juni 1937, S. 1045 f.

50 Ritchie hatte sich vor seiner Operation erkältet, aber der Chirurg beschloß, den Eingriff trotzdem durchzuführen. Zwei Tage danach trat eine schwere Blutung auf. Daraufhin wurde er ein zweites Mal operiert, damit man die Blutung stoppen konnte. Ein Spezialist aus London wurde hinzugezogen, aber es war bereits Gift in seine Lungen eingedrungen, und einige Wochen später, am 13. September 1927, starb er an septischer Lungenentzündung.

51 «Ich bin immer hin und her gerissen, ob sie furchtbar lästig oder eher angenehm sind», schrieb Carrington an Dorelia über die Gäste in Ham Spray. «Wahrscheinlich sind sie beides gleichzeitig.»

52 «Ich habe eine besondere Vorliebe für ‹Alone›. Wie haben Sie es nur fertiggebracht, es mit dieser romantischen Schönheit zu erfüllen? Die Vielfalt der Stimmungen darin ist wirklich außerordentlich; und dennoch bleibt die Gesamtheit des Eindrucks vollständig erhalten», schrieb Lytton an Norman Douglas. «Ich bin entzückt, daß Ihnen ‹Alone› gefällt»,

antwortete Douglas. «Mir gefällt es auch. Was Sie daran Erfreuliches entdeckt haben, ist zweifellos das Ergebnis dieses lächerlichen Krieges, der mich in mich selbst hineingetrieben hat. Ich fühlte mich wirklich allein, umgeben von einer Legion von Dummköpfen, die einander in Stücke hacken. Ein erfrischendes Gefühl, das noch nicht verblaßt ist. Möge es das auch nie tun.»

53 «Wir lesen abends einen neuen Roman von Norman Douglas», schrieb Carrington am 10. Februar 1928 an Dorelia John. «Sag mal, hast Du ihn? Er ist ziemlich griechisch und sehr geil.»

54 Eine überarbeitete Fassung von «Siren Land», dem ersten ernsten Buch von Norman Douglas, wurde in jenem Winter von Martin Secker veröffentlicht. «Was ‹Siren Land› angeht», schrieb Douglas am 9. November 1923 an Lytton, «so wurden sieben von zwanzig Kapiteln vom Verlag gestrichen, weil sie von zu geringem menschlichem Interesse seien. Ohne mich zu fragen, wurde auch die gesamte Restauflage eingestampft, bis auf die Exemplare, die bereits verkauft sind, was eine Unverschämtheit ist, weil man vielleicht sehr gern noch das eine oder andere Exemplar gekauft und es Freunden geschenkt hätte. Man kann nichts machen, man ist diesen Banditen ausgeliefert. Secker hat jetzt eine Neuauflage herausgebracht, die Exemplare sind gestern bei mir eingetroffen, und ich schicke ihnen eines unverzüglich zu. Sie werden es gelegentlich schwerfällig und affektiert und an einigen Stellen unverständlich finden, aber es legt Zeugnis von einem geradezu erschreckenden Fleiß ab.»

55 Diese Abhandlung wurde 1924 als Antwort auf D. H. Lawrences Einleitung zu «Memoirs of the Foreign Legion» von Maurice Magnus geschrieben. Lytton reichte eines von seinen Exemplaren an Ottoline weiter. «Ich glaube, es wird Sie amüsieren», schrieb er ihr am 11. Februar 1925, «selbst wenn Sie das Buch nicht gelesen haben, anläßlich dessen es geschrieben wurde; schon jahrelang dachte ich, daß ein Protest dieser Art nötig sei, und nun hat N. D. ihn, wie es mir scheint, wirkungsvoll in dem ihm eigenen Stil vorgebracht. Aber ich zweifle daran, daß Freund Lawrence die Fehler seines Vorgehens einsehen wird.» In der Zeitschrift *New Statesman* verteidigte sich Lawrence, «der Verleumdung müde», am 20. Februar 1926 gegen die Vorwürfe von Douglas.

56 Nach dem Ersten Weltkrieg war Nancy Cunard auf Dauer nach Frankreich gezogen, hatte in Réanville einen eigenen Verlag, die Hours Press, gegründet und zwischen 1928 und 1931 etwa zwanzig Bände von zeitgenössischen Autoren publiziert. Später schrieb sie ihre Erinnerungen an Norman Douglas nieder und auch einige Erinnerungen an George Moore.

57 Roger Senhouse war Norman Douglas bei seinem Buch über Limericks keine Hilfe. Am 30. Juli 1928 schrieb Douglas aus den Abruzzen an Lytton, wohin er «mit zwei jungen Leuten» geflohen war, und fragte ihn, ob «unser junger Freund» dazu zu bewegen sei, ihm einige Limericks zu

schicken. «Ich wäre wirklich froh, denn das Buch ist zwar im Werden, aber noch untergewichtig, und ich möchte eine möglichst große Vielfalt. Am 12. September 1928 schrieb er noch einmal: «Ich habe das Limerick-Buch fertig. Es wird in Kürze gedruckt und gebunden werden, und ein Exemplar wird an Sie gehen. Also brauchen Sie den armen Roger (passender Name) nicht mehr zu behelligen.» Noch im selben Jahr wurden einhundertfünfzig Exemplare von «Some Limericks» in Florenz gedruckt, nur für Subskribenten. Sie waren alle signiert, in bernsteinfarbenes Leinen gebunden und wurden für fünf und sogar zehn Guineas pro Stück verkauft – worauf noch zahlreiche andere private Ausgaben folgten. Douglas plante zwei Folgebände – «More Limericks» und «Last Limericks» –, aber da ihm das Polizeigericht in Florenz mit einem Strafverfahren drohte – viele glaubten, auf Veranlassung des britischen Innenministeriums –, hielt er es für klüger, keine weiteren Limericks mehr zu veröffentlichen. Zum Thema «Some Limericks» schrieb Nancy Cunard: «Man muß sie gelesen haben, um es glauben zu können, so ausgelassen, skatologisch und gräßlich wie sie sind in ihrer schuljungenhaften Heiterkeit, im Witz des Börsenparketts und des Kasernenhofs, und alle sind unglaublich lustig. Noch lustiger sind indessen die gelehrten Fußnoten, die jeden Limerick (und seine Varianten) begleiten, in denen der Verfasser (oder Sammler) sie genau untersucht, oft in pseudowissenschaftlicher Manier ... Das Register ist noch einmal ein Glanzstück für sich.» («Grand Man», S. 286f.).

58 Lytton benutzt denselben Ausdruck in einem Brief an Lumsden Barkway vom 3. März 1928, der ihm zu seinem achtundvierzigsten Geburtstag geschrieben hatte. «Ich liege in tödlichem Kampf mit einem üblen Buch über Königin Elisabeth und wage meinen Griff nicht zu lockern. Es war sehr liebenswürdig von Dir und erstaunlich, daß Du Dich an meinen Geburtstag erinnert hast. Ja – ich bin 48 – es erscheint mir absurd, und ich würde behaupten, daß es in meiner Geburtsurkunde eine Fehldatierung von rund zwanzig Jahren gibt, wenn dann nicht Du als Zeuge aufträtest, der dagegen Einspruch erhebt! ... Das Merkwürdige ist, daß meine Haare sich bisher weigern, Zeugnis von meinem Alter abzulegen – soweit ich sehe – bleiben sie widersinnigerweise braun. Aber ich hatte immer das Gefühl, ich sei eine Art Samson – meine ganze Kraft liegt in den Haaren!»

59 Das Abtippen besorgte Ethel Christian, die in der Southampton Street wohnte und der Lytton immer wieder einen Packen seines Manuskripts zuschickte.

60 «Julia. A Portrait of Julia Strachey by Herself and Frances Partridge», 1983, S. 119 f.

61 Brian Howard war ein geistreicher Kopf und Freund der Berühmten, der zwischen 1920 und 1930 Eton, Oxford und London durch seine exotische Lebensweise blendete und verblüffte. Nach der Meinung von Evelyn

Waugh, der ihn in «Wiedersehen mit Brideshead» als Anthony Blanche und in «Put Out More Flags» als Ambrose Silk an den Pranger stellte, war er, wie Byron, «verrückt, böse und eine gefährliche Bekanntschaft». Er beging 1958 Selbstmord.

62 Carrington schildert in einem Brief an Ralph vom 21. Mai 1928 ihre Abenteuer ausführlich: «Lyttons ungeduldiger Drang, alles zu sehen, kaum daß er angekommen ist, ist immer erstaunlich! Im Amphitheater fand gerade ein seltsamer Stierkampf statt. Ein junger Stier kam unter Hörnerklängen in die Arena, und etwa ein Dutzend junger Männer – nicht großartig aufgemacht – einfach im Hemd, fing an, vor dem Stier von einer Seite auf die andere zu laufen. Schließlich rannte einer, der mutiger war als die anderen (sehr attraktiv, mit hellroten Schuhen ...), zu dem Stier hin, schnappte eine rote Kokarde zwischen seinen Hörnern weg und kam unbeschadet davon. Dann versuchten alle, die Hörner des Stiers zu berühren. Es war ein merkwürdiges Spiel. Ich konnte kaum glauben, daß es in irgendeiner Weise gefährlich war. Der Stier wirkte so verdattert und war so langsam wie eine armselige alte Witwe, die mit einer Bande kleiner Maulhelden Fangen spielen soll.»

Dann gingen sie zum Boulevard Hugo, wo sie ausgiebig Tee tranken und wo Carrington «so viel Kuchen aß, daß mir fast schlecht wurde». Anschließend schlenderten sie zu den Gärten, in denen sich «der ganze Adel von Nîmes in den prächtigsten Gewändern erging», und Lytton erklomm den Pinienhügel, um das Denkmal auf seinem Gipfel zu betrachten «– alle Denkmäler sehen ungefähr um 5 Uhr nachmittags am schönsten aus, wie ich bemerkt habe» –, und ehe sie sich schließlich in ihr Hotel zurückzogen, setzten sie sich hin und lauschten dem Abendkonzert vom Pavillon her und tranken Wermut – «Es war eine lauschige Szene.»

63 Eine signierte, begrenzte Auflage von «Elisabeth und Essex» erschien in England und den Vereinigten Staaten am 24. November 1928 zum Preis von vier Pfund bzw. zwanzig Dollar. Sie umfaßte 1060 Exemplare, von denen zwanzig auf grünem Papier gedruckt und ohne Nummer herausgebracht wurden. Der britische Verlag war Chatto & Windus, der amerikanische Crosby Gaige.

64 Das Honorar von 30000 Dollar (das deutlich mehr als 6000 Pfund entspricht), war 1928 ein Rekordpreis für die Veröffentlichung eines Buches in Fortsetzungen. Es entsprach Anfang der neunziger Jahre ungefähr 145000 Pfund. Die Version von «Elisabeth und Essex», die in der Zeitschrift *Ladies' Home Journal* abgedruckt wurde, war «außerordentlich verstümmelt», wie Lytton sich am 21. September 1928 bei Charles Prentice beklagte, «... fast wie eine Hinrichtung wegen Hochverrat».

65 Sir John Poynder Dickinson-Poynder (1866–1936), Politiker und Verwaltungsmann, der Gouverneur von Neuseeland gewesen war (1910–12) und 1910 zum ersten Baron Islington erhoben wurde. Später bekleidete er unter anderem den Posten des Staatssekretärs für die

Kolonien (1914–15), des parlamentarischen Staatssekretärs für Indien (1915–18) und des Vorsitzenden des National Savings Committee (1920–26). 1926 hatte er sich offiziell zur Ruhe gesetzt.

66 Lord Hugh Cecil (1869–1956), konservativer Politiker, der für seine ekklesiastische Beredsamkeit berühmt war, wurde später zum Rektor von Eton ernannt.

Sir Evan Charteris (1864–1940), Rechtsanwalt und Biograph, wurde später Vorsitzender des Kuratoriums der National Portrait Gallery (1928–1940), Vorsitzender der Tate Gallery (1934–1940) und Treuhänder der National Gallery (1932–1939). Zu seinen Büchern zählen eine Biographie von John Sargent (1927) und «The Life and Letters of Sir Edmund Gosse» (1931).

67 Gerald Heard (1889–1971) war zu jener Zeit der Autor von «Narcissus: An Anatomy of Clothes». In diesem Buch versuchte er historisch den Zusammenhang zwischen Architektur und Kleidung herauszuarbeiten. Später kam er unter dem Namen H. F. Heard als Verfasser von Kriminalgeschichten zu Ruhm und Ansehen und unter dem Namen Gerald Heard als Verfasser theologischer und wissenschaftlicher Werke. 1937 verließ er England und ging nach Amerika, wo er ein enger Freund von Christopher Isherwood und Aldous Huxley wurde, der ihn in «Nach vielen Sommern» in Gestalt des Mystikers William Propter porträtierte. Bischof Barkway schrieb in einem Brief an den Verfasser vom 20. Mai 1963 von «einer Seite in seinem [Lyttons] Wesen, die er vor anderen strikt verborgen hielt, die aber charakteristisch ist für die vielen Gespräche, die er über das tiefste aller Geheimnisse führte. Einmal vertraute er mir in den Backs an, wie sehr er sich zur östlichen Weltanschauung hingezogen fühlte. Darin deutete sich bereits das Interesse an den indischen Religionen an, das nachher Gerald Heard und andere ähnlich Gesinnte offen an den Tag legten.» Aber Gerald Heart hat aufgeschrieben daß «L. S. meines Wissens nie etwas über orientalische Religionen gesagt hat. Er hat einmal davon gesprochen, daß er ein Leben Jesu schreiben wolle, aber in viktorianischer Tonart, und man sagte ihm, das wäre wohl kein erfolgreiches Vorhaben.»

68 William Jowitt (1885–1957), Anwalt, linker Politiker und Lordkanzler, der erst zum Knight erhoben wurde (1929), dann zum Baron (1945), dann zum Viscount (1947) und schließlich zum Earl (1951).

VII. Eine andere Welt

1 Leonard Woolf, «Downhill all the Way» (1967), S. 251.
2 Virginia Woolf, «The Art of Biography» (1939), in: «Collected Essays», Bd. 4 (1967), S. 221–228.
3 Das vorliegende (und alle weiteren Zitate) aus «Elisabeth und Essex» stammen aus der dt. Ausgabe Berlin: Fischer 1929, S. 227f. (Übersetzer: Hans Reisiger).

4 «A New History of Rome», in: *Spectator* vom 2. Januar 1909, S. 20f; abgedruckt in: «Spectatorial Essays», S. 13-17.
5 Sigmund Freud, «Gesammelte Werke», Bd. V (Werke aus den Jahren 1904-1905), (London 1949), S. 171, Fußnote 1.
6 Siehe Kap. V, S. 244.
7 Am 1. Dezember 1925, eine Woche nachdem Lytton mit «Elisabeth und Essex» begonnen hatte, schrieb ihm Alix: «James sagt, was ich über Vaginismus sagte, sei nicht ganz korrekt. Es handelt sich offenbar nicht nur um einen hysterischen Schmerz in der Vagina, so daß das Einführen eines Penis oder manchmal sogar schon die bloße Berührung sehr schmerzhaft ist, sondern auch um eine tatsächliche Kontraktion des Schließmuskels der Vagina (auch hysterisch bedingt und von irgendwelchen körperlichen Defekten oder Krankheiten abhängig), die es physisch unmöglich macht, überhaupt irgend etwas einzuführen. Diese Kontraktion ist anscheinend oft schmerzhaft & krampfartig. Sie verläuft unwillkürlich, ist also auch mit größter Willensanstrengung nicht zu beeinflussen. Und sie tritt selbstverständlich genau dann auf, wenn ein Penis sich der Vagina nähert.»
Im zweiten Kapitel von «Elisabeth und Essex» schreibt Lytton: «... aber es kam hinzu, daß in Elisabeths Fall der neurotischen Beschaffenheit noch eine ganz besondere Ursache zugrunde lag: ihre sexuelle Konstitution war bedenklich verbildet ... Die grobe Mär von einer körperlichen Verbildung mag sehr wohl ihren Ursprung in einem subtileren und doch nicht weniger vitalen Umstand gehabt haben. In derlei Dingen ist das Psychische ebenso mächtig wie das Physische. Ein tief eingewurzelter Widerwille gegen den kritischen Akt geschlechtlicher Vereinigung mag wohl, wenn die Möglichkeit seines Vollzugs näher rückt, einen Zustand hysterischer Konvulsion hervorrufen, der in gewissen Fällen von empfindlichsten Schmerzen begleitet ist.»
8 Edmund Wilson, «Lytton Strachey», in: *New Republic* vom 21. September 1932, S. 47. Abgedruckt in: «The Shores of Light», S. 553.
9 *Criterion* VII (Juli 1929), S. 647-660.
10 Die Passage ist nicht aus der Übersetzung von H. Reisiger übernommen, da seine Übersetzung die sexuelle Anspielung ausmerzt (er übersetzt «manhood ... concealed in yellow magnificence in her fathers lap» mit «als ihr Vater sie in den Armen trug»).
11 «Scrutiny», Bd. II, Nr. 3 (Dezember 1933).
12 «Lytton Strachey: Father of Modern Biography« in: *New York Herald Tribune* vom 7. Februar 1932.
13 John Ferns, «Lytton Strachey» («Twayne's English Authors Series 1988»), S. 101.
14 Lytton lehnte das Essex-Porträt im Trinity College in Cambridge als zu vergeistigt ab. «Es ist sicher sehr schön, doch ich hatte nicht die Erinnerung, wie überaus intellektuell das Gesicht war», schrieb er Charles

Prentice am 3. August 1928. So entschied er sich statt dessen für ein idealisiertes Porträt aus der Woburn Abbey.
15 W. K. Rose (Hg.), «The Letters of Wyndham Lewis» (1963), S. 185.
16 «History and Literature», in: *History* IX (1924), S. 81–91.
17 Lytton zog auch weiterhin die «Eminent Victorians» seinen anderen Büchern vor. Am 20. Mai 1929 schrieb er an Sebastian Sprott: «Ich bin froh, daß Dir ‹Em. V.› gefällt. Ich habe es immer als gelungen empfunden – doch viele geben dem einfühlsameren Stil meiner späteren Arbeiten den Vorzug – meiner Meinung nach zu Unrecht.»
18 G. B. Harrison in einem Brief an den Autor vom 6. Januar 1967. Er bezieht sich darin auf seine am 24. November 1928 im *Spectator* erschienene Buchbesprechung von «Elisabeth und Essex» mit dem Titel «Elizabeth and Her Court». Celia Simpson, die Literaturredakteurin des *Spectator*, die später die zweite Frau des Politikers und Schriftstellers James Strachey wurde, hatte eine positivere Kritik erwartet und schrieb daher den ersten und den letzten Abschnitt um. «Ich entdeckte die Änderungen erst, als sie mir ein Belegexemplar schickten ... Ich war damals noch ein Anfänger, und da dies meine erste Buchbesprechung für den *Spectator* war, war ich zu schüchtern, um in angemessener Form Protest einzulegen.»
19 Stracheys Biograph Michael Edmonds hat nachgezählt, daß «Elisabeth und Essex» «42mal in anderen Sprachen gedruckt wurde», die spanische Ausgabe für einen Vorschuß von fünfzehn Pfund Sterling mitgerechnet – «ein bedauerliches Ergebnis der spanischen Armada», kommentiert Lytton. Das Buch wurde auch mehrfach fürs Theater umgeschrieben. In Deutschland schuf Ferdinand Bruckner eine Bühnenversion, die später von Ashley Dukes für die englische Bühne eingerichtet wurde. In den Vereinigten Staaten wurde das Buch verfilmt, und in Großbritannien machte Louis MacNeice ein Hörspiel daraus. Benjamin Britten nutzte das dramatische Element in den «E. V.» für seine Oper «Gloriana». «Er hatte eine besondere Vorliebe für ‹Elisabeth und Essex›», schrieb William Plomer, «und ein starkes Interesse am Charakter und Schicksal von Essex ... Wie Britten war auch ich bei der Lektüre des Buches beeindruckt von seinen dramatischen Qualitäten, seiner Lebendigkeit und Lyttons Gespür für Charakter und Situation.»
20 Frances Partridge, «Memories» (1981), S. 119.
21 Jonathan Gathorne-Hardy, «The Interior Castle. A Life of Gerald Brenan», (1992), S. 232.
22 David Garnett (Hg.), «Carrington», S. 386.
23 Frances Partridge, «Memories», S. 168.
24 Lady Stracheys Vermögen war auf 36810 Pfund, 11 Shilling und 8 Pence veranschlagt worden. Sir Richard Strachey hatte zwanzig Jahre zuvor nur 6470 Pfund, 16 Shilling und 8 Pence hinterlassen – möglicherweise, weil er einen Teil seines Kapitals seiner Frau überschrieben hatte. Au-

ßerdem hatte Lady Strachey in der Zwischenzeit auch noch das Vermögen ihrer Schwester Elinor (Lady Colvile) geerbt.
25 George Saintsbury (1845–1933), der mit Mandell Creighton befreundete Historiker und Verfasser literarischer Essays, der sich besonders mit seinen Schriften über die französische Literatur einen Namen machte. Nachdem er aus Altersgründen von seinem Amt als Regius-Professor für Rhetorik und englische Literatur an der Universität von Edinburgh zurückgetreten war, hatte er sich 1916 in der Royal Crescent Nr. 1 in Bath niedergelassen, wo seine «Notes on an Cellar Book» entstanden, die dann zur Gründung des Saintsbury-Clubs führten.
26 «Horace Walpole», in: *Independent Review*, 2 (Mai 1904), S. 641–646. Abgedruckt in: «Characters and Commentaries» sowie in «Biographical Essays».
27 «Walpole's Letters», in: *Athenaeum* vom 15. August 1919, S. 744f. Siehe auch «Some New Letters of Horace Walpole», in: *Living Age*, 302 vom 27. September 1919, S. 788–791. Abgedruckt in: «Characters and Commentaries» sowie in «Biographical Essays».
28 «Suppressed Passages in Walpole's Letters», in: *Athenaeum* vom 5. September 1919, S. 853.
29 «The Eighteenth Century», in: *Nation and Athenaeum* 39 vom 29. Mai 1926, S. 305f. Siehe auch *New Republic* 47 vom 16. Juni 1926. Abgedruckt in: «Characters and Commentaries» sowie in «Biographical Essays».
30 «Charles Greville», in: *Nation and Athenaeum* 33 (11. August 1923), S. 593f. Siehe auch: *New Republic* 35 (15. August 1923), S. 325ff. Abgedruckt in: «Biographical Essays».
31 «Greville Memoirs. Access to Original Manuscript. Mr. Lytton Strachey's Plea», in: *The Times* vom 12. November 1927, S. 8.
32 W. Wilsons Version der Tagebücher war so schlecht aufgenommen worden, daß Heinemann notgedrungen das Angebot unterbreitet hatte, den vollständigen Text herauszubringen. Doch nach Lyttons Tod platzten die Verhandlungen. Roger Fulford beschrieb dem Autor, was dann mit den Tagebüchern geschah: «Kurz nach Erscheinen meines ersten Buches – das war 1933 – trat Mr. James Strachey an mich heran und fragte mich, ob ich die Fertigstellung des Buches übernehmen und, falls nötig, einen anderen Verleger dafür finden könnte. Mr. Thomas Balston, der die Veröffentlichung meines ersten Buches ermöglicht hatte und zu jener Zeit der maßgebliche Mann bei Duckworth war, versprach, daß sein Verlag das Buch veröffentlichen würde, und es ist gut möglich, daß er Mr. James Strachey an mich verwies. Duckworth nahm das Projekt in Angriff. Wegen der hohen Produktionskosten zogen wir in Erwägung, es im alten Stil über Subskription abzuwickeln. Doch als Mr. Balston Duckworth verließ (ich glaube im Jahre 1934), hatte der Verlag kein Interesse mehr daran, es zu Ende zu führen. Mr. Balston machte mich freundlicherweise mit Mr. Daniel Macmillan bekannt, und der Verlag

Macmillans erklärte sich bereit, das Werk herauszubringen, und setzte diesen Plan dann auch in die Tat um. Der Preis des fertigen Buches und die Zahl der gedruckten Exemplare waren nicht meine Sache. Offenbar war das finanzielle Risiko damals sehr groß, doch Macmillans veröffentlichte das Buch trotzdem. Allerdings wurde es ein teures Buch.

Daß dieses Buch in den Antiquariaten so hohe Preise erzielt, läßt sich teilweise mit seiner schönen Ausstattung erklären, die der Cambridge University Press, die es produzierte, zu verdanken ist. Mr. und Mrs. Ralph Partridge zeigten sich sehr großzügig. Die umfangreiche Arbeit, die sie in den Text und die Fußnoten investiert hatten, wurde weder finanziell noch auf der Titelseite des fertigen Buches entsprechend gewürdigt.»

Thomas Balston schrieb: «Ich bin heute noch sehr stolz darauf, daß auch ich in bescheidenem Maße zum Zustandekommen [dieses Buches] beigetragen habe und daß ich sofort erkannte, welch große Bedeutung es für die vielen Historiker haben würde, die sich im Verlaufe der nächsten fünfzig Jahre mit dieser Epoche beschäftigen würden ... Und ich bin froh, daß ich es für so wichtig erachtete, es an die C[ambridge] University Press zu schicken, die damals, mit ihrem Typographen Walter Lewis, die beste Druckerei Englands war und entsprechend teuer.»

Die «Greville Memoirs» erschienen im September 1938 in acht Bänden (der letzte enthielt die Auslassungen und Streichungen). Es waren 630 Ausgaben gedruckt worden. Die acht Bände kosteten zusammen 15 Pfund beziehungsweise 60 Dollar. «In Anbetracht der Arbeit und Sachkenntnis, die in diese Ausgabe investiert wurden, ist es bedauerlich, daß der gewöhnliche Leser weiterhin gezwungen ist, den alten verstümmelten Text zu benutzen», schrieb Raymond Mortimer und warf Macmillans vor, sich für eine «Produktionsmethode» entschieden zu haben, «gegen die Lytton Strachey selbst sicher als erster Protest eingelegt hätte». 1963 brachte Roger Fulford im Rahmen der Macmillan Historical Memoirs Series eine einbändige Kurzfassung heraus.

33 «Obscenity in Literature», in: *Nation and Athenaeum* 44 (30. März 1929), S. 908.
34 Beverly Nichols versicherte dem Autor, diese Äußerung sei ein typisches Beispiel Stracheyesker «Dichtung». «Es stimmt, daß ich einen jungen Amerikaner namens Warren Curry kannte, der nach England kam, um dort eine Weile zu studieren und mir Gesellschaft zu leisten. Doch wir irrten keineswegs verzweifelt in Europa und Afrika herum. Wir kamen nie auch nur in die Nähe von Afrika, und unser einziger Ausflug ins Ausland war ein kurzer Abstecher nach Rom, wo wir – weit davon entfernt, uns zu streiten – ein sehr vergnügliches Wochenende verlebten.»
35 Sir Gerald Tyrwhitt-Wilson, fünfter Baronet und vierzehnter Baron Berners (1883–1950), Musiker, Künstler und Schriftsteller, dessen musika-

lisches Ballett «Luna Park» in jenem Jahr in C. B. Cochrans Revuetheater aufgeführt wurde. Er war von 1911 bis 1919 Honorarattaché in Rom und wohnte nach dem Krieg in seinem Haus in der Foro Romano Nr. 3, von dem aus man das Forum überblicken konnte.

36 Lytton hatte dieses Porträt bei Stephen Tomlin in Auftrag gegeben und ihm im Dezember 1928 dafür 30 Pfund im voraus bezahlt. Als es Anfang 1930 fertig war, gab Lytton am Gordon Square 51 eine Party, damit seine Freunde es begutachten konnten. «Es schien mir sehr gelungen», schrieb er am 3. November 1929 an Bunny Garnett. Im April 1930 erwarb Brinsley Ford das Kunstwerk, das sich heute in der Tate Gallery befindet. Es war das zweite von insgesamt drei Exemplaren. Das erste erbte Pippa Strachey nach Lyttons Tod und das dritte kaufte David Garnett. Ende der siebziger Jahre ließ Anthony D'Offay weitere acht Kopien anfertigen.

37 Die Eltern der gefeierten Mitford-Schwestern Diana, Jessica, Pamela, Unity und Nancy. Letztere hatte in ihrem Roman «Heimweh nach Liebe» ihren Vater als Onkel Matthew karikiert, einen Mann, der keinen Mittelweg kannte, der entweder liebte oder haßte, in der Regel letzteres.

38 Lord Desborough, der Vater des Dichters Julian Grenfell, war einer der meistgefeierten Allroundsportler seiner Generation. Er schwamm durch das Niagarabecken, brachte in einer Jagdsaison einhundert Hirsche zur Strecke, spielte für Harrow Kricket, nahm für Cambridge am Dreimeilenlauf teil, bestieg dreimal auf verschiedenen Routen das Matterhorn und nahm als Fechter an den Olympischen Spielen teil.

39 Henry Green (1905–1973), von dem damals bereits die Romane «Blindness» und «Living» erschienen waren, behielt Lytton als einen äußerst gut gekleideten Mann, «einen hellen Kopf» und «einen echten Charmeur» in Erinnerung. Besonders verblüfft war er über Lyttons Angewohnheit, sich alles aufmerksam anzuhören, was jemand von sich gab, und sogar zum Weiterreden zu ermuntern, anschließend aber, wenn der Betreffende mit seinen Ausführungen zu Ende war, ihm mit ein paar Worten den Wind aus den Segeln zu nehmen. Seine Technik war superb. Dennoch fühlten sich die Leute von seinen Kommentaren offensichtlich nicht verletzt, denn aus ihnen sprach eher ein absurder als ein boshafter Humor.

40 «Gli Indifferenti» (Die Gleichgültigen) war vor kurzem in Italien erschienen, wurde jedoch erst 1935 ins Englische übersetzt und unter dem Titel «The Time of Indifference» in England veröffentlicht. Alberto Moravias Werke wurden größtenteils von Lyttons Freund Angus Davidson ins Englische übersetzt.

41 Stephen Spenders autobiographischer Roman «The Temple», in dem er W. H. Auden, Christopher Isherwood und den Fotografen Herbert List karikierte, wurde nach Aussagen seines Verlegers Geoffrey Faber deshalb nicht veröffentlicht, «weil er nach den damaligen Gesetzen nicht

nur verleumderisch, sondern auch pornographisch war». 1962 verkaufte Spender das Manuskript an die University of Texas, und 1988 veröffentlichte er eine teilweise umgeschriebene Version des Romans.

42 Bronislaw Malinowsky (1884–1942), der anglo-polnische Anthropologe, dessen Buch «Das Geschlechtsleben der Wilden in Nordwest-Melanesien» kurz zuvor veröffentlicht worden war.

43 Edmund Wilson, «The Shores of Light» (1952), S. 553.

44 «Ich bin ungeheuer stolz darauf, daß Sie mir ein Buch widmen möchten», schrieb Max Beerbohm am 21. März 1931. «Obwohl ich viel älter bin als Sie, bewundere ich Ihre Prosa, seit ich Ihre Bücher zum erstenmal las, mit unverbrauchter, heißer Leidenschaft, die eher der Begeisterung eines sehr jungen Mannes für das Werk eines großen, geistesverwandten Meisters ähnelt.»

45 Carrington schnitt ihren preisgekrönten Beitrag aus und klebte ihn am 18. Juli 1931 in IHR BUCH. Lytton schickte ihr ein Glückwunschtelegramm, auf das sie antwortete: «Lytton, Liebling, mein ehrwürdigster Biograph, Leibchenstricker und leichtlebigster aller Anstifter, weißt Du, daß Dein Telegramm mir mehr Freude bereitet hat als alles auf der Welt? ... Schrecklich, daran zu denken, daß ich wegen Grausamkeit fast meine zwei Guineen verloren hätte! Ich glaube, Ralph freut sich tatsächlich noch mehr als ich!»

46 1931 veröffentlichte Professor Richard Braithwaite (1900–1986), der später in Cambridge Moralphilosophie lehrte, posthum einen Band mit Schriften Frank Ramseys unter dem Titel «The Foundation of Mathematics» – «größtenteils ziemlich unverständlich», erklärte Lytton am 7. Oktober 1931, «und selbst jene [Schriften], die Braithwaite in seiner Einleitung dem ‹gewöhnlichen Leser› empfiehlt, erscheinen mir beängstigend undurchsichtig. Ich stellte mit Erleichterung fest, daß G. E. Moore (in einem Vorwort) eingesteht, daß er (zweifellos wegen seiner Dummheit) aus ihnen nicht schlau wird. Dennoch kann man hinter dem Nebel einen außergewöhnlichen großen Geist erkennen.»

47 Oberstleutnant Oswald Balfour, der von 1920 bis 1923 Staatssekretär im Verteidigungsministerium des Generalgouverneurs von Kanada war. Später war er Präsident und Direktor mehrerer Stahlgesellschaften.

48 Die vor 1841 erschienenen Bücher aus Lyttons Bibliothek erbte Roger Senhouse. Nach dessen Tod wurden sie zwischen dem 18. und dem 20. Oktober 1971 zusammen mit anderen Büchern aus Senhouse' Bibliothek durch Sotheby's verkauft. Die neueren Bücher gingen in den Besitz von James Strachey über. Einige davon wurden am 14. Dezember 1965 durch Sotheby's verkauft. Auf Carringtons Exlibris, die sie in drei Größen anfertigte, steht auf einem gitterartigen Hintergrund der Name Lytton Strachey. Sie ersetzten ein kunstvolleres Exlibris von 1899 mit dem Schriftzug «G. L. Strachey».

49 D. C. Partridge. «HER BOOK», ohne Datum (British Library).

50 Der unvollendete Essay über «Othello» wurde zum erstenmal posthum in «Characters and Commentaries» veröffentlicht und später auch in «Literary Essays» abgedruckt.
51 Frances Partridge, «Memories» (1981), S. 192.
52 Lady Diana Cooper hatte 1924 in Max Reinhardts berühmter New Yorker Produktion von «The Miracle» die Rolle der Madonna gespielt.
53 Syrie Maugham, die Tochter des gefeierten Arztes und Philanthropen Dr. Thomas Barnardo, war eine der gefragtesten Innenarchitektinnen ihrer Zeit. 1927 war sie von Somerset Maugham, ihrem zweiten Ehemann, geschieden worden. Ihr erster Mann war Sir Henry Wellcome gewesen, ein bekannter amerikanischer Wissenschaftler. William Gerhardie, der sich noch gut an diese Party erinnern konnte, schrieb dem Autor: «Weil Cazalet jeden kannte, bat ich ihn, mich der bezauberndsten Debütantin des Festes vorzustellen. Er erklärte mir, er müsse einen passenden Augenblick abwarten, da gemunkelt werde, daß sie mit einem Fürsten verlobt sei, zudem sei sie sehr gefragt. So schob er mich solange an Lytton Strachey ab. Strachey schilderte mir, wie er in einem Taxi in den Hof des Buckingham-Palastes eingefahren war und dort leider an den königlichen Sekretär Lord Stamfordham verwiesen wurde. Er war mitten im Erzählen, als Cazalet zurückkam, um mir zu sagen, daß die Debütantin jetzt frei sei, so daß der enttäuschte Strachey allein zurückblieb. Ich sah ihn nie wieder ... Was den armen Cazalet betrifft, er kam zusammen mit dem polnischen Oberbefehlshaber General Sikorski, dem er den Rücken stärken sollte, bei einem Flugzeugunglück ums Leben (das vermutlich ein Akt politischer Sabotage war).»
54 Clive Bell, «Old Friends» (1956), S. 41.
55 Xan Fielding (Hg.), «Best of Friends. The Brenan-Partridge Letters» (1986), S. 107.
56 Nigel Nicolson (Hg.), «The Sickle Side of the Moon. The Letters of Virginia Woolf 1932–1935» (1979), S. 5.
57 Frances Partridge, «Memories» (1981), S. 196.
58 Anne Olivier Bell (Hg.), «The Diary of Virginia Woolf», Bd. 4 (1931–1935), Eintrag vom 1. Januar 1932, S. 62.
59 Nigel Nicolson (Hg.), «A Reflection of the Other Person. The Letters of Virginia Woolf 1929–1931», S. 421.
60 Anne Olivier Bell (Hg.), «The Diary of Virginia Woolf», Bd. 4 (1931–1935), Einträge vom 25., 27., 29. Dezember 1931 und vom 1. und 13. Januar 1932, S. 55 ff. und 62 f.

Epilog

1 Chidiock Tichborne (1558?–1586) hatte sich den Babington-Verschwörern angeschlossen und gehörte zu den sechs, die man für den Mordanschlag auf Königin Elisabeth verantwortlich machte. Er wurde am 14. August im St. John's Wood verhaftet und in den Tower geworfen. Bei seiner Verhandlung am 13. und 14. September bekannte er sich schuldig und wurde zum Tode verurteilt. Sechs Tage später wurden ihm bei lebendigem Leibe die Eingeweide aus dem Leib gerissen. Doch seine letzte Rede und die anrührenden Briefe, die er am 19. September an seine Ehefrau Agnes schrieb, erregten bei vielen großes Mitgefühl.
2 Frances Partridge, «Memories» (1981), S. 209.
3 «The Diary of Virginia Woolf», Bd. 4 (1931–1935), Eintrag vom 30. Januar 1932, S. 66; siehe auch Eintrag vom 17. März 1932, S. 83.

Danksagung

Die Liste der Personen, die mir in den sechziger Jahren bei der Vorbereitung dieser Biographie halfen, ist inzwischen zu einem Totenverzeichnis geworden. Ich habe darauf verzichtet, sie noch einmal abzudrucken. Mein erneuter Dank gilt Frances Partridge, die meine Darstellung des älteren Lytton Strachey noch einmal durchgesehen und mir großzügig zusätzliche Informationen gegeben hat.

Die vorliegende Ausgabe ist dank der freundlichen Hilfe vieler Institutionen entstanden, die im bibliographischen Anhang verzeichnet sind. Zu Dank verpflichtet bin ich auch Sally Brown, Jane Hill, Cathy Henderson, Robert Skidelsky, Frances Spalding, David Sutton, Winifred Thomson, Ann Thwaite; ebenso Angelene Rackett von der Bank of England für die Hilfe bei der Geldumrechnung.

Das Buch hat viel gewonnen durch die Sorgfalt meiner Lektorin Alison Samuel, die darin ganz den strengen Maßstäben des Verlags verpflichtet ist. Ich danke ihr und Sarah Johnson, die, obwohl sie selbst auch schreibt, noch Zeit fand, den Windungen meines aus Maschinen- und Handschrift zusammengesetzten Manuskripts zu folgen und alles auf Diskette zu übertragen.

Michael Holroyd
Porlock Weir, Februar 1994

Besetzung

Dora Carrington	Emma Thompson
Lytton Strachey	Jonathan Pryce
Ralph Partridge	Steven Waddington
Gerald Brenan	Samuel West
Mark Gertler	Rufus Sewell
Lady Ottoline Morrell	Penelope Wilton
Vanessa Bell	Janet McTeer
Phillip Morrell	Peter Blythe
Beacus Penrose	Jeremy Northam
Frances Partridge	Alex Kingston
Roger Senhouse	Sebastian Harcombe
Clive Bell	Richard Clifford
Bürgermeister	David Ryall
Militärrepräsentant	Stephen Boxer
Mary Hutchinson	Annabel Mullion
Duncan Grant	Gary Turner
Marjorie Gertler	Georgiana Dacombe
Krankenschwester	Helen Blatch
Gerichtsdiener	Neville Phillips
Dr. Starkey Smith	Christopher Birch
Portier	Daniel Betts
Flugzeugführer	Simon Bye

STAB

Drehbuch	Christopher Hampton
nach dem Buch «Lytton Strachey» von	Michael Holroyd
Regie	Christopher Hampton
Producer	Roland Shedlo
	John McGrath
Kamera	Denis Lenoir
Produktionsdesign	Caroline Amies
Musik	Michael Nyman
Schnitt	George Akers
Kostüme	Penny Rose
Executive Producer	Francis Boespflug
	Philippe Carcassonne
	Fabienne Vonier
Associate Producer	Chris Thompson
Tonmischung	Peter Lindsay
Make-up und Frisuren	Chrissie Beveridge
Casting	Fothergill & Lunn Casting

Eine Präsentation der Polygram Filmed Entertainment
im Verleih der Scotia-Film

Länge: 122 Minuten